# ESTRATÉGIA de
# PRODUÇÃO

**Rafael Teixeira**
Ph.D. em Management – Clemson University (EUA)
Pesquisador do Programa de Pós-Graduação em Administração – PPGA/UNISINOS
Editor da BASE – Revista de Administração e Contabilidade da Unisinos
rafaelte@unisinos.br

**Daniel Pacheco Lacerda**
Doutor em Engenharia de Produção – COPPE/UFRJ
Pesquisador do Programa de Pós-Graduação em Engenharia de Produção e Sistemas – PPGEPS/UNISINOS
Coordenador Acadêmico do Grupo de Pesquisa em Modelagem para Aprendizagem – GMAP | UNISINOS
Coordenador da Graduação em Engenharia de Produção – EP/UNISINOS
Bolsista de Produtividade em Desenvolvimento Tecnológico e Extensão Inovadora do CNPq
dlacerda@unisinos.br

**Junico Antunes**
Doutor em Administração – PPGA/UFRGS
Pesquisador do Programa de Pós-Graduação em Engenharia de Produção e Sistemas – PPGEPS/UNISINOS
Pesquisador do Programa de Pós-Graduação em Administração – PPGA/UNISINOS
Coordenador Acadêmico do Grupo de Pesquisa em Redes – GEREDES
junico@produttare.com.br

**Douglas Rafael Veit**
Mestre em Engenharia de Produção e Sistemas – PPGEPS/UNISINOS
Pesquisador do Grupo de Pesquisa em Modelagem para Aprendizagem – GMAP | UNISINOS
Coordenador da Graduação Tecnológica em Gestão da Produção Industrial – GPI/UNISINOS
douglasveit@unisinos.br

E82   Estratégia de produção : 20 artigos clássicos para aumentar a
      competitividade da empresa / Rafael Teixeira ... [et al.]. –
      Porto Alegre : Bookman, 2014.
      xxx, 473 p. : il. ; 25 cm.

      ISBN 978-85-8260-160-0

      1. Administração. 2. Produção. 3. Estratégia. 4. Produtividade. I. Teixeira, Rafael.

                                                            CDU 658.5

Catalogação na publicação: Ana Paula M. Magnus – CRB 10/2052

RAFAEL TEIXEIRA
DANIEL PACHECO LACERDA
JUNICO ANTUNES
DOUGLAS VEIT

UNISINOS

# ESTRATÉGIA de PRODUÇÃO

## 20 ARTIGOS CLÁSSICOS PARA AUMENTAR A COMPETITIVIDADE DA EMPRESA

bookman

2014

© Bookman Companhia Editora Ltda., 2014

Gerente editorial: *Arysinha Jacques Affonso*

Colaboraram nesta edição:

Capa: *Paola Manica*

Tradução: *Ayresnede Casarin da Rocha* e *Rodrigo Sardenberg*

Editoração: *Techbooks*

Reservados todos os direitos de publicação à
BOOKMAN EDITORA LTDA., uma empresa do GRUPO A EDUCAÇÃO S.A.
Av. Jerônimo de Ornelas, 670 – Santana
90040-340 – Porto Alegre – RS
Fone: (51) 3027-7000   Fax: (51) 3027-7070

É proibida a duplicação ou reprodução deste volume, no todo ou em parte, sob quaisquer formas ou por quaisquer meios (eletrônico, mecânico, gravação, fotocópia, distribuição na Web e outros), sem permissão expressa da Editora.

Unidade São Paulo
Av. Embaixador Macedo Soares, 10.735 – Pavilhão 5 – Cond. Espace Center
Vila Anastácio – 05095-035 – São Paulo – SP
Fone: (11) 3665-1100   Fax: (11) 3667-1333

SAC 0800 703-3444 – www.grupoa.com.br

IMPRESSO NO BRASIL
*PRINTED IN BRAZIL*

# Agradecimentos

**Rafael Teixeira**   Gostaria de agradecer àquelas pessoas que me ajudaram durante meu crescimento profissional e possibilitaram, indiretamente, a construção deste livro: à minha ex-orientadora de doutorado, profa. Dra. Aleda V. Roth, pela sua eterna orientação e profundo conhecimento no campo de estratégia de operações; ao meu ex-orientador de mestrado, prof. Dr. Ely L. Paiva, pelos conselhos e *coaching* que tem me proporcionado, além de seu conhecimento em estratégia de operações e longa parceria de trabalhos; ao meu parceiro de inúmeros trabalhos científicos e estimulador da minha carreira profissional, prof. Dr. Daniel P. Lacerda; ao ex-professor de mestrado e agora colega nesse trabalho, prof. Dr. Junico Antunes; à minha mulher, Jussana R. dos Santos, que é um anjo na minha vida.

**Daniel Pacheco Lacerda**   A construção deste livro foi viabilizada por um conjunto de pessoas. Dessa forma, agradecerei especificamente a essas pessoas e não ao conjunto mais amplo de amigos e colegas. Agradeço aos amados colegas do GMAP | Unisinos (Grupo de Pesquisa em Modelagem para Aprendizagem), pois o apoio de vocês, no mais amplo sentido da palavra, foi/é/será fundamental. Agradeço também ao Grupo A que acreditou no projeto e o viabilizou, em especial à Sra. Arysinha. Agradeço ao prof. Junico Antunes e ao prof. Rafael Teixeira pela parceria na construção do livro desde seus instantes iniciais. Agradeço ao prof. Heitor Caulliraux e ao prof. Ely Paiva, grandes professores da área de estratégia de operações. Agradeço ao prof. Luis Henrique por abrir novas perspectivas, a partir de suas críticas, a essa temática de pesquisa. Por fim, agradeço à profa. Ione Bentz, por todos os ensinamentos, principalmente, pela visão e paixão pela instituição universidade e pela pesquisa.

**Junico Antunes**   O conceito e a concepção deste livro tiveram origem em conversas com o prof. Daniel Lacerda a quem agradeço pela construção conjunta desta e de outras empreitadas. Arysinha, parceira de todos os empreendimentos que propomos para a Editora Bookman/Grupo A, viabilizou as operações realizadas sempre em contato com o amigo Celso Kiperman. Os artigos selecionados tiveram o amplo apoio e análise críticas dos nossos amigos Adriano Proença (GPI/COPPE) e Rafael Teixeira, a quem agradecemos pelo constante apoio aos trabalhos que realizamos com visão de coletivo. Queria mencionar o professor Heitor Mansur Caulliraux que é a pessoa com quem muitos tiveram as primeiras discussões sobre o tema da estratégia de produção no Brasil. Finalmente, agradeço aos companheiros da Produttare, em especial os colegas André Dupont e Luis Henrique Pantaleão, com quem desenvolvemos vários trabalhos práticos em empresas ligados à estratégia de produção e ao PPGEPS/Unisinos e PPGA/Unisinos, onde trocamos constantes ideias, em especial com os alunos que frequentam as disciplinas ligadas ao tema.

**Douglas Rafael Veit** O convite para participar e contribuir com este trabalho em conjunto com pessoas tão distintas no meio profissional e acadêmico traz um grande orgulho para quem está iniciando a carreira acadêmica. Ao Prof. Junico Antunes agradeço pela oportunidade no meio profissional e os ensinamentos práticos para lidar com os problemas do dia a dia. Agradeço ao Prof. Rafael Teixeira pela parceria e paciência na revisão dos documentos ao longo da construção deste livro. Ao Prof. Luiz Henrique Pantaleão agradeço por ter me ensinado a dar os primeiros passos no âmbito da Engenharia de Produção. Agradeço especialmente ao Amigo, Orientador e Prof. Daniel Pacheco Lacerda por estar sempre preocupado com o meu crescimento profissional e agora acadêmico, nunca deixando a "inércia tomar conta do sistema", desde o dia em que me apresentou o mundo da pesquisa. Agradeço também a minha esposa Veridiana Veit pela compreensão em todos os momentos em que estive ausente.

# Apresentação

Este livro, organizado por Rafael Teixeira e seus coautores, foca nos tópicos e desenvolvimentos relacionados à estratégia de operações. Os temas centrais de estratégia de operações – origens, arma competitiva e paradigmas emergentes – aparecem nos artigos que estão nas três seções do livro. Os artigos são seminais e, de fato, alguns foram incorporados aos cursos de estratégia de operações oferecidos pelas melhores escolas de negócio dos Estados Unidos. Eu uso todos esses artigos como base para a literatura de estratégia de produção e cadeia de suprimentos no meu seminário de doutorado na Universidade de Clemson, na Carolina do Sul, onde Rafael Teixeira foi um dos meus alunos. Coletivamente, os artigos contribuem significativamente para o nosso entendimento sobre operações. Eles fazem um caminho de volta às origens da estratégia de operações, com o famoso trabalho de Wickham Skinner e, subsequentemente, seguem o começo da evolução e adaptação da estratégia de operações em prática por empresas globais.

Mais importante, a estratégia de operações ajudou empresas de classe mundial nos Estados Unidos e na Europa, embora os paradigmas tradicionais de produção tenham sido colocados à prova pelas empresas japonesas na metade dos anos 80. Essas estratégias guiaram a transformação das empresas de manufatura no sentido de adquirirem o requisito de vantagem competitiva operacional e, de várias formas naquele período, corroboraram com a necessidade de pesquisa empírica na gestão de operações. Tendo a grande oportunidade de participar no desenvolvimento da pesquisa empírica por mais de três décadas, coletei e analisei dados sobre estratégia de operações de milhares de empresas manufatureiras de todas as regiões do planeta. Portanto, fui capaz de capturar, instantaneamente, muitos elementos das capacidades e competências delineadas neste livro; e, mais tarde, nos meus próprios escritos, desenvolvi e testei o que chamo de Teoria da Progressão Competitiva (em inglês, *Competitive Progression Theory*). Hoje, a Teoria da Progressão Competitiva serve de fundamento para o escopo da estratégia de manufatura em escala global e leva a extensões naturais que englobam estratégias de cadeia de suprimentos e de outras empresas. Sem dúvida, entender as raízes históricas da estratégia de operações proporciona a estudantes, acadêmicos e gerentes uma ampla perspectiva das complexidades inerentes associadas com a globalização das operações.

Em resumo, este livro contém artigos que proporcionam a essência histórica do pensamento de vanguarda em estratégia de operações e aponta para futuros direcionamentos para a pesquisa e prática.

**Aleda V. Roth**
Burlington Industries Distinguished Professor
Distinguished Fellow of the Manufacturing and
Service Operations Management Society
Management Department
College of Business and Behavioral Science
Clemson University

# Prefácio

O tema estratégia de produção (ou estratégia de operações) é absolutamente central para a engenharia de produção. Fomos, no Brasil, o primeiro grupo a trabalhar com esse assunto (contando com a fundamental presença do prof. Adriano Proença). Começamos no final dos anos 80* e o "livro de cabeceira" foi o *Restoring Our Competitive Edge: Competing Through Manufacturing* de 1984, escrito por Robert H. Hayes e Steven C. Wheelwright. Esse livro fez parte de um movimento da academia americana no sentido de lidar com a ameaça dos produtos japoneses, que passaram a ser comuns naquele mercado (bons tempos; nada comparado com a "ameaça produtiva chinesa" atual).

Vamos, então, aos fatos. O tema estratégia de produção tem uma característica básica quando visto da academia: a junção teoria e prática (que nos levaria ao debate sobre rigor e relevância, fora do escopo deste prefácio). Um texto muito interessante e quase autobiográfico do prof. Wickham Skinner é o *Manufacturing Strategy: The story of its evolution*\*\*. Neste artigo o prof. Skinner trata de sua trajetória pessoal centrando os fatos na sua ação em *manufacturing strategy*. Percebe-se com clareza a necessidade da junção teoria e prática para o campo. Esta necessidade molda a trajetória profissional do prof. Skinner. Outro exemplo mais próximo: um bom curso em estratégia de produção não pode prescindir de trabalhos de campo (descritivos e prescritivos). Um dos principais pontos dessa orientação metodológica é a necessidade de que os alunos aprendam a estruturar os problemas do campo. A estratégia de produção de uma organização nunca é igual a de uma outra (não existe o *one best way* – isso vai nos levar ao problema do gestor de operações, tratado a seguir). Decorre desse fato a necessidade de se estruturar o problema em cada organização.

---

\* A primeira disciplina de pós-graduação no tema que conhecemos foi a do prof. Paulo Fleury então na Coppead/UFRJ.

\*\* SKINNER, W., *Manufacturing Strategy: The Story of its Evolution*, Journal of Operations Management, v. 25, n. 1, 2007, p. 328-335.

O termo estratégia de produção tem um problema que convém eliminar de partida. Os conceitos de estratégia de produção são diretamente aplicáveis às atividades de serviço*. Nestes casos, algumas customizações devem ser feitas. Por exemplo, em uma empresa de consultoria temos que tratar a fundo as questões ligadas à gestão do conhecimento: como exemplo, como reter o conhecimento (do ponto de vista da organização) ao término de um projeto?

O tema estratégia de produção é inegavelmente complexo**. Como, então, tratá-lo? Os principais livros do campo*** usam categorias e elementos de decisão: capacidade, instalações, planejamento da produção, etc. Supondo que se queira fazer uma análise da estratégia de produção um uso implementado por uma organização, teríamos como sequência:

- entender qual é a estratégia de negócio da organização;
- esta estratégia de negócio deveria ter sido desdobrada para as categorias / elementos da organização;****
- este desdobramento deveria ser consistente verticalmente (com a estratégia de negócio) e, digamos, horizontalmente (entre as categorias / elementos). Esta consistência deveria ter sido gerada no projeto e na gestão cotidiana das categorias / elementos;
- durante o projeto e a gestão diversas questões devem ser consideradas:
  - o grau de foco e ajuste da organização ou da parte da mesma que está sendo trabalhada. Quanto maior o foco maior a possibilidade de ajuste entre as soluções adotadas. A engenharia de produção dispõe de vários métodos para aumentar o foco: segmentação de linhas, tecnologia de grupo, entre outras;

---

* Temos trabalhado fortemente com o setor de saúde (público, principalmente, e privado), em especial com organizações ligadas à oncologia. Os conceitos tratados no âmbito da estratégia de produção têm sido de forte utilidade para as organizações do referido setor.

** Daí a necessidade de ser tratado em disciplina de final de curso.

*** Para uma análise detalhada desta abordagem metodológica, ver a tese de doutorado que orientamos e recém defendida no Programa de Engenharia de Produção: "Contribuições das Ciências Cognitivas à Gestão de Operações: Análise do Impacto da Experiência nas Decisões do Gestor de Operações", Thaís Spiegel, PEP/COPPE, maio de 2013. Em particular o Capítulo 3. Foram analisados os livros/autores "mais referenciados dos seguintes países: (1) América do Norte, representado predominantemente pelos Estados Unidos, mas unindo a produção do Canadá; (2) Reino Unido, tratando em conjunto os autores da Inglaterra e da Escócia; (3) Alemanha; (4) Norte da Europa e países baixos, incluindo a Escandinávia, Holanda e Bélgica; (5) França; (6) Itália". Página 41.

**** Aqui há um equívoco comum: desdobrar funcionalmente. As categorias / elementos são "multifuncionais", transversais à organização. Voltaremos a este assunto.

- a definição dos elementos / categorias críticas para a organização ou da parte trabalhada. Da mesma forma que não existe uma estratégia de produção válida para mais de uma organização, não existe uma única lista de categorias/elementos. Este é um ponto crítico no método. Um problema mal estruturado dificilmente gerará uma solução consistente;
- as diversas soluções de compromisso que devem ser definidas e adotadas (*trade offs*).* Os *trade-offs* são interligados: ao se "resolver" o de custo e qualidade, tem-se uma chave de entrada para o de custo e flexibilidade e assim sucessivamente;
- as capacitações futuras desejadas pela organização que podem não surgir diretamente do desdobramento da atual estratégia de negócio. Há um importante grau de aposta nesta linha.
- Finalmente a análise poderia considerar o cruzamento das categorias/elementos dois a dois visando identificar possíveis inconsistências. Após este cruzamento uma síntese da estratégia de produção poderia ser gerada e analisada.

Como se pode perceber este não é um método simples. Exige: conhecimento de várias das disciplinas da engenharia de produção, conhecimento de estratégias de outras organizações semelhantes, conhecimento da tecnologia intrínseca da organização, capacidade de síntese, experiência com projetos organizacionais, entre outros. Eventualmente podem ser utilizados modelos de referência (SCOR, STP, ITIL, eSCM, etc.), mas surge uma outra dificuldade: como integrá-los?** Há muito de "arte" nesse processo.

As análises acima descritas podem levar a diversas, digamos, inconsistências. Caso seja o desejo da organização, elas podem ser eliminadas via projetos específicos. Problema: que projetos? Problema subsequente: como analisá-los e selecioná-los?

Se encontramos diversas inconsistências (o que é muito provável), não seria razoável resolvê-las uma a uma? Provavelmente as mesmas poderiam ser reunidas (este processo de agrupamento é, também, multifuncional) e, então, os projetos seriam propostos. A tarefa de reunir as inconsistências e

---

* Consideramos que a solução dos *trade-offs* é uma etapa também crítica. Devem ser consideradas as fronteiras das soluções de compromisso de cada sistema baseado em tecnologia, mas isto está fora do escopo deste texto.

** Existem alguns métodos para realizar esta integração, mas estão fora do escopo deste texto.

gerar os consequentes projetos apresenta a mesma dificuldade acima citada: exige experiência, etc.*

O problema subsequente: análise e seleção dos projetos. Aqui a tradição sugere a adoção de algum processo de alocação de recursos (PAR).**

Toda organização adota algum processo de alocação de recursos, estruturado / formal ou não. Para alguns a estratégia de produção é o conjunto dos projetos passados executados. Todo PAR de uma organização de porte significativo apresenta alguns problemas. Supondo que os projetos tenham sido corretamente definidos, em algum momento do PAR eles são "negociados". A seleção / priorização passa pelas análises econômicas tradicionais: taxa de retorno, valor atual, etc. Nada garante que os projetos aprovados desta forma sejam consistentes entre si. Um último problema ligado ao PAR que comentaremos aqui (o que não significa esgotar o tema): a realidade pode se alterar e para projetos longos isto é um problema. Deve haver um processo contínuo de análise das consistências entre projetos.

Um último ponto: o gestor de produção/operações. A literatura (ver tese já citada) indica ser este gestor um indivíduo. Esta solução nos parece insuficiente. É um perfil inexistente dada a complexidade do objeto. Não conhecemos solução adequada para este problema. É algo para ser estudado, esperando que não se crie mais um comitê, comissão ou escritório na organização.

A problemática acima exposta exige a clareza e o domínio dos conceitos fundamentais e determinantes para a compreensão do que seja estratégia de operações. Compreender essa temática a partir de artigos recentes, prática comum na academia atual, não leva a uma solidez na compreensão dos conceitos. Entender e aplicar os conceitos fundamentais da Estratégia de Operações, a partir dos clássicos, abre um conjunto amplo de possibilidades e oportunidades.

Nesse sentido, este livro oferece diversas contribuições. Primeiro, resgata os textos fundamentais da área. Isso pode contribuir, sobremaneira, para a qualificação do ensino na área de administração, engenharia de produção, em particular, e na gestão, em geral. Segundo, é fato que grande parte das organizações no Brasil tem pouco domínio desses conceitos. As experiências que vem sendo realizadas, principalmente no

---

* Erro clássico: pensar em soluções a partir exclusivamente de "eliminação de *gaps*". Questão para outro texto. Outro erro clássico: confiar em consultorias e em fornecedores de sistemas e tecnologias.

** Ver Bower, J. L. e Gilbert, C. G., *From Resource Allocation to Strategy*, Oxford, 2005.

Sul do Brasil, têm sido exitosas. Portanto, popularizar esses conceitos para as organizações brasileiras é essencial. Terceiro, o livro apresenta uma visão histórica e conectada da área que permite compreender os esforços de pesquisa. Esse aspecto é essencial para a formação de futuros pesquisadores. Por consequência, torna-se uma obra importante para mestrandos e doutorandos que direcionem sua pesquisa nesse tema.

Por fim, o livro traz alguns conceitos importantes da área de serviços. Esses aspectos, como referido anteriormente, são importantes em função da representatividade desse setor na economia. Ademais, os conceitos de estratégia de operações são úteis para a discussão na área de serviços, em geral, e na área de operações, em particular. Espero ter contribuído para a compreensão deste tema central para a engenharia de produção, principalmente para as novas gerações formadas ou em formação nesta habilitação. Ter uma visão ampla da área é essencial para a compreensão dos movimentos dos sistemas produtivos hoje e no futuro. Essa visão passa, necessariamente, pela leitura dessa obra.

**Prof. Dr. Heitor Mansur Caulliraux**
Pesquisador do Programa de Pós-Graduação em
Engenharia de Produção – COPPE/UFRJ
Professor da Escola Politécnica da UFRJ
Coordenador Geral do Grupo de Produção Integrada – GPI/UFRJ
heitor@gpi.ufrj.br

**Profa. Dra. Thaís Spiegel**
Professora da Faculdade de Engenharia da
Universidade do Estado do Rio de Janeiro – FEN/UERJ
Pesquisadora do Grupo de Produção Integrada – GPI/EP & COPPE/UFRJ
thais.spiegel@uerj.br

# Sumário

Introdução . . . . . . . . . . . . . . . . . . . . . . . . . . . . . . . . . . . .xxv

**PARTE I**
Origens da estratégia de operações . . . . . . . . . . . . . . 1

**Capítulo 1**
Manufatura – o elo perdido na estratégia corporativa. . . . . . . . . . 3
*Wickham Skinner*

1.1 Efeito da miopia estratégica em relação à área de produção . . . . . . . . 3
    Visões de alcance limitado. . . . . . . . . . . . . . . . . . . . . . . . . . . . . 5
1.2 Padrão de falhas. . . . . . . . . . . . . . . . . . . . . . . . . . . . . . . . . 6
1.3 Implicações estratégicas . . . . . . . . . . . . . . . . . . . . . . . . . . . . 7
    Demandas concorrentes . . . . . . . . . . . . . . . . . . . . . . . . . . . . . 8
    Escolhas importantes. . . . . . . . . . . . . . . . . . . . . . . . . . . . . . . 9
1.4 *Trade-offs* no projeto . . . . . . . . . . . . . . . . . . . . . . . . . . . . . 10
    Reconhecimento das alternativas. . . . . . . . . . . . . . . . . . . . . . . 12
1.5 Domínio técnico. . . . . . . . . . . . . . . . . . . . . . . . . . . . . . . . 14
    Que entre o especialista em computação. . . . . . . . . . . . . . . . . . . 15
1.6 Uma melhor tomada de decisão . . . . . . . . . . . . . . . . . . . . . . . 16
    Determinação da política. . . . . . . . . . . . . . . . . . . . . . . . . . . . 16
1.7 Conclusão . . . . . . . . . . . . . . . . . . . . . . . . . . . . . . . . . . . 19

**Capítulo 2**
A fábrica focada. . . . . . . . . . . . . . . . . . . . . . . . . . . . . . . . 20
*Wickham Skinner*

2.1 Introdução . . . . . . . . . . . . . . . . . . . . . . . . . . . . . . . . . . . 20
2.2 Conceitos básicos. . . . . . . . . . . . . . . . . . . . . . . . . . . . . . . 23
    Principais características. . . . . . . . . . . . . . . . . . . . . . . . . . . . 25
2.3 O fenômeno da produtividade . . . . . . . . . . . . . . . . . . . . . . . . 26
    A falta de políticas consistentes . . . . . . . . . . . . . . . . . . . . . . . . 27
    As razões para a inconsistência . . . . . . . . . . . . . . . . . . . . . . . . 28
2.4 Rumo a um enfoque para a manufatura . . . . . . . . . . . . . . . . . . . 30
    Criando a unidade fabril focada. . . . . . . . . . . . . . . . . . . . . . . . 31
2.5 Conclusão . . . . . . . . . . . . . . . . . . . . . . . . . . . . . . . . . . . 35

## Capítulo 3
## Vinculando o processo de produção com o
## ciclo de vida dos produtos ............................ 37
*Robert H. Hayes e Steven C. Wheelwright*

- 3.1 A matriz produto × processo .............................. 38
  - Posição diagonal ....................................... 38
  - Fora da diagonal ....................................... 40
- 3.2 Utilizando o conceito .................................... 42
  - Competência distintiva ................................. 42
  - Efeitos da posição ..................................... 43
  - Organizando operações.................................. 45
- 3.3 Implicações da estratégia ................................ 48
- 3.4 Referências............................................. 48

## Capítulo 4
## Estratégia produtiva: definindo o elo perdido .............. 50
*Steven C. Wheelwright*

- 4.1 Visão geral ............................................. 50
- 4.2 Filosofia de gestão, forças motrizes e vantagem competitiva ....... 51
  - Orientação dominante................................... 53
  - Padrões de diversificação............................... 53
  - Perspectiva sobre o crescimento ........................ 54
  - Prioridades competitivas ............................... 55
- 4.3 O conceito de estratégia produtiva ....................... 57
  - A estratégia funcional de produção ..................... 59
  - O conceito de uma estratégia corporativa de produção ... 63
- 4.4 O papel da produção na definição da vantagem
  competitiva desejada .................................... 65
- 4.5 Conclusões.............................................. 68
- 4.6 Referências............................................. 70

## Capítulo 5
## A estratégia de manufatura: uma metodologia
## e uma ilustração........................................... 71
*Charles H. Fine e Arnoldo C. Hax*

- 5.1 Introdução ............................................. 71
- 5.2 O processo de planejamento estratégico administrativo ......... 72
- 5.3 Categorias de decisão da estratégia de manufatura ......... 75
- 5.4 Não é possível formar uma estratégia de manufatura no vazio ..... 77
- 5.5 Estruturando a formação de uma estratégia de manufatura ........ 82
- 5.6 Um sistema referencial para tomada de decisões
  estratégicas na manufatura ............................... 83

5.7 Estabelecendo um elo entre as estratégias comerciais e a estratégia de manufatura. . . . . . . . . . . . . . . . . . . . . . . . . . . 83
5.8 Auditoria estratégica inicial da manufatura. . . . . . . . . . . . . . . . . . . . 84
5.9 Abordando a questão de agrupamento de produtos. . . . . . . . . . . . . 86
5.10 Mesmo nas pequenas empresas proliferam os itens manufaturados . . . . . . . . . . . . . . . . . . . . . . . . . . . . . . . . . . . . 88
5.11 Avaliando o grau de focalização de cada uma das unidades fabris operacionais . . . . . . . . . . . . . . . . . . . . . . . . . . . . . . . . . . . . . . 91
5.12 Formação das estratégias de manufatura . . . . . . . . . . . . . . . . . . . . 92
5.13 Conclusão . . . . . . . . . . . . . . . . . . . . . . . . . . . . . . . . . . . . . . . . . . . . . 92
5.14 Referências. . . . . . . . . . . . . . . . . . . . . . . . . . . . . . . . . . . . . . . . . . . . 93

# PARTE II
# Estratégia de operações como arma competitiva . . . . 95

## Capítulo 6
## Explicando diferenciais de produtividade observados entre fábricas: implicações para a pesquisa operacional. . . . . . . . . . . 99
*Robert H. Hayes e Kim B. Clark*

6.1 Introdução . . . . . . . . . . . . . . . . . . . . . . . . . . . . . . . . . . . . . . . . . . . . .99
6.2 Coleta de dados. . . . . . . . . . . . . . . . . . . . . . . . . . . . . . . . . . . . . . . .100
    Ajustes para efeitos do tempo e utilização da capacidade . . . . . . . . . . . . 101
    Comentários gerais sobre nossa medida de produtividade . . . . . . . . . . . . 102
    Definindo variáveis administrativas . . . . . . . . . . . . . . . . . . . . . . . . . . . . 103
6.3 Metodologia estatística . . . . . . . . . . . . . . . . . . . . . . . . . . . . . . . . . .104
    Alguns resultados e suas implicações. . . . . . . . . . . . . . . . . . . . . . . . . . 105
6.4 Implicações para a pesquisa operacional. . . . . . . . . . . . . . . . . . . . .109
6.5 Referências. . . . . . . . . . . . . . . . . . . . . . . . . . . . . . . . . . . . . . . . . . .112

## Capítulo 7
## Fechando as lacunas competitivas: relatório do projeto internacional sobre o futuro da manufatura . . . . . . . . . . . . . . . 113
*Jeffrey G. Miller, Akio Amano, Arnoud de Meyer, Kasra Ferdows, Jinichiro Nakane e Aleda Roth*

7.1 Capacitações e lacunas. . . . . . . . . . . . . . . . . . . . . . . . . . . . . . . . . .114
7.2 Direcionadores da mudança . . . . . . . . . . . . . . . . . . . . . . . . . . . . . .116
7.3 Fechando as lacunas. . . . . . . . . . . . . . . . . . . . . . . . . . . . . . . . . . . .120
7.4 Enfrentando o desafio . . . . . . . . . . . . . . . . . . . . . . . . . . . . . . . . . .122
7.5 Conclusão . . . . . . . . . . . . . . . . . . . . . . . . . . . . . . . . . . . . . . . . . . . .124
7.6 Referências. . . . . . . . . . . . . . . . . . . . . . . . . . . . . . . . . . . . . . . . . . .126
    Apêndice. . . . . . . . . . . . . . . . . . . . . . . . . . . . . . . . . . . . . . . . . . . . . . 127

## Capítulo 8
### A teoria da competência da produção .................. 129
*Gary Cleveland, Roger G. Schroeder e John C. Anderson*

- 8.1 Introdução ........................................ 129
- 8.2 O sistema referencial ............................. 130
    - A estratégia comercial ............................ 131
    - O processo de produção ............................ 131
    - A competência de produção ......................... 132
    - O desempenho comercial ............................ 134
- 8.3 A metodologia .................................... 135
    - O procedimento de diagnóstico ..................... 136
- 8.4 As outras cinco empresas ......................... 142
- 8.5 Os índices de desempenho e competência ........... 144
- 8.6 A relação entre desempenho e competência ......... 145
- 8.7 Observações e conclusões ......................... 146
- 8.8 Referências ...................................... 148

## Capítulo 9
### A fábrica de serviços .................................. 150
*Richard B. Chase e David A. Garvin*

- 9.1 O laboratório .................................... 153
- 9.2 O consultor ...................................... 155
- 9.3 O showroom ....................................... 156
- 9.4 O despachante .................................... 158

## Capítulo 10
### A teoria emergente de produção ........................ 162
*Peter F. Drucker*

# PARTE III
## Um novo paradigma em estratégia de operações ... 177

## Capítulo 11
### *Trade-offs*? Que *trade-offs*? Competência e competitividade na estratégia de manufatura ............. 181
*Charles Corbett e Luk Van Wassenhove*

- 11.1 Dimensões de competência e de competitividade ........ 181
    - Dimensões de competência ......................... 182
    - Dimensões de competitividade ..................... 183
    - Os dois lados da moeda ........................... 184
    - Foco ............................................. 184

| 11.2 | Observações recentes..................................186 |
|---|---|
| | Construção cumulativa de competência.........................186 |
| | A competitividade é relativa..................................188 |
| | Critérios qualificadores e critérios ganhadores de pedidos............188 |
| | Dinâmica.................................................189 |
| 11.3 | Olhando na bola de cristal..............................191 |
| | Trabalhadores do conhecimento: o fator final?.....................191 |
| | Correndo na pista rápida.....................................193 |
| | Ciclo de vida das dimensões competitivas........................195 |
| 11.4 | Conclusões........................................196 |
| 11.5 | Referências.......................................197 |

## Capítulo 12
## Uma teoria da competência de produção revisitada ........ 200
*Shawnee K. Vickery*

| 12.1 | Introdução........................................200 |
|---|---|
| 12.2 | Medindo a competência de produção.....................201 |
| 12.3 | Medindo o desempenho empresarial.....................203 |
| 12.4 | Análise dos resultados................................204 |
| 12.5 | A competência de produção revisitada...................205 |
| | Um modelo de processo da estratégia de manufatura................206 |
| 12.6 | Estratégia empresarial, competência de produção e desempenho empresarial: um modelo conceitual alternativo......208 |
| 12.7 | Referências.......................................209 |

## Capítulo 13
## Competência de produção e estratégia de negócios: será que elas afetam o desempenho empresarial? ......... 211
*Shawnee K. Vickery, Cornelia Droge e Robert E. Markland*

| 13.1 | Introdução........................................211 |
|---|---|
| 13.2 | Os significados de competência de produção e estratégia de negócios.................................213 |
| | O conceito de competência de produção..........................213 |
| | O conceito de estratégia de negócios.............................216 |
| 13.3 | Os determinantes de desempenho empresarial.............217 |
| | Estudos empíricos comparando a estratégia operacional ao desempenho empresarial....................................217 |
| | Estudos empíricos relacionando estratégia, teoria da organização e marketing ao desempenho empresarial.................219 |
| 13.4 | Método: a amostra..................................221 |
| | O procedimento de amostragem................................221 |
| | Definição da amostra........................................222 |

13.5 Método: questões de mensuração ........................ 223
    Validação do questionário ........................................ 223
    Medida da competência de produção ........................ 223
    Medida da estratégia de negócios ............................. 224
    Mensuração do desempenho empresarial ................... 226
13.6 Discussão dos resultados ............................... 227
    Competência de produção, estratégia de negócios e sua
    interação como variáveis independentes ................... 229
    Análise de interação .............................................. 231
13.7 Sugestão para pesquisas futuras ...................... 233
13.8 Referências ................................................... 234

## Capítulo 14
## Uma taxonomia das estratégias de manufatura .......... 238
*Jeffrey G. Miller e Aleda V. Roth*

14.1 Introdução .................................................. 238
14.2 Perspectiva histórica ..................................... 241
14.3 Métodos ..................................................... 242
    Amostra ............................................................... 242
    Os entrevistados .................................................. 244
    O instrumento ...................................................... 245
    Identificando tipos de estratégias ............................ 246
14.4 Análise e discussão ...................................... 250
    Dimensões inerentes ............................................. 250
    Validação estatística cruzada .................................. 253
    Mix industrial ....................................................... 254
    Contexto ............................................................. 255
    Programas de ação ............................................... 258
14.5 Medidas ..................................................... 260
14.6 Resumo e conclusões .................................... 262
    Taxonomia da manufatura ..................................... 262
    Consistência de finalidade ..................................... 264
    Pesquisas futuras ................................................. 265
14.7 Referências ................................................. 266

# PARTE IV
# Serviços ........................................................ 271

## Capítulo 15
## Para onde vai o *marketing* de serviços? Em busca de um novo paradigma e de novas perspectivas ............ 273
*Christopher Lovelock e Evert Gummesson*

15.1 Introdução .................................................. 273
    Preocupações com o futuro do *marketing* de serviços ........ 274

A força dos paradigmas........................................ 276
O conhecimento proporcionado pelos livros didáticos ................ 276
15.2 Desenvolvimento do paradigma de bens *versus* serviços ......... 278
Avaliando as quatro características "singulares" dos serviços .......... 279
15.3 Traçando as características IHIP às suas raízes conceituais ....... 282
Origens dos conceitos da intangibilidade, da inseparabilidade
e da perecibilidade ........................................ 282
Origens da heterogeneidade ................................ 284
15.4 Será que as características IHIP são realmente generalizáveis? ..... 284
Intangibilidade ............................................ 285
Heterogeneidade........................................... 289
Inseparabilidade ........................................... 291
Perecibilidade ............................................. 293
Relacionando IHIP com categorias específicas de serviços............ 296
Conclusões sobre a capacidade de generalização das
quatro características....................................... 298
15.5 Para onde vai o *marketing* de serviços?....................... 300
Opção 1: declarar vitória e abandonar a noção de um
campo separado .......................................... 300
Opção 2: enfoque em subcampos específicos de serviços............ 301
Opção 3: busca por um paradigma de serviço novo
e unificador............................................... 303
15.6 Ausência de propriedade: uma base potencial para um
novo paradigma......................................... 303
Explorando a característica da ausência de propriedade.............. 303
Implicações do paradigma do aluguel/acesso..................... 305
A área cinzenta entre aluguel, *leasing* e propriedade ................ 308
15.7 Direções futuras ........................................ 309
15.8 Referências............................................ 312

## Capítulo 16
## Avaliando a cadeia de valor em serviços ................. 319
*Wagner A. Kamakura, Vikas Mittal, Fernando de Rosa e José Afonso Mazzon*
16.1 A cadeia de valor em serviços.............................. 323
16.2 A SPC: lacunas na literatura empírica ........................ 326
16.3 A SPC: modelo estratégico................................. 329
16.4 Colocando a SPC em prática: modelo operacional e avaliação...... 331
16.5 Avaliação estratégica e operacional da SPC.................... 332
16.6 Ambiente de pesquisa .................................... 333
16.7 Modelo estratégico: análise no nível dos clientes................ 334
Especificação do modelo .................................... 334
Plano de análise ........................................... 335
Resultados................................................ 336
16.8 Modelo operacional (análise de eficiência no nível da filial) ....... 338
16.9 Modelo de eficiência operacional ........................... 341

| | | |
|---|---|---|
| **16.10** | Modelo de comportamento dos clientes | 343 |
| | Resultados | 344 |
| | DEA1 para a Filial #154 (modelo de eficiência operacional) | 344 |
| | DEA2 para a Filial #154 (modelo de comportamento dos clientes) | 346 |
| | Resultados gerais | 346 |
| **16.11** | Discussão | 349 |
| **16.12** | Questões de pesquisa e aplicações | 351 |
| **16.13** | Apêndice I | 355 |
| | Conceitos e medidas | 355 |
| **16.14** | Apêndice II | 357 |
| | Especificação do modelo estrutural | 357 |
| **16.15** | Referências | 358 |

## Capítulo 17
## Gerenciando clientes como recursos humanos em organizações de serviço ............ 360
*David E. Bowen*

| | | |
|---|---|---|
| **17.1** | Empresas de clientes e de serviço: elos perdidos na cadeia do pensamento administrativo | 361 |
| **17.2** | Gestão de RH e clientes em organizações de serviço | 363 |
| **17.3** | O cliente como recurso humano: estabelecendo a fronteira organizacional | 364 |
| **17.4** | Satisfação do cliente: práticas de RH e o clima para o serviço | 365 |
| **17.5** | Desempenho do cliente moldando seu papel: clareza, capacidade e motivação | 368 |
| **17.6** | Organizações de serviço, clientes e gestão de RH: algumas direções futuras | 373 |
| **17.7** | Referências | 374 |

## Capítulo 18
## Eficiência do cliente: conceito e seu impacto sobre a gestão do comércio eletrônico ............ 375
*Mei Xue e Patrick T. Harker*

| | | |
|---|---|---|
| **18.1** | Introdução | 375 |
| **18.2** | Análise da literatura | 378 |
| **18.3** | Eficiência do cliente e a CEM | 380 |
| | Eficiência do Cliente | 380 |
| | CEM | 384 |
| | CEM, CRM e equidade entre os clientes | 385 |
| **18.4** | Estudo empírico | 387 |
| | Dados | 387 |
| | Medindo a eficiência do cliente | 387 |
| | Fase 1: quem são os clientes potencialmente eficientes? | 392 |

Fase 2: como ajudar os clientes a se tornarem eficientes? . . . . . . . . . . . . . 395
Fase 3: como a eficiência do cliente afeta sua fidelidade? . . . . . . . . . . . . . 398
18.5 Resumo e discussões . . . . . . . . . . . . . . . . . . . . . . . . . . . . . . . . 400
18.6 Referências. . . . . . . . . . . . . . . . . . . . . . . . . . . . . . . . . . . . . . . 401

**Capítulo 19**
**Será que a gestão de receitas se tornou aceitável? Descobertas de um estudo internacional sobre a justiça percebida de restrições tarifárias. . . . . . . . . . . . . . . . . . . . . . . . 404**
*Sheryl E. Kimes e Jochen Wirtz*

19.1 Introdução . . . . . . . . . . . . . . . . . . . . . . . . . . . . . . . . . . . . . . . 404
19.2 Histórico do problema . . . . . . . . . . . . . . . . . . . . . . . . . . . . . . . 405
Gestão de receitas. . . . . . . . . . . . . . . . . . . . . . . . . . . . . . . . . . . 406
Justiça percebida dos preços baseados na demanda. . . . . . . . . . . . . . . . . . 408
Preços de referência e transações de referência . . . . . . . . . . . . . . . . . . . 409
Restrições tarifárias . . . . . . . . . . . . . . . . . . . . . . . . . . . . . . . . . . 411
Formulação de diferenças de preços . . . . . . . . . . . . . . . . . . . . . . . . . 412
Diferenças culturais . . . . . . . . . . . . . . . . . . . . . . . . . . . . . . . . . . 412
19.3 Método . . . . . . . . . . . . . . . . . . . . . . . . . . . . . . . . . . . . . . . . . 413
19.4 Resultados . . . . . . . . . . . . . . . . . . . . . . . . . . . . . . . . . . . . . . . 413
Teste para a alocação aleatória de sujeitos . . . . . . . . . . . . . . . . . . . . . . 413
Resultados. . . . . . . . . . . . . . . . . . . . . . . . . . . . . . . . . . . . . . . 414
19.5 Resumo e conclusões . . . . . . . . . . . . . . . . . . . . . . . . . . . . . . . . 420
19.6 Limitações e pesquisa adicional. . . . . . . . . . . . . . . . . . . . . . . . . . 422
19.7 Referências. . . . . . . . . . . . . . . . . . . . . . . . . . . . . . . . . . . . . . . 423

**Capítulo 20**
**Um modelo de satisfação dos clientes com encontros de serviço envolvendo falha e recuperação . . . . . . . . . . . . . . . 426**
*Amy K. Smith, Ruth N. Bolton e Janet Wagner*

20.1 Introdução . . . . . . . . . . . . . . . . . . . . . . . . . . . . . . . . . . . . . . . 426
20.2 Sistema conceitual e desenvolvimento de modelo. . . . . . . . . . . . . . 428
Efeitos da justiça percebida e da desconfirmação sobre a satisfação dos clientes . . . . . . . . . . . . . . . . . . . . . . . . . . . . . . . . . . . 428
Efeitos do contexto da falha dos serviços e de atributos de recuperação sobre a justiça percebida . . . . . . . . . . . . . . . . . . . . . . . . . . 430
Resumo. . . . . . . . . . . . . . . . . . . . . . . . . . . . . . . . . . . . . . . . . 431
20.3 Relacionamentos entre atributos de recuperação e dimensões de justiça. . . . . . . . . . . . . . . . . . . . . . . . . . . . . . . . . 432
20.4 Interações entre contexto da falha e atributos de recuperação . . . . 435
Tipo de falha: atributos de recuperação dos serviços . . . . . . . . . . . . . . . . . 435
Magnitude de falha e atributos de recuperação dos serviços . . . . . . . . . . . . 437
20.5 *Design* de pesquisa. . . . . . . . . . . . . . . . . . . . . . . . . . . . . . . . . . 440
Manipulação de fatores e mensuração de variáveis . . . . . . . . . . . . . . . . . 442

| | | |
|---|---|---|
| 20.6 | Procedimento do modelo de estimativa | 444 |
| | Testes de pressupostos | 445 |
| 20.7 | Resultados | 447 |
| | A influência da justiça percebida sobre a satisfação do encontro do serviço | 453 |
| | Os efeitos de atributos de recuperação sobre a justiça percebida | 454 |
| | Os efeitos moderadores do tipo de falha | 455 |
| | Os efeitos moderadores da magnitude da falha | 455 |
| 20.8 | Discussões e implicações | 456 |
| | Satisfação do encontro de serviço e justiça percebida | 456 |
| | Satisfação com o encontro de serviços e contexto da falha | 457 |
| | Justiça percebida e atributos de recuperação dos serviços | 457 |
| | Justiça percebida e efeitos moderadores do tipo de falha | 458 |
| | Justiça percebida e efeitos moderadores de magnitude da falha | 458 |
| 20.9 | Conclusão | 459 |
| 20.10 | Apêndice | 460 |
| | Cenários de falha dos serviços para o Estudo 1 (restaurantes) | 460 |
| | Cenários de falha dos serviços para o Estudo 2 (hotéis) | 461 |
| | Manipulações de perfil de recuperação dos serviços (restaurantes e hotéis) | 462 |
| 20.11 | Referências | 462 |

Índice onomástico ................................. 467

Índice ................................................ 469

# Introdução

Antes de falarmos de estratégia de operações precisamos definir o que esse termo significa e como ele está relacionado com outros termos similares. O termo "estratégia" pode ser definido como (i) as escolhas e decisões que uma determinada empresa faz para alcançar os seus objetivos e (ii) o grau de consistência entre essas decisões, tanto no curto como no longo prazo. Ou seja, estratégia implica em definir uma alternativa a ser seguida pela empresa dentre as muitas possíveis. Implica também em tomar decisões subsequentes consistentes com a alternativa inicialmente definida. Isso não, quer dizer, entretanto, que uma estratégia não possa ser mudada. A estratégia pode, e algumas vezes deve, ser mudada. Porém, uma vez definida, ela deve levar a outras decisões que sejam coerentes entre si à medida que outras decisões são necessárias. Nesse processo é necessário dedicar especial atenção a aprendizagem estratégica. A aprendizagem estratégica é um elemento fundamental para o desenvolvimento de uma trajetória de sucesso para as organizações.

Tipicamente, uma organização estabelece uma macroestratégia que é, normalmente, seguida por todas as microáreas da organização. Por exemplo, a alta administração estabelece uma estratégia corporativa e as áreas funcionais de finanças, recursos humanos, marketing e operações definem as suas estratégias alinhadas à macroestratégia da organização. Isto é, a estratégia corporativa serve de base para as outras estratégias definidas pelas áreas funcionais ou unidades organizacionais. Dessa forma, cada área da organização desenvolve sua própria estratégia que deve, pelo menos em teoria, estar alinhada com a estratégia da organização. Isso não quer dizer, entretanto, que a estratégia corporativa deve ser definida sem levar em consideração as outras áreas funcionais ou unidades organizacionais. Pelo contrário, a estratégia corporativa deve levar em conta os pontos fortes e fracos das diversas unidades organizacionais, de forma a construir uma macroestratégia que esteja embasada pelas características da organização.

Nessa perspectiva, a estratégia de operações pode ser definida como o conjunto de escolhas operacionais que são temporalmente consistentes entre si e que ajudam a organização a alcançar seus objetivos específicos a partir dos sistemas produtivos. As escolhas operacionais envolvem questões sobre, por exemplo, a localização das plantas de produção, o grau de customização dos produtos, o tempo de produção e entrega dos bens e serviços, a flexibilidade de escopo e escala, entre outros. De um ponto de vista pragmático, a estratégia de operações refere-se especificamente à área da organização que é responsável pela produção de bens e serviços. De um ponto de vista acadêmico, a estratégia de operações está inserida em um campo de conhecimento denominado operações de produção, produção, ou ainda, operações. Obviamente, ambos os pontos de vista estão intrinsecamente relacionados. Apesar dessa intrínseca relação, é importante destacar que a estratégia de operações teve um grande impulso a partir de estudos desenvolvidos sobre a produção de produtos, e nem tanto pelos estudos desenvolvidos sobre a produção de serviços. Por isso, grande parte dos artigos apresentados neste livro não envolve direta ou unicamente as estratégias para a produção de serviços, embora vários elementos discutidos também tenham surgido a partir das discussões sobre serviços e possam ser aplicados a eles.

Várias razões ilustram a importância do tema estratégia de operações tanto para o desempenho das organizações como para o avanço do conhecimento acadêmico na área. A primeira razão baseia-se no fato de que a área de operações engloba muito mais que apenas a atividade vinculada à produção de produtos e serviços. As operações de uma empresa englobam aquelas atividades diretamente relacionadas à produção, tais como movimentação de insumos, operação de máquinas, *layout* de fábrica, políticas e sistemas de estocagem, e também aquelas atividades indiretamente vinculadas à produção, tais como sistemas de custeio, relacionamento com outras áreas da empresa (por exemplo, *marketing*) e decisões de investimento de médio e longo prazo. A amplitude da área de operações na empresa é tão significativa que Silver (2004) provoca os acadêmicos da área ao defender a mudança do termo "gerenciamento de operações" para "gerenciamento de processos", tendo em vista a transversalidade das operações de uma empresa. Provocações à parte, essa discussão mostra que a expansão do conceito de "produção" para o conceito de "operações" tem sólida justificativa prática e teórica.

Uma segunda razão baseia-se no fato de que essa caracterização da área de "operações" tem um impacto significativo para a organização como um todo. Se as operações envolvem direta e indiretamente vários elementos e áreas organizacionais, então elas tomam uma envergadura que ultrapassa os limites da área de produção e repercute na organização como um todo. Dentro de um paradigma sistêmico, pode-se argumentar que todas as áreas organizacionais sofrem algum impacto oriundo da área de operações. Por exemplo, a área relacionada aos recursos humanos deve atender às necessidades de seleção e capacitação de profissionais responsáveis pela relação com fornecedores, recebimento e armazenagem de insumos, operação de máquinas, entre vários outros profissionais necessários à totalidade das operações da empresa. Outro caso é o da área de *marketing*, já que esta depende, em grande parte, das competências da área de operações para comunicar e vender produtos mais ou menos customizados e ajustados às necessidades dos clientes. De acordo com essa perspectiva, portanto, decisões estratégicas tomadas no âmbito das operações poderão influenciar as decisões tomadas por outras partes da organização.

Por fim, mas sem esgotar as inúmeras razões, a área de operações que tiver uma estratégia robusta pode se tornar uma efetiva e sustentável ferramenta para suportar e fornecer diferenciais para a competitividade da organização no mercado. Mais especificamente, a organização pode utilizar a área de operações como fonte de vantagem competitiva. Um dos casos mais conhecidos e discutidos tanto no mundo empresarial como no acadêmico é o da Toyota e do seu sistema de produção enxuta e sob demanda, bem como de suas operações com fornecedores e distribuidores. Entre os inúmeros benefícios alcançados com tais operações uma variedade de produtos com alta qualidade e relativo baixo custo, permitindo à Toyota uma posição competitiva sustentável por um longo período de tempo. Outro exemplo são as operações das companhias aéreas de baixo custo como Southwest Airlines, nos Estados Unidos, e Gol Linhas Aéreas, no Brasil. Tais organizações conseguem sustentar uma posição competitiva de baixo custo graças às suas estratégias focadas na redução dos custos operacionais. É nesse sentido que a área de operações e, principalmente, a estratégia de operações podem contribuir para uma vantagem competitiva sustentável.

Inúmeras razões motivaram a construção dessa coletânea. Uma delas foi a crescente importância que a área de operações vem ganhando no contexto empresarial brasileiro. Com a evolução econômica alcançada nas últimas duas décadas, as empresas finalmente encontraram um ambiente de relativa estabilidade que possibilitasse um planejamento de médio e longo prazo condizente com seus objetivos de investimento e crescimento. Como o crescimento de qualquer organização tende a passar inevitavelmente pela área de operações, já que as empresas precisam produzir, vender e entregar mais produtos e serviços, então essa área está se tornando fundamental para as organizações. Muito se questiona sobre a competitividade da indústria brasileira e essa discussão passa, necessariamente, por uma visão estratégica da área de operações/produção. Dentro dessa perspectiva, acreditamos que é importante proporcionar aos profissionais e gestores um livro que sintetize as principais ideias relacionadas com a evolução histórica da estratégia de operações.

Um segundo fator motivador foi a própria evolução da área de operações como área acadêmica no Brasil. Essa evolução pode ser vista pelo crescente número de programas de graduação e pós-graduação em Engenharia de Produção e Administração. Esses dados ajudaram a ilustrar a crescente demanda por pesquisa e formação de profissionais qualificados para atender às necessidades de crescimento das organizações destacadas anteriormente. Entendemos que este livro proporciona um mapa conceitual das origens e caminhos percorridos pela estratégia de operações auxiliando os estudiosos no assunto a um melhor entendimento da área e seus fundamentos. Um terceiro fator é a dificuldade dos discentes, nos diversos níveis de formação, com a língua inglesa. Os artigos aqui selecionados subsidiam a construção de diversos livros na área de produção/operações. Mas os alunos têm dificuldade para acessar os textos fundamentais em função da língua. Pareceu-nos oportuno reduzir a distância entre os discentes e os importantes conceitos da estratégia de operações. Procuramos, dessa forma, contribuir para a qualificação do ensino em todos os níveis formativos.

Por fim, nossa experiência como alunos e, posteriormente, docentes dos cursos de graduação, especialização, mestrado e doutorado em Engenharia de Produção e Administração motivou-nos a organizar este livro. Ao longo de nossa experiência, percebemos a necessidade de um material que servisse de guia para professores, profissionais, alunos e demais estudiosos com interesse em descobrir, aprender e aprofundar seus conhecimentos sobre estratégia de operações. Por isso, propusemos uma linha condutora para os principais tópicos e problemas relacionados à estratégia de operações. Nosso intuito é guiar o leitor em uma jornada de busca de um conhecimento cada vez mais profundo sobre o assunto.

O nosso livro tem como principal característica a preocupação com a lógica evolucionista do tema estratégia de operações. A Parte I, ou Primeira Fase, é intitulada Origens da Estratégia de Operações e apresenta artigos que tratam dos primeiros trabalhos sobre o tema. Compreendem o período que se inicia no final dos anos 60 e vai até meados da década de 80. Os artigos são apresentados em ordem cronológica de forma a proporcionar, também, uma lógica evolucionista do pensamento na área. Nessa seção do livro são apresentados os artigos seminais que deram origem à estratégia de operações bem como alguns artigos que buscam analisar empiricamente as proposições conceituais por tais artigos seminais.

A Parte II, ou Segunda Fase, é intitulada Estratégia de Operações como Arma Competitiva e vai de meados dos anos 80 até o começo dos anos 90. É nessa curta fase que os estudos sobre estratégia de operações se aprofundam e tentam mostrar que a área de operações pode ser vista como uma arma competitiva a ser utilizada pelas organizações na busca pela vantagem competitiva. É nessa fase também que começa a surgir a ideia de competência em produção e que empresas teoricamente mais competentes teriam melhores resultados operacionais e financeiros.

A Parte III, ou Terceira Fase, é intitulada Um Novo Paradigma em Estratégia de Operações, pois apresenta uma nova abordagem sobre estratégia de operações que desafia os conceitos e teorias que vinham sendo testados desde o seminal artigo de Skinner no final dos anos 60. Essa nova abordagem põe em xeque a ideia, até então amplamente aceita, que a estratégia de operações era formada por *trade-offs* operacionais, em que era impossível para uma determinada empresa ser eficiente em diversos critérios competitivos simultaneamente. É durante essa fase também que surge o trabalho de Miller e Roth (1994), em que os autores classificam empresas com diferentes características de operações e diferentes padrões de desempenho, um dos trabalhos mais influentes sobre estratégia de operações.

Depois de apresentar alguns dos principais trabalhos sobre estratégia de operações, finalizamos colocando uma dúvida na cabeça do leitor: existe mesmo uma estratégia de operações? Nosso último artigo não foi publicado em nenhum periódico científico e, portanto, é um material exclusivo. Queremos apresentar um contraponto e fazer o leitor refletir, tirando-o da zona de conforto e instigando-o a procurar novas ideias, a criticar e refletir mais profundamente sobre o que foi apresentado e, por fim, a tornar-se um elemento de pensamento e mudança dentro da academia e, principalmente, dentro das empresas.

# I
# Origens da estratégia de operações

Antes de falar sobre as origens, precisamos apresentar um breve histórico da área de operações como um todo. Apresentar uma breve síntese sobre as origens dessa área proporciona ao leitor uma perspectiva histórica. Isso permite um entendimento da evolução da área de operações, em geral, e um entendimento da inserção da estratégia de operações, em particular.

Entretanto, determinar as origens da área de operações é, de certo modo, uma tarefa difícil já que a busca por entendimento de como os elementos físicos (por exemplo, máquinas e trabalhadores) e metafísicos (por exemplo, normas e procedimentos) afetam os processos operacionais na organização sempre foi alvo de acadêmicos e, principalmente, de gestores[*]. Por exemplo, um artesão na idade média detinha certo conhecimento sobre o processo produtivo do produto que produzia, o que pode nos levar a crer que ele já detinha conhecimento operacional sobre suas atividades. Outro exemplo é a revolução industrial que proporcionou um aumento da produção graças a evoluções tecnológicas propiciadas a partir das máquinas a vapor. Esses exemplos ajudam a ilustrar a existência de uma inquietação humana sobre os elementos físicos e metafísicos que compõem os processos operacionais de produção.

Contudo, foi somente no final do século XIX que Taylor iniciou uma abordagem empírica e sistemática para o entendimento dos processos operacionais que afetam a organização de uma empresa, tornando-se um marco importante não somente para a área de operações, mas para a área de administração como um todo. Conhecido como pai da "administração científica", Taylor[**] estudou os tempos e movimentos feitos por trabalhadores durante a realização das tarefas operacionais nas empresas, e com essa abordagem conseguiu modificar os processos operacionais e obteve ganhos de eficiência.

Outro marco importante na história da área de operações é a Segunda Guerra Mundial. Durante esse período, alguns países reuniram seus principais cientistas para o desenvolvimento de ferramentas de modelagem matemática que ajudassem no processo decisório sobre as principais operações de guerra. Com o fim da guerra, as ferramentas de modelagem matemática desenvolvidas por esses cientistas foram aproveitadas para solucionar problemas das empresas, que eram similares aos das operações de guerra: otimização da produção, composição do melhor *mix* de produtos e distribuição e transporte aos menores custos possíveis, entre muitos outros. O resultado foi o surgimento do que é hoje conhecido, e ensinado em muitas universidades, como pesquisa operacional.

Após o término da Segunda Guerra Mundial, a área de operações voltou-se para uma questão fundamental: como melhorar os processos operacionais otimizando a utilização dos recursos disponíveis nas empresas? Alcançar essas melhorias foi a principal preocupação dos

---

[*] CHOPRA, S., LOVEJOY, W., YANO, C., Five Decades of Operations Management and Prospects Ahead, Management Science, v. 50, n. 1, 2004

[**] TAYLOR, F. W., Princípios de Administração Científica, Ed. Atlas, São Paulo, 1960, p. 141.

acadêmicos e das empresas durante as décadas de 50 e 60 por duas razões principais. Primeiro, as empresas tinham ineficiências que poderiam ser corrigidas com o apoio de modelos matemáticos desenvolvidos durante a guerra e que ajudariam o processo decisório envolvendo a utilização dos recursos. Com isso, as empresas conseguiram obter ganhos em termos de melhorias nos processos e maior eficiência na utilização dos recursos. Dito de outra forma, as empresas conseguiriam fazer "mais com menos". Segundo, com a tarefa de reconstruir e suprir produtos e serviços aos países destruídos durante a guerra, as empresas precisavam preocupar-se, primordialmente, com aspectos ligados às operações de produção e distribuição, já que a demanda garantiria a venda dos produtos e serviços produzidos.

No final da década de 60, os modelos matemáticos continuavam a dar conta das decisões específicas sobre, por exemplo, quantidades a serem produzidas e rotas mais curtas para entrega dos produtos. Entretanto, os modelos matemáticos não resolviam os problemas decorrentes das inconsistências estratégicas da empresa como, por exemplo, produzir uma grande variedade de produtos quando a estratégia da empresa, na verdade, é voltada para o baixo custo. Dentro desse contexto, a área de operações dá o primeiro passo em direção à uma visão mais estratégia da área de operações. Em 1969, Skinner escreve seu seminal artigo *Manufacturing – missing link in corporate strategy*. O recado é claro: a área de operações deve ser vista pela alta administração como uma peça importante da engrenagem estratégica da organização e, assim como outras áreas, deve estar alinhada com as decisões estratégicas tanto no curto quanto no longo prazo.

Mais especificamente, o artigo de Skinner chamou a atenção para os *trade-offs* nas decisões estratégicas da organização no que tange a área de operações. O *trade-off* refere-se ao fato de que é impossível alcançar altos níveis de eficiências em operações que são, teoricamente, incompatíveis entre si. Por exemplo, uma empresa pode encontrar dificuldade se tentar customizar seus produtos para ganhar variedade e diferenciação e, ao mesmo tempo, padronizar o processo produtivo para reduzir variabilidade na produção. Ou seja, a empresa deve decidir qual operação ela deve focar seus recursos já que ambas são incompatíveis do ponto de vista operacional. Para isso, a área de operações deve estar alinhada com a alta administração e ser vista por esta como uma ferramenta estratégica na busca de uma maior competitividade da empresa.

Começava a ficar evidente que os problemas da área de operações não se resumiam somente às quantidades ótimas a serem produzidas, mas incluíam também às (in)consistências decisórias decorrentes da falta de alinhamento entre a estratégia geral da empresa e àquela específica da área de operações. É nesse sentido, que em 1974 Skinner escreve seu segundo artigo sobre esse tema, destacando as empresas que são focadas em poucos, mas consistentes, elementos operacionais que permitem a redução no desperdício de recursos. A estratégia na área de operações nasce, portanto, com o propósito de proporcionar alinhamento e consistência temporal nas decisões estratégicas tomadas tanto em nível da organização como um todo, como em relação à área de operações.

Na década de 70, entretanto, o contexto macroeconômico era de crise internacional. A crescente demanda por produtos e serviços testemunhada nas décadas anteriores começava a dar os primeiros sinais de saturação. Os países produtores de petróleo boicotavam a produção e os preços das *commodities* disparavam causando problemas globais. As economias mundiais já davam sinais de estagnação e a consequência foi um aumento da competição entre as empresas pelas fatias de mercado existentes. A partir de então, as empresas são forçadas a repensar suas atividades e desenvolver estratégias que permitam não apenas a sobrevivência mas, principalmente, a lucratividade em um mercado cada vez mais concorrido. É justamente nesse período que surgem os primeiros trabalhos acadêmicos sobre estratégia das organizações, e Michael Porter começa suas pesquisas, que culminariam com o lançamento de livros em meados da década de 80. Paralelamente, e seguindo a tendência mundial, os acadêmicos da área de operações também voltam-se para estudos sobre a estratégia de operações. Nas duas décadas seguintes, portanto, a área desenvolve o que hoje é conhecido sobre estratégia de operações, e que serão apresentados em mais detalhes nos próximos capítulos.

# 1
# Manufatura – o elo perdido na estratégia corporativa*

WICKHAM SKINNER
HARVARD BUSINESS SCHOOL

A função manufatura (área de produção) de uma empresa, em geral, pode ser vista como uma arma competitiva ou como uma área sem grande contribuição para a estratégia da empresa. Esta função, poucas vezes, mantém uma neutralidade. A ligação entre a manufatura e o sucesso corporativo é raramente percebida como algo mais que o alcance de grande eficiência a custos moderados. De fato, esta ligação é muito mais crucial e muito mais sensível. Poucos gestores que ocupam altos cargos têm ciência de que decisões aparentemente rotineiras relativas à manufatura vêm, muitas vezes, delimitar as opções estratégicas da corporação, vinculando-a, por meio das instalações, do equipamento, dos funcionários, dos controles e das políticas básicas empresariais, a uma postura não competitiva, que pode levar anos para ser revertida.

As pesquisas que conduzi durante os últimos três anos revelam que a alta gestão delega, sem saber, um número surpreendente de decisões referentes à política básica empresarial para a equipe da área da manufatura, que ocupam cargos de nível mais baixo. Em geral, esta omissão de responsabilidade acontece mais por ausência de preocupação do que por uma real intenção. Essa é, em parte, a razão pela qual muitas das políticas e dos procedimentos relativos à manufatura, desenvolvidos em níveis mais baixos da hierarquia empresarial, refletem determinadas concepções sobre a estratégia corporativa que são incorretas ou mal interpretadas.

## 1.1 EFEITO DA MIOPIA ESTRATÉGICA EM RELAÇÃO À ÁREA DE PRODUÇÃO

Quando as empresas deixam de reconhecer a relação entre as decisões relativas à manufatura e a estratégia corporativa, é possível que elas venham a se afogar em meio a sistemas de produção sem praticamente nenhuma competitividade, cuja transformação seria cara e demorada. Eis aqui vários exemplos:

---

* Artigo originalmente publicado sob o título *Manufacturing-Missing Link in Corporate Strategy*, na Harvard Business Review, v.47, n.3, p.136-146, 1969.

A Empresa A ingressou no campo das lavadoras-secadoras combinadas, depois de várias empresas concorrentes terem falhado em suas tentativas para realizar um ingresso exitoso nesse campo. Os executivos da Empresa A acreditavam que seu modelo superaria as desvantagens técnicas que haviam prejudicado as outras empresas e impedido a formação de qualquer mercado de volume considerável. Os gestores da manufatura trabalharam a nova unidade na tradicional linha de montagem, com as mesmas correias transportadoras e gigantes prensas de gravação que eram utilizadas para todos os produtos fabricados pela empresa.

Com o fracasso da lavadora-secadora no mercado, as perdas se avolumaram e chegaram na casa dos milhões de dólares. A unidade fabril tinha sido "eficiente", no sentido de que os custos eram baixos. Mas os processos de instrumentalização e produção não conseguiram satisfazer as demandas do mercado.

A Empresa B produziu cinco espécies de equipamentos eletrônicos para cinco grupos diferenciados de consumidores; os equipamentos variavam de controles via satélite a controles industriais e componentes eletrônicos. Em cada um desses mercados, era necessário que a produção executasse uma tarefa diferente. No primeiro mercado, por exemplo, era exigida uma confiabilidade extremamente alta; no segundo mercado, a demanda era pela rápida introdução da série de novos produtos e, no terceiro mercado, os baixos custos eram de crucial importância para a sobrevivência competitiva.

Apesar de tarefas tão diversas e contrastantes, a gestão de produção optou por centralizar as instalações de manufatura em uma única unidade fabril, a fim de alcançar as "economias de escala." O resultado foi uma falha em conseguir obter alta confiabilidade, alcançar as economias de escala ou desenvolver a capacidade de uma rápida introdução dos novos produtos no mercado. O que aconteceu, em resumo, foi que, no intuito de conseguir alcançar as economias de escala, o grupo responsável pela produção ignorou as demandas que a estratégia competitiva colocava para a manufatura. O grupo responsável pela produção estava obstinado pela ideia de desenvolver "um sistema total, inteiramente computadorizado." O programa de manufatura não satisfez a nenhuma divisão e resultou em sérios problemas de marketing que abafaram o progresso da empresa.

A Empresa C produz resinas para moldes plásticos. A nova unidade fabril que estava sendo construída deveria entrar no fluxo de operações dentro de oito meses, dobrando o volume da produção. Neste espaço de tempo, a empresa contava com um volume muito mais alto de pedidos do que era capaz de atender.

No sentido estratégico, a tarefa da manufatura era maximizar a produção para satisfazer grandes e importantes clientes. Apesar disso, o sistema de controle da produção fabril estava configurado – como havia estado por anos a fio – para minimizar os custos. Como resultado, dava-se ênfase à longa duração dos ciclos de produção. Enquanto os custos eram mantidos em um baixo nível, muitos clientes tinham de esperar, e muitos dos principais compradores foram perdidos. Em consequência, quando a nova unidade fabril entrou no fluxo das operações, ela foi forçada a operar com pequenos volumes.

O erro de se considerar os baixos custos e a alta eficiência como os principais objetivos da manufatura, como visto em cada um dos exemplos acima, costuma caracterizar uma simplificação extremada do conceito de "uma boa operação de manufatura." Tais critérios colocam muitas vezes as empresas em apuros, ou, pelo menos, não auxiliam no sentido de transformar os processos de manufatura em uma arma competitiva. A manufatura afeta a estratégia corporativa, e a estratégia corporativa afeta a manufatura. Mesmo em uma área de operações supostamente rotineiras, tal como o sistema de escalonamento da produção, as considerações de ordem estratégica deveriam sobrepujar o peso atribuído aos fatores técnicos e aos fatores convencionais de engenharia industrial invocados em nome da "produtividade".

## Visões de alcance limitado

O fato é que a manufatura é vista pela maioria dos gestores que ocupam altos cargos como algo que necessariamente envolve habilidades técnicas e complicações associadas aos pequenos detalhes e às pequenas decisões a serem tomadas diariamente. A manufatura é vista por muitos gestores de menos idade como o dispositivo de acesso a uma rotina agitada, em que os dias são repletos de muita pressão e de muitos detalhes e restritos a um baixo nível de tomada de decisões – tudo aquilo que costuma ficar longe da vista e das mentes dos executivos que ocupam altos cargos. A manufatura é geralmente ensinada nas escolas de graduação em administração empresarial como sendo uma combinação de engenharia de produção (estudo do tempo de duração, layout das instalações fabris, teoria do inventário e assim por diante) e análise quantitativa (programação linear, simulação, teoria das filas e o restante). Ao todo, prevalece a percepção de que uma carreira no campo da manufatura assemelha-se à uma vida de orientação técnica e ritmo frenético, que consome a pessoa por inteiro e que diminui as suas chances de, alguma vez, conseguir chegar ao topo, aumentando as suas chances de ser sepultada em meio a tantas minúcias.

Essas percepções não são, de fato, totalmente erradas. O presente artigo propõe a tese de que o conceito de orientação técnica de manufatura é predominante; e que ele costuma ser amplamente responsável pela limitada contribuição que a manufatura presta para o arsenal de armas competitivas de uma empresa, em função da manufatura não conseguir atrair os grandes talentos dos quais necessita e que deveria ter, e em função da manufatura não conseguir atrair um maior número de gestores de menos idade dotados de um interesse geral por administração e de amplas aptidões individuais. Em minha opinião, a manufatura é normalmente percebida de maneira errada no topo da hierarquia empresarial, gerenciada de maneira errada no nível da fábrica e ensinada de maneira errada nas escolas de administração.

Essa é uma forte colocação, mas mudanças se fazem necessárias, e acredito que somente um conceito que imprima maior relevância à manufatura pode vir a ocasionar tais mudanças. Não detecto nenhum sinal de que tenhamos descoberto os meios para solucionar os problemas mencionados. As novas abordagens dos "sistemas totais" embasados na matemática para a gestão da produção trazem a promessa de novos e valiosos conceitos e técnicas, mas duvido que estas abordagens superem a tendência demonstrada pela mais alta administração de se omitir no campo da manufatura. Dez anos de desenvolvimento de técnicas quantitativas nos deixaram todos os anos com a promessa de uma "grande nova era" na gestão da produção. Era esta que se encontra "logo à frente." A promessa nunca parece se concretizar. Há uma dúzia de histórias sobre fiascos dos "sistemas totais" computadorizados; esses fracassos sempre são caros; e, em quase todos os casos, a gestão teria delegado a realização desse trabalho a especialistas.

O intuito aqui não é depreciar a promessa – e, em verdade, nem algumas das atuais contribuições – encerrada na abordagem de sistemas/computadorizada. Dois anos atrás, meu sangue costumava ferver a esse respeito. Mas, desde então, uma observação feita de perto sobre a ocorrência deste problema na indústria dos EUA me convenceu de que não há adequação na prometida "resposta." A referida abordagem não conseguirá superar os problemas descritos até que consiga realizar um trabalho muito melhor no sentido de interligar a manufatura e a estratégia corporativa. O que se faz necessário é alguma espécie de mecanismo integrador.

## 1.2 PADRÃO DE FALHAS

Ao examinar as percepções nutridas pela alta administração a respeito da manufatura, cheguei a algumas noções sobre as causas básicas de muitos dos problemas no campo da produção. Em cada um dos seis setores industriais estudados, descobri altos executivos delegando uma quantidade excessiva de políticas de manufatura para os subordinados, evitando envolver na maioria dos assuntos relativos à produção, e não fazendo as devidas perguntas, a não ser quando suas empresas se encontravam em uma situação de grandes apuros. Aparentemente, este padrão se deve à combinação de dois fatores:

1. Um senso de inadequação pessoal, por parte dos altos executivos, na gestão da produção. (Esse sentimento provém, muitas vezes, da tendência de considerar a área da produção como uma especialidade técnica ou de engenharia, ou como um segmento de gestão mundano, do tipo "feijão com arroz");
2. A falta de consciência, dentre os altos executivos, de que o sistema de produção acarreta, inevitavelmente, *trade-offs* e compromissos, devendo então ser projetado para desempenhar bem uma tarefa delimitada, sendo esta tarefa definida pelos objetivos estratégicos empresariais;

É claro que o primeiro fator depende em parte do segundo, pois o senso de inadequação não seria sentido se o papel estratégico da produção estivesse mais claro. O segundo fator é aquele sobre o qual o restante do presente artigo se concentrará.

Como um prédio, um veículo ou um barco, o sistema de produção pode ser projetado para realizar bem algumas coisas, mas sempre em detrimento de outras habilidades. Parece que o não reconhecimento desses *trade-offs* e dos seus efeitos sobre a capacidade que uma empresa tem de competir é o que leva a alta administração a muitas vezes delegar decisões cruciais para níveis funcionais mais baixos e de orientação técnica, e a permitir que a política empresarial seja delineada por meio de decisões operacionais aparentemente sem grande importância.

No restante do presente artigo, gostaria de:

- Fazer um esboço, *grosso modo*, das relações existentes entre as operações de produção e a estratégia corporativa;
- Chamar a atenção para a existência de *trade-offs* que são inerentes ao projeto do sistema de produção;
- Comentar sobre a inadequação com a qual os especialistas em computador lidam com os *trade-offs* anteriormente mencionados;
- Propor uma nova forma de examinar a manufatura, forma essa que pode permitir ao gestor, que não possui uma formação técnica, compreender e gerir a área da manufatura.

## 1.3 IMPLICAÇÕES ESTRATÉGICAS

Muitas vezes, não é fácil entender a inter-relação existente entre as operações de produção e a estratégia corporativa. A noção é bastante simples – ou seja, que a estratégia competitiva de uma empresa, em um dado momento, impõe determinadas demandas à função manufatura, e que, de modo inverso, o posicionamento e as operações de manufatura da empresa deveriam ser projetadas com o propósito específico de cumprir a tarefa pedida pelos planos estratégicos. O que é mais elusivo é o conjunto de fatores de causa e efeito que determinam a ligação entre a estratégia e as operações de produção.

A estratégia é um conjunto de planos e políticas por meio dos quais a empresa almeja obter vantagens sobre seus concorrentes. Normalmente, a estratégia inclui planos para manufatura de produtos e para o marketing desses mesmos produtos destinados a um grupo determinado de consumidores. Os planos de marketing geralmente incluem abordagens específicas e etapas a serem seguidas para a identificação de consumidores em potencial, determinando porque, onde e quando tais consumidores compram, e aprendendo a melhor forma de atingi-los e de convencê-los a comprar. A empresa deve ter uma vantagem, um apelo particular, um empurrão ou uma fisgada especial gerada por seus produtos, canais de distribuição, propaganda, preço, embalagem, disponibilidade, garantias ou outros fatores.

## Demandas concorrentes

Nem sempre se percebe que diferentes estratégias e abordagens de marketing visando obter uma vantagem competitiva impõem diferentes demandas à divisão de manufatura da empresa. A estratégia empregada, por exemplo, por um fabricante de móveis que almeje uma ampla distribuição de uma linha restrita de móveis de baixo custo, com ampla propaganda feita junto ao consumidor, pode geralmente exigir:

- Uma descentralização na armazenagem do produto acabado;
- A pronta disposição das mercadorias;
- Um nível mínimo de custos.

Essas demandas podem, por sua vez, exigir:

- Lotes de um tamanho relativamente grande;
- Instalações especializadas para os trabalhos de montagem e acabamento;
- Uma grande proporção de trabalhadores com especialização de baixo e médio nível na força de trabalho;
- A concentração da manufatura em um número limitado de unidades fabris de larga escala.

Em contraposição, um fabricante de móveis de alto estilo e preço, com um sistema de distribuição exclusivo, exigiria um conjunto totalmente diverso de políticas de manufatura. Se os mais altos preços e os mais longos ciclos de produção permitissem uma maior liberdade de movimentação na unidade fabril, essa empresa teria de lidar com os problemas inerentes ao fornecimento de móveis de alta qualidade confeccionados em madeira (material que é maleável, de dimensões irregulares, com um dispendioso acabamento de superfície e facilmente suscetível a danos), o alto custo para estabelecer o tempo de processamento da maioria das operações com um maquinário adequado para a madeira, e a necessidade de produzir um grande número de peças não padronizadas. Se a primeira empresa também tem de se debruçar sobre essa problemática, os problemas são mais graves para a segunda empresa, pois sua estratégia de marketing a força a confrontá-los de frente. As políticas de manufatura da última empresa provavelmente exigirão:

- Muitas alterações de estilo e modelo;
- Uma produção feita com base na colocação do pedido;
- Uma alta qualidade, de extrema confiabilidade;

Essas demandas podem, por sua vez, exigir:

- Uma organização que consiga rapidamente incluir novos modelos na linha de produção;
- Um grupo de controle da produção que consiga coordenar todas as atividades de modo a reduzir a duração dos ciclos de produção;
- Supervisores e técnicos qualificados com um treinamento técnico.

Em consequência, a segunda empresa deve contar com um quadro de engenheiros com um bom domínio de métodos de manufatura; uma instrumentalização simples e flexível; e uma força de trabalho experiente e bem treinada.

Em resumo, as duas fabricantes necessitariam desenvolver políticas, um quadro de pessoal e operações muito diferenciados, caso quisessem lograr igual êxito na execução das suas estratégias.

## Escolhas importantes

Nos exemplos descritos, há marcantes contrastes entre as duas empresas. Na verdade, porém, até mesmo as pequenas e sutis diferenças entre as estratégias corporativas deveriam se refletir nas políticas de manufatura. Minha pesquisa, no entanto, mostra que poucas empresas realizam de fato uma adaptação explícita e cuidadosa em seus sistemas de produção para que os mesmos consigam desempenhar as tarefas que são vitais para o êxito administrativo.

Em vez de centrar o enfoque primeiro na estratégia, e depois partir para a definição da tarefa da manufatura, e então voltar-se para o projeto dos sistemas dentro da política de manufatura, as gestões empresariais tendem a empregar um conceito de produção que é muito menos efetivo. A maioria dos altos executivos e gestores da área de produção examinam seus sistemas de produção a partir da noção de "total produtividade" ou de uma noção equivalente a esta, a de "eficiência." Eles buscam uma espécie de combinação que reúna baixos custos, alta qualidade e um serviço mediano de atendimento ao consumidor. Prevalece a visão de que uma unidade fabril dotada de equipamentos razoavelmente modernos, métodos e procedimentos atualizados, uma força de trabalho cooperativa, um sistema computadorizado de informações e uma gestão bem esclarecida, constituirá uma boa unidade fabril e terá um desempenho eficiente.

Mas o que significa "uma boa unidade fabril"? O que significa um "desempenho eficiente"? E o que o computador deve estar programado para fazer? Ele deve reduzir a duração dos ciclos de produção ou reduzir os estoques? Uma empresa não consegue reduzir os dois ao mesmo tempo. O computador deve reduzir a mão de obra direta ou a mão de obra indireta? De novo, a empresa não consegue fazer os dois. Deve-se minimizar o investimento em equipamentos – ou deve-se manter as compras feitas fora em um nível mínimo? Pode-se prosseguir mencionando outras escolhas do mesmo tipo.

O leitor poderia responder: "O que a gestão quer é uma combinação de ambos os ingredientes que resulte em um custo total mais baixo possível." Mas só essa resposta também não é suficiente. A resposta um "custo total mais baixo possível" não contempla a dimensão tempo de duração e satisfação do consumidor, que devem normalmente também ser levadas em consideração. Como há o envolvimento de todos esses fatores, custo, tempo de duração e consumidores, conclui-se que aquilo que constitui uma "boa" unidade fabril para a empresa A pode ser uma unidade fabril pobre e medíocre para uma empresa concorrente, a empresa B, que atua no mesmo setor industrial, mas adota uma estratégia diferente.

O propósito da manufatura é servir à empresa – satisfazer suas necessidades de sobrevivência, lucro e crescimento. A manufatura faz parte do conceito estratégico que estabelece uma relação entre as fortalezas e os recursos de uma empresa e as oportunidades existentes no mercado. Cada estratégia gera uma tarefa única de manufatura. A aptidão demonstrada pela gestão na área de manufatura em cumprir com essa tarefa é a medida-chave do seu sucesso.

## 1.4 *TRADE-OFFS* NO PROJETO

O curioso é que a maior parte da alta administração e da equipe de produção não afirmam seus parâmetros de sucesso de forma mais precisa, e, em vez disso, recorrem a medidas de aferição, tais como "eficiência," "baixos custos" e "produtividade." Meus estudos levam a crer que a principal razão para esse fenômeno é que um número muito pequeno de executivos chega a se dar conta da existência de *trade-offs* na elaboração do projeto e na operação do sistema de produção.

## CAPÍTULO 1   Manufatura – o elo perdido na estratégia corporativa

Mesmo assim, a maioria dos gestores admitirá de imediato que existem compromissos ou *trade-offs* a serem cumpridos no projeto de uma aeronave ou de um caminhão. No caso de uma aeronave, os *trade-offs* envolveriam questões como a velocidade de voo, as distâncias para decolagem e aterrissagem, o custo inicial, a manutenção, o consumo de combustível, o conforto dos passageiros e a capacidade de transporte de carga e de passageiros. O que define os limites quanto ao que é possível alcançar nesses aspectos é o estágio de desenvolvimento tecnológico. Ninguém pode, por exemplo, projetar hoje em dia um avião com capacidade para 500 passageiros que seja capaz de aterrissar em um navio porta-aviões da marinha e também quebrar a barreira do som.

Muito disso é verdade no que diz respeito à manufatura. As variáveis custo, tempo de atravessamento, qualidade, restrições de ordem tecnológica e satisfação do consumidor impõem limites quanto ao que é possível para a gestão fazer, forçam a realização de compromissos e exigem o reconhecimento explícito de um grande número de *trade-offs* e escolhas. Ainda assim, em toda a parte, descubro unidades fabris que, de maneira negligente, enfatizaram um parâmetro às custas de outro, de maior importância. Por exemplo:

Um fabricante de equipamentos eletrônicos, cujos consumidores estavam insatisfeitos, contratou um especialista em computador e colocou a manufatura sob uma chefia exitosa em projetos de engenharia para transformá-la em um "sistema total." Um ano depois, o computador jorrava um grosso volume de informações diárias. "Sabemos a localização de todas as partes integrantes da unidade fabril em qualquer momento," gabou-se o gestor responsável pela produção e seus softwares de acompanhamento da produção.

Os consumidores, todavia, estavam agora mais insatisfeitos do que nunca. Os gerentes de produto se queixavam furiosos de que as promessas de entrega deixavam regularmente de serem cumpridas – e, em quase todos os casos, os primeiros a lhes contar sobre as imperfeições dos produtos eram os consumidores. O problema girava em torno do fato que o processamento das informações computadorizadas eram organizadas por números e operações parciais. Elas haviam sido projetadas para facilitar a programação da máquina e para auxiliar os chefes de seção das lojas; elas não haviam sido organizadas em torno dos produtos finais, o que teria facilitado as coisas para o serviço de atendimento ao consumidor.

Como isso veio a acontecer? Em grande parte, parecia claro, porque os gestores responsáveis pela manufatura haviam se deixado absorver pela sua própria "abordagem de sistemas"; a fascinação com a automação e com a geração de dados para controle da produção tornou-se um fim em si mesmo. Quanto à alta administração, ela havia se isentado da responsabilidade. Como o crescimento e o êxito da empresa haviam sido embasados na engenharia, e como a alta administração se orientava pela divisão de P&D, os executivos responsáveis pela tomada de decisões viam a produção como uma rotina que requeria um menor nível de complexidade e de capacidade intelectual. A alta administração argumentava ainda que a empresa possuía especialistas em produção que eram bem pagos e que deveriam ser capazes de realizar seu trabalho sem incomodar as pessoas que ocupavam cargos de alto nível.

## Reconhecimento das alternativas

Para adquirir uma noção das importantes decisões referentes à realização de *trade-offs* na manufatura, deve-se examinar o Quadro 1.1, que dá alguns exemplos nesse sentido.

Em cada uma das áreas de decisão – unidade fabril e equipamento, planejamento e controle da produção, e assim por diante – a alta administração precisa reconhecer as alternativas existentes e se envolver no projeto do sistema de produção. Ela precisa se envolver de tal maneira que a alternativa selecionada seja apropriada à tarefa de manufatura determinada pela estratégia corporativa.

**QUADRO 1.1** Algumas decisões importantes decisões sobre a realização de *trade-offs* na manufatura: "Não dá para ter as duas coisas ao mesmo tempo"

| Área de decisão | Decisão | Alternativas |
|---|---|---|
| Fábrica e equipamento | Domínio do processo | Fazer ou comprar |
| | Tamanho da fábrica | Uma grande unidade fabril ou várias unidades menores |
| | Localização da fábrica | Localizar perto dos mercados ou localizar perto dos materiais |
| | Decisões sobre investimentos | Investir principalmente em prédios ou em equipamentos ou em estoques ou em pesquisas |
| | Escolha do equipamento | Equipamento para fins gerais ou para um propósito específico |
| | Espécie de instrumentos de trabalho | Ferramentas temporárias, um mínimo de ferramentas ou "instrumentalização da produção" |
| Planejamento e controle da produção | Frequência de levantamentos dos estoques | Poucos ou muitos intervalos no processo de fabricação para fins de registro dos estoques |
| | Volume dos estoques | Volumes de estoque em nível alto ou em níveis mais baixos |
| | Grau de controle dos estoques | Controle bastante detalhado ou desprovido de tantos detalhes |

| | | |
|---|---|---|
| | O que controlar | Controles projetados para reduzir o tempo ocioso do maquinário ou o custo da mão de obra ou o tempo de processamento, ou para aumentar a produção de determinados produtos ou a utilização de certos materiais |
| | Controle de qualidade | Alta confiabilidade e alta qualidade ou baixos custos |
| | Utilização de padrões | Padrões formais ou informais ou absolutamente nenhum padrão |
| Mão de obra e alocação de pessoal | Especialização do trabalho | Altamente especializado ou não tão especializado |
| | Supervisão | Supervisores com curso de treinamento técnico de primeira linha ou supervisores com treinamento não técnico |
| | Sistema de remuneração | Muitas faixas salariais ou poucas faixas salariais; pagamento de incentivos ou pagamento por hora |
| | Supervisão | Supervisão pormenorizada ou supervisão mais solta |
| | Engenheiros industriais | Muitos ou poucos engenheiros industriais |
| Projeto/Engenharia de produto | Amplitude da linha de produtos | Muitos produtos para consumidores especiais ou poucos produtos ou absolutamente nenhum produto deste tipo |
| | Estabilidade de projeto | Congelamento do projeto ou muitos pedidos para alterações na engenharia do projeto |
| | Riscos tecnológicos | Utilização de novos processos ainda não testados pelas empresas concorrentes ou política de seguimento ao líder |
| | Engenharia | Pacote completo do projeto ou uma abordagem de definição do à medida que o trabalho avança |
| | Emprego de engenhariade manufatura | Poucos ou muitos engenheiros de manufatura |
| Organização e gestão | Tipo de organização | Funcional ou com enfoque no produto ou geográfica ou outra ainda |
| | Utilização do tempo dos executivos | Grande envolvimento em investimentos ou em planejamento de produção ou em controle de custos ou em controle de qualidade ou em outras atividades |
| | Nível de risco assumido | Decisões baseadas em muitas ou em poucas informações |
| | Emprego do quadro de pessoal | Quadro de pessoal grande ou pequeno |
| | Estilo de executivos | Muito ou pouco envolvimento com os detalhes; estilo autoritário ou não diretivo; muito ou pouco contato com a organização |

Fonte: Skinner (1969).

É claro que a realização de tais escolhas é uma tarefa contínua, em vez de uma tarefa realizada só uma vez por ano ou só uma vez em cada década; as decisões têm de ser tomadas constantemente nessas áreas de realização de *trade-offs*. De fato, o xis da questão parece ser como garantir que o contínuo processo de tomada de decisão não ocorra de forma dissociada dos fatos competitivos e estratégicos, quando muitas das decisões referentes à realização de *trade-offs* não aparentem ter alguma relação com a estratégia empresarial. Enquanto o ponto de vista técnico dominar as decisões relativas à manufatura, é inevitável que haja um determinado grau de dissociação das realidades inerentes à competição. Infelizmente, como se verá, é grande a probabilidade de que o enfoque técnico prevaleça.

## 1.5 DOMÍNIO TÉCNICO

Não se pode deixar de perceber a semelhança entre a ênfase dada hoje aos especialistas da área técnica – o especialista em computador e o técnico de produção com enfoque em engenharia – e a ênfase dada ontem ao especialista em eficiência – o homem que estuda o tempo de duração e o engenheiro industrial. Durante 50 anos, a gestão nos EUA muito recorreu aos especialistas da eficiência treinados nas técnicas de Frederick W. Taylor. Os engenheiros industriais eram os reis da fábrica. Suas primeiras abordagens e atitudes conduziam muitas vezes a lutas industriais, greves, sabotagem e militância em sindicatos, mas isso não chegava a ser percebido. O que tampouco se percebia era que a ênfase técnica desses especialistas produzia, muitas vezes, uma orientação interna voltada para o fator custo, ignorando o consumidor, e um ponto de vista típico da engenharia que se ufanava dos instrumentos de trabalho, dos equipamentos e de engenhosas invenções, em vez de mercados e serviços. Mais importante ainda, o culto da engenharia industrial tendia a fazer com que os altos executivos, em virtude de não possuírem qualificações técnicas, não quisessem se envolver em decisões relativas à manufatura.

Desde a virada do século, essa orientação centrada em torno da eficiência reteve o desenvolvimento da manufatura nos EUA. Ela gerou a imagem de "porcas e parafusos," de empregos de graxa e sujeira, com enfoque em detalhes, na área da manufatura. Dominou os cursos de "produção" na maioria das escolas de gestão empresarial em nível de graduação. Ela alienou os jovens dotados de vasta formação na área de gestão das carreiras no campo da manufatura. "Intimidou" os gestores que ocupavam altos cargos.

Vários meses atrás, um grupo de engenheiros industriais me pediu para emitir uma opinião sobre porque um número tão pequeno desses profissionais conseguia galgar postos visando chegar ao topo nas suas empresas. Minha resposta foi que talvez o ponto de vista técnico os excluísse da alta administração, assim como o jargão e os artifícios da manufatura impediam, muitas vezes, a alta administração de compreender a fábrica. No seu isolamento, tudo o que os engenheiros industriais conseguiam obter era um senso muito restrito das necessidades de mercado e da estratégia competitiva.

## Que entre o especialista em computação

Atualmente, o engenheiro industrial está perdendo importância em muitas empresas. Um novo especialista da área técnica, o especialista em computador, está tomando o seu lugar. O termo "especialista em computador" é aqui empregado para aludir aos indivíduos que se especializam em projetos e programação de sistemas computadorizados.

É evidente que não se pretende negar o fato de que os especialistas em computador têm um trabalho muito importante a executar. Refuta-se, no entanto, qualquer noção de que os especialistas em computador disponham de uma melhor visão da alta administração do que aquela que seus predecessores, os engenheiros industriais, tinham. Pela minha experiência, o típico especialista em computador viu-se forçado a dominar uma tecnologia complexa e muito absorvente, um fato que frequentemente faz dele alguém com visões de âmbito restrito, em vez de católicas. Como ele não se preocupa tanto com os detalhes do sistema total, é necessário que alguém da alta administração oriente sobre objetivos e política empresarial. Ao efetuar a escolha de *trade-offs* e compromissos para o seu sistema computadorizado, ele necessita ser instruído a respeito, e não ser abandonado aos seus próprios recursos, ou, de outra forma, ele precisa perceber toda a empresa como sendo um sistema, e não apenas um canto dela – isto é, as instalações de manufatura.

Na maioria das vezes, não é isso o que acontece. O computador representa um pesadelo para muitos gestores que ocupam altos cargos porque eles permitiram que o computador e seus devotos ficassem fora de controle. Eles deixaram que os especialistas da área técnica continuassem a exercer seu domínio. Ainda há falhas por parte da alta administração no que tange ao verdadeiro gerenciamento da produção.

Como a alta administração pode começar a gerir a manufatura, em vez de repassar essa tarefa aos técnicos que, não por uma falha deles mesmos, estão absortos em suas próprias artes industriais? Como a gestão de produção nos EUA pode ser auxiliada para lidar com as crescentes pressões dos novos mercados, as alterações mais rápidas dos produtos, as novas tecnologias, as decisões mais abrangentes e arriscadas sobre os equipamentos e a enxurrada de problemas a serem enfrentados na indústria hoje? A seguir, examinam-se algumas respostas para essas questões.

## 1.6 UMA MELHOR TOMADA DE DECISÃO

As respostas que gostaria de sugerir aqui não são uma solução para tudo, e elas tampouco pretendem ser totalmente abrangentes. Em verdade, ninguém pode responder a todas as questões e problemas descritos por meio de uma boa fórmula ou um bom ponto de vista. Mas, com certeza, pode-se aperfeiçoar a noção de que os sistemas de produção só necessitam ser "produtivos e eficientes." A alta administração de uma empresa é capaz de gerir a manufatura se ela se envolver na elaboração da política de manufatura, em vez de considerar esta política uma espécie de quinto estado, independente, além do território de controle.

Acredito que primeiro deve-se aceitar a teoria da manufatura que principia pelo conceito de que, no projeto de qualquer sistema, há um número significativo de *trade-offs* (como apresentado no Quadro 1.1) acerca dos quais é necessária a tomada de uma decisão explícita.

### Determinação da política

Os executivos também acharão útil pensar na determinação de uma política de manufatura como um processo ou sequência de etapas ordenadas. O Quadro 1.2 é um retrato esquematizado de tal processo. Ela mostra que a política de manufatura deve se originar da estratégia corporativa, e que o processo para determinação dessa política é o meio pelo qual a alta administração pode, na verdade, gerir a produção.

O emprego desse processo talvez acabe com o isolamento da manufatura e consiga reunir a alta administração e a manufatura. A sequência é simples, porém de vital importância.

O processo se inicia pela análise do contexto competitivo, de como as empresas rivais estão competindo em termos de produto, mercados, políticas e canais de distribuição. A gestão examina o número e o tipo de empresas concorrentes e as oportunidades que se abrem para a sua empresa.

A seguir vem a avaliação crítica das habilidades e dos recursos da empresa e das suas atuais instalações e abordagens. A terceira etapa é a formulação da estratégia da empresa: Como a empresa deve proceder a fim de conseguir competir com êxito, aplicar suas forças nas oportunidades de mercado e definir nichos nos mercados onde possa obter vantagens?

A quarta etapa é o ponto que faz muitos altos executivos desligarem seu pensamento. É importante para eles definir as implicações ou os efeitos "e daí" da estratégia empresarial em termos de tarefas específicas referentes à manufatura. Eles deveriam se indagar, por exemplo: "Se formos competir com o produto X, cujo preço é Y, pelos consumidores Z, empregando certos canais de distribuição e formas de propaganda, o que será exigido

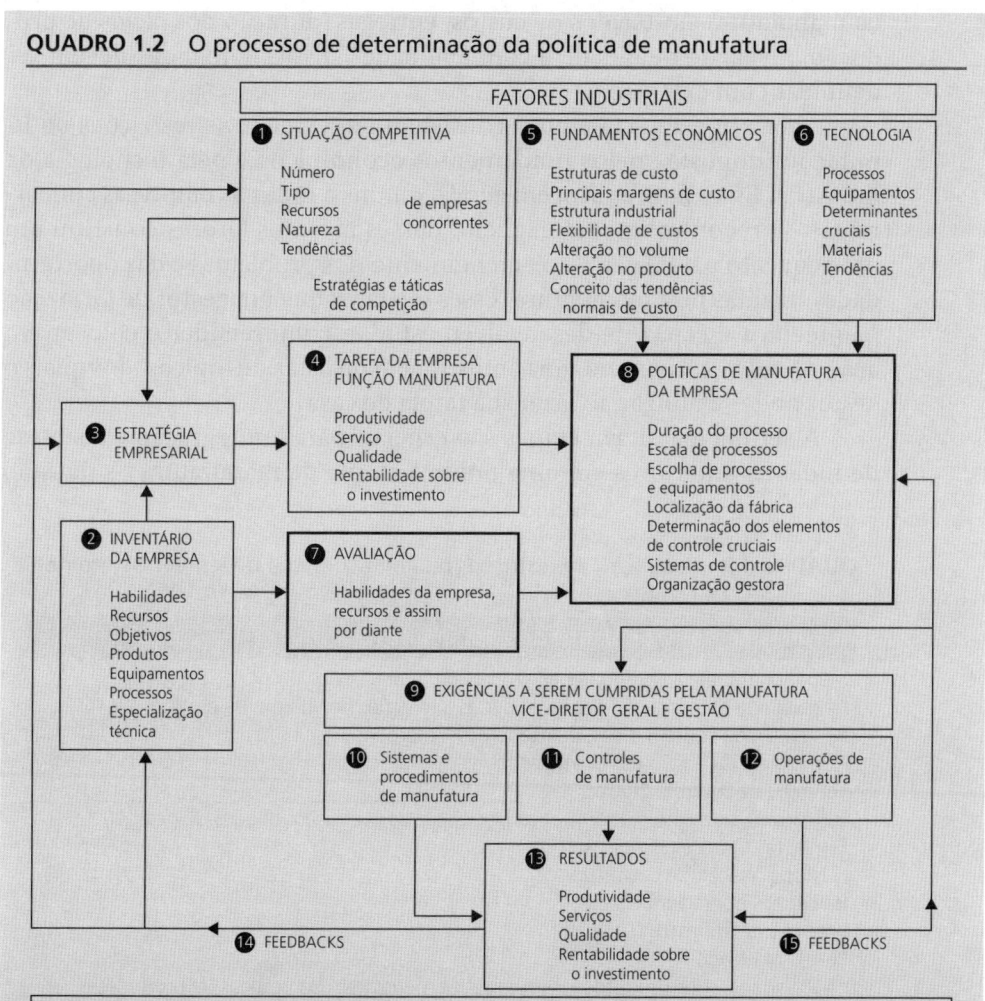

# CAPÍTULO 1 Manufatura – o elo perdido na estratégia corporativa

**QUADRO 1.2** O processo de determinação da política de manufatura

### FATORES INDUSTRIAIS

**① SITUAÇÃO COMPETITIVA**
Número
Tipo
Recursos   de empresas
Natureza   concorrentes
Tendências

Estratégias e táticas
de competição

**⑤ FUNDAMENTOS ECONÔMICOS**
Estruturas de custo
Principais margens de custo
Estrutura industrial
Flexibilidade de custos
Alteração no volume
Alteração no produto
Conceito das tendências
normais de custo

**⑥ TECNOLOGIA**
Processos
Equipamentos
Determinantes
cruciais
Materiais
Tendências

**④ TAREFA DA EMPRESA
FUNÇÃO MANUFATURA**
Produtividade
Serviço
Qualidade
Rentabilidade sobre
o investimento

**③ ESTRATÉGIA EMPRESARIAL**

**⑧ POLÍTICAS DE MANUFATURA DA EMPRESA**
Duração do processo
Escala de processos
Escolha de processos
e equipamentos
Localização da fábrica
Determinação dos elementos
de controle cruciais
Sistemas de controle
Organização gestora

**② INVENTÁRIO DA EMPRESA**
Habilidades
Recursos
Objetivos
Produtos
Equipamentos
Processos
Especialização
técnica

**⑦ AVALIAÇÃO**
Habilidades da empresa,
recursos e assim
por diante

**⑨ EXIGÊNCIAS A SEREM CUMPRIDAS PELA MANUFATURA
VICE-DIRETOR GERAL E GESTÃO**

⑩ Sistemas e
procedimentos
de manufatura

⑪ Controles
de manufatura

⑫ Operações de
manufatura

**⑬ RESULTADOS**
Produtividade
Serviços
Qualidade
Rentabilidade sobre
o investimento

⑭ FEEDBACKS          ⑮ FEEDBACKS

**Chave explanatória**

1. O que os outros estão fazendo
2. O que nós possuímos ou podemos conseguir para competir
3. Como podemos competir
4. O que precisamos alcançar na manufatura a fim de conseguirmos competir
5. Restrições e oportunidades econômicas comuns ao setor industrial
6. Restrições e oportunidades comuns em termos de tecnologia
7. Avaliação dos nossos recursos
8. Como deveríamos nos posicionar a fim de conseguir uma combinação de recursos, fundamentos econômicos e tecnologia para cumprir com as tarefas exigidas por nossa estratégia competitiva
9. As exigências para implementação de nossas políticas de manufatura
10. Sistemas básicos na manufatura (isto é, planejamento da produção, emprego de listas de estoque, utilização de padrões e sistemas etários)
11. Controles de custo, qualidade, fluxos, estoques e tempo de duração
12. Seleção de operações ou de ingredientes cruciais para o sucesso (isto é, habilidades da mão de obra, utilização dos equipamentos e produções)
13. Como está o nosso desempenho
14. Alterações naquilo que possuímos, efeitos sobre a situação competitiva e revisão da estratégia
15. Análise e revisão das operações e políticas de manufatura

Fonte: Skinner (1969).

da manufatura em termos de custos, entregas, duração dos ciclos de produção, níveis de qualidade e confiabilidade?" Essas demandas devem ser definidas com exatidão.

A quinta e a sexta etapas consistem em estudar as restrições ou limitações impostas pelos fundamentos econômicos e pela tecnologia da indústria. Esses fatores são, em geral, comuns a todas as empresas concorrentes. O reconhecimento explícito desses mesmos fatores constitui um pré-requisito para o genuíno entendimento dos problemas e das oportunidades trazidas pela manufatura. Esses são fatos que um gestor de formação não técnica é capaz de desenvolver, estudar, compreender e colocar em ação. Quadro 1.3 contém uma amostragem de listas de tópicos, dos quais o gestor pode se utilizar ao fazer sua tarefa de casa.

A sétima e a oitava etapas são cruciais para a integração e a síntese de todas as anteriores em uma política ampla de manufatura. A questão

**QUADRO 1.3** Ilustração de restrições ou limitações que devem ser objeto de estudo

**A. Fundamentos econômicos do setor industrial**

Mão de obra, encargos, materiais, custos de depreciação
Flexibilidade da produção para atender às alterações no volume de produção
Rentabilidade sobre o investimento, preços, margens
Número e localização das unidades fabris
Variáveis de controle cruciais
Funções cruciais (isto é, manutenção, controle da produção, quadro de pessoal)
Estruturas financeiras típicas
Custos e relação de custos típicos
Problemas operacionais típicos
Barreiras de ingresso
Preços praticados
"Maturidade" dos produtos industriais, dos mercados, das práticas de produção e assim por diante
Importância das economias de escala
Importância das capacidades integradas das empresas
Importância de ter um determinado equilíbrio entre os diferentes tipos de equipamento
Equilíbrio ideal entre as capacidades dos equipamentos
Natureza e tipo de controle de produção
Influências governamentais

**B. Tecnologia do setor industrial**

Taxa de mudanças tecnológicas
Escala de processos
Duração dos processos
Nível de mecanização
Sofisticação tecnológica
Exigência de períodos de tempo para a realização de mudanças

Fonte: Skinner (1969).

que se coloca para a gestão é: "Considerando-se os fatos dos fundamentos econômicos e da tecnologia da indústria, como nos posicionamos para cumprir com as tarefas específicas referentes à manufatura colocadas por nossa estratégia competitiva particular?" A gestão deve decidir aquilo que vai fazer e aquilo que vai comprar; quantas unidades fabris deve ter, de que tamanho elas devem ser e onde deve situá-las; quais processos e equipamentos comprar; quais são os elementos-chaves que necessitam ser controlados e de que maneira eles podem ser controlados, além do tipo de organização gestora que seria a mais adequada.

A seguir vêm as etapas de elaboração dos programas de implementação, controles, das medidas de aferição do desempenho e dos procedimentos de revisão (ver as etapas 9-15 no Quadro 1.2.)

## 1.7 CONCLUSÃO

O processo recém-descrito é, em meu parecer, bem diverso do processo usual de gestão da manufatura. Na forma convencional, a manufatura tem sido gerida de baixo para cima na hierarquia organizacional. O clássico processo da era da produção em massa é selecionar uma operação, desmembrá-la em seus elementos, analisar e aperfeiçoar cada um desses elementos e recompô-los em uma só unidade. A contribuição para essa abordagem foi dada anos atrás por Frederick W. Taylor e outros engenheiros industriais que seguiram seus passos.

Minha sugestão é de uma abordagem totalmente diversa, uma abordagem muito melhor adaptada à atual era de mais produtos, processamentos mais curtos, imensa aceleração nas alterações dos produtos e crescente competição em marketing. Sugiro uma espécie de manufatura de cima para baixo. Essa abordagem principia pela empresa e sua estratégia competitiva. Seu objetivo é definir uma política de manufatura. Ela presume que somente quando há uma definição das políticas básicas de manufatura, é que os especialistas técnicos, os engenheiros industriais e de manufatura, os especialistas em relações trabalhistas e os especialistas em computador podem contar com a orientação necessária para desempenhar seu trabalho.

Tendo seu enfoque centrado na estratégia corporativa e na tarefa de manufatura, a abordagem de cima para baixo pode dar à alta administração tanto seu ingresso na manufatura quanto os conceitos dos quais ela necessita para tomar a iniciativa e verdadeiramente gerir essa função. Quando isso for feito, é provável que os executivos que anteriormente não se achavam familiarizados com a manufatura descubram que ela é uma atividade capaz de despertar grande entusiasmo. A empresa terá realizado um importante acréscimo em seu arsenal de armas competitivas.

# 2
# A fábrica focada*

WICKHAM SKINNER
HARVARD BUSINESS SCHOOL

---

A fábrica convencional tenta executar um número demasiadamente elevado de tarefas de produção conflitantes entre si, sendo essas tarefas em meio a um conjunto inconsistente de políticas de manufatura. É provável que o principal resultado seja a perda de competitividade por parte da fábrica, devido ao fato de suas políticas não terem o enfoque centrado na mais importante tarefa fabril, a da manufatura, essencial para uma empresa conseguir competir com êxito em seu setor industrial. No presente artigo, o autor discute o conceito de uma manufatura focada, que abre possibilidades tanto para acabar com o comprometimento de cada um dos elementos do sistema de produção quanto para construir sua força competitiva.

---

## 2.1 INTRODUÇÃO

A ameaça imposta pela competição estrangeira, o problema das indústrias que sofrem com a "melancolia dos trabalhadores da fábrica," e a crescente complexidade e frustração da vida na fábrica forçaram a atenção do público a voltar para o setor industrial da economia. Após muitos anos em que a saúde e a liderança industriais eram tomadas como certas, essa situação deixou de existir abruptamente nos anos 70, quando o declínio da nossa posição nos mercados mundiais enfraqueceu o dólar e se transformou em uma questão nacional.

Ao nível da imprensa popular e da política governamental, a questão era vista como uma "crise de produtividade." A Comissão Nacional sobre Produtividade foi criada em 1971. A preocupação com a produtividade acabou por atrair muitos gestores que detinham uma experiência de primeira mão com os problemas de altos custos e baixa eficiência.

---

\* Artigo publicado sob o título *The Focused Factory*, na Harvard Business Review, v.52, n.3, p.113-121, 1974.
Adotou-se o termo "focada", embora o termo usualmente utilizado seja "focalizada", em função da necessidade de expor um papel ativo da manufatura. Ou seja, a fábrica deve focar-se no mercado a ser atendido.

Deste modo, o pessimismo agora impregna a visão de muitos dos gestores e analistas do cenário da manufatura nos EUA. Os temas recorrentes dentro desta visão melancólica são (a) que a mão de obra dos EUA é a mais cara do mundo, (b) que a taxa de produtividade tem aumentado menos no país do que na maioria das nações concorrentes, e que, por essa razão, (c) nossas indústrias adoecem, uma por uma, à medida que as importações crescem de volume com enorme rapidez e o desemprego torna-se um problema crônico em nossos centros populacionais industriais.

No presente artigo, darei uma visão mais otimista sobre o dilema da produtividade, apresentando a ideia de que não precisamos nos sentir impotentes na competição travada contra a mão de obra estrangeira, mais barata que a nossa. Temos, mais precisamente, a oportunidade de efetuar mudanças básicas na gestão de manufatura, capazes de fazer pender a balança competitiva a nosso favor em muitos setores industriais. Quais são essas mudanças básicas? Consegui identificar quatro delas:

1. Percebendo o problema não em termos de "Como podemos aumentar a produtividade?", mas sim de "Como podemos competir?";
2. Percebendo o problema como uma questão que engloba a eficiência da organização da manufatura por inteiro, e não apenas a eficiência da mão de obra direta e da força de trabalho. (Na maioria das unidades fabris, a mão de obra direta e a força de trabalho representam apenas um pequeno percentual do total de custos.);
3. Aprendendo a centralizar o enfoque de cada unidade fabril em um conjunto restrito, conciso e passível de ser administrado, de produtos, tecnologias, volumes e mercados;
4. Aprendendo a estruturar políticas básicas de manufatura e serviços de apoio, de modo que tais políticas e serviços centralizem seu enfoque em uma única tarefa explícita de manufatura, e não em muitas tarefas implícitas, inconsistentes e conflitantes;

A fábrica que centralizar seu enfoque em uma restrita combinação de produtos, voltada para um determinado nicho de mercado, superará em desempenho a fábrica convencional, que se esforça por cumprir uma missão mais abrangente. Como seus equipamentos, sistemas e procedimentos de apoio conseguem se concentrar em uma tarefa delimitada e executada para um grupo de consumidores, seus custos e, em especial, provavelmente suas despesas gerais de fabricação são inferiores àquelas da fábrica convencional. Mas, o que é mais importante é que uma fábrica que operar nesses moldes pode se transformar em uma arma competitiva, já que o enfoque de todo o seu aparato gira em torno da realização de uma determinada tarefa de manufatura demandada pela estratégia geral da empresa e pelos seus objetivos de marketing.

Apesar das suas vantagens, minha pesquisa indicou que é surpreendentemente difícil de encontrar unidades fabris com o enfoque centralizado na manufatura. Em vez disso, a fábrica convencional confecciona muitos produtos destinados a inúmeros consumidores dentro de uma série de mercados, exigindo, desse modo, o súbito desempenho de uma multiplicidade de tarefas de manufatura por parte do conjunto de ativos e de pessoal. A sua justificativa é a "economia de escala" e o menor investimento de capital.

No entanto, na maior parte das vezes, o resultado é uma miscelânea de compromissos, altas despesas gerais de fabricação e uma organização de manufatura que causa constantes problemas para a alta administração da empresa, a gestão de marketing, o representante da controladoria e os consumidores.

No estudo do caso de um fabricante, a American Printed Circuit Company (APC), expõe-se uma simples, mas impressionante falha na centralização do enfoque:

A APC era uma empresa de pequeno porte que havia passado por um processo de crescimento rápido e exitoso. Suas placas de circuito integrado eram confeccionadas de acordo com as especificações dadas por aproximadamente 20 dos seus principais clientes, em lotes numerados de 1 a 100, e destinavam-se à utilização em testes de engenharia e em trabalhos de desenvolvimento de produtos. O processamento na APC consistia de aproximadamente 15 operações realizadas mediante a utilização de equipamentos simples, como tanques de imersão para aplicação manual, furadeiras de bancada e retoques manuais. Era considerável a variação na sequência das etapas de processamento e nos processos utilizados para a fabricação dos diferentes produtos. O cumprimento do prazo e das condições de entrega era um dos principais elementos para o êxito da empresa, e o preço não representava um dos fatores de maior importância.

O diretor-presidente da APC aceitou o pedido feito por uma grande empresa de computadores para fabricação de 20.000 placas de circuito integrado – um novo produto para a empresa – por um preço equivalente a um terço da média cobrada pela mescla de produtos que fabricava. A decisão tomada no sentido da APC produzir esses circuitos integrados visava aumentar seu volume de produção, ampliar a variedade dos mercados em que operava e diversificar a sua linha de produtos. O novo produto foi fabricado na unidade fabril existente.

O resultado foi desastroso. Os produtos fabricados anteriormente deixaram de ser fornecidos dentro do prazo de entrega. Os custos das novas placas de circuito integrado sofreram um aumento substancial, além do preço inicialmente previsto. A qualidade de todos os itens baixou, à medida que a organização buscava, de modo frenético, atender a todos os pedidos. Os clientes mais antigos ficaram insatisfeitos com a falta de respeito aos prazos de entrega, e os novos clientes devolveram um terço das mercadorias, em função da qualidade abaixo das especificações contratadas. Devido às grandes perdas, a empresa APC precisava buscar uma recapitalização. Posteriormente, a empresa mudou de dono.

O propósito do presente artigo é realizar um levantamento das vantagens da manufatura focada. De início, o artigo discorrerá sobre os conceitos básicos da fábrica focada e, depois, fará uma análise do fenômeno da produtividade, que tende a impedir a adoção do conceito da unidade fabril focada. Por fim, serão descritas algumas etapas específicas que permitam à gestão da manufatura adotar um enfoque e obter vantagens a partir do mesmo.

## 2.2 CONCEITOS BÁSICOS

Tomando por base o estudo que realizei junto a aproximadamente 50 unidades fabris de seis setores industriais, é possível apontar três conceitos básicos inerentes à manufatura focada. Considere o seguinte:

1. *Há muitos outros modos de competir, sem ser por meio de uma produção de baixo custo.* Talvez essa afirmação seja clara como o sol para o leitor (em especial, para o leitor de um setor industrial que tenha sofrido duros golpes com as importações estrangeiras de baixo preço e que tenha tentado competir por meio de melhores produtos, qualidade, serviço ao consumidor, prazo e condições de entrega). Mas é necessário, ainda, fazer algumas colocações devido a dois motivos.

    O primeiro motivo é uma atitude bastante arraigada, que só considera possível a concorrência com base nos preços, e que, se houvesse algum outro modo de competir, este ficaria em segundo lugar. O outro motivo é que uma empresa que comece pela prática de custos de manufatura mais altos que o de suas concorrentes já está com problemas, não importando o que ela venha a fazer depois.

    Considerando que essas premissas possam ser verdadeiras, no caso de setores industriais dotados de produtos e tecnologias já desenvolvidas, elas não são totalmente verdadeiras no caso de produtos ainda nos primeiros estágios de seus ciclos de vida. De fato, em muitos setores industriais dos EUA, as empresas estão sendo forçadas a optar pela manufatura de determinados produtos, cuja inovação tecnológica, na forma de características de maior avanço, é um elemento mais essencial de vantagem competitiva que o custo.

2. *Uma fábrica não consegue apresentar um bom desempenho em todos os parâmetros.* Há uma série de padrões comuns para aferição do desempenho da manufatura. Entre tais padrões, encontram-se ciclos de entrega de curta duração, qualidade superior do produto e sua confiabilidade, comprometimento seguro de entrega, capacidade de produzir novos produtos com rapidez, flexibilidade de ajuste nas alterações

dos volumes de produção, baixo nível de investimento e, por conseguinte, maior rentabilidade sobre o investimento e baixos custos.

Essas medidas de aferição do desempenho da manufatura necessitam da realização de *trade-offs* – a negociação de determinadas tarefas a fim de permitir o cumprimento de outras. É impossível uma boa realização de todas as tarefas por igual, devido às inevitáveis limitações impostas pelo equipamento e pela tecnologia de processamento. Como custos, esses *trade-offs* são bastante evidentes, se contrastados com a qualidade; assim como é evidente a curta duração dos ciclos de entrega, se contrastada com o baixo nível de investimento no inventário. Outros tipos de *trade-offs*, mesmo que não tão evidentes, são igualmente reais. Eles envolvem as inevitáveis escolhas implícitas no estabelecimento de políticas de manufatura.

No espaço da fábrica, os gestores podem transformar a função manufatura em uma arma competitiva mediante a obtenção de um resultado notável em uma ou mais das medidas de aferição do desempenho da manufatura. Mas os gestores precisam estar cientes da resposta para as seguintes questões: "No que precisamos ser especialmente bons? Em custo, qualidade, tempo de duração dos ciclos de produção, confiabilidade, alterações no cronograma, introdução de novos produtos ou baixos níveis de investimento?".

A manufatura focada deve resultar de uma estratégia administrativa de definição explícita e que têm suas raízes no plano de marketing empresarial. Consequentemente, a escolha do enfoque não pode ser realizada de forma independente pela equipe de produção. Ao contrário, esta escolha tem de ser resultado de uma ampla análise dos recursos da empresa, das suas forças e das suas fraquezas, do seu posicionamento na indústria, de uma avaliação dos passos dados pelas empresas concorrentes e tem de prever a motivação e o comportamento futuros do consumidor.

De outro modo, não é possível realizar a escolha do enfoque sem levar em consideração a realidade da fábrica, pois uma determinada conjunção de instalações fabris, sistemas de produção e habilidades de pessoal só é capaz de executar bem determinadas tarefas dentro de um espaço de tempo previamente estabelecido.

3. *A simplicidade e a repetição geram a competência.* A manufatura focada é um conceito que se baseia no fato de que a simplicidade, a repetição, a experiência e a homogeneidade das tarefas geram a competência. Além disto, cada uma das áreas funcionais de maior importância na manufatura deve compartilhar o mesmo objetivo, resultante da estratégia administrativa. Tal congruência de tarefas é capaz de criar um sistema de manufatura muito bom em um número delimitado de aspectos, gerando, assim, uma formidável arma competitiva.

## Principais características

Serão apresentadas, a seguir, cinco das principais características da fábrica focada:

1. *Tecnologias de processo:* Em geral, reduz-se o emprego das tecnologias de futuro ainda incerto, que carecem de comprovação científica, à apenas uma por cada unidade fabril. Reduzem-se as tecnologias comprovadas e maduras àquilo que os gestores consigam lidar com facilidade – em geral, duas ou três (assim como em uma fundição: trabalho em metal e acabamento em metal).

2. *Demandas do mercado:* Consiste de um conjunto de demandas que incluem qualidade, preço, duração dos ciclos de produção e especificações dignas de confiabilidade. Uma determinada unidade fabril normalmente só é capaz de realizar um excelente trabalho em uma ou duas demandas dentro de qualquer dado espaço de tempo.

3. *Volume dos produtos:* Geralmente, os volumes são de níveis compatíveis, de modo que a instrumentalização, as quantidades dos pedidos, as técnicas de manuseio dos materiais e o teor dos trabalhos a serem executados podem ser abordados por uma filosofia consistente. Mas o que dizer dos inevitáveis pedidos para processamentos de curta duração, dos pedidos especiais para determinados clientes e dos pedidos diferentes de todos os demais com os quais todas as fábricas têm de lidar? A resposta costumeira é segregá-los. Este assunto será debatido mais adiante.

4. *Níveis de qualidade:* Empregam uma atitude comum e um conjunto de abordagens, de modo a não dar especificações demais e nem a controlar demais a qualidade e as especificações dadas. Uma única estrutura mental e um grupo de pressupostos mentais bastam para lidar com equipamento, instrumentalização, inspeção, treinamento, supervisão, teor do trabalho a ser executado e materiais.

5. *Ferramentas de manufatura:* Limitam-se a apenas uma (ou duas, no máximo) em qualquer dado período de tempo. A tarefa na qual a unidade fabril precisa se esmerar para ser competitiva tem seu enfoque centralizado em um grupo de critérios de êxito internos, consistentes, factíveis e não compromissados.

Os indícios da pesquisa que conduzi deixam claro que a fábrica focada superará a produção, praticará preços menores de venda e rapidamente obterá vantagens competitivas sobre a fábrica mais complexa. A fábrica focada executa um trabalho melhor, porque a repetição e a concentração em uma única área permitem que sua força de trabalho e seus gestores atuem de forma efetiva e ganhem experiência na tarefa exigida para obter êxito empresarial. A fábrica focada é gerenciável e controlável. Seus problemas exigem grande perícia e esforço, mas têm um âmbito delimitado.

## 2.3 O FENÔMENO DA PRODUTIVIDADE

A sabedoria tradicional sobre gestão de manufatura afirma e continua a afirmar que a medida para se aferir o êxito de uma empresa é a sua produtividade. Agora que empresas de muitos setores industriais nos EUA se veem de mãos atadas por empresas concorrentes do exterior, dotadas de menores custos unitários, nós nos agarramos erroneamente à velha noção de que "uma boa unidade fabril é uma unidade fabril de baixo custo." Mas não é tão simples assim. É possível que a unidade fabril de baixo custo seja um desastre, se a empresa, com o objetivo de reduzir os custos, fizer um sacrifício demasiadamente grande em termos de qualidade, prazo e condições de entrega, flexibilidade e assemelhados.

Um número excessivo de empresas se esforça por fazer coisas demais, contando com uma única unidade fabril e uma única organização para tal. Em nome de um baixo investimento nas instalações e de uma ampliação dos seus altos resultados, fábricas e organizações agregam mais produtos, mercados, tecnologias, processamentos, níveis de qualidade e serviços de apoio que são conflitantes entre si, concorrem uns com os outros e aumentam as despesas. Elas então efetuam a contratação de mais profissionais, visando regular e controlar a mescla de problemas impossível de administrar.

Desesperadas, muitas empresas estão agora "se agarrando" a qualquer coisa a fim de reduzir os altos custos. Mas só é possível resgatar a força competitiva por meio da interrupção deste processo de aumento da complexidade e de uma alocação excessiva de pessoal.

Este tipo de comportamento é tão ilógico que o fenômeno carece de uma elucidação mais detalhada. Nossas unidades fabris são geralmente administradas por pessoas extremamente capazes; mesmo assim, a falha de concentrar o enfoque da manufatura em um objetivo delimitado é um ponto cego comum em gestão. O que acontece para produzir este defeito em gestores competentes? Os engenheiros sabem aquilo que é possível e aquilo que não é possível projetar em aviões, barcos e estruturas de prédios. Os engenheiros aceitam projetar um conjunto específico de tarefas possíveis, apesar de difíceis.

Já a maioria das unidades fabris estudadas projetavam alcançar uma combinação complexa e heterogênea de equipamentos gerais e para fins específicos, operações de processamento de longa e curta duração, alta e baixa tolerância, produtos novos e velhos, itens padronizados e artigos especiais para alguns consumidores, projetos estáveis e projetos que sofrem alterações, mercados de previsão confiável e mercados imprevisíveis, vendas sazonais e não sazonais; ciclos de produção de longa e curta duração e habilidades de pouca ou muita especialização.

## A falta de políticas consistentes

O ponto que carece de entendimento, a meu ver, é que cada um dos aspectos opostos recém observados demandam, em geral, tarefas de manufatura diferenciadas e, por conseguinte, políticas de manufatura diferenciadas. A combinação particular desses aspectos é que deve determinar os elementos integrantes da política de manufatura. Alguns desses elementos estão listados a seguir:

- tamanho da unidade fabril e sua capacidade;
- localização da unidade fabril;
- escolha do equipamento;
- *layout* da unidade fabril;
- seleção do processo produtivo;
- sistema de programação da produção;
- utilização dos estoques;
- sistema de remuneração;
- abordagens de treinamento e supervisão;
- sistemas de controle;
- estrutura organizacional.

Em vez de projetar elementos da política de manufatura em torno de uma única tarefa de manufatura, o que costuma acontecer? Considere, por exemplo, a possibilidade do sistema de remuneração ser estabelecido para enfatizar a alta produtividade, o controle da produção para maximizar os ciclos de produção de curta duração, o inventário para minimizar os níveis de estoque, as quantidades de pedidos para minimizar os tempos de estruturação, o *layout* da unidade fabril para minimizar os custos advindos do manuseio de materiais e o projeto do processamento para maximizar a qualidade.

Se é provável que cada uma dessas decisões aparente razoável para um profissional especializado na sua área, a fábrica convencional consiste de seis ou mais elementos inconsistentes da estrutura de manufatura, cada um dos quais foi concebido para alcançar um objetivo implícito diferente.

Tamanha inconsistência costuma resultar em altos custos. É possível que um ou outro elemento tenha uma alocação excessiva de pessoal ou que opere de maneira ineficiente, em função de sua tarefa estar sendo exagerada ou mal direcionada; ou talvez várias funções exijam um quadro excessivo de pessoal, a fim de conseguir controlar ou administrar uma unidade fabril com um nível de complexidade desnecessário.

Muitas vezes, porém, o resultado é até mais sério. Meu estudo mostra que o principal efeito negativo não se encontra na produtividade, mas na capacidade de competir. As políticas de manufatura da unidade fabril não foram projetadas, afinadas e enfocadas como um todo, como uma tarefa-chave e estratégica de manufatura, essencial para o êxito da empresa no setor industrial em que opera.

## As razões para a inconsistência

As estruturas de manufatura incongruentes parecem ser comuns na indústria dos EUA. De fato, minha pesquisa revelou que é mesmo raro de acontecer que um conjunto de políticas de manufatura dotadas de total consistência resultem em um sistema congruente. Por que este quadro se verifica com tanta frequência? Nos casos estudados, ele parecia se dar essencialmente por uma ou mais das seguintes razões:

- os profissionais de cada área buscavam alcançar objetivos que, embora válidos e tradicionais em seus campos de atuação, não eram congruentes com os objetivos das demais áreas;
- a tarefa de manufatura atribuída à unidade fabril sofria mudanças abruptas, enquanto que a maior parte dos departamentos operacionais e dos serviços mantinha o mesmo curso de ação que antes;
- a tarefa de manufatura nunca era explicitada;
- as inconsistências nunca eram reconhecidas;
- mais e mais produtos eram empilhados nas unidades fabris existentes, resultando em uma tentativa muitas vezes inútil de satisfazer as tarefas de manufatura de uma série de mercados, tecnologias e estratégias competitivas.

Permita-me elaborar mais sobre o primeiro e o último grupo de causas recém-observadas.

### "Profissionalismo" na unidade fabril

Os elementos do sistema de produção são agora estabelecidos ou geridos por profissionais atuando em seus campos respectivos de especialização, tais como controle de qualidade, recursos humanos, relações trabalhistas, engenharia, gerenciamento de inventário, manuseio de materiais, projeto de sistemas, e assim por diante.

É mais que natural que esses profissionais busquem maximizar suas contribuições e justificar seus posicionamentos. Eles têm uma visão convencional sobre o que significa o êxito em cada uma das suas áreas particulares. É claro que esses objetivos se encontram geralmente em situação de conflito.

Digo "é claro" para não ser cínico. Essas áreas de especialização passaram a existir em função de muitas razões – algumas para redução de custos, outras para economia de tempo, outras para redução dos investimentos de capital, outras ainda para promoção da felicidade e da cooperação humanas, e daí em diante. Assim, é perfeitamente normal que essas áreas exerçam pressão em sentidos diversos, que é exatamente o que acontece em muitas unidades fabris.

Este problema não é inteiramente novo. Mas está mudando, porque está havendo um incremento no profissionalismo; há um número cada vez maior de especialistas trabalhando em diferentes setores da fábrica. Trata-se, pois, de um problema crescente.

## Proliferação do produto

A combinação de uma crescente competição dentro e fora do país, associada à uma aceleração na taxa de inovações tecnológicas, resultou em uma proliferação de produtos em muitas fábricas. A vida mais curta dos produtos, um maior número de novos produtos, menos tempo de processamento, volumes unitários menores e mais produtos fabricados especialmente para determinados consumidores estão se tornando cada vez mais comuns. A mesma fábrica, que há cinco anos costumava produzir 25 produtos, pode estar produzindo hoje de 50 a 100.

Cresce o sistema de produção inconsistente, não somente porque há mais produtos a serem fabricados – o que, é claro, provavelmente aumentará os custos diretos e indiretos e acrescentará maior complexidade e confusão – mas também porque os novos produtos, muitas vezes, requerem tarefas de manufatura diferenciadas. Para obter êxito em algumas tarefas manufatureiras, talvez sejam necessários uma competência e um enfoque tecnológicos requintados. Outras dessas tarefas podem demandar um prazo de entrega extremamente curto e outras ainda, níveis de custos extremamente baixos.

Ainda assim, quase sempre, novos produtos são agregados à combinação vigente dentro de uma mesma unidade fabril, embora talvez se façam necessários alguns novos equipamentos. A justificativa costumeiramente usada para a tomada de tal decisão é que a unidade está operando abaixo da sua capacidade plena. A lógica, então, é, "Se introduzirmos os novos produtos na atual unidade fabril, poderemos economizar investimento de capital e evitar a duplicação das despesas gerais de fabricação."

O resultado é complexidade, confusão e, pior de tudo, uma organização de produção que, em função de ser pressionada em todas as direções por uma espécie de força centrífuga, carece de enfoque e de uma tarefa de manufatura factível. Solicita-se à fábrica que desempenhe uma determinada missão para o produto A, que se conflita com aquela solicitada para o produto B. Dessa maneira, o resultado é uma miscelânea de compromissos.

Quando seria possível, de fato, ter quatro tarefas e quatro mercados, comete-se o erro de tentar forçá-las todas em uma só unidade de manufatura, um só grupo de equipamentos, uma só organização fabril, um só conjunto de políticas de manufatura, e assemelhados. Tenta-se condensar em um único sistema operacional a capacidade de competir por intermédio de uma impossível combinação de demandas. Cada um dos elementos do sistema tenta se ajustar a essas demandas através de variações, seções especiais, procedimentos complexos, maior número de pessoal e de trabalhos administrativos.

Em minha opinião, esta síndrome, a começar pelas demandas de mercado agregadas e terminando pelas estruturas internas incongruentes, responde, em grande parte, pelas frustrações humanas, pelos altos custos e pelo baixo nível de habilidades competitivas que tanto vemos na indústria dos EUA hoje.

Quem leva a culpa? A matriz empresarial atribui a culpa, é claro, ao executivo da manufatura, pelos altos custos, pela baixa produtividade, pelo baixo nível de qualidade e confiabilidade e pela perda dos prazos de entrega. Ele, por sua vez, tende a culpar a situação por qualquer coisa que faça sentido, tais como previsões ruins de mercado, mão de obra de padrão inferior, despreocupação com a qualidade, projetos de engenharia inadequados, equipamento com falhas, e etc.

Provavelmente todos esses fatores prestam sua contribuição e, sem dúvida alguma, eles se somam às pressões exercidas sobre a equipe de produção. Mas o que passa despercebido é o fato de que uma determinada organização produtiva, conforme observado anteriormente, só é capaz de executar bem algumas tarefas; sendo que é impossível evitar-se os *trade-offs*.

A experiência é capaz de realizar maravilhas, mas uma organização pouco concisa, dotada de elementos estruturais conflitantes e de tarefas manufatureiras antagônicas, só consegue acumular experiência e competência especializadas de maneira muito vagarosa.

## 2.4 RUMO A UM ENFOQUE PARA A MANUFATURA

Uma nova abordagem gestora faz-se necessária nos setores industriais onde produtos e mercados diferenciados exigem que as empresas fabriquem uma ampla combinação de itens, volumes, especificações e padrões de demanda por parte dos consumidores. Sua ênfase deve recair sobre a construção da força competitiva. Uma forma de competir é centralizar o enfoque de todo o sistema de manufatura em uma tarefa delimitada e definida com precisão pela estratégia competitiva da empresa e pelas realidades da sua tecnologia e dos seus aspectos econômicos. O objetivo comum produz efeitos sinérgicos, em vez de uma luta pelo poder interno entre os departamentos profissionalizados. Esta abordagem pode ser assistida pelas seguintes regras norteadoras de princípios:

- Centralize o enfoque da fábrica na capacidade competitiva relativa;
- Evite a tendência comum de agregar pessoal e despesas gerais de fabricação com o objetivo de economizar em mão de obra direta e capital de investimento;
- Deixe cada uma das unidades de manufatura trabalhar em cima de uma determinada tarefa, em vez de trabalhar, como de costume, em uma complexa combinação de objetivos, produtos e tecnologias conflitantes.

Pode-se pensar nessa abordagem gestora como sendo a própria manufatura focada, já que ela representa o oposto do processo de difusão de tarefas sob um mesmo teto, empregado na fábrica convencional. Em vez de permitir o redemoinho da diversidade de tarefas e ingredientes, a alta gestão aplica uma força centrípeta, que constantemente puxa para o âmago, em direção a um enfoque central – a tarefa-chave da manufatura. O resultado é mais simplicidade, custos mais baixos e uma organização de manufatura e de suporte direcionadas para uma competição exitosa.

## Criando a unidade fabril focada

De acordo com a minha experiência, os gestores responsáveis pela manufatura geralmente ficam chocados quando descobrem, ao colocarem em prática o conceito de manufatura focada, a existência de inconsistências e de compromissos internos na ánalise das suas próprias unidades fabris.

Então, quando eles começam a discernir entre aquilo que a estratégia da empresa e aquilo que a situação de mercado está demandando de modo implícito, e a comparar tais demandas implícitas com aquilo que eles vêm objetivando alcançar, muitos conflitos submersos vêm à superfície.

Por fim, quando eles se questionam sobre a finalidade de maximizar um determinado elemento da estrutura ou da política de manufatura e, assim, as contradições inatas tornam-se evidentes.

Correndo o risco de, aparentemente, adotar uma receita de bolo para uma série de questões de inevitável complexidade, permita-me propor uma fórmula para a realização da fábrica focada, tomando por base um exemplo real, mas disfarçado sob um nome fictício, de uma empresa de manufatura industrial que buscou adaptar suas operações a esse conceito.

Considere que essa abordagem de quatro etapas seja, digamos, aquela empregada pela WXY Company, uma fabricante de equipamentos mecânicos:

1. *Crie uma afirmativa explícita e sucinta sobre os objetivos e a estratégia empresariais.* A afirmativa deve valer para os próximos três ou cinco anos, e deve contar com um grande envolvimento da alta gestão da empresa, incluindo os executivos dos departamentos de marketing, finanças e controle.

Segundo essa afirmativa, a alta gestão da WXY Company concordou em fazer o que segue:

"Nosso objetivo administrativo direciona-se para o aumento da participação da empresa no mercado durante os próximos cinco anos, a ser alcançado pela estratégia de (1) adaptar nosso produto às necessidades do consumidor individual, (2) oferecer características de produto avançadas e especiais mediante um modesto incremento no preço, e (3) obter vantagens competitivas através de um rápido desenvolvimento de produtos e um serviço de orientação para os consumidores de todos os portes."

2. *Traduza a afirmativa referente aos objetivos e à estratégia empresariais em "o que isso significa para a manufatura".* O que a fábrica precisa ser capaz de fazer especialmente bem para conseguir executar e dar suporte à estratégia administrativa? Qual será a tarefa mais difícil de ser enfrentada? Se a função manufatura não for capaz e pontual, onde é mais provável que a empresa venha a falhar? Ela talvez falhe em qualquer um dos elementos estruturais de produção, mas ela provavelmente só o fará se ocorrer uma determinada combinação entre alguns desses elementos.

A fim de prosseguirmos com o exemplo da WXY Company, talvez seja possível definir a tarefa de manufatura acima referida de modo explícito como se segue:

"Nossa tarefa de manufatura durante os próximos três anos será introduzir na fabricação novos produtos especializados e adaptados para o consumidor, com uma duração nos ciclos de produção bem menor que a de nossas empresas concorrentes".

"Já que a tecnologia está passando por rápidas transformações em nossa indústria, e já que a confiabilidade do produto pode ser um fator extremamente sério para os consumidores, os problemas mais difíceis serão controlar o processo de introdução de novos produtos, de modo a resolver prontamente os problemas técnicos e a manter a confiabilidade em meio às rápidas alterações feitas no próprio produto".

3. *Faça um exame cuidadoso de cada um dos elementos do sistema de produção.* Como o sistema está agora configurado, organizado, enfocado e equipado? No que este sistema é especialmente bom agora? Que alterações precisam ser feitas para implementar a principal tarefa da manufatura?

4. *Faça uma reorganização dos elementos estruturais para conseguir ter um enfoque congruente.* O enfoque desta reorganização está centralizado na capacidade de realizar bem aquelas coisas delimitadas que são de grande importância para a realização das tarefas de manufatura.

Para encerrar o exemplo da WXY Company, o Quadro 2.1 relaciona cada um dos principais elementos que integram o sistema de manufatura da empresa, descreve como o presente enfoque de cada um destes elementos recai sobre a tarefa que ele objetiva realizar de modo implícito e não intencional, e registra a nova abordagem, concebida para dar consistência, foco e poder à sua divisão de manufatura.

**QUADRO 2.1** Tarefas conflitantes de manufatura implícitas pelos elementos incongruentes do atual sistema de produção

| Elementos do sistema de produção | Presente abordagem (fábrica convencional) | Tarefas implícitas de manufatura na presente abordagem | Mudança de abordagem (fábrica focada) |
|---|---|---|---|
| Políticas de equipamentos e processos | Uma única grande unidade fabril; equipamento para fins especiais; grande nível de instrumentalização; equilíbrio de capacidades, com um *layout* funcional. | Baixo nível de custos de manufatura em processamentos regulares de alguns grandes produtos, mediante o mínimo investimento. | Separe os velhos produtos padronizados e os novos produtos customizados em duas unidades fabris menores dentro da grande fábrica (PWP – *plants within a plant*). Para cada nova unidade fabril menor, providencie equipamentos para fins gerais, uma instrumentalização temporária e um pequeno número de capacidades extras, com um *layout* voltado para o produto. |
| Políticas de gestão da força de trabalho | Teor de execução restrito de trabalhos especializados; pagamento de incentivos; pequeno número de supervisores; enfoque sobre o volume de produção por hora. | Baixo nível de custos e eficiência. | Crie um número menor de trabalhos dotados de maior versatilidade. Pague por uma amplidão de habilidades e capacidades destinadas ao desempenho de uma série de trabalhos. Providencie mais chefes de seção para solucionar os problemas técnicos no local de trabalho. |
| Agendamento e controle da produção | Previsões de vendas detalhadas e frequentes; produzir para o inventário lotes de tamanho econômico de produtos acabados; grupo de agendamento da produção descentralizado. | Ciclos de entrega de curta duração. | Produzir a pedido partes especiais e um estoque de partes comuns com base na previsão semianual. Controle da equipe de produção no agendamento de perto e centralização dos movimentos das partes. |
| Controle de qualidade | Engenheiros de controle e grandes grupos de inspeção em cada um dos departamentos. | Qualidade extremamente confiável. | Nenhuma alteração. |

Fonte: Skinner (1974).

O que mais se salienta nesta exposição é o número de alterações substanciais requeridas nas políticas de manufatura para conseguir imprimir inteira consistência ao sistema de produção. A exposição também apresenta os conflitos implícitos entre muitas das tarefas de manufatura segundo a presente abordagem, que são produto da falha em definir uma única tarefa para toda a unidade fabril.

Talvez o leitor perceba a inquietante implicação que resulta do conceito da fábrica focada – ou seja, que este conceito parece requerer grandes investimentos em novas unidades, novos equipamentos e nova instrumentalização, a fim de conseguir quebrar com a presente complexidade.

Se a empresa, por exemplo, estiver presentemente envolvida com a fabricação de cinco diferentes produtos, tecnologias, mercados ou volumes, será que ela necessita de cinco unidades, cinco grupos de equipamento, cinco processos, cinco tecnologias e cinco estruturas organizacionais diferentes? A resposta mais provável é sim.

Mas a solução prática não precisa necessariamente envolver a venda de grandes instalações dotadas de finalidades múltiplas e a sua descentralização em cinco instalações menores.

De fato, as poucas empresas que adotaram o conceito da fábrica focada conseguiram adotar uma abordagem que produzisse uma solução bem diversa. Não há necessidade de se construir cinco instalações diferenciadas, as quais envolveriam investimentos desnecessários e despesas gerais de fabricação.

A abordagem mais prática é a da noção de "uma instalação fabril dentro da grande fábrica" (PWP – *plant within a plant*), na qual as instalações da grande fábrica são subdivididas, física e organizacionalmente, em, no caso, cinco unidades fabris menores no interior da fábrica. Cada uma dessas unidades fabris menores dispõe das suas próprias instalações, que lhe permitem concentrar-se em uma tarefa determinada de manufatura, adotando, para tal, suas próprias abordagens para lidar com a gestão da força de trabalho, o controle da produção, a estrutura organizacional e assim por diante. Não se mescla a qualidade com os níveis de volume; o treinamento e os incentivos oferecidos ao trabalhador possuem um enfoque bem claro; e a engenharia de processos, o equipamento e o manuseio dos materiais são especializados, conforme a necessidade.

Cada uma dessas unidades fabris menores adquire imediata experiência, em função do enfoque e da concentração do trabalho por ela desempenhado sobre os objetivos básicos delimitados que constituem a tarefa de manufatura. Como a tarefa de manufatura resulta da estratégia administrativa e do programa de marketing, ela é suscetível a sofrer uma mudança gradual ou arrebatadora. A abordagem das unidades fabris menores facilita um realinhamento das operações essenciais e dos elementos integrantes do sistema com o desenrolar do tempo, à medida que muda a tarefa.

## 2.5 CONCLUSÃO

O predomínio da utilização dos fatores "custo" e "eficiência" como parâmetros convencionais de planejamento, controle e avaliação nas unidades fabris dos EUA desempenhou um grande papel para explicar a crescente incapacidade, demonstrada por parte de muitas das aproximadamente 50 empresas incluídas em minha pesquisa, de concorrer de forma exitosa. Tais objetivos, no entanto, perderam a sua adequação, porque a competição está se tornando mais dura e, em especial, porque a estratégia restrita a níveis de baixo custo e alta eficiência parece estar perdendo sua viabilidade em muitos setores industriais.

Enquanto que a economia se moveu em direção à uma era de tecnologias mais avançadas e produtos de vida mais curta, não fizemos o necessário reajuste em nossos conceitos de produção de modo a conseguirmos acompanhar as referidas mudanças. Ao contrário, continuamos a utilizar a "produtividade" e as "economias de escala" como objetivos norteadores de princípios. Ambas apresentam apenas um elemento da competição (isto é, custos) e ambas são agora obsoletas como orientações gerais e aplicáveis a todos os propósitos na gestão de manufatura.

Mas o que pude concluir é que fábrica focada é muito rara de se encontrar. Adotando a justificativa errônea de que a chave para obtenção do êxito em baixos custos são os investimentos limitados, as economias de escala e a plena utilização dos recursos existentes na unidade fabril, continuamos a agregar novos produtos nas fábricas, que uma vez foram focadas, administráveis e competitivas.

É impossível, no entanto, reverter o processo. Na maioria dos casos estudados, não é difícil justificar o investimento de capital feito nas instalações quando se leva em consideração as recompensas que resultarão da simplicidade organizacional. Os recursos para simplificar o enfoque de um complexo de manufatura não são de difícil aquisição quando aquilo que se espera como recompensa é a capacidade de competir de forma exitosa, mediante o emprego da manufatura como uma arma competitiva.

Além do mais, um melhor serviço de atendimento ao consumidor e uma melhor posição competitiva propiciam, em geral, suporte a margens mais altas, que visam cobrir os investimentos de capital. E, se estudados atentamente, é raro que as economias de escala e os efeitos causados pela menor utilização de todo o potencial do equipamento da unidade fabril sejam considerados como fatores cruciais para a produtividade e a eficiência, como profetizam muitas vezes as abordagens econômicas clássicas.

O problema da "produtividade" nos EUA é, de fato, real. Mas perceber o problema como algo relativo à "forma de competir" talvez permita ampliar os horizontes da gestão empresarial. A abordagem da fábrica focada oferece a oportunidade de deixar de compromissar cada um dos elementos do sistema de produção na fábrica tradicional em um emprego para todos os fins, para fazer tudo, o que não satisfaz a estratégia, nem o mercado e nem a tarefa.

O enfoque não só propicia força e vigor, como também claros objetivos, que podem ser prontamente entendidos e assimilados pelos membros de uma organização. Propicia igualmente um mecanismo para reavaliar aquilo que se faz necessário para obter o êxito, e para dar uma "sacudida" e fazer um reajuste nas velhas e cansadas organizações de manufatura, dando boas-vindas à mudança e imprimindo um claro senso de direção.

Em muitos setores da indústria nos EUA, tais mudanças e tal novo rumo de direção são necessários para alterar o equilíbrio da balança competitiva em nosso favor.

# 3
# Vinculando o processo de produção com o ciclo de vida dos produtos*

Robert H. Hayes  e  Steven C. Wheelwright
Harvard Business School

A regularidade dos ciclos de crescimento de organismos vivos sempre fascinou observadores atentos e atraiu diversas tentativas de aplicar os mesmos princípios – de uma sequência previsível de crescimento rápido seguida por maturação, declínio e morte – a empresas e setores selecionados. Um desses conceitos, conhecido como o "ciclo de vida do produto", foi estudado numa grande variedade de configurações organizacionais.[1] No entanto, existe uma quantidade suficiente de teorias antagônicas para despertar as dúvidas de pessoas como N.K. Dhalla e S.Yuspeh, que argumentaram nestas mesmas páginas há alguns anos que os empresários deveriam esquecer o conceito do ciclo de vida do produto.[2]

Independentemente do padrão do ciclo de vida do produto ser uma regra geral ou só se aplicar a casos específicos, ele efetivamente fornece um modelo útil e polêmico para se pensar sobre o crescimento e o desenvolvimento de um novo produto, de uma empresa ou de todo um setor. Uma das principais deficiências desta abordagem, no entanto, é que ela se concentra nas implicações de marketing do padrão do ciclo de vida. Ao fazer isso, ela implica que outros aspectos do ambiente comercial e setorial se movimentam de acordo com o ciclo de vida do mercado. Ao mesmo tempo em que essa visão pode ajudar alguém a pensar novamente sobre os tipos de mudanças que ocorrem em diferentes setores, uma empresa individual muitas vezes irá achá-la simplista demais para utilizá-la no seu planejamento estratégico. Aliás, o conceito pode até mesmo ser enganoso no planejamento estratégico.

Neste artigo sugerimos que a separação do conceito do ciclo de vida do produto de um fenômeno relacionado, porém distinto, que chamaremos de "ciclo de vida do processo", facilita a compreensão das opções estratégicas disponíveis para uma empresa, especialmente no que diz respeito à sua função produtiva.

---

* Artigo originalmente publicado sob o título *Link Manufacturing Process and Product Life Cycles*, na Harvard Business Review, v.57, n.1, p.133-140, 1979.

## 3.1 A MATRIZ PRODUTO × PROCESSO

O ciclo de vida do processo tem atraído cada vez mais atenção de gestores e pesquisadores de empresas ao longo dos últimos anos.[3] Da mesma maneira que um produto e um mercado passam por uma série de estágios principais, isto também ocorre com o processo de produção utilizado para fabricar esse produto. A evolução do processo costuma começar com um processo "fluido" – altamente flexível, mas não muito eficiente em termos de custos – e segue em direção a uma padronização, uma mecanização e uma automação crescentes. Esta evolução culmina em um "processo sistêmico" muito eficiente, porém muito mais dependente de capital, inter-relacionado e, portanto, menos flexível do que o processo fluido original.

Utilizando uma matriz de produto-processo, a Figura 3.1 sugere uma forma para representar os estágios da interação dos ciclos de vida do produto e do processo. As linhas da matriz representam os principais estágios pelos quais um processo de produção tende a passar quando vai da forma fluida na linha de cima para a forma sistêmica na linha de baixo. As colunas, por sua vez, representam as fases do ciclo de vida do produto, indo da grande variedade associada com empresas iniciantes do lado esquerdo para commodities padronizadas do lado direito.

### Posição diagonal

Pode-se caracterizar uma empresa (ou unidade de negócios dentro de uma empresa diversificada) como ocupando uma região específica na matriz, determinada pelo estágio do ciclo de vida do produto e pela sua escolha de processo de produção para aquele produto. Alguns exemplos simples poderão esclarecer isto. Uma empresa típica do canto superior esquerdo é uma gráfica comercial. Numa empresa desse tipo, cada trabalho é único e costuma-se selecionar um processo em fluxo desordenado ou um do tipo *job-shop* como sendo o mais eficaz para atender os requisitos daqueles produtos. Nesse *job-shop*, os trabalhos chegam em diferentes formas e requerem diferentes tarefas e, portanto, a finalidade do equipamento tende a ser relativamente geral. Além disso, esse equipamento é raramente utilizado na sua capacidade plena, os trabalhadores costumam ter uma grande variedade de habilidades de produção e cada trabalho leva muito mais tempo para passar pela fábrica do que as horas de trabalho que esse trabalho requer.

Mais abaixo da diagonal nesta matriz, o fabricante de equipamentos pesados costuma escolher uma estrutura de produção caracterizada como sendo um processo de "fluxo de linha desconectado". Apesar de a empresa poder fazer vários produtos (um cliente poderá até encomendar uma unidade relativamente personalizada), economias de escala na produção

# CAPÍTULO 3  Vinculando o processo de produção com o ciclo de vida dos produtos

**Estrutura de produto**
**Estágio do ciclo de vida do produto**

I — Volume baixo – padronização baixa, singular
II — Diversos produtos Volume baixo
III — Poucos produtos principais Volume maior
IV — Volume alto – padronização alta, commodities

**Estrutura de processo**
**Estágio do ciclo de vida de um processo**

I — Fluxo amontoado (*job-shop*) — Gráfica comercial — Nenhum

II — Fluxo descontínuo (lote) — Equipamentos pesados

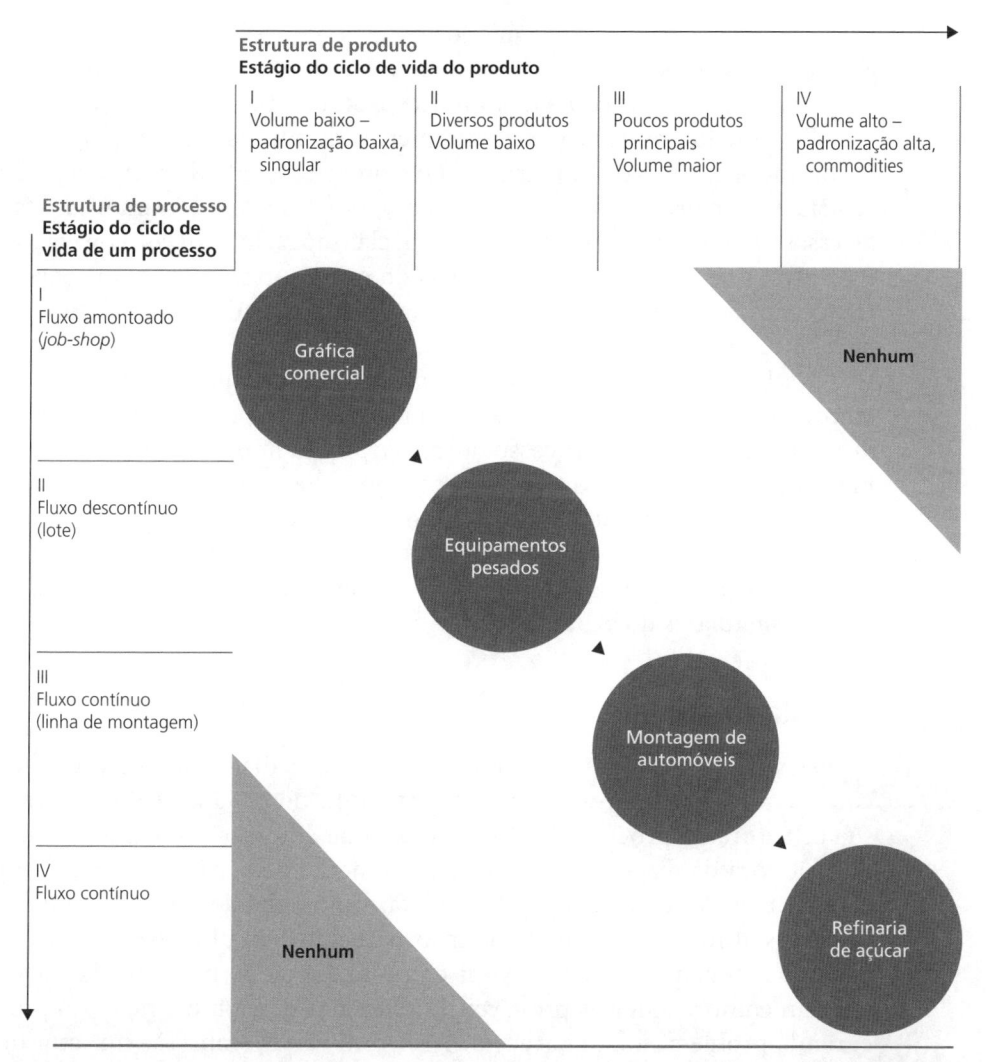

III — Fluxo contínuo (linha de montagem) — Montagem de automóveis

IV — Fluxo contínuo — Nenhum — Refinaria de açúcar

**FIGURA 3.1** Igualando os principais estágios dos ciclos de vida de um produto e de um processo.
Fonte: Hayes & Wheelwright (1979).

costumam fazer com que essas empresas ofereçam vários modelos básicos com diversas opções. Isto permite que a produção passe de um padrão de *job-shop* para outro de fluxo, em que lotes de determinado modelo avançam irregularmente por uma série de estações de trabalho, ou possivelmente até mesmo por uma linha de montagem de volume baixo.

Ainda mais abaixo na diagonal, para produtos como automóveis ou os principais equipamentos domésticos, uma empresa geralmente escolherá fazer apenas poucos modelos e utilizar um processo de produção relativamente mecanizado e conectado, como uma linha de montagem móvel.

Esse processo combina os requisitos do ciclo de vida do produto que as empresas automobilísticas precisam atender com as economias disponíveis a partir de um processo padronizado e automatizado.

Finalmente, no canto extremo inferior direito da matriz, podem-se encontrar operações de refinaria, como o processamento de petróleo ou de açúcar, onde o produto é uma commodity e o processo é contínuo. Apesar de essas operações serem altamente especializadas, inflexíveis e de capital intensivo, suas desvantagens são mais do que neutralizadas pelos baixos custos variáveis derivados de um volume alto passando por um processo padronizado.

Na Figura 3.1, dois cantos da matriz não apresentam indústrias ou empresas individuais. O canto superior direito caracteriza uma commodity produzida por um processo de *job-shop* que simplesmente não é econômico. Portanto, não existem empresas ou indústrias localizadas naquele setor. De maneira semelhante, o canto inferior esquerdo representa um produto singular feito por meio de processos contínuos ou muito específicos. Esses processos são simplesmente inflexíveis demais para essas exigências singulares do produto.

## Fora da diagonal

Os exemplos citados até agora tem sido os "casos diagonais" mais conhecidos, em que determinado tipo de estrutura de produto se equipara à sua estrutura de processo "natural". Mas uma empresa pode buscar uma posição fora da diagonal em vez de exatamente nela, para sua vantagem competitiva. A Rolls-Royce Ltd. ainda faz uma linha de produto limitada de carros utilizando um processo mais parecido com um *job-shop* do que com uma linha de montagem. Uma empresa que se permite sair da diagonal sem compreender as prováveis implicações dessa mudança está procurando problemas. Isto parece ocorrer com várias empresas no setor de construções pré-moldadas que permitiu que suas operações de produção se tornassem excessivamente dependentes de capital e de uma produção estável e com volume alto no começo da década de 1970.

Como se pode esperar, quando uma empresa se afasta demais da diagonal, ela se torna cada vez mais diferente dos seus concorrentes. Isto pode deixá-la ou não mais vulnerável a um ataque, dependendo do seu sucesso em alcançar o foco e em explorar as vantagens do seu nicho. Coordenar marketing e produção pode ficar mais difícil à medida que as duas áreas confrontam oportunidades e pressões cada vez mais diferentes. Não infrequentemente, as empresas descobrem que, ou inadvertidamente ou por escolha consciente, elas estão em posições na matriz muito diferentes daquelas dos seus concorrentes e devem considerar uma ação corretiva drástica. É claro que a maioria das pequenas empresas que entram em um setor maduro começam desta maneira, o que fornece uma explicação tanto dos pontos fortes quanto dos pontos fracos da sua situação.

Um exemplo de uma empresa que combina seus movimentos nestas duas dimensões com mudanças no seu setor é o da Zenith Radio Corporation na metade da década de 1960. A Zenith vinha geralmente seguindo uma estratégia de manter um alto grau de flexibilidade nas suas instalações de produção para televisores coloridos. Nós teríamos caracterizado esta estrutura de processo naquela época como pertencendo ao estágio 2. No entanto, quando ela planejou uma capacidade adicional para a produção de televisores coloridos em 1966 (durante o ponto alto do crescimento rápido no mercado), a Zenith escolheu expandir sua capacidade de produção de uma forma que representava um claro deslocamento para baixo na dimensão do processo, em direção à diagonal da matriz, ao consolidar a montagem de televisores coloridos em duas grandes fábricas. Uma destas estava localizada numa área com mão de obra relativamente barata nos Estados Unidos. Enquanto a Zenith continuava a ter instalações mais flexíveis do que as de outras empresas no setor, esta decisão refletiu a avaliação da gestão corporativa na necessidade de permanecer dentro do alcance do setor na dimensão do processo para que sua excelente estratégia de marketing não ficasse limitada devido a uma produção ineficiente.

É interessante que sete anos depois a Zenith tomou uma decisão semelhante de manter toda a sua produção de chassis de televisores coloridos nos Estados Unidos, em vez de perder a flexibilidade e arcar com os custos de transferir a produção para o Extremo Oriente. Esta decisão, juntamente com outras feitas nos últimos cinco anos, agora está sendo questionada. Utilizando nossa terminologia, a Zenith novamente se encontra muito acima da diagonal, em comparação com seus grandes concorrentes, em grande parte japoneses, sendo que a maioria deles mecanizou seus processos de produção, os posicionou em países com baixos salários e iniciaram outros programas de redução de custos.

A incorporação desta dimensão adicional ao planejamento estratégico estimula mais pensamento criativo sobre competência organizacional e vantagem competitiva. Ela também pode levar a previsões mais informadas sobre as mudanças prováveis de ocorrerem num determinado setor e a uma consideração das estratégias que poderão ser seguidas ao se reagir a essas mudanças. Finalmente, ela fornece uma forma natural para envolver gestores de produção no processo de planejamento para que eles possam relacionar suas oportunidades e decisões de maneira mais eficaz com a estratégia de marketing e com metas corporativas. A experiência do final da década de 1960 e do começo da década de 1970 sugere que grandes vantagens competitivas podem advir para empresas que consigam integrar sua organização de produção e de marketing com uma estratégia comum.[4]

## 3.2 UTILIZANDO O CONCEITO

Nós exploraremos três questões que derivam do ciclo de vida do produto e de um processo: (1) o conceito de competência distintiva, (2) as implicações gerenciais de se selecionar determinada combinação entre produto e processo, considerando a concorrência, e (3) a organização de diferentes unidades operacionais para que possam se especializar em porções separadas da tarefa de produção total ainda mantendo, ao mesmo tempo, a coordenação geral.

### Competência distintiva

A maioria das empresas gosta de pensar sobre si próprias como sendo especificamente boas em comparação com seus concorrentes em determinadas áreas e tentam evitar a concorrência em outras. O objetivo delas é guardar esta competência distintiva contra ataques externos ou contra uma falta de objetivo interna e explorá-la onde for possível. De tempos em tempos, infelizmente, os gerentes ficam preocupados com questões de marketing e deixam de enxergar o valor de capacidades de produção. Quando isto acontece, eles pensam sobre a estratégia apenas em termos da dimensão do produto e do mercado dentro do contexto do ciclo de vida do produto. Com efeito, os gerentes concentram os esforços de recursos e de planejamento numa coluna relativamente estreita da matriz mostrada na Figura 3.1.

A vantagem do ponto de vista bidimensional é que ele permite que uma empresa seja mais precisa em relação a qual é realmente a sua competência distintiva e concentre suas atenções num conjunto restrito de decisões e alternativas de processo, assim como num conjunto restrito de alternativas de marketing. O verdadeiro foco é mantido apenas quando a ênfase está num único "remendo" na matriz – um foco tanto no processo quanto no produto ou no mercado. Conforme Wickham Skinner sugeriu, o estreitamento do foco das atividades da unidade de negócios pode aumentar muito a chance de sucesso para a organização.[5]

Pensar tanto sobre a dimensão do processo quanto sobre a do produto pode afetar a maneira pela qual uma empresa define seu "produto". Por exemplo, recentemente nós exploramos o caso de um produtor especializado de circuitos impressos. A avaliação inicial dos gerentes da sua posição na matriz foi que ele estava fabricando um volume baixo de um produto singular utilizando um processo de linha de montagem altamente conectada. (Isto o colocaria no canto inferior esquerdo da matriz). Após reflexão adicional, no entanto, os gerentes decidiram que enquanto a empresa se especializava em pequenos lotes de produção, o "produto" que ela realmente estava oferecendo era uma capacidade de design para circuitos eletrônicos de finalidade especial. Então, em certo sentido, ela estava produzindo designs em massa, em vez de circuitos eletrônicos. Portanto, no final das contas, a empresa não estava tão afastada da diagonal. Este conhecimento da competência distintiva da empresa ajudou a gerência, uma vez que ela levou em consideração diferentes projetos e decisões, sendo que apenas alguns sustentavam a verdadeira posição da empresa na matriz.

## Efeitos da posição

À medida que uma empresa realiza diferentes combinações de produto e processo, os problemas da gerência mudam. É a interação entre estes dois que determina quais tarefas serão cruciais para determinada empresa ou determinado setor. Ao longo da dimensão de estrutura de processo, por exemplo, a principal vantagem competitiva de uma operação fluxo desconectado é sua flexibilidade tanto a mudanças de produtos quanto de volume. À medida que uma delas se desloca em direção a processos mais padronizados, a ênfase competitiva costuma se deslocar de flexibilidade e qualidade (medida em termos de especialização de produto) para confiabilidade, previsibilidade e custo. Uma sequência semelhante de ênfases competitivas ocorre à medida que uma empresa se desloca ao longo da dimensão de estrutura de produto. Estes movimentos em prioridades são ilustrados na Figura 3.2.

Para determinada estrutura de produto, a empresa cuja ênfase competitiva está na qualidade ou no desenvolvimento de um novo produto escolheria uma operação de produção muito mais flexível do que um concorrente que tenha a mesma estrutura de produto, mas que siga uma estratégia de minimização dos custos. Alternativamente, uma empresa que escolher determinada estrutura de processo reforçará as características dessa estrutura ao adotar a estrutura de produto correspondente. A abordagem anterior posiciona a empresa acima da diagonal, enquanto esta última a posiciona em algum lugar ao longo da diagonal.

A localização de uma empresa na matriz deve levar em conta sua orientação tradicional. Muitas empresas tendem a ser relativamente agressivas ao longo da dimensão – produto ou processo – em que elas se sentem mais competentes e consideram a outra dimensão como "determinada" pelo setor e pelo ambiente. Por exemplo, uma empresa voltada para o marketing buscando reagir às necessidades de determinado mercado terá maior probabilidade de enfatizar a flexibilidade e a qualidade do que a empresa voltada para a produção que busca adequar o mercado à sua liderança de custo ou de processo.

Um exemplo destas duas abordagens competitivas no setor de motores elétricos é proporcionado pelo contraste entre a Reliance Electric e

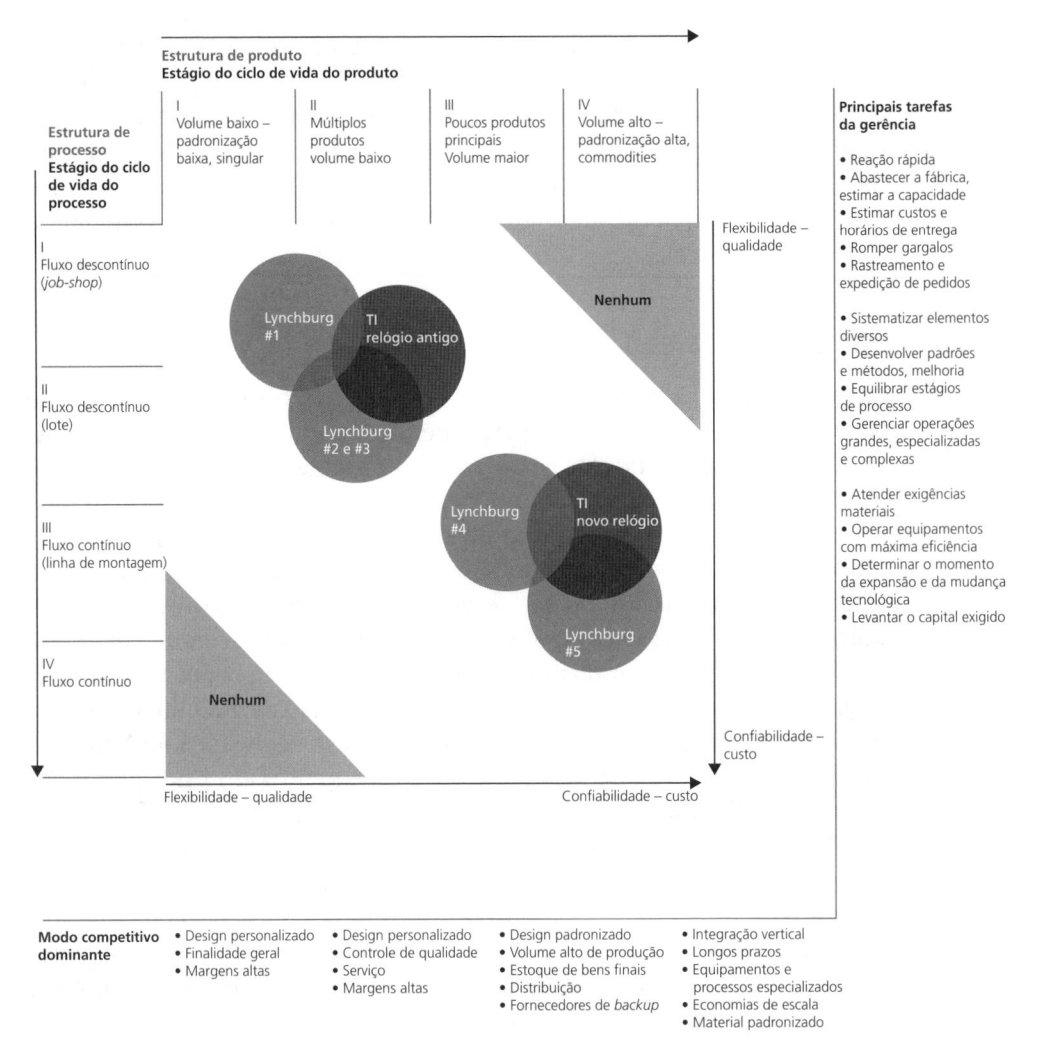

**FIGURA 3.2** Matriz expandida produto × processo.
Fonte: Hayes & Wheelwright (1979).

a Emerson Electric. Por um lado, a Reliance aparentemente escolheu processos de produção que a posicionam acima da diagonal para determinado produto e mercado e a empresa enfatiza a personalização e o desempenho do produto. Por outro lado, a Emerson tende a se posicionar abaixo da diagonal e enfatiza a redução de custos. Como resultado desta diferença de ênfase, a maioria dos produtos da Reliance está no quadrante superior esquerdo, enquanto os produtos da Emerson tendem a estar no quadrante inferior direito. Até mesmo onde as linhas de produtos das duas empresas se sobrepõem, é provável que a Reliance utilize um processo mais fluido para aquele produto, enquanto é mais provável que a Emerson utilize um processo padronizado.

Cada empresa buscou desenvolver um conjunto de habilidades competitivas em termos de produção e de marketing que a tornará mais eficaz dentro dos seus quadrantes selecionados. Concentrar no quadrante superior esquerdo versus no inferior direito tem várias implicações adicionais para uma empresa. A gerência que escolhe concorrer principalmente no quadrante superior esquerdo precisa decidir quando se desprender de um produto ou mercado ou até mesmo abandoná-lo, enquanto para a gerência que escolhe concorrer no quadrante inferior direito a decisão crucial é quando entrar no mercado. Neste último caso, a empresa pode observar o mercado se desenvolver e não tem tanta necessidade de flexibilidade quanto empresas que se posicionam no quadrante superior esquerdo, uma vez que mudanças de produto e de mercado costumam ocorrer com menos frequência durante as fases posteriores do ciclo de vida do produto.

Esse pensamento sobre a especialização tanto de produto quanto de processo é especialmente útil para selecionar o equivalente destas duas dimensões para um novo produto. Quem conhece o setor de relógios digitais poderá lembrar que no começo da década de 1970, a Texas Instruments lançou uma linha rara de relógio digital. Este produto representou uma combinação na matriz no quadrante superior esquerdo, conforme mostra a Figura 3.2. Infelizmente, esta linha de relógios foi decepcionante para a Texas Instruments, tanto em termos de volume quanto de lucratividade. Portanto, no começo de 1976, a TI lançou um relógio digital vendido por US$19,95. Com apenas um módulo eletrônico e um processo de produção com fluxo contínuo, este relógio representou uma combinação de produto e processo mais abaixo na diagonal e muito mais compatível com os pontos fortes e as ênfases tradicionais da TI.

## Organizando operações

Se a gerência considerar a dimensão da estrutura de processo da competência e da estratégia organizacionais, geralmente ela poderá focar suas unidades operacionais nas suas tarefas individuais de maneira muito mais eficaz. Por exemplo, muitas empresas enfrentam o problema de como organizar a produção de peças de reposição para seus principais produtos. Enquanto o aumento do volume destes produtos principais pode ter feito com que a empresa se deslocasse para baixo na diagonal, a consequente demanda por peças de reposição poderá exigir uma combinação de estruturas de produto e processo mais em direção ao canto superior esquerdo da matriz. Existem muito mais itens para serem fabricados, cada um deles em menor volume e o processo adequado tende a ser mais flexível do que pode ocorrer para o produto principal.

Para acomodar as exigências específicas da produção de peças de reposição, uma empresa poderá desenvolver uma instalação separada para elas ou simplesmente separar sua produção dentro da mesma instalação. Provavelmente a abordagem menos adequada seja deixar essa produção sem nenhuma diferenciação da produção do produto básico, uma vez que isto exigiria que a fábrica tivesse um alcance amplo demais, tanto de produto quanto de processo, o que a tornaria menos eficiente e menos eficaz para as duas categorias de produto.

A escolha de estruturas de produto e de processo determinará o tipo de problemas de produção que será importante para a gerência. Algumas das principais tarefas relacionadas com uma estrutura específica de processo são indicadas do lado direito da Figura 3.2. Reconhecer o impacto que a posição da empresa na matriz tem sobre estas tarefas importantes geralmente irá sugerir mudanças em diversos aspectos das diretrizes e dos procedimentos que a empresa utiliza para gerenciar sua função produtiva, especificamente no seu sistema de controle de produção. Além disso, medidas utilizadas para monitorar e avaliar o desempenho produtivo da empresa deverá refletir a posição selecionada na matriz para que sejam tanto úteis quanto consistentes com as metas e a estratégia corporativa.

Esse tipo de análise voltada para as tarefas poderá ajudar uma empresa a evitar a perda do controle sobre a produção que costuma resultar quando um conjunto padrão de mecanismos de controle é aplicado a todos os produtos e processos. Ele também sugere a necessidade de diferentes tipos de habilidades administrativas (e de gestores), dependendo das tarefas de produção mais importantes da empresa e dos seus modos competitivos dominantes.

Enquanto pode ser necessário um foco relativamente estreito para se obter sucesso no mercado de qualquer produto único, as empresas que são grandes o suficiente podem produzir (e produzem) múltiplos produtos em múltiplos mercados, de maneira eficaz. Estas costumam estar em diferentes estágios do ciclo de vida do produto. No entanto, para que essa operação seja bem-sucedida, uma empresa deve separar e organizar instalações de produção para atender da melhor forma as necessidades de cada produto e depois desenvolver volumes de venda grandes o suficiente para tornar essas unidades de produção competitivas.

Um exemplo de separar a capacidade produtiva total de uma empresa em unidades especializadas é fornecido pela Lynchburg Foundry, uma subsidiária de propriedade da Mead Corporation, Esta fundação tem cinco fábricas na Virgínia. Conforme mostra a Figura 3.2, estas fábricas representam posições diferentes na matriz. Uma fábrica é uma *job-shop*, que produz especialmente produtos singulares. Duas fábricas utilizam um processo separado em lotes, que produz vários produtos importantes. Uma quarta fábrica é uma operação de linha de montagem individualizada que faz apenas poucos produtos, especialmente para o mercado automotivo. A quinta fábrica é uma fábrica de canos altamente automatizada, fazendo o que é em grande parte um item de commodity.

# CAPÍTULO 3 Vinculando o processo de produção com o ciclo de vida dos produtos

Enquanto a tecnologia básica é relativamente diferente em cada planta, existem várias outras que se assemelham. No entanto, a configuração de produção, os processos de produção e os sistemas de controle são muito diferentes. Esta empresa escolheu projetar suas fábricas para que cada uma atendesse as necessidades de um segmento específico do mercado da maneira mais competitiva. Seu sucesso sugeriria que esta foi uma forma eficaz de combinar capacidades de produção com demanda de mercado.

Empresas que especializam suas unidades operacionais de acordo com as necessidades de remendos específicos, estreitamente definidos na matriz, frequentemente irão encontrar problemas para integrar essas unidades num todo de forma coordenada. Um artigo recente sugeriu que uma empresa pode ser mais bem-sucedida ao organizar sua função produtiva em torno de um foco no produto-mercado ou no processo.[6] Ou seja, unidades individuais ou se administrarão de maneira relativamente autônoma, reagindo diretamente às necessidades dos mercados que elas atendem, ou elas serão divididas de acordo com estágios do processo (por exemplo, fabricação, submontagem e montagem final), tudo coordenado por um quadro de funcionários central.

Empresas nos setores de materiais mais importantes – empresas siderúrgicas e petrolíferas, por exemplo – fornecem exemplos clássicos de organizações de produção organizadas por um processo. A maioria das empresas que amplia o alcance do seu processo através de integração vertical tende a adotar essa organização, pelo menos inicialmente. Por outro lado, empresas que adotam uma organização voltada para o mercado ou para o produto na produção tendem a ser fortemente voltadas para o mercado e não estão dispostas a aceitarem a rigidez organizacional e o tempo estendido de reação que costuma acompanhar uma coordenação centralizada.

A maioria das empresas no setor de embalagem fornece exemplos dessas organizações produtivas focalizadas no produto e no mercado. Fábricas regionais atendem áreas de mercado geográfico e são estabelecidas para reduzirem os custos de transporte e fornecem uma resposta melhor a exigências do mercado.

Várias empresas que historicamente se organizaram em torno de produtos ou mercados descobriram que, à medida que seus produtos amadureceram e à medida que elas se tornaram mais integradas verticalmente, um conflito surgiu entre suas instalações produtivas organizadas pelo produto original e as necessidades das suas unidades de abastecimento interno voltados para o processo.

À medida que a ênfase competitiva se deslocou em direção ao custo, empresas se deslocando ao longo da diagonal tenderam a evoluir de uma organização produtiva voltada para o produto para outra voltada para o processo. No entanto, em algum ponto, essas empresas costumam descobrir que suas operações se tornaram tão complexas com aumento do volume e aumento de estágios de produção interna que elas desafiam a coordenação centralizada e a gerência deve retornar para uma organização voltada para o produto dentro de uma estrutura dividida.

## 3.3 IMPLICAÇÕES DA ESTRATÉGIA

Agora podemos juntar diversos fios e resumir suas implicações para a estratégia corporativa. Empresas devem tomar uma série de decisões inter-relacionadas de marketing e produção. Estas escolhas devem ser continuamente revisadas e às vezes mudadas à medida que os produtos da empresa e os concorrentes evoluem e amadurecem. Uma empresa pode escolher uma estratégia de produto ou de marketing que lhe dá uma linha de produto mais ampla ou mais estreita do que seus principais concorrentes. Essa escolha a posiciona à esquerda ou à direita dos seus concorrentes, ao longo da dimensão horizontal da nossa matriz.

Tendo tomado esta decisão, a empresa tem mais uma escolha para fazer: Ela deve produzir sua linha de produto com um sistema produtivo – um conjunto de pessoas, fábricas, equipamentos, tecnologias, diretrizes e procedimentos de controle – que irá permitir um grau relativamente alto de flexibilidade e uma intensidade de capital relativamente baixa? Ou ela deve preferir um sistema que irá permitir uma produção com custo mais baixo com perda de alguma flexibilidade à mudança (em produtos, volumes de produção e equipamento) e geralmente um grau maior de intensidade de capital? Esta escolha irá posicionar a empresa acima ou abaixo dos seus concorrentes ao longo da dimensão vertical da nossa matriz.

É claro que existem vários aspectos dinâmicos de competitividade corporativa onde se podem aplicar os conceitos de combinar o ciclo de vida do produto com o ciclo de vida de um processo. Neste artigo, no entanto, nós lidamos apenas com os aspectos de selecionar uma posição na matriz. Nós discutiremos, em um artigo a ser publicado posteriormente, como a posição de uma empresa na matriz produto-processo poderá mudar ao longo do tempo e as armadilhas que ela possa vir a cair se as implicações desses movimentos não forem avaliadas cuidadosamente.

## 3.4 REFERÊNCIAS

1. *The Product Life Cycle and International Trade,* Louis T. Wells, Jr., ed. (Cambridge, Mass.: Harvard University Press, 1972), por exemplo, fornece evidência de vários setores que argumenta em favor da ampla aplicação deste conceito.
2. N.K. Dhalla and S. Yuspeh, "Forget the Product Life Cycle Concept!" HBR January--February 1976, p. 102.

3. Por exemplo, William J. Abernathy and Philip L. Townsend, "Technology, Productivity, and Process Changes," in *Technological Forecasting and Social Change,* Volume VII, No. 4, 1975, p. 379; Abernathy and James Utterback, "Dynamic Model of Process and Product Innovation," *Omega,* Volume III, No. 6, 1975, p. 639; Abernathy and Utterback, "Innovation and the Evolution of Technology in the Firm," Harvard Business School Working Paper (HBS 75-18R, Revised June 1975).
4. See "Manufacturing–Missing Link in Corporate Strategy," by Wickham Skinner, HBR May-June 1969, p. 136.
5. "The Focused Factory," HBR May-June 1974, p. 113.
6. Robert H. Hayes and Roger W. Schmenner, "How Should You Organize Manufacturing?" HBR January-February 1978, p. 105.

# 4

# Estratégia produtiva: definindo o elo perdido*

STEVEN C. WHEELWRIGHT
GRADUATE SCHOOL OF BUSINESS, STANFORD UNIVERSITY

O principal objetivo da estratégia é desenvolver e sustentar uma vantagem competitiva duradoura. Em indústrias manufatureiras, houve um foco substancial no começo da década de 1980 na importância da contribuição da função produtiva para o sucesso corporativo em geral e, ainda assim, a aparente falta de atenção (historicamente) para alcançar essa contribuição potencial. Neste artigo, descrevem-se características da vantagem competitiva em firmas manufatureiras, apresenta-se um modelo geral para relacionar essa vantagem com níveis de estratégia corporativos, comerciais e funcionais e apresenta-se um esboço de abordagem para se buscar esse potencial.

## 4.1 VISÃO GERAL

Um interesse recente na produção e a noção de uma estratégia produtiva foi o resultado de diversos desenvolvimentos complementares. Na frente empírica, eventos competitivos em várias indústrias manufatureiras mundiais – como automóveis, máquinas operatrizes e produtos eletrônicos – realçaram os perigos de se considerar a função de manufatura como sendo "neutra" e os benefícios de reconhecer seu potencial para sustentar positivamente as estratégias comercial e corporativa. Na frente conceitual, os esforços combinados do praticante e de acadêmicos que desenvolveram mais plenamente os assuntos de estratégia, planejamento estratégico e gestão estratégica, levaram à publicação de uma grande quantidade de livros e artigos – e até mesmo este artigo, fornecendo modelos contextuais para abordar a função de manufatura e esclarecer a necessidade lógica de uma estratégia produtiva como contrapartida à estratégia de marketing e financeira.

Na frente acadêmica, diversas faculdades de administração começaram a reconhecer a necessidade de inserir operações e produção como parte do

---

\* Artigo originalmente publicado sob o título *Manufacturing Strategy: Defining the Missing Link*, no Strategic Management Journal, v.5, p.77-91, 1984.

currículo principal e, lideradas por autores como Hayes e Abernathy (1980), vários acadêmicos e praticantes manifestaram seu apoio a se prestar mais atenção ao detalhe de manufatura e operações com um movimento "de volta ao básico". Finalmente, uma quantidade cada vez maior de pesquisadores está assimilando o trabalho de pioneiros como Skinner (1969) e examinando o que a maioria dos gestores consideraria "elementos" de uma estratégia produtiva.

Com toda esta atividade, parece adequado desenvolver algumas definições do conceito de estratégia produtiva e seu relacionamento com outros "níveis" de estratégia, vantagem competitiva e filosofia corporativa ou cultura geral. Essas definições podem auxiliar não apenas os praticantes ao fornecer uma língua comum e um conjunto de diretrizes para ação, mas também pesquisadores e professores ao sugerirem assuntos adicionais para investigação e vínculos com outros conceitos de estratégia que estão mais desenvolvidos.

Os primeiros passos para fornecer essas definições foram afirmados por Skinner (1969): "A estratégia competitiva de uma empresa num determinado momento estabelece demandas específicas sobre sua função produtiva e, inversamente, que a postura e operações produtivas da empresa devem ser projetadas especificamente para realizar as tarefas exigidas por planos estratégicos". Apesar de ser esse um bom ponto de partida para a discussão deste artigo, esclarecer e elaborar este conceito requer uma breve visão geral dessas ideias como filosofias básicas, forças motrizes e a vantagem competitiva de uma empresa. Então se fornece um conjunto básico de definições de estratégia, especificamente estratégia de produção, seguido de algumas observações sobre o motivo pelo qual a este tema é tão importante e o que parece ser necessário para colocar em prática todo seu potencial.

## 4.2 FILOSOFIA DE GESTÃO, FORÇAS MOTRIZES E VANTAGEM COMPETITIVA

Várias publicações descreveram recentemente o conceito de uma filosofia de gestão, muitas vezes se referindo a ele como sendo a "cultura da empresa" (Athos e Pascale, 1981; Ouchi, 1981; Peters, 1980). A filosofia costuma ser definida como sendo o conjunto de princípios orientadores, forças motrizes e atitudes impregnadas que ajudam a comunicar metas, planos e diretrizes a todos os empregados e que são reforçados através de comportamento consciente e subconsciente em todos os níveis da organização. Uma divisão de uma das principais firmas de produtos eletrônicos identificou recentemente os seguintes exemplos dessas forças motrizes e elementos da filosofia:

1. *O desejo por crescimento consistente e significativo.*
2. *Conservadorismo e tradição como considerações importantes em todas as tomadas de decisões.*

3. *Flexibilidade no que diz respeito a mudanças de volume e de composição e a pedidos especiais dos clientes.*
4. *Compromisso firme com a qualidade, o que exige que se siga qualquer oportunidade identificada para melhorar a mesma.*
5. *Invenção e inovação de produtos como sendo as principais abordagens para resolver problemas.*
6. *Tratamento igual e consistente de todos os empregados (incluindo emprego permanente para todos).*

Independentemente de serem explicitamente declarados ou apenas insinuados, esses elementos da filosofia e da cultura de uma organização são extremamente importantes. Eles servem como um guarda-chuva sobre diversos elementos de estratégia e orientam a tomada de decisões dentro da organização. Essa filosofia não apenas estabelece o contexto no qual decisões operacionais quotidianas são tomadas, mas também estabelece os limites para as opções estratégicas que a firma leva em consideração. Além disso, a filosofia orienta a organização a fazer trocas não apenas entre prioridades de desempenho concorrentes (como flexibilidade, entrega, custo e qualidade), mas entre metas e desempenho de curto e de longo prazo. Finalmente, o alcance da consistência entre todas as atividades da firma tende a estar diretamente vinculado com esta filosofia e com o grau em que ela é compartilhada em toda a organização.

A importância da função produtiva no desenvolvimento e na comunicação da filosofia transcende sua própria estratégia funcional. Como a maioria dos funcionários está sob sua direção, a produção invariavelmente torna-se a guardiã dessa filosofia para toda a organização. De maneiras sutis, porém fortes, a produção desempenha um papel fundamental no estabelecimento e na comunicação da filosofia para o restante da organização. Como consequência disso, a necessidade de liderança na função produtiva é de fundamental importância para o sucesso e a direção da empresa como um todo. Muitas vezes isto é negligenciado, fazendo com que a empresa preste a ela própria e à produção um desserviço, quando deixa de perceber a oportunidade e a necessidade da contribuição da produção. Tão importante quanto isso, no entanto, é reconhecer (como será discutido mais adiante) que a estratégia produtiva consiste de padrões de decisões em áreas fundamentais de operações produtivas. Estes padrões são determinados em grande parte pela filosofia que a empresa compartilha com seus empregados. Então, para que se mudem os padrões de decisões (e, portanto, a estratégia produtiva), algumas partes dessa filosofia e as forças motrizes relacionadas na organização deverão ser mudadas antes.

As forças motrizes que complementam e colocam em prática a filosofia básica da firma costuma incluir visões sobre pelo menos três elementos fundamentais da estratégia – uma orientação dominante, um padrão de diversificação e uma perspectiva sobre crescimento. Estas forças motrizes, juntamente com tendências ou preferências por prioridades competitivas alternativas, fazem muito para estabelecerem o contexto em que se define e se segue a vantagem competitiva.

## Orientação dominante

Algumas empresas são claramente voltadas para o mercado. Elas consideram que sua especialidade principal seja a capacidade de compreender e reagir de maneira eficaz às necessidades de determinado mercado ou grupo de consumo. Ao explorarem este conhecimento do mercado, elas utilizam diversos produtos, materiais e tecnologias. A Gillette e a Head Ski vem à mente como exemplos dessas empresas. Outras firmas são claramente voltadas para materiais ou produtos. Elas são "empresas siderúrgicas", "empresas de borracha" ou "empresas de petróleo' (ou, mais recentemente, "empresas de energia"). Elas desenvolvem múltiplos usos para o seu produto ou material e acompanham esses usos para diversos mercados. Corning Glass, Firestone, Du Pont e Conoco são exemplos de empresas com essa orientação dominante. Ainda outras empresas e negócios são voltados para a tecnologia. A maioria das empresas de produtos eletrônicos se encaixa nesta classe. Nessas empresas, a orientação dominante é seguir a liderança da tecnologia para diversos materiais e mercados.

Uma empresa costuma experimentar um trauma considerável quando se arrisca fora da sua orientação dominante. A entrada da Texas Instruments no marketing de consumo na metade da década de 1970 foi um exemplo disto. Seus produtos iniciais foram calculadoras eletrônicas e relógios de pulso digitais. Apesar de a Texas Instruments poder continuar em algumas destas áreas de marketing de consumo, ela anunciou em meados de 1981 que estava abandonando o mercado de relógios de pulso digitais para enfatizar componentes mais tradicionais (circuitos integrados).

## Padrões de diversificação

Uma segunda atitude ou força motriz relacionada à primeira é o padrão de diversificação que uma empresa segue. A diversificação pode ser alcançada de diversas maneiras: (a) diversificação de produtos dentro de determinado mercado; (b) diversificação de mercados (geográficos ou por grupo de consumo) utilizando determinada linha de produto; (c) diversificação de processos ou vertical (aumento do alcance do processo para ganhar mais controle sobre fornecedores e/ou clientes) com determinada variedade de produtos e mercados; e (d) diversificação não relacionada (horizontal), conforme exemplificado pelos conglomerados. Estas decisões são estreitamente inter-relacionadas com a orientação dominante de uma empresa, mas também refletem a preferência da empresa por se concentrar num conjunto relativamente restrito de atividades, produtos ou mercados em vez de se espalhar de maneira ampla por vários deles.

A variedade e a diversidade de negócios e, portanto, de estratégias de negócios resultantes, tem implicações importantes para a variedade de estratégias de produção necessárias. Em geral, quanto maior for a variedade nas empresas, mais provável será de que haja variedade nas estratégias de negócios perseguidas e, portanto, nas estratégias de produção correspondentes. Observações pessoais recentes sugerem que quanto maior for a variedade de estratégias de produção, menos provável será que os gerentes mais experientes vejam a produção como sendo uma arma competitiva potencial, simplesmente porque não existem pontos em comum suficientes que eles possam explorar a partir da sua posição e menos provável será que uma filosofia forte seja compartilhada através de toda a organização.

## Perspectiva sobre o crescimento

Uma terceira força motriz importante para se determinar o papel competitivo da produção diz respeito ao crescimento. Para alguns, o crescimento representa um insumo para o processo de planejamento de uma empresa ou unidade de negócios. Para outros é um resultado. Toda empresa encara continuamente diversas oportunidades de crescimento. Suas decisões sobre quais aceitar e quais rejeitar sinalizam o tipo de empresa que ela prefere ser. Algumas empresas, ao se concentrarem em determinado mercado, área geográfica ou material, basicamente aceitam o crescimento que aquele mercado ou aquela área ou aquele material permitem. A aceitação por uma empresa de uma taxa baixa de crescimento, por outro lado, reflete uma decisão, consciente ou inconsciente, de reter um conjunto de prioridades em que determinada orientação e padrão de diversificação são mais valorizadas do que o crescimento.

Outras empresas, no entanto, são estruturadas e administradas de tal forma que determinada taxa de crescimento é necessária para que elas funcionem adequadamente. Se o conjunto atual dos seus produtos e mercados não permitir essa taxa de crescimento desejada, elas buscarão novos para "preencherem a lacuna". Esta decisão reflete sua orientação dominante e sua atitude de diversificação. Entre as firmas com uma orientação que exige determinada taxa de crescimento, podem-se observar duas abordagens diferentes para se transmitir essa orientação para unidades de negócios individuais. De acordo com uma abordagem a corporação exige que cada unidade de negócios alcance essa taxa de crescimento. De acordo com a outra, cada unidade de negócios recebe uma missão "dentro do portfólio corporativo" que varia a taxa de crescimento esperada (além de variar as outras dimensões de desempenho esperado) por empresa.

A atitude em relação ao crescimento é especialmente importante para se estabelecer a perspectiva provável sobre a produção como sendo uma arma competitiva. Nas empresas em que o crescimento seja um fator motivacional primordial, o papel da produção costuma se tornar ser apenas "acompanhar" esse crescimento, em vez de fornecer outras características aos produtos e serviços proporcionados aos clientes. Portanto, em empresas com alta taxa de crescimento, o principal impulso da produção é sair do produto e isso tende a ocorrer antes de se estabelecer uma vantagem competitiva em outras dimensões de capacidade de produção. Em divisões ou empresas em que o crescimento não seja um fator motivacional primordial, as oportunidades para se estabelecer a produção como sendo um insumo fundamental para a estratégia de negócios costumam ser maiores.

## Prioridades competitivas

Um último conjunto de atitudes – e em certo sentido aquelas que são implicadas pelas outras, além de integrá-las e resumi-las – é incorporado na escolha de prioridades competitivas. Na sua forma mais simples, esta escolha é posicionada entre buscar altas margens de lucro ou buscar altos volumes de produção. Em algumas empresas, por exemplo, a preferência é dada consistentemente a produtos com alto volume, até mesmo quando isto limita a firma a uma pressão drástica por redução de custo e costuma implicar margens baixas. Novamente, a maioria das unidades de negócios numa corporação adota estratégias que costumam enfatizar uma atitude dominante (a visão "genérica" dentro da corporação), em vez de tentar cobrir toda a extensão dessas possibilidades.

Este conceito de prioridades competitivas precisa ser expandido e enriquecido, uma vez que empresas podem concorrer de outras maneiras do que simplesmente os preços dos seus produtos. Se considerarmos um conjunto mais amplo de prioridades, os possíveis papeis para a estratégia produtiva como sendo uma base para a vantagem competitiva aumentam de maneira significativa. Estas prioridades podem incluir qualidade, confiabilidade e flexibilidade – além do custo (preço).

Em algumas empresas a base da vantagem competitiva é a qualidade superior – ou fornecendo maior qualidade num produto padrão (por exemplo, Mercedes-Benz) ou fornecendo um produto com atributos ou características de desempenho indisponíveis em produtos concorrentes. Ao se discutir qualidade, é importante diferenciar entre qualidade efetiva e qualidade percebida (sendo que esta última costuma ser mais uma função de abordagens de venda e de publicidade), além de fazer a diferenciação entre qualidade definida como sendo a ausência de defeitos e qualidade definida em termos de capacidades de desempenho.

Outra dimensão que algumas empresas utilizam para estabelecerem prioridades competitivas é a da confiabilidade. Apesar dos produtos dessas firmas poderem ter preços mais altos do que os produtos de outras e poderem não ter algumas das características e o acabamento encontrado em outros produtos, eles efetivamente funcionam conforme especificados, são entregues na hora certa e a empresa fica pronta para mobilizar seus recursos imediatamente para garantirem que quaisquer falhas sejam corrigidas imediatamente. A IBM, a Caterpillar e a Sears muitas vezes foram citadas como sendo exemplos de empresas cujas estratégias típicas enfatizam esta prioridade competitiva.

Ainda outra grande prioridade que pode ser utilizada como base para a vantagem competitiva é a flexibilidade. Dois aspectos importantes da flexibilidade são a flexibilidade do produto e a flexibilidade do volume. Uma empresa que concorra na base da flexibilidade do produto enfatiza sua capacidade de lidar com pedidos difíceis e fora do padrão, além de liderar no lançamento de novos produtos. Geralmente são as empresas menores que adotam isto como prioridade competitiva primária. Ainda outras empresas concorrem através da flexibilidade do volume, enfatizando sua capacidade de acelerarem ou desacelerarem a produção muito rapidamente. Empresas bem-sucedidas em setores altamente cíclicos como o de habitação ou o de móveis costumam exibir esta característica como prioridade primária.

Em resumo, dentro de determinado setor, diferentes empresas (diferentes unidades de negócios) enfatizam cada uma destas quatro dimensões competitivas – preço, qualidade, confiabilidade e flexibilidade – em diversos graus. É tanto difícil (se não impossível) quanto potencialmente perigoso para uma empresa tentar concorrer oferecendo desempenho superior em todas estas dimensões ao mesmo tempo. Em vez disso, uma empresa deve anexar prioridades definidas a cada uma delas e essas prioridades determinam como essa empresa se posicionará em relação aos seus concorrentes – em termos da sua vantagem competitiva. É a especificação e o esclarecimento destas prioridades e sua busca na função produtiva que determinam o papel competitivo dessa função.

Praticamente toda decisão que um gerente sênior tomar terá um impacto diferente sobre cada uma destas quatro dimensões. Portanto, uma ampla variedade de decisões confronta a organização e compensações deverão ser feitas entre elas. A não ser que estas compensações sejam feitas de maneira consistente ao longo do tempo, a empresa perderá lentamente sua distinção competitiva. Sem essa consistência, não importa até que ponto a organização se empenhe na formulação e no esclarecimento da sua "estratégia". Ainda assim ela não terá uma estratégia eficaz.

## 4.3 O CONCEITO DE ESTRATÉGIA PRODUTIVA

A palavra estratégia tem sido usada de maneira tão abrangente nos últimos anos que acabou perdendo boa parte da sua singularidade e significado quando aplicada à prática da gestão. No entanto, algumas características gerais são associadas com o termo quando se fala sobre estratégia num ambiente de negócios. Cinco das características mais importantes estão resumidas na Tabela 4.1.

Conforme esboçado na Figura 4.1, existem três níveis primários de estratégia numa empresa de manufatura – o corporativo, o comercial e o funcional – correspondendo, a grosso modo, às unidades organizacionais responsáveis por formularem e adotarem cada nível de estratégia.

A estratégia corporativa* especifica duas áreas de interesse geral para a corporação: a definição dos negócios em que a corporação participará (e, por omissão, aqueles em que ela não participará), e a aquisição de recursos corporativos e seu compromisso com cada um desses negócios. Em empresas muito grandes e diversificadas poderá ser necessário especificar para cada um de vários setores ou grupos, uma estratégia (os negócios em que o setor ou grupo participará e não participará e uma alocação de recursos).

Conforme foi discutido anteriormente, a orientação dominante muitas vezes define as áreas em que uma corporação participará, utilizando

**TABELA 4.1** Características da estratégia

| |
|---|
| *Horizonte Temporal.* Geralmente, a estratégia é utilizada para descrever atividades que envolvam um horizonte temporal de longo prazo, tanto no que diz respeito ao tempo que leva para se realizar essas atividades quanto no que diz respeito ao tempo que leva para observar seu impacto. |
| *Impacto.* Apesar do fato de que as consequências de seguir determinada estratégia não serão claras até que um tempo considerável tenha se passado, o impacto final será relativamente maior do que o de táticas ou atividades operacionais de curto prazo. |
| *Concentração de esforço.* O conceito de estratégia costuma implicar a concentração da atividade, do esforço ou da atenção de alguém numa variedade ou dimensão relativamente limitada de atividades. Implicitamente, a concentração em determinadas atividades significa que a pessoa deva reduzir o esforço em outras direções. |
| *Padrão de decisões.* Apesar de algumas empresas precisarem tomar apenas algumas decisões grandes para colocarem em prática toda uma estratégia, a maioria das estratégias requer um padrão de decisões ao longo de diversas subáreas. Determinados tipos de decisões devem ser repetidos ao longo do tempo e diversas decisões secundárias ou de apoio são necessárias para colocar em prática a estratégia. |
| *Expansão.* A estratégia de uma organização abrange uma grande variedade de processos de alocação de recursos e de operações quotidianas. Além disso, a necessidade de profundidade requer que todos os níveis de uma organização ajam instintivamente de maneiras que reforcem a estratégia. |

Fonte: Wheelwright (1984).

---

\* Diversos aspectos dessas definições de estratégia nos níveis organizacionais básicos foram sugeridas ao autor por Dan R. E. Thomas, professor em Stanford.

dimensões como materiais, mercados e tecnologias. O segundo elemento da estratégia corporativa – a aquisição e a aplicação de recursos – costuma resultar numa forte função financeira no nível corporativo. Esta função (juntamente com o tesoureiro) costuma se preocupar com a aquisição de capital financeiro e com sua alocação, como parte dos procedimentos de contabilidade orçamentária de capital da firma. O conceito de portfólio destina-se em grande parte a melhorar essa alocação de recursos (Haspeslagh, 1982). Os recursos humanos também são importantes e os funcionários fortaleceram sua atividade no nível corporativo é medida que as firmas reconheceram a importância de adquirir e aplicar recursos humanos valiosos.

O segundo grande nível de estratégia esboçado na Figura 4.1, o da estratégia comercial, costuma se referir a duas tarefas fundamentais que cada "unidade de negócios estratégica" (UNE) ou unidade de planejamento estratégico (SPU) realiza. Em primeiro lugar, ele especifica o âmbito ou limites de cada empresa de uma forma que vincula operacionalmente a estratégia comercial com a estratégia corporativa. Em segundo lugar, ele especifica a base em que aquela unidade de negócios alcançará e manterá uma vantagem competitiva.

O primeiro elemento da estratégia – esclarecer o âmbito da empresa – envolve especificar os subssegmentos de produto/mercado/serviço que será abordado pela unidade de negócios (mais frequentemente uma divisão). Esta especificação é importante para que a corporação evite concorrência direta entre suas próprias unidades de negócios, muitas das quais podem estar no setor "siderúrgico" ou no de "semicondutores". Isso também é importante porque concentra os esforços de cada unidade de negócios numa base em que, se for adequado, melhora a posição competitiva da unidade para os subsegmentos de clientes sendo atendidos, complementando a vantagem competitiva desejada. Exemplos dessa vantagem

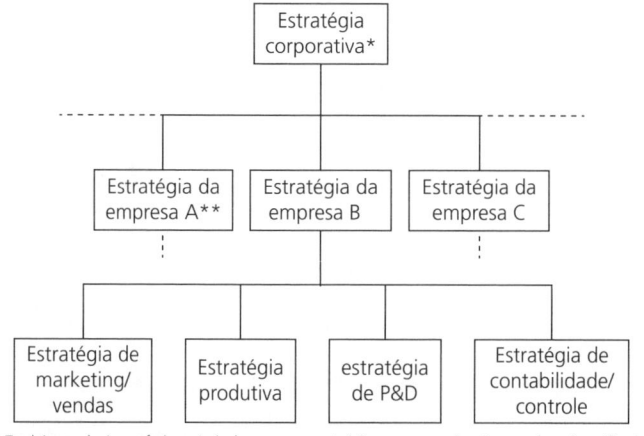

* Também poderá se referir a níveis de grupo ou setoriais numa organização grande e diversificada.
** Geralmente se refere a uma divisão ou unidade de negócios estratégica (UNE).

**FIGURA 4.1** Níveis de estratégia.
Fonte: Wheelwright (1984).

competitiva desejada incluiriam "baixo custo /alto volume", "inovação de produto e características singulares", e "serviço personalizado em nichos selecionados" (Porter, 1980). Para ser eficaz, esta vantagem deve caber nos recursos da unidade de negócios, reconhecer as estratégias dos concorrentes e se encaixar na definição dos segmentos de produto/mercado/cliente a serem seguidos.

A *estratégia funcional*, o terceiro nível na Figura 4.1, deverá ser desenvolvida e seguida se for para cada função sustentar a estratégia comercial. Uma empresa poderá ter quatro estratégias funcionais – uma estratégia de marketing/vendas, uma estratégia produtiva, uma estratégia de pesquisa e desenvolvimento e uma estratégia de contabilidade/controle – apesar de que numa outra empresa, funções diferentes, como distribuição, manutenção ou garantia de qualidade poderão ser definidas de maneira mais adequada. Uma estratégia funcional especifica como aquela função sustentará a vantagem competitiva desejada (estratégia comercial) e como ela complementará as outras estratégias funcionais.

Para ser eficaz, cada estratégia funcional deverá sustentar, por meio de um padrão consistente de decisões e trocas sobre prioridades competitivas, a vantagem competitiva que a estratégia comercial está buscando. Por exemplo, decisões em áreas como a formação de preços, embalagem, distribuição e serviço de campo – todas subpartes da estratégia de marketing – devem ser muito diferentes se a vantagem competitiva desejada for alto volume/baixo custo do que se for características singulares/serviço personalizado. De maneira semelhante, decisões na área de pesquisa e desenvolvimento – tecnologias a serem seguidas, grau de modernidade, desenvolvimento de aplicações versus pesquisa básica e possibilidade de produção do design – ou na área da produção – instalações, automatização, integração vertical e níveis de capacidade – seriam subpartes das estratégias de P & D e de produção, respectivamente.

## A estratégia funcional de produção

Conforme implicam as definições anteriores de estratégia, uma operação produtiva eficaz não é necessariamente uma que prometa eficiência máxima ou perfeição de engenharia, mas sim uma que se ajuste às necessidades da empresa, ou seja, uma que lute por consistência entre suas capacidades e diretrizes e a vantagem competitiva da empresa. Traduzindo, a estratégia comercial numa coleção adequada de tijolos, cimento, equipamentos, pessoas e procedimentos requer recursos, tempo e perseverança de gestão para garantir que a grande quantidade e variedade de decisões de produção sejam complementares e mutuamente sustentáveis.

Por causa da diversidade de decisões de produção tomadas em diferentes empresas, um modelo de organização que as agrupem em grandes

**TABELA 4.2** Categorias de decisões que compõem uma estratégia produtiva

1. Capacidade – quantidade, momento, tipo
2. Instalações – tamanho, localização, foco
3. Tecnologia – equipamentos, automação, conectividade
4. Integração Vertical – direção, extensão, equilíbrio
5. Mão de obra – nível de habilidade, pagamento, segurança
6. Qualidade – prevenção de defeitos, monitoramento, intervenção
7. Controle do planejamento/materiais da produção – informatização, centralização, regras de decisões
8. Organização – estrutura, níveis de subordinação, grupos de apoio

Fonte: Wheelwright (1984).

categorias é uma ferramenta útil tanto na identificação quanto no planejamento da estratégia funcional para a produção. Um modelo que provou ser especialmente útil ao se trabalhar com diversas firmas é resumido na Tabela 4.2 (Hayes e Wheelwright, 1983). Este modelo especifica oito categorias em que se podem agrupar as decisões relacionadas à produção.

É o padrão coletivo das decisões nas oito categorias da Tabela 4.2 que determina a estrutura e as capacidades de uma organização produtiva. Assim como qualquer parte de um equipamento, uma organização produtiva será capaz de fazer determinadas coisas bem e de fazer outras coisas com certa dificuldade – e provavelmente mal. Estes pontos fortes e fracos inerentes são o resultado direto dos padrões de decisões que a organização busca, assim como as capacidades e as limitações de um avião são uma função dos padrões de decisões que seus projetistas e seus produtores adotam para ele.

Uma análise da Tabela 4.2 pode ajudar a esclarecer várias questões fundamentais de gestão relacionadas com a noção de uma estratégia funcional de produção. As quatro primeiras categorias de decisões costumam ser vistas como sendo de natureza estrutural ou estratégica por causa dos seus impactos de longo prazo, da dificuldade de revertê-las ou desfazê-las uma vez que elas sejam colocadas em prática e sua tendência a exigir um investimento substancial de capital quando alteradas ou ampliadas. Como efeito, este último aspecto levou várias organizações a verem seus processos de contabilidade orçamentária de capital como sendo o mecanismo pelo qual estas decisões ‹estratégicas› de produção são analisadas. As quatro últimas categorias de decisões costumam ser vistas como sendo de natureza muito mais tática por causa da miríade de decisões contínuas que elas abrangem, da necessidade de vinculá-las a aspectos operacionais específicos da empresa e da sua tendência a não exigirem grandes investimentos de capital num momento específico. No entanto, elas estão incluídas na Tabela 4.2 porque evidências empíricas recentes sugerem que o impacto cumulativo de padrões de decisões nestas categorias podem ser tão difíceis e caras de mudar (se não forem mais) do que as quatro primeiras categorias (Abernathy, Clark e Kantrow, 1981; Hayes, 1981; Wheelwright, 1981).

Algumas subáreas em que as decisões são tomadas dentro de cada uma destas categorias também são mostradas na Tabela 4.2. Por exemplo, decisões relativas à tecnologia incorporada em partes específicas de um equipamento de produção, decisões definindo o grau de automação nos processos de produção e de manuseio de material e decisões especificando como diferentes estágios de produção serão conectados fazem parte da categoria tecnologia.

Diversas categorias de decisões também estão proximamente interrelacionadas. A capacidade anual total de uma fábrica depende, por exemplo, se a taxa de produção é mantida constante (nível) ao longo do tempo ou se ela é mudada frequentemente numa tentativa de ‹caçar a demanda›. De maneira semelhante, diretrizes de mão de obra interagem com escolhas de processo de localização e produção e diretrizes de compras interagem com escolhas de integração vertical. Decisões relativas ao design organizacional também são altamente dependentes de decisões sobre integração vertical, assim como das decisões da empresa sobre como diversas fábricas são localizadas, especializadas e interrelacionadas.

Apenas raramente uma organização fará uma mudança básica em qualquer uma destas categorias (que é a definição tradicional de uma decisão estratégica estrutural), mas, dependendo do setor e da abordagem da empresa em relação à sua área, ela provavelmente tomará várias decisões que se incluem nestas categorias durante todos os anos. É fundamental que as decisões tomadas sejam consistentes com aquelas tomadas em outros momentos e em outras categorias e que ao longo do tempo elas levem ao tipo de estratégia produtiva e capacidades exigidas para tornar a estratégia comercial eficaz. É este padrão de decisões estruturais ao longo do tempo que constitui a ‹estratégia produtiva› de uma unidade de negócios. De maneira mais formal, uma estratégia produtiva consiste de uma sequência de decisões que permitirão que uma unidade de negócios alcance sua vantagem competitiva desejada.

À medida que uma estratégia comercial evolui, mudanças costumam se tornar necessárias em todas estas categorias estruturais para que se preserve a consistência. A causa original de várias "crises produtivas" é que diretrizes produtivas e pessoas - trabalhadores, supervisores e gerentes – de uma empresa tornaram-se incompatíveis com sua fábrica e seu equipamento, ou que ambos se tornaram incompatíveis com suas necessidades competitivas. De maneira ainda mais sutil, as fábricas ainda podem ser consistentes com as diretrizes, mas a organização produtiva que tenta coordená-las não está mais fazendo sua função de maneira eficaz. A organização produtiva é especialmente crucial, porque é a cola que mantém as prioridades produtivas no lugar e solda a organização produtiva a uma arma competitiva.

A definição de estratégia produtiva como padrão de decisões sugere critérios que poderão ser utilizados para se avaliar a adequação de determinada decisão produtiva (e estratégica). Esses critérios costumam se encaixar em um de dois subgrupos, conforme sugere a Tabela 4.3. O primeiro grupo relaciona a noção de consistência. Uma estratégia produtiva é considerada "melhor" do que outra até o ponto em que ela incorpora os tipos de consistência esboçados na Tabela 4.3: consistência interna (dentro da função produtiva e entre funções na unidade de negócios) e consistência externa (entre a função produtiva e o ambiente da unidade de negócios). O outro grupo de critérios indica até que ponto os fatores e atividades mais importantes para o sucesso competitivo da empresa são enfatizados.

Existem três aspectos importantes que podem ser resumidos neste momento. Em primeiro lugar, uma estratégia produtiva é determinada pelo padrão de decisões efetivamente tomadas (ou seja, pelo que os gerentes fazem) e não pelo que a empresa diz que é sua estratégia produtiva. Em segundo lugar, quanto mais consistente for esse padrão na sustentação da vantagem competitiva desejada (estratégia comercial), mais eficaz será a estratégia produtiva. Em terceiro lugar, apesar de decisões individuais geralmente serem feitas para apoiar produtos, mercados ou tecnologias específicos, no longo prazo a principal função de uma estratégia produtiva é reunir e desenvolver o conjunto de capacidades de produção que permitirão que a empresa siga sua estratégia atual (e futura). Conseguir mudar do nível de decisões específicas para desenvolver capacidades gerais – e vice-versa – é uma habilidade administrativa importante considerada central para desenvolver e colocar em prática uma estratégia produtiva eficaz.

**TABELA 4.3** Critérios para avaliar a estratégia produtiva

**Consistência**
1. Entre a estratégia produtiva e a estratégia comercial geral
2. Entre a estratégia produtiva e as outras estratégias funcionais dentro da empresa
3. Entre as categorias de decisões que compõem a estratégia produtiva
4. Entre a estratégia produtiva e o ambiente de negócios (recursos disponíveis, comportamento competitivo, restrições do governo, etc.)

**Ênfase (foco) nos fatores competitivos de sucesso**
1. Tornar as trocas explícitas, permitindo que a produção priorize atividades
2. Voltar a atenção para oportunidades adequadas à estratégia comercial
3. Promover clareza no que diz respeito à estratégia produtiva em toda a unidade de negócios

Fonte: Wheelwright (1984).

## O conceito de uma estratégia corporativa de produção

Considerando-se a descrição acima de uma estratégia funcional de produção no nível da unidade de negócios, três opções podem ser levadas em conta no que diz respeito ao conceito de uma estratégia corporativa de produção.

A primeira opção é considerar que essa estratégia produtiva geral só existirá se cada ramo dentro da empresa adotar a mesma estratégia funcional de produção. Uma reflexão sobre a Figura 4.1 e a Tabela 4.2 sugere que esta não é uma definição particularmente útil. Como a estratégia para todas as empresas tem características e aspectos singulares, sua estratégia funcional de produção também deveria ser diferente. Até mesmo em firmas em que vários ramos utilizam estratégias comerciais semelhantes ou "genéricas" (ou seja, buscam vantagens competitivas semelhantes), surgirão diferenças que exigirão alterações na estratégia produtiva.

Uma segunda definição muito mais útil de estratégia corporativa de produção pode ser descrita utilizando-se a Tabela 4.4. Num sentido, esta segunda definição simplesmente esclarece e corrige a primeira, mas faz isso de uma forma consistente com os níveis de estratégia identificados na Figura 3. Conforme mostra a Tabela 4.4, cada unidade de negócios tem sua própria estratégia produtiva (indicada pelas colunas) cobrindo as oito principais categorias de decisões (representadas por linhas) na produção.

Dentro de uma empresa, as estratégias comerciais costumam ter elementos em comum. Portanto, é possível identificar diretrizes que abrangem toda a empresa no que diz respeito a determinados tipos de decisões de produção comuns a todos os ramos em que a empresa se envolve. Estas são mostradas na Tabela 4.4 pelas áreas com cruzes e a coluna na extrema direita da Tabela sugere diretrizes de produção que poderão ser adotadas por toda a empresa. Por exemplo, a firma poderá especificar determinadas características de tamanho e localização para suas instalações produtivas ou determinadas diretrizes sobre funcionários independentes do ramo ou da divisão que elas atendem.

Com esta definição, uma estratégia corporativa de produção consiste naquelas subpartes de cada uma das oito categorias de decisões que se mantêm constantes em todos os ramos de uma firma. A proporção de decisões mantidas constantes desta maneira terá uma variação significativa de uma empresa para outra e de uma categoria de decisão para outra. Em algumas empresas, por exemplo, decisões no que diz respeito a diretrizes sobre a mão de obra poderão ser deixadas totalmente a cargo da unidade de negócios individual. Em outras uma forte cultura corporativa no que diz respeito ao ambiente de trabalho poderá impor um conjunto abrangente de diretrizes sobre a mão de obra comuns a todas as unidades de negócios da empresa. Portanto, a estratégia corporativa de produção da

**TABELA 4.4** O conceito de uma estratégia corporativa de produção

| Dimensões de estratégia produtiva* | Estratégias comerciais individuais | | | Exemplos de diretrizes genéricas para toda a corporação |
|---|---|---|---|---|
| | Empresa A* | Empresa B* | Empresa C* | |
| Capacidade** | × × × × × × | × × × × × × | × × × × × × | Justificativa exigida para investimento |
| | ○ ○ ○ ○ ○ ○ | / / / / / / | + + + + + + | |
| | ○ ○ ○ ○ ○ ○ | / / / / / / | + + + + + + | Momento das adições em relação ao ciclo comercial |
| | ○ ○ ○ ○ ○ ○ | / / / / / / | + + + + + + | |
| Instalações** | × × × × × × | × × × × × × | × × × × × × | Tamanho e localização de novas instalações |
| | × × × × × × | × × × × × × | × × × × × × | |
| | × × × × × × | × × × × × × | × × × × × × | Tratamento de instalações antigas |
| | ○ ○ ○ ○ ○ ○ | / / / / / / | + + + + + + | |
| | ○ ○ ○ ○ ○ ○ | / / / / / / | + + + + + + | |
| Tecnologia** | × × × × × × | × × × × × × | × × × × × × | Tipo de processo de produção organização preferida (por exemplo, linha de montagem) |
| | ○ ○ ○ ○ ○ ○ | / / / / / / | + + + + + + | |
| | ○ ○ ○ ○ ○ ○ | / / / / / / | + + + + + + | |
| | ○ ○ ○ ○ ○ ○ | / / / / / / | + + + + + + | |
| | ○ ○ ○ ○ ○ ○ | / / / / / / | + + + + + + | Nível relativo de avanço de tecnologia |
| Integração vertical** | × × × × × × | × × × × × × | × × × × × × | Motivação (por exemplo, custo) |
| | ○ ○ ○ ○ ○ ○ | / / / / / / | + + + + + + | |
| | ○ ○ ○ ○ ○ ○ | / / / / / / | + + + + + + | Formação de preços de transferências internas |
| Mão de obra** | × × × × × × | × × × × × × | × × × × × × | Escalas relativas de pagamento relativo |
| | × × × × × × | × × × × × × | × × × × × × | |
| | × × × × × × | × × × × × × | × × × × × × | Políticas de contratação, promoção e dispensa |
| | ○ ○ ○ ○ ○ ○ | / / / / / / | + + + + + + | |
| Qualidade* | × × × × × × | × × × × × × | × × × × × × | Relatório de relacionamentos |
| | × × × × × × | × × × × × × | × × × × × × | |
| | ○ ○ ○ ○ ○ ○ | / / / / / / | + + + + + + | Filosofia sobre garantia |
| | ○ ○ ○ ○ ○ ○ | / / / / / / | + + + + + + | |
| Controle de produção sobre planejamento e materiais** | × × × × × × | × × × × × × | × × × × × × | Suporte ao computador Cobranças por inventário |
| | × × × × × × | × × × × × × | × × × × × × | |
| | × × × × × × | × × × × × × | × × × × × × | |
| | ○ ○ ○ ○ ○ ○ | / / / / / / | + + + + + + | |
| | ○ ○ ○ ○ ○ ○ | / / / / / / | + + + + + + | |
| Organização* | × × × × × × | × × × × × × | × × × × × × | Classificações de empregos |
| | ○ ○ ○ ○ ○ ○ | / / / / / / | + + + + + + | Relacionamentos dos funcionários e de linha |
| | ○ ○ ○ ○ ○ ○ | / / / / / / | + + + + + + | |

Fonte: Wheelwright (1984).
*Cada coluna representa a estratégia produtiva (padrão de decisões de produção) que complementa uma estratégia comercial específica.
**Cada linha representa comportamento ou práticas e diretrizes nessa categoria de decisão que são consistentes em todos os ramos e comportamento que não é consistente em todos os ramos.

firma torna-se simplesmente uma enumeração das áreas que serão mantidas constantes – independentemente do ramo específico – e das decisões e diretrizes especificadas para elas.

Uma terceira definição de uma estratégia corporativa de produção às vezes é encontrada na prática. Esta definição identifica as áreas de atividade e preocupação produtivas em que é vantajoso ter uma perspectiva que inclua toda a empresa em vez de deixá-las para a unidade de negócios individual. Por exemplo, na sua resposta inicial ao U.S. Occupational Safety and Health Act (OSHA), várias empresas estabeleceram uma posição no nível corporativo para supervisionarem sua conformidade com a Lei, porque nenhuma unidade operacional individualmente tinha experiência ou motivação suficientes para abordá-la de maneira adequada quando ela foi aprovada. Subsequentemente, muitos desses esforços foram descentralizados. Agora é mais provável que eles sejam parte de estratégias de produção de unidades de negócios individuais. Uma abordagem semelhante tem sido utilizada com frequência com a utilização de energia.

Outro exemplo de onde uma perspectiva abrangente de toda a empresa e que costuma ser útil é o desenvolvimento de tecnologia, especialmente tecnologia de processo de produção. Muitas vezes uma empresa pensa que precisará de determinada capacidade no futuro, apesar de nenhuma unidade de negócios individualmente precisar dela no presente momento. A empresa poderá escolher buscar essa tecnologia e desenvolver uma capacidade interna no nível corporativo para que esteja disponível quando for necessário por uma ou mais empresas individuais.

Esta terceira definição de estratégia corporativa de produção é muito consistente com a segunda definição esboçada na Tabela 4.4. Ela sugere dimensões adicionais de estratégia produtiva e/ou subcategorias das oito categorias de decisões primárias que em determinado momento atravessam várias empresas. Portanto, esta definição pode ser considerada uma extensão da outra descrita imediatamente acima.

## 4.4 O PAPEL DA PRODUÇÃO NA DEFINIÇÃO DA VANTAGEM COMPETITIVA DESEJADA

Até aqui o pressuposto implícito tem sido que depois de os outros definirem a vantagem competitiva desejada, a produção responde com o que é necessário para colocar em prática essa vantagem. Apesar desta afirmação poder ser um primeiro e valioso passo para muitas firmas, o desempenho competitivo recente sugere que a produção pode, e deve, ter um papel mais proativo na definição da vantagem competitiva para que a produção se torne uma arma competitiva significativa.

Na sua forma mais simples, essa contribuição proativa pode ser vista como a produção tendo um papel igual – em comparação com outras funções – na definição da estratégia comercial. Desta forma, a produção daria sua perspectiva sobre grandes questões diante da empresa e as estratégias seriam propostas por outras cabeças mais funcionais e as opções abertas para a produção. Antes que isto possa ocorrer, o status e a credibilidade de gerentes de produção dentro da firma precisa ser elevado em relação ao que frequentemente tem sido um status de segunda classe para o de outros gerentes. Diversos passos podem ser utilizados para estabelecer esse aumento de estatura: seleção e treinamento de gestão individual, caminhos de carreira alterados, uma estrutura organizacional diferente e procedimentos modificados de planejamento e de tomada de decisões.

Apesar dessas ações virem a ser úteis, elas omitem aspectos importantes da gestão que são vinculados ao caráter, à filosofia e à "cultura" de uma organização. A tarefa dos principais gestores é muito mais ampla do que simplesmente desenvolver um conjunto de diretrizes de marketing, produção, engenharia e de controle que sustentam a estratégia comercial escolhida. Para ser realmente eficaz, a gerência deve trabalhar rumo ao desenvolvimento de uma cultura – um conjunto de atitudes arraigadas – que ajude a comunicar suas metas, seus planos e suas diretrizes a todos os empregados e que reforça estas diretrizes com o comportamento subconsciente de todos os envolvidos. Observações tanto do ponto de vista de um acadêmico quanto de um profissional da indústria pode ajudar alguém a compreender isto melhor.

Do ponto de vista acadêmico, é útil observar o que aconteceu com o campo da diretriz e da estratégia ao longo da última década. Historicamente, o campo da diretriz comercial incluía não apenas o que atualmente se chama de formulação estratégica, mas também o que se pode chamar de "filosofia de gestão", ou seja, atitudes básicas em relação a pessoas e a determinadas maneiras de conduzir os negócios, independentemente de estratégias específicas e do tipo de vantagem competitiva buscada (veja, por exemplo, Andrews, 1980). No currículo de uma faculdade de administração, atualmente, o que se costuma chamar de diretriz comercial está preocupada principalmente com assuntos relacionados com estratégias comerciais e corporativas como os definidos anteriormente. A ênfase está em ferramentas analíticas para posicionamento de produto/mercado, seleção de vantagem competitiva e alocação de recursos (veja, por exemplo, Porter, 1980).

Talvez esta mudança de ênfase acadêmica seja mais bem capturada no projeto PIMS, agora parte do Instituto de Planejamento Estratégico. Quando a General Electric começou isso no final da década de 1950 e começo da de 1960, o PIMS fazia parte de um projeto mais amplo cuja meta era determinar como características estruturais (como participação de mercado e crescimento) e comportamento administrativo (como atitudes e filosofias básicas) afetavam os resultados comerciais. Subsequentemente, o comportamento administrativo foi abandonado pelo estudo, não por não ser considerado importante, mas porque ele provou ser extremamente difícil de medir, analisar e controlar. A dimensão das características estruturais permaneceu e agora domina o projeto PIMS. Apesar dos detalhes das análises do PIMS muitas vezes serem debatidos, a visão de que características estruturais são os principais determinantes de sucesso e, portanto o próprio cerne da gestão estratégica se espalhou. Isso também forma o núcleo do campo da economia chamado teoria da organização industrial, que tenta explicar o sucesso comercial em termos de estrutura da indústria.

Uma segunda perspectiva relacionada à contribuição potencial da produção para definir a vantagem competitiva desejada de uma empresa, vem de um punhado de firmas líderes que vem conquistando sucesso contínuo ao longo de várias décadas. Empresas como a S. C. Johnson, a Timken Corporation, Caterpillar e IBM são representantes deste grupo. A gerência de cada uma destas firmas acredita, conforme ilustrado pelo que ela diz e pelo que ela faz que determinadas diretrizes, filosofias e atitudes deveriam permear toda a organização e que elas são mais importantes do que a estratégia. Estas firmas possuem declarações claras de crença (credo) relacionadas a pessoas e a práticas administrativas. Estas crenças têm prioridade sobre todos os planos e decisões estratégicas e servem de proteção para eles.

Nestas empresas a compreensão predominante da filosofia e suas implicações levam ao comportamento de reforço em todos os níveis e aumenta muito a probabilidade de consistência e de esforços priorizados. Não é raro nessas firmas descobrir que a lealdade à empresa supera a lealdade à uma profissão. Os empregados utilizam termos comuns e estabelecem um conjunto de exemplos comuns ("ou folclore") para orientarem seu comportamento. Há uma tendência a haver uma forma da "empresa" de se fazer as coisas. Há um senso de tradição e continuidade dentro da firma e, finalmente, ex-empregados tendem a conservar um forte senso de orgulho e lealdade na empresa e a sentir um vínculo comum com outros "graduados".

Claramente, existem riscos associados com o excesso de atenção à filosofia e com a falta de atenção suficiente à estratégia, assim como quando o contrário é verdadeiro. É o equilíbrio de ambos que pode fornecer uma base para que a produção seja um sócio verdadeiramente igual no processo de formulação de estratégia. Além disso, este equilíbrio parece ser um seguro excelente contra o tipo de desastre que pode ocorrer quando a produção se isola demais das outras funções ou deixa de acompanhar as outras funções. Finalmente, este equilíbrio tende a assegurar uma troca mais adequada entre ações de longo e de curto prazo.

Uma filosofia (ou cultura) tão predominante especifica o tipo de empresa que ela é, como ela é vista por concorrentes, acionistas, empregados e pelo público, além dos valores que estes grupos desejam compartilhar. Vale a pena repetir que este conceito é especialmente importante nas suas implicações para a produção, porque essa filosofia só é eficaz enquanto ela é compartilhada pelas pessoas na organização e a maioria das pessoas de uma empresa tendem a pertencer à organização produtiva. Reconhecer que a produção é o principal "guardião" da filosofia corporativa parece ser uma pré-requisito para o fato da produção dar uma contribuição fundamental para a definição de estratégia e a vantagem competitiva desejada da organização.

Além disso, uma filosofia bem compreendida pode ser um guia valioso para o desenvolvimento da estratégia produtiva e das atividades auxiliares de cada empresa. Ela vincula as forças motrizes e as atitudes da organização com empresas individuais e fornece um mecanismo para tomada de decisões muitas vezes consideradas táticas (mão de obra, qualidade, planejamento e materiais de produção, etc.) no seu contexto estratégico. Como ilustração da importância percebida dessa filosofia em determinados grupos administrativos, é interessante observar que desde o começo de 1981, nenhuma das três instalações de produção de TVs japonesas nos Estados Unidos ainda tinha adotado círculos de qualidade. Apesar de que os círculos de qualidade estavam sendo amplamente utilizados em fábricas de TVs no Japão, a visão da gestão japonesa era que suas fábricas nos Estados Unidos ainda não estavam prontas para eles. Eles sentiam que sua filosofia comercial tinha que se tornar arraigada e predominante nas suas fábricas americanas antes que fosse possível alcançar os benefícios plenos de longo prazo do conceito do círculo. Sem essa filosofia essa seria apenas outra técnica de "motivação" mais voltada para "estética" do que para melhoria real.

Uma filosofia comercial forte ainda pode dar mais uma contribuição. Conforme sugerido em seções anteriores, um grande componente de uma estratégia produtiva eficaz envolve a antecipação e o fornecimento de capacidades que serão exigidas para uma vantagem competitiva futura. Essa filosofia pode ajudar a orientar a produção nesta tarefa – reconhecidamente uma tarefa que não é fácil pois envolve a previsão – e permitir que ela contribua para a definição da estratégia comercial futura ao identificar capacidades que poderão ser desenvolvidas e as formas em que elas poderão se tornar base para uma vantagem competitiva nova ou modificada. Portanto, uma filosofia forte pode "funcionar como a união que transforma o desenvolvimento da estratégia em um processo interativo, com insumos e perspectivas de todas as funções e assegura consistência e integridade dos componentes individuais.

## 4.5 CONCLUSÕES

Talvez o teste básico para verificar se uma empresa tem ou não uma estratégia no nível de cada ramo individual e de suas funções não seja se ela sabe com clareza o que ela quer fazer, mas se ela tem clareza sobre o que ela não quer fazer e se ela reforça estes desejos de maneira consistente através do padrão de decisões que toma ao longo do tempo.

Apesar de ter noção de que a produção possa ser uma arma competitiva, em vez de um conjunto de recursos tediosos simplesmente para conseguir fazer com que os produtos de hoje sejam feitos, sua prática não é muito difundida. A maioria das empresas baseadas na produção parece se contentar com a tentativa de minimizar o impacto negativo que a produção poderia ter sobre a realização da estratégia comercial. Até mesmo em várias firmas bem sucedidas, o papel da produção é basicamente neutro, com a visão de que marketing, vendas e P&D são bases muito melhores para se alcançar uma vantagem competitiva.

Uma vez que as atitudes e as prioridades competitivas sejam identificadas para uma empresa, a tarefa para a produção é estruturar e administrar a si própria de tal forma a combinar com essa estratégia e reforçá-la. A produção deveria ser capaz de ajudar a empresa a fazer o que ela quiser fazer sem gastar recursos em atividades de baixa prioridade.

É surpreendente que, algumas vezes, os gerentes gerais tendam a perder de vista este conceito, uma vez que a necessidade por prioridades permeia todas as outras áreas da gestão. Num certo sentido, essa é a tarefa fundamental da gerência geral. A gestão de marketing segmenta os mercados e se concentra no design, na promoção e na formação dos preços de produtos em torno das necessidades de segmentos escolhidos. A formulação da estratégia comercial é, em si, basicamente um processo de decidir onde e como a empresa vai concentrar sua atenção e seus recursos. De maneira semelhante, a estratégia produtiva envolve o foco de atenção e de recursos dentro da função produtiva. Apesar de ser possível atribuir à inexperiência produtiva a crença de vários gerentes gerais de que a produção deveria ser capaz de fazer tudo bem feito, não é tão fácil explicar o motivo pelo qual muitos dos próprios gerentes de produção ou tentam ser bons em tudo de uma só vez ou se concentram na coisa errada.

Eles, mais do que qualquer um, deveriam saber que ferramentas para todas as finalidades costumam ser utilizadas apenas quando uma ferramenta específica não está disponível. Talvez eles caiam na armadilha por causa de excesso de orgulho ou de uma relutância em dizer "não" para os seus superiores. O que é necessário é uma afirmação de estratégia produtiva que reflita as verdadeiras prioridades da estratégia comercial e que permita que a organização produtiva seja um dos principais contribuintes para essa vantagem competitiva. É para se esperar que o desenvolvimento do campo da estratégia – estimulado pelos esforços tanto na academia quanto na prática – buscará os diversos aspectos de estratégia produtiva num ritmo cada vez maior, mudando referências a este tema até aqui designadas como um "elo perdido" para o "elo distintivo" em muitas firmas.

## 4.6 REFERÊNCIAS

1. Abernathy, William J., Kim B. Clark and Alan M. Kantrow. 'The new industrial competition', Harvard Business Review, September-October 1981, pp. 68-81.
2. Andrews, K. R. The Concept of Corporate Strategy, Revised Edition, Dow Jones-Irwin, Homewood, III., 1980.
3. Athos, Anthony G. and Richard T. Pascale. The Art of Japanese Management, Simon and Schuster, New York, 1981.
4. Grant, John H. and William R. King. The Logic of Strategic Planning, Little, Brown, Boston, 1982. Haspeslagh, Philippe. 'Portfolio planning: uses and limits', Harvard Business Review, January-February 1982, pp.58-73.
5. Hayes, Robert H. 'Why Japanese factories work', Harvard Business Review, July-August 1981, pp.56-66.
6. Hayes, Robert H. and William J. Abernathy. 'Managing our way to economic decline', Harvard Business Review, July-August 1980, pp. 67-77.
7. Hayes, Robert H. and Steven C. Wheelwright. Competing Through Manufacturing, Wiley, NewYork, 1983.
8. Hofer, Charles W. and Dan Schendel. Strategy Formulation: Analytical Concepts, West Publishing, St. Paul, Minn., 1978.
9. Ouchi, William. Theory Z, Addison-Wesley, Reading, Mass., 1981.
10. Peters, Thomas. 'Putting excellence into management', Business Week, 21 July 1980, pp. 196-205.
11. Porter, Michael. Competitive Strategy, Free Press, New York, 1980.
12. Skinner, Wickham. 'Manufacturing–missing link in corporate strategy', Harvard Business Review, May-June 1969, pp. 136-145.
13. Skinner, Wickham. Manufacturing in the Corporate Strategy, Wiley, New York, 1978. Wheelwright, Steven C. 'Japan–where operations really are strategic', Harvard Business Review, July-August 1981, pp. 67-74.
14. Wheelwright, Steven C. 'Reflecting corporate strategy in manufacturing decisions', Business Horizons, February 1978, pp. 57-66.

# 5
# A estratégia de manufatura: uma metodologia e uma ilustração*

CHARLES H. FINE  E  ARNOLDO C. HAX
SLOAN SCHOOL OF MANAGEMENT, MIT

---

A estratégia de manufatura é parte essencial das estratégias administrativa e comercial de uma empresa e engloba um conjunto bem coordenado de objetivos e programas de ação que visam garantir a sustentação, a longo prazo, de vantagens sobre as empresas concorrentes. Tal estratégia deve ser coerente com as estratégias gerais da empresa, bem como com as suas demais estratégias funcionais. Uma metodologia que objetiva conceber estratégias de manufatura desta ordem foi testada com êxito em contextos reais na divisão Packard Electric da General Motors.

---

## 5.1  INTRODUÇÃO

Para a maioria das empresas do setor industrial, a operação de manufatura é o componente empresarial de maior amplitude e complexidade, e o mais difícil de ser administrado. Em função disso, as empresas precisam de estratégias de manufatura mais abrangentes e completas.

Não é possível formar uma estratégia de manufatura no vazio; ela afeta e é afetada por muitos grupos organizacionais de dentro e de fora da empresa. Devido aos inter-relacionamentos que se estabelecem entre a unidade de manufatura, suas divisões e outras funções empresariais e entre ela, as empresas concorrentes e os mercados, o processo de concepção de uma estratégia de manufatura precisa ser levado para além das fronteiras da organização manufatureira empresarial (Figura 5.1). Primeiro, no momento da criação e implementação da estratégia, a manufatura precisa trabalhar em conjunto com o departamento financeiro, de marketing, de engenharia e de P&D, de recursos humanos e de aquisições.

A cooperação e a coerência entre os objetivos gerais são a chave para o sucesso dessas interações. Segundo, a concepção da estratégia de manufatura precisa estar embasada em um detalhado e cuidadoso monitoramento

---

* Artigo orginalmente publicado sob o título *Manufacturing Strategy: A Methodology and an Illustration*, na Interfaces, v.5, n.6, p.28-46, 1985.

**FIGURA 5.1** A manufatura tem de interagir com todas as demais funções gestoras da empresa na criação de estratégias empresariais integradas e na monitoração dos mercados básicos externos.
Fonte: Fine & Hax (1985).

dos mercados da empresa, executando a função da manufatura juntamente com os demais grupos de funções. Assim, por exemplo, os gestores responsáveis pela manufatura, em conjunto com o grupo encarregado pela engenharia, podem monitorar as novidades que surgem na indústria eletrônica, de modo a ficarem cientes das novas aplicações da eletrônica no processo tecnológico específico do seu setor industrial. De forma análoga, a manufatura, em conjunto com o marketing, monitora os mercados de produtos nos quais eles competem, de modo a ficarem cientes das melhorias realizadas nos artigos comercializados pelas empresas concorrentes e dos novos produtos por elas introduzidos.

## 5.2 O PROCESSO DE PLANEJAMENTO ESTRATÉGICO ADMINISTRATIVO

A estratégia pode ser articulada formalmente, mediante o auxílio do processo de planejamento estrutural ou daquilo que é afirmado de modo explícito pelas ações dos gestores da empresa. Em essência, o que a estratégia busca alcançar é uma vantagem dotada de sustentação a longo prazo sobre as empresas concorrentes em todas as áreas de negócios das quais a empresa participe.

O processo de planejamento estratégico é um esforço disciplinado e bem definido feito pela organização que almeja uma completa especificação da estratégia administrativa. Ele identifica todas as principais tarefas a serem abordadas pelo estabelecimento de uma estratégia administrativa e a sequência em que elas devem ser concluídas. O processo varia, dependendo da complexidade dos empreendimentos, da estrutura organizacional e da cultura interna da empresa.

No entanto, determinadas tarefas de fundamental importância podem nortear o processo de planejamento estratégico da maioria das empresas. Essas tarefas dizem respeito aos três níveis básicos de hierarquia empresarial: os níveis administrativo, comercial e funcional (Figura 5.2). (Para uma discussão mais abrangente sobre este assunto, consulte Hax e Majluf [1984a, 1984b].)

Cada um desses níveis tem um papel distinto e importante a desempenhar no sentido de permitir que a vantagem competitiva seja alcançada, e a estratégia de manufatura da empresa se delineia em todos os três níveis.

O nível administrativo, com suas afirmativas referentes à visão da empresa e aos seus propósitos estratégicos, identifica o papel a ser desempenhado pela manufatura. Os objetivos estratégicos costumam ser expressos em termos das quatro dimensões principais para aferição de desempenho utilizadas na formulação da estratégia de manufatura: custo, qualidade, entrega e flexibilidade [Wheelwright 1981]. É preciso realizar importantes *trade-offs* entre os referidos objetivos, ou seja, é impossível alcançar um grau de excelência em todos eles simultaneamente. A definição de um cerne de propósitos competitivos para a manufatura, assim como a definição de tarefas para alcançar tais objetivos e de um sistema para aferição de desempenho, são da maior importância para a concepção e estruturação de uma estratégia de manufatura.

Os objetivos relativos à dimensão custos são muitas vezes aferidos mediante a utilização da mão de obra, dos materiais e da produtividade do capital; da rotatividade do inventário; e dos custos unitários. As medidas para aferição da dimensão qualidade incluem o percentual de produtos defeituosos ou devolvidos, a frequência da ocorrência de falhas nessa área, o custo da qualidade e o intervalo de tempo entre a ocorrência das falhas. Para aferição do desempenho da dimensão entrega, pode-se utilizar o percentual de remessas efetuadas dentro do prazo, a média de retardos na entrega e a agilidade de resposta. É possível aferir a dimensão flexibilidade em relação à mescla de produtos manufaturados, ao volume de produção dos mesmos e à duração dos ciclos de processamento para os novos produtos. Talvez seja difícil agregar medidas para aferição do desempenho dos objetivos administrativos e co-

| Níveis hierárquicos de planejamento | Menos frequentes que a revisão anual | Revisão anual | | |
|---|---|---|---|---|
| | Condicionadores estruturais | Formulação da estratégia | Programação estratégica | Orçamento estratégico e operacional |
| Administrativo | ① ---- | ② ┐ | ⑥ ┐ | ⑨ ┐ | ⑫ |
| Comercial | ③ ---- ► | ④ | ⑦ | ⑩ |
| Funcional | | ⑤ | ⑧ | ⑪ |

(coluna à direita: Interações)

1. A visão da empresa: filosofia, missão e identificação das unidades comerciais estratégicas (SBUs – strategic business units) e suas interações.
2. Postura estratégica e princípios norteadores do planejamento: propósitos estratégicos administrativos, objetivos de desempenho e desafios que se colocam para o planejamento.
3. A missão do empreendimento: âmbito comercial e identificação dos segmentos de mercado para os produtos.
4. Formulação da estratégia comercial e de amplos programas de ação.
5. Formulação da estratégia funcional: participação no planejamento comercial, em regime de simultaniedade ou não com as propostas estratégicas comerciais, com os amplos programas de ação.
6. Consolidação do empreendimento e das estratégias funcionais.
7. Definição e avaliação de programas de ação específicos em nível comercial.
8. Definição e avaliação de programas de ação específicos em nível funcional.
9. Alocação de recursos e definição das medidas de aferição do desempenho para fins de controle gestor.
10. Planejamento orçamentário em nível comercial.
11. Planejamento orçamentário em nível funcional.
12. Consolidação dos planejamentos orçamentários e aprovação de fundos estratégicos e operacionais.

**FIGURA 5.2** O processo formal de planejamento estratégico administrativo.
Fonte: Hax e Majluf (1984a, 1984b).

merciais, porque as alterações feitas nas políticas operacionais de curto prazo produzem, muitas vezes, efeitos incertos a longo prazo [Kaplan 1983; 1984].

Os gestores em nível comercial respondem pelos objetivos administrativos, garantindo, para tal, que todas as funções gestoras, inclusive a de manufatura, tenham planos coerentes com a visão empresarial que conduz o empreendimento em direção à desejada posição competitiva. Como as estratégias comerciais unitárias são, antes de tudo, uma coletânea bem coordenada de programas multifuncionais que visam desenvolver todo o potencial de cada um dos empreendimentos comerciais, as estratégias funcionais, inclusive as estratégias de manufatura, são desenvolvidas primeiramente em nível comercial.

Por fim, aqueles gestores em nível funcional que possam ter participação ativa no desenvolvimento de estratégias comerciais devem formular programas funcionais correspondentes às mesmas.

É claro que a obtenção de uma vantagem competitiva a longo prazo depende do entendimento da empresa de como posicionar suas habilidades manufatureiras em relação às empresas concorrentes. Recentemente, ficou evidente que a negligência dos Estados Unidos para com a função de manufatura contribuiu para o declínio da força competitiva industrial. (Buffa 1984; Hayes e Wheelwright 1984; e Kantrow 1983).

## 5.3 CATEGORIAS DE DECISÃO DA ESTRATÉGIA DE MANUFATURA

A estratégia de manufatura deve ser o mais abrangente e completa possível, mas, ao mesmo tempo, a complexa teia de decisões por ela exigida precisa ser fragmentada em peças passíveis de análise. Nove categorias de decisão estratégica permitem que isso seja feito. Essas nove categorias são instalações, capacidade, integração vertical, tecnologias e processos, escopo da produção e dos novos produtos, recursos humanos, qualidade, infra-estrutura e relações com os fornecedores externos (Figura 5.3).

**FIGURA 5.3** O anel externo mostra as categorias básicas de decisões estratégicas referentes à manufatura.
Fonte: Fine & Hax (1985).

A Figura 5.3 sugere ainda quais outros departamentos funcionais da empresa têm contribuições para cada uma das categorias decisórias. A manufatura, por exemplo, necessita interagir tanto com o departamento de marketing e vendas quanto com o financeiro, na tomada de decisões referentes à capacidade. No entanto, nas decisões referentes aos recursos humanos, basta que a manufatura interaja só com o quadro funcional. A integração vertical trata da tomada de decisões em contraste com as decisões referentes à realização das compras, exigindo, assim, um envolvimento conjunto do departamento de manufatura e de aquisições.

**Instalações** As decisões referentes às instalações são aquelas tomadas a respeito da manufatura a longo prazo, "sacramentadas em concreto." Uma das mais importantes etapas para a criação de políticas adequadas a uma organização que se destina a múltiplas finalidades diz respeito a como adotar um enfoque especializado para cada uma das suas instalações de operação industrial [Skinner 1974; Hayes e Schmenner 1978]. É possível centralizar o enfoque na localização geográfica das instalações, no grupo de produtos lá fabricado, no tipo de processamento operacional, no volume de produção ou no estágio do ciclo de vida do produto.

Qualquer que seja a indústria, as decisões sobre o enfoque dado às instalações costuma n depender dos aspectos econômicos relativos à produção e à distribuição. Por exemplo, em função da presença das economias de escala no setor de refino e do custo do transporte do petróleo bruto, as empresas petrolíferas tendem a instalar suas unidades de processamento perto das fontes de petróleo bruto (poços ou portos abastecedores de petróleo). As empresas fabricantes de produtos de consumo possuem unidades fabris grandes e centralizadas, quando conseguem alcançar economias de escala significativas na manufatura e quando o prazo de entrega não é de crucial importância (por exemplo, os fabricantes de alimentos não perecíveis). Há empresas dotadas de pequenas unidades fabris focalizadas em torno de um determinado produto ou lugar, se as economias de escala vigentes não tiverem expressividade ou se a proximidade dos consumidores for importante (por exemplo, os fabricantes de móveis). As empresas de setores industriais que costumam passar por rápidas transformações, como as empresas de semicondutores, muitas vezes centralizam o enfoque dado por suas unidades em determinado estágio no ciclo de vida do produto. Elas podem ter instalações de pequeno porte e alta flexibilidade para a manufatura de protótipos, e unidades fabris de grande escala devotadas à manufatura de produtos de alta demanda.

O desenvolvimento de uma estratégia bem elaborada para o enfoque dado às instalações serve, automaticamente, para nortear a empresa na determinação do tamanho, da localização e das capacitações de cada uma das suas instalações de operação industrial.

**Capacidade** As decisões referentes à capacidade estão intimamente ligadas às decisões relativas às instalações. A capacidade é determinada pela unidade fabril, pelo equipamento e pelo capital humano gerido pela empresa. Incluídas entre as decisões de maior peso estão: como lidar com a demanda cíclica (por exemplo, pela manutenção de uma capacidade "excessiva", pela manutenção de estoques sazonais, pela prática de preços máximos ou por subcontratações), seja para agregar capacidade pela antecipação de uma futura demanda (abordagem agressiva, flexível), ou seja, em resposta à uma demanda já existente (abordagem conservadora, de baixo custo); e como valer-se das decisões empresariais relacionadas à capacidade para influenciar as decisões referentes à capacidade das empresas concorrentes.

**Integração vertical** Os gestores de operações são diretamente afetados pelas decisões tomadas no sentido de criar uma integração vertical, já que são eles os responsáveis pela coordenação do sistema maior e mais complexo que costuma resultar de tal processo. As referidas decisões envolvem a substituição de um mecanismo de mercado, sobre o qual os gestores de operações possuem controle limitado, por um mecanismo interno, o qual é de sua inteira responsabilidade. Antes de tomar esta decisão, a empresa precisa certificar-se da sua capacidade de projetar e controlar um mecanismo interno que seja mais eficiente que o mecanismo de mercado que irá substituir.

Dentre as importantes questões relacionadas à integração vertical estão o custo do empreendimento a ser adquirido ou no qual se pretende ingressar, o grau de confiabilidade dos fornecedores, se a empresa detém a patente do produto ou do processo a ser introduzido na unidade doméstica, e o valor dos custos de transação (Williamson 1975) de contratação através do mercado, se comparados aos mecanismos de fora do mesmo. Outras questões importantes são o impacto da integração sobre o risco, a qualidade dos produtos, a estrutura de custos e o nível de focalização da empresa.

## 5.4 NÃO É POSSÍVEL FORMAR UMA ESTRATÉGIA DE MANUFATURA NO VAZIO

O título legal de propriedade sobre uma série de processamentos produtivos talvez não seja capaz de, por si só, gerar os benefícios decorrentes da integração vertical. A Toyota Motor Company no Japão desempenha um grande papel na condução das operações dos seus fornecedores de propriedade independente. A Toyota se beneficia com os baixos custos das transações (por meio do que Porter [1980] denomina um mecanismo de mercado "quase integrado"), porque eles coordenam a produção dos fornecedores de propriedade independente mediante o emprego do sistema just-in-time. O sucesso deste sistema indica que o elemento essencial para o êxito das operações integradas não é a propriedade, mas sim a gestão e a coordenação da série de processos envolvidos.

**Processos e tecnologias**  Tradicionalmente, tem-se adotado a abordagem de uma escolha entre os principais tipos genéricos de processos (projeto, *job shop* ou unidade de produção por encomenda, lote, linha de montagem e fluxo contínuo), realizada mediante a combinação das características do produto com as características do processamento [Marshall e outros autores 1975; e Hayes e Wheelwright 1979].

Embora um tanto incipiente, este sistema referencial mostra-se bastante útil para a conceitualização de alguns *trade-offs* importantes no processo de escolha. Se comparadas às linhas de montagem, as unidades de produção por encomenda empregam maquinário destinado a finalidades gerais e mão de obra bem mais especializada, oferecem maior flexibilização de produtos, e geram custos de produção unitários mais elevados.

Recentes inovações nos sistemas para criação de projetos computadorizados (CAD – computer-aided design), de produção por sistema computadorizado (CAM – computer-aided manufacturing), de robótica e nos sistemas de produção flexíveis aumentaram o nível de complexidade das decisões que envolvem a tecnologia. A construção de novas fábricas dotadas de um alto grau de automação pode vir a ser extremamente cara [para exemplos, consulte os comentários tecidos por Bylinsky (1983) sobre a fábrica da Deere construída em Waterloo, Iowa, e avaliada em 500 milhões de dólares americanos, e sobre as melhorias feitas pela GE em sua fábrica situada no Erie, Pennsylvania, e avaliadas em 300 milhões de dólares americanos]. Em muitos casos, é possível que tecnologias tão avançadas venham a alterar dramaticamente a estrutura dos custos de manufatura, o nível de utilização de capital, o emprego de mão de obra não especializada e a capacidade de rápida entrega de produtos de alta qualidade por um baixo custo.

Muitas empresas decidem investir nessas novas tecnologias porque acreditam que sua sobrevivência depende disso. Os tradicionais instrumentos de avaliação financeira e contábil mostram-se muitas vezes incapazes de mobilizar todos os benefícios passíveis de serem obtidos através desses sistemas. Por essa razão, faz-se necessária uma análise estratégica criteriosa que permita a devida avaliação desses mesmos sistemas.

**Escopo da produção e dos novos produtos**  O nível de dificuldade da tarefa a ser executada pela gestão de manufatura sofre uma grande influência da gama de produtos e processos vigentes [Skinner 1974] e da medida em que novos produtos são introduzidos no mercado. Em organizações bem administradas, a gestão de manufatura presta uma contribuição significativa na tomada de decisões sobre o escopo da linha de produtos vigentes e sobre e a abrangência da linha de introdução de novos produtos.

As empresas que introduzem novos produtos no mercado com rapidez e frequência, ou que dispõem de amplas linhas de produtos, precisam criar organizações de manufatura flexíveis, com boa capacidade de resposta e eficientes. Os responsáveis pelo projeto de novos produtos precisam entender que as demandas existentes para a criação de um determinado produto irão fazer imposições sobre a função da manufatura, e as funções de criação, marketing e manufatura devem se manter em íntima comunicação.

**Recursos humanos** Muitos estudantes do campo de gestão acreditam que, dentre todos os ativos de uma empresa, o mais importante e mais difícil de ser administrado é o de recursos humanos (Peters e Waterman 1982). As principais questões relativas à gestão de recursos humanos são a seleção, a promoção e o emprego de pessoal; a avaliação do desempenho funcional; o pagamento de recompensas e o suporte motivacional; e as relações empregatícias (Hax 1985). Os gestores de recursos humanos precisam criar políticas que motivem os empregados a trabalhar em equipe, com o propósito de alcançar os objetivos da empresa.

A criação de tais políticas pode mostrar-se algo bastante complexo. A empresa precisa decidir, por exemplo, se deve pagar uma compensação pecuniária ao quadro funcional com base no número de horas trabalhadas, na quantidade ou qualidade da produção, no maior tempo de atuação no cargo ou na graduação mais qualificada, nos níveis de habilitação, nos esforços despendidos ou na lealdade demonstrada. A assimetria de dados sobre os níveis de habilidade ou os níveis de esforços complicam a questão, porque a empresa pode basear a compensação só nas medidas de mais fácil observação. À parte da compensação pecuniária, os empregados são muitas vezes recompensados pela concessão de gratificações (como carros ou empréstimos), treinamento (investimentos no capital humano feito pela empresa), garantia de emprego, reconhecimento daquilo que foi alcançado, promoção para melhores postos de trabalho, e assim por diante. Um sistema de incentivos bem elaborados combinará esses elementos de modo a promover a qualidade, a eficiência e a satisfação dos empregados.

**Gestão da qualidade** A gestão de melhoria da qualidade é uma tarefa essencial e que impõe desafios extremos à maioria das empresas dos EUA hoje em dia. A estratégia que visa a melhoria da qualidade requer o apoio zeloso da alta gestão da empresa, uma filosofia bem articulada e objetivos concretos. Ela deve especificar como deverão ser alocadas as responsabilidades, quais instrumentos de decisão e sistemas de aferição deverão ser empregados e quais programas de treinamento serão instituídos. Para obtenção de êxito, o programa de melhoria da qualidade precisa ser um processo permanente e contínuo, aplicado em toda a organização, tendo por objetivo principal a incessante busca por aperfeiçoamento (Fine 1983; Fine e Bridge 1984).

É possível classificar-se a qualidade em qualidade de projeto e qualidade de conformidade. Embora os gestores de manufatura devam, até certo ponto, envolver-se com a qualidade de projetos (em especial, no que tange à capacidade manufatureira), seu papel mais essencial diz respeito à qualidade de conformidade.

Três questões importantes relacionadas à qualidade de conformidade são: a aferição da qualidade; a justificativa econômica para as melhorias de qualidade e; a atribuição de responsabilidade pela qualidade. Os dois principais instrumentos para aferição da qualidade são o controle estatístico da qualidade (bem coberto por Grant e Leavenworth [1980] e por Burr [1976, 1979]) e o custo da qualidade (coberto por Juran [1974] e por Juran e Gryna [1980]).

É uma tarefa difícil e polêmica encontrar justificativas econômicas para as melhorias de qualidade. O custo de uma auditoria da qualidade (COQ – Cost of Quality Accounting), o único instrumento econômico amplamente utilizado para avaliação dos projetos e programas de qualidade, apresenta duas sérias desvantagens. Primeiro, o "COQ" ignora os efeitos da qualidade sobre a receita, tais como os benefícios de participação no mercado e o ágio sobre o preço de produtos de alta qualidade. Segundo, o "COQ" enfatiza os efeitos do custo a curto prazo, sem levar em consideração as suas consequências a longo prazo. Para uma boa tomada de decisão, faz-se necessário um sistema que mensure os efeitos da qualidade sobre a receita, bem como seus efeitos sobre o custo. Desconhecemos a existência de qualquer instância na qual tenha se tentado mensurar os efeitos da qualidade de conformidade sobre a receita.

A responsabilidade pela qualidade do produto reside, em geral, na garantia da qualidade ou na organização de um controle de qualidade na empresa (Juran 1974). Recentemente (Deming 1983; Schonberger 1982), registraram-se avanços no sentido de que cada trabalhador deve ser responsável pela qualidade do seu trabalho. A implementação dessa proposta exigiria uma mudança significativa em muitas empresas nas quais não se espera que os trabalhadores horistas exercitem sua faculdade de discernimento. Onde implementado com sucesso, este regime administrativo cultural provou ser de grande eficiência (Schonberger 1982).

**Infraestrutura de manufatura** Uma infraestrutura organizacional sólida é essencial para dar suporte à tomada de decisões e à implementação das decisões tomadas, e ela requer sistemas de planejamento e controle, políticas operacionais e parâmetros bem definidos de autoridade e responsabilidade. Uma cultura administrativa que reforce a estratégia de manufatura é igualmente essencial. Referentemente a um debate sobre a integração em meio aos processos de gestão, à estrutura organizacional e à cultura administrativa, consulte Hax e Majluf (1984b, Capítulo 5).

À gestão de manufatura também cabe a tomada de decisões sobre a gestão de materiais, planejamento, agendamento e controle da produção.

Na gestão de materiais, as empresas devem considerar os méritos relativos da produção clássica e dos sistemas de estoques, do planejamento de requisição de materiais (MRP – Materials Requirements Planning) e dos sistemas Just-in-Time (JIT).

Costuma-se pensar no planejamento da produção e no agendamento de decisões como sendo táticos, e não estratégicos. No entanto, o planejamento agregado da produção e o projeto do sistema de entrega incluem considerações de ordem estratégica. No planejamento agregado, a empresa precisa decidir como combinar a capacidade produtiva com a variação da demanda, sob a perspectiva de um horizonte de planejamento de médio prazo (de 12 a 18 meses). As possibilidades de escolha são normalmente contratar ou dispensar trabalhadores, agendar horas extras ou diminuir o número de horas de trabalho agendadas, aumentar ou reduzir o número de turnos de trabalho, promover o acúmulo ou acabar com os estoques sazonais.

Na concepção do projeto do sistema de entrega, a principal decisão é se o sistema deve produzir para fins de estocagem ou mediante encomenda. Em uma unidade de manufatura sob encomenda, onde a flexibilidade é essencial, é difícil realizar um agendamento da produção, mas o sistema responde prontamente às variadas exigências dos consumidores. As unidades de manufatura para estocagem, em geral, se percebem menos vezes sob pressão, pois dispõem de estoques de bens acabados que amenizam as operações de produção determinadas pela demanda do consumidor; mas elas têm, no entanto, significativos custos de estocagem. Em muitas oficinas metais mecânicas, onde é possível fabricar um número de produtos extremamente grande, não é viável o sistema de manufatura para estocagem.

**Relação com os fornecedores externos**   Há duas perspectivas populares, porém diametralmente opostas, sobre a estratégia de aquisições e de relação com os fornecedores externos – a abordagem competitiva (Porter 1980) e a abordagem cooperativa ou japonesa (Schonberger 1982). A abordagem competitiva recomenda a formação de múltiplas fontes para insumos de materiais, de modo a permitir que uma série de empresas possa competir entre si para manter os contratos de fornecimento. Os relacionamentos entre compradores e fornecedores se assemelham mais a contratações imediatas do que a contratações a longo prazo, porque os fornecedores podem ser abandonados sem qualquer notificação prévia ou mediante notificação a curto prazo. Recomenda-se um relacionamento de estreita integração com os fornecedores externos, como mais uma ameaça para erradicar os fornecedores errantes do empreendimento. Foi adotada uma estreita integração por alguns dos principais fabricantes de automóveis (como a General Motors e a Ford). Eles produzem alguns dos componentes de forma doméstica e adquirem os demais; isso permite crer em uma ameaça de integração retroativa, além de também dar a essas empresas conhecimentos detalhados sobre os custos associados à produção.

Todos os contratos respondem formalmente por muitas contingências. Deve-se evitar a dependência de um único fornecedor.

A abordagem cooperativa recomenda o desenvolvimento de relações de longo prazo com base na dependência e na confiança mútuas. Deve-se ministrar treinamento e dar uma notificação aos fornecedores, caso o desempenho dos mesmos não seja satisfatório. Os contratos são informais e trata-se das contingências à medida que elas ocorrem. É comum haver uma fonte única de fornecimento.

É bastante aguçado o contraste entre esses dois pontos de vista. Ambas as abordagens são praticadas por empresas de êxito. No entanto, parece haver uma recente tendência dentro dos EUA no sentido da adoção da abordagem cooperativa.

## 5.5 ESTRUTURANDO A FORMAÇÃO DE UMA ESTRATÉGIA DE MANUFATURA

Apesar de reconhecer que é necessário talhar uma metodologia especial para cada empresa, por termos detectado um número suficiente de problemas comuns inerentes à formulação de uma estratégia de manufatura, permitimo-nos recomendar o seguinte processo, aplicável a diversas finalidades, para nortear o pensamento gestor:

1. Prover um sistema referencial para a tomada de decisões estratégicas na manufatura.
2. Garantir a existência de um elo entre as estratégias comerciais e a estratégia de manufatura.
3. Conduzir uma auditoria estratégica inicial da manufatura, a fim de detectar os pontos fortes e os pontos fracos da atual estratégia de manufatura em cada uma das categorias decisórias e a fim de avaliar o posicionamento relativo de cada uma das linhas de produto contra aquelas das empresas concorrentes mais importantes.
4. Abordar a questão do agrupamento de produtos através do posicionamento das linhas de produtos no ciclo de vida do produto ou do processo produtivo, e mediante a avaliação dos aspectos comuns entre os objetivos de desempenho e os propósitos das famílias de produtos.
5. Examinar o grau de focalização presente em cada uma das unidades fabris ou em cada uma das instalações de produção.
6. Criar estratégias de manufatura e sugerir a alocação de linhas de produtos para as unidades fabris ou instalações de produção.

Procederemos a uma revisão de cada uma das etapas inerentes ao processo, apresentando, às vezes, as formas utilizadas para registro dos resultados. Para ilustrar o processo, será descrita a aplicação da metodologia feita na Packard Electric, uma divisão integrante da General Motors. O estudo que serviu de embasamento a esta ilustração foi conduzido por um dos nossos estudantes [Ortega 1985]; sendo que foram feitas algumas adaptações ao seu trabalho original. Nossa atenção se concentrará na unidade de estratégia estratégica do negócio de fios, cabos e outros condutores da Packard, que possui quatro unidades fabris: três situadas próximas à matriz da divisão, em Warren, Ohio, e outra em Clinton, Mississippi. A grande maioria das vendas efetuadas pela Packard são para a General Motors. Recentemente, a Packard sofreu pressão no sentido de reduzir os custos, melhorar a qualidade e aperfeiçoar o desenvolvimento de seus produtos.

## 5.6 UM SISTEMA REFERENCIAL PARA TOMADA DE DECISÕES ESTRATÉGICAS NA MANUFATURA

Para a estratégia de manufatura, é fundamental a existência de um sistema referencial conceitual que os gestores possam utilizar a fim de organizar seus processos de pensamento para a articulação de tal estratégia. O sistema referencial por nós utilizado (que toma emprestados muitos dos elementos apontados por Wheelwright [1984]) define as nove categorias principais de tomadas de decisão estratégica em manufatura já debatidas, identificando quatro medidas de aferição de desempenho para abordar os objetivos da estratégia de manufatura:

- Custo (custo unitário, custo total, custo do ciclo de vida);
- Entrega (percentual das remessas dentro do prazo, previsibilidade das datas de entrega, tempo de resposta para as alterações nas demandas);
- Qualidade (taxa de devolução, confiabilidade do produto, custo e percentual de reparos na área, custo da qualidade); e
- Flexibilidade (possibilidade de substituição de produtos, opções ou variantes do produto, resposta às alterações no produto ou no volume do produto).

## 5.7 ESTABELECENDO UM ELO ENTRE AS ESTRATÉGIAS COMERCIAIS E A ESTRATÉGIA DE MANUFATURA

O processo de planejamento estratégico obedece a uma hierarquia. Primeiro, o nível administrativo articula uma visão para a empresa e seu po-

**QUADRO 5.1** A forma empregada para mostrar as exigências impostas à manufatura pelos amplos programas de ação da unidade comercial de fios, cabos e outros condutores da Divisão Packard Electric da General Motors

| UEN | Amplos programas de ação | Exigências de manufatura |
|---|---|---|
| Fios, cabos e outros condutores | Identificar as exigências da GM que não estão sendo atendidas. | Garantir a capacidade e a tecnologia para a nova demanda. |
| | Estudar o impacto dos chips de silício na reposição dos cabos e de outros condutores. | Planejar para eventuais mudanças no sistema eletrônico. |
| | Criar embalagem para os novos clientes. | Formar capacitação para as novas embalagens. |

Fonte: Fine & Hax (1985).

sicionamento estratégico; depois, os gestores da área comercial formulam estratégias comerciais que se coadunam com os propósitos e desafios administrativos; e, por fim, os gestores de funções dão o necessário suporte estratégico funcional.

É importante, por conseguinte, garantir que as estratégias comerciais e a estratégia de manufatura delas resultante estejam devidamente interligadas. Para alcançar isso, começamos a identificar os requerimentos de manufatura impostos pelos programas de ampla ação de cada uma das unidades estratégicas de negócio – Quadro 5.1. Às vezes, os gestores das áreas comercial e manufatureira podem discordar quanto à efetividade ou à viabilidade de algumas das exigências impostas pela manufatura. Se eles não forem capazes de chegar a um acordo mediante a negociação direta sobre algumas questões, é provável que essas mesmas questões sejam referidas a níveis mais altos da organização para a tomada de uma resolução sobre as mesmas.

Fora todos os programas de ação que constituem parte integrante da estratégia para comercialização dos fios, cabos e outros condutores, identificamos os três que envolvem a função de manufatura. Para esses três programas, identificamos especialmente as exigências impostas pela manufatura.

## 5.8 AUDITORIA ESTRATÉGICA INICIAL DA MANUFATURA

No início do processo de planejamento, deve ser realizada uma auditoria estratégica sobre a estratégia manufatureira vigente. Embora uma análise posterior possa propiciar um diagnóstico mais completo, é proveitoso, de início, extrair dos gestores que participam do processo seus sentimentos sobre o status da função manufatureira por eles gerida.

**QUADRO 5.2** Análise da existência de políticas de manufatura na unidade comercial de fios, cabos e outros condutores da Divisão Packard Electric da General Motors

| Categoria decisória | Descrição da política anterior | Forças | Fraquezas |
|---|---|---|---|
| Instalações | Focalização do processo | Economias de escala | Longas distâncias físicas para o suprimento |
| Capacidade | Emprego de horas extras, um terceiro turno e estoques para responder às flutuações cíclicas | Flexibilidade | A dispensa dos trabalhadores e as horas extras são dispendiosas |
| Integração vertical | Importante integração retroativa – todo o caminho até chegar à haste de filamento | Bom controle sobre custo e qualidade | Menos enfoque, transferência complicações na formulação dos preços |
| Tecnologias de processo | Cabos & cobre em processos automatizados, contínuos. Placas de circuito integrado no processo de unidade de produção por encomenda | Cabos & cobre de última geração | A automação nas placas de circuito integrado pode reduzir os custos |
| Escopo da produção/ novos produtos | Responde à GM nas linhas mais importantes | Baixo nível de risco | Reativo em vez de antecipatório |
| | | | Conceito de enfoque ignorado |
| Recursos humanos | Forte qualidade nos programas de vida no trabalho | Participação dos empregados nas decisões, boa comunicação | O sistema compensatório não considera a qualidade do produto |
| Gestão da qualidade | Forte uso do controle estatístico de processos e custo dos instrumentos de qualidade | Abordagem integrada Apoio da alta gestão | Defasagem de qualidade quanto à competição japonesa |
| Infraestrutura de produção | Sistema de controle com orientações táticas a curto prazo | Boas orientações de controle | Sistema de curta visão |
| Relações com os fornecedores externos | Licitação competitiva orientada por custos Múltiplas fontes | Mantém baixos os custos | Prejudica a qualidade, os empreendimentos cooperativos |

Fonte: Fine & Hax (1985).

Esta auditoria inicial possui dois objetivos: avaliar as forças e as fraquezas das políticas vigentes para cada uma das nove categorias de manufatura (Quadro 5.2) e estabelecer o posicionamento competitivo de cada uma das principais linhas de produtos, segundo as quatro medidas para aferição de desempenho da manufatura (Quadro 5.3).

Uma centena de pontos foram distribuidos entre as quatro medidas de aferição do desempenho externo (custo, qualidade, entrega e flexibilidade) a fim de identificar a relativa importância dos mesmos em cada uma das linhas de produto. Além disso, procedeu-se a uma avaliação subjeti-

**QUADRO 5.3** Avaliação da relativa importância e do desempenho das linhas de produto da unidade comercial de fios, cabos e outros condutores da Packard Electric

| Linha de produto | Medidas de aferição do desempenho externo | | | | | | | |
|---|---|---|---|---|---|---|---|---|
| | Custo | | Qualidade | | Entrega | | Flexibilidade | |
| | Import. | Desemp. | Import. | Desemp. | Import. | Desemp. | Import. | Desemp. |
| 1. Cabos | 30 | ++ | 40 | – | 20 | E | 10 | – |
| 2. Placas de circuito impresso | 20 | – – | 50 | E | 20 | + | 10 | + |
| 3. Hastes com filamento de cobre | 20 | + | 40 | + | 30 | ++ | 10 | – |

Fonte: Fine & Hax (1985).

va do desempenho competitivo de cada um dos produtos em comparação com seus principais concorrentes em cada um dos critérios de desempenho. Adotamos a seguinte convenção para classificar os níveis de desempenho: – – (alto grau de fraqueza), – (grau médio de fraqueza), E (exato), + (grau médio de força), + + (alto grau de força).

## 5.9 ABORDANDO A QUESTÃO DE AGRUPAMENTO DE PRODUTOS

Um dos problemas mais difíceis no planejamento da manufatura gira em torno da reunião de produtos em determinados grupos. Até mesmo nas pequenas empresas, proliferam os artigos manufaturados. Uma vez que é impossível lidar com cada um desses artigos isoladamente, eles precisam ser agregados em agrupamentos lógicos de produtos dotados de atributos comuns. Dois dispositivos analíticos são considerados proveitos para este fim. O primeiro é a matriz do ciclo de vida de processamento do produto, originalmente proposta por Hayes e Wheelwright (1979). Esta matriz posiciona cada uma das linhas de produto em uma grade bidimensional (Figura 5.4).

A haste horizontal representa o estágio nos ciclos de vida do produto. Já faz tempo que o ciclo de vida do produto foi reconhecido como um valioso instrumento para análise da evolução dinâmica dos produtos e dos setores industriais (Hax e Majluf 1984b, Capítulo 9). Essa evolução é um processo de quatro fases, que se inicia com a fabricação de pequenas quantidades de produtos singulares, culminando com a fabricação de produtos básicos de consumo altamente padronizados. De forma similar, os proces-

# CAPÍTULO 5  A estratégia de manufatura: uma metodologia e uma ilustração

**Estrutura do produto**
**Estágio no ciclo de vida do produto**

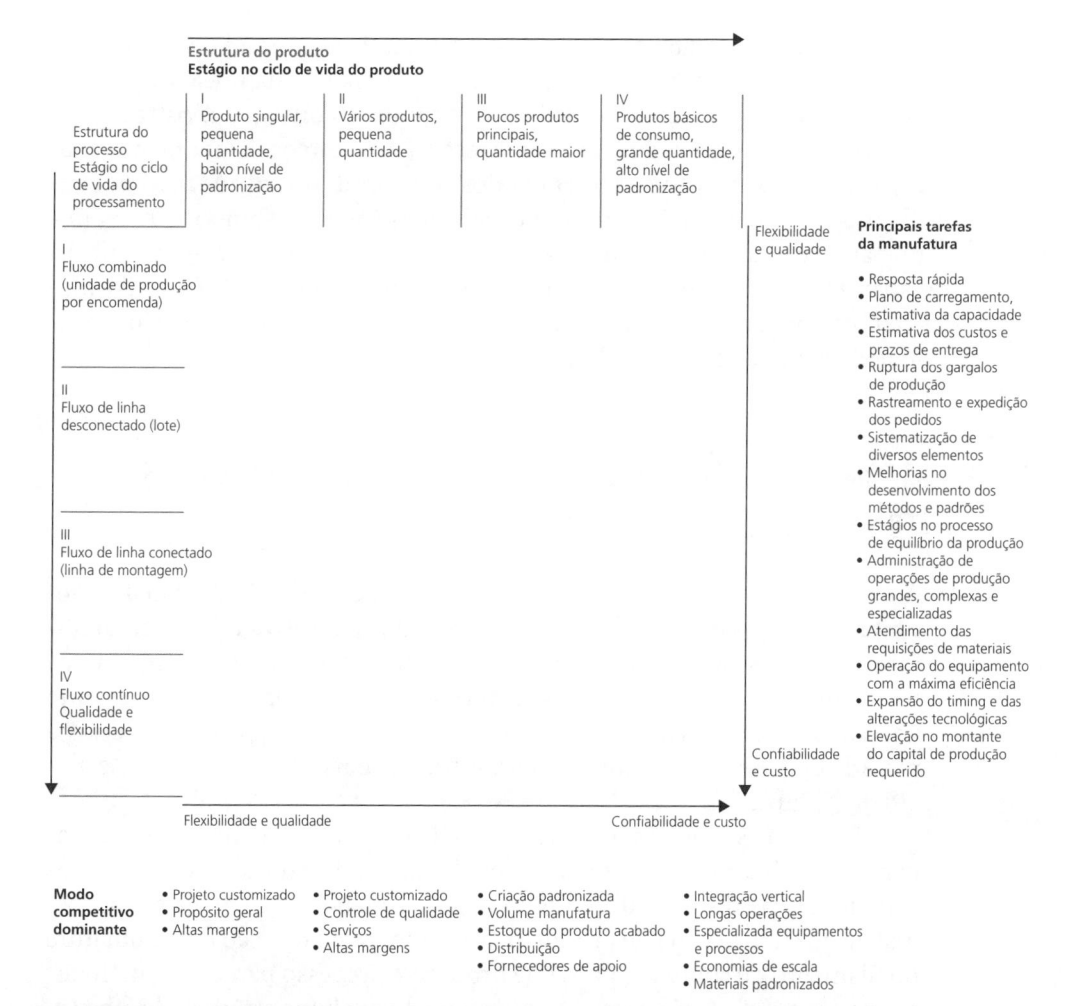

|  | I<br>Produto singular, pequena quantidade, baixo nível de padronização | II<br>Vários produtos, pequena quantidade | III<br>Poucos produtos principais, quantidade maior | IV<br>Produtos básicos de consumo, grande quantidade, alto nível de padronização |  | **Principais tarefas da manufatura** |
|---|---|---|---|---|---|---|
| **Estrutura do processo**<br>**Estágio no ciclo de vida do processamento** |  |  |  |  | Flexibilidade e qualidade | • Resposta rápida<br>• Plano de carregamento, estimativa da capacidade<br>• Estimativa dos custos e prazos de entrega<br>• Ruptura dos gargalos de produção<br>• Rastreamento e expedição dos pedidos<br>• Sistematização de diversos elementos<br>• Melhorias no desenvolvimento dos métodos e padrões<br>• Estágios no processo de equilíbrio da produção<br>• Administração de operações de produção grandes, complexas e especializadas<br>• Atendimento das requisições de materiais<br>• Operação do equipamento com a máxima eficiência<br>• Expansão do timing e das alterações tecnológicas<br>• Elevação no montante do capital de produção requerido |
| I<br>Fluxo combinado (unidade de produção por encomenda) |  |  |  |  |  |  |
| II<br>Fluxo de linha desconectado (lote) |  |  |  |  |  |  |
| III<br>Fluxo de linha conectado (linha de montagem) |  |  |  |  |  |  |
| IV<br>Fluxo contínuo<br>Qualidade e flexibilidade |  |  |  |  | Confiabilidade e custo |  |
|  | Flexibilidade e qualidade |  |  | Confiabilidade e custo |  |  |

| Modo competitivo dominante | • Projeto customizado<br>• Propósito geral<br>• Altas margens | • Projeto customizado<br>• Controle de qualidade<br>• Serviços<br>• Altas margens | • Criação padronizada<br>• Volume manufatura<br>• Estoque do produto acabado<br>• Distribuição<br>• Fornecedores de apoio | • Integração vertical<br>• Longas operações<br>• Especializada equipamentos e processos<br>• Economias de escala<br>• Materiais padronizados |

**FIGURA 5.4**  A matriz dos ciclos de vida do produto e do processamento.
Fonte: Hayes e Wheelwright (1979).

sos de fabricação utilizados na manufatura desses produtos passam por uma evolução correspondente, que começa com unidades de produção por encomenda de grande flexibilidade, mas dispendiosas, culminando com processos de manufatura fortemente automatizados e dotados de uma finalidade especial.

A organização de dados no portfólio geral das linhas de produtos permite diagnosticar o nível de coerência entre o produto e os ciclos de vida do processamento do produto. A margem da matriz indica *os trade-offs* a serem feitos entre as quatro medidas de aferição de desempenho externo (flexibilidade, qualidade, confiabilidade e custo), e a natureza mutável das tarefas de gestão e dos modos competitivos nos diferentes estágios da matriz dos ciclos de vida e do processamento do produto.

A matriz ilustrada na Figura 5.4 capta a interação entre o produto e os ciclos de vida de processamento do mesmo. Para fins da presente análise, ela propicia dois insights proveitosos. Primeiro, consegue mostrar quais dentre as linhas de produtos das empresas detêm um posicionamento análogo nos ciclos de processamentos dos seus produtos, sendo, assim, candidatas a formar grupos estratégicos homogêneos. Segundo, e mais importante, ela também é útil para se detectar o grau de congruência entre a estrutura do produto e sua estrutura "natural" de processamento. Forma-se uma congruência natural quando as linhas de produto se encaixam na matriz diagonal de produto e processamento.

## 5.10 MESMO NAS PEQUENAS EMPRESAS PROLIFERAM OS ITENS MANUFATURADOS

A explicação para uma linha de produtos fora da referida diagonal poderia tanto ser produto da falta de atenção administrativa adequada quanto de ações estratégicas conjuntas que visem desviar-se dos movimentos competitivos convencionais. Utterback [1978] oferece uma excelente análise das características combinadas de produto e processamento à medida que esses avançam do estado "fluido" para um estado mais "específico" (Figura 5.5).

Utilizam-se formas especiais (Quadros 5.4 e 5.5) na coleta de dados para se estabelecer os agrupamentos de linhas de produto com base nas características do produto e do mercado, e mapeiam-se esses grupos na matriz do ciclo de vida de produto e processo. A localização da manufatura do filamento de cobre na matriz de produto e processo parece ser anômala, porque os produtos de manufatura de pequeno volume estão sendo fabricados em um processo de fluxo contínuo. Historicamente, isso se deu em função do filamento de cobre ser produzido na fábrica de cabos e outros condutores, a qual sempre foi exclusivamente de operações de fluxo contínuo.

Empregam-se a amplitude da linha de produtos, as dimensões de volume no mercado, a taxa de crescimento no mercado, a padronização do produto e o ritmo de introdução do produto para determinar o estágio no ciclo de vida do produto para cada uma das linhas de produto. Outra maneira de chegar aos grupos de produtos é pela identificação das famílias de linhas de produto que compartilham requisições análogas para o êxito das empresas concorrentes e missões análogas para a família de produtos. Utilizamos um formulário semelhante ao do Quadro 5.3, apresentada anteriormente, a fim de detectar os agrupamentos de produtos dotados de

## ÍNDICE DA PRINCIPAL INOVAÇÃO

INOVAÇÃO DE PRODUTO

INOVAÇÃO DE PROCESSO

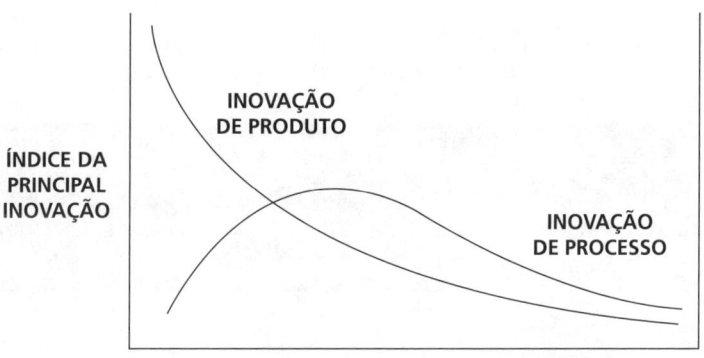

PRODUÇÃO PROCESSO CARACTERÍSTICAS

**Padrão fluido**
Inovação de produto
— Ênfase na otimização do desempenho do produto
— Motivado pelas informações sobre as necessidades dos usuários
— Alto grau de inovação ou radicalismo
— Rápida frequência na inovação de produtos
— Predomina o tipo produto, e não processo

**Padrão transicional**
Inovação de produto
— Ênfase na variedade de produtos
— Cada vez mais motivado pelas oportunidades geradas pela crescente capacitação técnica
— Predomina o tipo processo, exigido pelo volume crescente
— Demandas impostas aos fornecedores para componentes, materiais e equipamentos especializados

**Padrão específico**
Inovação de produto
— Enfatiza a redução de custos
— Em produto e processamento, predomina o modo incremental
— O efeito é cumulativo
— As inovações ou os radicalismos não ocorrem muitas vezes e dão origem a unidades produtivas de fora
— A motivação provém de forças externas de ruptura

Processo de produção
— Flexível e ineficiente
— Em pequenas dimensões ou em pequena escala
— Utilização de equipamento destinado a finalidades gerais
— Utilização dos materiais disponíveis como insumos
— Frequentes alterações feitas no produto ou produtos especiais, fora de série

Processo de produção
— Alguns subprocessos são automatizados pela criação de "ilhas de automação"
— As tarefas de produção e controle tornam-se mais especializadas
— As mudanças processuais tendem a ser grandes e descontínuas, envolvendo novos métodos de organização e alterações no projeto do produto
— Pelo menos o projeto de um dos produtos é estável o suficiente para que seu volume de produção seja significativo

Processo de produção
— Eficiente, como um sistema, e de capital intensivo
— Alto custo de alterações
— Grande participação no mercado de recursos e escala
— Utilização do equipamento para finalidades especiais
— Materiais de insumo especializados ou integração vertical extensiva
— Produtos como mercadorias de consumo básico e sem grande diferenciação

**FIGURA 5.5** A relação entre inovação do produto e características do processo de produção.
Fonte: Utterback (1978).

missões e características de desempenho estratégico similares. A execução desta tarefa após o exercício da matriz dos ciclos de vida do produto e do processamento do produto tende a produzir outros *insights* para agrupamento dos produtos.

Observe a anomalia do filamento de cobre, um produto singular, com um pequeno volume de produção, que é processado em um fluxo contínuo.

**QUADRO 5.4** Avaliação do estágio no ciclo de vida do produto para as linhas de produto da unidade comercial de fios, cabos e outros condutores da Packard Electric

| | Produto/Mercado características | | | | | |
|---|---|---|---|---|---|---|
| Linha de produto | Amplitude da linha de produto | Volume do mercado | Crescimento no mercado | Padronização do produto | Ritmo de introdução do produto | Estágio no ciclo de vida do produto |
| 1. Cabos | grande | grande | médio | pequeno | médio | III |
| 2. Filamento de cobre | médio | pequeno | médio | grande | pequeno | I |
| 3. Circuitos impressos | médio | grande | grande | pequeno | grande | II |

Fonte: Fine & Hax (1985).

**QUADRO 5.5** Posição de cada uma das linhas de produto da unidade comercial de fios, cabos e outros condutores da Packard Electric na matriz do ciclo de vida do produto e do processamento do produto

| | Estrutura do produto — Estágio no ciclo de vida do produto | | | |
|---|---|---|---|---|
| Estrutura do processo Estágio no ciclo de vida do processamento | I Produto singular, pequena quantidade, baixo nível de padronização | II Vários produtos, pequena quantidade | III Poucos produtos principais, maior quantidade | IV Produtos básicos de consumo, grande quantidade, alto nível de padronização |
| Unidade de produção por encomenda | | circuitos impressos | | |
| Lote | | | | |
| Linha de montagem | | | | |
| Fluxo contínuo | filamento de cobre | | cabo | |

Fonte: Fine & Hax (1985).

# CAPÍTULO 5 — A estratégia de manufatura: uma metodologia e uma ilustração

## 5.11 AVALIANDO O GRAU DE FOCALIZAÇÃO DE CADA UMA DAS UNIDADES FABRIS OPERACIONAIS

Desde que Wickham Skinner (1974) redigiu seu trabalho clássico sobre a fábrica focada, os gestores de manufatura nos EUA começaram a prestar atenção a um conceito simples, porém importante: uma unidade fabril não consegue realizar em nível de excelência operacional uma grande variedade de tarefas muito diversas. A fábrica dotada de claros objetivos competitivos e que centraliza seu enfoque em uma restrita combinação de produtos destinados a um mercado bem definido superará o desempenho apresentado por uma unidade fabril convencional, que segue um conjunto incoerente de políticas de manufatura que tentam realizar tarefas que conflitam entre si.

Para detectar o grau de focalização em cada uma das unidades de uma empresa, valemo-nos mais uma vez da matriz de produtos e processos. Desta vez, elaboramos uma matriz para cada uma das unidades operacionais, posicionando dentro da matriz toda a linha de produtos fabricada em cada uma das unidades. O diagrama resultante permite julgar o grau de focalização da unidade e examinar o nível de coerência entre os produtos e os processos empregados para a fabricação dos mesmos. O diagnóstico final pode ser resumido em um formulário como o exibido no Quadro 5.6.

**QUADRO 5.6** Esta forma foi utilizada para diagnosticar o grau de focalização de cada uma das unidades fabricantes das linhas de produto da unidade comercial de fios, cabos e outros condutores da Packard Electric

| Unidade | Linhas de produtos vigentes fabricadas em cada uma das unidades operacionais | Estratégia da linha de produtos | Estágio no ciclo de vida do produto | Tecnologia de processo utilizada no presente |
|---|---|---|---|---|
| 10 | Cabo | Cresce com a indústria | Maduro | Fluxo contínuo |
|  | Filamento de cobre | Cresce com a indústria | Maduro | Fluxo contínuo |
| 22 | Cabo | Cresce com a indústria | Maduro | Fluxo contínuo |
|  | Gravação em metal | Mantém a posição | Envelhecido | Unidade de produção |
|  | Modelagem | Mantém a posição | Envelhecido | Unidade de produção |
| 3 | Circuitos impressos | Para cima ou fora | Embriônico | Unidade de produção |
|  | Modelagem do plástico | Mantém a posição | Envelhecido | Unidade de produção |
|  | Cabo de ignição | Melhora a posição | Maduro | Linha de montagem |
|  | Borracha sintética | Encontra um nicho e protege | Maduro | Unidade de produção |

Fonte: Fine & Hax (1985).

A unidade 10 é, das três unidades, a mais focalizada. A unidade 3 apresenta o mais alto grau de diversidade.

## 5.12 FORMAÇÃO DAS ESTRATÉGIAS DE MANUFATURA

Após essa análise, a próxima etapa é estabelecer objetivos estratégicos a serem articulados por meio de programas de ampla ação para cada uma das nove categorias de decisão estratégica. O alvo dos programas de ação pode ser direcionado para um ou mais grupos de produtos. Cada um dos amplos planos de ação precisa contar com o suporte de um conjunto de programas de ação específicos de fácil monitoramento, sendo que as contribuições por eles prestadas são passíveis de aferição. Assim, para cada uma das categorias de decisão manufatureiras, explicitam-se os programas de ação específicos que correspondem às mesmas.

Por fim, contempla-se a realocação de produtos em determinadas unidades, se a análise anteriormente feita dos produtos e das unidades sugerir uma alteração desta ordem.

## 5.13 CONCLUSÃO

A função manufatura pode ser uma arma formidável para alcance da superioridade competitiva. Após experiências desgastantes feitas em uma ampla gama de indústrias, a maioria dos gestores de empresas dos Estados Unidos conseguiram entender claramente a afirmação anterior. Buscamos dar aqui um sistema referencial conceitual e um conjunto de diretrizes pragmáticas para a criação de uma estratégia de manufatura.

Admitimos que diferentes empresas trilharão diferentes caminhos para conceber o projeto da estratégia manufatureira. Nosso esforço, no entanto, foi no sentido de captar no sistema referencial e na metodologia aqui apresentados os elementos essenciais que precisam ser levados em consideração por qualquer empresa que busque criar uma estratégia de manufatura.

## 5.14 REFERÊNCIAS

1. Buffa, Elwood S. 1984, Meeting the Competitive Challenge – Manufacturing Strategy for U.S. Companies, Richard D. Irwin, Homewood, Illinois.
2. Burr, Irving W. 1976, Statistical Quality Control, Marcel Dekker, New York.
3. Burr, Irving W. 1979, Elementary Statistical Quality Control, Marcel Dekker, New York.
4. Bylinsky, Gene 1983, "The race to the automatic factory," Fortune, February 21, p. 52-64.
5. Deming, William E. 1983, Quality, Productivity, and Competitive Position, MIT CAES, Cambridge, Massachusetts.
6. Fine, Charles H. 1983, "Quality control and learning in productive systems," Sloan School of Management Working Paper, #1494-83, MIT, Cambridge, Massachusetts.
7. Fine, Charles H. and Bridge, David M. 1984, "Managing quality improvement," Sloan School of Management Working Paper, #1607-84 (November), MIT, Cambridge, Massachusetts.
8. Grant, Eugene L. and Leavenworth, Richard S. 1980, Statistical Quality Control, McGraw-Hill, San Francisco, California.
9. Hax, Arnoldo C. 1985, "A new competitive weapon: The human resource strategy," Training and Development Journal, Vol. 39, No. 5 (May), p. 76-82.
10. Hax, Arnoldo C. and Majluf, Nicolas S. 1984a, "The corporate strategic planning process," Interfaces, Vol. 14, No. 1 (January-February), p. 47-60.
11. Hax, Arnoldo C. and Majluf, Nicolas S. 1984b, Strategic Management: An Integrative Perspective, Prentice-Hall, Englewood Cliffs, New Jersey.
12. Hayes, Robert H. and Schmenner, Roger W. 1978, "How should you organize manufacturing?" Harvard Business Review, Vol. 56, No. 1 (January-February), p. 105-118.
13. Hayes, Robert H. and Wheelwright, Steven C. 1979, "Link manufacturing process and product life cycles," Harvard Business Review, Vol. 57, No. 1 (January-February), p. 133- 140.
14. Hayes, Robert J. and Wheelwright, Steven C. 1984, Restoring Our Competitive Edge: Competing Through Manufacturing, John Wiley and Sons, New York.
15. Juran, Joseph M., ed. 1974, Quality Control Handbook, third edition, McGraw-Hill, New York.
16. Juran, Joseph M. and Gryna, Frank M. 1980, Quality Planning and Analysis, McGraw-Hill, New York.
17. Kantrow, Alan M., ed. 1983, Survival Strategies for American Industry, John Wiley and Sons, New York.
18. Kaplan, Robert S. 1983, "Measuring manufacturing performance: A new challenge for managerial accounting research," The Accounting Review, Vol. 58, No. 4 (October), p. 686-705.
19. Kaplan, Robert S. 1984, "Yesterday's accounting undermines production," Harvard Business Review, Vol. 62, No. 4 (July-August), p. 95-101.
20. Marshall, Paul W., et al. 1975, Operations Management: Text and Cases, Richard D. Irwin, Homewood, Illinois.
21. Ortega, Luis A. 1985, "Analysis of the development of a strategic planning system," unpublished masters thesis, Sloan School of management, MIT, Cambridge, Massachusetts.
22. Peters, Thomas J. and Waterman, Robert H. 1982, In Search of Excellence, Harper and Row, Cambridge, Massachusetts.

23. Porter, Michael E. 1980, Competitive Strategy, The Free Press, New York. Schonberger, Richard J. 1982, Japanese Manufacturing Techniques, The Free Press, New York.
24. Skinner, Wickham 1974, "The focused factory," Harvard Business Review, Vol. 52, No. 3 (May-June), p. 113-121.
25. Utterback, James M. 1978, "Management of technology," in Arnoldo C. Max, editor, Studies in Operations Management, North-Holland, Amsterdam, p. 137-160.
26. Wheelwright, Steven C. 1981, "Japan, where operations really are strategic," Harvard Business Review, Vol. 59, No. 4 (July-August), p. 67-74.
27. Wheelwright, Steven C. 1984, "Manufacturing strategy: Defining the missing link," Strategic Management Journal. Vol. 5, No. 1 (January-March), p. 77-91.
28. Williamson, Oliver E. 1975, Markets and Hierarchies, The Free Press, New York.

# II
# Estratégia de operações como arma competitiva

Esta seção apresenta os artigos científicos que trouxeram à tona a importância estratégia da área de operações. Os artigos são intencionalmente apresentados em ordem cronológica para que fique mais fácil ao leitor entender a evolução do pensamento e do contexto na qual surgiu a estratégia de operações. Uma das principais contribuições dos artigos nessa seção é tirar a área de operações da condição de apenas executora das estratégias globais decididas pela alta cúpula administrativa da empresa para colocá-la na condição de também planejadora das estratégias da empresa. O que ocorria no passado, e que ainda ocorre atualmente, é o fato de que a área de operações não é vista pela alta administração como uma importante peça estratégica da organização. Por consequência, há um distanciamento significativo entre os presidentes e diretores que tomam as principais decisões da empresa e os gerentes que colocam em prática as decisões tomadas. Esse distanciamento gera distorção nas informações e decisões, o que pode acarretar em perdas operacionais e financeiras para a empresa quando aquilo que se planejou não está alinhado com o que se pode fazer em termos operacionais.

Em 1969, Skinner começa esse movimento ao destacar que as estratégias corporativas não incluíam a área de operações no seu processo de desenvolvimento. Por consequência, criava-se uma lacuna entre o que a empresa planejava e executava em termos de estratégia corporativa e aquilo que a empresa planejava e executava em termos de estratégia de operações. Ou seja, havia um hiato entre a estratégia corporativa e a estratégia de operações. Isso, por consequência, gerava operações incompatíveis, como, por exemplo, a produção de produtos variados em uma planta de produção em massa. O resultado eram operações pouco eficientes. Vale lembrar que durante os anos 50 e anos 60, os chamados Anos Dourados, as principais economias cresciam de forma acelerada, principalmente em função da reconstrução da Europa e Japão depois da Segunda Guerra Mundial. Dentro desse contexto de crescimento econômico, as empresas vendiam tudo o que produziam e ineficiências internas não afetavam a competitividade das empresas significativamente. Ou seja, o mercado absorvia as ineficiências incorporadas aos preços dos produtos e serviços.

O artigo de Skinner escrito em 1969 conduz a outro artigo escrito pelo mesmo autor com o intuito de destacar também a importância da área de operações desenvolver sua própria estratégia. Para melhorar a eficiência das operações, o autor propõe, em 1974, as "operações focadas", na qual a empresa centralizaria suas operações em uma estratégia específica que significa um conjunto mais restrito de operações que estariam fortemente relacionadas entre si. Operações mais focadas gerariam, portanto, menores perdas e aumentariam a eficiência produtiva da empresa. Surgia assim, o conceito de estratégia de operações, onde as decisões operacionais devem ser congruentes e estar alinhadas entre si. A ideia proposta é que gerentes de operações não podem se preocupar somente com as questões táticas e operacionais do cotidiano da produção e da cadeia de suprimentos, mas devem se preocupar, principalmente, com a estratégia da área de operações em si. Isso implica uma nova posição dos gerentes da empresa que devem ter habilidades holísticas e sistêmicas para que possam entender os efeitos de um conjunto de decisões que podem, muitas vezes, não estar alinhadas entre si, gerando ineficiências na organização. Pensar em uma estratégia de operações significa analisar e construir um conjunto de decisões operacionais que estejam relacionadas e alinhadas entre si e também com as decisões estratégicas da organização, tanto no curto quanto no longo prazo. Para isso, é preciso entender como as principais variáveis existentes afetam o desempenho das operações e desenhar estratégias que otimizem a combinação dessas variáveis e maximizem o desempenho operacional. Essa torna-se, portanto, outra contribuição importante desse período embrionário que proporciona à área de operações uma visão mais estratégica de si mesmo.

A ideia de que a estratégia de operações implica em "operações focadas" conduz a outra ideia importante sobre o tema, a de que existem decisões operacionais ideais para um determinado objetivo estratégico. Isso quer dizer que, para diferentes objetivos estratégicos, existem decisões ótimas que maximizam os resultados operacionais da organização. É essa ideia que Hayes e Wheelwright apresentam em seu artigo ao introduzirem a "matriz produto x processo" e sugerirem que existe uma combinação ideal entre estrutura do produto e a estrutura do processo. A grande contribuição estratégica desse trabalho é mostrar que as empresas têm que ser coerentes nas suas decisões estratégicas de operações e ajustar suas decisões de acordo com os seus objetivos. Por exemplo, se uma empresa opera com produtos altamente customizados, então ela deve utilizar um processo do tipo *job shop*, tornando-se a combinação ideal entre tipo de produto e tipo de processo. Caso a empresa não consiga operar dentro dessa combinação ideal, ela poderá ter um desempenho operacional abaixo daquele que seria obtido com a combinação ideal.

À medida que esses artigos, e outros, foram sendo publicados, a área de operações começou a chamar a atenção de acadêmicos e gerentes devido, principalmente, ao grande potencial de melhorias que poderiam ser feitas a partir de uma postura mais estratégica da área. Mas esse aumento de interesse fez os artigos evoluírem com contribuições pontuais e, de alguma forma, desconexas. É no sentido de tentar organizar as ideias em torno do conceito de estratégia de operações que Wheelwright escreve seu artigo em 1984. Nesse artigo surge o conceito de prioridades competitivas, que dominará os estudos de estratégia de operações ao longo da maioria dos estudos na área. Esse artigo organiza vários outros conceitos fundamentais para a definição da estratégia de operações e propicia a base para futuros estudos sobre o tema. E o mais importante, esse artigo claramente chama atenção para a área de operações como uma potencial arma competitiva para a estratégia das empresas. Não somente a área de operações deve estar alinhada com a estratégia da organização, como deve também servir de opção para essa mesma estratégia. Ou seja, a área de operações é agora vista como fonte de vantagem competitiva.

Depois de pavimentado o caminho para a definição que é estratégia de operações e da contribuição que a área de operações teria para a estratégia das empresas, era necessário tornar mais real essa discussão abstrata em torno de conceitos, construtos e definições. Afinal, como a estratégia de operações funciona na prática? Como analisar uma estratégia de operações? Como os gerentes e os acadêmicos podem utilizar ferramentas e variáveis para colocar em prática a estratégia de operações. Em meados dos anos 80, muitos trabalhos práticos e acadêmicos começaram a operacionalizar a estratégia de operações, tornando-a, de alguma forma, tangível. Dentre os muitos trabalhos disponíveis, o artigo de Fine e Hax ajuda a sintetizar uma série de elementos importantes para o tema tratado nesse livro. Primeiro, o artigo é um dos primeiros a apresentar uma metodologia para o desenvolvimento da estratégia de operações. Até então, muitos artigos haviam discutido variáveis, conceitos, construtos, mas poucos tinham apresentada uma metodologia que ajudasse a realmente desenvolver a estratégia de operações. Segundo, na busca pela validação de sua ferramenta, os autores testam sua metodologia com empresas reais. Ocorre, portanto, o uso de dados e casos empíricos para testar e validar ideias, modelos e metodologias relacionadas com a estratégia de operações. Por fim, o artigo ajuda a proporcionar uma base para outros trabalhos empíricos que venham a ser desenvolvidos sobre o tema.

É perceptível, portanto, o avanço que ocorre na ao longo de um pouco mais de 15 anos. Desde o seminal artigo de Skinner até o trabalho metodológico de Fine e Hax, as ideias sobre a estratégia de operações evoluíram de uma conexão necessária, e algumas vezes óbvia, entre a estratégia corporativa da empresa e a estratégia de operações até o desenvolvimento de uma metodologia para se desenvolver a estratégia de operações. Esses artigos ajudam a pavimentar e preparar o caminho para os futuros trabalhos. Essa é uma importante contribuição acadêmica já que esse conjunto de trabalhos ajudou na criação de um novo campo de pesquisa e conhecimento dentro da área de operações, abrindo inúmeras oportunidades para desenvolvimento e ampliação do conhecimento existente na área. A partir dos trabalhos discutidos nesse capítulo, surgiu uma série de estudos que, por mais de 40 anos, vem aprofundando o quê se sabe sobre estratégia de operações. Foi a partir desses trabalhos que inúmeras linhas de pesquisa e pesquisadores desenvolveram seu conhecimento e formaram alunos e gerentes de empresas. Como existem ainda muitas questões sobre estratégia de operações a serem respondidas, esse campo de conhecimento ainda continuará sendo amplamente pesquisado e discutido até que uma teoria robusta possa ser, finalmente, desenvolvida.

# 6
# Explicando diferenciais de produtividade observados entre fábricas: implicações para a pesquisa operacional*

ROBERT H. HAYES  E  KIM B. CLARK
GRADUATE SCHOOL OF BUSINESS ADMINISTRATION, HARVARD UNIVERSITY

---

Dentro da mesma empresa, diversas fábricas, todas produzindo basicamente os mesmos produtos da mesma maneira, costumam apresentar uma grande diferença em termos de produtividade e lucratividade. Nós estudamos doze fábricas pertencentes a três empresas distintas para descobrirmos o impacto de diretrizes administrativas sobre a produtividade. A produtividade total dos fatores das fábricas foi medida mensalmente ao longo de vários anos e foi comparada com diretrizes administrativas.

---

## 6.1 INTRODUÇÃO

Há aproximadamente 20 anos, a taxa de crescimento da produtividade da mão de obra nos Estados Unidos começou a desacelerar até que, em 1978 (e por quatro anos depois disso), ela caiu a praticamente zero. Desacelerações semelhantes começando um pouco depois foram observadas em outras potências industriais maduras, mas nenhuma foi tão longa ou tão grave quanto nos Estados Unidos. Se ela continuar, este déficit comparativo no crescimento da produtividade comprometerá a competitividade internacional da economia americana e, em última instância, nosso padrão de vida. No entanto, antes de decidirmos o que deve ser feito para corrigi-la, antes temos que compreender o que a causou. Infelizmente, os economistas discordam fortemente sobre as causas e sobre a magnitude dos seus efeitos. Geralmente, os economistas têm baseado as causas no modelo neoclássico de contabilidade e crescimento (veja Solow [1956]). Basicamente, ele tenta relacionar

---

* Artigo originalmente publicado sob o título *Explaning Observed Productivity Differentials Between Plants: Implications for Operations Research*, na Interfaces, v.5, n.6, p.3-14, 1985

o crescimento de renda por pessoa (ou alguma outra medida conveniente de progresso econômico) a variáveis macroeconômicas como investimento de capital, horas trabalhadas, demografia da mão de obra e educação, utilizando técnicas de regressão estatística. A parte da variação que permanecia inexplicada, depois desses fatores terem sido levados em consideração, o então chamado resíduo na análise de regressão, era atribuido a "mudanças no conhecimento ou não classificadas em outro lugar". Esta abordagem era satisfatória enquanto o residual era aceitavelmente pequeno. O problema é que a desaceleração no crescimento da produtividade parece ter coincidido com um aumento até certo ponto drástico do papel do residual.

Edward Denison (1979), por exemplo, descobriu que menos de 27% da desaceleração da produtividade que ocorreu depois de 1973 podia ser explicada por meio de variáveis macroeconômicas, mesmo após investigar o impacto de 17 fatores possíveis (variando desde a redução dos gastos com pesquisa e desenvolvimento até possíveis erros nos dados). Ele não conseguiu atribuir força explanatória a nenhum deles e concluiu: "Para ser sincero, o que aconteceu é um mistério". Outras investigações sobre o impacto de fatores como aumentos no preço do petróleo, formação de capital e um excesso de regulamentações e impostos do governo (veja, por exemplo, Dogramaci e Adam [1981]) levaram a conclusões semelhantes.

O fracasso aparente dessas abordagens levou inclusive a um questionamento sério do próprio modelo neoclássico de crescimento (Nelson 1981). Esta reavaliação, por sua vez, concentrou um interesse renovado nos determinantes de crescimento da produtividade ou do seu declínio no nível microeconômico (fábrica individual). Se as variáveis macroeconômicas e os dados agregados não conseguem fornecer uma explicação adequada sobre a desaceleração da produtividade, talvez uma análise direta das atividades e dos padrões de decisão de gerentes de negócios possa contribuir para nossa compreensão das suas origens e sugerir ações corretivas. Portanto, no espírito original de pesquisa operacional, um grupo de profissionais na Harvard Business School resolveu avaliar um conjunto de fábricas ao longo de determinado período de tempo para ver quais dicas podem ser encontradas no seu comportamento operacional.

## 6.2 COLETA DE DADOS

O estudo incluiu 12 fábricas pertencentes a três empresas diferentes e ainda está em andamento. Uma destas empresas utiliza um processo produtivo altamente conectado e automatizado. No espectro de *job shop* a processo contínuo (veja Hayes e Wheelwright [1979]) ela está mais próxima deste último. Portanto, nós nos referimos a ela como sendo a empresa "PROCESSO". Outra utiliza um processo produtivo por lote baseada numa organização de trabalho em fluxo de linha intermitente. Nós a chamamos de empresa "FAB/ASSEMBLY". A terceira empresa (HI-TECH) utiliza uma mistura de processos e tem fábricas em três países diferentes. Informações adicionais sobre estas empresas e sobre nossa análise delas estão contidas no nosso capítulo "Explorando as fontes de diferenças de produtividade no nível da fábrica" (Clark, Hayes e Lorenz [1985].)

Nós desenvolvemos medidas da produtividade total dos fatores de cada fábrica mensalmente por pelo menos 18 meses. Em vários casos foi possível rastrear o desempenho ao longo de um período de nove anos e em quase metade nossos dados voltam até a abertura da fábrica. Depois tentamos comparar o comportamento da produtividade total dos fatores de cada fábrica com diversas diretrizes administrativas. Até onde sabemos esta é a primeira tentativa de se explorar profundamente os fatores que afetam o crescimento da produtividade no nível da fábrica nos Estados Unidos e o banco de dados que desenvolvemos é o mais abrangente que já se compilou.

Nós medimos a produtividade total dos fatores (TFP) mensal de cada fábrica dividindo uma estimativa da sua produção em cada mês pela soma de quatro insumos: mão de obra, materiais, capital e energia. Este valor da TFP foi então regredido em comparação com diversas variáveis influenciadas administrativamente (descritas mais adiante) numa tentativa de identificarmos relacionamentos ao longo do tempo dentro da mesma fábrica. Também foi feita alguma tentativa de se classificar relacionamentos entre fábricas dentro da mesma empresa, mas esta análise ainda está num estágio muito inicial.

A situação em cada uma das empresas no nosso estudo era relativamente diferente. Como resultado disso, muitas vezes fomos obrigados a utilizar abordagens um pouco distintas para estimarmos os valores de variáveis diferentes. (Informações adicionais sobre este assunto estão contidas em Kendrick e Vaccara [1975]).

## Ajustes para efeitos do tempo e utilização da capacidade

Quase todas as fábricas que estudamos apresentaram uma melhoria gradual na TFP ao longo do tempo. Os funcionários das empresas atribuíram esta melhoria geral a diversos fatores: aprendizado por parte dos trabalhadores e gerentes da fábrica, melhorias nos designs dos produtos e nas tecnologias de produção, melhorias em métodos e fluxos de materiais, economias de escala e assim por diante. Infelizmente, a inclusão de diversas variáveis fortemente correlacionadas com a passagem do tempo dentro de uma única equação de regressão leva a dificuldades metodológicas. A multicolinearidade não apenas pode levar a um comportamento irregular nos coeficientes da regressão, mas também torna quase impossível classificar a força explanatória relativa de diferentes variáveis causais. Portanto, nós incluímos uma variável representando ou o tempo ou o volume cumulativo em cada uma das nossas regressões para agir como substituto para todas estas variáveis relacionadas com o tempo. Na prática, portanto, quando analisamos o impacto de diferentes variáveis, nós apenas observamos a parte de cada uma que não estivesse correlacionada com o tempo.

Devido ao grande componente fixo no custo de capital, além de (em menor grau) no custo da mão de obra, a produtividade total dos fatores de cada fábrica também é bem sensível à mudanças no seu volume de produção e ao momento de se fazer grandes investimentos de capital. Na tentativa de separarmos movimentos na TFP que ocorrem em função de mudanças no volume da produção daqueles que ocorrem em função de mudanças de eficiência – o foco do nosso estudo – incluímos uma estimativa da utilização da capacidade como um dos termos em todas as análises de regressão dos dados brutos.

Infelizmente, nenhuma das nossas empresas conseguiu nos fornecer medidas confiáveis da sua utilização de capacidade. Na ausência de medidas internas fomos obrigados a desenvolvermos nossa própria medida. Utilizamos os valores da produção efetivamente alcançados durante picos sucessivos de produção mensal como estimativas da capacidade de uma fábrica durante esses meses e depois estimamos a capacidade da fábrica durante outros meses, interpolando de maneira linear entre os picos de produção efetiva. Nós não levamos em consideração o momento de expansões efetivas das instalações com o pressuposto de que a capacidade agregada muito adiante da sua utilização efetiva não era realmente um recurso inutilizado (ou pouco utilizado), mas simplesmente refletia um desejo de manter determinada margem de desejo de capacidade ou as economias associadas com o acréscimo de grandes quantidades de capacidade de uma só vez.

Uma vez que estas TFPs ajustadas foram calculadas e colocadas num gráfico, os resultados de cada fábrica foram discutidos com seus gestores numa tentativa de compreender as causas de padrões interessantes nos dados (por exemplo, tendências, reversões de tendências e comportamento cíclico) e grandes anomalias aparentes. Descobriu-se que algumas destas anomalias ocorriam em função de erros nos dados que nos foram fornecidos. Estes dados foram corrigidos. Outras eram explicáveis em termos de eventos identificáveis que ocorreram na fábrica naquele mês (o advento da temporada de caça ao veado, por exemplo, apareceu claramente nos dados que descreviam uma das fábricas). Nós não tentamos relacionar a TFP estimada com variáveis administrativas até que os gerentes de cada fábrica compreendessem como sua produtividade tinha sido calculada e concordassem que o padrão da TFP ao longo do tempo representava de maneira adequada o comportamento da sua fábrica.

## Comentários gerais sobre nossa medida de produtividade

Francamente, nós ficamos até certo ponto surpresos com o interesse no nosso estudo e com a apreciação das suas conclusões que quase todos os grupos gestores de fábricas com os quais trabalhamos expressaram. Muitos destes gestores sentiram que suas declarações mensais comuns de lucros e perdas não forneciam informações atualizadas adequadas sobre a eficiência real da sua fábrica para converter insumos em produção, em qualquer mês tomado ao acaso, por causa das decomposições e suavizações artificiais associadas com sistemas tradicionais de contabilidade de custos. Todo mês eles recebiam um excesso de relatórios de variância, mas nenhuma medida geral de eficiência. Os dados da TFP que nós desenvolvemos geralmente pareciam ser bastante confiáveis para eles e forneciam uma representação mais justa do desempenho da sua fábrica do que os relatórios padrão de lucro e variância. Com efeito, alguns gestores começaram a nos ligar no final de cada mês para pegar as informações mais recentes sobre a TFP da sua fábrica.

Nós chegamos à conclusão de que as estruturas organizacionais tradicionais e os sistemas de controle encontrados em empresas manufatureiras tendem a estimular uma "mentalidade de estado constante", no sentido de que se espera que as fábricas fiquem dentro de intervalos operacionais relativamente estreitos especificados por custos, prazos de entrega e orçamentos anuais padrão. Dentro de um ambiente tão limitado quanto este, existe pouca flexibilidade para experimentação e pouco incentivo para melhoria contínua. Nossa medida de TFP, por outro lado, fornecia uma perspectiva mais dinâmica sobre a missão dos gerentes produtivos, porque lhes dava um sentido de onde tinha vindo sua operação, onde ela estava e para onde ela estava indo.

Uma das empresas, que tinha começado um programa simples de medida de produtividade antes de iniciarmos nosso projeto, decidiu que nossa abordagem era melhor e mudou a dela para ficar mais parecida com a nossa. Outra ficou motivada com nosso estudo e começou a desenvolver um programa de medida de produtividade utilizando o nosso como modelo.

## Definindo variáveis administrativas

Uma vez que as estimativas confiáveis da TFP foram desenvolvidas, nós começamos a tentar compará-las com diversas diretrizes administrativas. Estas diretrizes se encaixavam em quatro grupos (nem todas as variáveis listadas abaixo eram mensuráveis em todas as empresas):

**Diretrizes de equipamentos:**

a. Idade média do equipamento;

b. Intensidade de capital (conforme medido pelo quociente médio entre o capital da fábrica e a mão de obra);

c. Diretrizes de manutenção (a quantia média gasta por mês, como porcentagem do valor declarado do equipamento e a variabilidade destes gastos conforme medidos pelo seu desvio absoluto médio em relação a uma média de cinco meses que se desloca para o centro).

**Diretrizes de Desperdício e de estoque em processo:**

a. Desperdício do processo (ou, alternativamente, rentabilidade);
b. Taxas de refugo intermediário e final;
c. Taxa de retorno dos clientes;
d. WIP como porcentagem do total de materiais consumidos (ou de custo total de produção).

**Diretrizes da mão de obra:**

a. Idade e escolaridade médias dos trabalhadores;
b. Horas extras (horas por semana);
c. Taxa de absenteísmo;
d. Taxa de rotatividade;
e. Treinamento (média de horas por semana por empregado gastas em atividades de treinamento).

**Diretrizes que geram confusão na fábrica:**

a. Flutuações no volume da produção mensal conforme medidas pelo desvio absoluto médio em torno de uma média móvel de cinco meses;
b. Quantidade de produtos produzidos (ou quantidade por máquina principal num determinado mês);
c. Quantidade de ordens de produção programadas por mês;
d. Quantidade de mudanças na programação de produção ou de despachos como porcentagem de (c);
e. Quantidade e tipo de ordens de mudança de engenharia (ECOs) influenciados a cada mês;
f. Novas contratações e dispensas como porcentagem da mão de obra inicial a cada mês;
g. Introdução de novos equipamentos.

## 6.3 METODOLOGIA ESTATÍSTICA

Nossa tentativa inicial de identificar relacionamentos entre estas variáveis administrativas e a produtividade de uma fábrica se baseou em grande parte em uma análise longitudinal: observando o impacto de decisões administrativas sobre a TFP dentro da mesma fábrica ao longo do tempo. Utilizou-se uma regressão dos mínimos quadrados (codificados como AQD no pacote de análise estatística da Harvard Business School) juntamente com um modelo multiplicativo. Ou seja, a TFP dos i's da fábrica no período n seguiram o seguinte modelo:

# CAPÍTULO 6 Explicando diferenciais de produtividade observados entre fábricas

$$\text{TFP }(i,n) = \exp\{\beta_0 + \beta_1 X_{1,i,n} + \cdots + \beta_K X_{k,i,n} + \in_{i,n}\}, \text{ ou}$$
$$\text{LOG }[\text{TFP }(i,n)] = \beta_0 + \beta_1 X_{1,i,n} + \cdots + \beta_k X_{k,i,n} + \in_{i,n},$$ com o termo de erro $\in_{i,n}$ governado pelos pressupostos comuns.

Enquanto explorávamos os dados, buscando relacionamentos significativos entre o comportamento administrativo e a TFP (ou mudanças nela), muitas vezes nos surpreendemos com a complexidade e a dificuldade de captar adequadamente os fenômenos administrativos que estávamos tentando medir. Por exemplo, muitas ações administrativas (entre elas, investir em equipamentos novos ou consertar equipamentos mais velhos, treinar trabalhadores e colocar em prática uma ordem de mudança de engenharia) têm características semelhantes aos investimentos, ou seja, pode-se esperar que elas causem ineficiências no período em que elas forem instituídas, mas que depois elas levem a níveis mais elevados de eficiência em períodos posteriores. Para testar os efeitos de longo prazo dessas ações, incluímos variáveis defasadas na nossa equação nestes casos. Os coeficientes de regressão estimados para estas variáveis defasadas fornecem alguma ideia em relação às consequências de maior prazo de determinadas ações.

Existem outras atividades administrativas das quais, talvez, não se espere que tenham qualquer impacto verdadeiro sobre a produtividade a não ser que elas sejam mantidas num determinado nível durante vários meses. Aumentar a quantia gasta com a manutenção dos equipamentos, por exemplo, pode ter um impacto pequeno se isso for feito apenas durante um mês. Para avaliarmos de maneira adequada o impacto de um aumento no nível de determinadas atividades, portanto, nós regredimos a produtividade em comparação com as médias móveis de cinco meses destas atividades.

Pode-se esperar que ainda outras atividades não tenham muito efeito a não ser que elas sejam caracterizadas por alguma consistência. Pode-se esperar, por exemplo, que uma grande mudança na taxa de produção, numa agenda de produção mensal que, fora isso, era suave, tenha um tipo de impacto sobre a produtividade naquele mês (ou nos posteriores). Por outro lado, pode-se esperar que um padrão de taxas de produção muito flutuantes tenham um impacto diferente sobre a produtividade. Portanto, no caso de determinadas variáveis nós regredimos a produtividade em comparação com o desvio absoluto médio daquela variável (utilizando a média móvel centralizada de cinco meses como valor médio estimado para a variável).

## Alguns resultados e suas implicações

Nós já obtivemos diversos resultados interessantes até aqui e a análise dos dados que coletamos continua. Algumas dessas descobertas que provavelmente serão de maior interesse para os pesquisadores operacionais envolvem o relacionamento entre a TFP e o desperdício (qualidade), inventário de trabalho em andamento e medidas de confusão na fábrica.

Desperdício: Em todas as empresas observamos evidência de que reduções em taxas de desperdício ou refugo estavam relacionadas com aumentos na produtividade total do fator. Apesar dos coeficientes de regressão não serem uniformemente negativos ou significativos, o padrão geral é bastante convincente, sugerindo que mudanças no quociente de desperdício possam ter um impacto dramático sobre a TFP. Numa fábrica representativa pertencente à empresa PROCESSO, por exemplo, a redução do desperdício em 10% em relação ao seu valor médio (de 9,34 para 8,41% do consumo total de materiais, ou menos de 1%) nesse produto deveria ser acompanhada de uma melhoria de 3% na produtividade total do fator.

A força deste relacionamento é mais surpreendente quando se leva em consideração que nas fábricas da empresa PROCESSO a proporção de desperdício costuma aumentar com a velocidade do processo. Portanto, uma decisão de aumentar a taxa de produção total (que se pode esperar que faça com que a TFP aumente por causa dos grandes componentes fixos nos custos da mão de obra e do capital) tenderia a estar associada com quocientes maiores de desperdício. Isto obscureceria o relacionamento entre as duas variáveis. Além disso, a maioria das fábricas é configurada para acomodar determinada taxa de defeitos e é controlada de tal forma que a incidência de defeitos fique dentro de um intervalo relativamente estreito em torno deste nível aceitável. Portanto, é possível lidar com pequenas variações na taxa de defeito (ou desperdício) dentro deste intervalo, utilizando procedimentos operacionais normais, sendo que não se deve esperar que elas causem muita mudança na eficiência geral da produção.

Nossa descoberta parece ser consistente com a experiência amplamente relatada das principais firmas japonesas, onde reduções contínuas na taxa de refugo foram acompanhadas de melhorias contínuas na produtividade. No entanto, até o ponto em que se lida absolutamente com a gestão da qualidade em cursos de OR, ela costuma ser tratada no contexto de um modelo de otimização – onde se pressupõe uma troca básica entre o custo associado com a produção de determinado nível de refugos e o custo de se mudar esse nível. A minimização da função de representar a soma destes dois componentes do custo leva ao conceito de um nível "ótimo" de refugo. Nossas descobertas sugerem ou que a empresa PROCESSO esteja acima desse nível em todas as suas fábricas ou que a troca pressuposta não exista. Esta última hipótese é sustentada por observações de muitas empresas japonesas de elite, onde a redução dos níveis de refugo de 1.000 para 100 partes por milhão (0,1 – 0,01%), muito abaixo do nível considerado ideal pela maioria das empresas americanas, ainda parece ter causado uma redução no custo total por unidade. Ela também é sustentada pelos argumentos "Qualidade é Gratuita" de Philip Crosby, Joseph Juran e W. Edwards Deming.

Portanto, este assunto parece oferecer um terreno fértil para a pesquisa operacional. Até onde sabemos, a única pessoa que abriu caminho analítico nesse terreno foi o Professor Charles Fine (1983).

# CAPÍTULO 6 Explicando diferenciais de produtividade observados entre fábricas 107

**Estoque em processamento** Tanto a empresa FAB/ ASSBY quanto a PROCESSO exibiram uma forte, significante e negativa relação estatística entre o estoque em processamento (medido de diversas formas) e a TFP. O acréscimo desta variável ao nosso modelo básico de regressão para as fábricas da FAB/ASSBY, por exemplo, reduziu a variação inexplicada (1-R2) de 55% para 45%. O mesmo relacionamento negativo sólido foi observado no único departamento nas fábricas da empresa PROCESSO que mantinha registros do inventário de trabalho em andamento.

Foi feita uma média do estoque em processo como uma porcentagem da produção total ao longo de cinco meses, centralizada no mês atual. Os relacionamentos observados nas duas empresas foram quase iguais, independentemente de como nós definimos esta variável e tiveram um impacto maior sobre a TFP do que teria resultado simplesmente de uma mudança na quantia de capital investido no WIP. Isto sugere que o que estamos assimilando não é um relacionamento artificial refletindo como escolhemos definir a variável WIP.

A maior parte das pesquisas operacionais sobre a teoria do inventário (inclusive alguns dos nossos primeiros artigos, por exemplo, Hayes [1969 e 1971]) tem se concentrado em modelos de reposição de inventário (lidando com matérias-primas ou com bens acabados). Os artigos de pesquisa de Wagner [1974; 1980] e a crítica de Hax-Candea [1984] são casos apropriados. Relativamente pouca pesquisa tem se preocupado com inventários de processamento ou de fluxo, apesar de as explorações do impacto de prioridade diferente ou de regras de programação sobre o desempenho de uma *job shop* (e, até certo ponto, a teoria das filas) efetivamente tratarem o estoque em processo como sendo uma das medidas úteis de desempenho do sistema. Esta também é uma das variáveis de interesse ao se analisar técnicas de planejamento de produção como o MRP.

A experiência de várias empresas japonesas (veja Schonberger [1982]), assim como uma quantidade cada vez maior de firmas manufatureiras americanas, no entanto, sugerem que ações realizadas para reduzir o estoque em processo como uma meta em si, parecem ter um efeito positivo sobre diversas medidas de desempenho – inclusive prazos mais rápidos e confiáveis de entrega, uma redução nas taxas de refugo e custos indiretos menores, além do fator de produtividade. Nossa análise das 12 fábricas pertencentes a estas três empresas diferentes leva a uma conclusão semelhante. Parece haver uma demanda por mais pesquisa sistemática nesta área.

**Complexidade e confusão** Nós utilizamos os termos complexidade e confusão para descrevermos dois fenômenos relativamente distintos. A tarefa de uma fábrica costuma se tornar mais complexa na medida em que ela aumenta, que mais tecnologias de processamento diferentes são acrescentadas a ela e que a quantidade e a variedade de ordens de produção que ela deve acomodar aumentam. É o oposto do que Skinner [1974] e outros chamam de foco.

Nós não conseguimos investigar de maneira adequada o impacto da complexidade sobre o desempenho de uma fábrica porque, paradoxalmente, as fábricas pertencentes à empresa PROCESSO eram semelhantes demais em termos da complexidade (tamanhos, produtos, processos de produção e variedade de ordens semelhantes) enquanto as que pertenciam às empresas FAB-ASSBY e HI-TECH eram diferentes demais. No primeiro caso, o intervalo de variação era estreito demais, enquanto no segundo não havia nenhuma base de referência. Considerando-se esta condição, podemos relatar alguma evidência de que o aumento do número de produtos (e mudanças de grau) produzido em cada máquina durante um mês pareceu reduzir a TFP nas fábricas da empresa PROCESSO.

Confusão, por outro lado, refere-se a ações administrativas que atrapalham a estabilidade da operação da fábrica. Ela pode ser causada, por exemplo, pela variação da taxa de produção ou pela mudança da programação de produção uma vez que ela tenha sido estabelecida, expedindo ordens específicas, mudando as equipes (ou os trabalhadores numa equipe específica) designadas para determinada máquina ou parte do processo, acrescentando novos produtos ou mudando as especificações de um produto existente através de uma ordem de alteração de engenharia, ou mudando o próprio processo acrescentando ou alterando o equipamento utilizado. Nós obtivemos uma sólida evidência de que muitas destas ações têm um impacto negativo sobre a TFP e, especificamente, sobre a produtividade da mão de obra. Aqui nós nos concentraremos em duas delas: variações nas taxas de produção e introdução de ordens de alteração de engenharia.

Por exemplo, descobriu-se que a TFP era afetada negativamente por aumentos na variabilidade média da variação da produção (medida pela média de cinco meses do valor absoluto da mudança percentual na produção mensal) em três das quatro fábricas da empresa FAB/ASSBY. O efeito negativo da variação da produção tornou-se ainda mais pronunciado e a relevância estatística destes sinais aumentou quando nós regredimos a TFP em comparação com o desvio de produção médio sem corrigirmos para o volume cumulativo ou para o tempo. Isoladamente, aliás, esta variável explicou aproximadamente de 15 a 30% da variação total na TFP nas fábricas da empresa FAB/ASSBY. É impossível atribuir um relacionamento causal com base nessa análise, mas isso sugere que uma das principais fontes de eficiência melhorada que ocorre numa fábrica ao longo do tempo pode ser aprender como controlar as causas dessa variação (ou se tornar mais capaz de fazer isso).

Outro tipo de confusão pareceu ser especialmente prejudicial na empresa PROCESSO. Todas as suas fábricas trocam indivíduos entre processos de produção de tal forma a acomodarem preferências pessoais e desequilíbrios de trabalho. Essa troca costuma ocorrer em pequena escala e costuma parecer ser bem administrada. No entanto, dentro de um departamento, numa fábrica, as pessoas são movidas frequentemente – e de maneira relativamente aleatória – de máquina para máquina e de líder de equipe para líder de equipe. Portanto, os trabalhadores individuais foram impedidos de desenvolverem relacionamentos estáveis de trabalho com uma equipe fixa e de aprenderem os comportamentos peculiares de cada máquina. Este departamento obteve uma taxa de crescimento da TFP notadamente menor do que departamentos correspondentes em outras fábricas da empresa PROCESSO e, por isso, continuamos a explorar este relacionamento.

Ordens de alteração de engenharia (ECOs) costumam especificar uma mudança ou nos materiais a serem utilizados para se produzir um produto, ou no processo produtivo utilizado ou nas especificações do próprio produto. Poderia ser esperado que essas mudanças reduzissem a TFP no curto prazo, mas que levassem a um aumento da TFP no longo prazo. Encontramos clara evidência do efeito esperado de curto prazo nas fábricas da empresa FAB/ASSBY, mas ficamos surpresos de ver que os efeitos debilitadores das ECOs persistiram por até um ano. Como as ECOs devem ser um dos principais meios para aumentar a produtividade no longo prazo, esta descoberta nos surpreendeu.

Buscando compreender o que estava causando este efeito negativo e como ele pode ser influenciado pela gerência, nós investigamos diversas hipóteses possíveis.

Nossos dados sugerem que uma empresa pode ser aconselhada não apenas a reduzir a quantidade média de ECOs às quais suas fábricas devem responder em determinado período de tempo (ao estimular seu pessoal da engenharia e do marketing a concentrar sua atenção apenas nas mudanças mais importantes ou projetá-las corretamente da primeira vez), mas também que estas ECOs devem ser lançadas de maneira controlada e constante em vez de maneira desordenada em grupos.

## 6.4 IMPLICAÇÕES PARA A PESQUISA OPERACIONAL

Quais são as implicações destas descobertas para uma pesquisa futura na gestão operacional (e especificamente de fábrica)? Gostaríamos de nos concentrar em três delas.

A primeira conclusão e provavelmente predominante resulta da observação da ampla variação nos coeficientes de regressão relacionando diversas atividades gerenciais à TFP em diferentes fábricas – até mesmo entre aquelas pertencentes à mesma empresa. Esta variação não deveria surpreender os pesquisadores operacionais, mas estranhamente é surpreendente para muitos economistas (que parecem acreditar que o comportamento de uma fábrica seja quase completamente determinado por sua escolha de tecnologia, seu tamanho e seu código industrial). Nossos dados sugerem, por outro lado, que exista uma ampla latitude no desempenho de uma fábrica até mesmo depois de controlar para estas variáveis estruturais. Em resumo, tanto seu ambiente operacional específico quanto sua gestão têm uma influência significativa sobre os resultados. Isto implica que os pesquisadores operacionais tenham o potencial de fazer uma grande diferença na produtividade da fábrica.

Em segundo lugar, boa parte da variação nas TFPs das diferentes fábricas que estudamos parece ser uma função da quantidade de confusão (ou, mais precisamente, a extensão das atividades que geram confusão) observada nelas. Apesar de termos tratado qualidade (desperdício), inventário de trabalho em andamento e confusão separadamente neste trabalho, eles compartilham determinadas raízes comuns. O trabalho em andamento costuma ser pelo menos parcialmente uma função da quantidade de variação imprevisível na taxa de refugo (necessitando de materiais de reserva no caso da quantidade esperada de produção de bens não ser produzida). De maneira semelhante, o inventário de trabalho em andamento é tanto o resultado de variações na fábrica quanto sua própria causa. Conforme foi observado anteriormente, não apenas a gerência faz diferença, mas também uma das tarefas mais importantes da gerência (pelo que estes dados parecem mostrar) é impedir a confusão e aliviar os efeitos potencialmente prejudiciais de atividades que a causem.

Isto tem implicações importantes para pesquisas operacionais, porque sugere que o ato de lidar com uma mudança inesperada seja um dos aspectos mais essenciais da gerência. Mas a maior parte do OR tradicional se concentra nas propriedades e na administração de processos estáveis. Sem nenhum pressuposto sobre a regularidade de um processo no longo prazo é difícil de formular diretrizes simples e testar seu impacto sobre medidas de desempenho, quanto menos identificar uma diretriz ideal. Este desejo por simplicidade e delicadeza está isolando os pesquisadores operacionais do que este estudo sugere que sejam algumas das questões mais importantes com as quais um gerente operacional deve lidar.

Esta mesma preocupação compreensível, porém imperfeita, com problemas delicados faz com que pesquisadores operacionais fiquem dispostos a aceitarem a estrutura de determinada situação, assim como os valores da maioria dos seus parâmetros, como dados. Então sua tarefa é reduzida a otimizar (ou simular) dentro desta estrutura. Mas os valores dos parâmetros não são dados: no final das contas, eles são o produto da ação administrativa. Por exemplo, os americanos tendem a aceitar um tempo de troca de produção (configuração) como sendo uma limitação inviolável e a utilizá-lo para calcularem o tamanho ideal de um lote de produção. Por sua vez, o tamanho deste lote de produção determina a quantidade média de estoque em processamento. Os japoneses, por outro lado, concluíram que o inventário de trabalho em andamento é ruim porque representa "desperdício" (recursos inutilizados), porque ele aumenta os tempos do ciclo de produção e reduz a velocidade do *feedback* sobre problemas de processamento e porque ele estimula diversas formas de confusão. Portanto, eles reduziram os tempos de troca de produção, sendo que geralmente eles conseguem reduzi-los a um décimo ou até mesmo a um quinquagésimo dos seus níveis originais. Estas atividades acabam levando a lotes de produção menores (apesar de ainda serem ideais!), menos estoque em processamento e menores custos totais.

A mentalidade americana também nos impediu de explorar o impacto de mudar a estrutura básica dos problemas. Se alguém for confrontado com um ambiente de fábrica altamente complexo – vários estágios de produção, vários produtos, vários padrões de fluxo, vários locais de inventários, e assim por diante – pode-se lidar com isso de uma entre duas formas possíveis. Pode-se ou tentar desenvolver um sistema de informações e controle altamente sofisticado (e geralmente informatizado) para administrar toda esta complexidade, ou pode-se reduzir a complexidade. "Concentrar-se" na fábrica, conforme sugere Skinner [1974], é apenas uma forma de se fazer isto.

Nós americanos, com toda a nossa sofisticação matemática e nossa experiência com computadores, parecemos compelidos a adotarmos aquela abordagem. Por sua vez, os japoneses, intensamente pragmáticos, parecem compelidos a esta abordagem. Como resultado disso, nós gastamos mais de uma década e milhões de dólares para desenvolvermos sistemas elegantes de MRP, enquanto os japoneses estavam gastando seu tempo simplificando suas fábricas até o ponto em que o controle de materiais possa ser gerenciado manualmente com um punhado de cartões Kanban.

Em terceiro lugar, os pesquisadores operacionais devem prestar mais atenção ao fenômeno do aprendizado. Recentemente, tem havido um interesse cada vez maior em analisar as propriedades e as implicações da chamada curva do aprendizado. Infelizmente, nós tendemos a aceitar a curva e seus parâmetros como dados e utilizá-los como base para calcularmos algum tipo de decisão ou diretriz ideal. O estudo descrito neste trabalho sugere que fábricas diferentes "aprendem" de maneira muito diferente: suas curvas de aprendizado nem seguem padrões suaves ao longo do tempo nem parecem ser governadas por parâmetros semelhantes. Novamente, a gerência parece fazer uma diferença imensa. Isto implica que deveríamos gastar mais tempo compreendendo o processo de aprendizado e suas causas – e depois trabalhar em cima dessas causas – em vez de aceitarmos a estrutura teórica e seus parâmetros (estimados) como sendo invioláveis. O trabalho de gerentes operacionais não é alcançar uma eficiência de estado constante, mas buscarem uma otimalidade dinâmica de longo prazo num ambiente competitivo em evolução. Tanto eles devem administrar dentro de limitações e parâmetros existentes quanto devem trabalhar para mudarem estas limitações e estes parâmetros numa direção desejada.

Se continuarmos obcecados com modelos de estado constante e com funções objetivas, dominados por definições estáticas de eficiência, deveremos necessariamente voltar a maior parte da nossa atenção para os setores mais maduros e menos dinâmicos na nossa economia. A ORSA (Operations Research on Smokestack America) passará a significar "Pesquisa Operacional na Locomotiva da América". Os setores mais jovens, mais vibrantes e mais empolgantes mudam continuamente, num modo de aprendizado perpétuo. Se não formos igualmente vibrantes e não estivermos dispostos a mudar, nós teremos pouca coisa a lhes oferecer.

## 6.5 REFERÊNCIAS

1. Clark, Kim B.; Hayes, Robert H.; e Lorenz, Christopher, eds. 1985, The Uneasy Alliance: Managing the Productivity-Technology Dilemma, Harvard Business School Press, Boston.
2. Denison, Edward F. 1979, Accounting for Slower Economic Growth: The United States in the 1970s, Brookings Institution, Washington, D.C
3. Dogramaci, Ali e Adam, Nabil R., eds. 1981, Aggregate and Industry-Level Productivity Analysis, (Volume 2 de Estudos sobre a Análise de Produtividade) Martinus Nijhoff, Hingham, Massachusetts.
4. Fine, Charles H. 1983, "A quality control model with learning effects," MIT Sloan School of Management Working Paper WP 1495-83.
5. Hax, Arnoldo C. e Candea, Dan 1. 1984, Production and Inventory Management, Capítulo 4, Prentice-Hall, Englewood Cliffs, New Jersey.
6. Hayes, Robert H. 1969, "Statistical estimation problems in inventory control," Management Science, Vol. 15, No. 11 (julho), p. 686-701.
7. Hayes, Robert H. 1971, "Efficiency of simple order statistic estimates when losses are piecewise linear," Journal of the American Statistical Association, Vol. 66, No. 333 (março), p. 127-135.
8. Hayes, Robert H. e Wheelwright, Steven C. 1979, "Link manufacturing process and product life cycles," Harvard Business Review, Vol. 57, No. 1 (janeiro-fevereiro), p. 133-140.
9. Kendrick, John W. e Vaccara, Beatrice N., eds. 1975, New Developments in Productivity Measurement and Analysis, University of Chicago Press, Chicago, Illinois.
10. Nelson, Richard R. 1981, "Research on productivity growth and productivity differences: Dead ends and new departures," journal of Economic Literature, Vol. 29, No. 3 (setembro), p. 1029-1064.
11. Skinner, Wickham 1974, "The focused factory," Harvard Business Review, Vol. 52, No. 3 (maio-junho), p. 113-121.
12. Solow, Robert M. 1956, "A contribution to the theory of economic growth," Quarterly journal of Economics, Vol. 70, No. 1 (fevereiro), p. 64-94.
13. Wagner, Harvey M. 1974, "The design of production and inventory systems for multi--facility and multi-warehouse companies," Operations Research, Vol. 22, No. 2 (março--abril), p. 278-291.
14. Wagner, Harvey M. 1980, "Research portfolio for inventory management and production planning systems," Operations Research, Vol. 28, No. 3 (maio-junho), p. 445-475.

# 7

# Fechando as lacunas competitivas: relatório do projeto internacional sobre o futuro da manufatura*

| Jeffrey G. Miller | Akio Amano | Arnoud de Meyer | Kasra Ferdows | Jinichiro Nakane | Aleda Roth |
|---|---|---|---|---|---|
| Boston University | Waseda University | INSEAD | INSEAD | Waseda University | Boston University |

Empresas do setor industrial de todo o mundo imprimiram algumas importantes modificações em suas estratégias de manufatura durante a última década. Empresas dos Estados Unidos e da Europa lutaram muito para aperfeiçoar suas capacitações na área de manufatura, com o objetivo de manter ou recuperar uma posição de viabilidade econômica nos mercados em que operam. A estratégia básica dessas empresas implicou em uma mudança radical no sentido de um "retorno ao básico", dando ênfase especial à melhoria da qualidade e à reestruturação organizacional. Já os japoneses, há tanto tempo renomados por seu êxito em melhoria da qualidade, passaram recentemente a enfatizar a flexibilidade e o preço.

O presente relatório do Projeto Internacional sobre o Futuro da Manufatura busca aprofundar o entendimento das implicações de tais estratégias. Utilizando dados da pesquisa sobre o futuro da manufatura datada de 1987, foi realizada junto a mais de 500 unidades empresariais dos EUA, da Europa e do Japão, identificamos as lacunas existentes entre os atuais níveis de desempenho da manufatura e os níveis que se fazem necessários para participação no processo competitivo futuro. Depois, identificamos e debatemos as forças geradoras da necessidade de fechar essas lacunas em todas as partes do mundo. Concluímos fazendo uma análise dos principais programas idealizados por essas empresas visando prepará-las para competirem no futuro, e os ambientes organizacionais nos quais esses programas deverão ser implementados.

A Pesquisa sobre o Futuro da Manufatura foi conduzida em âmbito internacional no decorrer dos últimos cinco anos. Ela consiste de um questionário com mais de 300 perguntas referentes à estratégia manufatureira adotada pela unidade empresarial, aos objetivos, à estrutura, ao desempenho e aos planos desta mesma unidade. A pesquisa foi realizada junto a executivos sênior das áreas de manufatura e engenharia de uma ampla gama de setores industriais. Nestes setores, estavam representadas grandes empresas manufatureiras de cada um dos países nos quais a pesquisa foi aplicada. Dentre os entrevistados

---

* Artigo originalmente publicado sob o título *Closing the Competitive Gaps: The International Report of the Manufacturing Futures Project*, no livro Managing International Manufacturing, p.153-168, 1989.

pela pesquisa de 1987, havia 207 americanos, 222 europeus e 138 japoneses. Maiores detalhes relativos à concepção e ao gerenciamento do Projeto sobre o Futuro da Manufatura podem ser encontrados no Apêndice deste relatório.

## 7.1 CAPACITAÇÕES E LACUNAS

A estratégia de manufatura começa por priorizar a importância das capacitações que a unidade manufatureira precisa desenvolver a fim de permitir à empresa uma competição efetiva. [2] Na Pesquisa sobre o Futuro da Manufatura de 1987, foi realizada uma coleta de dados relacionados à importância percebida para cada uma dentre uma série de capacitações-padrões de manufatura, assim como de *marketing* e de serviços. Além disso, solicitou-se aos entrevistados que indicassem o tamanho da lacuna existente entre as capacitações vigentes em sua unidade empresarial e o nível de habilidades que se fazia necessário para competir dentro de um prazo de cinco anos (1992).

A Figura 7.1 mostra o nível relativo de importância atribuído à cada uma das seis capacitações genéricas de manufatura pela média dos entrevistados nos EUA, na Europa e no Japão. Costuma haver consenso quanto ao fato das capacitações de manufatura identificadas serem aquelas que servem para imprimir direção à estratégia manufatureira. Dentre as mesmas, incluem-se:

- *Preço*: A capacidade de competir em termos de preço.
- *Flexibilidade*: A capacidade de fazer rápidas alterações no projeto e/ou de introduzir novos produtos rapidamente.
- *Qualidade*: A capacidade de oferecer uma qualidade consistente.
- *Desempenho*: A capacidade de fornecer produtos de alto desempenho.
- *Velocidade*: A capacidade de entregar os produtos com rapidez.

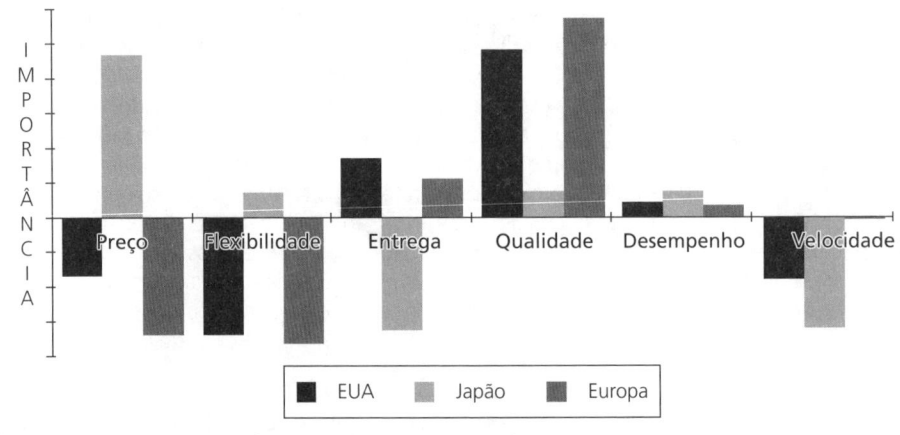

**FIGURA 7.1** Importância das capacitações por região.
Fonte: Miller et al (1989).

- *Entrega*: A capacidade de realizar a entrega dentro do prazo (prometido).

Os dados da pesquisa de 1987 confirmam as descobertas feitas nos anos anteriores. Eles demonstram que as prioridades dos japoneses continuam a ser diferentes das prioridades dos norte-americanos e dos europeus. Dentre as seis capacitações ilustradas na Figura 7.1, os norte-americanos e os europeus dão maior ênfase à qualidade, enquanto que os japoneses enfatizam o preço. A dimensão seguinte em grau de importância para os norte-americanos e os europeus é a entrega. Mas, para os japoneses, a flexibilidade é o fator-chave. Podem-se também observar outras diferenças na Figura 7.1. Só existe um consenso geral sobre a importância da dimensão desempenho do produto.

Para facilitar a comparação entre os dados provenientes das diferentes regiões, todos os dados exibidos em forma numérica passaram por uma padronização relativa ao valor médio encontrado para aquela região. Assim, na Figura 7.1, os valores positivos na escala de importância indicam uma importância acima da média, os valores negativos uma importância abaixo da média, e o ponto "0" indica uma importância média.

Está claro que a prioridade conferida pelos japoneses à habilidade de competir com base no preço é apenas aparente. Talvez a atribuição de ênfase a este critério seja agora resultante das fortes pressões colocadas sobre o ien em 1987. É importante observar, no entanto, que a ênfase conferida pelos japoneses à dimensão preço ganhou maior visibilidade desde a realização da primeira Pesquisa Internacional sobre o Futuro da Manufatura no ano de 1983.

Nos últimos anos, as empresas japonesas não fizeram um uso agressivo da arma competitiva preço em muitos mercados, da mesma forma como fizeram com os automóveis. Mas, não restam dúvidas de que a ênfase dada a essa capacitação permitiu a uma série de empresas japonesas ofertar produtos de valor superior e manter sua lucratividade após a ascensão do iene. A ênfase na flexibilidade para introduzir novos produtos no mercado e para efetuar rápidas mudanças também é uma marca distintiva do típico perfil japonês.

As Figuras de número 7.2 a 7.4 mapeiam, para cada uma das regiões, a importância das capacitações de manufatura e o tamanho da lacuna que se pode perceber entre as capacitações vigentes e aquelas que se fazem necessárias para seguir competindo. Elas também demonstram um surpreendente contraste entre os norte-americanos e os europeus, de um lado, e os japoneses, de outro. O mapa dos japoneses mostra a importância e o tamanho da lacuna ao longo de uma linha diagonal com uma angulação para a direita. Em outras palavras, os japoneses entendem que as capacitações manufatureiras de maior importância são aquelas onde se encontram as maiores lacunas. O aparente relacionamento da diagonal no sentido da esquerda nos mapas europeus e norte-americanos sugere uma visão mais confortável; para eles, as dimensões mais importantes são aquelas que eles acreditam ser de mais fácil alcance. Aparentemente, as empresas concorrentes em todas as três regiões pesquisadas concordam que estão se deparando com uma lacuna em sua capacitação para atender aos padrões futuros de flexibilidade, mas só os japoneses consideram o atendimento de tais padrões como uma das suas principais prioridades.

Se levantarmos a hipótese de que as empresas de cada uma das três regiões do mundo incluídas na pesquisa considerem-se, umas às outras, como empresas concorrentes entre si, e que elas se valem dos mesmos parâmetros para aferir suas posições, é possível lançar uso dos dados referentes às lacunas para deduzir qual empresa acredita estar na liderança em relação a cada uma das capacitações que foram identificadas. (Consulte a Tabela 7.1). Os norte-americanos, por exemplo, creem que seu posicionamento quanto ao preço é melhor agora que o dos europeus e dos japoneses, percepção esta que é coerente com as recentes mudanças realizadas nas taxas de câmbio. Os japoneses acreditam estar à frente no que diz respeito à flexibilidade, velocidade e confiabilidade na entrega. Outras evidências apoiam esta argumentação; os europeus creem que eles mantêm a dianteira tanto no desempenho quanto na qualidade.

Talvez nos dados acima seja possível discutir a interpretação de que os europeus e os norte-americanos encontram-se à frente dos japoneses em termos de qualidade. Embora os norte-americanos e os europeus tenham conseguido obter consideráveis ganhos nesta área no período dos últimos cinco anos, e tenham sempre mantido a liderança em alguns setores industriais, é difícil preterir o poder dos japoneses. É possível que os japoneses estejam utilizando a si mesmos como referencial de comparação no que diz respeito a esta dimensão essencial.

## 7.2 DIRECIONADORES DA MUDANÇA

Com base nos dados da Tabela 7.1 e das Figuras de 7.2 a 7.4, pode-se deduzir que a estratégia europeia costuma ser a de explorar a liderança visível

TABELA 7.1 Posições atribuídas pela capacitação*

|  | EUA | Japão | Europa |
|---|---|---|---|
| Preço | 1 | 3 | 3 |
| Flexibilidade | 2 | 1 | 3 |
| Qualidade | 2 | 3 | 1 |
| Desempenho | 2 | 3 | 1 |
| Velocidade | 3 | 1 | 3 |
| Entrega | 3 | 1 | 3 |

\* Partindo do pressuposto de que a menor lacuna indica a posição de número 1.
Fonte: Miller et al (1989).

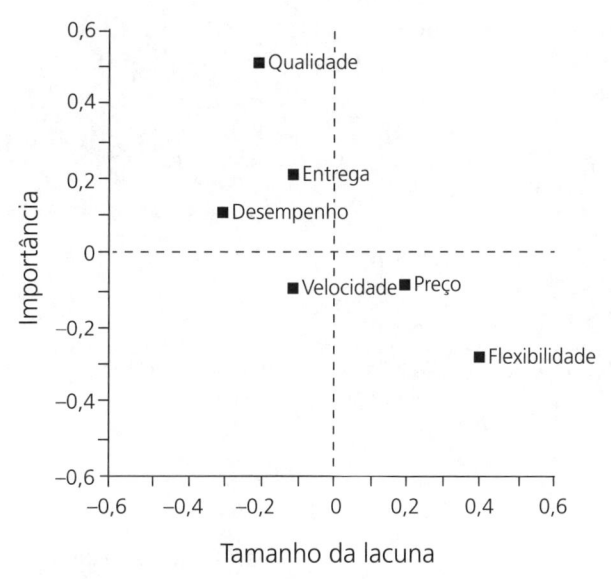

**FIGURA 7.2** Prioridades × Lacunas EUA.
Fonte: Miller et al (1989).

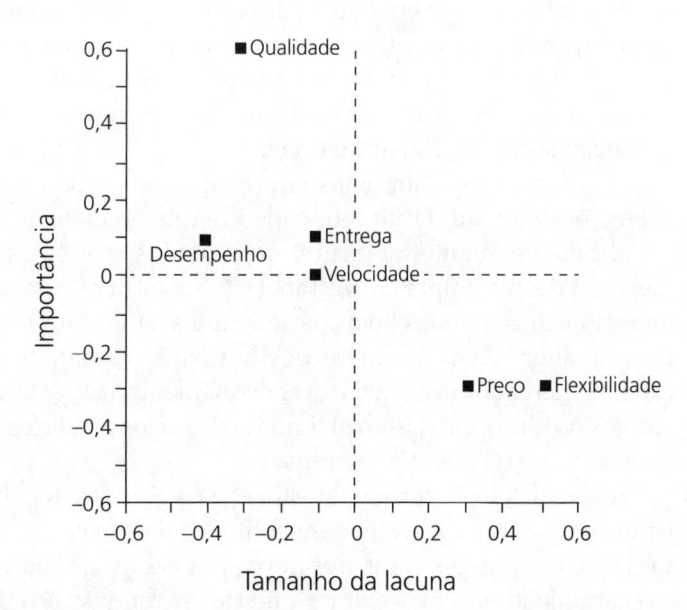

**FIGURA 7.3** Prioridades × Lacunas Europa.
Fonte: Miller et al (1989).

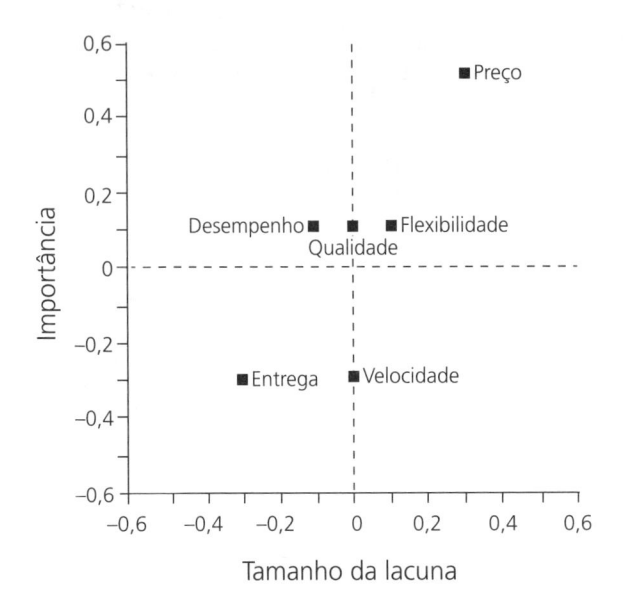

**FIGURA 7.4** Prioridades × Lacunas Japão.
Fonte: Miller et al (1989).

na entrega de produtos de qualidade, enquanto se evita encabeçar a lista da competição de preços. De maneira análoga, a estratégia japonesa busca adquirir vantagem por meio da oferta de uma ampla gama de novos produtos, ao mesmo tempo em que repara a desvantagem em termos de preço. A estratégia norte-americana, cujo enfoque repousa na qualidade, na entrega e no desempenho, aparenta ser análoga à dos europeus, embora os norte-americanos aparentemente estejam subestimando a vantajosa posição que alcançaram na dimensão preço.

Mais *insights* quanto aos fatores que acionam a priorização das capacitações de manufatura em cada uma das regiões pesquisadas podem ser obtidos mediante o escrutínio dos dados referentes às estratégias de mercado dessas empresas. A Tabela 7.2 mostra as pontuações de relativa importância atribuídas pelos participantes da pesquisa a cada uma das diferentes abordagens dos mercados: aumento ou manutenção da participação nos mercados existentes, desenvolvimento de novos mercados para os antigos produtos ou desenvolvimento de novos produtos seja tanto para os antigos como os novos mercados.

Os dados exibidos na Tabela 7.2 e na Figura 7.5 deixam claro que os japoneses realmente pretendem competir dando ênfase aos novos produtos tanto nos antigos como nos novos mercados. Por outro lado, o enfoque das estratégias europeia e norte-americana repousa nos mercados existentes, os europeus mais por meio da introdução de seus novos produtos e os norte-americanos por meio do reforço da sua participação no mercado.

**TABELA 7.2** Importância da posição da estratégia de mercado

|  | EUA | Japão | Europa |
|---|---|---|---|
| Participação/antigos mercados | 1 | 3 | 2 |
| Novos mercados/antigos produtos | 3 | 4 | 3 |
| Novos produtos/antigos mercados | 2 | 1 | 1 |
| Novos produtos/novos mercados | 4 | 2 | 4 |

Fonte: Miller et al (1989).

Dada a importância dos novos produtos na estratégia dos japoneses, compreende-se a ênfase por eles atribuída à flexibilidade. Os europeus, no entanto, não aparentam ter a mesma coerência. A estratégia de mercado adotada para seus produtos exige que se priorize a inflexibilidade mais do que é possível perceber. Se não ocorrer logo uma atualização na priorização da flexibilidade, talvez os europeus enfrentem dificuldades para implementar sua pretendida estratégia. O enfoque norte-americano, de manutenção ou de aumento na participação de mercado dos produtos vigentes, parece refletir uma postura mais defensiva. A partir deste ponto de vista, a ênfase na conformidade faz algum sentido, embora deixe de capitalizar sobre a aparente vantagem de preços.

A Figura 7.5 mostra que os europeus e os norte-americanos também nutrem expectativas de conseguirem ter criado um número expressivo de novos produtos no futuro; o primeiro conjunto de barras indica o atual percentual de vendas pelo qual os novos produtos respondem (produtos com menos de dois anos de idade); o segundo conjunto, o percentual de

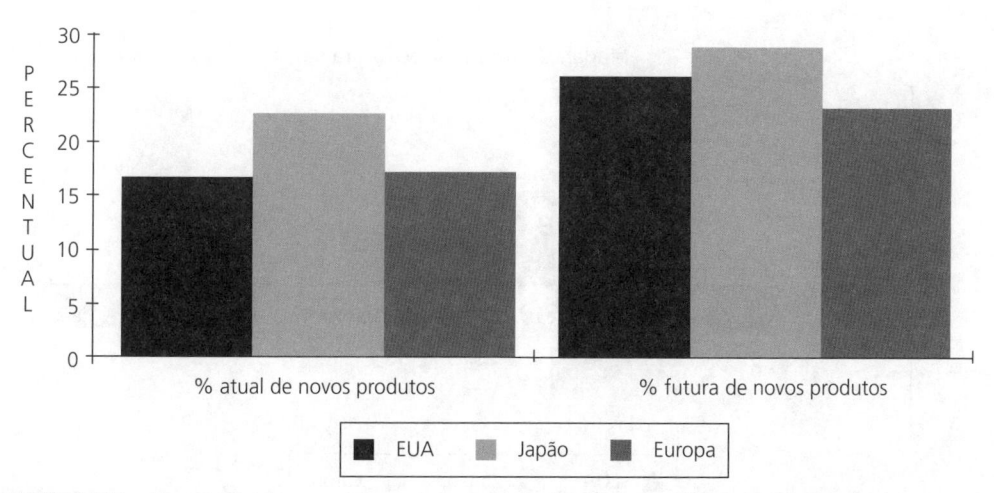

**FIGURA 7.5** Novos produtos como percentual do total de vendas atual e futuro.
Fonte: Miller et al (1989).

vendas de novos produtos conforme estimativa de 1989. Esses dados levantam a questão de como os norte-americanos e os europeus pretendem chegar com esses novos produtos ao mercado, se não enfatizam a rapidez no desenvolvimento e na implantação de novos produtos.

A Figura 7.6 sugere que eles planejam fazer isso mediante a aquisição de novos produtos, em conjunto com outras empresas. Os dados da Figura 7.6 resultam de uma pergunta da pesquisa que busca compreender a importância dos vários métodos de diversificação em cada uma das referidas regiões do mundo, o enfoque na aquisição por parte dos fabricantes europeus e norte-americanos demonstra a importância deste método de diversificação, que segue orientação externa. Em contraposição, os japoneses irão enfatizar a expansão das capacitações existentes mediante a integração vertical. A ênfase especial colocada na integração retroativa mostra a determinação dos japoneses em comandar a base técnica das suas operações.

## 7.3 FECHANDO AS LACUNAS

A Tabela 7.3 relaciona, por ordem de importância, quais programas as empresas de cada região planejam enfatizar nos próximos dois anos. Esses programas de ação, em geral, dão suporte às prioridades que cada uma das regiões estabeleceu para si. No entanto, como apenas no caso dos japoneses, as lacunas competitivas perceptíveis encontram-se em correspondência direta com suas prioridades competitivas (revise as Figuras 7.2, 7.3 e 7.4), seu conjunto de planos de ação volta-se mais diretamente para o

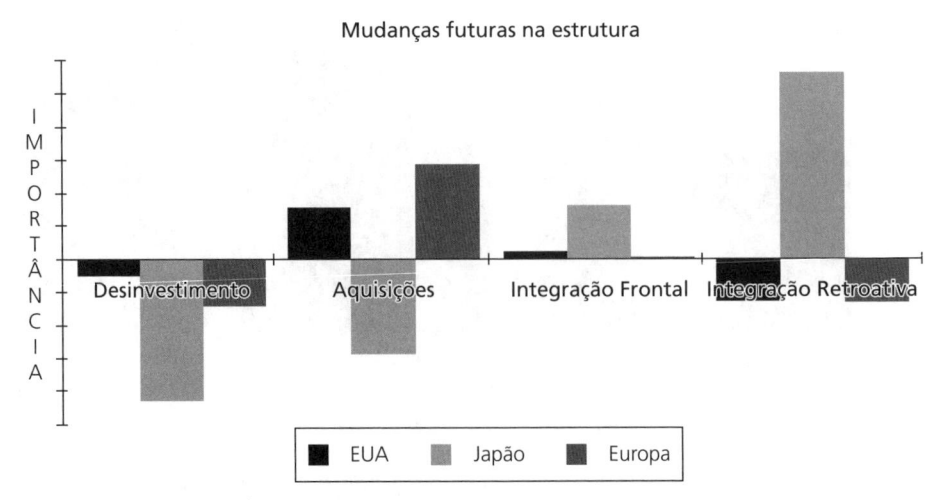

**FIGURA 7.6** Mudanças futuras na estrutura.
Fonte: Miller et al (1989).

fechamento das lacunas, enquanto que o dos norte-americanos e dos europeus menos. É claro que os norte-americanos e os europeus estão centralizando seu enfoque em programas de melhoria da qualidade que lhes permitirão aperfeiçoar sua eficácia nesta importante dimensão. O controle estatístico dos processos, controle de qualidade zero defeito e os programas de qualidade para fornecedores externos classificam-se em uma posição muito alta nessas regiões.

Os japoneses demonstram aparentemente uma maior agressidade na abordagem que visa acabar com a lacuna de flexibilidade em função da sua ênfase em sistemas CAD (Computer-Aided Design), novos processos para criação de novos produtos e uma redução nos tempos de processamento dispendidos com os fornecedores externos e com a manufatura. Embora

**TABELA 7.3** Planos futuros

| EUA | Japão | Europa |
|---|---|---|
| Qualidade dos fornecedores externos | Redução no tempo de processamento com manufatura | Controle de qualidade zero defeito |
| Controle estatístico dos processos | Sistema CAD (*Computer-Aided Design* ou sistema computacional de criação de produto) | Introdução de Novos Produtos |
| Integração dos sistemas | Análise de valor | Qualidade dos fornecedores externos segundo sistemas PPIC (*Production Planning Inventory Control* ou Controle de Estoque de Planejamento de Produção) |
| Reduções no tempo de processamento com manufatura | Novos processos/ Novos produtos | Integração dos sistemas |
| Segurança do trabalhador | Integração dos sistemas | Motivação da equipe |
| Controle de qualidade zero defeito | Novos sistemas PPIC (*Production Planning Inventory Control* ou Controle de Estoque de Planejamento de Produção) introduzidos na manufatura dos produtos | Redução no tempo de processamento da manufatura |
| Definição de uma estratégia de manufatura | Ampliação do emprego | Treinamento dos supervisores |
| Treinamento dos supervisores | Reduções no tempo de processamento com fornecedores externos | JIT (*Just in time*) |
| Novos sistemas PPIC (Production Planning Inventory Control ou Controle de Estoque e Planejamento de Produção) introduzidos na manufatura dos produtos | Sistema CAM (*Computer-Aided Manufacturing* ou sistema de produção computadorizado) | Controle estatístico de qualidade |

Fonte: Miller et al. (1989).

eles não se situem entre os dez mais, uma análise de todo o conjunto de dados sobre planos futuros demonstra que os japoneses também estão muito mais comprometidos com o desenvolvimento de sistemas de manufatura flexíveis durante os próximos dois anos.

A automação não é um item predominante dentre os programas futuros dos fabricantes na pesquisa. Isso, no entanto, não significa que a automação não desempenhe um importante papel nesse processo. A Figura 7.7 demonstra a importância que os fabricantes de cada uma das regiões pesquisadas atribui à automação em vários momentos do sistema de entrega manufatureira. Os norte-americanos centralizam seu enfoque na automação do processo produtivo, e uma inspeção automatizada mostra-se coerente com a focalização na qualidade expressa em suas prioridades. Tampouco surpreende a ênfase dada pelos japoneses aos sistemas CAD. A priorização da automação administrativa por parte dos europeus talvez reflita a sua preocupação com os crescentes custos de ordem geral.

## 7.4 ENFRENTANDO O DESAFIO

À medida que cada uma das regiões pesquisadas enfrenta o desafio de fechar aquelas lacunas competitivas na manufatura que sejam de maior importância para elas, estas mesmas regiões precisam assim proceder obedecendo às

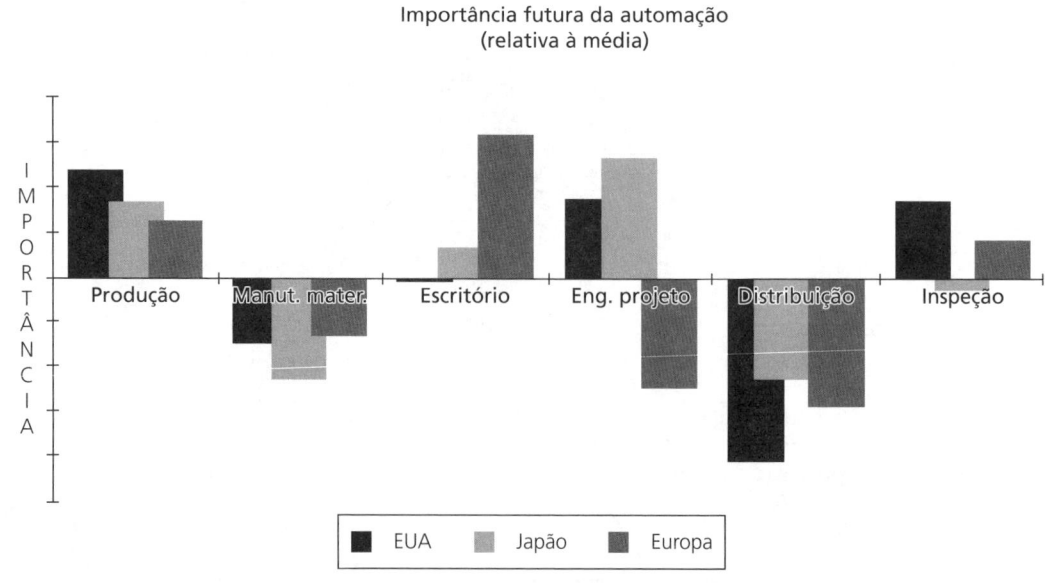

**FIGURA 7.7** Importância futura da automação (relativa à média).
Fonte: Miller et al (1989).

restrições impostas pela organização da qual fazem parte. Caso contrário, elas precisam modificar aquela organização visando capacitá-las para melhor empreender a implementação da sua estratégia competitiva. Os dois aspectos-chaves da organização que foram examinados no presente estudo são o relativo poder das relações entre as funções e as medidas para aferição de desempenho empregadas para mensurar a eficácia manufatureira.

A Figura 7.8 demonstra o nível relativo de influência atribuído pelos entrevistados das três regiões a cada uma das quatro funções-chaves no estabelecimento dos objetivos e das estratégias a longo prazo da unidade empresarial. Ela mostra que uma empresa típica dos Estados Unidos se confronta com o futuro a partir de uma infraestrutura funcional dominada pelo marketing. O marketing e a engenharia efetuam o controle dos eventos de maneira mais equilibrada na Europa. No Japão, a voz dos gestores das áreas de manufatura e finanças parece contar mais. Essas diferenças sugerem que os gestores de marketing norte-americanos e europeus terão de se debruçar sobre as questões de manufatura, a fim de permitir que suas empresas fechem tranquilamente as lacunas com as quais se deparam, ou que as relações de poder terão de sofrer uma mudança. O ambiente funcional parece ser mais favorável à manufatura no Japão.

A Tabela 7.4 relaciona, por ordem de importância, as dez principais medidas para aferição de desempenho empregadas na típica organização manufatureira em cada uma das regiões pesquisadas. Há vários contrastes notáveis nesta Tabela. Os europeus se destacam pela ênfase dada aos resultados (em especial, aos resultados orientados pelos custos), em oposição aos insumos. Eles centralizam seu enfoque, por exemplo, na qualidade de

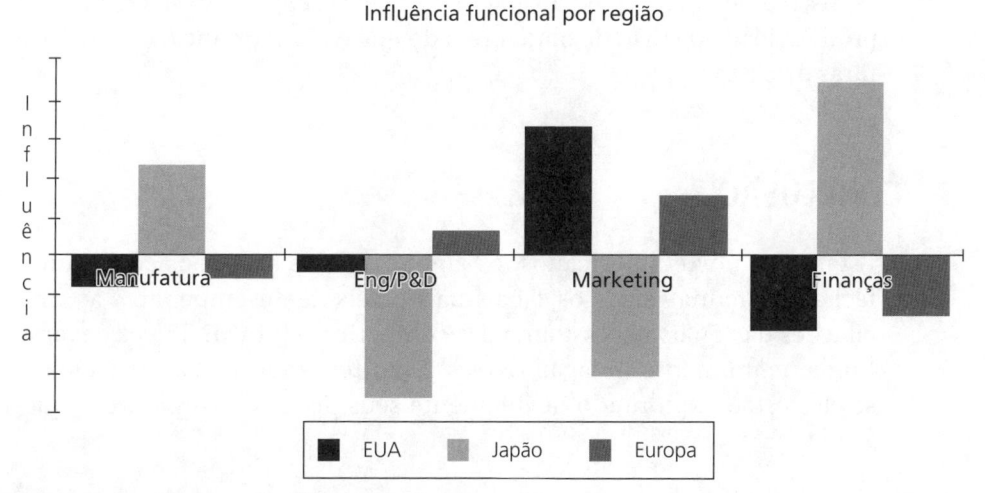

**FIGURA 7.8** Influência funcional por região.
Fonte: Miller et al. (1989).

**TABELA 7.4** Medidas de desempenho da manufatura

| EUA | Japão | Europa |
|---|---|---|
| Qualidade de entrada | Tempo de processamento com manufatura | Qualidade de saída |
| Exatidão do estoque | Produtividade da equipe | Custo unitário de manufatura |
| Produtividade da equipe | Rotatividade do Estoque em Processo | Custo unitário de materiais |
| Tempo de processamento com manufatura | Qualidade de entrada | Custo geral, indireto |
| Tempo de processamento com fornecedores externos | Tempos de processamento com fornecedores externos | Percentual sobre entregas dentro do prazo |
| Rotatividade do trabalho em andamento (WIP – Progress) | Produtividade indireta | Qualidade de entrada |
| Materiais produzidos | Materiais produzidos | Produtividade da equipe |
| Qualidade de saída | Rotatividade dos investimentos | Materiais produzidos |
| Produtividade indireta | Precisão dos estoques | Exatidão das previsões |
| Rotatividade do estoque de matéria-prima | Absenteísmo | Custos unitários de mão de obra |

Fonte: Miller et al (1989).

saída, que é resultado da boa qualidade na entrada e do bom custo de manufatura na unidade de produção em vez da produtividade. A orientação japonesa em relação a medidas sensíveis ao tempo, tal como o tempo de processamento com fornecedores externos e com a manufatura, também é bastante clara. Tanto os norte-americanos como os japoneses são notáveis pela relativa ênfase dada aos estoques. Aparentemente, empresas de todas as três regiões da pesquisa atribuem uma ênfase expressivamente maior na produtividade da mão de obra direta do que em um exame das suas estruturas de custo.

## 7.5 CONCLUSÃO

Estarão os norte-americanos, os japoneses e os europeus conseguindo fechar as lacunas entre os seus atuais níveis de desempenho e as capacitações das quais necessitam para competir no futuro? Talvez devamos fundamentalmente indagar se eles estão tentando fechar as lacunas e se eles estão explorando devidamente seus pontos fortes. Parece que a resposta para as primeiras perguntas seriam tanto sim como não. Não há dúvida de que os norte-americanos e os europeus deram passos mais significativos no sentido de fechar a lacuna referente a qualidade. Seus planos de ação indicam que eles continuam a trabalhar visando melhorar seu desempenho nesta crucial dimensão competitiva. Mas estarão eles avaliando devidamente o tamanho da lacuna em termos da qualidade que lhes apresenta? Os japoneses, renomados por sua qualidade, consideram sua lacuna em qualidade maior que a dos europeus e dos norte-americanos. Talvez eles sejam capazes de melhor compreender o potencial para o aperfeiçoamento da qualidade que suas contrapartes em outras áreas do mundo.

Os japoneses parecem se situar mais à frente no fechamento das lacunas existentes entre as capacidades de flexibilidade vigentes e aquelas que serão necessárias no futuro. Além disso, eles avaliam a importância desta capacitação em termos de competitividade, em um patamar muito mais elevado que suas empresas concorrentes. Suas estratégias explicam o porquê. Eles exigem uma maior agressividade na introdução dos novos produtos e uma maior agressividade na exploração das novas oportunidades de mercado, enquanto que os norte-americanos e os europeus demonstram uma maior intenção de defender os mercados existentes e o posicionamento dos seus produtos dentro deles.

Os japoneses e os europeus perderam terreno em sua capacidade de competir em termos de preço, enquanto que os norte-americanos conseguiram ganhar espaço aí. Isso não ocorreu devido à uma repentina inspiração por parte das empresas concorrentes norte-americanas, mas devido às mudanças drásticas praticadas nas taxas de câmbio. A rápida modificação das posições demonstra que lacunas podem se abrir e fechar com muita rapidez na arena competitiva. A questão que se coloca para os norte-americanos agora é como eles serão capazes de explorar sua vantagem recém-descoberta.

O quadro agora apresentado pelos dados dessa pesquisa apresenta como cada região pesquisada no mundo acredita deter uma vantagem sobre suas empresas concorrentes em uma dimensão diversa. Os europeus encontram-se à frente em termos de desempenho do produto, os japoneses em flexibilidade, e os norte-americanos (para sua própria surpresa) em preço. À medida que esses concorrentes se aproximam de uma paridade quanto aos princípios fundamentais relativos à qualidade e entrega, nossa expectativa é que o desempenho, o preço e, em especial, a flexibilidade se tornem elementos de maior importância nas estratégias de manufatura em todo o mundo.

## 7.6 REFERÊNCIAS

1. "Flexibility the Next Competitive Battle", DeMeyer, Miller, Nakane, and Ferdows, documento de trabalho da INSEAD de no. 86-31 a ser publicado no Strategic Management Journal
2. Restoring Our Ctoapetitive Edge, Hayes and Wheelright, John Wiley & Sons, 1987.
3. "1983 Global Manufacturing Futures Survey", K. Ferdows, J, Miller, J, Nakane, T. Vollmann, Boston University Manufacturing Roundtable Research Report Series, 1983.
4. "Postindustrial Manufacturing"1, R. Jaikumar, Harvard Business Review, November--December 1986.
5. "What America Makes Best" Berlin, Kilpatrick, Madden, Fortune Magazine, March 28, 1988.
6. "European Manufacturers: The Dangers Of Complacency", K. Ferdows and A. De Meyer, documento de trabalho da INSEAD de no. 87-34 (a ser publicado no The Columbia Journal of World Business).

# Apêndice

Os entrevistados da Pesquisa Internacional sobre o Futuro da Manufatura de 1987 eram executivos com graduação técnica ou gestores sênior de manufatura. O questionário focalizava quatro amplas categorias de questões. O primeiro grupo de perguntas determina o perfil da empresa ou da unidade empresarial em nome da qual foram respondidas as perguntas da pesquisa. O segundo grupo aborda as prioridades competitivas que os entrevistados se propõem a alcançar na área da manufatura. Na terceira seção, pergunta-se aos entrevistados sobre suas preocupações quanto à manufatura na empresa ou na unidade empresarial deles. O quarto e maior grupo de questões sonda em quais ações e esforços os entrevistados e suas empresas ou unidades empresariais pretendem investir durante os dois anos subsequentes à pesquisa.

A lógica implícita a esta estrutura foi estabelecida na primeira pesquisa realizada na Boston University em 1982 (Miller, 1982) e é a seguinte: perfil da unidade empresarial, preocupações referentes à manufatura e à interação entre as prioridades ambientais e as prioridades competitivas. Com base nesta interação, será determinada a estratégia da manufatura. Esta estratégia de manufatura se refletirá nas ações e nos esforços com os quais os fabricantes mostram estar comprometidos.

É importante compreender que o questionário não focaliza nas ações ou nos objetivos em um futuro distante, mas busca mensurar a ênfase que os entrevistados imprimirão a determinados esforços e ações durante os próximos dois anos.

A mecânica do questionário é bastante simples. Nos casos em que não é requerida uma resposta precisa, convidam-se os entrevistados a emitir sua opinião ou parecer dentro de uma escala de sete pontos. Na maioria dos casos, as opções referentes a preocupações ou ações são apresentadas sob forma de perguntas fechadas. Em algumas perguntas, admite-se a possibilidade de acréscimo de ‹outras› preocupações ou ações, etc. Nesses casos, realizou-se uma análise do conteúdo para a interpretação dessas respostas. O número de respostas que excederam os limites das perguntas fechadas continua sendo muito restrito.

Em 1987, 138 fabricantes japoneses, 207 norte-americanos e 222 europeus responderam ao referido questionário. Em cada uma das regiões, a amostragem representa uma grande variedade de setores industriais e, no caso da Europa, participaram da pesquisa empresas de 12 países.

A ausência de imparcialidade refletiu-se particularmente em todos os três conjuntos de entrevistados do questionário, em função do fato deles serem todos veiculados a grandes empresas (Tabela 7.5). Embora os números da média de vendas sejam difíceis de comparar devido às grandes flutuações verificadas na cotação do dólar norte-americano, do iene e das moedas europeias, os números na Tabela 7.5 indicam que, em média, os elementos das três amostragens permitem uma comparação. As empresas da América do Norte tendem a ser maiores e, em especial, a ter um número meior de empregados que suas contrapartes europeias e japonesas.

**TABELA 7.5** Compartativo Estaddos Unidos, Japão e Europa

|  | EUA | Japão | Europa |
|---|---|---|---|
| Vendas (Milhões) | US $1.498 | Y 127* | EU 1.358 |
| Lucro (% Vendas) | 8,33 | 4,9 | 6,1 |
| P&D (% Vendas) | 4,1 | 3,7 | 4,8 |
| Exportação (% Vendas) | 13,5 | 25 | NA |
| Crescimento 86-87(%) | 4,87 | 26,2 | 10,3 |
| Participação no mercado (%) | 25,32 | 24,4 | 22 |

* Bilhões de ienes
Fonte: Miller et al (1989).

As empresas entrevistadas não só são de grande porte, como são também empresas de manufatura de grande importância. Os custos de manufatura montam a um total de cerca de dois terços do total geral de vendas. Este número é mais alto no Japão, onde ele corresponde a quase três quartos do total de vendas. Ele é levemente mais baixo na América do Norte.

# 8
# A teoria da competência da produção*

GARY CLEVELAND
SCHOOL OF BUSINESS
ADMINISTRATION, UNIVERSITY
OF MONTANA, MISSOULA

ROGER G. SCHROEDER
CURTIS L. CARLSON SCHOOL OF
MANAGEMENT, UNIVERSITY OF
MINNESOTA, MINNEAPOLIS

JOHN C. ANDERSON
CURTIS L. CARLSON SCHOOL OF
MANAGEMENT, UNIVERSITY OF
MINNESOTA, MINNEAPOLIS

---

A competência da produção é um fenômeno funcional enigmático. O que ela é? É possível aferi-la? Ela afeta o desempenho comercial de uma empresa? As publicações especializadas mal chegam a aventar essas questões. Se a competência for definida como sendo um atributo variável, em vez de fixo, será possível aferi-la mediante a avaliação da medida em que as forças e as fraquezas da manufatura conseguem complementar as prioridades da estratégia comercial. Como o desempenho dá uma medida do nível de funcionamento da estratégia, a relação existente entre a competência e o desempenho deve ser passível de definição. O presente estudo preconiza tal relação e coroa a competência da produção como o elo teórico de ligação entre o processo produtivo e a estratégia comercial.

---

## 8.1 INTRODUÇÃO

Nos últimos anos, o aumento da competitividade e o declínio sofrido pelos fabricantes norte-americanos ocasionaram grande interesse pela competência da produção. O que, no entanto, é a competência da produção, e como é possível aferi-la? O presente artigo apresenta uma teoria que pretende responder a essas perguntas. A preconizada teoria sustenta que a competência da produção é um atributo variável, e não fixo, e que ela é função da estratégia comercial e do processo produtivo. Como tal, só é possível aferi-la mediante uma avaliação sistemática das forças (ou fraquezas) dos fabricantes norte-americanos em relação às prioridades estabelecidas no plano empresarial.

Sustentou-se nas publicações especializadas que as decisões e as políticas de manufatura deveriam ser associadas à estratégia comercial. Hayes e Schmenner reconheceram que o apoio dado pela produção ao plano empresarial aprimorava o desempenho comercial da empresa: "A manufatura consegue o seu melhor desempenho quando as instalações, a tecnologia

---

* Artigo originalmente publicado sob o título *A Theory of Production Competence*, na Decision Science, v.20, n.4, p.655-668, 1989.

e as políticas referentes à produção mostram-se coerentes com as prioridades estabelecidas pela estratégia administrativa" [6, p. 117]. Por essa razão, o processo produtivo (as instalações, a tecnologia e as políticas), a estratégia (comercial ou administrativa) e o desempenho empresarial, parecem ter em comum um mesmo elo de ligação onipresente. Ninguém, no entanto, tem muita clareza sobre que tipo de elo seria esse.

Em 1969, Skinner escreveu:

> Muitas vezes, não é fácil entender a inter-relação existente entre as operações de produção e a estratégia administrativa.... O que mais ilude é a.... interligação entre a estratégia e as operações de produção. [11, pp. 138-139]

Defendemos a tese de que o elo de ligação que ilude Skinner e que constitui o elemento central do presente artigo é a competência da produção. Assim procedendo, definimos a competência da produção como sendo a preparação, a habilidade ou a capacitação que permite aos fabricantes levar a cabo uma estratégia comercial específica para cada produto e mercado.

Hayes e Wheelwright [7, p. 137] definem a competência como sendo um "ajuste" em torno do ponto em que ocorre uma intersecção entre as estruturas de produto e as estruturas de processo na matriz de produtos e processos. Esta conceituação da competência difere da nossa de maneira bem significativa. Eles percebem a competência como algo que ou a empresa possui ou não possui. Em contraposição, percebemos a competência como sendo um atributo variável, em vez de fixo. Apregoamos que a competência pode ser avaliada de forma contínua e que existe uma correlação numérica entre o nível inerente à competência demonstrada por um fabricante e o real desempenho de uma empresa dentro do seu próprio setor industrial de atuação.

O presente artigo almeja somar ao conjunto de conhecimentos existentes uma definição de competência da produção, determinando o elo de ligação da mesma com a estratégia comercial e com o processo de produção, e fazendo uma estimativa do seu efeito sobre o desempenho comercial de uma empresa. A importância da presente contribuição está em prover um maior entendimento sobre a formação da competência de produção e sobre a contribuição prestada pela manufatura para os objetivos empresariais.

No presente artigo, apresentamos um sistema referencial de pesquisa para definir a competência da produção e as demais variáveis de interesse dentro deste contexto. Explicamos então a metodologia de estudo e de construção da teoria. Por fim, discutimos os resultados e as conclusões a que chegamos.

## 8.2 O SISTEMA REFERENCIAL

De início, são definidos os quatro principais constructos do presente estudo: a estratégia comercial, o processo de produção, a competência da produção e o desempenho comercial da empresa. Então, é feita a definição do relacionamento existente entre esses constructos no sentido de prover uma base para o sistema referencial de pesquisa.

## A estratégia comercial

A estratégia comercial é definida aqui em termos das renomadas estratégias genéricas de Porter [9]: custo, diferenciação e focalização. Porter sustenta que o custo e a diferenciação constituem as duas estratégias básicas passíveis de aplicação tanto em um mercado amplo como em um mercado focalizado (nicho de mercado), suscitando assim o aparecimento das quatro estratégias demonstradas a seguir.

|  | Amplo | Focalizado |
|---|---|---|
| Custo | CB | CF |
| Diferenciação | DB | DF |

A seguir, são dados alguns exemplos para ilustrar as estratégias de Porter. Uma empresa que produza uma ampla gama de materiais-padrões de construção pode optar por uma estratégia de amplos custos (CB – *cost broad*) porque os consumidores normalmente procuram o melhor preço na compra de produtos padronizados. Em contraposição, uma cervejaria pode preferir praticar uma estratégia de ampla diferenciação (DB – *differentiation broad*) para comercialização da sua cerveja. Neste caso, a preferência do consumidor se baseia mais no sabor do que no custo, contanto que o custo não extrapole os limites usuais. Uma pequena loja que trabalha com madeira e é especializada na produção de molduras para quadros pode optar por praticar uma estratégia focalizada no custo (CF – *cost focus*), centralizando seu enfoque nas molduras e em um preço competitivo, pois os custos gerais e de equipamento são baixos. Por fim, um fabricante de armas de fogo pode praticar uma estratégia focalizada na diferenciação (DF – *differentiation focus*) para comercializar suas tradicionais espingardas. O enfoque recai sobre as espingardas de cano longo e alma lisa, diferenciadas por seu design e seu acabamento de superior qualidade.

## O processo de produção

O processo de produção foi definido com base no conceito proposto por Hayes e Wheelwright [7], da existência de um ciclo de vida constituído por quatro estágios: unidade de produção por encomenda (JS – *job shop*), lote (BT – *batch*), fluxo de linha conectado (LF – *connected line flow*) e fluxo contínuo (CF – *fluxo contínuo*). Esses quatro tipos de processos de produção foram então combinados com as quatro estratégias comerciais, visando formar uma matriz de processos e estratégias. Essa matriz é um novo e importante constructo, pois, como será aventado mais tarde, ela representa a combinação entre processo e estratégia, o que vem a determinar a competência da produção. Um esquema da matriz de processos e estratégias é mostrado na Figura 8.1.

## A competência de produção

Nossa proposta preconiza que a competência da produção é, em grande parte, uma medida dos efeitos da combinação das forças e das fraquezas de um fabricante em determinadas áreas-chaves de desempenho. O grau de sofisticação dos processos relativos aos instrumentos e equipamentos constitui a base para determinação da força desse fabricante em qualquer uma das áreas de desempenho em particular. É a estratégia comercial que determina então a importância de ser forte em determinada área. Assim, as áreas de desempenho são dimensões da competência. Mediante consul-

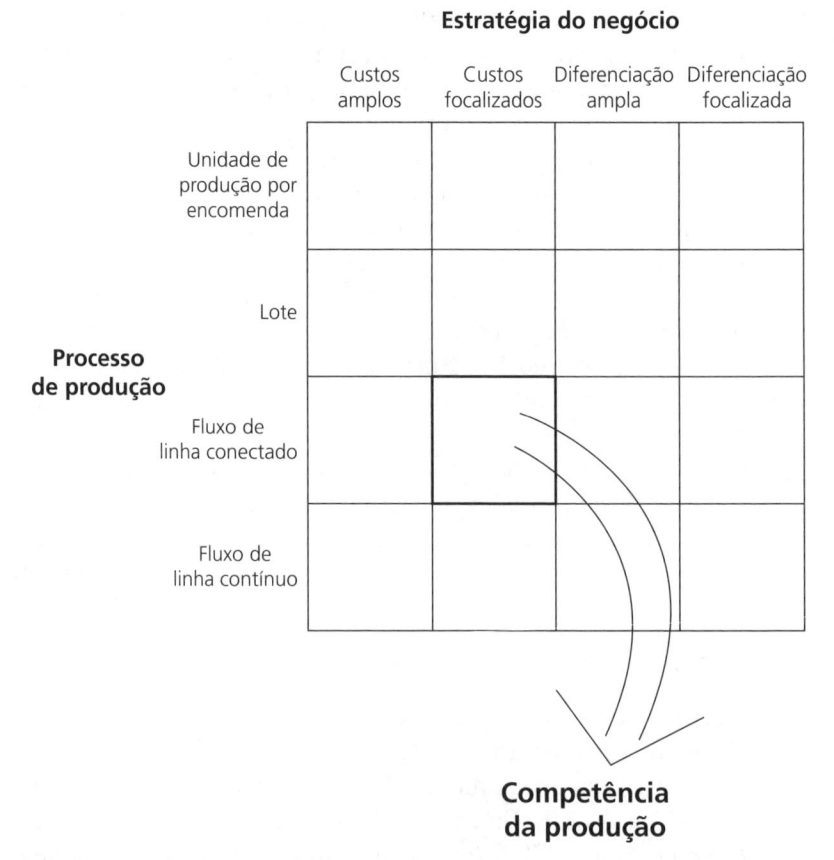

**FIGURA 8.1** A matriz de processos e estratégias.
Fonte: Cleveland, Schoroeder e Anderson (1989).

ta a vários textos e a várias publicações especializadas e bem conceituadas nesse campo [1] [3] [8] [12], identificamos e definimos nove áreas-chaves, nas quais acreditamos que as forças e as fraquezas sejam capazes de constituir a diferença entre o sucesso ou o fracasso do plano empresarial.

1. Sistema de fabricação adaptativo: o custo e a rapidez para mudar de um tipo de produto ou de um volume de produção para outro.

2. Eficácia da mão de obra quanto aos custos: a produtividade em termos de unidades de produção por dólar americano pago pela mão de obra.

3. Desempenho da entrega: o nível do serviço de atendimento ao consumidor e do serviço de campo contrastados com o investimento no estoque de bens acabados; a distribuição das economias de escala.

4. Logística: a eficácia em termos de custos e a atemporalidade das instalações de manufatura e distribuição; a confiabilidade e o poder de barganha dos fornecedores.

5. Produção das economias de escala: economias adequadas ao volume de produção.

6. Tecnologia de processos: o nível de desenvolvimento, sofisticação e mecanização da unidade e do equipamento.

7. Desempenho da qualidade: a capacidade do produto de atender às especificações para as quais foi projetado; o custo da qualidade.

8. Transformação e tempo de processamento: a taxa de produtividade e a duração do ciclo de produção em contraste com o investimento em matérias-primas e com os estoques operacionais.

9. Integração vertical: o custo e a eficiência da fabricação em contraste com a compra de matérias-primas.

No decorrer do presente estudo, buscamos estabelecer a relação definitiva entre a competência da produção e os demais constructos de maior importância. À medida que a pesquisa avançava, a competência emergia como uma questão altamente complexa. Não se trata de uma simples força ou de um simples atributo de destaque, mas da capacidade geral que um fabricante possui de dar apoio e de levar a cabo a estratégia comercial. Por exemplo, a competência se transforma em pesado fardo se o sistema de fabricação for adaptativo e associado a uma força de trabalho altamente especializada, mas a estratégia comercial visa a padronização do produto e a redução dos custos. Em um caso assim, a empresa pode tentar reduzir os custos, forçando a manufatura a produzir grandes lotes e a atender os pedidos a partir do estoque existente, durante o período em que os custos se mantiverem em um patamar elevado em função da habilidade inata da manufatura de realizar frequentes configurações e de processar pedidos especiais em atraso. Em outras palavras, a empresa invalida uma estratégia viável de diferenciação para buscar uma estratégia ilógica de custos.

Como a competência não pode ser meramente determinada pela identificação dos seus atributos, ela precisa ser inferida mediante a avaliação das forças e fraquezas do fabricante em relação ao plano empresarial. Isso significa que a importância de uma determinada força ou fraqueza varia conforme a adequação dessa força ou fraqueza aos planos e objetivos estratégicos da empresa. Dessa forma, a competência geral é função da estratégia comercial da empresa, assim como o processo de produção empresarial (consulte a Figura 8.2).

## O desempenho comercial

Julga-se o desempenho comercial da empresa em relação às empresas concorrentes mediante a combinação das medidas para aferição de desempenho da manufatura e do *marketing* e do financeiro. O desempenho da manufatura é aferido pelo custo (T – *cost*), pela qualidade (Q – *quality*), pela confiabilidade (D – *dependability*) e pela flexibilidade (F – *flexibility*). O desempenho do marketing é mensurado pela participação da empresa

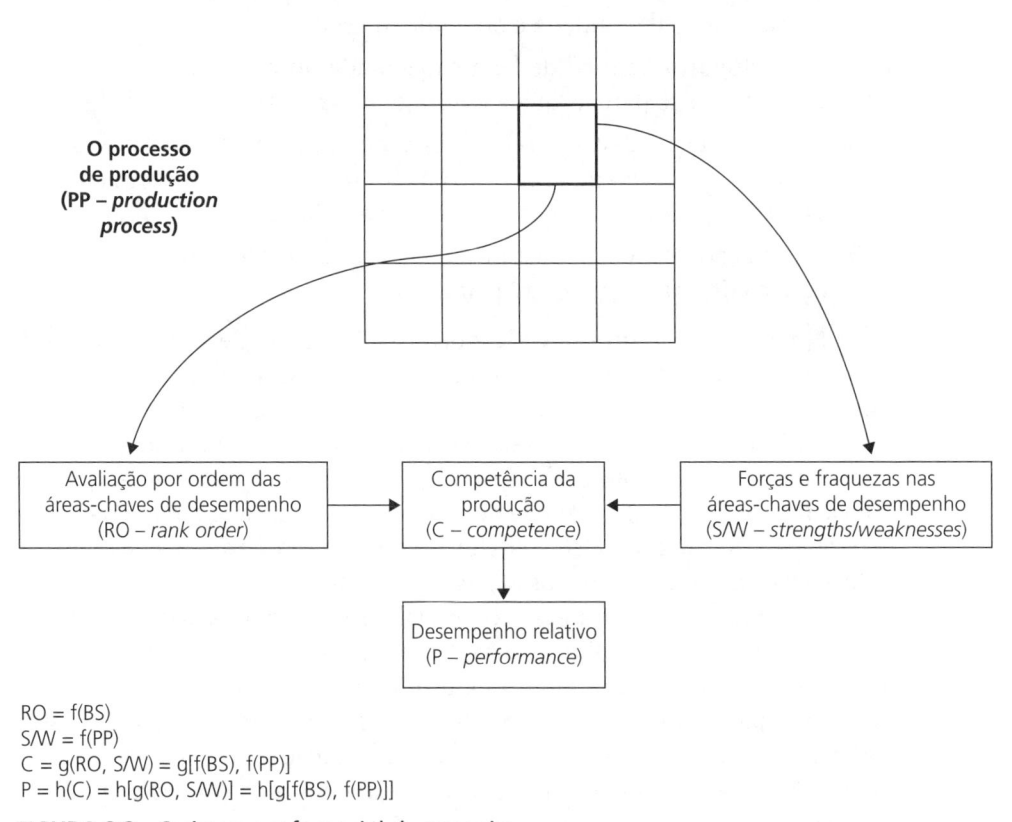

$RO = f(BS)$
$S/W = f(PP)$
$C = g(RO, S/W) = g[f(BS), f(PP)]$
$P = h(C) = h[g(RO, S/W)] = h[g[f(BS), f(PP)]]$

**FIGURA 8.2** O sistema referencial da pesquisa.
Fonte: Cleveland, Schoroeder e Anderson (1989).

no mercado (S – *market share*) e pela sua taxa de crescimento (G – *growth rate*). O desempenho financeiro é aferido pela rentabilidade sobre o ativo (R – *pretax return on assets*) antes do abatimento dos tributos devidos. Pode-se arguir que o desempenho comercial é função, primeiro da demonstração de lucros e perdas, mas, em vista de uma série de objetivos buscados por muitas organizações, acreditamos ser mais adequada a aplicação de uma medida mais abrangente para a aferição do desempenho comercial. Em função disso, reunimos as sete medidas de aferição que, em nosso parecer, mais contribuem para o alcance daqueles objetivos em um único índice integrado de desempenho comercial.

A Figura 8.2 ilustra o sistema referencial utilizado no presente estudo. Dentro dos limites de tal sistema referencial, propomo-nos a (1) criar um procedimento de diagnóstico para avaliar o desempenho e a competência de uma empresa, (2) empregar os resultados do procedimento de diagnóstico para quantificar o desempenho e a competência, e a (3) estabelecer a relação numérica entre o desempenho e a competência, no intuito de demonstrar a plausabilidade de nossa teoria.

## 8.3 A METODOLOGIA

O conhecimento teórico sobre a competência da produção como um elemento que integra uma conceituação mais ampla (como a da estratégia operacional [10]) ou como um conceito em si e por si só é tênue e inconclusivo. Por essa razão, seria prematuro formular uma hipótese a priori que visasse uma verificação empírica rigorosa. Em vez disso, faz-se necessário um melhor entendimento sobre o que é realmente a competência e de que maneira ela está relacionada à estratégia comercial. Selecionamos uma pequena amostragem, uma abordagem para um estudo múltiplo de casos, a fim de avaliar a real prática de campo e de estruturar e embasar os constructos e as conclusões do estudo em forma de dados relevantes para uma organização. Empregamos o método de Glaser e Strauss [5] para ajudar a construir a teoria embasada em dados. Não fizemos uma análise para confirmar os dados obtidos.

A amostragem da pesquisa compreende seis fabricantes de bens de consumo duráveis situados na região dos EUA que compreende os estados de Minnesota, Wisconsin, Michigan, Illinois e Indiana. Na Tabela 8.1, as empresas foram descritas e organizadas na matriz de estratégias e processos. Dentro da referida amostragem, o nível de desempenho comercial varia de fraco a excelente, as estratégias variam de amplas a focalizadas, e os processos variam de unidade de produção por encomenda a fluxo contínuo. Essas empresas foram especialmente selecionadas visando a obtenção de um amplo grau de variações nos constructos que embasam o presente

**TABELA 8.1** Amostragem de dados

| | Estratégia comercial | | | |
|---|---|---|---|---|
| | Custos amplos | Custos focalizados | Diferenciação ampla | Diferenciação focalizada |
| O processo de produção | | | | |
| Unidade de produção por encomenda | | | | E |
| Lote | | F, B | C | |
| Fluxo de linha conectado | | | | D |
| Fluxo contínuo | | | A | |

A empresa A fabrica produtos alimentícios à base de cereais. Média de vendas U.S.$ 800 milhões/ano. A empresa B manufatura instrumentos para medidas de precisão e para controle. Média de vendas U.S.$ 120 milhões/ano. A empresa C fabrica equipamento para manutenção de pisos. Média de vendas U.S.$ 110 milhões/ano. A empresa D produz e testa subsistemas eletrônicos para o governo. As vendas montam atualmente a U.S.$ 12 milhões/ano. A empresa E projeta e monta equipamentos especializados para levante e tração de cargas extremamente pesadas. As vendas variam entre U.S.$ 12 e U.S.$ 60 milhões/ ano. A empresa F fabrica sistemas integrados de teto dotados de propriedades acústicas, de iluminação, aquecimento e ventilação específicas. Média de vendas U.S.$ 110 milhões/ano.
Fonte: Cleveland, Schoroeder e Anderson (1989).

estudo, a fim de permitir a formação de uma teoria de abrangência razoavelmente generalizada.

Foram empregados dois instrumentos de pesquisa para facilitar a coleta de dados: uma agenda de entrevistas técnicas contendo perguntas de cunho aberto e fechado sobre o projeto e sobre o desempenho dos processos, e uma agenda de entrevistas políticas contendo perguntas de cunho aberto e fechado sobre a estratégia e sobre o desempenho comercial*. Esses instrumentos foram projetados de modo a permitir a coleta dos dados necessários para se classificar processos e estratégias, fazer uma estimativa e avaliar as áreas-chaves de desempenho, e realizar o diagnóstico do desempenho. A análise de dados foi executada por meio do procedimento de diagnóstico descrito na próxima seção.

## O procedimento de diagnóstico

O procedimento de diagnóstico foi concebido para promover a concentração dos dados. Após concluída a fase de análise dos dados, os resultados foram utilizados para se obter um único grupo de índices de desempenho e de competência para cada uma das empresas da amostragem da pesquisa. O procedimento em si consiste de quatro etapas. Para ilustrar o funcionamento do procedimento, será utilizada a empresa E.

---

* O procedimento e os instrumentos utilizados para a coleta de dados podem ser disponibilizados pelos autores mediante solicitação ou [4].

**Etapa 1** Classifique o processo de produção vigente e a estratégia comercial adotada pela organização.

Antes de proceder à fase da análise de dados, achávamos que esta etapa poderia ser de maior complexidade para as empresas que aparentemente se valiam do emprego de múltiplos processos e da prática de diferentes estratégias que aquelas registradas por Porter. No caso anterior, centralizamos o enfoque no processo de maior predomínio. No caso posterior, todas as seis empresas se encaixavam facilmente em uma ou mais das estratégias genéricas de Porter. Nosso problema era discernir a estratégia corrente, e não as anomalias de disposição.

A empresa E projeta e monta guindastes industriais e marinhos altamente especializados. Emprega a unidade de produção por encomenda (JS – job shop) para a fabricação de peças e para a montagem do produto final em um total de quatro lotes ou menos. Como o volume de produção é muito pequeno (3 a 14 unidades por ano) e o grau de padronização baixo (cerca de 25%), a empresa registra uma diagonal entre produtos e processos [7]. Hayes e Wheelwright sustentam que a empresa possui uma competência "distinta". A competência, todavia, não se agrupa bem com a situação do binômio produto e mercado, e, por extensão, o desempenho comercial também sofre.

A estratégia comercial geral é a de apresentar um desempenho superior ao das empresas concorrentes, com base na diferenciação focalizada (DF – differentiation focus). O enfoque recai sobre os guindastes fixos, giratórios e de grande capacidade. O produto é diferenciado com base nas características de design, na entrega e no serviço de campo. A empresa vende guindastes por preços variados, de médios a altos.

**Etapa 2** Classifique de maneira ordenada as áreas-chaves de desempenho.

As áreas são ordenadas pelo grau de classificação, segundo as prioridades da estratégia comercial da empresa. Essas prioridades se baseiam na situação em que se encontra o binômio produto-mercado, nos padrões de desempenho (internos e externos) e nas políticas administrativas operacionais.

Os graus de classificação obtidos pela empresa E foram resumidos na Tabela 8.2. Os gestores entrevistados consideram a qualidade como sua primeira prioridade. Em um setor industrial, no qual a segurança e a confiabilidade são padrões de desempenho de crucial importância, os consumidores não toleram produtos de inferior qualidade. Os entrevistados consideram a entrega e a duração do ciclo de produção como suas segunda e terceira prioridades, porque o serviço de atendimento ao consumidor é uma importante característica da estratégia de diferenciação. Por outro lado, como os guindastes destinados a finalidades especiais não são sensíveis ao fator preço, os gestores tinham uma percepção de menor importância das áreas de desempenho orientadas pelos custos.

**Etapa 3**  Avalie as forças e as fraquezas (S/W – *strengths and weaknesses*) de cada uma das áreas de desempenho e determine um índice geral de competência para a produção.

As decisões referentes às forças e fraquezas se baseiam na capacitação demonstrada durante o processo que visa alcançar o objetivo desejado ou satisfazer a um determinado critério especial de desempenho. Atribui-se a força (+1) a uma área na qual a produção tenha meios de alcançar resultados quase ótimos. Atribui-se o valor neutro (0) a uma área na qual a produção consiga alcançar resultados satisfatórios, sendo, porém, capaz de melhorar sua capacitação, se optar por investir nos recursos necessários para tal. Atribui-se a fraqueza (–1) a uma área na qual a produção careça de meios para atingir resultados satisfatórios. O valor atribuído a S/W (+1, 0 ou –1) é multiplicado pelo grau de classificação obtido, a fim de permitir a determinação de um escore para cada uma das áreas de desempenho. Realiza-se então a soma de todos os escores para se chegar ao índice geral de competência. Dessa forma, a ordem de classificação (uma função da estratégia) determina a importância da força ou da fraqueza (uma função do processo).

Para a empresa E, as áreas ordenadas em primeiro e segundo lugar foram avaliadas como neutras (0), em função das razões estipuladas na Tabela 8.2. As áreas ordenadas em terceiro e quinto lugar foram avaliadas como forças. As demais áreas de desempenho foram avaliadas ou como neutras ou como fraquezas. É evidente que a empresa em questão não era particularmente forte nas áreas em que era importante uma força para a estratégia comercial.

**Etapa 4**  Avalie as medidas para aferição do desempenho comercial relativas às empresas concorrentes.

Os entrevistados tiveram que avaliar as medidas para aferição do desempenho por eles adotadas pela escala a seguir:

5 = a melhor dentro do setor industrial
4 = melhor que a média do setor
3 = dentro da média do setor
2 = abaixo da média do setor
1 = pior que todas do setor

Nos casos em que era evidente que um dos entrevistados interpretava mal uma das medidas de aferição, debatíamos a mesma e concordávamos em rever a pontuação por ele atribuída. Não se esperava que os dois ou três entrevistados dentro de cada uma das empresas atribuíssem uma pontuação idêntica. Como as pontuações refletiam suas experiências e perspectivas pessoais, não foram realizadas tentativas para a obtenção de um consenso, partindo-se, em vez disso, para uma uma média das pontuações atribuídas.

**TABELA 8.2** Empresa E – Diagnóstico das áreas de desempenho

| Área | Classificação | Força (+1)<br>Valor neutro (0)<br>Fraqueza (–1) | Análise – lógica detrás da classificação (itens numéricos), lógica detrás do peso (itens de letras) |
|---|---|---|---|
| Sistema de fabricação adaptativo | 3 empate | +1 | 1. A flexibilidade é fundamental – cada guindaste é fabricado sob encomenda e exige montagem e rotas únicas.<br>  a. Técnicas eficientes de instalação.<br>  b. Gestores motivados, diretivos. |
| Custo e eficácia da mão de obra | 6 | –1 | 1. A produtividade não é uma área promissora para a melhoria de custos.<br>  a. Trabalhadores já maduros e sem imaginação<br>  b. Estratégia desordenada, caça.<br>  c. Interferência das atividades sindicais. |
| Desempenho da entrega | 2 | 0 | 1. O serviço de atendimento ao consumidor é a chave para a diferenciação do produto.<br>2. O trabalho de reparos estabiliza a carga de trabalho.<br>  a. O alto nível de serviços é neutralizado pela baixa produtividade. |
| Logística | 5 | +1 | 1. O recebimento no devido prazo dos materiaisbásicos solicitados pelo consumidor é a chave para cumprir os prazos de entrega (conf. DP).<br>  a. Excelente e duradoura comunicação entre o comprador e os fornecedores. |
| Produção Economias de escala | 9 | 0 | 1. Capacidade ajustada à carga mediante contratação, demissão e subcontratação.<br>  a. Não é comum um alto volume de operações entre as empresas concorrentes. |
| Tecnologia de processos | 7 empate | 0 | 1. Processo com mão de obra intensiva.<br>2. Equipamento para finalidades gerais.<br>  a. Nem o equipamento nem os processos são únicos e patenteados. |
| Desempenho da qualidade | 1 | 0 | 1. Os consumidores irão boicotar os produtores de guindastes sem segurança e confiabilidade.<br>2. O custo da qualidade é a chave para realizar o objetivo custo.<br>  a. A alta qualidade é padrão no setor. |
| Transformação e Tempo de processamento | 3 empate | –1 | 1. O controle na fábrica é a chave para cumprir com os prazos de entrega (conf. DP).<br>2. O estoque operacional (WIP – *work-in-process*) é a chave para realizar o objetivo custo.<br>  a. Sistema de planejamento e de controle fraco. |
| Integração vertical | 7 empate | 0 | 1. Custo proibitivo para a integração vertical.<br>2. Os fornecedores são um ativo (conf. *L*).<br>  a. A integração vertical não é comum entre as empresas concorrentes. |

Observação: As áreas de desempenho são classificadas de acordo com a estratégia comercial da empresa. As fortalezas ou as fraquezas são determinadas de acordo com a capacitação do processo.
Fonte: Cleveland, Schoroeder e Anderson (1989).

A empresa E detinha uma participação muito boa no mercado norte americano, chegando a alcançar então um percentual de cerca de 50%. Isso dava para a empresa a liderança dentre as fabricantes de guindastes no país, guindastes estes especialmente fabricados para serem utilizados em construções fora do país, estivagem e fabricação de navios. Em consequência, o índice de participação no mercado (S – *market share*) foi igual a 5,0 na escala Likert.

Durante a recessão de 1982-1983, a estratégia de diferenciação da empresa E sofreu um abalo. As empresas concorrentes (em especial, as competidoras europeias) se envolveram em uma competição de preços, e provocaram queda nas vendas. A construção fora do país e os mercados de equipamentos pesados precisavam ainda passar por uma recuperação. Como resultado, o volume de vendas da empresa chegou no ponto mais baixo jamais registrado. A empresa E, assim como algumas poucas empresas domésticas suas concorrentes, estavam operando no vermelho e as perspectivas no futuro não eram encorajadoras. Com base nesta análise, a taxa de crescimento (G – *growth rate*) foi igual a 2,0 e o índice da rentabilidade sobre o ativo (R – *return on asset*) foi igual a 2,0 na escala Liker.

A eficácia da mão de obra quanto aos custos ficou abaixo da média. Isso se deve, em primeiro lugar, às práticas de contratação e demissão adotadas pela empresa e às regulamentações restritivas de trabalho determinadas pelo sindicato. A eficácia em termos de custos do processo também ficou abaixo da média porque as novas contratações são tratadas individualmente. Em contrapartida, as empresas concorrentes fabricam um produto mais padronizado, empregando para tal um processo mais eficiente. Por conseguinte, as empresas concorrentes conseguem produzir artigos por custos mais baixos. Com base nesta análise, o custo (T) foi igual a 2,0 na escala Likertt.

A conformidade com as especificações do projeto ficou em torno da média. Como a segurança e o desempenho estão em jogo, o mercado não permitirá à empresa fabricar um produto abaixo dos padrões. Em consequência disso, a qualidade (Q – *quality*) foi igual a 3,0 na escala Likert.

A capacidade demonstrada pela empresa de cumprir com seus prazos de entrega é de 75% a 80%. A média do setor é de 65% a 70%. O serviço de campo da empresa também é melhor que a média, no que diz respeito tanto à rapidez como aos custos. Em consequência disso, a confiabilidade (D – *dependability*) foi igual a 4,0 na escala Likert.

A capacidade da manufatura de responder às mudanças a curto prazo em termos de agendamento da fabricação é ligeiramente melhor que a média, devendo-se isso, em primeiro lugar, à simplicidade e à eficiência dos seus procedimentos estruturais. Os problemas associados às atividades de controle da produção manual, com subdotação de pessoal, são compensados pelo estreito controle do processo efetuado pela gestão de nível médio. Com base nesta análise, a flexibilidade (F – *flexibility*) foi igual a 3,5 na escala Likert.

O índice de desempenho é obtido pela soma dos valores das pontuações obtidas na escala Likert acima mencionadas. O índice geral para a empresa E foi de 21,5, o quarto mais alto dentre as seis empresas da amostragem da pesquisa. A fim de aperfeiçoar seu desempenho, é claro que a empresa E precisa adotar uma estratégia que se oriente mais pelos custos. Se ela mudar de estratégia, as áreas de desempenho orientadas pelos custos crescerão em importância e o índice de competência sofrerá, por sua vez, uma queda. Para impedir que isso aconteça (bem como uma subsequente deterioração no desempenho), a produção precisa se fortalecer nas áreas em que agora foi avaliada como fraca ou neutra.

Antes de entrar na relação entre o desempenho e a competência, descreveremos algumas das justificativas existentes por trás dos números que constam nas Tabelas 12 e 13. Com esse propósito, faz-se a seguir um resumo de cada um dos demais estudos de caso.

**TABELA 8.3** Índice de desempenho

| | Manufatura | | | | *Marketing* e Finanças | | | | | | |
|---|---|---|---|---|---|---|---|---|---|---|---|
| | Pontuação | | | | Real (%)* | | | Pontuação | | | |
| Empresa | T | Q | D | F | S | G | R | S | G | R | Índice |
| A | 3,5 | 3,0 | 5,0 | 2,5 | 23 | 7 | 27 | 3,5 | 3,0 | 3,5 | 24,0 |
| B | 5,0 | 4,0 | 4,0 | 4,0 | 55 | 10 | 60 | 5,0 | 3,0 | 5,0 | 30,0 |
| C | 3,5 | 5,0 | 3,0 | 3,0 | 35 | 15 | 16 | 5,0 | 3,0 | 3,0 | 25,5 |
| D | 1,5 | 4,0 | 1,0 | 2,0 | <1 | 67 | <0 | 2,0 | 4,5 | 1,5 | 16,5 |
| E | 2,0 | 3,0 | 4,0 | 3,5 | 50 | <0 | <0 | 5,0 | 2,0 | 2,0 | 21,5 |
| F | 2,0 | 3,0 | 3,0 | 4,0 | 20 | <0 | <0 | 4,0 | 1,5 | 1,0 | 18,5 |

Observações: As pontuações baseiam-se no desempenho da empresa em relação ao desempenho apresentado pela empresa concorrente, e não no desempenho relativo às outras empresas da amostragem da pesquisa. Os reais percentuais obtidos para *S, G* e *R* foram extraídos de relatórios anuais e dos documentos de planejamento estratégico. T = Custo, Q = Qualidade, D = Confiabilidade, *F* = Flexibilidade, S = Participação no mercado doméstico, G = Taxa de crescimento e *R* = **Rentabilidade** sobre o ativo antes do abatimento dos tributos devidos.
* Apenas para fins de referência
Fonte: Cleveland, Schoroeder e Anderson (1989).

**TABELA 8.4** Índice de competência

|  | Empresa | | | | | |
|---|---|---|---|---|---|---|
|  | A | B | C | D | E | F |
| Sistema de fabricação adaptativo | –0,60 | | | | + 0,85 | + 0,60 |
| Eficácia da mão de obra quanto aos custos | | | | | –0,60 | |
| Desempenho da entrega | + 0,95 | + 0,90 | | –0,95 | | –0,95 |
| Logística | + 0,78 | | | –0,85 | + 0,70 | –0,90 |
| Produção das economias de escala | | | | | | |
| Tecnologia de Processos | –0,85 | + 0,85 | | | | + 0,85 |
| Desempenho da qualidade | | + 0,95 | +0,95 | + 0,95 | | |
| Transformação e tempo de processamento | | + 0,70 | | –0,85 | –0,85 | –0,60 |
| Integração vertical | | –0,48 | | | | |
| Índice | + 0,28 | + 2,92 | +0,95 | –1,70 | + 0,10 | –1,00 |

$C = \Sigma_i^9 = 1 W_i Log(K_i)$, onde $i$ = área de desempenho
Fonte: Cleveland, Schoroeder e Anderson (1989).

| Classificação | K = ordem inversa de classificação | Log(K) | W = peso das F/ F |
|---|---|---|---|
| 1 | 9 | 0,95 | Força = +l |
| 2 | 8 | 0,90 | Neutro = 0 |
| 3 | 7 | 0,85 | Fraqueza = –1 |
| 4 | 6 | 0,78 | |
| 5 | 5 | 0,70 | |
| 6 | 4 | 0,60 | |
| 7 | 3 | 0,48 | |
| 8 | 2 | 0,30 | |
| 9 | 1 | 0,00 | |

Observação: Para cada uma das empresas, os valores da área de desempenho são obtidos mediante emprego da equação acima enunciada para C – isto é, para a empresa E, o valor para a Logística é igual a +1 (força) vezes o valor log da ordem inversa de classificação (log 5) ou ( + 1) (0,70) = 0,70.

## 8.4 AS OUTRAS CINCO EMPRESAS

A empresa A é uma poderosa empresa concorrente de orientação mercadológica e que atua no ramo de produtos alimentícios à base de cereais. Ela se situa dentre as melhores do seu setor no que diz respeito a *marketing* e à distribuição. A manufatura é particularmente forte nas áreas de desempenho da entrega e de logística. Essas forças permitem à empresa manter a oferta de um alto nível de serviços ao consumidor por um baixo custo. Em seu aspecto negativo, a manufatura está perdendo força nas áreas de tecnologia de processos e de sistema adaptativo de fabricação. Essas fraquezas incipientes permitem às empresas concorrentes fabricarem suas marcas por menor custo e reagir com maior rapidez às mudanças nas condições mercadológicas. Em função da compensação entre suas forças e fraquezas, a empresa A recebeu uma avaliação pouco acima de neutra em termos de competência geral.

A empresa B é uma renomada empresa de orientação tecnológica e que atua no ramo de transmissores de carga de pressão SOLID-STATE. É a melhor do setor em engenharia de produtos e de manufatura. Sua manufatura é forte em quatro áreas fundamentais: desempenho da qualidade, desempenho da entrega, tecnologia de processos, e transformação e tempo de processamento. Essas fortalezas e a ausência de fraquezas permitem à empresa fabricar produtos de alta qualidade pelo mais baixo custo no setor.

Isso serve de sustentáculo para a estratégia de amplos custos da empresa. A empresa B tem forças que complementam a sua estratégia comercial. Como resultado, ela possui o mais alto índice de competência geral na amostragem, bem como o mais alto nível de desempenho comercial.

A empresa C é líder em inovações e fabrica equipamentos para a manutenção de pisos e assoalhos. É uma empresa muito bem administrada; seus gestores da área de manufatura são especialmente bons em implementar novos instrumentos, em extrair o máximo dos instrumentos existentes e em motivar os trabalhadores. As instalações de manufatura não dispõem de nenhuma capacitação especial em si mesmas que não possa ser adquirida, copiada ou igualada pela concorrência. O único aspecto especial a respeito da manufatura da empresa C é que ela desempenha a pleno seu potencial de produção. Sua única força tangível é a qualidade que ela imprime em seus produtos e a eficácia em termos de custos do seu programa de qualidade. Mas é essa força e a ausência de fraquezas, no entanto, que apóiam a estratégia amplamente diferenciada da empresa.

A empresa D é uma empresa que está lutando para se manter, pois está acossada por muitos problemas. Ela conseguiu recentemente se estabelecer no setor eletrônico, centralizando seu enfoque na fabricação de peças sobressalentes e componentes de substituição para o governo. A empresa é forte em engenharia, porém fraca em finanças e manufatura. A manufatura não é detentora de uma capacitação única e singular, e nem de capacitações especiais ou de direitos exclusivos. De fato, ela é fraca em todas as áreas, exceto na de desempenho da qualidade. Em função de tantas fraquezas, o índice de competência da empresa D e o seu desempenho comercial são os mais baixos dentre os de todas as empresas estudadas na amostragem.

A empresa F é uma empresa que outrora foi de muito brilho, mas que agora luta para se manter no mercado. Ela fabrica produtos diversificados para interiores, produtos esses largamente embasados em processos patenteados de fibra e plástico. A empresa é forte em pesquisa, desenvolvimento e engenharia, porém fraca em gerenciamento. Seus principais gestores estão presos a convenções e demoram para esboçar uma reação às novas tendências ou para adotar novas ideias. O problema de gerenciamento, no entanto, é transitório e reversível, se comparado com um problema mais sério – a localização da empresa, longe dos principais mercados, e o problema se torna maior pela inadequação das instalações férreas e vias rodoviárias. As empresas concorrentes estão superando, com rapidez, a vantagem que a empresa obteve em tecnologia, enquanto explorava seu sistema de distribuição de difícil manejo. Como resultado, a estratégia de amplos custos da empresa está falindo. A empresa F é fraca em quatro das principais áreas de desempenho e o seu desempenho comercial é o segundo mais baixo da amostragem.

## 8.5 OS ÍNDICES DE DESEMPENHO E COMPETÊNCIA

A Tabela 8.3 mostra como equacionar os dados para se obter o desempenho geral relativo (P – *performance*), que é calculado pela soma das sete medidas de aferição de desempenho, o que produz um único índice agregado. A variação do índice deve ir de, no máximo, 35,0 (7 x 5,0) a, no mínimo, 7,0 (7 x 1,0). As colunas situadas sob o título "Real (%)" indicam as medidas do desempenho em valores absolutos, apenas para fins de referência. As colunas entituladas "Pontuação" mostram as medidas de desempenho na escala Likert para fins de atribuição de escores.

As pontuações utilizadas na Tabela 8.3 para computar o índice de desempenho para a empresa E foram extraídas da etapa quatro do procedimento de diagnóstico; o que se fez foi simplesmente a soma das pontuações para se chegar a um escore geral. Os índices de desempenho para as outras cinco empresas foram demonstrados de forma resumida na Tabela 8.3.

O nível geral de competência da produção (C) pode ser expresso pela equação de logaritmos mostrada na Tabela 4. Nosso primeiro intento simplesmente combinou os graus das F/ Fs – forças/ fraquezas (S/Ws – *strengths/weaknesses*) e das classificações para poder chegar a um escore de competência. No entanto, o escore resultante não estava intimamente relacionado ao desempenho, e então tentamos a transformação em logaritmos.

A equação logarítmica da competência implica que (1) as áreas com graus de classificação de 1 a 3 são praticamente iguais em importância, (2) a diferença de importância entre as áreas aumenta à medida que diminui o seu grau de classificação, e (3) as áreas com graus de 8 a 9 exercem uma influência muito pequena na competência. Nossas observações tendem a confirmar essa afirmação. Durante a fase de análise, foi difícil discernir o grau de classificação para de duas a quatro das principais e mais fundamentais áreas para a estratégia comercial e o processo de produção. Dessa forma, C pareceu-nos ser a empresa menos sensitiva às variações no grau de classificação das áreas mais importantes.

A equação logarítmica faz sentido em um nível intuitivo; uma estratégia viável requer força em mais de uma área. A empresa pode, por exemplo, diferenciar um produto por suas características de qualidade e entrega, bem como por suas características de *design*. Nesse caso, o desempenho da qualidade e o desempenho da entrega adquirem praticamente igual importância. Da mesma maneira, uma empresa poderia basear sua estratégia de custos no baixo custo da sua qualidade, sua alta produtividade, suas aquisições adequadas e seus equipamentos de última geração. Nesse caso, o desempenho da qualidade, a eficácia da mão de obra em relação aos custos, a logística e a tecnologia de processos situam-se praticamente em um mesmo patamar de importância. Por essa razão, é possível se afirmar que a estratégia depende de um conjunto de áreas de desempenho inter-relacionadas. As áreas situadas fora de tal grupo possuem uma importância muito menor. A Tabela 8.4 relaciona as forças e fraquezas (F/F ou S/Ws) e os graus de classificação das áreas de desempenho para cada uma das seis empresas da amostragem.

## 8.6 A RELAÇÃO ENTRE DESEMPENHO E COMPETÊNCIA

A competência da produção (C) e o desempenho relativo (P) são variáveis quantitativas. Exploramos a relação entre essas duas variáveis empregando para tal um pequeno grupo de dados (= 6). A regressão é uma técnica que se adéqua a este fim, desde que não sejam feitas confirmações estatísticas. Os resultados devem, no entanto, ser interpretados a partir de uma base de caráter estritamente exploratório, sem qualquer tentativa de prever ou confirmar a relação observada.

Com essas condições em mente, demonstrou-se a relação entre C e P na Figura 8.3. O forte coeficiente de determinação (r2 = 0,97) indica que a competência explica muito das variações do desempenho nos casos em estudo. Isso, por si só, é uma constatação de grande importância, embora não tenhamos certeza de que a teoria poderá ser confirmada por estudos posteriores que empreguem um valor maior para n. Todavia, isso indica haver, de fato, alguma espécie de relação entre o desempenho e a competência.

Também observamos que a verdadeira inclinação da linha de regressão se situa entre 2,83 e 3,18, com um grau de confiança de 95%. Assim, é provável que o valor da inclinação difira significativamente de zero. Falta ainda ver se esse resultado será ou não confirmado por uma amostragem mais abrangente. O resultado tem utilidade devido ao fato de ser o primeiro estudo feito até a presente data que, mesmo dotado de limitações, ultra-

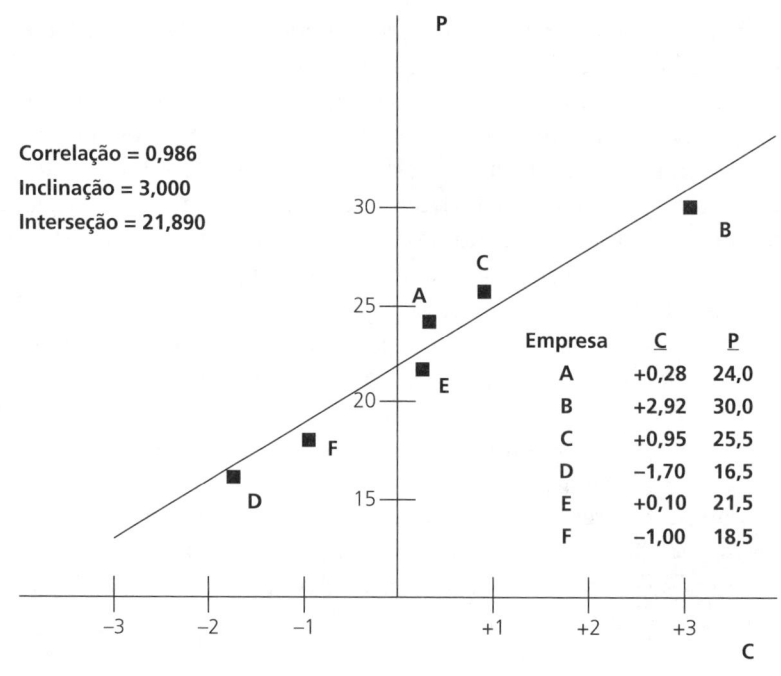

**FIGURA 8.3** A competência da produção (*C*) *versus* o desempenho relativo (*P*).
Fonte: Cleveland, Schoroeder e Anderson (1989).

Correlação = 0,986
Inclinação = 3,000
Interseção = 21,890

| Empresa | C | P |
|---------|------|------|
| A | +0,28 | 24,0 |
| B | +2,92 | 30,0 |
| C | +0,95 | 25,5 |
| D | −1,70 | 16,5 |
| E | +0,10 | 21,5 |
| F | −1,00 | 18,5 |

passa o mero nível especulativo de que existe uma relação numérica entre o desempenho e a competência.

Deve-se tomar cuidado para evitar que todo o peso do presente estudo seja colocado na relação numérica demonstrada na Figura 8.3. Enquanto que os resultados numéricos são de interesse, há muitas outras formas de se aferir o desempenho e de se definir a competência. Deverão ser feitas mais investigações dos constructos aqui apresentados antes de se poder obter conclusões decisivas. Afinal, estamos apenas formulando uma teoria com base em um conjunto de dados bastante limitado. A relação numérica representa, no entanto, uma etapa importante para o desenvolvimento de uma teoria bem fundamentada.

## 8.7 OBSERVAÇÕES E CONCLUSÕES

No decorrer do estudo, realizamos observações e chegamos a conclusões que encontram-se a seguir expostas:

1. A competência da produção é o marco do sistema referencial do presente estudo. Como as publicações especializadas lançam pouca luz sobre este importante conceito, não tínhamos certeza sobre o que era

a competência, sem dizer sobre como aferi-la. À medida que o estudo foi avançando, ficou óbvio que a competência não era simplesmente um atributo da manufatura. Em vez disso, ela era uma variável e, como tal, podia ser determinada mediante avaliação sistemática do ativo da manufatura em relação aos objetivos estratégicos da empresa. Constatamos a possibilidade de definir e quantificar a competência pelo emprego consistente de um procedimento bem planejado dentro de um sistema referencial fixo e de variáveis mensuráveis.

2. Era necessário um procedimento de diagnóstico que permitisse quantificar a competência e o desempenho. Dada a inexistência de um procedimento dessa ordem tanto nas publicações especializadas quanto na prática, foi necessário projetar um. Esse procedimento se transformou em um método, que exige a identificação das áreas-chaves de desempenho, classificadas com base na sua importância para a estratégia comercial. Determinam-se as forças e as fraquezas da empresa em cada uma das áreas e multiplicam-se as mesmas pelo valor do log da ordem inversa de classificação, a fim de se chegar a uma avaliação geral da competência.

3. O procedimento de diagnóstico aborda a preocupação de Andrews de que é difícil "estabelecer um modo sistemático de desenvolver e utilizar" os conhecimentos relativos às forças e às fraquezas empresariais em combinação com o alcance dos objetivos específicos de uma organização [2, p. 65]. Esse procedimento é justamente o tal "modo sistemático." Ele foi desenvolvido e utilizado para determinar a competência em nível de operações e ele é mais sistemático e rigoroso que qualquer outro método disponível.

4. Como o procedimento de diagnóstico foi projetado visando facilitar a pesquisa exploratória, estávamos inseguros sobre quão bem ele iria funcionar. Ficamos satisfeitos quando, com a retrospectiva das entrevistas objetivas e casuais, foi demonstrado que os entrevistados consideravam que o procedimento produzia um quadro justo e imparcial das capacitações processuais gerais.

5. Não estávamos certos de poder estabelecer uma relação numérica entre o desempenho e a competência. De forma intuitiva, pensávamos que de fato havia uma forte relação, mas que irregularidades no procedimento de diagnóstico e/ ou no sistema referencial seriam atenuadas pelo exame de uma amostragem de apenas seis empresas. O fato de a relação obtida ser bem compatível deixou-nos entusiasmados. Temos algumas razões para esperar que o procedimento consiga reproduzir os resultados por nós encontrados.

6. Avaliou-se a capacitação dos processos de acordo com a sofisticação dos instrumentos e dos equipamentos da empresa. Esse resultado foi depois utilizado para se determinar as fortalezas e as fraquezas das áreas-cha-

ves de desempenho. Assim, as F/Fs são mera função do ativo físico da manufatura e não levam em consideração modificadores como a qualidade da matéria bruta e a motivação dos trabalhadores. É evidente que esses modificadores precisam ser incluídos nas pesquisas futuras.

O presente estudo propicia a realização de um insight sobre a natureza da competência da produção. É importante formar constructos e adquirir alguma experiência relativa às relações entre eles antes de seguir para a realização de estudos de campos mais abrangentes. Os conceitos ainda são nebulosos; em função disso, seria bom realizarem-se estudos de dimensões muito mais restritas, visando a formação de uma teoria no presente estágio de desenvolvimento.

O primeiro propósito do presente estudo era buscar o elo de ligação entre o processo de produção e a estratégia comercial de uma empresa, elo esse cuja existência é sugerida há longo tempo. Isso foi alcançado mediante o desenvolvimento de um procedimento de diagnóstico para avaliar a capacitação da manufatura em relação à estratégia comercial, assim como o desempenho comercial da empresa dentro do seu próprio setor. As conclusões do presente estudo indicam que a competência da produção é, de fato, o elo de ligação que se buscava, e que é provável que exista uma relação numérica entre a competência da produção e o desempenho comercial. Se tal relação aparenta ser óbvia em um nível intuitivo, ela, até então, nunca havia ganho um suporte de evidências. Dessa maneira, estamos mais perto de desenvolver uma teoria válida sobre a competência da produção, mas, para este fim, evidentemente é necessário que se desenvolvam mais trabalhos nessa importante área. [Recebido: 17 de maio de 1988. Aceito: 20 de setembro de 1988.]

## 8.8 REFERÊNCIAS

1. Anderson, J., & Schroeder, R. A review of operations strategy concepts. Proceedings, Strategic Management of Operations: Gaining the Competitive Edge, University of Minnesota, 1984, pp. 2-22.
2. Andrews, K. R. The concept of corporate strategy. Homewood, IL: Irwin, 1980.
3. Buffa, E. S. Meeting the competitive challenge. Homewood, IL: Irwin, 1984.
4. Cleveland, G. Manufacturing competence: The link between production system and business strategy. Unpublished Ph.D. dissertation, University of Minnesota, 1986.
5. Glaser, B. G., & Strauss, A. L. The discovery of grounded theory. Chicago, IL: Aldine, 1967.
6. Hayes, R. H., & Schmenner, R. W. How should you organize manufacturing? Harvard Business Review, 1978, 56(1), 105-118.
7. Hayes, R. H., & Wheelwright, S. C. Link manufacturing process and product life cycles. Harvard Business Review, 1979, 57(1), 133-142.
8. Hayes, R. H., & Wheelwright, S. C. Restoring our competitive edge: Competing through manufacturing. New York: Wiley, 1984.

9. Porter, M. E. Competitive strategy: Techniques for analyzing industries and competitors. New York: Free Press, 1980.
10. Schroeder, R. Operations strategy: Missing link in corporate planning. Management Review, 1984, 73(8), 20-23.
11. Skinner, W. Manufacturing—Missing link in corporate strategy. Harvard Business Review, 1969, 47(3), 136-145.
12. Wheelwright, S.C. Reflecting corporate strategy in manufacturing decisions. Business Horizons, 1978, 2I(1), 57-66.

# 9
# A fábrica de serviços*

RICHARD B. CHASE
SCHOOL OF BUSINESS ADMINISTRATION,
UNIVERSITY OF SOUTHERN CALIFORNIA

DAVID A. GARVIN
HARVARD BUSINESS SCHOOL

A fábrica do futuro não é um lugar onde computadores, robôs e máquinas flexíveis realizam o trabalho duro. Essa é a fábrica do presente, a qual, havendo o dinheiro e a capacidade intelectual necessárias, qualquer empresa manufatureira é capaz de construir. É claro que qualquer empresa concorrente também consegue construir uma fábrica assim – e é em função disso que a competição baseada apenas na excelência da produção está se tornando cada vez mais difícil. Os menores custos, a mais alta qualidade e a maior variedade de produtos são como as apostas na mesa do pôquer – o preço pago pelas empresas para ingressar no jogo. A maioria dos produtos é passível de sofrer rápida e fácil imitação; e os processos de produção e design mais automatizados não conseguem necessariamente bater os processos mais automatizados. O que determina quem ganha e quem perde é a maneira de jogar das empresas, e não meramente o produto ou as tecnologias de processo que as qualificam para competir.

Os fabricantes que conseguirem manter o êxito alcançado até a próxima geração, irão então competir agrupando serviços e produtos, antecipando e respondendo a uma série verdadeiramente ampla de necessidades dos consumidores. Além disso, eles farão da própria fábrica o centro dos seus esforços para ganhar e reter consumidores – atividades que presentemente encontram-se situadas em locais separados e muitas vezes distantes da organização. Os trabalhadores da produção e os gestores da fábrica serão capazes de forjar e sustentar novas relações com os consumidores, devido ao fato de estarem em contato direto e contínuo com os mesmos. A manufatura, em resumo, tornar-se-á o córtex da empresa. As supostas fábricas flexíveis de hoje tornar-se-ão as fábricas de serviços de amanhã.

Cerca de 200 anos atrás, na época em que as carruagens puxadas a cavalo eram fabricadas em sua maioria por artesãos, o fabricante de carruagens de maior sucesso era invariavelmente o mais amoldável dentre todos. Embora ele se orgulhasse de ser um técnico – um fabricante – seu sucesso dependia em grande medida da sua disposição e da sua habilidade em conversar com os

---

* Artigo originalmente publicado sob o título *The Service Factory*, na Harvard Business Review, jul-ago, p.61-69, 1989.

consumidores sobre pontos de maior importância: antes da venda, de modo a conseguir obter uma ideia clara sobre aquilo de que o cliente precisava e sobre as características do produto que iriam lhe satisfazer; durante o processo de produção, de modo a conseguir incorporar quaisquer mudanças necessárias ao produto; e depois da entrega, de modo a conseguir aprender quais características ele havia incorporado (e quais não havia) ao produto, em termos daquilo de que o cliente necessitava em manutenção, reparos e reposição.

A produção em massa substituiu a habilidade artesanal porque os consumidores passaram a valorizar mais os artigos padronizados que os artigos personalizados e de preço mais elevado. Como resultado, o trabalho sofreu um crescimento compartimentalizado através da divisão do trabalho. A habilidade artesanal (isto é, a manufatura) ficou separada das atividades pós-produção, como vendas e serviços posteriores à compra, e também separada das atividades de produção, como criação e design de novos produtos. De forma gradual, a manufatura passou a receber mais e mais das informações e instruções a ela pertinentes através de filtros – divisões e departamentos que eram separados, funcional e fisicamente, do local de produção. Não era de surpreender que os gestores da área de produção reclamassem que aqueles que definiam o trabalho que eles estavam encarregados de fazer raramente o compreendiam, ou se importavam o necessário sobre os detalhes, os problemas ou as possibilidades técnicas do mesmo.

Durante décadas, as empresas arrumaram um jeito de se safar nessa situação. Em anos mais recentes, à medida que a competição feita pelos japoneses começou a exercer pressão sobre as empresas manufatureiras em toda a parte, os fabricantes trabalharam com unhas e dentes e conseguiram educar os trabalhadores e quebrar algumas das barreiras existentes entre as atividades de produção e o trabalho realizado pela fábrica. Eles encorajaram a comunicação entre as funções dos designers de produtos e dos engenheiros de produção, assim como entre as funções dos gestores de P&D e dos gestores de qualidade no chão da fábrica.

Esses esforços criativos que visavam acelerar a inovação dos produtos e melhorar o desempenho da produção foram importantes e necessários, mas eles perderam sua adequação. Nos dias de hoje, as atividades de pós-produção têm de ser também integradas às tarefas desempenhadas pela fábrica. Cada vez mais, o corpo de funcionários da fábrica detém os meios para dar apoio à equipe de vendas, aos técnicos de serviços e aos consumidores. Esse apoio deve ser e será utilizado. O conceito da competitividade está sofrendo uma transformação, deixando de referir-se à maneira como as empresas constroem seus produtos para se transformar em quão bem as empresas servem os consumidores antes e depois da construção dos seus produtos.

Algumas dentre as empresas consideradas de melhor gestão nos Estados Unidos – Hewlett-Packard, Allen-Bradley, Caterpillar, Frito-Lay – já estão operando fábricas cujas atividades refletem o novo papel dos serviços na competição manufatureira. Nenhuma das suas instalações é uma fábrica completa de serviços. Faltam muitos anos ainda para isso vir a acontecer. Mas no campo das atividades de produção e pós-produção, essas fábricas apresentam um determinado desempenho e, no grau de interação entre os trabalhadores na área da produção e os consumidores, elas apontam um caminho para o futuro.

O conceito de serviços para uma empresa manufatureira gira inevitavelmente em torno dos seus produtos em uma gama de aspectos – *design*, características, durabilidade, reparabilidade, distribuição e facilidade de instalação e utilização. Até mesmo as fábricas mais tradicionais de outrora propunham a oferta de algum tipo de serviço, porém elas tinham uma concepção restrita de serviços. Para os gestores das fábricas da velha guarda, o termo serviço significava pouco além de um comprometimento em cumprir com os devidos prazos. A logística e a distribuição estimulavam a fábrica a concluir a produção dos pedidos dentro de determinados prazos, a comunicar de antemão problemas na entrega e a embalar os materiais visando fácil transporte, com controle de danos. Os consumidores eram meras cifras na escala de produção.

Os gestores das fábricas supostamente flexíveis ampliaram o conceito de serviço, de modo a incluir tanto o comprometimento para com a variedade de produtos como a capacidade de perceber o consumidor de forma mais particularizada. A chave para a flexibilidade tem sido a capacidade de produzir com eficiência lotes de pequenos tamanhos e de converter com rapidez a fabricação de um produto para outro. Mesmo assim, até as fábricas consideradas mais flexíveis não estão tirando proveito da gama completa de serviços que poderiam oferecer. Como resultado, elas estão ignorando oportunidades competitivas.

As fábricas geram informações e habilidades que são de fundamental importância para o design do produto. Dentre aquilo que é gerado, encontram-se o feedback preciso e no devido tempo sobre a viabilidade da produção de novos designs, a habilidade da construção rápida de protótipos e a capacitação para a introdução de pedidos uniformes mediante alterações de engenharia. Mas as fábricas também representam um recurso de auxílio aos consumidores nas questões referentes à instalação, manutenção e solução de problemas. As pessoas que fabricam os produtos geralmente detêm mais conhecimentos sobre o desempenho, a variação e as falhas destes produtos do que as pessoas que atuam no serviço de campo.

Tais especialistas de produtos são também capazes de prestar uma contribuição decisiva às vendas e aos esforços dispendidos pelo marketing. O que ocorre é que não apenas as fábricas geram informações de qualidade que auxiliam nas vendas, como os fabricantes de produtos bastante sofisticados – os fabricantes de chips, por exemplo – atestam a qualidade dos seus produtos mostrando aos consumidores que seus procedimentos são virtualmente infalíveis. As fábricas podem servir como demonstradoras em tempo real da tecnologia e dos sistemas comercializados pela empresa. Elas também podem ajudar no sentido de capacitar a equipe de vendas a produzir melhores respostas, comunicando a esta equipe informações detalhadas relativas a custos e produção para fim de licitações competitivas e vendas cruzadas, e fabricando uma gama cada vez mais ampla de produtos. Uma vez que os produtos tenham sido vendidos, a fábrica também pode prestar um apoio pós-vendas, propiciando informações de valor e de fácil acesso sobre o status dos pedidos e efetuando a reposição sem demora das peças e dos produtos de maior importância.

A construção de uma fábrica completa de serviços, uma fábrica que oferecesse todos os serviços anteriormente mencionados, de uma só vez seria uma tarefa árdua. O meio para se alcançar este objetivo é primeiro pela identificação de uma série de necessidades específicas dos consumidores e pela busca para então satisfazê-las dentro da maior rapidez possível, a começar pelos serviços nos quais a fábrica seja particularmente boa. Isso significa misturar-se em torno de um único modelo de serviços que seja tão explícito e transparente que toda a organização consiga compreender facilmente aquilo que necessita ser feito e porquê.

Formulamos aqui uma proposta composta por quatro alternativas, porém há, sem dúvida, outras tantas.

## 9.1 O LABORATÓRIO

A competência da fábrica em testar novos produtos e processos e em assegurar a viabilidade e a qualidade de fabricação tornam-na também equipada para atuar como se fosse um laboratório. O princípio é a planta piloto. Os gestores da fábrica disponibilizam informações de importância fundamental para o restante da empresa: dados referentes ao desempenho do produto e à sua arquitetura para a equipe de P&D; parâmetros de processamento para os *designers*; limitações da capacidade para a equipe de vendas e a de marketing. Para conseguir realizar tal procedimento, eles necessitam de processos que sejam altamente instrumentalizados, de um equipamento capaz de aceitar finos ajustes, de operadores dotados de capacitação técnica e de uma documentação criteriosa e precisa.

Allegheny Ludlum, um grande fabricante de artigos de aço especializados, criou um sistema formal de experimentos processuais, experimentos muitas vezes de alto risco, guiados por procedimentos especiais e destinados a encorajar o surgimento de inovações. Experimentos de alto risco são aqueles que expandem as fronteiras de fabricação do aço; os experimentos mais tradicionais visam modificar ou aperfeiçoar as operações vigentes que continuam a não ser plenamente compreendidas.

Por exemplo, em meados dos anos 80, a Allegheny Ludlum deu início a uma série de experimentos no sentido de criar uma substituição metálica para ser usada em lugar do substrato de cerâmica nos conversores automotivos catalíticos. Os experimentos envolviam uma nova família de ligas metálicas, cuja fabricação é trabalhosa e dispendiosa. Para começar com os experimentos, a equipe de P&D ou de produção obteve primeiro a aprovação do vice diretor-presidente sênior da divisão técnica e dos vice diretores-presidentes dos serviços técnicos, da produção e das vendas; então, os gestores operacionais puderam processar os experimentos livremente, cientes de que os resultados não se fariam notar em seus orçamentos nem seriam abatidos das suas margens de lucros.

A empresa apoia a referida experimentação mediante um sistema contábil de custos extremamente detalhado – 100.000 critérios, controle de custos de cada departamento, máquina, processo, grau, largura e bitola de aço. Como resultado, todos os experimentos geram custos proveitosos e informações referentes à produtividade. O sistema também rastreia os percentuais de produtos defeituosos e outros dados referentes à qualidade. A experimentação produziu resultados impressionantes: entre 1984 e 1988, a produtividade da oficina metalúrgica da Allegheny e da fundição contínua aumentou de 7% para 8% ao ano.

O CEO da Chaparral Steel, uma mini usina siderúrgica de grande sucesso, é explícito quando se refere a essa abordagem. Ele está tentando, segundo diz, levar a pesquisa e os desenvolvimentos da sua empresa diretamente para o chão da fábrica. Os supervisores de primeira linha desfrutam regularmente de licenças remuneradas de serviço, período durante o qual eles visitam outras siderúrgicas, exploram novas tecnologias e visitam consumidores. Eles trazem de volta para a fábrica ideias novas e muitas vezes experimentais e assumem a liderança na introdução das mesmas no chão da fábrica.

Mas os laboratórios fazem mais, no entanto, que apenas realizar experimentos. Eles também fornecem dados de apoio fundamentados em rigorosos testes – como os laboratórios clínicos que apoiam os médicos. Tais informações também podem aliviar as preocupações dos consumidores relativas a imperfeições nos produtos e a um desempenho falho. Devido ao fato de os consumidores serem agora mais impacientes e mais insistentes do que antes, a fábrica que está próxima a eles e conduz sua própria experimentação com os produtos é capaz de dar uma resposta às preocupações daqueles mesmos consumidores de maneira rápida e direta, fornecendo dados concretos e reais que permitem a esses consumidores o discernimento quanto à qualidade e à flexibilidade do produto e a outros aspectos similares.

Na divisão de sistemas da Hewlett-Packard em Fort Collins, que fabrica computadores e estações técnicas de trabalho, o departamento de qualidade desempenhou um papel de liderança na geração de informações de crucial importância para os consumidores. Primeiro, os gestores da qualidade geraram instrumentos de pesquisa dirigidos ao consumidor e coletaram dados de campo sobre os produtos das empresas concorrentes para o próprio uso deles. Então, descobriram que o departamento de marketing havia entendido a iniciativa como se fosse uma ingerência. Assim foi que sugeriram a formação de uma nova parceria, lançando mão da competência especializada da fábrica. O departamento de qualidade abraçou o papel de departamento de serviços para o marketing, trabalhando em conjunto com integrantes da equipe técnica de marketing no sentido de dar apoio no campo à equipe de vendas e à de serviços. De acordo com Henry Kohoutek, o gestor de qualidade da empresa: "O enfoque, que estava centralizado na seleção de oportunidades visando a prestação de contribuições, passou para a equipe de marketing, que sabia bem onde se fazia necessário um auxílio e como dar valor a ele."

Com o tempo, novas espécies de informações foram geradas, embaladas e apresentadas em formatos inovadores: folhas de dados sobre a qualidade dos produtos; dados sobre as condições de teste e sobre o resultado dos testes, apresentados de forma tão resumida e de tão fácil compreensão que impressionava os consumidores; fitas de vídeo documentando os testes feitos com os produtos tangíveis e o desempenho no campo. O departamento de qualidade também mantinha contato direto com a equipe de vendas e de serviços por meio das sessões de treinamento, das apresentações e das excursões organizadas com guias para visitação de suas instalações. O marketing cobre agora praticamente todos os custos associados, com base em seu orçamento.

## 9.2   O CONSULTOR

A experiência da Hewlett-Packard está bem veiculada a um outro tipo de serviço prestado pela fábrica – a resolução dos problemas de campo. Muitas empresas vendem a especialização técnica juntamente com o produto. A maioria delas emprega os chamados "engenheiros de sistemas" ou equipe técnica de serviços. Mas os trabalhadores da fábrica podem, ainda assim, constituir um pool de talentos capaz de desempenhar algumas daquelas tarefas. Quanto mais as pessoas da fábrica trabalharem com design, marketing e qualidade, e, quanto mais sofisticadas forem as máquinas que elas operam, mais elas começarão a pensar de forma análoga aos engenheiros de produtos e processos. Na expressão de um designer de produtos que conhecemos, elas se tornam "especialistas naquilo que o produto tenta ser." As pessoas da fábrica são capazes de ensinar aos consumidores técnicas de controle da qualidade. Também pode-se fazer com que elas sejam parte integrante da equipe de design, consultoria sobre a viabilidade de fabricação para um cliente, ou elas poderiam ajudar os consumidores a resolver dificuldades que tenham com os produtos.

A Raritan River Steel Company, fabricante de hastes metálicas, envia os trabalhadores da fábrica para fora dela junto com os profissionais de vendas para que eles detectem os problemas de qualidade enfrentados pelos consumidores; depois de voltarem para a fábrica, eles criam soluções com os colegas de trabalho da loja. Em um dos casos, foi possível rastrear o problema do consumidor até detectar uma sutil falha de manufatura – quase nada, coisa de um minuto, na superfície da haste – que somente o treinado olho de um trabalhador seria capaz de identificar.

A Tektronix, fabricante de equipamentos eletrônicos, foi a empresa pioneira no estabelecimento da comunicação direta entre os consumidores e os empregados da loja. Dentro da caixa de papelão para transporte de todos os osciloscópios que ela comercializa, a empresa insere um cartão postal onde estão relacionados os nomes dos trabalhadores que construíram o instrumento de medida eletrônico, juntamente com um número "0800" para falar gratuitamente com um telefone da loja. Todos os dias, a fábrica recebe várias chamadas dos consumidores; as seis pessoas que trabalham na área de reparos e que atendem as chamadas, todas receberam treinamento em telefonia.

Os consumidores telefonam por vários motivos: perguntas relativas a como utilizar seus osciloscópios, queixas sobre o desempenho da qualidade, pedidos de informação sobre outros produtos Tektronix e assim por diante. Os trabalhadores e os gestores se reunem diariamente para discutir essas ligações telefônicas e, se necessário, realizam outras conversas com os consumidores que ligaram. Em alguns casos, os trabalhadores telefonam para os consumidores seis meses depois da entrega, a fim de descobrir se os produtos estão apresentando um bom desempenho.

É claro que, para serem úteis para os consultores, os trabalhadores da fábrica devem possuir mais conhecimentos sobre seus produtos e mercados do que aquilo que seriam capazes de absorver por osmose diária. Eles deveriam receber treinamento nas técnicas básicas de garantia da qualidade e instrução sobre os principais conceitos e a terminologia da área técnica. Eles também precisam se sentir à vontade ao lidar com os consumidores e até talvez ao fazer apresentações formais.

## 9.3 O SHOWROOM

Um outro modo, um tanto inusitado, para a utilização de uma fábrica com obtenção de vantagens, especialmente no caso das empresas de alta tecnologia, é em forma de um showroom. A fábrica pode servir como uma demonstração operacional dos sistemas, processos e produtos que fabrica. Ela também pode demonstrar a drástica superioridade de fabricação da empresa e, por implicação, sua superior qualidade ou confiabilidade.

A Allen-Bradley, fabricante de controles de automação industriais, emprega operações de manufatura integradas a um sistema computadorizado em Milwaukee exatamente dessa forma. As instalações possuem uma "fábrica dentro de outra fábrica" de aproximadamente 46 metros por 92 metros. Após 24 horas da colocação do pedido, ela é capaz de produzir 1.025 interruptores e relays eletrônicos diversificados em lotes capazes de comportar apenas um e sem qualquer defeito.

Mesmo antes de serem construídas essas instalações, o grupo de vendas da empresa havia construído uma "pirâmide de produtividade" com o objetivo de demonstrar os elos de ligação existentes entre os vários níveis de controle da fábrica (controles computadorizados de níveis mais altos e mais baixos – nível de plano, nível de centro e assim por diante) e havia adotado a ideia de utilizar as próprias operações da empresa a fim de provar que o sistema era plausível. A unidade industrial de Milwaukee também exibe os produtos de software da Allen-Bradley, e modela o que seria, senão, uma arquitetura de sistemas abstratos e elusivos.

A fábrica também é capaz de reforçar a percepção que o consumidor tem sobre a qualidade do produto. A Copeland Corporation, fabricante de compressores de ar-condicionado, introduziu no mercado um novo modelo nos anos 70 e construiu instalações de última geração, equipadas com controles programáveis e outros dispositivos automáticos bem avançados. A corporação organizou então excursões de visitação para os consumidores, com o intuito de demonstrar a precisão da manufatura e os exaustivos procedimentos de teste e de salientar a confiabilidade do produto. A Copeland conseguiu assim abocanhar 25% do mercado no prazo de dois anos.

Para que a fábrica fosse um showroom de sucesso, eram necessárias três condições. As equipes de marketing e de manufatura tinham de trabalhar muito bem integradas, visando tanto compreender as expectativas dos consumidores como atendê-las. Os gestores da produção e os empregados da loja tinham de ser bem treinados em comunicação e apresentação. E o layout da fábrica devia permitir pontos de parada e dispositivos audiovisuais que salientassem os processos com maior potencial de venda.

Na unidade de Vancouver da Frito-Lay, situada em Washington, por exemplo, as entradas e as saídas foram alargadas de modo a poderem acomodar grandes grupos de visitantes, e microfones e alto-falantes foram instalados em pontos de observação estratégicos. Foi feito um recondicionamento dos pisos, por questões de segurança, e a equipe de relações públicas organizou três tipos de excursões de visitação, uma feita especialmente para os atacadistas, outra para os varejistas e, é claro, uma para aqueles que apreciam um lanchinho entre as refeições. Uma dessas visitações foi de crucial importância para o aporte de uma conta de US$ 2 milhões.

## 9.4 O DESPACHANTE

Por fim, a fábrica pode ser o fulcro de apoio pós-vendas. É evidente a importância de backup dos serviços nos setores indutriais emergentes, onde se empregam novas tecnologias e onde os produtos carecem de uma história pregressa. Mas é possível também organizar-se as fábricas para que elas ajudem as empresas a diferenciar os produtos mais consistentes de negócios. Elas podem fornecer aos consumidores uma rápida reposição das peças com defeito ou desgaste e garantir um rápido reabastecimento dos estoques, visando ajudar os consumidores a não terem tempo ocioso e tampouco ficarem com esgotamento do estoque. Uma peça sobressalente que não possa ser encontrada é capaz de deixar ociosa uma máquina dispendiosa – em verdade, toda uma fábrica.

A eficácia como despachante requer um nível de flexibilidade jamais antes visto. A fábrica precisa ser capaz de antever possíveis surtos de demanda e de dar uma resposta imediata às crises dos consumidores. Já faz décadas que a Caterpillar demonstra uma extraordinária habilidade em controle de peças, armazenagem e logística. Ela se compromete a disponibilizar peças de reposição para seus tratores e equipamentos para remoção de terra em qualquer parte do mundo dentro de um prazo de 48 horas. Essa capacidade de resposta é enfatizada mais que tudo pela equipe de vendas da Caterpillar. Hoje, a Caterpillar costuma prestar aconselhamento aos consumidores na área de apoio logístico e serviços correlacionados, sendo detentora de uma ativa prática de consultoria.

Nos negócios de vestuário, higiene e cuidados pessoais, e pequenos aparelhos e utensílios, os quais muitas vezes se veem sujeitos aos modismos e às mudanças na moda, é de fundamental importância para o comércio varejista uma rápida capacidade de resposta. A The Limited, empresa varejista do setor de vestuário, mantém suas centenas de lojas ligadas eletronicamente a um único computador central localizado na sua matriz em Columbus, Ohio, o qual, por sua vez, está conectado às suas fábricas de tecidos de Hong Kong através de um sistema que opera em tempo real e permite às fábricas começar a reproduzir a fabricação dos itens mais vendidos ao fim da primeira semana de vendas.

Tal capacidade de resposta depende de uma ligação cada vez mais próxima com os consumidores, que pode ser alcançada de várias maneiras. Na abordagem mais inovativa, chamada algumas vezes de sistemas interorganizacionais, as fábricas suprem os consumidores com terminais de computadores que estão diretamente conectados ao sistema de entrada de pedidos e controle da produção na fábrica. A empresa Inland Steel faz uso dos sistemas interorganizacionais, assim como a Levi Strauss. Várias das principais empresas do ramo alimentício estão explorando a possibilidade de conectarem seus sistemas de entrada de pedidos aos computadores que compilam os dados provenientes dos scanners nos supermercados, de modo a poderem passar totalmente por cima dos departamentos responsáveis pelas aquisições.

As empresas também podem estreitar seus elos de ligação com os consumidores de forma mais convencional, prescindindo do uso de sofisticados sistemas informatizados. Isso costuma exigir equipes interfuncionais compostas por representantes das áreas de vendas, logística e produção. Na unidade de Vancouver da Frito-Lay, por exemplo, os gestores das áreas de logística e vendas e os trabalhadores da unidade industrial programam a realização de contatos regulares (semanais, mensais, quadrimestrais), contatos esses pessoais e por telefone. São comuns eventos de treinamento em conjunto. As equipes trabalham juntas com o objetivo de reduzir o número de entregas fora do prazo, eliminar os produtos fora da validade, solucionar os problemas de quebra de produtos e atender às necessidades especiais de promoção. O resultado foi um rápido crescimento nas vendas e, em 1988, a obtenção do mais alto grau na combinação entre serviços e qualidade de qualquer uma das unidades industriais de mescla completa da Frito-Lay.

Cada um desses modelos – laboratório, consultor, showroom e despachante ilustra uma abordagem distinta para os serviços da fábrica. Eles também demonstram a justaposição dos serviços. É impossível que uma fábrica se torne um bom despachante sem contar com excelentes informações sobre o consumidor; é impossível que ela venha a ser um bom consultor sem deter conhecimentos detalhados sobre produtos e processos. As fábricas se tornam fábricas de serviços no momento em que seus gestores e trabalhadores compreendem as necessidades dos consumidores com a mesma profundidade e diretividade com que conhecem seus próprios produtos.

Nem todos os gestores de fábrica acolhem tão bem as mudanças exigidas pela fábrica de serviços. A maioria das empresas costumava vedar o acesso ao seu cerne tecnológico de produção e desencorajar a interação com os grupos de fora da fábrica. Os gestores da área de manufatura buscavam maximizar a eficiência e proteger a linha de produção contra os distúrbios externos; eles se protegiam armazenando os estoques em locais que ficavam fora do alcance do restante da organização e dos consumidores.

Os gestores das fábricas de serviços, por sua vez, têm que trabalhar em um sistema aberto. Eles necessitam de conexões diretas e acessíveis com o *design*, o *marketing* e o planejamento estratégico, assim como com os consumidores. Os computadores e as telecomunicações podem ser de auxílio aqui, com toda certeza. Os sistemas computadorizados para dar entrada nos pedidos, os sistemas especializados para gerenciamento das vendas mais complexas, os registros computadorizados para suporte pós--vendas, os catálogos computadorizados para as peças de reposição, as secretárias eletrônicas operando 24 horas para o registro das queixas dos consumidores, as máquinas baratas de fax – tudo isso acelera a comunicação e rompe com as barreiras funcionais.

Mas aquilo que move a abordagem dos sistemas abertos é a estratégia, e não a tecnologia – o fato de que a administração compreende as vantagens competitivas advindas do trabalho em uma bases de maior colaboração. Na unidade de Vancouver da Frito-Lay, o melhor exemplo de um sistema aberto com o qual nos deparamos, a tecnologia não passa de um telefone.

As principais empresas manufatureiras de amanhã serão aquelas cujos gestores desencadeiam o potencial de serviços de suas fábricas. É a competitividade que gera essa demanda. A tecnologia torna isso possível. De fato, as forças competitivas que movem as empresas a diferenciar seus produtos com a oferta de serviços novos e criativos estão, ao mesmo tempo, dando poder às organizações fabris a gerá-las.

Pense de novo sobre a divisão do trabalho, sobre a maneira como a organização fabril evoluiu – e sobre o porquê disso. Os capitalistas vitorianos (e, mais tarde, o movimento de "administração científica" liderado por Frederick Winslow Taylor) dividiu o trabalho humano em tarefas cada vez mais simplificadas e automáticas. O objetivo era a melhoria da produtividade: se todos os trabalhadores executassem uma pequena parcela de trabalho, a mão de obra destituída de capacitação seria capaz de construir produtos com mais rapidez e eficiência (mesmo que sem desfrutar tanto) que os artesãos. A questão era conseguir competir em termos de preço.

Os japoneses levaram esse princípio para um patamar mais alto e mais sofisticado. Tomando as dicas dadas por Taylor e seus discípulos, os gestores japoneses analisaram os processos de produção com uma precisão surpreendente – movimentos de microsegundos, tolerância de frações de mícrons. A ideia, em princípio, era simplesmente fazer com que as pessoas trabalhassem de maneira mais eficiente. Mas a tamanha atenção dada aos detalhes lançou também as bases para a produção em um sistema just-in--time e computadorizado. As fábricas japonesas estavam organizadas para entregar produtos de baixo custo com rapidez, sem sacrificar a qualidade superior ou a flexibilidade. (Você sempre conseguiria comprar um carro luxuoso, indestrutível, exatamente na cor certa. Mas não fora do lote de produção, e não pelo custo do salário de três meses.)

Para continuar na jogada, os fabricantes dos EUA tiveram de fazer uma reforma em seus processos e em suas práticas. Muitos obtiveram êxito. Hoje, a Harley-Davidson consegue se postar no mesmo nível da Honda por ter abraçado as melhorias de qualidade e os métodos de produção just-in-time, quando, há alguns anos, a empresa encontrava-se à beira de sofrer uma catástrofe financeira. Todas as empresas precisam agora dominar com maestria a ciência da manufatura – a análise, a subdivisão e o controle de tarefas de conversão de estreita definição. Caso contrário, suas fábricas continuarão, sem esperanças de mudança, a ser inadequadas para participar da competição mundial e para os programas computadorizados capazes de operar e monitorar a linha de produtos.

Além disso, a indústria dos EUA tem agora que selecionar, treinar e voltar a treinar os trabalhadores que se utilizam de e competem com máquinas inteligentes (e não tão inteligentes). Hoje, a média de trabalho direto é inferior a 15% do custo dos produtos mais manufaturados; dentro do prazo de cinco anos, é provável que esse índice atinja um percentual tão extravagante quanto foi o caso das taxas para produtos com defeitos, que recentemente ficaram em 3%.

À medida que as fábricas empregam um número cada vez menor de pessoas, aqueles que continuam a ter um emprego necessitam saber como lidar com as máquinas complexas, as interfaces de software e os problemas referentes a design, além de ter que saber como fazer o controle da qualidade e dar valor aos consumidores. Cada vez mais, conforme sustentado por Peter Drucker e outros autores, a fábrica requer trabalhadores dotados de conhecimentos que agregarão valor por pensarem de forma mais análoga a gerentes gerais, contribuindo, de um modo que nenhum computador é capaz de fazer, por entenderem a totalidade do sistema de produção e por proporem maneiras inéditas para enriquecimento dos produtos. Em resultado, os trabalhadores e os gestores da fábrica deterão mais conhecimentos sobre determinados aspectos do desempenho e potencial dos seus produtos do que qualquer outra pessoa da organização.

Drucker observou que os imperativos da competitividade baseada na informação estão rompendo com as barreiras dentro das empresas e tornando obsoletas as divisões funcionais. Pode ser que ele tenha acrescentado que a divisão entre as atividades de produção e pós-produção também estão desaparecendo. Os departamentos de marketing, pesquisa e desenvolvimento, design, manufatura, vendas, serviços pós-vendas – estão todos se incorporando uns aos outros. As tarefas dos serviços de uma empresa não podem mais ser separadas de forma primorosa e sequenciada do trabalho da fábrica. Se o corpo de funcionários da fábrica é indispensável para as equipes interfuncionais que geram excelentes designs – como elas o fazem agora – tanto mais essenciais elas devem ser para uma empresa que compete sobre os serviços que presta.

# 10
# A teoria emergente de produção*

PETER F. DRUCKER
CLAREMONT GRADUATE SCHOOL

Nós ainda não podemos construí-la. Mas já podemos especificar a fábrica "pós-moderna" de 1999. Sua essência não será mecânica, apesar de que haverá uma grande quantidade de máquinas. Sua essência será conceitual – o produto de quatro princípios e práticas que, juntos, constituem uma nova abordagem à produção.

Cada um destes conceitos está sendo desenvolvido separadamente, por pessoas diferentes com pontos de partida e programas diferentes. Cada conceito tem seus objetivos e seus próprios tipos de impacto. O Controle Estatístico da Qualidade está mudando a organização social da fábrica. A nova contabilidade de produção nos permite tomar decisões de produção como decisões de negócios. A "frota" ou organização modular do processo produtivo promete combinar as vantagens da padronização e da flexibilidade. Finalmente, a abordagem de sistemas incorpora o processo físico de fazer coisas, ou seja, a produção, ao processo econômico do negócio, ou seja, o negócio de criar valor.

À medida que estes quatro conceitos se desenvolvem, eles estão transformando a maneira pela qual pensamos sobre a produção e a maneira pela qual nós a administramos. A maior parte das pessoas ligadas à produção nos Estados Unidos agora sabe que precisamos de uma nova teoria da produção. Sabemos que emendar teorias antigas não funcionou e que continuar emendando só nos fará ficar cada vez mais para trás. Juntos, estes conceitos nos fornecem a base para a teoria de que tanto precisamos.

Destes conceitos, o mais amplamente divulgado, o Controle Estatístico da Qualidade (SQC), na verdade não é nada novo. Ele se baseia numa teoria estatística que Sir Ronald Fisher formulou há 70 anos. Walter Shewhart, um físico da Bell Laboratories, projetou a versão original do SQC na década de 1930 para a produção em massa com defeito zero de centrais telefônicas e aparelhos telefônicos. Durante a Segunda Guerra Mundial, W. Edwards Deming e Joseph Juran, ambos ex-membros do círculo de Shewhart, desenvolveram separadamente as versões utilizadas hoje em dia.

---

* Artigo originalmente publicado sob o título *The Emerging Theory of Manufacturing*, na Harvard Business Review, mai-jun, p.94-102, 1990.

# CAPÍTULO 10   A teoria emergente de produção

Os japoneses devem sua liderança na qualidade da produção em grande parte ao fato de terem adotado os preceitos de Deming nas décadas de 1950 e 1960. Juran também teve um grande impacto sobre o Japão. Mas a indústria americana ignorou suas contribuições por 40 anos e só agora está se convertendo ao SQC, tendo empresas como a Ford, a General Motors e a Xerox entre seus novos discípulos. A Europa Ocidental também ignorou o conceito em grande parte. Mais importante do que isso, até mesmo os praticantes mais bem-sucedidos do SQC não compreendem profundamente o que ele realmente faz. Geralmente, ele é considerado como sendo uma ferramenta de produção. Na verdade, seu maior impacto é sobre a organização social da fábrica.

A essas alturas, todo mundo que se interesse por produção sabe que o SQC é um método rigoroso e científico de identificação da qualidade e da produtividade que se pode esperar de determinado processo de produção na sua forma atual para que o controle das duas características possa ser parte integrante do processo em si. Além disso, o SQC pode localizar funcionamentos defeituosos na produção e, imediatamente, mostrar onde eles ocorrem – uma ferramenta desgastada, um pistola pulverizadora suja, uma fornalha que aquece demais. E como ele pode fazer isto com uma amostra pequena, os funcionamentos defeituosos são relatados quase imediatamente, permitindo que os operadores das máquinas corrijam problemas em tempo real. Além disso, o SQC identifica rapidamente o impacto de qualquer mudança sobre o desempenho de todo o processo. (Com efeito, em algumas aplicações desenvolvidas pelos discípulos japoneses de Deming, os computadores podem simular previamente os efeitos de uma mudança proposta). Finalmente, o SQC identifica onde e, muitas vezes, como, a qualidade e a produtividade de todo o processo podem ser melhoradas continuamente. Isto costumava ser chamado de "Ciclo de Shewhart" e depois de "Ciclo de Deming". Agora se chama kaizen, o termo japonês para melhoria contínua.

Mas estas características de engenharia explicam apenas uma fração dos resultados do SQC. Sobretudo, elas não explicam a lacuna de produtividade entre fábricas japonesas e americanas. Até mesmo depois de ajustar para sua dependência muito maior de fornecedores externos, a Toyota, a Honda e a Nissan produzem duas ou três vezes mais carros por trabalhador do que fábricas americanas ou europeias. A inclusão da qualidade no processo não representa mais do que um terço desta diferença. Os maiores ganhos de produtividade do Japão resultam de mudanças sociais que o SQC proporcionou.

Os japoneses empregam proporcionalmente mais operadores de máquina no trabalho de produção direta do que a Ford ou a GM. Com efeito, a introdução do SQC quase sempre aumenta a quantidade de operadores de máquina. Mas este aumento é neutralizado em muitas vezes pela grande queda na quantidade de não operadores: especialmente inspetores de qualidade, mas também as pessoas que não fazem, mas consertam, como equipes de conserto e todo tipo de "bombeiros".

Em fábricas americanas, especialmente nas fábricas de produção em massa, esses funcionários não operacionais, superam substancialmente os operadores. Em algumas fábricas a proporção é de dois para um. No SQC, poucos destes trabalhadores são necessários. Além disso, supervisores de primeira linha também são gradualmente eliminados, com apenas um punhado de treinadores tomando seus lugares. Em outras palavras, não apenas o SQC torna possível que os operadores de máquina estejam no controle do seu trabalho, mas também torna esse controle quase obrigatório. Ninguém mais possui o conhecimento prático necessário para agir de maneira eficaz sobre as informações que o SQC proporciona constantemente.

Ao alinhar e controlar as informações, o SQC resolve um conflito até aqui sem solução. Por mais de um século, duas abordagens básicas de produção prevaleceram, especialmente nos Estados Unidos. Uma é a abordagem de engenharia para a qual a "gestão científica" de Frederick Winslow Taylor abriu caminho. A outra é a abordagem de "relações humanas"(ou "recursos humanos") que Andrew Carnegie, Julius Rosenwald, da Sears Roebuck e Hugo Münsterberg, um psicólogo de Harvard, desenvolveram antes da Primeira Guerra Mundial. As duas abordagens sempre foram consideradas antíteses, na verdade, mutuamente exclusivas. No SQC, elas se juntam.

Taylor e seus discípulos estavam tão determinados quanto Deming a incluírem a qualidade e a produtividade no processo produtivo. Taylor afirmou que o seu "caminho certo" garantia a qualidade com defeito zero. Ele era tão veementemente contra inspetores quanto Deming é atualmente. Esse também era o caso de Henry Ford, que argumentou que sua linha de montagem incluiu qualidade e produtividade no processo (apesar de, fora isso, ele não ter sido influenciado pela gestão científica de Taylor e de provavelmente nem a conhecer). Mas sem a metodologia rigorosa do SQC, nem a gestão científica nem a linha de montagem poderiam efetivamente realizar um controle embutido do processo. Com todos os seus sucessos, tanto a gestão científica quanto a linha de montagem tiveram que recorrer à inspeção maciça, para corrigir problemas em vez de eliminá-los.

A abordagem de relações humanas vê o conhecimento e o orgulho dos trabalhadores na linha de montagem como sendo o maior recurso para controlar e melhorar a qualidade e a produtividade. Ela também obtem sucessos importantes. Mas sem o tipo de informações que o SQC fornece, não se pode distinguir de imediato a atividade produtiva da ocupação. Também é difícil de saber se uma modificação proposta realmente melhorará o processo ou se ela simplesmente deixará as coisas mais bonitas por um lado, mas por outro deixando-as piores no geral.

Os círculos de qualidade, que efetivamente foram inventados e utilizados na indústria americana durante a Segunda Guerra Mundial, obtiveram sucesso no Japão porque eles entraram depois do estabelecimento do

SQC. Como resultado disso, tanto o círculo da qualidade quanto a gestão possuem informações objetivas sobre os efeitos das sugestões dos trabalhadores. Ao contrário, a maioria dos círculos de qualidade americanos dos últimos 20 anos fracassou apesar de um grande entusiasmo, especialmente por parte dos trabalhadores. Qual é a razão para isso? Eles foram estabelecidos sem o SQC, ou seja, sem comentários rigorosos e confiáveis.

Uma boa quantidade de fabricantes americanos incluiu qualidade e produtividade nos seus processos produtivos sem o SQC e, ainda assim, com um mínimo de inspeção e de conserto. A Johnson & Johnson é um desses exemplos. Outras empresas colocaram com sucesso operadores de máquina no controle do processo produtivo sem instituírem o SQC. Há muito tempo, a IBM substituiu todos os supervisores de primeira linha por um punhado de "gerentes" cuja principal tarefa é treinar, enquanto a Herman Miller alcança qualidade com defeito zero e alta produtividade através de treinamento contínuo e de incentivos de compartilhamento de produtividade.

Mas estas são exceções. No geral, faltou aos Estados Unidos a metodologia para incluir qualidade e produtividade no processo produtivo. De maneira semelhante, também nos faltou a metodologia para transferir a responsabilidade pelo processo e o seu controle para o operador de máquina, para colocar em prática o que o matemático Norbert Wiener chamou de "uso humano de seres humanos".

O SQC torna possível alcançar as duas aspirações tradicionais: alta qualidade e produtividade por um lado e trabalho digno de seres humanos por outro lado. Ao realizar as metas da fábrica tradicional, ele proporciona o ponto crucial para a construção da produção no Século XX que Frederick Taylor e Henry Ford projetaram.

Os contadores não têm uma boa divulgação hoje em dia. Eles são culpados por todos os males que afligem a produção americana. Mas estes contadores rirão por último. Na fábrica de 1999, a contabilidade da produção terá um papel tão importante quanto jamais teve e provavelmente ainda maior. Mas os centavos serão contados de maneira diferente. A nova contabilidade de produção, que pode ser chamada de maneira mais precisa de "economia de produção", difere radicalmente da contabilidade de custo tradicional nos seus conceitos básicos. Sua meta é integrar a produção com a estratégia de negócios.

A contabilidade de custo de produção (o nome completo raramente utilizado da contabilidade de custo) é a terceira perna do banquinho – sendo que as outras são a gestão científica e a linha de montagem – no qual se baseia a indústria manufatureira moderna. Sem a contabilidade de custo, estas duas nunca poderiam ter se tornado plenamente eficazes. Sua origem também é americana. Desenvolvida na década de 1920 pela General Motors, General Electric e Western Electric (o braço produtivo da AT&T), a nova contabilidade de custo, e não a tecnologia, deu à GM e à GE a vantagem sobre a concorrência que as tornou líderes mundiais nos seus respectivos setores. Após a Segunda Guerra Mundial, a contabilidade de custo passou a ser um dos principais produtos de exportação dos Estados Unidos.

Mas naquela época, as limitações da contabilidade de custo também estavam se tornando aparentes. Quatro destas limitações são especialmente importantes. Em primeiro lugar, a contabilidade de custo baseia-se nas realidades da década de 1920, quando a mão de obra direta era responsável por 80% de todos os custos de produção, exceto as matérias-primas. Consequentemente, a contabilidade de custo iguala o "custo"com os custos diretos de mão de obra. Todo o resto é "miscelânea", amontoada como custo indireto.

Atualmente, no entanto, uma fábrica em que os custos diretos de mão de obra chegam a 25% é uma rara exceção. Até mesmo na automobilística, a mais intensiva em mão de obra das principais indústrias, os custos diretos de mão de obra em fábricas atualizadas (como as que os japoneses estão construindo nos Estados Unidos e algumas das novas fábricas da Ford) estão reduzidos a 18%. E 8% a 12% estão se tornando rapidamente a norma industrial. Uma grande empresa manufatureira com um processo de mão de obra intensiva, a Beckman Instruments, agora considera os custos de mão de obra como sendo "miscelâneas. Mas tipicamente, os sistemas de contabilidade de custo ainda se baseiam nos custos diretos de mão de obra que são cuidadosamente, na verdade minuciosamente, contabilizados. Os custos restantes – e isso pode significar entre 80% e 90% – são alocados por proporções que todo mundo sabe que são puramente arbitrárias e totalmente enganosas: diretamente proporcionais aos custos de mão de obra de um produto, por exemplo, ou seu volume em dólar.

Em segundo lugar, os benefícios de uma mudança no processo ou no método são definidos principalmente em termos de economia de custo de mão de obra. Se outras economias forem absolutamente consideradas, elas costumam ocorrer de acordo com a mesma alocação arbitrária pela qual se contabilizam os custos além da mão de obra direta.

Ainda mais séria é a terceira limitação,incluída no sistema tradicional de contabilidade de custo. Como um relógio de sol, que mostra as horas quando o sol brilha, mas não dá nenhuma informação num dia nublado ou de noite, as medidas tradicionais de contabilidade de custo mensuram apenas os custos de produção. Elas ignoram os custos de não produzir, independentemente deles resultarem do tempo ocioso de uma máquina ou de defeitos de qualidade que exijam que se descarte ou se conserte um produto ou parte dele.

A contabilidade de custo padrão pressupõe que o processo de fabricação faz produtos bons 80% do tempo. Mas agora sabemos que mesmo com o melhor SQC o tempo em que não há produção consome bem mais de 20% do tempo total de produção. Em algumas fábricas, ele chega a ser responsável por 50%. E o tempo em que não há produção custa tanto quanto o tempo de produção – em remunerações, aquecimento, iluminação, juros, salários e até mesmo em matérias-primas. Ainda assim, o sistema tradicional não mensura nada disto.

Finalmente, a contabilidade de custos de produção pressupõe que a fábrica seja uma entidade isolada. A economia de custos na fábrica é "real". O resto é "especulação"– por exemplo, o impacto de um processo produtivo muda a aceitação do produto no mercado ou na qualidade do serviço. O empenho da GM desde a década de 1970 ilustra o problema com esta pressuposição. O pessoal do marketing estava infeliz com a decisão da diretoria de construírem todos os modelos de carro, do Chevrolet ao Cadillac, a partir da pequena quantidade de chassis, estruturas e motores. Mas o modelo da contabilidade de custo mostrou que essa semelhança produziria uma grande economia no custo da mão de obra. E então o argumento do marketing de que os carros da GM perderiam apelo junto ao cliente, à medida que ficassem cada vez mais parecidos entre eles foi descartado. A contabilidade de custo tradicional dificilmente pode justificar a melhoria de um produto, quanto menos a inovação de um produto ou de um processo. A automação, por exemplo, aparece como um custo, mas quase nunca como um benefício.

Tudo isto nós já sabemos há aproximadamente 40 anos. E durante 30 anos, estudiosos da contabilidade, contadores do governo, contadores da indústria e firmas de contabilidade trabalharam duro para reformarem o sistema. Eles fizeram melhorias substanciais. Mas como as tentativas de reforma tentaram ampliar o sistema tradicional, as limitações originais permanecem.

O que desencadeou a mudança para a nova contabilidade de produção foi a frustração daqueles que faziam equipamentos para a automação das fábricas. Os usuários potenciais e as pessoas nas fábricas queriam muito os novos equipamentos. Mas a diretoria não podia ser convencida a gastar o dinheiro em máquinas-operatrizes ou robôs controlados numericamente que podiam rapidamente trocar ferramentas, instrumentos e moldes. Agora sabemos que os benefícios dos equipamentos automatizados são principalmente a redução do tempo não operacional por meio da melhoria da qualidade (ou seja, acertar da primeira vez) e por meio da grande diminuição do tempo ocioso da máquina ao mudar de um modelo ou produto para outro. Mas estes ganhos a contabilidade de custos não registra.

A partir desta frustração veio a Produção Internacional Auxiliada por Computador, ou CAM-I, um esforço cooperativo de produtores de automação, fabricantes multinacionais e contadores para desenvolverem um novo sistema de contabilidade de custo. Iniciado em 1986, a CAM-I acabou por começar a influenciar a prática produtiva. Mas ela já desencadeou uma revolução intelectual. O trabalho mais empolgante e inovador na gestão atualmente está na teoria da contabilidade, com novos conceitos, novas abordagens, nova metodologia – até mesmo o que se pode chamar de nova filosofia econômica – tomando forma rapidamente. E apesar de haver uma enorme polêmica no que diz respeito aos aspectos específicos, as características da nova contabilidade de produção estão se tornando cada dia mais claras.

Logo que a CAM-I iniciou seu trabalho, tornou-se aparente que o sistema tradicional de contabilidade não poderia ser reformado. Ele teria que ser substituído. Os custos de mão de obra são claramente a unidade errada de medida na produção. Mas – e esta é uma nova ideia – o mesmo vale para todos os outros elementos da produção. A nova unidade de medida precisa ser o tempo. Deve-se pressupor que os custos para determinado período de tempo sejam fixos; não existem custos "variáveis". Até mesmo custos materiais são mais fixos do que variáveis, uma vez que a produção com defeito utiliza tanto material quanto a produção boa. A única coisa que é tanto variável quanto controlável é quanto tempo leva determinado processo. E "benefício" é qualquer coisa que reduza esse tempo. De uma só tacada, esta ideia elimina as três primeiras das quatro limitações tradicionais da contabilidade de custo.

Mas os novos conceitos de custo vão ainda além ao redefinirem o que os benefícios e os custos realmente são. Por exemplo, no sistema tradicional de contabilidade de custo, o inventário de custos de bens acabados não custa nada porque não absorve nenhuma mão de obra direta. Ele é tratado como um "ativo". Na nova contabilidade de produção, no entanto, o inventário de bens acabados é um "custo enterrado" (um termo de um economista, não de um contador). Uma coisa parada no estoque não ganha nada. Com efeito, ela amarra um dinheiro caro e absorve tempo. Como resultado disso, seus custos de tempo são altos. A nova contabilidade mede estes custos de tempo em comparação com os benefícios do inventários de bens acabados (serviço mais rápido ao cliente, por exemplo).

No entanto, a contabilidade de produção ainda enfrenta o desafio de eliminar a quarta limitação da contabilidade de custo tradicional: sua incapacidade de incluir na mensuração do desempenho da fábrica o impacto de mudanças de produção sobre o negócio total – o lucro no mercado de um investimento em automação, por exemplo, ou o risco de não se fazer um investimento que aceleraria mudanças na produção. Os custos e benefícios dessas decisões dentro da fábrica agora podem ser trabalhados com uma precisão considerável, mas as consequências de negócios são efetivamente especulativas. Pode-se apenas dizer, "Certamente, isto deve nos ajudar a conseguir mais vendas", ou "Se não fizermos isto, correremos o risco de ficar para trás em termos de serviço ao cliente". Mas como se pode quantificar essas opiniões?

A força da contabilidade de custo sempre foi limitar-se ao que se pode medir e, portanto, dar respostas objetivas. Mas se os intangíveis entrarem nas suas equações, a contabilidade de custo apenas levará a mais perguntas. Portanto, o como proceder é debatido intensamente e com toda razão. Ainda assim, todo todos concordam que estes impactos de negócios precisam ser integrados à mensuração do desempenho da fábrica, ou seja, à contabilidade de produção. De uma forma ou de outra, a nova contabilidade obrigará os gestores, tanto dentro quanto fora da fábrica, a tomarem decisões de produção como decisões de negócios.

A afirmação engenhosa (satírica) de Henry Ford, "O cliente pode ter qualquer cor desde que seja preto" entrou para o folclore americano. Mas poucas pessoas percebem o que Ford quis dizer: a flexibilidade custa tempo e dinheiro e o cliente não pagará por ela. Ainda menos pessoas percebem que na metade da década de 1920, a "nova" contabilidade de custos tornou possível que a GM superasse a Ford ao proporcionar aos clientes tanto cores quanto mudanças de modelo anuais sem nenhum custo adicional.

Hoje em dia, a maioria dos fabricantes pode fazer o que a GM aprendeu a fazer há aproximadamente 70 anos. Com efeito, muitos vão bastante além ao combinarem padronização e flexibilidade. Eles podem, por exemplo, construir uma variedade de produtos finais a partir de uma quantidade relativamente pequena de partes padronizadas. Ainda assim, os produtores tendem a pensar como Henry Ford: você pode ter padronização com baixo custo ou flexibilidade com alto custo, mas não as duas coisas.

No entanto, a fábrica de 1999 será baseada na premissa de que você não apenas possa ter as duas coisas, mas que você também precise ter as duas coisas – e com baixo custo. Mas para alcançar isto, a fábrica terá que ser estruturada de maneira bem diferente.

A fábrica atual é um navio de guerra. A fábrica de 1999 será uma frota, consistindo de módulos centralizados ao redor de um estágio no processo de produção ou ao redor de operações estreitamente relacionadas. Apesar de que o comando e o controle gerais ainda existirão, cada módulo terá seu próprio comando e controle. E cada um, como os navios numa frota, será manobrável, tanto em termos da sua posição no processo quanto em termos do seu relacionamento com outros módulos. Esta organização proporcionará a cada módulo os benefícios de padronização e, ao mesmo tempo, dará maior flexibilidade a todo o processo. Portanto, ela acelerará mudanças em design e produto, resposta rápida a demandas do mercado e produção com baixo custo de "opcionais" ou "especiais" em lotes relativamente pequenos.

Atualmente, não existe nenhuma fábrica deste tipo. Ninguém ainda pode construi-la. Mas muitos fabricantes, tanto grandes quanto pequenos, estão indo em direção à estrutura de uma frota de navios: entre eles estão algumas fábricas da Westinghouse nos Estados Unidos, a fábrica de robótica da Asea Brown Boveri, na Suécia e várias grades gráficas, especialmente no Japão.

O maior ímpeto para este desenvolvimento provavelmente veio do fracasso da GM em conseguir lucro sobre seu investimento maciço (pelo menos US$30 bilhões e talvez $40 bilhões) em automação. Parece que a GM utilizou as novas máquinas para melhorar seu processo existente, ou seja, tornar a linha de montagem mais eficiente. Mas, em vez disso, o processo tornou-se menos flexível e menos capaz de realizar uma mudança rápida.

Enquanto isso, os fabricantes de automóveis japoneses e a Ford estavam gastando menos e conseguindo obter mais flexibilidade. Nestas fábricas, ainda existe a linha de montagem, mas ela é descontínua, em vez de intensamente interligada. O novo equipamento está sendo utilizado para acelerar mudanças, por exemplo, automatizando trocas de gabaritos, ferramentas e instrumentos. Então a linha de montagem adquiriu uma boa quantidade de flexibilidade de produção tradicional por lote sem perder sua padronização. A padronização e a flexibilidade, portanto, não são mais uma proposição do tipo e-ou. Elas são – como efetivamente devem ser – fundidas.

No entanto, isto significa um equilíbrio diferente entre padronização e flexibilidade para partes diferentes do processo de produção. Um equilíbrio "médio" por toda a fábrica não fará nada muito bem. Se for imposto ao longo de toda a linha de montagem, ele simplesmente resultará em alta rigidez e altos custos para todo o processo, que aparentemente foi o que aconteceu na GM. O que se exige é uma reorganização do processo em módulos, cada um com seu equilíbrio ideal.

Além disso, os relacionamentos entre estes módulos poderão ter que mudar sempre que o produto, o processo, ou a distribuição mudar. Por exemplo, mudar de vender equipamentos pesados para alugá-los poderá mudar drasticamente a proporção entre a produção de bens acabados e a de peças de reposição. Ou uma mudança relativamente pequena no modelo poderá alterar a sequência em que as principais peças são montadas compondo o produto acabado. É claro que não tem muita novidade aqui. Mas, sob a estrutura tradicional da linha, essas mudanças são ignoradas, ou levam muito tempo para serem colocadas em prática. Com a concorrência se intensificando e com ciclos de vida dos produtos ficando cada vez menores, essas mudanças não podem ser ignoradas e precisam ser feitas rapidamente. Daí a organização modular da frota.

Mas esta organização requer mais do que uma mudança razoavelmente drástica na estrutura física da fábrica. Ela requer, acima de tudo, comunicação e informações diferentes. Na fábrica tradicional, cada setor e departamento se reportam separadamente ao superior. E eles relatam o que o superior tiver pedido. Na fábrica de 1999, setores e departamentos terão que avaliar quais informações eles devem a quem e de quais informações eles precisam vindas de quem. Boa parte destas informações terá um fluxo lateral e através das linhas dos departamentos, não para cima. A fábrica de 1999 será uma rede de informações.

Consequentemente, todos os gestores numa fábrica terão que conhecer e compreender todo o processo, assim como o comandante do contratorpedeiro precisa conhecer e compreender o plano tático de toda a frota. Na fábrica de 1999, os gestores terão que pensar e agir como membros de uma equipe, conscientes do desempenho do todo. Acima de tudo, eles terão que perguntar: O que as pessoas que administram os outros módulos precisam saber sobre as características, a capacidade, os planos e o desempenho da minha unidade? E, por sua vez, o que nós, na minha unidade, precisamos saber sobre as unidades deles?

O último dos novos conceitos que estão transformando a produção é o design de sistemas, onde toda a produção é vista como sendo um processo integrado que converte materiais em bens, ou seja, em satisfações econômicas.

A Marks & Spencer, cadeia varejista britânica, projetou o primeiro desses sistemas na década de 30. A Marks & Spencer projeta e testa os bens (têxteis ou alimentícios) que ela decide vender. Ela designa um fabricante para fazer cada produto, de acordo com um contrato. Ela trabalha juntamente com o fabricante para produzir a mercadoria certa com a qualidade certa pelo preço certo. Finalmente, ela organiza a entrega com hora marcada dos produtos acabados para as suas lojas. Todo o processo é governado por uma previsão meticulosa sobre quando os bens sairão das prateleiras das lojas e para dentro da sacola de compras dos clientes. Nos últimos dez anos, mais ou menos, esse tipo de sistema de gestão tornou-se comum no varejo.

Apesar da organização de sistemas ainda ser rara na produção, seu teste inicial ocorreu na própria produção. No começo da década de 20, quando o Modelo T estava na sua glória plena, Henry Ford decidiu controlar todo o processo de fazer e transportar todos os suprimentos e peças de que sua nova fábrica, a gigantesca River Rouge, necessitava. Ele construiu sua própria siderurgia e fábrica de vidro. Ele fundou plantações no Brasil para cultivar borracha para pneus. Ele comprou a ferrovia que trazia suprimentos para River Rouge e levou embora os carros prontos. Ele até flertou com a ideia de construir seus próprios centros de serviços no país inteiro e guarnecê-los com mecânicos treinados em escolas de propriedade da Ford. Mas Ford concebeu tudo isto como sendo um edifício financeiro mantido unido pela propriedade. Em vez de construir um sistema, ele construiu um conglomerado, um monstro incômodo que era caro, impossível de gerenciar e horrivelmente não lucrativo.

Ao contrário, o novo sistema de produção não é "controlado" em absoluto. A maioria das suas partes é independente – fornecedores independentes numa ponta, clientes na outra. Ele também não é centralizado na fábrica, como era a organização de Ford. O novo sistema considera a fábrica como sendo pouco mais do que um lugar amplo no fluxo da produção. O planejamento e o agendamento começam com o envio para o cliente final, exatamente como é feito na Marks & Spencer. Atrasos, interrupções e redundâncias precisam ser projetados no sistema – um depósito aqui, um suprimento extra de peças e ferramentas lá, um estoque de produtos antigos que não estão mais sendo feitos, mas que eventualmente o mercado ainda pede. Estas são imperfeições necessárias num fluxo contínuo governado e dirigido pelas informações.

O que empurrou os fabricantes americanos para esses designs de sistemas foi a dificuldade que eles encontraram quando copiaram os métodos de entrega com hora marcada do Japão para abastecerem fábricas com materiais e peças. O problema poderia ter sido previsto, pois o esquema japonês baseia-se em condições tanto sociais quanto logísticas exclusivas daquele país e desconhecidas nos Estados Unidos. Ainda assim, a mudança pareceu, para os fabricantes americanos, uma questão de procedimento, na verdade, quase trivial. No entanto, uma empresa depois da outra descobriu que a entrega de suprimentos e peças com hora marcada criava turbulência em todas as suas fábricas. E enquanto ninguém conseguia descobrir qual era o problema, a única coisa que se tornou clara foi que com as entregas com hora marcada a fábrica deixa de funcionar como um processo passo-a-passo que começa na plataforma de desembarque e acaba quando bens acabados entram na sala de transporte marítimo. Em vez disso, a fábrica deve ser reprojetada do fim para o começo e deve ser administrada como sendo um fluxo integrado.

Especialistas em produção, executivos e professores insistiam nesse tipo de abordagem já há duas ou três décadas e que alguns setores, como o refinamento de petróleo e a construção em larga escala efetivamente a adotam. Mas em geral, fábricas manufatureiras americanas e europeias não são nem projetadas nem administradas por sistemas. Na verdade, poucas empresas possuem conhecimento suficiente sobre o que acontece nas suas fábricas para administrá-las como sistemas. No entanto, a entrega com hora marcada obriga os gestores a fazerem perguntas de sistemas: Onde na fábrica precisamos de redundância? Onde devemos colocar o ônus dos ajustes? Quais custos devemos incorrer em algum ponto da fábrica para minimizar o atraso, o risco e a vulnerabilidade em outro?

Algumas empresas estão até mesmo começando a ampliar o conceito de sistemas de produção além da fábrica e para o mercado. A Caterpillar, por exemplo, organiza sua produção de tal forma a suprir qualquer peça de reposição em qualquer lugar do mundo em menos de 48 horas. Mas empresas como esta ainda são exceções; elas precisam se tornar a regra. Logo que definimos a produção como sendo o processo que transforma coisas em satisfações econômicas, torna-se claro que a produção não se encerra quando o produto deixa a fábrica. A distribuição física e o serviço ao produto ainda fazem parte do processo de produção e deve ser integrado com ele, coordenado com ele, administrado juntamente com ele. Já se reconhece amplamente que prestar serviço ao produto deve ser uma das principais considerações durante seu design e sua produção. Em 1999, os sistemas de produção terão influência cada vez maior sobre a maneira pela qual projetamos e remodelamos fábricas e sobre como administramos empresas manufatureiras.

Tradicionalmente, as empresas manufatureiras foram organizadas "em série", com funções como engenharia, produção e marketing como passos sucessivos. Atualmente, esse sistema costuma ser complementado por uma organização de equipe paralela (as equipes de gestão de produtos da Procter & Gamble são um exemplo conhecido), que junta várias funções desde os primórdios de um novo produto ou de um projeto de processo. No entanto, se a produção for um sistema, toda decisão numa empresa manufatureira torna-se uma decisão de manufatura. Toda decisão deve atender os requisitos e necessidades da produção e, por sua vez, deve explorar os pontos fortes e as capacidades do sistema de produção específico de uma empresa.

Quando a Honda decidiu, há seis ou sete anos, fazer um carro novo e luxuoso para o mercado americano, o debate estratégico mais quente não foi sobre design, desempenho, nem preço. O debate discutiu se o Acura deveria ser distribuído através da rede bem estabelecida de concessionárias da Honda ou deveria ser criado um novo segmento de mercado ao construir concessionárias separadas para o Acura, com alto custo e risco. É claro que esta era uma questão de marketing. Mas a decisão foi tomada por uma equipe de funcionários das áreas de design, engenharia, produção e marketing. E o que inclinou a balança na direção da concessionária e da rede separadas foi uma consideração da produção: o design para o qual a distribuição e o serviço independentes faziam mais sentido era aquele que utilizava melhor as capacidades de produção da Honda.

A percepção plena do conceito de sistemas na produção ainda está longe de acontecer. Talvez ela não requeira um novo Henry Ford. Mas ela certamente exigirá uma gestão muito diferente de gerentes muito diferentes. Todos os gerentes na empresa manufatureira de amanhã terão que conhecer e compreender o sistema produtivo. Nós poderemos muito bem adotar o hábito japonês de iniciarmos todos os novos gerentes na fábrica e em trabalhos produtivos nos primeiros anos das suas carreiras. Com efeito, poderemos ir até além e exigir que os gerentes em toda a empresa façam uma rotação para tarefas na fábrica ao longo das suas carreiras – da mesma maneira que oficiais do exército voltam regularmente às tarefas de tropa.

Na nova empresa de manufatura, a produção é o integrador de tudo. Ela cria o valor econômico que paga por tudo e por todos. Portanto, o maior impacto do conceito dos sistemas produtivos não será sobre o processo de produção. Assim como o SQC, seu maior impacto sobre preocupações sociais e humanas – sobre hierarquias de carreira, por exemplo, ou mais importante, sobre a transformação de gerentes funcionais em gerentes de negócios, cada qual com um papel específico, mas todos membros da mesma produção e do mesmo molde. E, certamente, as empresas manufatureiras de amanhã não serão administradas por executivos financeiros, comerciantes ou advogados sem experiência na produção, como acontece com tantas empresas americanas atualmente.

Existem diferenças importantes entre estes quatro conceitos. Considere, por exemplo, o que cada um quer dizer por "a fábrica". No SQC, a fábrica é um lugar onde as pessoas trabalham. Nos conceitos de contabilidade administrativa e de frota de produção flexível, trata-se de um lugar onde trabalho está sendo feito – não faz diferença se por pessoas, por ratos brancos ou por robôs. No conceito dos sistemas, a fábrica não é um lugar absoluto; é um estágio num processo que agrega valor econômico aos materiais. Pelo menos na teoria, a fábrica não pode e certamente não deve ser projetada, quanto menos construída, até que se compreenda todo o processo de "fazer" – até o cliente final. Portanto, a definição da fábrica é muito mais do que um exercício teórico ou de semântica. Ela tem consequências práticas imediatas sobre o design da fábrica, sua localização e seu tamanho; sobre quais atividades devem ser colocadas juntas num complexo de produção e, até mesmo, sobre quanto e em que investir. De maneira semelhante, cada um destes conceitos reflete uma tendência específica. Para aplicar o SQC, você não precisa pensar, você precisa fazer. A contabilidade administrativa se concentra na análise técnica, enquanto o conceito de frota se concentra no design e no fluxo de trabalho de uma organização. No conceito de sistemas, há uma grande tentação de continuar pensando e nunca chegar a fazer. Cada conceito tem suas próprias ferramentas, suas próprias linguagens e aborda pessoas diferentes.

Entretanto, o que estes quatro conceitos têm em comum é muito mais importante do que suas diferenças. Em nenhum lugar isto é tão aparente quanto na pressuposição deles de que o processo produtivo seja uma configuração, um todo maior do que a soma das suas partes. Todas as abordagens tradicionais consideram a fábrica como sendo uma coleção de máquinas e operações individuais. A fábrica do Século XIX era uma reunião de máquinas. A gestão científica de Taylor dividiu cada emprego em operações individuais e depois as juntou em empregos novos e diferentes. Os conceitos "modernos" do Século XX – a linha de montagem e a contabilidade de custo – definem desempenho como sendo a soma das operações de menor custo. Mas nenhum dos novos conceitos se preocupa tanto com o desempenho das partes. Sendo assim, as partes como tais só podem ter um desempenho inferior. O processo produz resultados.

A gerência também refletirá esta nova perspectiva. O SQC é o mais próximo do convencional nas suas implicações para os gestores, uma vez que ele não muda tanto seu trabalho quanto transfere boa parte para a mão de obra. Mas até mesmo os gestores sem nenhuma responsabilidade comercial (e, no SQC, os funcionários da fábrica não têm nenhuma) terão que administrar com um conhecimento sobre negócios muito além da fábrica. E todo gestor de produção será responsável por integrar pessoas, materiais, máquinas e o tempo. Portanto, todo gestor de produção daqui a dez anos terá que aprender e praticar uma disciplina que integre engenharia, gestão de pessoas e economia comercial ao processo produtivo. É claro que algumas pessoas da área da produção já estão fazendo isso – apesar de geralmente elas não terem consciência de que estão fazendo algo novo e diferente. Ainda assim, uma disciplina dessas não foi sistematizada e ainda não é ensinada em faculdades de engenharia ou de administração.

Estes quatro conceitos são sinérgicos no melhor sentido deste termo. Juntos – mas apenas juntos – eles abordam os conflitos que trouxeram mais problemas para as fábricas tradicionais de produção em massa, do século XX: os conflitos entre pessoas e máquinas, tempo e dinheiro, padronização e flexibilidade e funções e sistemas. A chave é que todos estes conceitos definem o desempenho como sendo produtividade e concebem a produção como sendo o processo físico que agrega valor econômico aos materiais. Cada um deles tenta proporcionar valor econômico de uma forma diferente. Mas eles compartilham a mesma teoria da produção.

# III
# Um novo paradigma em estratégia de operações

Esta seção do livro trata de três assuntos fundamentais para a evolução da estratégia de operações. O primeiro assunto diz respeito ao início de um novo paradigma em estratégia de operações. Esse novo paradigma foi introduzido pelo trabalho de Kasra Fredows e Arnoud De Meyer através da proposição do seu *sand cone model* (literalmente, modelo cone de areia). Esse modelo fora inicialmente desenvolvido por Nakane e alterado por Ferdows e De Meyer para tratar os critérios competitivos de operações como relacionados entre si. Isso contrariava o inicialmente proposto por Skinner, que os via como incompatíveis entre si. A contribuição do trabalho de Ferdows e De Meyer é, portanto, a ideia de que para uma empresa tornar-se eficiente em certos critérios competitivos de operações, ela deve ser eficiente também em outros critérios, acumulando competências operacionais. Os dados empíricos suportavam tal ideia e criaram fissuras no argumento, até então aceito, de que as empresa deveriam "focar" em certos critérios competitivos, ou seja, que seria impossível para uma empresa tornar-se eficiente em diversos critérios competitivos simultaneamente. É importante chamar atenção do leitor para a relação de pesquisa existente entre os autores Ferdows, De Meyer e Nakane, já que eles trabalhavam juntos em uma pesquisa mundial sobre estratégia de operações. Essa relação entre os autores mostra um pouco dos bastidores do desenvolvimento dessas ideias, uma vez que Nakane tinha inicialmente desenvolvido uma primeira versão do *sand cone model* e Ferdows e De Meyer o aperfeiçoaram.

Ainda de um ponto de vista empírico, porém agora prático, o maior exemplo de que a ideia de Ferdows e De Meyer estava correta era a indústria automobilística Japonesa. Empresas como Toyota conseguiam produzir carros baratos e, ao mesmo tempo, de alta qualidade, acumulando eficiência e competência em custo e qualidade, dois critérios competitivos tidos como incompatíveis entre si. Essa compatibilidade entre critérios competitivos teoricamente incompatíveis entre si levantou a seguinte dúvida no meio acadêmico: os *trade-offs* em operações, propostos originalmente por Skinner, realmente existem? É dentro desse espírito cético que Charles Corbett e Luk Van Wassenhove escrevem seu artigo intitulado "Trade-offs? What trade-offs? Competence and competitiveness in manufacturing strategy". Esse trabalho traz diversas contribuições para a estratégia de operações. A primeira delas diz respeito à distinção conceitual entre critérios competitivos, competência e competitividade. Apesar da estratégia de operações ter evoluído baseada no conceito de critérios competitivos, estes não traduziam de forma clara a relação entre estratégia de operações e desempenho da empresa, pois os critérios competitivos apenas indicam os critérios que a empresa quer competir e não necessariamente aqueles que a empresa tem competência, o quê foi evidenciado nos resultados de Miller *et al.* em que estes autores apresentam os *gaps* na estratégia de operações, e discutido na seção anterior. É o conceito de competência que tem impacto para o desempenho da empresa, pois é a competência que reflete a capacidade operacional da empresa. A segunda contribuição desse trabalho é discutir mais profundamente a ideia da acumulação de competências e reconciliar essa nova ideia com outras já aceitas pela comunidade acadêmica. Por fim, os autores proporcionam uma dimensão temporal para a acumulação dessas competências e argumentam a favor de uma análise longitudinal das competências operacionais. Essa dimensão temporal torna-se um fator logicamente aceitável para explicar a razão pela qual as empresas podem acumular competências em critérios que eram tidos como incompatíveis.

Os artigos de Ferdows e De Meyer e Corbett e Wassenhove proporcionam a base para uma série de outros trabalhos que investigam a natureza dos *trade-offs* na estratégia de operações. Diversos autores, entre outros Aleda V. Roth, Barbara B. Flynn, Eve D. Rosenzweig, Margareth A. Noble, Gregory P. White, desenvolveram inúmeros estudos para entender a existência ou não de incompatibilidade entre os critérios de operações. A discussão e entendimento ainda existem nos dias de hoje e muitos estudos ainda devem ser realizados até que uma teoria possa explicar a existência desses fenômenos na área de operações e a repercussão para a estratégia de operações.

O segundo assunto de grande importância nessa seção é a contínua discussão sobre a existência e impacto de uma competência em operações para o desempenho das empresas. Em se tratando desse assunto, Shawnee K. Vickery escreveu dois artigos que contribuíram de forma significativa para o avanço do conhecimento em estratégia de operações. O primeiro artigo é, na verdade, uma crítica ao trabalho desenvolvido por Cleveland *et al.*, apresentado na seção anterior. Nesse artigo, a autora aponta os problemas metodológicos existentes no artigo de Cleveland *et al.* e propõe um novo modelo que estabelece a relação entre a competência em operações e o impacto para o desempenho da empresa. A principal contribuição do trabalho de Vickery é justamente estabelecer claramente uma relação entre competência em operações e desempenho. Visto sob um prisma evolucionista, percebemos que a discussão sobre a importância da estratégia de operações alcança um nível de maturidade que leva os acadêmicos ao caminho que os gestores querem na prática: o impacto para o desempenho. Até então, a maioria dos trabalhos vinha estabelecendo definições para conceitos abstratos acerca de atividades práticas que as empresas vivem no seu dia-a-dia. Os trabalhos evoluíram e começaram a medir alguns aspectos das empresas que refletissem a sua estratégia de operações. Entretanto, é no trabalho de Vickery que fica claro, e passível de medição, a importância de ter uma estratégia de operações e, por consequência, uma competência em operações: melhorar o desempenho da empresa.

A própria Shawnee K. Vickery testa as ideias do seu modelo em um estudo empírico conduzido na indústria moveleira Americana, o segundo artigo da autora nessa seção. Os resultados alcançados com esse estudo dão suporte à ideia principal de que uma estratégia de operações bem desenvolvida e implementada tem uma relação com o desempenho alcançado pela empresa. O artigo consegue, portanto, proporcionar um novo patamar para os estudos de estratégia de operações pois sintetiza e avança muito das ideias que foram discutidas nos anos anteriores e as tangibiliza, através de dados empíricos, comprovando, parcialmente, a veracidade das mesmas. Uma das limitações do trabalho é o tamanho da amostra e a indústria analisada, o que restringe a generalização dos resultados para empresas em outras indústrias, mas os resultados já permitem conclusões mais robustas sobre o tema investigado. Além disso, a publicação de tais resultados abre oportunidade para uma série de novos trabalhos que investiguem essa mesma relação em empresas de outras indústrias, reforçando ou refutando essa ideia.

Por fim, o terceiro assunto de destaque nessa seção e a contribuição feita pelo trabalho de Jeffrey G. Miller e Aleda V. Roth. O artigo publicado pelos autores é um dos mais citados em na área de operações e é uma referência em estratégia de operações. Antes de falarmos do artigo, gostaríamos de chamar a atenção do leitor para a longa parceria que Miller e Roth tinham. Esses pesquisadores começaram a trabalhar juntos em meados da década de 80 na Boston University. Durante mais de cinco anos eles conduziram o projeto North American Manufacturing Futures Project, que tinha o objetivo de investigar as práticas e estratégias de operações desenvolvidas por empresas norte-americanas. Os resultados dessa pesquisa apareceram em vários artigos publicados pelos autores em renomados periódicos científicos. Após anos trabalhando dentro desse enfoque, eles desenvolveram o estudo que aparece no artigo que incluímos nessa coletânea. A grande contribuição desse estudo é a identificação de grupos de empresas com estratégias de operações comuns, ou seja, a identificação de grupos estratégicos. Com isso é possível verificar, a partir de dados empíricos, como as empresas realmente se comportam no que diz respeito à estratégia de operações. O trabalho apresenta também uma série de outras variáveis tais como *lead time* de produção, qualidade, nível de customização, etc, que servem para verificação de como cada um desses grupos estratégicos diferenciam-se. Além disso, os autores obtiveram uma amostra relativamente grande para o desenvolvimento desse estudo, sugerindo uma fotografia mais condizente com a realidade de empresas. Em suma, o trabalho é uma verdadeira radiografia de uma amostra considerável de empresas que empregam diferentes estratégias de operações e obtêm, por consequência, diferentes resultados, ajudando a demonstrar que variações na estratégia de operações pode estar associada com variações no desempenho. Esse último grupo de artigos mostra como a área de operações evoluiu em direção a trabalhos empíricos que não apenas reforçassem as ideias até então desenvolvidas, mas principalmente que apresentassem evidências que suportassem tais ideias. Com esse último grupo de artigos, está sedimentado o caminho para futuros debates e pesquisas que permitam grandes descobertas e mesmo pequenas contribuições para o conhecimento relativo à estratégia de operações.

# 11

## *Trade-offs*? Que *trade-offs*? Competência e competitividade na estratégia de manufatura*

CHARLES CORBETT  E  LUK VAN WASSENHOVE

O campo da estratégia de manufatura já existe há mais de 20 anos[1]. Ao longo deste período, o campo avançou consideravelmente como disciplina acadêmica, mas até agora suas realizações práticas foram limitadas. O pai do processo seminal desta disciplina, Wickham Skinner, afirma que isto acontece, em parte, devido à falta de bases conceituais sólidas[2]. Sendo assim, alguns desenvolvimentos recentes importantes no pensamento sobre a estratégia de manufatura e sobre suas implicações administrativas não chamaram tanta atenção quanto merecem. A manufatura pode acabar deixando de ser uma fonte de vantagem competitiva, deixando os recursos humanos como principal fator crítico. Especificamente, estes conceitos emergentes na estratégia de manufatura fornecem uma base conceitual para a reclamação recorrente entre gestores de que "os mercados estão se tornando cada vez mais competitivos" ou que "as margens estão ficando cada vez menores". O que surge é o conceito de um ciclo de vida de dimensões competitivas, sugerindo que a famosa matriz produto-processo esteja perdendo sua validade.

## 11.1 DIMENSÕES DE COMPETÊNCIA E DE COMPETITIVIDADE

Um problema grave na literatura sobre a estratégia de manufatura é a falta de definições geralmente aceitas dos principais conceitos, como as "prioridades competitivas" de custo, qualidade, confiabilidade, flexibilidade e inovação, utilizadas com frequência. Isto atrapalha o desenvolvimento de uma teoria coerente de estratégia de manufatura e resulta numa falta de critérios de mensuração operacionalmente úteis para facilitarem o trabalho

---

\* Artigo originalmente publicado sob o título *Trade-Offs? What Trade-Offs? Competence and Competitiveness in Manufacturing Strategy*, na California Managmente Review, Summer, p.107-122, 1993.

empírico. Existe uma distinção explícita entre as dimensões relacionadas com a competência e as relacionadas com a competitividade. Sendo assim, as "prioridades competitivas" precisam ser reagrupadas de uma forma logicamente mais consistente.

## Dimensões de competência

A literatura sobre a estratégia de manufatura tem prestado surpreendemente pouca atenção no campo do marketing e desenvolveu seu próprio conjunto de "prioridades competitivas": custo, qualidade, confiabilidade, flexibilidade e inovação[3]. No entanto, às vezes estas "prioridades competitivas" são utilizadas como medidas de competitividade (externa) e, às vezes, de competência (interna), apesar de serem lados muito diferentes da mesma moeda. Por exemplo, "redirecionar a flexibilidade", ou seja, a capacidade de redirecionar os colaboradores no caso de um problema na máquina[4], é uma competência interna, enquanto reagir de maneira flexível a mudanças repentinas de demanda é uma dimensão de competitividade. Para um fabricante, inspecionar defeitos no final do processo e evitá-los durante o processo são duas formas muito diferentes de produzir produtos de alta qualidade, ainda que muitos clientes possam não reconhecer imediatamente ou não se preocupar com essa diferença. Nós sugerimos que se utilizem as "prioridades competitivas" da estratégia de manufatura num sentido voltado apenas para a competência.

Outro problema é a sobreposição das dimensões de competência, especialmente entre confiabilidade, flexibilidade e inovação. Uma confiabilidade maior costuma facilitar mais a flexibilidade, enquanto esta é um passo para viabilizar mais inovação. Esta última pode ser vista ao se considerar uma fábrica de automóveis moderna e flexível, cuja linha de montagem é altamente automatizada. O lançamento de um novo modelo é significativamente mais fácil do que era antigamente. Os projetistas utilizam técnicas sofisticadas de design auxiliado por computador (CAD), complementadas por ferramentas de engenharia auxiliada por computador (CAE) para testarem o design (protótipo computadorizado) e instalações de manufatura auxiliadas por computador (CAM) para traduzirem o design do computador para programas de instrução de máquinas que convertam o design em produto físico.

Por ser reprogramável, a automação flexível elimina a necessidade de projetar uma linha de produção totalmente nova para cada novo modelo, reduzindo, dessa forma, o tempo para vender e reduzindo significativamente a despesa, à vista, com capital. Portanto, a flexibilidade melhora a inovação. Por causa destes interrelacionamentos complexos e dependentes de uma situação, uma classificação diferente de dimensões de competência é mais adequada. O Tempo abrange o papel de confiabilidade, flexibilidade e taxa de inovação. Tanto Stalk e Hout[5] quanto Blackburn[6] fornecem muitos exemplos que ilustram a importância cada vez maior das dimensões de tempo. As três principais dimensões de competência são as seguintes.

- Custo refere-se à soma de todos os custos descontados para a firma envolvida no desenvolvimento, na produção, na entrega, no atendimento e no descarte do produto. Procedimentos convencionais de contabilidade de custo podem não fornecer facilmente ideias sobre os verdadeiros custos do ciclo de vida[7].
- Tempo refere-se a todos os fatores relacionados com prazo de entrega, como o prazo de entrega médio entre um pedido ser recebido e a entrega do produto, variabilidade de prazo de entrega, sensibilidade do prazo de entrega à mudanças na demanda e tempo para vender novos produtos.
- Qualidade refere-se a todos os aspectos físicos do processo e do produto ou serviço entregue. Um exemplo disso é a quantidade de defeitos durante e depois do processo. Garvin sugere uma lista de dimensões de qualidade: desempenho, características, confiabilidade, adequação, durabilidade, capacidade de atendimento e estética[8]. (Sua oitava dimensão, qualidade percebida, é resultado de esforços de marketing).

## Dimensões de competitividade

A competitividade de uma firma em qualquer mercado específico depende da sua capacidade de atender aos desejos desse mercado, então quaisquer medidas de competitividade devem ser, por definição, voltadas para o mercado ou para o cliente. Medir a competência não é suficiente. Portanto, é natural consultar a literatura sobre marketing, onde se diz que a competitividade de uma firma depende do seu "mix de marketing", a combinação dos 4 Ps de produto, praça, preço e promoção. A promoção lida com o ato de influenciar a consciência e as percepções dos clientes dos três primeiros Ps e não será levada em consideração aqui. O debate a seguir baseia-se aproximadamente num livro didático de marketing[9] e foi um pouco adaptado para refletir as dimensões de competência identificadas no parágrafo anterior.

- Preço refere-se à soma de todos os custos financeiros descontados para o cliente envolvido no pedido, no recebimento, na utilização e no descarte do produto.
- Praça refere-se a tudo relacionado com a entrega do produto, como praça e tempo de processamento, cancelamento e condições de ajuste do pedido e disponibilidade de produtos inovadores.
- Produto refere-se a todas as propriedades do produto físico em si. A lista de Garvin também se aplica aqui.

Obviamente, pode-se melhorar essas definições, mas elas parecem abranger todos os aspectos relevantes de competitividade e, em grande parte, elas não se sobrepõem. Eliminar toda a sobreposição é impossível, uma vez que, por exemplo, o preço geralmente dependerá das condições de entrega.

## Os dois lados da moeda

Custo, qualidade e tempo – assim como preço, produto e praça – não são simples atributos, mas conceitos multidimensionais complexos (lembre-se da lista de dimensões de qualidade). Quais subdimensões de uma dimensão de competência ou de competitividade são relevantes depende do mercado: a confiabilidade e o custo de utilização podem ser considerados menos relevantes em torrões de açúcar do que em automóveis, ao contrário de sabor e embalagem.

Deve ficar claro que "preço, local, produto" e "custo, tempo, qualidade" estão fortemente relacionados. Sendo assim, eles são os lados do marketing e da manufatura da mesma moeda, as perspectivas externa e interna sobre os mesmos conceitos. No entanto, eles não são de forma alguma iguais e não devem ser confundidos. Por exemplo, se a manufatura for ótima em termos de custo, tempo e qualidade, mas o mercado simplesmente não tiver um uso para o produto resultante, a combinação de preço-praça-produto não será muito valorizada. Outros fatores também podem diluir o valor do bom desempenho da manufatura para o cliente. A Toyota, por exemplo, podia produzir um carro em menos de dois dias, mas sua rede de distribuição precisava de até 26 dias para entregar o carro ao cliente[10]. Em resumo, a competência produtiva não é uma condição suficiente para a competitividade. No curto prazo, ela não é nem mesmo uma condição necessária, uma vez que pode ser benéfico vender um produto abaixo do seu custo unitário por determinado período de tempo. No longo prazo, no entanto, isto não é sustentável.

Portanto, o desenvolvimento de competências é uma condição necessária para a manutenção da competitividade. A distinção entre competências e competitividade é fundamental para a se discutir a estratégia de manufatura, uma vez que ela ressalta imediatamente o fato de que as principais competências na manufatura terão pouco valor se não estiverem alinhadas com o posicionamento competitivo.

## Foco

Skinner apresentou a noção de que, para concorrer com sucesso, uma firma exige uma missão de manufatura[11] bem-definida. Uma missão clara possibilita que a manufatura sustente a estratégia de negócios geral ao concentrar seus esforços da maneira mais eficaz possível. Considerando-se uma postura competitiva específica (ou seja, um mix de marketing específico), uma estratégia de manufatura deve garantir que se desenvolvam as competências corretas. Não se pode esperar que nenhuma fábrica tenha um bom desempenho de acordo com todos os critérios[12]. Ao contrário, uma boa prática produtiva significa focar num subconjunto limitado de competências. De maneira semelhante, Porter alerta para os perigos de "ficar preso no meio do caminho" ao tentar concorrer em muitas frentes ao mesmo tempo"[13]. O conceito de foco de Porter lida com o posicionamento competitivo (por exemplo, concorrência de preço vs. estratégias de diversificação). A Figura 11.1 ilustra os diferentes tipo de foco.

Até recentemente, o trabalho da manufatura costumava ser reduzido a não obstruir o lançamento da estratégia de negócios e a ser o mais eficiente possível em termos de custo[14]. No entanto, a principal pergunta não é "como podemos reduzir os custos", mas sim "como podemos concorrer", ou seja, como a produção pode desempenhar um papel mais proativo para sustentar e até mesmo para formular a estratégia de negócios[15].

A visão de que ser competitivo significa "concentrar-se" em poucas dimensões de competência e competitividade ainda é comum. Muitos escritos sobre a estratégia de manufatura giraram em torno destes trade-offs entre estas diversas dimensões sem perceberem que alguns trade-offs clássicos ou estão desaparecendo gradualmente ou estão mudando sua natureza substancialmente. Considere o seguinte exemplo simples. A "Empresa ABC" está perdendo participação de mercado por causa dos seus produtos de baixa qualidade. Num grande esforço para melhorar a qualidade, ela repensa seus produtos, processos e procedimentos. Isto leva a grandes

**Competência**

Custo
Qualidade
Tempo

"Elo Perdido" de Skinner (1969)

**Concorrência**

Preço
Produto
Praça

**Estratégia de manufatura**
Skinner (1974): nenhuma fábrica pode ter um bom desempenho em tudo; concentre-se em poucas competências principais.

**Missão da manufatura**
Skinner (1969): estabeleça uma tarefa clana na qual a manufatura deve se concentrar.

**Estratégia de negócios**
Porter (1980): não fique "Preso no meio"; concentre-se no posicionamento competitivo.

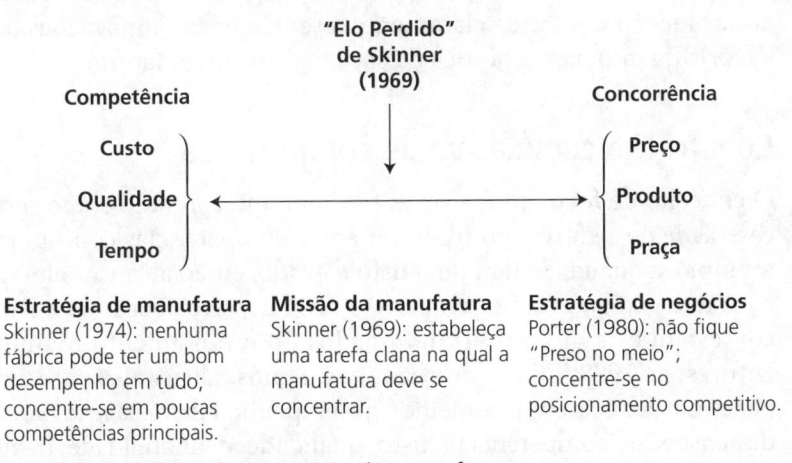

**FIGURA 11.1** Tipos de foco na estratégia de manufatura.
Fonte: Corbett e Van Wassenhove (ANO).

simplificações e, portanto, reduz custos. O exercício também facilita o lançamento de Tecnologia de Grupo (disposições em células) e de automação flexível, aumentando assim a flexibilidade sem um aumento correspondente no custo. Finalmente, também se descobre que os processos simples e de alta qualidade, projetados para maximizar a flexibilidade, são muito confiáveis e facilitam o lançamento de um novo produto.

O exemplo acima não só é real, como também está longe de ser único. Ele mostra claramente a natureza variável e a complexidade cada vez maior dos trade-offs, o principal assunto deste artigo. No entanto, isto não quer dizer que os trade-offs possam ser descartados. Os gestores da empresa ABC obviamente ainda precisam fazer trade-offs ao decidirem como concorrer.

## 11.2 OBSERVAÇÕES RECENTES

A literatura recente sobre competência e competitividade na estratégia de manufatura tem enfatizado que:

- As competências não são necessariamente mutuamente exclusivas, mas podem reforçar umas às outras e são dinâmicas ao longo do tempo;
- A competitividade deve ser definida em relação a firmas que concorram pela mesma base de clientes;
- Existe uma distinção entre critérios qualificadores e critérios ganhadores de pedidos; e
- Os critérios qualificadores e os ganhadores de pedidos evoluem ao longo do tempo.

Estes pontos podem parecer óbvios, mas até agora eles não chamaram tanta atenção, apesar de claramente terem imensas implicações tanto para a teoria quanto para a prática da estratégia de manufatura.

### Construção cumulativa de competência

O conceito de foco muitas vezes tem sido interpretado como sendo a necessidade de se fazer um trade-off entre competências conflitantes — por exemplo, a qualidade tem um custo elevado, então alcançar alta qualidade e baixo custo ao mesmo tempo não seria possível. Ferdows e De Meyer[16] contestam esta visão utilizando dados do levantamento Manufacturing Futures, de 1988[17]. Eles observam que alguns fabricantes parecem ser capazes de alcançarem um melhor desempenho em várias, se não todas, as dimensões de competência (custo, qualidade, confiabilidade, flexibilidade, inovação)[18].

Ferdows e De Meyer sugerem que "as diferentes capacidades foram cumulativas e não de resultado de acordos e trade-offs"[19]. Consequentemente, eles rejeitam o modelo tradicional de trade-off e propõem uma estrutura diferente: o modelo cumulativo (ou do "cone de areia"). De acordo com este modelo, tentativas de melhorar o desempenho devem ser organizadas de tal forma que elas se reforcem em vez de se substituírem. Seus dados sugerem que a qualidade poderia ser vista como sendo uma pré-condição para todas as melhorias duradouras no desempenho da manufatura. Uma vez estabelecida a base para a qualidade, uma firma pode começar a voltar alguma atenção para a confiabilidade, continuando a expandir, ao mesmo tempo, seus esforços de melhoria de qualidade. Em seguida, enquanto ainda aumenta os esforços simultâneos para melhorar a qualidade e a confiabilidade, deve-se acrescentar a melhoria de velocidade. Finalmente, enquanto todos os esforços anteriores ainda estão se expandindo com taxas cada vez maiores, pode-se lançar programas de redução de custo.

Estas descobertas sugerem claramente que as competências não são mutuamente exclusivas, conforme implica o modelo tradicional de *trade-off*. Além disso, o modelo do cone de areia tem natureza dinâmica no sentido de descrever como firmas poderiam orientar seus programas de melhoria ao longo do tempo. A sequência qualidade-confiabilidade-flexibilidade-custo, de Ferdows e De Meyer, foi desenvolvida de acordo com evidência empírica e ela realmente tem um claro apelo intuitivo. Um argumento a favor desta sequência específica poderia ser o seguinte: Alcançar alta qualidade de maneira consistente costuma exigir um alto grau de controle sobre o processo e é, portanto, o que impulsiona melhorias subsequentes. Este controle (juntamente com um sistema preciso de estabelecimento de data de vencimento) permite um alto grau de confiabilidade. Não conseguir atender datas de vencimento sob circunstâncias normais implica que conseguir reagir de maneira flexível a circunstâncias imprevistas também será impossível. Sem qualidade e confiabilidade, a flexibilidade logo degenerará para o caos. Finalmente, quando o processo estiver plenamente compreendido e totalmente sob controle de tal forma que se possa alcançar as exigências de qualidade, confiabilidade e flexibilidade, as reduções potenciais de custo ficarão aparentes. Tentar cortar custos inicialmente costuma ter um efeito adverso sobre a qualidade e a confiabilidade e, portanto, indiretamente leva a uma deterioração da competitividade. Este é o "paradoxo de produtividade", de Skinner, sustentado por resultados empíricos derivados do banco de dados PIMS sobre estratégias e desempenho competitivos[20].

Apesar da qualidade poder ser um condutor poderoso, pode-se fazer um argumento semelhante em favor do tempo[21]. Tirar o tempo de um processo pode efetivamente concentrar a atenção nos problemas de qualidade (por exemplo, revisão) e reduzir custos. Capacidades de tempo em ciclo rápido obviamente melhoram a flexibilidade e a inovação (tempo para vender). Tempo e qualidade são dois lados da mesma moeda. Os dois podem ser condutores poderosos para programas de melhoria contínua. A escolha entre os dois depende do contexto específico. O custo, por outro lado, é visto cada vez mais como sendo um resultado, não um condutor, que implica que programas gerais de corte de custo devam ser realizados com muito cuidado.

## A competitividade é relativa

Muitos gestores não parecem perceber que a competitividade de uma firma não é determinada apenas pelo seu próprio desempenho, mas sim pelo seu desempenho em comparação com o da concorrência[22]. O desempenho da manufatura deve acabar sendo medido no mercado utilizando critérios voltados para o cliente no lugar de medidas internas. Esta é a razão para distinguir entre as dimensões de competitividade preço-praça-produto e as dimensões de competência custo-tempo-qualidade. As primeiras medidas são, por definição, relativas. As medidas de custo-tempo-qualidade, ao contrário, refletem as competências exigidas da manufatura para alcançar a competitividade desejada e, portanto, precisam ser medidas absolutas. O gestor de uma fábrica só quer saber quantos dias ele tem para fazer com que o produto saia, não quantos dias vencerão a concorrência. Para um gerente de marketing, o contrário costuma acontecer.

## Critérios qualificadores e critérios ganhadores de pedidos

Recentemente, Hill[23] formulou um terceiro ponto importante. Ele apresenta a noção de critérios qualificadores e critérios ganhadores de pedidos, sugerindo que a manufatura deve atender pelo menos os critérios qualificadores para entrar ou permanecer no mercado. Isto não fará com que ela ganhe pedidos, mas simplesmente impedirá que uma empresa perca pedidos rapidamente para seus concorrentes. Uma vez que estes critérios qualificadores tenham sido alcançados, a manufatura precisa voltar sua atenção para formas pela quais se ganham pedidos. Em outras palavras, existe um limite mínimo para ser sustentável no negócio; alcançar um desempenho excepcional em uma ou duas dimensões competitivas será de pouco valor se o desempenho em outra dimensão estiver abaixo do nível mínimo que o mercado exige. Projetar um carro para que ele acelere de 0 a 100 milhas por hora em menos de 10 segundos não será muito útil se a ferrugem o mandar para o ferro-velho em menos de 3 anos.

A novidade desta visão é que ela é voltada explicitamente para o cliente. Hill troca a visão interna, geralmente associada com a manufatura, pela visão externa, característica do marketing. A competitividade não apenas é relativa à concorrência, mas também aos desejos do mercado. Mesmo que o nosso fabricante de carro tenha aprendido sua lição, tenha se livrado do seu problema de ferrugem e tenha alcançado qualquer outro critério qualificador para concorrer no mercado, ele ainda correrá o risco de simplesmente não haver demanda por carros que acelerem tanto assim. Hill reconhece este perigo utilizando o termo "critérios ganhadores de pedidos". No exemplo do carro, tanta aceleração pode simplesmente não conquistar nenhum pedido. Computadores tecnicamente superiores foram tirados do mercado em função de um atendimento fraco ao cliente e da falta de software[24]. As competências da manufatura devem estar cuidadosamente alinhadas com o que o mercado quer.

Os critérios qualificadores e os ganhadores de pedidos referem-se, em princípio, a condições para competitividade, mas essas condições podem ser traduzidas em exigências em termos de competências – ou seja, a missão da manufatura. Portanto, deixamos que critérios qualificadores e ganhadores de pedidos se refiram tanto às dimensões preço-praça-produto e às dimensões custo-tempo-qualidade.

Cada dimensão competitiva pode ter níveis qualificadores e níveis ganhadores de pedidos. Por exemplo, o mercado poderá considerar uma garantia de ausência de ferrugem por cinco anos como sendo um nível mínimo e cada ano acima disso poderá ganhar um pedido. Em alguns casos, onde mais não quer dizer melhor, simplesmente haverá um nível qualificador, mas nenhum nível ganhador de pedidos. Qualquer carro para a família deve ter uma marcha à ré, mas é pouco provável que um câmbio com três velocidades à ré atraia algum cliente adicional. A Figura 11.2 contém uma ilustração simples deste ponto.

## Dinâmica

O ambiente competitivo está mudando constantemente.[25] Existem duas formas proximamente relacionadas em que a hierarquia de critérios qualificadores e ganhadores de pedidos muda ao longo do tempo.

- Critérios Qualificadores Tornam-se Mais Inflexíveis. Os níveis mínimos de desempenho que devem ser alcançados para impedir a perda de participação de mercado aumentam. Deve-se melhorar constantemente em termos absolutos simplesmente para evitar ser eliminado do mercado.
- Critérios Ganhadores de Pedidos Tornam-se Critérios Qualificadores. Este é um princípio semelhante: o que em certo momento os clientes

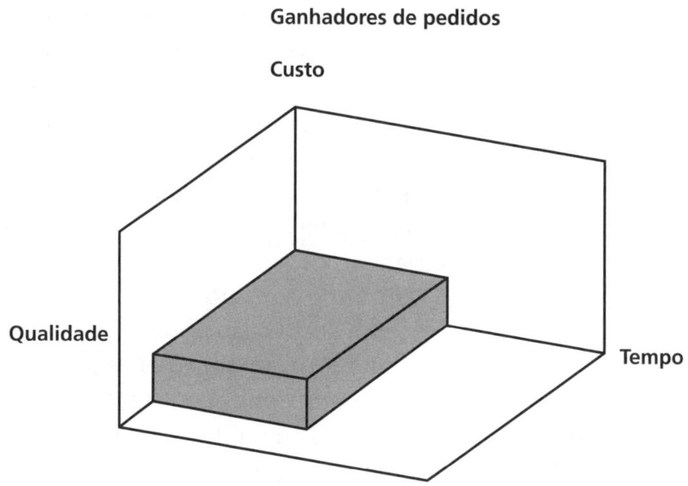

**FIGURA 11.2** Níveis qualificadores e níveis ganhadores de pedidos.
*Observação*: O cubo exterior representa o intervalo total de combinações possíveis de custo--qualidade-tempo disponíveis, enquanto o cubo interior representa os níveis qualificadores para cada dimensão. A concorrência só ocorre no espaço restante.
Fonte: Corbett e Van Wassenhove (ANO).

consideram uma característica adicional valiosa pode, à medida em que eles se acostumam com ela e que a concorrência a copia, tornar-se uma exigência mínima padrão. Em outras palavras, a vantagem competitiva é um bem perecível com um tempo curto (e cada vez menor) na prateleira;

A melhoria constante de competências é necessária apenas para se manter a mesma vantagem competitiva. A diferenciação do produto e do preço diminuem à medida que o mercado amadurece, ou seja, que os concorrentes gradualmente se tornam mais parecidos[26], proporcionando alguma sustentação empírica a este princípio.

Como exemplo, um tratamento bom, durável e anti-corrosivo para carros passou de um extra para uma necessidade, aumentando as exigências mínimas dos clientes no que diz respeito à qualidade. Por esta razão, os níveis de desempenho em qualquer momento específico são de importância apenas temporária. A taxa de melhoria ou, melhor ainda, a taxa relativa de melhoria (no que diz respeito à concorrência) é muito mais importante. Independentemente de quanto uma firma possa estar à frente, outra firma com uma taxa maior de melhoria sempre a superará em algum momento. E podemos ir ainda além ao observarmos o aumento na taxa de melhoria (o derivativo de segunda ordem). Uma firma que atualmente esteja bem à frente, com uma taxa de melhoria maior, mas constante, pode em algum momento posterior estar nos calcanhares da firma que estava continuamente aprendendo a melhorar mais rapidamente.

## 11.3 OLHANDO NA BOLA DE CRISTAL

### Trabalhadores do conhecimento: o fator final?

Conforme observado, a melhoria contínua é necessária apenas para se manter a posição competitiva de alguém. Vamos agora traçar um cenário potencial de critérios qualificadores e ganhadores de pedidos variáveis ao longo do ciclo de vida de um produto. Um produto inteiramente novo não tem absolutamente nenhum critério qualificador; qualquer firma pode concorrer nesse mercado, pressupondo-se que barreiras à entrada (como alto investimento de capital inicial) possam ser superadas. Todos os aspectos de competência custo-tempo-qualidade são potenciais ganhadores de pedidos.

Depois de certo tempo, o design do produto se padroniza, o mercado amadurece gradualmente e os clientes passam a esperar determinado nível de qualidade, de tal maneira que a qualidade se transforme de um ganhador de pedido para um aspecto qualificador. No que diz respeito ao carro que se transformou em ferrugem em três anos, até não muito tempo atrás isto não era incomum para alguns carros. Mas, atualmente, os fabricantes precisam oferecer até dez anos de condução com garantia de ausência de ferrugem para se manterem no negócio. O tratamento anticorrosivo era um critério ganhador de pedidos para fabricantes de carros. Hoje é um critério qualificador.

À medida que o mercado amadurece ainda mais, as dimensões competitivas baseadas no tempo também passam a ser critérios qualificadores. No mundo de volume elevado de produção de carros, a entrega confiável com hora marcada dos fornecedores aos montadores é o padrão aceito e qualquer fornecedor que não puder atender a este padrão não terá nenhuma chance de concorrer. Recentemente, o tempo de resposta de um fornecedor da Toyota foi reduzido de 15 dias para 1 dia, quando a Toyota reorganizou a organização manufatureira do fornecedor. A outra opção, exceto reorganizar, seria esquecer o fornecimento para a Toyota[27].

O exemplo do mercado americano de portas industriais mostra a importância da flexibilidade e como ela quase se tornou um critério qualificador. Os fabricantes de portas industriais – diante de uma variedade quase infinita de largura, altura e combinações de materiais – historicamente tinham precisado de quase quatro meses para fornecerem portas que estivessem esgotadas ou fossem personalizadas. A empresa Atlas Door tornou-se líder de mercado em menos de 10 anos por ser capaz de atender a qualquer pedido dentro de poucas semanas. A Atlas já substituiu os principais fornecedores de portas para 80% dos distribuidores do país[28].

A taxa de inovação (lançamento frequente de novos modelos e novos produtos) é cada vez mais reconhecida como sendo uma dimensão importante da concorrência. No entanto, a inovação também pode se tornar um critério qualificador. Isto aconteceu no mercado de motocicletas como resultado da guerra entre a Honda e a Yamaha. A Honda lançou tantos modelos novos em tão pouco tempo que o design de uma motocicleta passou a ser uma questão de moda, onde novidade e frescor são atributos importantes para os consumidores[29]. Uma tendência semelhante pode ser observada em aparelhos hi-fi pessoais: um walkman projetado há três anos pode continuar sendo tão bom quanto qualquer modelo novo, mas já ocorreram tantas mudanças de design que ele parece desenganadamente desatualizado. Projetar um walkman que seja musicalmente bom não é mais suficiente para ser competitivo e uma firma precisa lançar mudanças de estilo e de cor continuamente para se manter atualizada com o que se tornou, essencialmente, um mercado volátil da moda. A revolução do relógio Swatch é outro exemplo.

No final das contas, o custo torna-se a única dimensão que sobra onde se pode concorrer. Uma vez que todas as firmas tenham alcançado competências comparáveis quanto ao desempenho de qualidade e de tempo (confiabilidade, flexibilidade e inovação), a tarefa passa a ser como administrar operações de maneira mais eficiente. Por exemplo, na produção de peças discretas, os Sistemas Flexíveis de Manufatura (FMS) estão revolucionando os negócios. Um FMS consiste de um "agrupamento, controlado por computador, de estações de trabalho semi-independentes vinculadas por sistemas automatizados de manuseio de materiais"[30]. Os Sistemas Flexíveis de Manufatura são muito confiáveis, podem fazer uma ampla variedade de peças e podem se adaptar facilmente a novas demandas. Vários dos FMSs japoneses conseguem funcionar sozinhos por vários turnos. Todos os custos no desenvolvimento de ferramentas, móveis fixos e programas são amortizados antes da produção da primeira unidade. Os únicos custos variáveis são os de matérias-primas e energia, que costumam representar menos de 10% dos custos totais. Neste ambiente, as empresas terão que se concentrar em ajustes constantes de variedade de produtos e de preço para manterem a utilização da capacidade plena. Simultaneamente, haverá uma necessidade de uma ênfase mordaz na redução de custos fixos de produção e no tempo necessário para se gerar novos produtos, processos e programas. A Figura 11.3 ilustra todo este processo de endurecer continuamente as exigências do mercado.

Finalmente, quando todas as firmas passam a ter acesso à mesma tecnologia flexível, todas elas podem, pelo menos teoricamente, ter um desempenho igualmente bom em termos de qualidade, tempo e custo. Nesta situação, a única diferença entre as firmas consiste das pessoas que trabalham para elas e como se administra o conhecimento que estas pessoas criam para melhorarem a aprendizagem. Agora a gestão de recursos humanos passa a ser a competência fundamental. Vamos dar uma olhada num cenário onde isto esteja acontecendo.

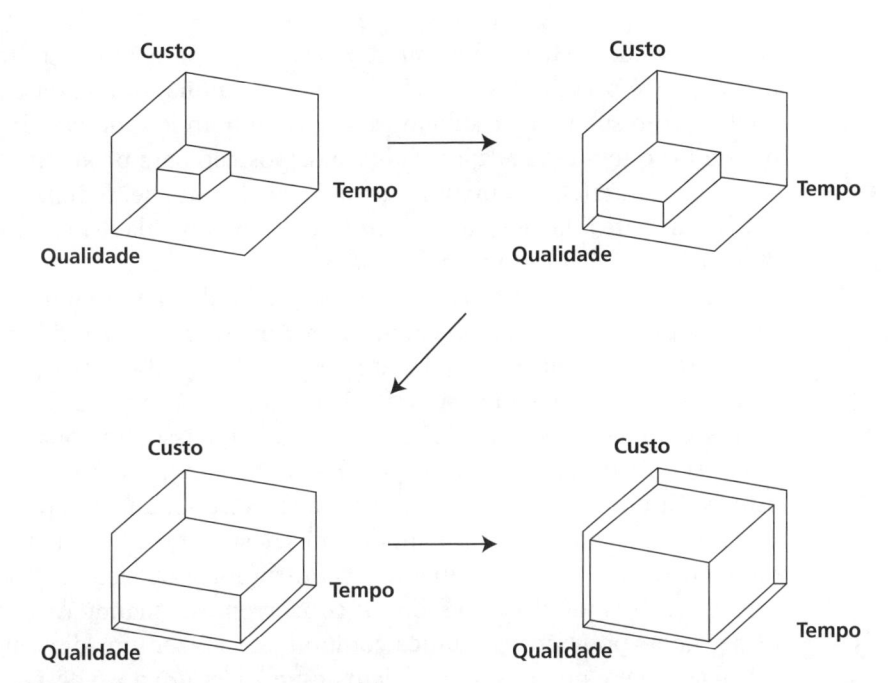

**FIGURA 11.3** O aperto competitivo.
*Observação*: Apesar do cubo exterior ter tamanho constante nesta figura, os avanços na tecnologia que aumentem a amplitude do custo-qualidade-tempo disponíveis mudarão a forma do cubo exterior. Desta forma, o aperto torna-se um fenômeno repetitivo.
Fonte: Corbett e Van Wassenhove (ANO).

## Correndo na pista rápida

Suponha que você opere no mercado industrial de moda de roupas (por exemplo, Benetton, The Limited, etc.). Uma resposta rápida e um design personalizado estão se tornando rapidamente critérios qualificadores. Portanto, você cria uma equipe de designers altamente criativos, você lhes fornece o que existe de mais recente em tecnologia CAD e os coloca juntos num prédio chique em alguma cidade da moda (que tal Milão?). Você também compra o que há de mais moderno em termos de equipamentos de vídeo conferência em alta resolução para permitir que seus clientes importantes (que talvez estejam em Nova York) criem suas roupas personalizadas online com a ajuda dos seus designers. As telecomunicações também permitem que você transfira qualquer design criado recentemente numa questão de minutos para alguma fábrica no exterior (que tal em Hong Kong?), onde a linguagem CAM do design pode operar uma máquina. Um novo produto (digamos, um suéter colorido) está pronto poucas horas depois de ter sido concebido pelo cliente! O cliente ansioso pode apreciar sua criação em menos de 24 horas porque você garante que uma transportadora expressa lhe envie de avião (de Hong Kong para Nova York, não era isso?). Seu cliente feliz, obviamente, lhe encomedará 500 peças imediatamente. Você previu esta reação impulsiva e, enquanto isso, já entrou em contato com sua rede de subempreiteiros no mundo todo via satélite para perguntar quem tem a capacidade e a disposição para produzir o negócio imediatamente (com o menor custo, é claro). Seu cliente feliz recebe caprichosamente 500 ítens do seu produto de alta qualidade menos de 3 dias depois de ele ter sido concebido pela primeira vez.

Este exemplo parece exagerado? Lamento lhe desapontar, mas é real! Ele mostra o que está acontecendo em alguns setores. Ele também mostra como uma combinação inteligente de tecnologias disponíveis imediatamente podem revolucionar um negócio em poucos anos. O design de sistema global para resposta rápida é o que faz tudo isso funcionar, não qualquer tecnologia ou conceito específicos. O exemplo também ilustra um esforço simultâneo sobre custo, qualidade e tempo, uma vez que todos os componentes são vitalmente importantes neste mercado global altamente competitivo e volátil. Finalmente, esta tecnologia ou sistema poderá, em breve, estar disponível para todos os concorrentes. Quando isso acontecer, os designers poderão ser o único componente a fazer uma diferença.

Designers "quentes", que podem desenvolver um novo design espalhafatoso de maneira interativa com um cliente por meio de um sistema de computador, são extremamente raros. Quando todas as firmas neste mercado tiverem acesso à mesma tecnologia, estes designers serão o gargalo. Uma firma que não for capaz de estimular seus designers a serem mais inovadores ou, pior ainda, perder seus designers para os seus concorrentes, poderá não sobreviver, apesar da tecnologia avançada. Assim sendo, qualquer grupo pequeno de designers talentosos pode, sozinho, estar no mercado rapidamente. A consequência final do nosso cenário conforme apresentado aqui é que, no final das contas, a manufatura não proporciona mais uma fonte de vantagem competitiva. Ao contrário, ela gradualmente passaria para um papel de serviço para engenharia e desenvolvimento. Apesar de ser possível identificar claramente a tendência em alguns setores da indústria, suas consequências ainda não estão claras e merecem mais pesquisa.

Este exemplo vai ainda além daqueles dados anteriormente – que mostram que o tempo pode ser uma fonte importante de vantagem competitiva – e demonstra que até mesmo o tempo pode se tornar um critério qualificador. A inovação está nas mãos de uma quantidade relativamente pequena de trabalhadores do conhecimento e na maneira pela qual eles criam e ampliam a base de conhecimento da firma por meio do aumento da aprendizagem. Ainda estamos longe desta forma extrema de concorrência em vários setores (e talvez nunca cheguemos lá em vários outros), mas o exemplo efetivamente ajuda a valorizar as implicações das observações recentes discutidas na seção anterior.

## Ciclo de vida das dimensões competitivas

Nós podemos colocar o cenário anterior em perspectiva ao compararmos ele com a famosa matriz produto-processo, de Hayes e Wheelwright[31], que sugere um vínculo entre os ciclos de vida de produtos e de processos (veja a Figura 11.4). O que nós delineamos pode ser visto como sendo um ciclo de vida das dimensões competitivas, onde a linha divisória entre os critérios qualificadores e os critérios ganhadores de pedidos muda de acordo com a fase do produto no seu ciclo de vida. A sequência em que as competências evoluem de critérios ganhadores de pedidos para critérios qualificadores, conforme delineada no cenário anterior, é a mesma que a sugerida pelo modelo de construção da competência cumulativa de base empírica de Ferdows e De Meyer, de tal forma que a hierarquia das dimensões de competitividade voltada para o mercado pudesse ser sustentada pela hierarquia das competências voltada para a manufatura.

| Estrutura do produto, estágio do ciclo de vida do produto | Baixo volume, baixa padronização, um de cada | Múltiplos produtos, baixo volume | Poucos produtos principais, maior volume | Grande volume, grande padronização, commodities |
|---|---|---|---|---|
| Fluxo por Tarefa (*job shop*) | • | | | |
| Fluxo intermediário (em lotes) | | • | | |
| Fluxo em linha (linha de montagem) | | | • | |
| Fluxo contínuo | | | | • |
| Prioridades | Flexibilidade-qualidade | | Confiabilidade-custo | |

**FIGURA 11.4** A matriz produto processo.
*Observação*: A matriz produto-processo ilustra como a escolha adequada de processos muda de acordo com a evolução de um produto ao longo do seu ciclo de vida. As combinações produto-processo muito afastadas da diagonal não foram consideradas como sendo competitivas.
Fonte: R.H. Hayes e S.C. Wheelwright, Restoring Our Competitive Edge (Competing Through Manufacturing) (Nova York, NY: John Wiley, 1984), p. 216.

Na literatura sobre marketing e estratégia de negócios, se aceita frequentemente que, durante o ciclo de vida de um produto, o foco da concorrência se desloque de voltado para o produto para voltado para o serviço e também voltado para o preço – repetidamente e rapidamente no caso do setor de informática, por exemplo, e mais lentamente em outros setores, resultando em margens de lucro cada vez menores[32]. A matriz produto-processo, no entanto, é mais antiga, da época do pensamento clássico sobre *trade-off*, onde as competências não eram consideradas potencialmente cumulativas, mas sim mutuamente exclusivas.

O ciclo de vida das dimensões competitivas não é necessariamente congruente com o deslocamento gradual descendo a diagonal da matriz produto-processo, de produção de pequenos pedidos para processos de fluxo contínuo e grande volume. Nós observamos anteriormente que a flexibilidade poderia ser alcançada antes que os baixos custos e que a flexibilidade poderia se tornar um critério qualificador antes do custo. Novas tecnologias flexíveis permitem que firmas alcancem pontos mais próximos ao canto inferior esquerdo (fluxo contínuo, baixa padronização) da matriz produto-processo, combinando produtos personalizados com alta eficiência. Torna-se claro que talvez tenhamos que dar um jeito na teoria do "deslocamento ao longo da diagonal". Em vez de vincular a escolha do processo à fase do produto no seu ciclo de vida, a meta é estimar estruturas competitivas atuais e futuras e desenvolver as competências adequadas. A questão de vários bilhões de dólares é prever corretamente qual será o novo campo de batalha competitivo e como desenvolver as competências adequadas.

## 11.4 CONCLUSÕES

Em primeiro lugar, as firmas podem escapar, pelo menos temporariamente, do deslizamento em direção à concorrência de custo de grande volume ao escolherem um nicho de mercado específico (como a B&O, em aparelhos *hi-fi* ou a Aston Martin, em automóveis). Em segundo lugar, a sequência qualidade-tempo-custo pode ser plausível, mas não é de forma alguma a única possível; conforme observado anteriormente, cada uma destas dimensões é, em si, um conceito multidimensional. É perfeitamente concebível que uma única subdimensão possa se tornar um critério qualificador em algum ponto (por exemplo, a subdimensão de adquação de qualidade) e a concorrência pode se deslocar temporariamente, digamos, para a confiabilidade, apenas para voltar para a qualidade (desta vez para a subdimensão das características) quando poucas firmas lançarem rapidamente muitas características adicionais para os produtos. Estamos lidando com uma hierarquia dinâmica complexa de elementos competitivos multidimensionais. São necessárias mais pesquisas para que se compreendam estas dinâmicas. Em terceiro lugar, o ciclo de vida das dimensões competitivas pode muitas vezes ser um verdadeiro ciclo, em vez de um processo de mão única e, portanto, nunca chegar ao fim. Isto aconteceria em função, entre outros, do elemento humano, encontrando continuamente novas maneiras de melhorar o desempenho em termos de qualidade, tempo e custo além do que era considerado possível antes. Em quarto lugar, apesar de citarmos alguma sustentação empírica para alguns dos pontos levantados, ainda é necessário muito mais trabalho empírico para investigar a validade e a generalidade destas questões.

Boa parte da confusão que gira em torno do campo da estratégia de manufatura pode ser removida ao se distinguir claramente entre medidas internas de competência e medidas externas de competitividade. Então, toda a tarefa da estratégia de manufatura e, portanto, do gerente de manufatura, pode ser formulada da seguinte maneira: "Vincular as competências desenvolvidas internamente com a competitividade exigidas no mercado". Ao desenvolver estas competências cuidadosamente e cumulativamente, ele estará melhor preparado para as demandas cada vez maiores do mercado; não fazer isso fará com que o produto da empresa decline de distintamente atraente para pouco adequado e posteriormente para impossível de vender. Assim, a empresa acabará sendo espremida até sair do mercado. Isto quer dizer que deve-se desenvolver um conjunto de competências compatíveis com as exigências competitivas prevalecentes e adaptar essas competências à mudanças nas demandas do mercado. Desta forma, a capacidade de assegurar este vínculo é a capacidade de sobreviver. É importante perceber que isto exige uma visão e um compromisso de longo prazo que podem ter conflito com o curto prazo, uma atitude de rajada que ainda prevalece em várias firmas ocidentais.

## 11.5 REFERÊNCIAS

1. Pode-se dizer que o artigo de W. Skinner ["Manufacturing — Missing Link in Corporate Strategy", *Harvard Business Review* (maio/junho de 1969), p. 136-145] tenha dado início ao campo.
2. W. Skinner, "Missing the Links in Manufacturing Strategy," em C.A. Voss, ed., *Manufacturing Strategy: Process and Content* (Londres: Chapman & Hall, 1992), p. 13-25. A necessidade de pesquisa conceitual também é enfatizada por vários bons levantamentos da literatura sobre a estratégia de manufatura feitos por E.E. Adam, Jr. e P.M. Swamidass, "Assessing Operations Management from a Strategic Perspective", *Journal of Management,* 2/15 (1989): 181-203; J.C. Anderson, G. Cleveland e R.G. Schroeder, "Operations Strategy: A Literature Review," *Journal of Operations Management,* 2/8 (abril de 1989): 133-158; G.K. Leong, D.L. Snyder e P.T. Ward, "Research in the Process and Content of Manufacturing Strategy," OMEGA, 2/18 (1990): 109-122.

3. Veja, por exemplo, R.H. Hayes, S.C. Wheelwright e K.B. Clark, *Dynamic Manufacturing* (Nova York, NY: The Free Press, 1988).
4. Um dos tipos de flexibilidade identificados em D. Gerwin, "An Agenda For Research On The Flexibility Of Manufacturing Processes", *International Journal of Operations and Production Management*, 1/7 (1987): 38-49.
5. G. Stalk, Jr. e T.M. Hout, *Competing Against Time: How Time-Based Competition Is Reshaping Global Markets* (Nova York, NY: The Free Press, 1990).
6. J.D. Blackburn, ed., *Time-Based Competition: The Next Battleground in American Manufacturing* (Homewood, IL: Irwin, 1991).
7. Exemplos de falhas em procedimentos convencionais de contabilidade de custos podem ser encontrados, por exemplo, em H.T. Johnson e R.S. Kaplan, *Relevance Lost: The Rise and Fall of ManagementAccounting* (Boston, MA: Harvard Business School Press, 1987).
8. Veja D.A. Garvin, "Competing on the Eight Dimensions of Quality," *Harvard Business Review* (novembro/dezembro de 1987), p. 101-109.
9. P. Kotler e G. Armstrong, *Principles of Marketing* (Englewood Cliffs, NJ: Prentice-Hall, 1991).
10. Veja Blackburn, op. cit.
11. Skinner (1969), op. cit.
12. W. Skinner, "The Focused Factory", *Harvard Business Review* (maio/junho de 1974), p. 112-121.
13. M.E. Porter, *Competitive Strategy* (Nova York, NY: The Free Press, 1980).
14. Isto corresponde a uma visão do Estágio I ou Estágio II no modelo citado em Hayes, Wheelwright e Clark, op. cit. Deixar que a manufatura desempenhe uma papel mais importante na sustentação e até mesmo na formulação da estratégia de negócios corresponde a uma visão do Estágio III ou Estágio IV.
15. W. Skinner, "The Productivity Paradox" *Harvard Business Review* (julho/agosto de 1986), p. 55-59.
16. K. Ferdows e A. De Meyer, "Lasting Improvements in Manufacturing Performance: In Search of a New Theory", *Journal of Operations Management*, 2/9 (abril de 1990): 168-184.
17. O *European Manufacturing Futures Project* tem sido administrado no INSEAD desde 1983. Para este projeto, é feito um levantamento regular numa amostra de grandes empresas manufatureiras europeias através de um questionário enviado pelo correio.
18. Skinner já indica isso [(1986) op. cit.]. Mais recentemente, Skinner [(1992) op. cit.] argumentou que os *trade-offs* efetivamente ainda existem, mas talvez devessem ser chamados de "relacionamentos de desempenho" ou algo semelhante, uma vez que eles não necessariamente implicam relacionamentos negativos entre os fatores.
19. Ferdows e De Meyer, op. cit., p. 169.
20. Skinner (1986), op. cit.; e R.D. Buzzell e B.T. Gale, *The PIMS Principles: Linking Strategy to Performance* (Nova York, NY: The Free Press, 1987), Ch. 6.
21. Blackburn, op. cit.
22. Buzzell e Gale, op. cit. Esta observação também foi feita por Hayes, Wheelwright e Clark, op. cit., Ch. 5; e por H.E. Edmondson e S.C. Wheelwright, "Outstanding Manufacturing in the Coming Decade," *California Management Review* (Verão de 1989), p. 70-90.
23. T. Hill, *Manufacturing Strategy, Text and Cases* (Homewood, IL: Irwin, 1989). A mesma observação pode ser encontrada em Hayes, Wheelwright e Clark, op. cit., Ch. 12;

em Edmondson e Wheelwright, op. cit.; e, até certo ponto, em Buzzell e Gale, op. cit., p. 113-114.
24. Buzzell e Gale, op. cit., p. 117-118.
25. Encontrado mais claramente em Edmondson e Wheelwright, op. cit., p. 75; e em Hayes, Wheelwright e Clark, op. cit., p. 375-376.
26. Buzzell e Gale, op. cit., p. 204-205.
27. Stalk e Hout, op. cit.
28. Ibid.
29. Ibid.
30. R. Jaikumar, "Postindustrial Manufacturing," *Harvard Business Review* (novembro/dezembro de 1986), p. 69-76; citado a partir da p. 70.
31. R.H. Hayes e S.C. Wheelwright, "Link Manufacturing Process and Product Life Cycles", *Harvard Business Review* (janeiro/fevereiro de 1979), p. 133-140. Algumas das limitações da matriz produto-processo já são mencionadas em R.H. Hayes e S.C. Wheelwright, *Restoring Our Competitive Edge: Competing Through Manufacturing* (Nova York, NY: John Wiley, 1984).
32. Buzzell e Gale, op. cit., p. 206.

# 12
# Uma teoria da competência de produção revisitada*

SHAWNEE K. VICKERY
GRADUATE SCHOOL OF BUSINESS ADMINISTRATION, MICHIGAN STATE UNIVERSITY, EAST LANSING

---

Um recente artigo [3] propôs um relacionamento definível entre competência de produção e desempenho empresarial e apresentou evidência empírica para sustentar este relacionamento. Este trabalho tem quatro objetivos. Em primeiro lugar, ela corrige a medida numérica da competência de produção pelos autores. A correção muda a natureza do relacionamento entre competência e desempenho. Em segundo lugar, esta nota sugere uma medida numérica melhorada de desempenho empresarial (a variável dependente no estudo). Os autores do artigo citado anteriormente [3] definiram o desempenho de uma forma que captura inadvertidamente elementos utilizados para medirem a competência de produção (a variável independente).

O resultado é uma adequação enganosamente próxima do modelo dos autores com os dados. O terceiro objetivo da nota é apresentar um modelo teórico mais adequado para o conceito de competência de produção. Mostra-se que a competência de produção está proximamente relacionada com a formulação e a colocação em prática da estratégia de manufatura e pode ser melhor compreendida dentro desse contexto. Finalmente, apresenta-se um modelo conceitual alternativo do relacionamento entre estratégia empresarial, competência de produção e desempenho empresarial. O novo modelo inclui um conceito que mede a "adequação" da estratégia empresarial de uma firma ao seu ambiente competitivo externo.

---

## 12.1 INTRODUÇÃO

Cleveland, Schroeder e Anderson [3] propuseram um relacionamento definível entre competência de produção e desempenho empresarial. Eles definiram competência de produção como sendo uma variável em vez de um atributo fixo. Esta variável captura a capacidade geral de um fabricante de sustentar e colocar em prática uma estratégia empresarial específica em termos de produto e de mercado. Os autores mediram o desempenho

---

\* Artigo originalmente publicado sob o título *A Theory of Production Competence Revisited*, na Decision Science, v.22, n.3, p.635-643, 1991.

empresarial em comparação com os concorrentes de uma firma ao combinarem medidas de manufatura, marketing e desempenho financeiro.

Cleveland et al. [3] utilizaram um modelo simples de regressão linear para descreverem o relacionamento entre competência de produção e desempenho empresarial. A variável independente, a competência, é desenvolvida utilizando-se uma transformação logarítmica da pontuação da competência de produção desenvolvida no estudo dos autores. A variável dependente é o desempenho empresarial.

Poucos estudos investigaram o relacionamento do desempenho da manufatura com o desempenho empresarial [3] [16] [23]. O objetivo deste trabalho não é reproduzir o estudo de Cleveland et al. [3] utilizando uma amostra maior de empresas, mas sim examinar de maneira construtiva sua obra publicada com o objetivo de melhorar e corrigir sua teoria e sua metodologia. Ao fazermos isso, a esperança é ressaltar o valor potencial do conceito de competência de produção e estimular sua inclusão como uma variável explicativa em estudos empíricos de desempenho empresarial no futuro.

## 12.2 MEDINDO A COMPETÊNCIA DE PRODUÇÃO

Cleveland et al. mediram a competência de produção utilizando o método descrito nos passos 1, 2 e 3 do artigo que escreveram [3, p. 660-61]. Eles forneceram um exemplo (Firma E) para demonstrarem como se computa a pontuação da competência de produção (veja [3], Tabela 2). Utilizando o método do artigo a pontuação de competência para a Empresa E é −1. Os autores concluíram que a empresa não é exatamente forte em áreas onde a força é importante para a estratégia empresarial (por exemplo: desempenho de qualidade e de entrega).

O método de Cleveland, Schroeder e Anderson (CSA) é incorreto pelo seguinte motivo: Para que valores maiores da pontuação da competência de produção reflitam uma competência maior, então a classificação de áreas de desempenho deve ser alcançada de tal forma que números maiores (pesos) sejam atribuídos a áreas de maior importância. Isto é lógico, uma vez que os pontos fortes recebem valores positivos (+1) e os pontos fracos recebem valores negativos (−1) pelo método CSA. No entanto, os autores erroneamente atribuem números menores (classificações) para áreas de maior prioridade.

O método CSA para medir a competência de produção é corrigido facilmente ao se atribuir pesos maiores a áreas de desempenho mais importantes. A Tabela 12.1 apresenta o esquema de classificação revisada (ponderação) para a Empresa E, que mostra que a pontuação correta da competência de produção para a Empresa E é +1. Esta é uma pontuação de competência positiva, ainda que baixa em termos da sua magnitude absoluta.

**TABELA 12.1** Esquema de classificação revisado para a empresa E

| Área | Classificação | Forte (+1) Neutro (0) Fraco (-l) |
|---|---|---|
| Manufatura Adaptativa | 7 (empate) | +1 |
| Eficiência de Custo de Mão de Obra | 4 | -1 |
| Desempenho de Entrega | 8 | 0 |
| Logística | 5 | +1 |
| Economias de Escala de Produção | 1 | 0 |
| Tecnologia de Processo | 3 (empate) | 0 |
| Desempenho de Qualidade | 9 | 0 |
| Produção e Tempo de Entrega | 7 (empate) | -1 |
| Integração Vertical | 3 (empate) | 0 |
| Pontuação da Competência −7(l)+4(−l)+8(0)+5(l)+l(0)+3(0)+9(0)+7(−l)+3(0)=−l. | | |

Fonte: Vickery (1991).

A partir de informações contidas na Tabela 4 do artigo de Cleveland et al. [3], pode-se determinar os pesos corretos para cada área de desempenho e as classificações associadas de ponto forte/ponto fraco (Pontos Fortes e Fracos) para cada empresa. Estes dados foram utilizados para recomputar as pontuações da competência de produção. A Tabela 12.2 fornece as pontuações corretas.

Levando-se em consideração seu erro de procedimento, pode-se compreender o motivo pelo qual os autores afirmaram: "Nossa primeira tentativa simplesmente combinou os Pontos Fortes e Fracos com as classi-

**TABELA 12.2** Pontuação correta de competência para todas as empresas na amostra

| Área de desempenho | Empresa | | | | | |
|---|---|---|---|---|---|---|
| | A | B | C | D | E | F |
| Manufatura adaptativa | 4(−l)* | | | | 7(+l) | 4(+l) |
| Mão de obra eficiente em custos | | | | | 4(−l) | |
| Desempenho de entrega | 9(+1) | 8(+l) | | 9(−l) | | 9(−l) |
| Logística | 6(+l) | | | 7(−l) | 5(+l) | 8(−l) |
| Economias de escala de produção | | | | | | |
| Tecnologia de processo | 7(−l) | 7(+l) | | | | 7(+l) |
| Desempenho de qualidade | | 9(+1) | 9(+1) | 9(+l) | | |
| Produção e tempo de entrega | | 5(+l) | | 7(−l) | 7(−l) | 4(−l) |
| Integração vertical | | 3(−1) | | | | |
| Pontuações corretas das competências. Scores | 4 | 26 | 9 | −14 | +1 | −10 |

*Peso ou classificação corretos multiplicados pela classificação S/W.
Fonte: Vickery (1991).

ficações para chegarmos numa pontuação de competência. No entanto, a pontuação resultante não se relacionou muito com o desempenho e então tentamos a transformação logarítmica" [3, p. 665]. Uma vez que se corrija o método para se desenvolver as pontuações da competência, as pontuações obtidas simplesmente ao combinarmos os Pontos Fortes e Fracos com as classificações são altamente relacionadas com o desempenho[1].

Ao racionalizarem seu modelo do relacionamento entre competência e desempenho utilizando a transformação logarítmica (desnecessária), os autores afirmaram: "A equação logarítmica faz sentido intuitivo, pois uma estratégia viável exige força em mais de uma área. Por exemplo, uma empresa pode diferenciar seu produto pela suas características de qualidade, de entrega e design. Neste caso, os desempenhos de qualidade e de entrega têm importância quase igual" [3, p. 665]. Este pode efetivamente ser o caso. No entanto, sua medida original de competência de produção permite que se atribua pesos equivalentes às diversas áreas de competência de produção se elas tiverem importância igual para a estratégia empresarial da firma.

## 12.3 MEDINDO O DESEMPENHO EMPRESARIAL

Uma revisão cuidadosa da medida de desempenho empresarial de Cleveland et al [3] sugere dois problemas com a medida:

1. A medida captura alguns dos mesmo ítens utilizados para desenvolver a medida da competência de produção. As quatro medidas de manufatura utilizadas na avaliação do desempenho (custo (C), qualidade (Q), confiabilidade (D) e flexibilidade (F) se sobrepõem substancialmente com diversas áreas de desempenho utilizadas na avaliação da competência de produção, especificamente, manufatura adaptativa (flexibilidade), eficácia de custo de mão de obra (custo), desempenho de entrega (confiabilidade) e desempenho de qualidade (qualidade). Esta sobreposição explica até certo ponto a alta correlação positiva (próxima de 1) entre competência e desempenho.

2. Existe um grau de redundância na construção da medida. O sucesso de uma empresa nas áreas de custo, qualidade, confiabilidade e flexibilidade deveria se refletir, em grande parte, nas medidas de desempenho financeiro e de marketing utilizadas no estudo (lucro sobre os ativos antes dos impostos, participação de mercado e taxa de crescimento). Por exemplo, o custo e a qualidade da manufatura afetam o retorno sobre os ativos antes dos impostos em função da sua inclusão na cifra do custo de vendas num demonstrativo de lucros e perdas [2] [4]. Con-

---

[1] O coeficiente de correlação $r$ é 0,9487.

fiabilidade e flexibilidade deveriam ser refletidas, até certo ponto, na cifra de vendas líquidas no mesmo demonstrativo. Custo, qualidade, confiabilidade e flexibilidade também têm efeitos óbvios sobre a participação de mercado e sobre a taxa de crescimento. O sucesso de firmas japonesas quanto à participação de mercado e ao crescimento baseados numa estratégia de alta qualidade e baixo custo parece confirmar isto.

Se as medidas de desempenho de manufatura forem excluídas do índice agregado de desempenho empresarial, os dois problemas serão resolvidos. Uma nova medida de desempenho empresarial foi desenvolvida utilizando os dados apresentados na Tabela 3 de Cleveland et al [3] ao somar a classificação dos retornos sobre os ativos antes dos impostos (R), da participação de mercado (S) e da taxa de crescimento (G). O índice resultante de desempenho empresarial para cada empresa é o seguinte: Empresa A, 10; Empresa B, 13; Empresa C, 11; Empresa D, 8; Empresa E, 9; e Empresa F, 6,5.

## 12.4 ANÁLISE DOS RESULTADOS

Dificuldades surgem quando se utiliza a análise de regressão linear para se analisar um conjunto de dados deste tamanho. Os testes comuns para a normalidade não são poderosos quando n é pequeno. Portanto, intervalos de confiança baseados numa pressuposição de normalidade são suspeitos [14]. Uma pequena amostra também torna os resultados extremamente sensíveis a outliers estatísticos, se houver algum.

Para superar a questão de pressuposições de distribuição, utilizou-se bootstrapping [5] [6] juntamente com regressão linear. Bootstrapping é um esquema de reamostragem que permite uma estimativa de variância e o cálculo de intervalos de confiança enquanto não faz nenhuma pressuposição de distribuição. É uma ferramenta poderosa para trabalhar com dados reais onde não for possível coletar mais observações.

A equação de regressão linear estimada para as pontuações corrigidas da competência de produção e de novos índices de desempenho utilizando mínimos quadrados e os seis pontos de dados é apresentada na equação (1):

$$P = 9{,}179 + 0{,}152C \qquad (1)$$

Baseado no método percentual do bootstrap e no tamanho da amostra n=2000, o intervalo de confiança aproximado de 95% para a inclinação da linha de regressão é [0,106, 0,243]; o coeficiente médio de correlação de bootstrapping é de $0{,}95^2$.

---

[2] O intervalo de confiança aproximado de 95% para o coeficiente de correlação r é de [0,775, 0,999].

O jackknifing [5] abordou a preocupação quanto à sensibilidade de resultados a outliers estatísticos. Utilizando a regressão linear, analisaram-se todas as amostras possíveis de n=5 tiradas do conjunto de dados ao se derrubar um dos seis pontos de amostra a cada vez. O valor no pior dos casos para a inclinação estimada da linha de regressão foi de 0,16 com um coeficiente de correlação associada de 0,88.

Tanto a análise de bootstrapping quanto a de jackknifing indicam que existe um forte relacionamento linear entre competência e desempenho. Infelizmente, o tamanho pequeno da amostra e a natureza subjetiva das medidas ainda impedem a generalização significativa dos resultados. Entretanto, a força do relacionamento entre competência e desempenho na amostra sugere que a competência de produção é um modelo potencialmente valioso para se explicar a contribuição da manufatura para o desempenho empresarial e merece um estudo mais aprofundado.

## 12.5 A COMPETÊNCIA DE PRODUÇÃO REVISITADA

Cleveland, Schroeder e Anderson definiram competência de produção como sendo "a capacidade geral de um fabricante de sustentar e processar a estratégia empresarial da firma" [3, p. 658]. Além disso, os autores argumentam que a competência de produção é uma função do processo de produção e da estratégia empresarial da firma (veja a Figura 1 em [3]). O processo de produção é definido em termos de quatro estados de ciclo de vida de processo: job shop, lote, fluxo de linha e fluxo contínuo. A estratégia empresarial é descrita em termos das estratégias genéricas de custo, diferenciação e foco.

Apesar de se concordar que a competência de produção seja uma medida da capacidade da unidade de manufatura de sustentar a estratégia empresarial específica de produto e mercado da firma, a questão é tomada com a visão teórica da competência de produção como sendo uma função do processo de produção e da estratégia empresarial da firma. Um problema com esta teoria está relacionado com a afirmação dos autores de que o processo de produção abrange instalações, tecnologia e diretrizes. Claramente, estas entidades não podem ser adequadamente capturadas em termos da definição de processo com quatro categorias dada pelos autores (ou seja, job shop, lote, etc.). Outro problema com o tratamento teórico da competência de produção pelos autores é que ele não consegue relacionar o modelo com a formulação e com a colocação em prática da estratégia de manufatura. Este é um descuido grave porque a tomada de decisões de manufatura estratégica e sua colocação em prática fornecem os meios pelos quais a unidade de manufatura sustenta ativamente as metas estratégicas gerais da firma.

Com isto em mente, propõe-se um modelo conceitual alternativo para o conceito de competência de produção. Especificamente, este artigo desenvolve o conceito no contexto de um modelo de processo da estratégia de manufatura.

## Um modelo de processo da estratégia de manufatura

A estratégia de manufatura não deve ser desenvolvida independentemente da estratégia empresarial [18]. O modelo conceitual apresentado aqui baseia-se na premissa de que a estratégia de manufatura se desenvolva no contexto da estratégia empresarial de uma firma e concomitantemente com ela e com outras estratégias funcionais também.

O modelo de processo da estratégia de manufatura abrange a identificação dos principais objetivos da manufatura, chamados de prioridades competitivas na literatura sobre a estratégia de manufatura e os meios para alcançar estas prioridades. As prioridades competitivas de uma firma e sua importância relativa são determinadas em função da sua estratégia empresarial geral. As prioridades competitivas da manufatura podem incluir custo, inovação, qualidade (design e adequação), desempenho de entrega (confiabilidade e velocidade), flexibilidade (mix de produto e volume) e o rápido lançamento de novos produtos [1] [7] [9] [10] [11] [17] [21] [22]. As principais áreas de desempenho de Cleveland, Schroeder e Anderson ou são sinônimas do que a literatura chama de prioridades competitivas ou se incluem nelas.

As prioridades competitivas podem ter importância igual e podem ser ou não reflexos da(s) força(s) existente(s) da unidade de manufatura. A especificação e a ponderação relativas de prioridades competitivas de manufatura em função da estratégia empresarial da firma é o estágio inicial neste modelo de processo da estratégia de manufatura (veja a Figura 12.1). Também é o primeiro passo para se calcular uma medida numérica da competência de produção.

Além da identificação e ponderação de prioridades competitivas, podem-se estabelecer alvos numéricos para medidas de desempenho relacionadas com as prioridades competitivas.

Por exemplo, se a confiabilidade de entrega for uma prioridade, os valores-alvo para as medidas de desempenho relacionadas com a realização deste objetivo poderão ser estabelecidos (por exemplo, a porcentagem de pedidos entregues dentro do prazo) [18].

A manufatura tenta realizar suas prioridades competitivas (objetivos) formulando e colocando em prática as estratégias de manufatura. As categorias de decisões estratégicas identificadas na literatura sobre gestão operacional incluem: instalações e equipamentos, tecnologia de processo, capacidade, integração vertical, gestão de qualidade, gestão de recursos humanos, organização e sistemas/métodos de planejamento e controle de

# CAPÍTULO 12  Uma teoria da competência de produção revisitada

```
                    ┌─────────────────────────────┐
                    │    Estratégia empresarial   │
                    │  (por exemplo. diferenciação,│
                    │            custo)           │
                    └─────────────────────────────┘
                                  │
   ┌──────────────────────────────▼──────────────────────────────┐
   │                ┌─────────────────────────────┐              │
   │                │ Identificação e ponderação  │              │
   │  C             │ de prioridades competitivas │              │
   │  O             │ mfg. (por exemplo,          │              │
   │  M             │ qualidade, custo,           │              │
   │  P             │ flexibilidade)              │              │
   │  E             └─────────────────────────────┘              │
   │  T                           │                              │
   │  Ê                           ▼                              │
   │  N             ┌─────────────────────────────┐              │
   │  C             │ Tomada de decisões          │              │
   │  I             │ estratégicas da manufatura  │              │
   │  A             │ (por exemplo, instalações,  │              │
   │                │ tecnologia)                 │              │
   │  D             └─────────────────────────────┘              │
   │  E                           │                              │
   │                              ▼                              │
   │  P             ┌─────────────────────────────┐              │
   │  R             │ Colocação em prática (por   │              │
   │  O             │ exemplo, projetos,          │              │
   │  D             │ programas)                  │              │
   │  U             └─────────────────────────────┘              │
   │  Ç                           │                              │
   │  Ã                           ▼                              │
   │  O             ┌─────────────────────────────┐              │
   │                │ Mensuração do desempenho da │              │
   │                │ manufatura (mfg. pontos     │              │
   │                │ fortes, pontos fracos)      │              │
   │                └─────────────────────────────┘              │
   └──────────────────────────────┼──────────────────────────────┘
                                  ▼
                    ┌─────────────────────────────┐
                    │     Desempenho empresarial  │
                    └─────────────────────────────┘
```

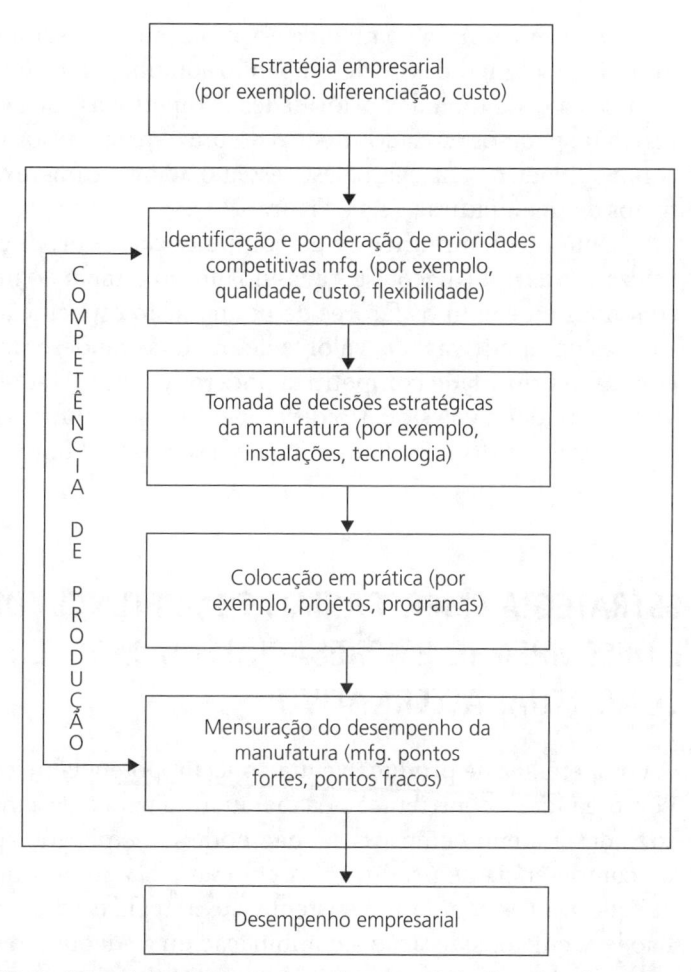

**FIGURA 12.1**  Um modelo de processo da estratégia de manufatura e o modelo de competência de produção.
Fonte: Vickery (1991).

manufatura (por exemplo, MRP, JIT, CIM) [1] [7] [10] [11] [20]. Decisões estratégicas sobre a manufatura envolvendo instalações, tecnologia e diretrizes, por exemplo, devem ser tomadas considerando-se as prioridades competitivas da manufatura e sua importância relativa. Este relacionamento é ilustrado na Figura 12.1. Essas decisões controlam o âmbito de atividades da manufatura e a instalação de recursos [15].

O estágio seguinte no modelo de processo de estratégia de manufatura é a colocação em prática, que geralmente envolve a utilização de projetos e programas para assegurar que as decisões estratégicas sejam realizadas com sucesso. Os projetos e programas possuem natureza tática e devem ser avaliados regularmente em termos de progresso e da possibilidade de ação corretiva [18].

O último estágio é a medida e a avaliação do desempenho da manufatura. Diversas medidas de desempenho comunicam resultados verdadeiros relativos a cada uma das prioridades competitivas (por exemplo, porcentagem de pedidos enviados dentro do prazo para a prioridade competitiva confiabilidade de entrega). Neste estágio, identificam-se os pontos fortes e fracos da manufatura (Veja a Figura 12.1).

Uma medida numérica de competência de produção é computada utilizando as informações geradas no último estágio do modelo de processo juntamente com os fatores de ponderação especificados para as prioridades competitivas. Os valores de medidas de desempenho associadas com cada prioridade competitiva podem ser comparados com valores-alvo para ajudar a classificar o desempenho da manufatura no que diz respeito a cada prioridade competitiva (ou seja, +1 = Ponto Forte, 0 = Neutro, –1 = Ponto Fraco)[3].

## 12.6 ESTRATÉGIA EMPRESARIAL, COMPETÊNCIA DE PRODUÇÃO E DESEMPENHO EMPRESARIAL: UM MODELO CONCEITUAL ALTERNATIVO

A competência de produção é um conceito potencialmente valioso para se compreender a contribuição da manufatura para o desempenho. Entretanto, o desempenho empresarial não pode ser explicado apenas em termos da competência de produção. A competência de produção mede apenas até que grau a manufatura sustenta a estratégia empresarial da firma, mas não leva em consideração a combinação ou a adequação da estratégia empresarial da firma ao seu ambiente competitivo externo.

Vários pesquisadores afirmaram que se deve combinar o ambiente com a estratégia (por exemplo, [8] [12] [13]). Num artigo recente, Miller argumentou: "a combinação de estratégia e ambiente pode influenciar o desempenho – uma combinação ruim pode prejudicar o desempenho" [12, p. 282]. Portanto, mesmo que as instalações, as tecnologias e as diretrizes da manufatura sustentem a estratégia empresarial de uma firma, é bem provável que o desempenho sofra se a estratégia em si for inadequada.

A Empresa E ilustra este argumento. A medida de competência (corrigida) para a empresa é positiva (+1), apesar de ser baixa em termos de magnitude absoluta. O desempenho da empresa é fraco. Apesar da competência de produção limitada da firma explicar parcialmente seu desem-

---

[3] No artigo de CSA [3], os autores afirmaram que os S/Ws foram determinados com base apenas nos ativos físicos da manufatura. Ao se revisar a razão fundamental para as ponderações apresentadas na Tabela 2 [3, p. 662], isto claramente não acontece.

penho empresarial fraco, outro fator deve ser levado em consideração. Os autores afirmaram o seguinte: Para melhorar o desempenho, é claro que a Empresa E deverá praticar uma estratégia mais voltada para o custo [3, p. 663]. A questão é exatamente esta. A estratégia atual da Empresa E está voltada para a diferenciação (DF). O desempenho fraco da Empresa E poderá ocorrer em função tanto da combinação equivocada da sua estratégia empresarial com seu ambiente competitivo quanto da sua competência limitada de produção. Portanto, o grau em que a estratégia empresarial de uma firma é combinado com seu ambiente competitivo também é potencialmente importante para se compreender o desempenho empresarial.

Cleveland, Schroeder e Anderson especularam que "não poderiam ter certeza que a teoria da [competência de produção] será confirmada em estudos futuros que utilizem um n maior" [3, p. 666]. É provável que uma análise que utilize um tamanho maior de amostra resulte numa correlação mais fraca entre competência e desempenho do que o estudo atual, a não ser que haja uma boa combinação entre estratégia empresarial e o ambiente externo para a maioria das empresas da amostra.

O modelo conceitual de desempenho empresarial, de Cleveland, Schroeder e Anderson (veja [3], Figura 2) pode ser melhorado ao incluir um modelo que represente a combinação entre a estratégia empresarial de uma firma e seu ambiente externo. O desenvolvimento e a medida desse modelo é uma questão para pesquisa futura. O trabalho empírico de Miller [12] forneceu um excelente ponto de partida. Uma possibilidade para operacionalizar esse conceito dentro do contexto de um modelo de regressão é utilizar uma variável dicotômica para representar a combinação da estratégia empresarial de uma firma com seu ambiente externo (ou seja, 0 = combinado, 1= não combinado). Prevê-se que firmas cujas estratégias sejam combinadas com seus ambientes competitivos e cujas unidades de manufatura sustentem fortemente suas estratégias de negócios terão um desempenho melhor do que as firmas que não tenham esta combinação de atributos. [Recebido em 23 de janeiro de 1990 e aceito em 20 de junho de 1990].

## 12.7 REFERÊNCIAS

1. Buffa, E. S. Meeting the competitive challenge. Homewood, Illinois: Dow Jones-Irwin, 1984.
2. Clark, J. T. Selling top management—Understanding the financial impact of manufacturing systems. American Production and Inventory Control Society 19S2 Conference Proceedings, Falls Church, VA.
3. Cleveland, G., Schroeder, R. G., & Anderson, J. C. A theory of production competence. Decision Sciences, 1989, 20(4), 655-668.
4. Crosby, P. Quality is free. Nova York: McGraw-Hill, 1979.

5. Efron, B. The jackknife, the bootstrap, and other resampling plans. Conference Board of the Mathematical Sciences—National Science Foundation Monograph, Regional Series in Applied Mathematics. 38, 1982.
6. Efron, B., & Tibshirani, R. Bootstrap methods for standard errors, confidence intervals, and other measures of statistical accuracy. Statistical Science, 1986, /(I), 54-77
7. Fine, C. H., & Hax, A. C. Manufacturing strategy: A methodology and an illustration, Interfaces, 1985, 15(6), 28-46.
8. Hambrick, D.C. Strategies for mature industrial product businesses. In J. H. Grant (Ed.), Strategic management frontiers. Nova York: JAJ Press, 1985.
9. Hayes, R. H. Strategic planning—Forward in reverse? Harvard Business Review, 1985, 63(6), 111-119.
10. Hayes, R H., & Wheelwright, S. C. Restoring our competitive edge: Competing through manufacturing Nova York: John Wiley and Sons, 1984.
11. Hayes, R. H., Wheelwright, S. C., & Clark, K Dynamic manufacturing. Nova York: The Free Press, 1988.
12. Miller, D. Relating Porter's business strategies to environment and structure: Analysis and performance implications Academy of Management Journal, 1988, 31(2), 280-308.
13. Miller, D., & Friesen, P H. Strategy making and environment: The third link. Strategic Management Journal. 1983,4,221-235.
14. Neter, J., & Wasserman, W. Applied linear statistical models Homewood, Illinois: Richard D. Irwin, Inc., 1974.
15. Romano, J. D. Operations strategy. In K. J. Albert (Ed.), Strategic management handbook. Nova York: McGraw-Hill Book Company, 1983.
16. Roth, A. V., & Miller, J. G. Manufacturing strategy, manufacturing strength, managerial success, and economic outcomes. In J. E Ettlie, M. C. Burslein & A. Fiegenbaum (Eds.), Manufacturing strategy, The research agenda for the next decade, Proceedings of the joint industry university conference on manufacturing strategy, Boston: Kluwer Academic Publishers, 1990, 85-96.
17. Schmenner, R. W. Production/operations management, concepts and situations (2nd cd.) Chicago: Science Research Associates, Inc, 1984.
18. Schroeder, R. G., & Lahr, R. N. Development of manufacturing strategy: A proven process. In J. E. Eltlie, M. C. Burslein, & A. Fiegenbaum (Eds.), Manufacturing strategy. The research agenda for the next decade. Proceedings of the joint industry university conference on manufacturing strategy, Boston: Kluwer Academic Publishers, 1990, 3-14.
19. Selznick, P. Leadership in administration. Nova York: Harper & Row, 1957.
20. Skinner, W. The focused factory. Harvard Business Review, 1974, 52(3), 112-121
21. Skinner, W. Manufacturing in business strategy. Nova York: John Wiley and Sons, 1978.
22. Skinner, W. Manufacturing: The formidable competitive weapon. Nova York: John Wiley and Sons. 1985
23. Swamidass, P. M., & Newell, W. T. Manufacturing strategy, environmental uncertainty and performance: A path analytic model. Management Science, 1987, 33(4), 509-524.

# 13

# Competência de produção e estratégia de negócios: será que elas afetam o desempenho empresarial?*

SHAWNEE K. VICKERY
THE ELI BROAD GRADUATE SCHOOL
OF MANAGEMENT, MICHIGAN
STATE UNIVERSITY, EAST LANSING

CORNELIA DROGE
THE ELI BROAD GRADUATE SCHOOL
OF MANAGEMENT, MICHIGAN
STATE UNIVERSITY, EAST LANSING

ROBERT E. MARKLAND
COLLEGE OF BUSINESS
ADMINISTRATION, UNIVERSITY OF
SOUTH CAROLINA, COLUMBIA

---

Este artigo tem três finalidades. Em primeiro lugar, desenvolve-se uma medida abrangente de competência de produção que avalie o nível de sustentação que a manufatura proporciona para os objetivos estratégicos da firma. Em segundo lugar, testam-se hipóteses comparando a competência de produção com diversas medidas financeiras de desempenho empresarial utilizando-se dados de uma grande amostra de firmas (n=65) no setor de móveis. Em terceiro lugar, analisa-se o impacto da estratégia de negócios tanto diretamente sobre o desempenho quanto como uma variável moderadora em relação à competência de produção. Os resultados do estudo sugerem que a competência de produção pode ter um efeito maior sobre o desempenho empresarial para determinadas estratégias do que para outras.

---

## 13.1 INTRODUÇÃO

Na área de estratégia de manufatura, boa parte do interesse tem se centrado em torno da afirmação de que a manufatura propicia força competitiva a um negócio. Skinner [40] argumentou que a manufatura tem o potencial para fortalecer ou enfraquecer a capacidade competitiva de uma empresa. Hayes e Wheelwright [17] argumentaram que capacidades de manufatura podem desempenhar um papel crucial em ajudar uma empresa a obter uma vantagem competitiva desejada e que a manufatura pode ser uma arma competitiva. De acordo com sua análise abrangente da literatura sobre a estratégia de manufatura, Anderson, Cleveland e Schroeder [1] afirmaram que um posicionamento estratégico ou um alinhamento de

---

\* Artigo originalmente publicado sob o título *Production Competence and Business Strategy: Do They Affect Business Performance?*, na Decision Science, v.24, n.2, p.435-455, 1993.

capacidades operacionais adequados podem ter um impacto significativo sobre a força competitiva e sobre o desempenho empresarial de uma organização. Eles concluíram a análise deles afirmando que esta proposição não foi testada empiricamente.

Duas das principais finalidades da pesquisa relatada aqui são: abordar a questão de medir a competência de produção e examinar empiricamente sua contribuição para o desempenho empresarial. Compreender a contribuição da manufatura para o desempenho empresarial é o primeiro passo para se compreender sua contribuição para a força competitiva, uma vez que a força competitiva de uma firma se reflete em desempenho sustentado em comparação com seus concorrentes [30] [31]. Inicialmente, apresenta-se um modelo simples que compara a competência de produção com o desempenho empresarial. Testa-se o modelo por meio de uma série de análises de regressão utilizando-se dados de uma grande amostra de firmas do setor de móveis.

Em seguida, expande-se o modelo simples para que ele inclua mais duas variáveis, ou seja, a estratégia de negócios e sua interação com a competência de produção. O modelo expandido reflete a premissa de que a contribuição da manufatura para o desempenho não deve ser considerado isoladamente da estratégia de negócios da firma. Especificamente, examinamos se a competência de produção tem um impacto maior sobre o desempenho empresarial para determinadas estratégias do que para outras. Nosso objetivo aqui é a construção de uma teoria ao testarmos hipóteses gerais de pesquisa em vez de teorias que requeiram a definição e o teste de hipóteses específicas baseadas num corpo bem-desenvolvido de literatura pertinente.

Este artigo está organizado da seguinte maneira. Em primeiro lugar, apresenta-se uma síntese da literatura relevante. Dentro do contexto da literatura, discutem-se os significados dos conceitos teóricos de competência de produção e de estratégia de negócios. Em seguida, apresentam-se dois modelos teóricos que comparam a competência de produção, a estratégia de negócios e a interação entre estas variáveis com o desempenho empresarial. Descreve-se, a seguir, a metodologia, incluindo um debate sobre as operacionalizações de competência de produção e de estratégia de negócios. Depois disso, há um debate sobre os resultados da regressão para os dois modelos teóricos, assim como uma análise profunda da interação entre a estratégia de negócios e a competência de produção. Finalmente, exploram-se direções para pesquisa futura.

## 13.2 OS SIGNIFICADOS DE COMPETÊNCIA DE PRODUÇÃO E ESTRATÉGIA DE NEGÓCIOS

### O conceito de competência de produção

Nas pesquisas anteriores de Cleveland, Schroeder e Anderson [6] e de Vickery [49], apresentou-se e examinou-se criticamente um conceito chamado de competência de produção. Competência de produção é o ponto até o qual o desempenho da manufatura sustenta os objetivos estratégicos da firma. Nós argumentamos que seu significado depende de três fatores fundamentais:

1. Uma avaliação abrangente do que é importante para o perfil estratégico da firma, de tal forma que o desempenho numa área possa ser ponderado pela importância estratégica daquela área;
2. Um método de ponderação para refletir a responsabilidade da manufatura por áreas que estejam no perfil estratégico da firma; e
3. A mensuração precisa de desempenho da manufatura.

No que diz respeito a todos estes requisitos, a medida de competência de produção de Cleveland, Schroeder e Anderson (CSA) não corresponde às expectativas. Agora analisaremos as razões das suas limitações.

Cleveland, Schroeder e Anderson avaliam o perfil estratégico de uma firma utilizando um conjunto pequeno de dimensões estratégicas, especificamente, manufatura adaptativa, eficiência da mão de obra em termos de custo, desempenho de entrega, logística, economias de escala de produção, tecnologia de processo, desempenho da qualidade, produção e prazo de entrega e integração vertical. Estas nove dimensões, que alguns chamaram de prioridades competitivas da manufatura na literatura sobre operações, provavelmente foram selecionadas porque os autores as consideraram como sendo a responsabilidade da unidade de manufatura.

No entanto, deve-se reconhecer que não se testou a validade empírica deste conjunto específico de prioridades competitivas da manufatura (ou, efetivamente, de qualquer outro conjunto). Sendo assim, pode-se argumentar fortemente que outras áreas funcionais compartilham responsabilidade com a manufatura por algumas destas prioridades. Até mesmo mais importante do que isso, a manufatura pode compartilhar responsabilidade por outras prioridades competitivas que não foram tradicionalmente associadas com a manufatura. Portanto, não apenas se requer uma lista mais abrangente de ítens, mas também é necessária uma forma de medir a responsabilidade da manufatura por cada item. Uma das metas deste estudo é avaliar de maneira abrangente o papel da manufatura.

Outro ponto fraco da medida de competência de produção de CSA é a escala limitada utilizada para se avaliar o desempenho da manufatura por item. A medida de CSA utilizou uma escala de três pontos com pontos finais rotulados como "Ponto Fraco" (−1) e "Ponto Forte" (+1). Uma escala de três pontos fornece uma medida relativamente bruta do desempenho da manufatura porque ela não distingue entre graus de força ou de fraqueza. Necessita-se de uma escala mais abrangente para capturar o desempenho longo e contínuo – necessita-se, no mínimo, de uma escala de cinco pontos para se distinguir entre forças e fraquezas grandes e pequenas.

Com estas questões em mente, nós desenvolvemos uma medida melhor da competência de produção. Em primeiro lugar, com base na literatura relevante sobre estratégia, teoria da organização, manufatura e marketing, desenvolveu-se uma lista abrangente de objetivos estratégicos ou prioridades competitivas ([1] [2] [6] [7] [8] [10] [11] [17] [18] [22] [23] [25] [29] [33] [37] [39] [41] [42] e [47]). Com base na obra clássica de Porter sobre estratégia ([30] [31]), estes objetivos estratégicos foram considerados capacidades competitivas que uma firma estava buscando adquirir, sustentar, ou melhorar, com a meta de se diferenciar em comparação com concorrentes e/ou de reduzir seus custos. O conjunto de itens estratégicos citados com maior frequência na literatura relevante aparece na coluna mais à esquerda da Tabela 13.1.

Dentro da literatura relevante, diversos rótulos foram aplicados aos tipos de itens que aparecem na Tabela 13.1. Estes rótulos incluem prioridades competitivas, dispositivos competitivos, elementos de mix de marketing, variáveis de estratégia de marketing, atributos de escolha estratégica, variáveis de estratégia competitiva, métodos competitivos e assim por diante. Por exemplo, preço, flexibilidade de volume, ajuste (qualidade), desempenho (qualidade), serviço, flexibilidade produto, confiabilidade de entrega e velocidade de entrega são amplamente consideradas como sendo prioridades competitivas da manufatura na literatura sobre a gestão operacional (veja, por exemplo, [1] [23] [33] [37]). Hambrick [16] chamou itens como qualidade, inovação de produto, amplitude de domínio (por exemplo, amplitude relativa da linha de produto) e custos relativos e preços de atributos de escolha estratégica. Varadarajan [47] aplicou os termos variáveis de estratégia competitiva, elementos de mix de marketing e variáveis de estratégia de marketing a entidades como amplitude da linha de produto, qualidade do produto, inovação do produto, serviço ao cliente, venda pessoal, propaganda, promoção de vendas, publicidade, distribuição e preço. Dess e Davis [10] chamaram determinados itens, como o desenvolvimento de um novo produto, serviço ao cliente, formação de preços competitiva, ampla variedade de produtos, desenvolvimento/refinamento de produtos existentes, identificação de marca, propaganda e reputação dentro do setor de métodos competitivos.

CAPÍTULO 13    Competência de produção e estratégia de negócios

**TABELA 13.1**  Os componentes da competência de produção

| Item | Importância (escala de 1 a 7) | Desempenho (escala de −3 a +3) | Responsabilidade da manufatura (%) |
|---|---|---|---|
| Flexibilidade do Produto | 4,014 | 0,262 | 45,5 |
| Flexibilidade do Volume | 5.066 | 0,681 | 77,3 |
| Flexibilidade do Processo | 4,782 | 0,305 | 74,4 |
| Baixo Custo de Produção | 5,958 | 0,797 | 62,5 |
| Lançamento de Novo Produto | 5,250 | 0,431 | 21,0 |
| Velocidade de Entrega | 5,877 | 1,131 | 61,4 |
| Confiabilidade de Entrega | 6,341 | 1,483 | 64,5 |
| Prazo de Entrega da Produção | 5,523 | 0,718 | 73,4 |
| Confiabilidade do Produto | 5,457 | 1,154 | 49,2 |
| Durabilidade do Produto | 5,528 | 1,569 | 51,0 |
| Qualidade (Ajuste a Especificações) | 6,374 | 1,605 | 63,1 |
| Qualidade/Inovação do Design | 5,791 | 1,072 | 10,4 |
| Tempo Ciclo Desenv. Produto | 5,114 | 0,345 | 18,9 |
| Inovação Tecnologia Produto | 3,526 | −0,600 | 13,1 |
| Melhoria do Produto | 5,297 | 1,058 | 29,5 |
| Desenvolvimento Novo Produto | 5,828 | 0,773 | 11,2 |
| Desenv. Produto Original | 2,589 | −1,795 | 5,2 |
| Imagem da Marca | 5,256 | 0,632 | 16,6 |
| Formação Competitiva Preço | 4,899 | 0,655 | 41,1 |
| Preço Baixo | 2,745 | −1,328 | 33,9 |
| Propaganda/Promoção | 4,657 | 0,202 | 0,7 |
| Identif. Mercado-Alvo/ Seleção | 5,511 | 0,711 | 1,4 |
| Reação ao Mercado-Alvo | 6,024 | 1,112 | 22,4 |
| Serviço Pré-Venda ao Cliente | 5,619 | 1,037 | 4,9 |
| Serviço Pós-Venda ao Cliente | 6,129 | 1,442 | 18,6 |
| Ampla Linha de Produto | 5,159 | 1,038 | 21,5 |
| Ampla Cobertura Distribuição | 5,470 | 1,007 | 6,5 |
| Distribuição com Baixo Custo | 4,609 | 0,283 | 8,2 |
| Distribuição Seletiva | 4,872 | 0,231 | 5,1 |
| Proficiência em Vendas Pessoais | 5,897 | 0,919 | 1,8 |
| Reputação da Empresa | 6,566 | 1,809 | 24,3 |

Observação: Os ítens estão listados na ordem em que apareceram no questionário da pesquisa.
Fonte: Vickery, Droge e Markland (1993).

O desenvolvimento da lista de elementos estratégicos foi controlado por metas conflitantes de abrangência e cautela. Para a abrangência, houve uma tentativa de se especificar um conjunto completo de objetivos estratégicos ou prioridades competitivas, sendo que os que foram citados com maior frequência na literatura relevante foram considerados como sendo os mais essenciais para a inclusão. Enfatizaram-se itens que pudessem ser considerados como sendo metas competitivas nelas próprias, e/ou itens que refletissem valor direto, e/ou itens que avaliassem o serviço aos clientes. Excluíram-se itens que eram principalmente meios ou métodos para se alcançar metas competitivas. Por exemplo, não se incluiu a tecnologia de processo na lista porque ela foi considerada como sendo um método para se alcançar a qualidade de ajuste, a flexibilidade e/ou baixos custos de produção e, portanto, não foi considerada como sendo um objetivo estratégico em si próprio. Por uma questão de cautela e para ser administrável do ponto de vista de um entrevistado, a quantidade de itens incluídos foi limitada a aproximadamente trinta.

A medida de competência de produção desenvolvida aqui avalia o que é importante para o perfil estratégico da firma baseada num conjunto abrangente de ítens estratégicos. Especificamente, ela considera o peso de importância estratégica de cada um dos trinta e um ítens delineados na Tabela 13.1. A medida também considera a responsabilidade percentual da manufatura por cada item estratégico. Finalmente, a medida também inclui uma avaliação precisa de desempenho no que diz respeito a cada item. A equação (1) fornece a especificação teórica da medida da competência de produção (PRDCOMP):

$$\text{PRDCOMP} = \sum_{1}^{31} \{[\text{Importância Estratégica}] \times [\text{Mfg. Responsabilidade}] \times [\text{Desempenho}]\} \qquad (1)$$

Uma discussão detalhada das operacionalizações dos três componentes será fornecida mais adiante.

## O conceito de estratégia de negócios

Muitas definições e tipologias diferentes de estratégia de negócios foram propostas na literatura sobre estratégia. A tipologia original é a de Porter [30] [31] – ela inclui as estratégias genéricas de diferenciação, liderança de custo e focalização. O esquema de classificação estratégica empregado no nosso estudo baseia-se nas estratégias de diferenciação versus custo, de Porter. A pesquisa levou em consideração as estratégias genéricas de diferenciação e custo excluindo o foco porque estes são os dois tipos básicos de vantagem competitiva que uma firma pode possuir [31]. No entanto, o esquema também foi influenciado por uma pesquisa subsequente que sugere que as estratégias genéricas de diferenciação e custo, de Porter, não são mutuamente exclusivas [10] [16] [19] [26] [27] [28]. As estratégias podem efetivamente ser dimensões ao longo das quais as firmas podem ter pontuações altas ou baixas (veja Miller [25]). Com base nestas ideias, definiram-se as seguintes categorias de estratégia geral para o nosso estudo:

1. Estratégia de diferenciação pura;
2. Diferenciação de ênfase primária/ênfase secundária em estratégia de custo;
3. Ênfase primária em custo/ênfase secundária em estratégia de diferenciação;
4. Estratégia pura de custo.

Estas estratégias de negócios representam uma variedade de possibilidades, desde a ênfase primária na diferenciação até a ênfase primária no custo. Para uma firma se classificar como diferenciação/custo, ela teria que dar uma ênfase significativa tanto à diferenciação (por exemplo, qualidade, diferenciação do serviço) quanto ao custo, mas a diferenciação teria que receber a maior ênfase. O método utilizado para garantir a estratégia de negócios de uma firma será discutido numa seção mais adiante.

## 13.3 OS DETERMINANTES DE DESEMPENHO EMPRESARIAL

### Estudos empíricos comparando a estratégia operacional ao desempenho empresarial

Vários estudos na literatura sobre estratégia operacional tentaram vincular o desempenho empresarial a um ou mais conceitos de estratégia de manufatura. Os resultados destes estudos foram misturados. Por exemplo, Swamidass e Newell [45] descobriram que a flexibilidade da manufatura relaciona-se positivamente com o desempenho empresarial tanto em ambientes incertos quanto em ambientes estáveis, mas que o envolvimento de gerentes de manufatura na tomada de decisões estratégicas relaciona-se com o desempenho empresarial apenas em ambientes estáveis.

Deane, Gargeya e McDougall [9] examinaram o desempenho de uma nova firma empreendedora como sendo uma função de consistência entre estratégia de manufatura e de unidade de negócios (liderança de preço e de qualidade). Eles encontraram consistência entre estratégia de manufatura e de unidade de negócio para quem tem alto desempenho para a estratégia de negócios de liderança de preço, mas não para líderes em termos de qualidade.

Roth and Miller [34] lançaram um modelo conceitual relacionando resultados econômicos absolutos à estratégia de manufatura utilizando o sucesso relativo da manufatura e o sucesso gerencial relativo como sendo variáveis que intervêm. Os retornos econômicos foram maiores para firmas com pontuações elevadas como fabricantes e administradoras e foram substancialmente menores para fabricantes fracos que também tiveram pouco sucesso administrativo.

Num estudo recente, Cleveland, Schroeder e Anderson [6] descobriram um relacionamento forte e positivo entre competência de produção e desempenho empresarial baseado em dados de uma quantidade muito limitada de firmas (n=6). A competência de produção foi teoricamente definida como sendo a capacidade da manufatura de sustentar e de colocar em prática uma estratégia de negócios específica de produto/mercado. Subsequentemente, Vickery [49] lançou um modelo teórico melhorado para a competência de produção e corrigiu vários problemas metodológicos com o estudo de Cleveland, Schroeder e Anderson. Ela concluiu que a competência de produção é um conceito potencialmente valioso para se compreender a contribuição da manufatura para o desempenho empresarial.

O primeiro modelo apresentado aqui deriva destes últimos estudos (ou seja, [6] e [49]) que sugerem que existe um relacionamento positivo e linear entre competência de produção e desempenho empresarial. A Figura 13.1 ilustra este relacionamento hipotético. Um dos principais objetivos do estudo atual é avaliar este relacionamento utilizando um conceito mais abrangente de competência de produção e uma amostra grande o suficiente para permitir uma inferência estatística significativa.

**COMPETÊNCIA DE PRODUÇÃO**

DEFINIÇÃO   O ponto até o qual o desempenho da manufatura sustenta a estratégia de negócios da firma.

ESTRATÉGIA DE NEGÓCIOS ←Grau de sustentação→ DESEMPENHO DA MANUFATURA

↓

**DESEMPENHO EMPRESARIAL**

**FIGURA 13.1** Um modelo simples vinculando competência de produção ao desempenho empresarial.
Fonte: Vickery, Droge e Markland, (1993).

## Estudos empíricos relacionando estratégia, teoria da organização e marketing ao desempenho empresarial

Muitas pesquisas empíricas em campos tão diversos quanto estratégia, teoria da organização e marketing voltou-se para explicar o desempenho empresarial por meio de determinados modelos ou estabelecendo relacionamentos significativos entre estes modelos e o desempenho empresarial. A literatura sobre estratégia e diretriz contém vários exemplos desse tipo. Carroll [5], Hambrick [16], Prescott [32], Dess e Davis [10] e Miller eFriesen [27] [28] investigaram o relacionamento entre estratégia e desempenho. Um tema recorrente da sua pesquisa foi que a estratégia isoladamente pode contribuir para um bom desempenho se ela for adequada para o ambiente de uma firma.

Transpondo os campos de estratégia e teoria organizacional, os pesquisadores examinaram os relacionamentos de fatores estratégicos, organizacionais e ambientais com o desempenho. Por exemplo, Rumelt [35], White [51], Gupta e Govindarajan [15], Gupta [14], Govindarajan [12] e Govindarajan e Fisher [13] estudaram os efeitos de variáveis estratégicas e organizacionais (por exemplo estrutura, processo, etc.) sobre o desempenho. Miller [24] [25] estudou variáveis estratégicas, organizacionais e ambientais no relacionamento com o desempenho. Ele descobriu que a estratégia, a estrutura e o ambiente deverão se alinhar de maneira próxima, caso contrário o desempenho poderá sofrer. Capon, Farley e Hoenig [4] forneceram uma meta-análise de resultados de 320 estudos publicados relacionando fatores ambientais, estratégicos e organizacionais ao desempenho financeiro.

Outros pesquisadores examinaram os relacionamentos entre indústria, estratégia, competência distinta e desempenho organizacional. Snow e Hrebiniak [44] identificaram relacionamentos significativos entre estratégias no nível dos negócios, determinadas competências distintas (atividades funcionais) e desempenho. Hitt e Ireland [21] descobriram que as competências no nível corporativo associadas com o desempenho variam de acordo com a estratégia no nível corporativo utilizadas e com a atividade principal da firma.

No campo do marketing, o programa Impacto de Estratégias de Mercado sobre o Lucro (PIMS) e o banco de dados que ele criou no começo da década de 1970 resultou num conjunto abrangente de descobertas de pesquisa sobre os determinantes de desempenho [38]. Várias destas descobertas se concentraram no relacionamento entre participação de mercado e desempenho ([3] [36] [52]) enquanto outros pesquisadores examinaram fatores contextuais que moderavam o vínculo entre estratégia e desempenho (por exemplo, ciclo de vida do produto [46]).

Particularmente relevantes para este estudo são aqueles pesquisadores que consideraram a questão de qualidade do produto, uma vez que este é um conceito fundamental na literatura sobre operações e também sobre marketing e inclui o conceito de competência de produção. Utilizando dados longitudinais do PIMS, Craig e Douglas [7] investigaram os efeitos de diversas variáveis de mix de marketing e de estrutura setorial sobre o mercado e sobre o desempenho financeiro. Eles descobriram que a qualidade do produto está significativamente relacionada com a ROI e com a participação de mercado em todos os anos num horizonte de tempo de seis anos. Subsequentemente, Phillips, Chang e Buzzell [29] examinaram o relacionamento de qualidade do produto e posição de custo com o desempenho empresarial ao longo de um período de funcionamento de dois anos. Seus resultados forneceram uma forte evidência de que a qualidade do produto influenciou o desempenho empresarial. Eles também indicaram que uma posição de alta qualidade geralmente não requer trade-offs estratégicos, como custos diretos relativos mais elevados ou gastos com marketing.

Vários dos estudos mencionados acima indicaram que a estratégia isoladamente poderá afetar o desempenho empresarial de uma firma (por exemplo, [5], [10], [16], [27], [28], [32]). Outros sugeriram que os efeitos de fatores utilizados para explicar o desempenho empresarial de uma firma poderão ser moderados pela estratégia de negócios que a firma escolher seguir (por exemplo, [14], [15], [21]). Consequentemente, desenvolveu-se um modelo expandido que utiliza competência de produção, estratégia de negócios e a interação entre elas para explicar o desempenho empresarial. A Figura 13.2 ilustra o modelo expandido.

Um ponto fundamental inerente a este modelo é que a competência de produção pode ser mais importante para determinadas estratégias do que para outras quanto ao seu efeito sobre o desempenho empresarial (ou seja, competência e estratégia de produção poderão determinar conjuntamente os resultados de desempenho). Especificamente, sugeriu-se que a contribuição da manufatura é especialmente importante quando a estratégia geral enfatiza o custo (veja, por exemplo, [20]). Assim sendo, até recentemente, o principal papel da manufatura era considerado como um de controle de custo. Até mesmo quando uma firma dá ênfase primária a uma vantagem competitiva baseada na manufatura, a estratégia de negócios geral costuma ser de baixo custo [17].

Se a competência e a estratégia de produção (por exemplo, competência de produção e liderança de custo) causam um impacto conjunto sobre os resultados de desempenho, isto poderia ser indicado por um efeito de interação significativa [48]. Observe que o modelo não exclui a existência de efeitos diretos (efeitos principais) de competência e estratégia de produção separadamente sobre o desempenho. Isto reflete a possibilidade de que a competência de produção melhore o desempenho de maneira igual ao longo das estratégias ou que determinadas estratégias tenham um desempenho universalmente melhor do que outras.

```
      ┌─────────────┐              ┌─────────────┐
      │ COMPETÊNCIA │              │  ESTRATÉGIA │
      │ DE PRODUÇÃO │              │ DE NEGÓCIOS │
      └─────────────┘              └─────────────┘
                   \      Interação      /
           Efeito   \                   /   Efeito
          principal  ↘        ↓        ↙   principal
                    ┌──────────────────┐
                    │    DESEMPENHO    │
                    │    EMPRESARIAL   │
                    └──────────────────┘
```

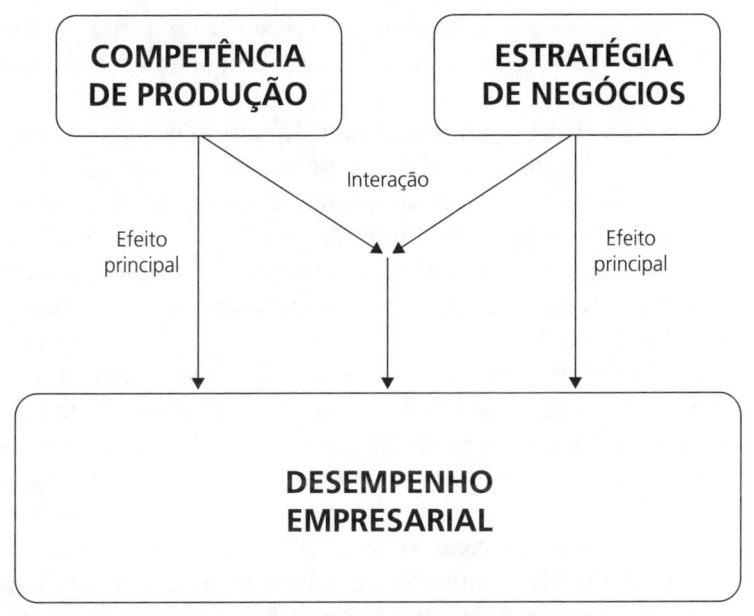

**FIGURA 13.2** Um modelo expandido vinculando a competência de produção, estratégia de negócios e sua interação ao desempenho empresarial.
Fonte: Vickery, Droge e Markland, (1993).

## 13.4 MÉTODO: A AMOSTRA

### O procedimento de amostragem

O estudo se concentrou em unidades estratégicas de negócios (UENs) e em firmas individuais (inclusive de matrizes) no setor de móveis. Vários atributos do setor de móveis o tornaram um assunto atraente para estudo. O setor de móveis é um ambiente altamente competitivo que torna as decisões estratégicas mais críticas do que em ambientes menos competitivos. Além disso, o nível de tecnologia que caracteriza o setor é razoável, mas não esmagador e a área funcional da manufatura é importante para empresas dentro do setor.

As quatro principais Classificações Padrão da Indústria (SICs) relevantes para o estudo foram os seguintes: móveis de madeira para escritório (2521), móveis de metal para escritório (2522), móveis de madeira para casa (2511) e móveis de madeira estofados para casa (2512). Firmas individuais (incluindo matrizes) e unidades estratégicas de negócios listadas sob essas Classificações Padrão da Indústria (SICs) [50] cujas vendas superaram aproximadamente 10 milhões de dólares foram convidadas a participarem do estudo. O questionário de pesquisa foi enviado às firmas pelo correio juntamente com uma carta, que afirmava a finalidade do estudo e que um dos pesquisadores ligaria em breve. Utilizavam-se repetidos telefonemas pessoais para se obter uma resposta definitiva do diretor-presidente (CEO) e, se a resposta fosse positiva, então uma entrevista de pesquisa era agendada.

Devido à grande quantidade de empresas que constituem a população e o requisito substancial de tempo para a entrevista de pesquisa (de 1-1/2 a 2-1/2 horas), as correspondências, as chamadas de acompanhamento e as entrevistas de pesquisa foram feitas em grupos de 20 a 30 firmas ao longo de vários meses. A maioria das entrevistas de pesquisa foi realizada pelo mesmo membro da equipe de pesquisa para garantir máxima consistência ao longo das mesmas.

Sempre que o CEO de uma UEN cuja matriz também estivesse na nossa população concordava com uma entrevista de pesquisa, eram feitos esforços para apagar a matriz e outras UENs associadas com ela da lista de empresas constituindo a estrutura de população para o estudo. De maneira semelhante, se o CEO de uma matriz participasse do estudo, esforços seriam feitos para apagar todas as UENs associadas. Esta prática minimizou a possibilidade de uma matriz e uma ou mais das suas UENs aparecerem simultaneamente na amostra, maximizando assim a probabilidade de as unidades da amostra serem totalmente independentes.

A última amostra consistiu daquelas firmas cujos CEOs concordaram em servir como recursos especialistas para o estudo. Em alguns casos, o respondente não era o CEO, mas um representante igualmente versado da empresa, geralmente no nível organizacional de vice-presidente ou diretor. Para os casos em que os CEOs recusaram nossos convites para servirem como recursos especialistas, a razão citada mais frequentemente foi a incapacidade de se comprometer com uma longa entrevista por telefone (ou seja, são ocupados demais); a segunda razão mais prevalecente para recusar foi uma preocupação com o sigilo dos dados da pesquisa.

## Definição da amostra

A última amostra para o estudo consistiu de 65 firmas. A taxa de resposta foi de aproximadamente 20% com base na quantidade total de firmas (incluindo matrizes ou UENs de acordo com a aplicabilidade) na população relevante. A média de vendas para a amostra foi de US$121.660.156 com um desvio padrão de US$279,7 milhões. O número médio de empregados foi de 1364,2 com um desvio padrão de 2712,8. Havia 16 firmas de móveis de madeira para escritório (SIC=2521), 14 firmas de móveis de metal para escritório (SIC=2522), 25 firmas de móveis de madeira para casa (SIC=2511) e 10 firmas de móveis de madeira estofados para casa (SIC=2512) constituindo a amostra. Todos os dados eram relativos a 1990.

estratégica, desempenho e responsabilidade percentual da manufatura são fornecidos na Tabela 13.1.

Os dois conjuntos de classificações para a importância estratégica, o desempenho e os dados sobre a porcentagem da responsabilidade da manufatura foram utilizados para calcular as pontuações da competência de produção (veja equação (1)). A pontuação média da competência de produção foi de 58,73 com um desvio padrão de 39,28.

Resultados relativos à responsabilidade percentual média da manufatura para cada item estratégico (veja a Tabela 13.1) indicam que ela detém uma responsabilidade substancial por prioridades estratégicas que a literatura sobre operações não tem associado geralmente com a manufatura. Por exemplo, a manufatura detém uma responsabilidade percentual média por formação de preço competitiva de 41,1%; por reação a mercados-alvo de 22,4%; por serviço de pós-venda ao cliente de 18,6%; e por imagem de marca de16, 6%. Estas prioridades estratégicas costumam ser associadas com maior frequência com as áreas funcionais de marketing e vendas e não com a manufatura. Apesar destes resultados poderem ser específicos de um setor, nós suspeitamos que exista uma aplicabilidade mais geral, especialmente para setores com natureza semelhante ao de móveis.

Com base nestes resultados, nós afirmamos que esta medida de competência de produção é melhor do que medidas de competência de produção utilizadas numa pesquisa anterior (ou seja, [6] e [49]). Como o que é importante para o perfil estratégico de uma firma é avaliado utilizando-se trinta e um ítens comparados com nove e como a responsabilidade percentual exata da manufatura para cada item é considerada de maneira explícita, a medida disponível reflete de maneira mais precisa o significado de competência de produção.

## Medida da estratégia de negócios

A classificação da estratégia de negócios de uma firma em uma das quatro categorias definidas anteriormente foi realizada por meio de digitação própria [43]. A seguir estão as descrições de cada uma destas quatro estratégias conforme elas apareceram no questionário. A distribuição da amostra pelas categorias aparecem entre parênteses.

### Estratégia Número 1: Diferenciação Pura ($n = 18$)

A estratégia de negócios da minha empresa é diferenciar sua oferta de produto criando um produto que seja reconhecido em todo o setor como sendo singular e que seja capaz de impor um preço caro devido à

## 13.5 MÉTODO: QUESTÕES DE MENSURAÇÃO

### Validação do questionário

O questionário de pesquisa foi validado previamente através de várias entrevistas pessoais, sendo que um membro da equipe de pesquisa realizou algumas delas no local. Várias pequenas mudanças foram feitas como resultado do teste inicial. As únicas mudanças substanciais envolveram a exclusão da medida financeira do fluxo de caixa sobre o investimento da seção do desempenho empresarial do questionário porque vários respondentes não a consideraram relevante e a adição da medida financeira da rentabilidade sobre as vendas (ROS) porque ela é uma medida de desempenho extremamente importante dentro do setor de móveis.

Outros fatores também contribuíram para a validade do instrumento de pesquisa. Todos os ítens no questionário relacionados aos conceitos de competência de produção e estratégia de negócios foram definidos de maneira explícita. Por exemplo, a qualidade do design, foi definida da seguinte maneira: "A capacidade de proporcionar a um produto capacidades, características, estilo, e/ou características operacionais superiores aos de produtos concorrentes ou indisponíveis neles". A provisão destas definições precisas garantiu que os respondentes tivessem uma compreensão comum do significado dos termos.

### Medida da competência de produção

A especificação teórica do conceito da competência de produção foi fornecida na equação (1). Para medir a competência de produção, pediu-se que os respondentes classificassem a importância de cada um dos trinta e um ítens listados na Tabela 13.1 utilizando um escala de sete pontos com os pontos extremos "Menos Importante" (1) e "Extremamente Importante" (7). Também se pediu que eles indicassem a responsabilidade percentual da manufatura para cada item.

De maneira semelhante, pediu-se que eles fornecessem uma classificação de sete pontos do desempenho da firma em comparação com seus principais concorrentes para cada item, onde 1 representava "Fraco" e 7 representava "Excelente". Depois, a equipe de pesquisa converteu esta escala de desempenho para uma escala com pontos finais "Fraco" (−3) e "Excelente" (+3). A escala de desempenho com sete pontos permitia uma avaliação mais precisa do desempenho do que a escala com três pontos utilizada no estudo de CSA discutida anteriormente. A transformação escalar serviu para fornecer crédito (ou pontos) para desempenho superior e subtrair crédito de desempenho inferior. Os resultados médios para importância singularidade do(s) seu(s) atributo(s). Os gerentes da empresa dedicam muita atenção à diferenciação do produto apesar de não se ignorar a redução de custos. A abordagem ou abordagens que a minha empresa utiliza para diferenciar nossos produtos de outros pode(m) incluir uma ou mais das seguintes: qualidade, imagem de marca, desempenho superior do produto, tecnologia inovadora do produto, confiabilidade do produto, uma grande quantidade de características ou opções do produto, excelente serviço ao cliente, acessibilidade superior ao produto, velocidade de entrega, etc.

### Estratégia Número 2: Diferenciação/Custo ($n = 33$)

A estratégia de negócios da minha empresa é diferenciar seus produtos de produtos semelhantes e concorrentes com base em um ou mais atributos (por exemplo, qualidade, serviço), mas também fornecer uma oferta de produto com preço competitivo. Portanto, apesar de a principal ênfase estratégica na minha empresa ser na diferenciação do produto, a firma também se preocupa com a minimização de custos e presta muita atenção em eficiências de funcionamento.

### Estratégia Número 3: Custo/Diferenciação ($n = 9$)

A principal ênfase estratégica na minha empresa é fornecer as ofertas de produto mais baratas ou uma das mais baratas no setor. Minha empresa busca reduções de custos de maneira agressiva a partir da experiência e enfatiza muito a eficiência de funcionamento e um controle rigoroso de custos e de despesas gerais. Uma ênfase estratégica secundária é diferenciar os produtos da empresa de produtos concorrentes de acordo com um ou dois atributo(s) de produto/serviço efetivos e/ou percebido(s) pelo cliente.

### Estratégia Número 4: Custo Puro ($n = 2$)

A estratégia de negócios da minha empresa é alcançar uma liderança geral em termos de custos dentro do seu setor. Componentes importantes desta estratégia incluem a construção agressiva de instalações de escala eficiente, a busca vigorosa de reduções de custos a partir da experiência, a ênfase na eficiência de funcionamento, o controle rigoroso de custos e de despesas gerais, evitar contas marginais de clientes e a minimização de custos em áreas como P&D, serviço, força de vendas, propaganda, etc. Os gerentes da empresa dedicam muita atenção à redução de custos, apesar de não ignorarem qualidade, serviço e outras áreas.

Além disso, um respondente insistiu que todas as quatro estratégias estavam sendo seguidas e dois outros escolheram as estratégias 1 e 2.

## Mensuração do desempenho empresarial

Para os propósitos desta pesquisa, avaliou-se o desempenho empresarial utilizando-se as seguintes medidas financeiras: rentabilidade dos ativos após os impostos (ROA após os impostos); rentabilidade do investimento após os impostos (ROI); crescimento da rentabilidade do investimento (crescimento da ROI); e rentabilidade das vendas (ROS). Avaliou-se o desempenho relativo a cada uma destas medidas de três maneiras:

1. O desempenho da firma em comparação com seus principais concorrentes;
2. O desempenho da firma em comparação com seu desempenho histórico e/ou metas da empresa para 1990; e
3. Também se obtiveram valores efetivos para cada uma das quatro medidas financeiras a partir de firmas da amostra dispostas a divulgarem essas informações.

O resultado final foram duas classificações subjetivas e um valor efetivo para cada medida financeira, o que proporcionou um total de doze classificações/valores. Este conjunto, apesar de limitado, efetivamente representa as medidas de desempenho mais importantes em qualquer firma, assim como a medida de desempenho mais importante no setor de móveis (ou seja, a rentabilidade das vendas (ROS)).

O respondente avaliou o desempenho da firma em comparação com seus principais concorrentes numa escala com sete pontos com os pontos finais rotulados como "Pior no Setor" (1) e "Melhor no Setor" (7). Por uma questão de clareza, esta avaliação de desempenho voltada para fora também é chamada de classificação "A". A avaliação do desempenho da firma quanto ao seu desempenho histórico ou a metas envolveu a utilização de outra escala com sete pontos com os pontos finais rotulados como "Fraco" (1) e "Excelente" (7). Esta avaliação de desempenho voltada para dentro é chamada de classificação "B". A Tabela 13.2 fornece a média e o tamanho da amostra para a classificação "A", a classificação "B" e os valores financeiros efetivos. Observe que os tamanhos da amostra para os valores efetivos são muito menores do que os das medidas subjetivas em função da falta de disposição de várias firmas em divulgarem informações tão sensíveis e confidenciais.

Na Tabela 13.2, as intercorrelações destas mensurações por medida financeira também são dadas. Por exemplo, a correlação entre a classificação "A" e a classificação "B" para a ROA após os impostos é de 0,566; a correlação entre a classificação "A" e o valor efetivo da ROA após os impostos é de 0,544; e a correlação entre a classificação "B" e o valor efetivo da ROA após os impostos é de 0,729. Todas as intercorrelações são estatisticamente significativas no nível 0,05 ou melhor e a maioria é estatisticamente significativa no nível 0,01.

**TABELA 13.2** Média e intercorrelações das mensurações de desempenho

| Medida de desempenho | n | Média | Intercorrelações | |
|---|---|---|---|---|
| ROA Após impostos | | | A | B |
| A: Versus concorrentes | 56 | 4,700 | | |
| B: Classificação subjetiva | 61 | 3,995 | 0,566** | |
| ROA efetiva | 21 | 3,768 | 0,544** | 0,729** |
| | | | | |
| ROI | | | A | B |
| A: Versus concorrentes | 58 | 4,917 | | |
| B: Classificação subjetiva | 64 | 4,230 | 0,619** | |
| ROI efetiva | 24 | 4,036 | 0,490* | 0,407** |
| | | | | |
| Crescimento da ROI | | | A | B |
| A: Versus concorrentes | 55 | 4,644 | | |
| B: Classificação subjetiva | 59 | 4,008 | 0,683** | 0,609** |
| Crescimento efetivo | 27 | 5,367 | 0,652** | |
| | | | A | B |
| ROS | | | | |
| A: Versus concorrentes | 58 | 4,926 | | |
| B: Classificação subjetiva | 62 | 4,003 | 0,584** | 0,583** |
| ROS efetiva | 27 | 4,056 | 0,476** | |

Observação: As classificações A e B foram em escalas com 7 pontos.
*Significativo em 0,05.
**Significativo em 0,01.
Fonte: Vickery, Droge e Markland, (1993).

## 13.6 DISCUSSÃO DOS RESULTADOS

A Tabela 13.3 apresenta os resultados das análises de regressão linear com cada uma das doze medidas de desempenho como variável dependente e com a competência de produção como (única) variável indepenon. Relatam-se os valores p para a relevância da competência de produção, os valores de $R^2$, os coeficientes de regressão e os erros padrão dos coeficientes. Observe que mais de metade dos valores p são estatisticamente relevantes, que todos os valores de $R^2$ são baixos e que todos os coeficientes de regressão são positivos.

A relevância estatística do coeficiente de regressão é de importância primária aqui uma vez que pretendemos demonstrar a existência de um relacionamento em contraste com a utilização do modelo de regressão para fins de previsão. Entretanto, deve-se observar que os valores baixos de $R^2$ significam que mesmo que a competência de produção seja estatisticamente relevante, ela é apenas um de vários fatores que afetam o desempenho. Como se pode ver na Tabela 13.3, a competência de produ-

**TABELA 13.3** Resultados das análises de regressão com a competência de produção como variável independente

| Medida de desempenho | Valor $p$ | $R^2$ | Coeficiente de regressão | Erro padrão |
|---|---|---|---|---|
| ROA após impostos | | | | |
| A: versus concorrentes | 0,029 | 0,087 | 0,011 | 0,0049 |
| B: classificação subjetiva | 0,075 | 0,054 | 0,009 | 0,0050 |
| ROA efetiva | 0,041 | 0,203 | 0,085 | 0,0388 |
| | | | | |
| ROI | | | | |
| A: versus concorrentes | 0,014 | 0,104 | 0,012 | 0,0049 |
| B: classificação subjetiva | 0,010 | 0,103 | 0,013 | 0,0049 |
| ROI efetiva | 0,032 | 0,192 | 0,0986 | 0,4318 |
| | | | | |
| Crescimento da ROI | | | | |
| A: versus concorrentes | 0,001 | 0,191 | 0,018 | 0,0052 |
| B: classificação subjetiva | 0,058 | 0,063 | 0,011 | 0,0055 |
| Crescimento efetivo | 0,448 | 0,023 | 0,524 | 0,6804 |
| | | | | |
| ROS | | | | |
| A: versus concorrentes | 0,144 | 0,038 | 0,007 | 0,0049 |
| B: classificação subjetiva | 0,035 | 0,073 | 0,010 | 0,0046 |
| ROS Efetiva | 0,112 | 0,098 | 0,034 | 0,0209 |

Fonte: Vickery, Droge e Markland, (1993).

ção é significativa no nível 0,1 ou menor para a classificação "B" da ROI e para a classificação "A" do crescimento da ROI e significativa no nível 0,05 ou menor para a classificação "A" da ROA após os impostos, ROA efetiva após os impostos, para a classificação "A" da ROI, ROI efetiva e para a classificação "B" da ROS. A competência de produção é significativa no nível 0,10 para a classificação "B" da ROA após os impostos e do crescimento da ROI. Em geral, nove dos doze modelos de regressão são significativos no nível 0,10 (ou maior) em comparação com o 1,2 que se poderia esperar em função apenas do acaso.

Ao longo da última década, alardeou-se a importância da manufatura para a vantagem competitiva de firmas, com base principalmente em estudos de caso e em evidências informais. Os resultados descritos anteriormente demonstram relacionamentos positivos entre competência de produção e desempenho empresarial. Este é um passo importante, ainda que seja o primeiro, para se estabelecer empiricamente o relacionamento entre desempenho da manufatura e a capacidade de uma firma de obter e sustentar uma vantagem competitiva dentro do seu grupo setorial.

## Competência de produção, estratégia de negócios e sua interação como variáveis independentes

Para as análises envolvendo a estratégia de negócios como uma variável independente, tratamos a estratégia como sendo nominal, em vez de um intervalo. Esta é uma abordagem conservadora (em detrimento de alguma variância) com base em certa dúvida de que uma escala com quatro pontos tenha propriedades de intervalo. Para realizar estas análises, combinamos numa única categoria firmas caracterizadas pelas estratégias 3 e 4 (ou seja, custo/diferenciação ($n$=9) e custo puro ($n$=2)) para obtermos um amostra com tamanho suficientemente grande para permitir uma inferência estatística significativa. Apesar do tamanho da amostra a partir desta combinação ainda ser muito pequeno, especialmente quando se leva em consideração os valores que faltam nos dados sobre desempenho, ele é adequando para os nossos fins. A combinação das estratégias 3 e 4 numa única categoria para a qual a liderança de custo era a ênfase primária resultou nas três categorias de estratégia a seguir:

1. estratégia de diferenciação pura;
2. estratégia de diferenciação/custo;
3. estratégias voltadas para o custo.

A Tabela 13.4 contém os resultados para as análises de regressão subsequentes. A primeira coluna mostra o R2, a segunda mostra os valores p para a relevância do modelo geral e as três colunas seguintes contêm os valores p para a relevância dos principais efeitos de competência de produção e estratégia e da sua interação.

Quando se comparam os valores p do modelo da Tabela 13.4 com os da Tabela 13.3 (em que apenas a competência de produção serviu como variável independente), as diferenças são aparentes. Em primeiro lugar, vários dos valores *p* do modelo na Tabela 13.4 não são relevantes no nível 0,10 enquanto que os valores p correspondentes na Tabela 13.3 o são. Em cada caso, isto ocorre em função da adição de duas variáveis independentes não significativas (ou seja, estratégia e a interação entre competência de produção e estratégia). Por exemplo, uma análise da ROA efetiva revela que o valor p do modelo com competência de produção como a única variável independente era de 0,041 enquanto o valor p do modelo para a regressão com três variáveis independentes era de 0,333. Isto ocorre em função de a adição da estratégia ($p$=0,802) e do termo da interação ($p$=0,489) não serem significativos para o modelo. Neste caso específico, a competência de produção ($p$=0,055) é a única variável significativa.

A segunda diferença nos valores p do modelo da Tabela 13.4 em comparação com os da Tabela 13.3 é que o modelo com ROS efetiva como

**TABELA 13.4** Resultados das análises de regressão com competência de produção, estratégia e a interação entre elas como variáveis independentes

| Medida de desempenho | $R^2$ | Valor p do modelo | Valores p | | |
|---|---|---|---|---|---|
| | | | Competência de produção | Estratégia | Interação |
| ROA após impostos | | | | | |
| A: versus concorrentes | 0,135 | 0,219 | 0,026 | 0,755 | 0,487 |
| B: classificação subjetiva | 0,206 | 0,030 | 0,072 | 0,124 | 0,065 |
| ROA efetiva | 0,311 | 0,333 | 0,055 | 0,802 | 0,489 |
| | | | | | |
| ROI | | | | | |
| A: versus concorrentes | 0,126 | 0,244 | 0,018 | 0,782 | 0,786 |
| B: classificação subjetiva | 0,251 | 0,006 | 0,010 | 0,465 | 0,012 |
| ROI efetiva | 0,367 | 0,159 | 0,036 | 0,751 | 0,205 |
| | | | | | |
| Crescimento da ROI | | | | | |
| A: versus concorrentes | 0,213 | 0,049 | 0,001 | 0,751 | 0,926 |
| B: classificação subjetiva | 0,159 | 0,121 | 0,078 | 0,261 | 0,208 |
| Crescimento efetivo | 0,159 | 0,617 | 0,499 | 0,306 | 0,745 |
| | | | | | |
| ROS | | | | | |
| A: versus concorrentes | 0,050 | 0,768 | 0,181 | 0,958 | 0,734 |
| B: Classificação subjetiva | 0,155 | 0,108 | 0,050 | 0,417 | 0,164 |
| ROS efetiva | 0,409 | 0,069 | 0,127 | 0,430 | 0,034 |

Fonte: Vickery, Droge e Markland, (1993).

variável dependente torna-se significativo no nível 0,10. A mudança do valor $p$ de 0,112 para 0,069 ocorre em função da adição do termo interação ($p=0,034$) em vez da adição da variável estratégia ($p=0,430$).

O terceiro ponto que se deve observar é que o principal efeito da estratégia (coluna 4) nunca é significativo no nível 0,10, sendo que o valor p mínimo é de 0,124 (veja a Tabela 13.4). Isto significa que nenhuma estratégia isoladamente é universalmente superior na determinação de desempenho conforme medido aqui.

Finalmente, dois dos termos de interação (coluna 5) são significativos no nível 0,05 (ou seja, classificação "B" da ROI e ROS efetiva) e um é significativo no nível 0,10 (ou seja, classificação "B" da ROA). A interação da competência de produção com a estratégia significa que aquela tem um impacto maior sobre o desempenho para alguma estratégia em comparação com alguma outra estratégia. Este impacto ocorre em adição ao principal efeito da competência de produção conforme indicado pelos valores $p$ para esta variável independente isoladamente (coluna 3).

## Análise de interação

Para analisar a natureza da interação, a competência de produção foi dicotomizada em torno da média (ou seja, formaram-se duas categorias de competência de produção, sendo uma delas acima de 58,73 e outra abaixo desta média). Analisaram-se apenas as estratégias 1 e 2 em função das amostras serem pequenas nas estratégias 3 e 4 depois que se fez esta divisão (por exemplo, menos de cinco firmas estavam nas categorias 3 ou 4 de Porter e tinha uma pontuação de competência de produção maior do que 58,73).

Finalmente, uma amostra impediu a análise da ROS efetiva como um todo. Para as duas medidas de desempenho restantes os tamanhos da amostra foram os seguintes:

|  | Classificação subjetiva de | |
| --- | --- | --- |
|  | ROA | ROI |
| Estratégia = 1 e PRDCOMP >58,73 | 8 | 7 |
| Estratégia = 1 e PRDCOMP <58,73 | 9 | 10 |
| Estratégia = 2 e PRDCOMP >58,72 | 17 | 18 |
| Estratégia = 2 e PRDCOMP <58,72 | 14 | 15 |

Por causa destas amostras pequenas, os resultados devem ser interpretados com cautela. Analisaram-se os modelos de análise de variância (ANOVA) com a variável independente de quatro categorias, conforme se descreveu anteriormente. Os valores p do modelo eram 0,073 para a classificação "B" da ROA e 0,008 para a classificação "B" da ROI. A Figura 13.3 mostra os resultados dos testes t de alcance múltiplo da LSD (diferença menos significativa) e as interações estão grafadas.

Para a classificação "B" da ROA, os testes t da LSD revelam dois grupos distintos de médias que não se sobrepõem; ou seja, 5,25 é significativamente diferente de 4,02, 3,82 e 3,39, enquanto estes três últimos não são significativamente diferentes uns dos outros. Isto significa que a combinação de utilizarr a estratégia 1 e estar acima da média na competência de produção tem o maior impacto sobre a classificação "B" da ROA. Uma competência de produção superior não tem nenhum impacto diferencial sobre o desempenho dentro da estratégia 2. Finalmente, se a competência de produção estiver abaixo da média, a estratégia 1 *versus* a estratégia 2 não terá nenhum efeito sobre a ROA.

Para a classificação "B" da ROI, ocorrem três agrupamentos de médias –5,57 e 4,72, 4,72 e 3,97, e 3,97 e 3,30. Isto pode ser interpretado da seguinte maneira: Dentro de qualquer agrupamento isoladamente, as médias não são significativamente diferentes e, portanto (1) 5,57 é significativamente diferente de 3,97 e de 3,30; e (2) 4,72 é significativamente diferente

## 232 PARTE III   Um novo paradigma em estratégia de operações

**ROA após impostos – Classificação subjetiva**

[Gráfico: ROA após impostos vs Estratégia (1, 2)
- MFGCOMP > 58,73: 5,25 → 3,82
- MFGCOMP < 58,73: 4,02 → 3,39]

**Média agrupada usando o teste t da LSD em α = 0,10**

5,25 ]
4,02 ]
3,82
3,39 ]

**ROI – Classificação subjetiva**

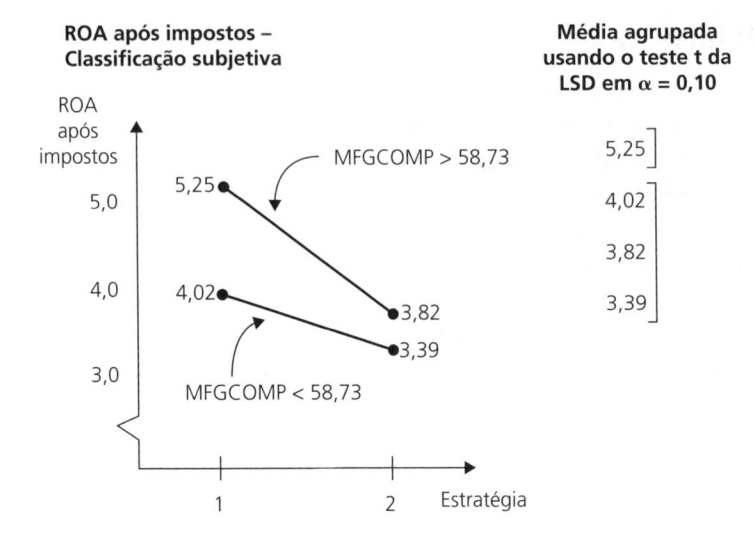

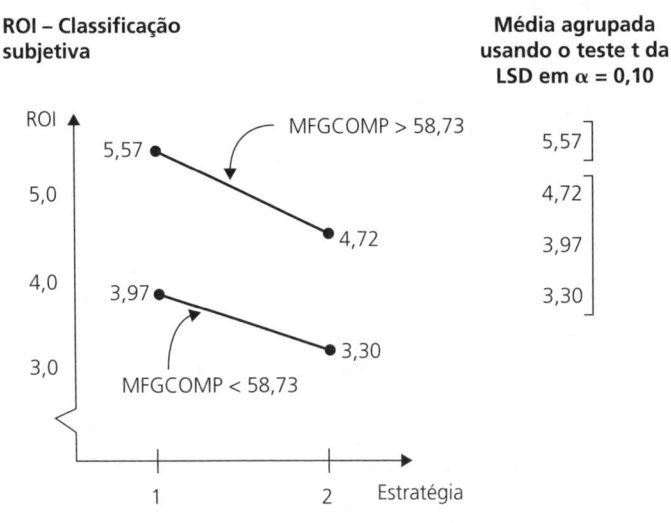

[Gráfico: ROI vs Estratégia (1, 2)
- MFGCOMP > 58,73: 5,57 → 4,72
- MFGCOMP < 58,73: 3,97 → 3,30]

**Média agrupada usando o teste t da LSD em α = 0,10**

5,57 ]
4,72 ]
3,97
3,30 ]

**FIGURA 13.3**   Análise dos efeitos da interação.
Fonte: Vickery, Droge e Markland, (1993).

de 3,30. Em geral, os agrupamentos de 5,57 e 4,72 em comparação com 3,97 e 3,30 ilustram o principal efeito da competência de produção superior sobre a ROI. Dentro de cada estratégia, a competência de produção superior melhora significativamente a ROI. Por outro lado, o agrupamento de 4,72 e 3,97 ilustra a interação; ou seja, entre estratégias, a competência de produção superior não tem nenhum impacto sobre a ROI.

Quando estes resultados são considerados juntos, torna-se claro que o melhor desempenho resulta da combinação da estratégia 1 com a competência de produção superior, enquanto o pior desempenho resulta da combinação da estratégia 2 com a competência de produção inferior. Esta ordem de classificação valeu para as classificações "B" para todas as outras medidas de desempenho na Tabela 13.4 (apesar de as interações não terem sido significativas). Em conclusão, parece que a competência de produção superior produz os melhores resultados de desempenho para a estratégia de diferenciação pura, em comparação com a estratégia misturada de diferenciação/custo.

Este último resultado é especialmente significativo quando se considera quanta ênfase foi dada ao papel da manufatura para se alcançar os objetivos voltados para o custo ou a importância da manufatura para uma estratégia de liderança de custo (por exemplo, [17] [20]). Apesar de o estudo atual nem contestar, nem confirmar a sabedoria convencional, ele certamente sugere que a manufatura pode contribuir de maneira importante para uma estratégia de diferenciação pura. Isto significa que a manufatura poderá se tornar cada vez mais importante para o sucesso de uma firma à medida que ela se esforçar para concorrer baseada em qualidade, personalização, serviço, e/ou velocidade. É evidente que a intensidade da concorrência nos últimos anos já obrigou várias firmas a diferenciarem seus produtos e serviços para manterem e/ou aumentarem suas participações de mercado.

## 13.7 SUGESTÃO PARA PESQUISAS FUTURAS

Já se analisaram várias questões relacionadas a este estudo. A primeira questão está relacionada com a medida de competência de produção enquanto as restantes referem-se ao estudo em geral. Todas sugerem indicações para pesquisa futura.

No que diz respeito à medida da competência de produção, se duas firmas tiverem a mesma porcentagem de responsabilidade de manufatura e pontuações de desempenho iguais para os itens que constituem a medida da competência de produção, aquela com as maiores classificações de importância estratégica terá uma pontuação geral maior. Apesar de isto poder refletir em que direção os esforços da firma se concentram, os resultados poderão ser evidentes apenas no futuro e não nas medidas de desempenho de 1990. Apenas a análise de dados longitudinais poderá determinar se isto é verdade. Dados longitudinais também permitiriam a utilização de medidas de desempenho médias de três ou quatro anos, o que reduziria os efeitos dos resultados de qualquer ano excepcional.

Sob diversas estratégias de negócios determinadas coisas devem ser mais importantes do que outras. A questão é a seguinte: Será que elas são? Não se avaliou a adequação do perfil de ítens teoricamente importantes à estratégia geral. Em vez disso, tomou-se as classificações de importância estratégica pelo seu valor nominal e incluiu-se a estratégia geral como um conceito separado.

Além do agrupamento dos 31 ítens em perfis baseados em considerações teóricas, eles também podem ser agrupados empiricamente (por exemplo, utilizando a análise de fatores). Isto indicaria quais ítens vão juntos em termos estratégicos. Este perfil pode ser comparado com um perfil de ítens de desempenho. A principal questão é a seguinte: Será que os ítens causam impacto sobre o desempenho geral de forma agregada (conforme testado neste artigo), ou que se deve alcançar níveis mínimos de combinação de importância com desempenho por agrupamento de ítens?

Outra questão está relacionada com a responsabilidade percentual da manufatura para cada item estratégico. Esta é uma questão de estrutura, especificamente da delineação de autoridade e responsabilidade funcionais na firma. Neste sentido, pode-se perguntar: Será que firmas com estruturas claramente delineadas (significando uma alta responsabilidade percentual para uma área funcional) apresentam desempenho superior a firmas com atribuições de responsabilidades mais difusas?

Este artigo levou em consideração apenas a competência de produção e a estratégia. Claramente, outras variáveis poderiam afetar o desempenho empresarial. Outros fatores que podem ser importantes são o tamanho, o domínio de mercado, o ponto de preço pretendido e assim por diante. Além disso, este estudo se concentrou apenas no setor de móveis. Apesar de os resultados do estudo provavelmente serem representativos de outros grupos setoriais, especialmente aqueles semelhantes ao setor de móveis no que diz respeito ao ambiente competitivo e ao estado da tecnologia, não podemos reivindicar nenhum tipo de aplicabilidade global. Entretanto, mesmo que os resultados desta pesquisa sejam específicos por setor, nós demonstramos empiricamente que a competência de produção está significativamente relacionada com o desempenho empresarial e que a interação entre competência de produção e estratégia de negócios pode ser um importante determinante de desempenho empresarial para um grupo setorial. Nós defendemos que este tipo de estudo deva ser repetido para outros grupos setoriais para se estabelecer uma aplicabilidade mais geral. [Recebido em 20 de março de 1992 e aceito em 24 de setembro de 1992].

## 13.8 REFERÊNCIAS

1. Anderson, J. C., Cleveland, G., & Schroeder, R. G. Operations strategy: A literature review. Journal of Operations Management, 1989, 8(2), 133-158.
2. Buffa, E. S. Meeting the competitive challenge. Homewood, IL: Dow Jones-Irwin, 1984.
3. Buzzell, R. D., Gale, B. T, & Sultan, R. G. Market share—A key to profitability. Harvard Business Review, 1975, 53(1), 97-106.
4. Capon, N., Farley, J. U., & Hoenig, S. Determinants of financial performance: A meta-analysis. Management Science, 1990, 36(10), 1143-1159.

5. Carroll, D. J. The link between performance and strategy. Harvard Business Review, 1982, 60, 3-20.
6. Cleveland, G., Schroeder, R. G., & Anderson J. C. A theory of production competence. Decision Sciences, 1989, 20(4), 655-668.
7. Craig, C. S., & Douglas, S. P. Strategic factors associated with market and financial performance. Quarterly Review of Economics and Business, 1982, 22, 101-112.
8. Day, G. S., & Wensley, R. Assessing advantage: A framework for diagnosing competitive superiority. Journal of Marketing, 1988, 52, 1-20.
9. Deane, R. H., Gargeya, V. B., & McDougall, P. P. Manufacturing strategy and performance of the new venture firm. In J. E. Ettlie, M. C. Burstein, & A. Fiegenbaum (Eds.), Manufacturing strategy, the research agenda for the next decade, proceedings of the joint industry university conference on manufacturing strategy. Ann Arbor, MI: 1990, 53-64.
10. Dess, G. G., & Davis, P. S. Porter's generic strategies as determinants of strategic group membership and organizational performance. Academy of Management Journal, 1984, 27, 467-488.
11. Fine, C. H., & Hax, A. C. Manufacturing strategy: A methodology and an illustration. Interfaces, 1985, 15(6), 28-46.
12. Govindarajan, V. A contingency approach to strategy implementation at the business-unit level: Integrating administrative mechanisms with strategy. Academy of Management Journal, 1988, 31(4), 828-855.
13. Govindarajan, V., & Fisher, J. Strategy, control systems, and resource sharing: Effects on business-unit performance. Academy of Management Journal, 1990, 33(2), 259-285.
14. Gupta, A. K. SBU strategies, corporate-SBU relations, and SBU effectiveness in strategy implementation. Academy of Management Journal, 1987, 30(3), 477-500.
15. Gupta, A. K., & Govindarajan, V. Resource sharing among SBUs: Strategic antecedents and administrative implications. Academy of Management Journal, 1986, 29(4), 695-714.
16. Hambrick, D. C. High profit strategies in mature goods industries: A contingency approach. Academy of Management Journal, 1983, 26, 687-707.
17. Hayes, R. H., & Wheelwright, S. C. Restoring our competitive edge: Competing through manufacturing. Nova York: Wiley, 1984.
18. Hayes, R. H., Wheelwright, S. C., & Clark, K. Dynamic manufacturing. Nova York: The Free Press, 1988.
19. Hill, C. W. L. Differentiation versus low cost or differentiation and low cost: A contingency framework. Academy of Management Review, 1988, 13(3), 401-402.
20. Hill, C. W. L., & Jones, G. R. Strategic management theory, an integrated approach. Boston: Houghton Mifflin Company, 1992.
21. Hitt, M. A., & Ireland, R. D. Corporate distinctive competence, strategy, industry and performance. Strategic Management Journal, 1985, 6, 273-293.
22. Kotler, P. Marketing management: Analysis, planning, implementation and control (6ª ed.). NJ: Prentice Hall, 1988.
23. Krajewski, L. J., & Ritzman, L. P. Operations management, strategy and analysis. Reading, MA: Addison-Wesley, 1990.
24. Miller, D. The structural and environmental correlates of business strategy. Strategic Management Journal, 1987, 8, 55-76.
25. Miller, D. Relating Porter's business strategies to environment and structure: Analysis and performance implications. Academy of Management Journal, 1988, 31(2), 280-308.
26. Miller, D., & Friesen, P. H. Organizations: A quantum view. Englewood Cliffs, NJ: Prentice-Hall, 1984.

27. Miller, D., & Friesen, P. H. Porter's (1980) generic strategies and performance: An empirical examination with American data, part I. Organization Studies, 1986, 7(1), 37-55.
28. Miller, D., & Friesen, P. H. Porter's (1980) generic strategies and performance: An empirical examination with American data, part II. Organization Studies, 1986, 7(3), 255-263.
29. Phillips, L. W., Chang D., & Buzzell, R. D. Product quality, cost position and business performance: A test of some key hypotheses. Journal of Marketing, 1983, 47, 26-43.
30. Porter, M. E. Competitive strategy. Nova York: The Free Press, 1980.
31. Porter, M. E. Competitive advantage. Nova York: The Free Press, 1985.
32. Prescott, J. E. Competitive environments, strategic types, and business performance: An empirical analysis. Unpublished doctoral dissertation, Pennsylvania State University, 1983.
33. Roth, A. DeMeyer, & Amano, A. International manufacturing strategies: A comparative analysis. In K. Ferdows (ed.), Managing international manufacturing. Amsterdã, Holanda: Elsevier Science Publishers B.V., 1989.
34. Roth, A. V., & Miller, J. G. Manufacturing strategy, manufacturing strength, managerial success, and economic outcomes. In J. E. Ettlie, M. C. Burstein, & A. Fiegenbaum (eds.), Manufacturing strategy, the research agenda for the next decade, proceedings of the joint industry university conference on manufacturing strategy. Ann Arbor, MI: 1990, 85-96.
35. Rumelt, R. P. Strategy, structure, and economic performance. Cambridge, MA: Harvard Graduate School of Business Administration, 1974.
36. Rumelt, R. P., & Wensley, R. In search of market share effect. Proceedings of the Academy of Management, Wichita, KA: 1981.
37. Schmenner, R. W. Production/operations management, concepts and situations ($2^a$ ed.). Chicago, IL: Science Research Associates, 1984.
38. Schoeffler, S. Cross-sectional study of strategy, structure, and performance: Aspects of the PIMS program. In H. B. Thorelli (ed.), Strategy + structure = performance. Bloomington, IN: Indiana University Press, 1977.
39. Schoeffler, S., Buzzell, R. D., & Heany, D. F. Impact of strategic planning on profit performance. Harvard Business Review, 1974, 52(2), 137-145.
40. Skinner, W. Manufacturing—Missing link in corporate strategy. Harvard Business Review, 1969, 47, 136-145.
41. Skinner, W. Manufacturing in business strategy. Nova York: Wiley, 1978.
42. Skinner, W. Manufacturing: The formidable competitive weapon. Nova York: Wiley, 1985.
43. Snow, C. C, & Hambrick, D. C. Measuring organizational strategies: Some theoretical and methodological problems. Administrative Science Quarterly, 1980, 25, 317-336.
44. Snow, C. C., & Hrebiniak, L. G. Strategy, distinctive competence, and organizational performance. Administrative Science Quarterly, 1980, 25, 317-336.
45. Swamidass, P. M., & Newell, W. T. Manufacturing strategy, environmental uncertainty and performance: A path analytic model. Management Science, 1987, 33(4), 509-524.
46. Thorelli, H. B., & Burnett, S. C. The nature of product life cycles for industrial goods businesses. Journal of Marketing, 1981, 45(4), 7-108.
47. Varadarajan, P. R. A two-factor classification of competitive strategy variables. Strategic Management Journal, 1985, 6, 357-375.
48. Venkatraman, N. The concept of fit in strategy research: Toward verbal and statistical correspondence. Academy of Management Review, 1989, 14(3), 423-444.

49. Vickery, S. A theory of production competence revisited. Decision Sciences, 1991, 22(3), 635-643.
50. Ward's business directory of U.S. private and public companies. Detroit, MI: Gale Research, 1989.
51. White, R. E. Generic business strategies, organizational context and performance: An empirical investigation. Strategic Management Journal, 1986, 7(3), 217-231.
52. Woo, C. Y, & Cooper, A. C. The surprising case for low market share. Harvard Business Review, 1982, 60(6), 106-113.

# 14

# Uma taxonomia das estratégias de manufatura*

JEFFREY G. MILLER
SCHOOL OF MANAGEMENT,
BOSTON UNIVERSITY

ALEDA V. ROTH
KENAN FLAGER BUSINESS SCHOOL, UNIVERSITY
OF NORTH CAROLINA, CHAPEL HILL

---

Este artigo descreve o desenvolvimento e a análise de uma taxonomia numérica de estratégias de manufatura. A taxonomia foi desenvolvida com métodos padrão de análise de *cluster* e baseia-se na importância relativa vinculada a onze capacidades competitivas que definem a tarefa da manufatura de 164 grandes unidades de negócios de manufatura americanas.

Observaram-se três *clusters* distintos de grupos de estratégias de manufatura. Apesar de haver um efeito setorial, observam-se todos os três tipos de estratégia de manufatura em diversos setores. As duas principais dimensões ao longo das quais os grupos de estratégia de manufatura se diferenciam são a capacidade de firmas dentro dos *clusters* de se diferenciarem da concorrência com seus produtos e serviços e o âmbito das suas linhas de produto e dos seus mercados. Descreve-se um método geral para mapear estratégias de manufatura nestas dimensões. Para cada grupo de manufatura, exploram-se e comparam-se os relacionamentos entre as capacidades competitivas (que descrevem a tarefa da manufatura), o contexto comercial (a estratégia da unidade de negócios), as atividades de manufatura (escolhas de estratégias de manufatura) e as medidas de desempenho da manufatura.

---

## 14.1 INTRODUÇÃO

A visão estratégica da manufatura como arma competitiva data pelo menos desde Miller e Rogers (1956). Eles não diferenciavam entre uma estratégia de negócios e uma estratégia de manufatura. Em vez disso, eles viam políticas de manufatura como sendo ingredientes necessários da estratégia de negócios. A noção de estratégia de manufatura como componente funcional separado de uma estratégia de unidade de negócios, porém relacionado com ela, é de safra mais recente. (Skinner 1978, Hayes e Wheelwright 1984).

---

* Artigo originalmente publicado sob o título *A Taxonomy of Manufacturing Strategies*, na Management Science, v.40, n.3, p.285-304, 1994.

Dois elementos fundamentais são centrais para a definição de uma estratégia de manufatura como sendo uma subestratégia funcional. O primeiro elemento é uma declaração sobre "o que a função da manufatura deve alcançar" (Skinner 1978). Esta declaração, geralmente chamada de "tarefa da manufatura", é definida em termos das capacidades que a unidade de manufatura precisa ter para a firma concorrer, considerando-se sua estratégia geral de negócios e de marketing. Listas de capacidades competitivas fundamentais costumam incluir qualidade, custo/eficiência, entrega/capacidade de reação e flexibilidade. Listas recentes também incluem inovação e atendimento ao cliente como sendo capacidades importantes (Giffi et al. 1990). Hill (1989) vinculou a tarefa da manufatura às necessidades dos clientes ao defini-la em termos daquelas capacidades fundamentais para ganhar pedidos de clientes.

O segundo elemento de uma estratégia de manufatura é definido pelo padrão de escolhas de manufatura de uma empresa (Hayes and Wheelwright 1984, Wheelwright 1984, Hayes et al. 1988, Hill 1989). Hayes and Wheelwright (1984) classificaram estas escolhas estratégicas de manufatura em duas categorias. A primeira categoria refere-se a decisões estruturais ou de "tijolo e cimento" sobre instalações, tecnologia, integração vertical e capacidade. A segunda categoria de escolhas refere-se a grandes decisões sobre a infraestrutura da manufatura, como organização, gestão de qualidade, políticas sobre a força de trabalho e arquitetura de sistemas de informações.

O tema central que une os dois elementos de uma estratégia de manufatura é a noção de que o padrão de escolhas que a manufatura seguir deverá ser congruente com a tarefa de manufatura (Anderson et al. 1989, Buffa 1984, Cohen and Lee 1985, Fine and Hax 1985, Wheelwright 1978, 1984, Hayes and Wheelwright 1984, Schroeder et al. 1986, Skinner 1969, 1978, 1985, Roth et al. 1989, Hill 1989, Roth and Miller 1990, Stobaugh and Telesio 1983, Swamidass and Newell 1987). A demanda de que escolhas e tarefas de manufatura sejam vinculadas deriva do pressuposto de que bons designs (como aqueles especificados pelas escolhas de manufatura) atendem a critérios adequados de design (conforme definidos pela tarefa de manufatura). A implicação deste pressuposto é que aquelas firmas que desenvolverem congruência entre suas estratégias de negócios e de manufatura terão desempenho superior. A evidência para sustentar esta implicação está ficando cada vez maior (Skinner 1978, Buffa 1984, Swamidass and Newell 1987, Roth 1989, Roth and Miller 1990, 1992).

Apesar dos elementos básicos de uma estratégia de manufatura serem geralmente aceitos, questões importantes permanecem sobre como torná-los operacionais e sobre a natureza das relações entre tarefa e escolhas. Hatten et al. (1978), em sua descrição de pesquisa de área funcional sobre estratégia de operações e desempenho observaram, "Em geral, estes modelos lidam com operações existentes e não apresentam perspectiva estratégica, ou seja, eles não se preocupam em mudar as operações existentes nem adotam uma visão abrangente global da firma". Dez anos depois, um exame da literatura sobre a estratégia de manufatura realizada por Anderson et al. (1989), descreve um corpo de pesquisa cada vez maior que tenta adotar uma visão mais abrangente. No entanto, eles concluem que o conhecimento sobre os principais relacionamentos entre tarefas de manufatura, escolhas de manufatura e estratégias de negócios, infelizmente, permanece pequeno.

A pesquisa descrita neste artigo tem duas finalidades relacionadas. A primeira delas é identificar grupos estratégicos de fabricantes com tarefas de manufatura semelhantes, ou seja, com conjuntos semelhantes de capacidades competitivas. Determinar os tipos de estratégias existentes tem um valor significativo para o campo emergente da pesquisa de estratégia de manufatura. Taxonomias fornecem descrições moderadas que são úteis em discussão, pesquisa e pedagogia. Além disso, encontrar grupos de fabricantes com perfis comuns pode revelar discernimentos em relação a estruturas inerentes de concorrência conforme vista da perspectiva da função de manufatura. Será que as estratégias de manufatura das firmas são moldadas pelo mercado ou por outras forças? Até que ponto gestores de manufatura em diferentes setores e mercados compartilham visões semelhantes sobre a tarefa da manufatura?

A segunda finalidade desta pesquisa é explorar o tema central na literatura sobre a estratégia de manufatura ao determinar e comparar como membros de grupos de estratégia de manufatura costumam definir suas estratégias de negócios, suas escolhas de manufatura e suas medidas de desempenho. Esta análise destaca até que ponto se pode observar a combinação entre estratégia, ações e medidas para grupos.

Este artigo está organizado em cinco seções, sendo que a primeira delas é esta introdução. A Seção 2 fornece uma análise da aplicação de taxonomias em pesquisa estratégica como pano de fundo para esta investigação. Na Seção 3, identificam-se as variáveis específicas que formam a base para o esquema de classificação e apresenta-se uma descrição dos dados e métodos utilizados na análise. Aqui fazemos um relato sobre os grupos de estratégia identificados por procedimentos de análise de *cluster* e também esboçamos os resultados de uma análise discriminatória canônica. A análise canônica auxilia na interpretação dos fatores inerentes que separam os grupos de estratégia de manufatura. Na Seção 4, relatamos sobre como os grupos de estratégia diferem sistematicamente uns dos outros em termos diferentes daqueles utilizados para defini-los em primeiro lugar. Utilizam-se técnicas ANOVA para identificar as variáveis contextuais, escolhas de estratégia de manufatura e medidas de desempenho que correspondem aos grupos de estratégia de manufatura. Concluímos na Seção 5 com um resumo de descobertas e conclusões, assim como oportunidades para pesquisas futuras.

## 14.2 PERSPECTIVA HISTÓRICA

A determinação de grupos homogêneos de firmas baseados em taxonomias tem sido um importante tema de pesquisa na literatura sobre a gestão estratégica geral e sobre a organização (Hambrick 1983a, Fahey and Christensen 1986 e McGee and Thomas fornecem análises úteis). A maior parte da pesquisa reconheceu que as firmas podem ser classificadas de acordo com múltiplas variáveis em grupos que são melhor caracterizados pela gestalt das coisas comuns que elas compartilham (Miller and Friesen 1977).

Utilizou-se diversas variáveis de classificação diferentes ou táxons para constituir as diversas taxonomias que se desenvolveram. Em alguns casos, os esquemas de classificação são baseados no contexto da firma, moldados em termos de escritores ambientais, tecnológicos ou de produtos. Por exemplo, vários pesquisadores utilizaram os estágios do ciclo de vida um produto para diferenciarem entre diversos tipos de estratégias e para explicarem o comportamento (Utterback and Abernathy 1975, Thietart and Vivas 1984, Horwitch and Thietart 1987). As tipologias de teóricos organizacionais se basearam em fatores como o grau de incerteza ou a complexidade no ambiente (Duncan 1972, Galbraith 1973, Lawrence and Lorsch 1969, Thompson 1967 e em tipo de tecnologia (Woodward 1965 e outros). Hambrick and Lei (1985) fornecem uma visão geral e priorização das variáveis de contingência que foram utilizadas como táxons, assim como as que poderão vir a ser utilizadas.

Outra linha de pesquisa taxonômica tenta categorizar firmas em termos de variáveis de decisão estratégica. A pesquisa sobre "grupo estratégico" de Harrigan (1985), Hatten et al. (1978) e Cool and Schendel (1987), entre outros, diferenciou entre firmas com base no âmbito do seu negócio, assim como nos seus padrões de alocação de recursos. Outros, como Porter (1980) e Kim and Lim (1988), classificaram firmas com base em conceitos clássicos de organização industrial, como o grau de concorrência e o poder de barganha. Miles and Snow (1978) categorizaram firmas com base no seu comportamento no que diz respeito aos concorrentes (por exemplo, diferenciadoras, focais, defensivas) ou novas oportunidades (prospectoras vs. reativas).

Claramente, a base para a formação de um grupo estratégico variou muito de um estudo para outro (McGee and Thomas 1986, Fahey and Christensen 1986). Pegels and Sekar (1989) concluem que a forma mais adequada para se formar grupos estratégicos depende do que o pesquisador pretende alcançar. Nós acreditamos que as capacidades competitivas que definem a tarefa da manufatura sejam os critérios de agrupamento adequados para as finalidades desta pesquisa. A tarefa da manufatura conforme revelada através de classificações destas capacidades indicam o "objetivo estratégico" (Hamel and Prahalad 1989) da manufatura e fornece uma base para testar se as escolhas da estratégia de negócios e a da manufatura são consistentes com este objetivo.

Stobaugh and Telesio (1983), que desenvolveram a única outra taxonomia de grupos de estratégia de manufatura que encontramos, também utilizaram a tarefa da manufatura para definirem seus grupos estratégicos. Sua taxonomia pode ser chamada de uma taxonomia "conceitual", ou tipologia, uma vez que ela foi inferida a partir da análise que eles fizeram de estudos de caso descrevendo mais de 100 firmas multinacionais. Eles pressupuseram a existência de grupos de estratégia de manufatura voltados para o custo, para a tecnologia e para o mercado com base na sua análise empírica *a posteriori* destes casos. O grupo voltado para o custo enfatizou a capacidade de produzir a baixo custo, as firmas voltadas para a tecnologia enfatizaram a flexibilidade para lançar novos produtos, enquanto as firmas voltadas para o mercado se concentraram em qualidade e entrega. Para cada grupo de estratégia de manufatura, Stobaugh and Telesio identificaram decisões e escolhas críticas de manufatura.

Em contraste com o trabalho de Stobaugh and Telesio, a taxonomia desenvolvida neste artigo toma emprestadas técnicas das ciências biológicas e sociais para desenvolver uma taxonomia "numérica" utilizando fontes de informações primárias, em vez de secundárias. A taxonomia se desenvolve aplicando-se procedimentos estatísticos e algoritmos de agrupamento multivariados a medidas das percepções de gerentes de manufatura. A pesquisa relatada neste artigo vai além da formulação de uma taxonomia numérica ao tentar identificar os conceitos inerentes à sua formação e ao observar os relacionamentos aparentes entre a participação como membro de um grupo, o contexto de negócios, a escolha de manufatura e medidas de desempenho de manufatura.

## 14.3 MÉTODOS

### Amostra

Os dados para este estudo foram obtidos a partir do levantamento Manufacturing Futures Project (MFP), de 1987 (Miller and Roth 1988). O levantamento anual Manufacturing Futures Project é desenhado especificamente para coletar informações sobre fatores competitivos pertinentes para as principais unidades de negócios de manufatura. A lógica fundamental do instrumento de levantamento foi estabelecida no primeiro levantamento Manufacturing Futures aplicado na Boston University, em 1981 (Miller 1982). Desde 1983, o levantamento também tem sido realizado internacionalmente uma vez por ano (DeMeyer et al. 1989, Ferdows et al. 1987, Miller et al. 1989, Roth et al. 1989). A análise de *cluster* relatada neste artigo limita-se aos entrevistados norte-americanos de 1987.

Define-se uma unidade de negócios de manufatura (UNM) pelo nível onde se formulou uma estratégia de manufatura na organização. No estudo de 1987, o tipo dominante de unidade de negócios de manufatura foi uma divisão ou grupo. No entanto, nem todas as firmas contam com divisões. Em algumas firmas, as considerações da unidade de negócios são feitas no nível da fábrica ou da firma. A Tabela 14.1 destaca estatísticas descritivas que caracterizaram as unidades de negócios de manufatura de 1987.

A amostra de 1987 foi agrupada a partir de duas fontes: um painel longitudinal de empresas cujas respostas foram obtidas em anos anteriores e uma amostra de probabilidade de empresas derivada do Dun's Business

**TABELA 14.1**  Estatísticas do perfil dos entrevistados

| | |
|---|---:|
| *Mix do setor\** | |
| Maquinário | 27,7% |
| Eletrônicos | 23,9% |
| Consumidor | 12,8% |
| Industrial | 21,8% |
| Básico | 13,8% |
| | 100,0% |
| *Tipo de unidade de manufatura* | |
| Divisão/grupo | 54,3 % |
| Empresa inteira | 30,3 % |
| Fábrica | 13,8% |
| Outro | 1,6% |
| | 100,0% |
| *Desempenho geral* | |
| Receita anual de vendas (mediana) | US$200 milhões |
| Lucro líquido (média percentual de vendas) | 8,3% de vendas |
| Taxa de crescimento da unidade em 1986 (média) | 9,9% |
| Participação de mercado do produto primário (média) | 33,4% de participação |
| *Manufatura* | |
| Custos da manufatura (média) | 57,4% de vendas |
| Utilização da capacidade (média) | 69,7% de capacidade |
| Empregados diretos (média) | 2800 pessoas |
| Número de fábricas (média) | 99 fábricas |

\* A não ser que indicado de maneira diferente, "%" refere-se à porcentagem dos entrevistados da amostra
Fonte: Miller e Roth (1994).

Rankings Directory, de 1986. Esta amostra foi estratificada para garantir que todos os tipos de negócios de manufatura seriam representados. O painel longitudinal foi tirado originalmente a partir da listagem de 1980 da *Fortune 500* das maiores empresas industriais, complementado por várias outras listas de executivos sênior de manufatura. (Veja Roth and Miller 1987 para detalhes da amostra). Em 1987, a taxa de resposta para o painel longitudinal foi de aproximadamente 40% e, a partir da amostra de probabilidade, 23%. Realizou-se uma análise para determinar se houve alguma diferença significativa entre o painel longitudinal e a amostra de probabilidade. A hipótese de que a distribuição de tarefas de manufatura dos dois painéis foi tirada de populações diferentes foi facilmente rejeitada no nível de significância de 0,05.

Dos 195 levantamentos devolvidos em 1987, 188 levantamentos utilizáveis foram empregados inicialmente nesta análise. Os excluídos eram respostas repetidas e questionários substancialmente incompletos. Uma comparação do desempenho financeiro e de mercado dos entrevistados com dados agregados do setor sugere uma tendência a não responder. Era mais provável que os entrevistados fossem líderes de participação de mercado e tivessem mais sucesso em termos financeiros.

## Os entrevistados

Um único entrevistado de cada UNM geralmente com o título de vice-presidente ou de diretor de manufatura, preencheu o instrumento de levantamento. Há muito tempo os cientistas sociais estão intrigados com o problema da "variância do método comum" devido à tendência associada com a utilização de um único informante. Pedir para que um único informante faça julgamentos sociais complexos sobre características organizacionais pode aumentar a propensão subjetiva dos entrevistados a buscarem consistência nas suas respostas e a aumentarem o erro da medida aleatória. Não está claro se estes componentes de erro aleatório resultam do processo de relato, de deficiências de conhecimento, de medidas inadequadas, ou de alguma combinação destes e de outros fatores. Costuma-se concluir que avaliações sólidas de validade convergente ou discriminante não podem ser feitas quando existe apenas um informante. No entanto, o custo associado com ganhar tanto participação quanto consenso de vários indivíduos de um grande número de organizações é muito elevado. Taxonomias numéricas são mais bem desenvolvidas a partir de amostras grandes. Portanto, nós utilizamos dados de entrevistados únicos ao mesmo tempo em que tentamos minimizar a extensão da variância do método comum.

A pesquisa sugere que uma atenção maior à seleção do informante pode ajudar a superar o problema da variância do método comum quando considerações práticas exigirem respondedores únicos. Phillips (1981) indica que "informantes com cargos elevados tendem a ser fontes de informações mais confiáveis do que suas contrapartidas com cargos mais baixos e que firmas grandes e com várias divisões podem ter mais sistemas de inteligência competitiva bem-estabelecidos do que organizações pequenas". O alto nível dos entrevistados no levantamento MFP e o tamanho das suas unidades de negócios ajudam a moderar o problema do entrevistado único.

Nós também demos vários outros passos para reduzirmos a tendência da resposta e o erro de medida devido aos informantes únicos. O instrumento de levantamento era grande e as variáveis em cada das suas seções foram colocadas aleatoriamente, reduzindo a chance dos entrevistados poderem verificar sua própria consistência interna. Também foram feitas verificações internas e externas em relação à confiabilidade e à validade das táxons, conforme descreveremos na próxima seção.

## O instrumento

O questionário se concentrou em quatro categorias amplas de perguntas. A primeira categoria determinou o perfil da empresa ou unidade de negócios. A segunda categoria abordou as capacidades competitivas que os respondedores planejavam perseguir e, portanto, a tarefa de manufatura. Na terceira seção, os respondedores foram questionados sobre as medidas de desempenho utilizadas na manufatura, na unidade de negócios e na empresa em geral. A quarta e maior categoria de perguntas investigou os principais programas de ação em que os respondedores e suas unidades de negócios pretendiam investir nos dois anos seguintes. Esta quarta categoria de perguntas tentou abordar o padrão de escolhas na estratégia de manufatura.

O instrumento de levantamento de 1987 consistiu de mais de 100 perguntas e mais de 300 elementos de dados separados. Algumas das perguntas relacionadas com dados contextuais buscavam respostas objetivas, como a participação de mercado percentual ou a margem de lucro. A maioria, incluindo as que buscavam determinar a importância relativa das onze capacidades competitivas e as que indicavam a importância de diversos programas de ação ou medidas de desempenho, requeriam estimativas subjetivas.

A lista a seguir descreve as 11 capacidades competitivas delineadas no levantamento que foram utilizadas como táxons nesta pesquisa. Pediu-se que executivos de manufatura na amostra classificassem cada capacidade competitiva separadamente em escalas de sete pontos e com ancoragem própria. Eles indicaram a importância relativa atribuída a cada capacidade que a firma de manufatura escolheu enfatizar para ter um apelo junto aos clientes e para concorrer no mercado, onde "1 = não importante" e "7 = criticamente importante". As oito primeiras capacidades claramente causam um impacto sobre a manufatura e são semelhantes àquelas sugeridas por Buffa (1984), Skinner (1969, 1985) e Hayes and Wheelwright (1984). As três últimas capacidades foram adicionadas para fornecerem algumas compreensões sobre o relacionamento entre as oito primeiras capacidades de manufatura e as capacidades de marketing e porque o desenvolvimento destas capacidades pode ter implicações importantes para escolhas de manufatura.

## TÁXONS

| Capacidade competitiva | Definida como |
|---|---|
| Preço Baixo | A capacidade de concorrer em termos de preço |
| Flexibilidade de Design | A capacidade de fazer mudanças rápidas de design e/ou lançar novos produtos rapidamente |
| Flexibilidade de Volume | A capacidade de reagir a mudanças de volume |
| Adequação | A capacidade de oferecer qualidade consistente |
| Desempenho | A capacidade de fornecer produtos de alto desempenho |
| Velocidade | A capacidade de entregar produtos rapidamente |
| Confiabilidade | A capacidade de entregar a tempo (conforme prometido) |
| Serviço pós-venda | A capacidade de fornecer serviço pós-venda |
| Publicidade | A capacidade de anunciar e promover o produto |
| Distribuição ampla | A capacidade de distribuir o produto de maneira ampla |
| Linha Ampla | A capacidade de entregar uma linha de produto ampla |

O problema de agrupamento do setor mencionado por Hatten et al. (1978) foi evitado ao se formular as perguntas de tal forma que os respondedores priorizassem suas capacidades em comparação com sua situação competitiva específica, em vez de usarem o setor em geral como conjunto de referência. É importante observar que se mostrou que as confiabilidades internas das perguntas sobre capacidade no levantamento passam de 0,90 (Huete and Roth 1987). Outros pesquisadores também relataram altos níveis de confiabilidade e validade da mensuração utilizando variáveis semelhantes de capacidade competitiva com populações diferentes e utilizando métodos diferentes de pesquisa (Nemetz 1990, Wood et al. 1990).

## Identificando tipos de estratégias

Utilizou-se análise de *cluster* para identificar os tipos de estratégia de manufatura a partir dos perfis de capacidade do entrevistado. O procedimento SAS AceCLUS (Estimativa de Covariância Aproximada para Clusstering), uma variação do algoritmo de Art et al. (1982), foi utilizado para obter estimativas da matriz de covariância de firmas agrupadas dentro de um *cluster* a partir do AceCLUS foi processada pelo algoritmo SAS Fastclus. Fastclus é especialmente bem adaptado para conjuntos grandes de dados (ou seja, n > 100). O procedimento Fastclus utiliza uma variação do método k-means para análise de *cluster* não hierárquica chamado de filtro do centroide mais próximo. Limitações do procedimento k means incluem sua sensibilidade a *outliers* e a exigência de pontos de semente relativamente estáveis (Milligan 1980). Das 188 observações que entraram no procedimento de *clustering*, seis foram abandonadas devido à falta de dados e 18 outras observações não foram atribuídas a um *cluster*. Uma análise a priori da distribuição de frequência das distâncias de cada ponto até a semente de *cluster* mais próxima indicou que estas observações teriam um impacto distorcido sobre a definição do *cluster*.

Um problema espinhoso com a análise de *cluster*s é a determinação da quantidade mais adequada de *cluster*s. Utilizaram-se três critérios para determinar a quantidade final de *cluster*s a serem usados numa análise subsequente. Em primeiro lugar, fomos orientados pela sugestão de Lehmann (1979) de que a quantidade de *cluster*s fique limitada entre n/30 e n/60, onde n é o tamanho da amostra. Portanto, apenas modelos entre três e seis *cluster*s foram levados em consideração. Em segundo lugar, procuramos grandes aumentos no aperto dos *cluster*s, conforme medidos pelo R2 e pela estatística pseudo F (Milligan e Cooper 1985). O modelo de três *cluster*s proporcionou a melhor adequação. Em terceiro lugar, buscamos interpretabilidade administrativa dos *cluster*s sobre as variáveis definidoras utilizando (a) ANOVA e (b) os testes de comparação de pares de Scheffe de diferenças de média (centróide) (Harrigan 1985). O modelo de três *cluster*s atendeu melhor estes critérios. Um teste de significância multivariado geral utilizando o critério Lambda de Wilk e a estatística F associada indicou que a hipótese nula dos três *cluster*s serem iguais ao longo de todas as variáveis definidoras poderia ser rejeitada ($p < 0.0001$).

A Tabela 14.2 descreve os três grupos estratégicos de manufatura resultantes em termos das suas respectivas pontuações de centróide (média) do grupo e da sua classificação relativa no conjunto de 11 variáveis de capacidade competitiva. Também se ilustra a probabilidade de que uma ou mais das médias dos *cluster*s fosse diferente umas das outras para cada capacidade competitiva. Os *cluster*s foram diferentes uns dos outros em seis das onze variáveis no nível de significância de 0,05 ou menos.

A interpretação dos três grupos estratégicos de manufatura, que nós chamamos de "zeladores", "vendedores" e "inovadores" respectivamente, é apresentada a seguir. Estas interpretações baseiam-se: (a) se existem diferenças significativas na média do *cluster* das variáveis de capacidade competitiva no nível 0,05 ou menor, e (b) na classificação relativa da importância de uma capacidade competitiva dentro de um *cluster*. É possível que uma capacidade com classificação alta dentro de um *cluster* efetivamente apresente uma pontuação numérica relativamente baixa.

**TABELA 14.2** Capacidades competitivas por grupo

| Capacidades competitivas | Grupo estratégico de manufatura ||||||| F = Valor (p = probabilidade) |
|---|---|---|---|---|---|---|---|
| | Zeladores (n = 13) Grupo 1 | | Vendedores (n = 31) Grupo 2 | | Inovadores (n = 65) Grupo 3 | | |
| *Preço baixo* | | | | | | | |
| Média do cluster* | **6,06** | | 5,70 | | 5,46 | | F = 1,68 |
| Classificação** | 1 | | 4 | | 6 | | p = 0,190 |
| Desvio padrão*** | 0,21 | | 0,13 | | 0,18 | | |
| *Flexibilidade de design* | | | | | | | |
| Média do cluster* | 5,11 | (3) | 5,07 | (3) | **5,98** | (1, 2) | F = 10,07 |
| Classificação** | 5 | | 9 | | 4 | | p < 0,0001 |
| Desvio padrão*** | 0,35 | | 0,15 | | 0,12 | | |
| *Flexibilidade de volume* | | | | | | | |
| Média do cluster* | 4,17 | | **5,04** | (3) | 4,06 | (2) | F = 9,42 |
| Classificação** | 9 | | 10 | | 10 | | p < 0,0001 |
| Desvio padrão*** | 0,37 | | 0,15 | | 0,18 | | |
| *Adequação* | | | | | | | |
| Média do cluster* | 5,83 | (2, 3) | **6,78** | (1) | 6,75 | (1) | F = 32,59 |
| Classificação** | 3 | | 1 | | 1 | | p < 0,0001 |
| Desvio padrão*** | 0,17 | | 0,05 | | 0,05 | | |
| *Desempenho* | | | | | | | |
| Média do cluster* | 4,17 | (2, 3) | 6,07 | (1) | **6,38** | (1) | F = 46,76 |
| Classificação** | 9 | | 3 | | 2 | | p < 0,0001 |
| Desvio padrão*** | 0,34 | | 0,09 | | 0,08 | | |
| *Velocidade* | | | | | | | |
| Média do cluster* | 5,55 | | **5,59** | | 5,40 | | F = 0,584 |
| Classificação** | 4 | | 6 | | 7 | | p = 0,666 |
| Desvio padrão*** | 0,25 | | 0,12 | | 0,13 | | |
| *Confiabilidade* | | | | | | | |
| Média do cluster* | 6,00 | | 6,11 | | **6,29** | | F = 1,465 |
| Classificação** | 2 | | 2 | | 3 | | p = 0,234 |
| Desvio padrão*** | 0,20 | | 0,09 | | 0,09 | | |
| *Serviço pós-venda* | | | | | | | |
| Média do cluster* | 2,94 | (2, 3) | 5,27 | (1) | **5,52** | (1) | F = 25,92 |
| Classificação** | 10 | | 8 | | 5 | | p = 0,0001 |
| Desvio padrão*" | 0,25 | | 0,16 | | 0,17 | | |
| *Publicidade* | | | | | | | |
| Média do cluster* | **4,55** | | 4,30 | | 4,30 | | F = 0,239 |
| Classificação** | 8 | | 11 | | 9 | | p = 0,787 |
| Desvio padrão*** | 0,35 | | 0,14 | | 0,20 | | |
| *Distribuição ampla* | | | | | | | |
| Média do cluster* | 4,78 | | **5,68** | (3) | 3,92 | (2) | F = 26,12 |
| Classificação** | 7 | | 5 | | 11 | | p < 0,0001 |
| Desvio padrão*" | 0,37 | | 0,13 | | 0,22 | | |
| *Linha ampla* | | | | | | | |
| Média do cluster* | 5,00 | | **5,30** | | 4,78 | | F = 2,59 |
| Classificação** | 6 | | 7 | | 8 | | p = 0,078 |
| Desvio padrão*** | 0,33 | | 0,13 | | 0,19 | | |

* Representa o grau médio de importância vinculado a cada capacidade competitiva por cluster. A iImportância é medida numa escala com sete pontos e ancoragem própria (Escala do intervalo 1-7 1 = muito sem importância e 7 = muito importante)
** A ordem de classificação de importância desta capacidade competitiva dentro do grupo
*** O desvio padrão da estimativa da média para o grupo
Note Os números entre parênteses indicam os números do grupo a partir do qual este grupo foi significativamente diferente no nível 0,05 conforme indicado pelo procedimento de comparação em pares de Scheffe. Os números em **negrito** indicam o maior centroide de grupo para aquela medida. Grupo 1 = zeladores, Grupo 2 = vendedores, Grupo 3 = inovadores. As estatísticas F observadas foram derivadas de ANOVAs simples e os valores p estão associados com a estatística F observada
Fonte: Miller e Roth (1994).

**Cluster 1: Zeladores**  Nós chamamos o *cluster* 1 de "zeladores" porque sua baixa ênfase relativa no desenvolvimento de capacidades competitivas parece prepará-los para os padrões mínimos para a concorrência. O preço não teve importância significativamente diferente entre os grupos. No entanto, com base na sua classificação relativa, ele parece ser a capacidade competitiva dominante para os membros do *cluster* 1. As classificações relativas das capacidades competitivas baseadas no tempo de confiabilidade de entrega e velocidade são altas (2o e 4o, respectivamente), apesar da capacidade de atender prazos de entrega e a capacidade de fazer entregas rápidas também ser importante para os membros de outros *clusters*. A qualidade de adequação, apesar de classificada bem abaixo da importância dada pelos membros dos *clusters* 2 e 3, é a terceira prioridade competitiva mais importante para os zeladores. Por outro lado, os membros do *cluster* 1 atribuem significativamente menos importância ao serviço pós-venda e a produtos com desempenho elevado. Os 18 membros do *cluster* 1 representam 11% dos casos em todos os três grupos estratégicos.

**Cluster 2: Vendedores**  Os vendedores se distinguem das suas contrapartidas dos *clusters* 1 e 3 em várias das principais capacidades competitivas voltadas para o mercado. Eles buscam obter distribuição ampla, oferecer linhas de produtos amplas e reagir à mudança nos requisitos de volume. As principais prioridades dentro do *cluster* dos vendedores foram a qualidade de adequação, as entregas confiáveis e o desempenho do produto. Em cada uma destas principais capacidades competitivas, exceto na confiabilidade, a magnitude de importância foi marcadamente maior em comparação com os zeladores, mas não foram distinguíveis das pontuações do *cluster* 3. Além disso, os vendedores refletiram alguma consciência em termos de preço. A capacidade de oferecer preço baixo ficou em quarto lugar na importância geral para este grupo. Finalmente, os vendedores tiveram maior probabilidade de marcar o serviço de pós-venda como sendo importante do que o grupo de zeladores. Os vendedores são o maior grupo, representando aproximadamente 49% dos casos.

**Cluster 3: Inovadores**  Chamados de "Inovadores", os membros do *cluster* 3 são diferenciados pela ênfase relativa dada à sua capacidade de fazerem mudanças no design e de lançarem novos produtos rapidamente. Os inovadores compartilham determinadas características com os vendedores. Nos dois grupos, a qualidade de adequação e de desempenho ocupa os principais lugares. A confiabilidade também é importante para os inovadores. Não houve nenhuma diferença estatisticamente significativa entre os inovadores e os vendedores no atendimento pós-venda. Da mesma maneira que com os zeladores, os inovadores compartilham uma ênfase menor na capacidade de ter uma ampla linha de produtos e em flexibilidade de volume. Em comparação com os outros *clusters*, o preço é a coisa menos importante para este grupo. Os inovadores formam o segundo maior *cluster*, sendo responsáveis por 40%.

## 14.4 ANÁLISE E DISCUSSÃO

### Dimensões inerentes

As 11 táxons representando a importância das capacidades competitivas conseguiram gerar uma taxonomia numérica relativamente consistente com aquela que Stobaugh and Telesio (1983) adotaram como hipótese. No entanto, as 11 variáveis taxonômicas utilizadas para formar o grupo de estratégia de manufaturas são correlacionadas umas com as outras. Portanto, nós adotamos métodos estatísticos multivariados para ampliarmos nossa exploração. A análise discriminatória de grupo múltiplo, com cada um dos grupos taxonômicos como variáveis de critério codificadas em modelos $3 - 1 = 2$ e com as 11 táxons de prioridade competitiva constituindo o conjunto do previsor, foi realizada utilizando o procedimento SAS Candisc (análise discriminatória canônica). A análise discriminatória canônica, uma abordagem mais geral à análise discriminatória, é uma técnica de redução de dimensão relacionada com a análise do componente principal e com a correlação canônica (Green 1978, Fornell 1978, Kendall and Stuart 1968, Dillon and Goldstein 1984).

Com esta abordagem, obtivemos estimativas padronizadas tanto para os carregamentos de estrutura canônica quanto para os coeficientes canônicos. Os carregamentos de estrutura canônica podem ser interpretados como os carregamentos de fator na análise de componentes de princípio, ou seja, eles representam as correlações das variáveis originais com uma dimensão inerente e não observada. Para interpretações substantivas, os carregamentos canônicos são úteis como indicadores de quais variáveis originais são mais correlacionadas com cada variante canônica no espírito de análise de fator (Dillon and Goldstein 1984). Os coeficientes canônicos padronizados são análogos a pesos beta em uma regressão e podem ser utilizados para preverem a inclusão como membro de um *cluster*. Para verificar ainda mais nossos resultados, adotamos a análise de classificação discriminatória múltipla e técnicas de validação cruzada.

Nossa interpretação das dimensões inerentes da estratégia de manufatura baseia-se na análise de variação canônica dos carregamentos canônicos padronizados. Os carregamentos canônicos também são úteis para a identificação das variações canônicas derivadas do conjunto previsor. Utilizando-os, nós interpretamos que a função canônica 1 é uma dimensão de "diferenciação de mercado" que ilustra o requisito percebido da firma de manufatura para se distinguir dos concorrentes por meio de atributos dos seus produtos e serviços. Aqui as maiores correlações de inclusão como membro do *cluster* lidam com a importância relativa dada ao desempenho do produto, à sua qualidade de adequação e ao seu serviço de pós-venda. Os coeficientes canônicos relativamente grandes para desempenho, adequação e serviço sugerem que uma firma que atribuir uma prioridade maior a estas capacidades estará na ponta superior da dimensão de diferenciação de mercado e as que derem menos ênfase terão uma probabilidade menor de diferenciar produtos/serviços com estes atributos.

Nós chamamos o "âmbito de mercado" de função 2. Esta variação canônica reflete a magnitude da base de clientes atendida pela unidade de negócios. Distribuição ampla e flexibilidade de volume são positivamente correlacionadas com a função 2, enquanto a flexibilidade de design é negativamente associada. Os fortes coeficientes positivos para distribuição ampla e flexibilidade de volume implicam que uma firma que enfatize muito estas capacidades será designada para a ponta superior do espectro. É provável que os fabricantes que enfatizam canais de distribuição de especialidade e flexibilidade de design sejam designados para a ponta inferior. Uma interpretação é que os concorrentes na ponta inferior estejam concorrendo em mercados de especialidade com uma ampla variedade de gostos (daí a necessidade de flexibilidade de design), enquanto os que estão na ponta superior desta escala estejam concorrendo em mercados de massa de alto volume com linhas de produtos mais estáveis.

A Figura 14.1, derivada dos coeficientes canônicos, caracteriza a posição estratégica das UEMs respondedoras em comparação com os dois conceitos de tarefa de manufatura de diferenciação e âmbito de mercado. Os números no gráfico indicam a atribuição do grupo de estratégia de manufatura designada pelo procedimento de *clustering* (1 = zeladores, 2 = vendedores e 3 = inovadores). Parece claro que os zeladores têm menos probabilidade de ter ou de valorizar produtos e serviços diferenciados. Portanto, não é surpreendente que os zeladores concorram principalmente em termos de preço e que eles estejam do lado inferior da escala de diferenciação de mercado. Os inovadores, assim como os vendedores, estão mais aptos a darem um peso a atributos de produtos e, dessa forma, aparecerem na ponta superior da escala de diferenciação de mercado. No entanto, diferentemente dos vendedores que, como grupo, têm canais de distribuição muito amplos e que, portanto, estão na ponta superior da escala de âmbito de mercado, os inovadores enfatizam a receptividade à mudança de um produto através da flexibilidade de design, associada com a ponta inferior da escala de âmbito de mercado.

Estas descobertas sugerem que, em geral, a tarefa de manufatura é um conceito multivariado e multidimensional que reflete as necessidades de

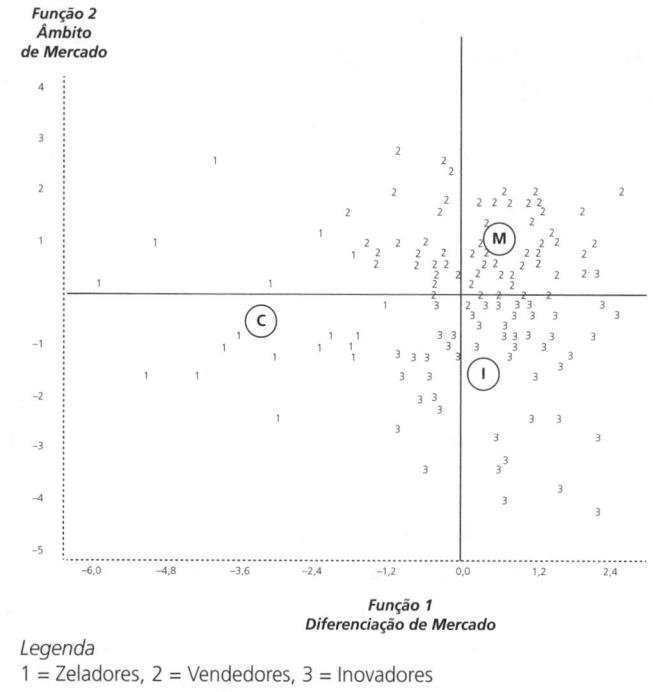

**FIGURA 14.1** Plot de unidades de negócios e centroides de grupo de entrevistados sobre funções canônicas.
Fonte: Miller e Roth (1994).

ambientes de mercado muito diferentes e posições de mercado relativas. Elas também sugerem que estes fatores contextuais representam condutores mais profundos e mais fundamentais do comportamento da firma do que custo, tecnologia ou mercados, conforme Stobaugh and Telesio (1983) propuseram. Aqui, vemos que uma ênfase no custo (preço) está associada com uma falta de diferenciação, que a mudança tecnológica em termos de flexibilidade para lançar novos produtos está associada com mercados de especialidade e que um comportamento voltado para a venda está associado com distribuição ampla e diferenciação de produto e serviço.

Por outro lado, a orientação de estrutura de mercado destes conceitos básicos reforça as visões de Skinner (1978) e Hill (1989), que relacionam a tarefa de manufatura com estratégias fundamentais de posicionamento de mercado (e ganhadoras de pedidos). Os fatores também são proximamente aliados com aqueles que Porter (1980) sugeriu. Ele classificou as firmas pela sua propensão em se diferenciarem ou concorrerem em termos de preço e por até que ponto elas concentram seus esforços em mercados ou produtos específicos.

## Validação estatística cruzada

Para determinar a estabilidade das estimativas, realizou-se primeiro uma análise de carregamento cruzado sobre as variações da estrutura canônica. Os carregamentos cruzados sobre as variáveis definidoras originais pareceram estáveis, conforme mostra a Tabela 14.3. Cada um destes carregamentos superou |0,30|, não nos dando nenhuma razão para mudarmos nossa interpretação original. Em seguida, avaliou-se o desempenho das táxons discriminantes estimando-se a probabilidade de erro na classificação de observações futuras através de procedimentos de validação cruzada. Não pudemos utilizar técnicas de divisão de amostra por causa do tamanho pequeno do *cluster* 1. Utilizando um procedimento de jackknife, computou-se uma função discriminante com as 11 táxons como previsoras para n − 1 de n casos e utilizou-se essa função para classificar a única observação deixada de fora (Veja a Tabela 14.4). Este processo foi repetido para cada um dos n casos e determinou-se a proporção de observações deixadas de fora designadas para cada grupo (Lachenbruch and Mickey 1968). As taxas de erro de validação cruzada refletem a porcentagem de casos deixados de fora classificados de maneira errada. Outro conjunto de estimativas de taxas de erros foi computado com base nas estimativas de probabilidade posterior baseadas em procedimentos de validação cruzada descritas ante-

**TABELA 14.3** Resultado da análise discriminatória canônica

| Correlação de função canônica | Eigenvalue ou raiz | Correlação canônica $R_c$ | Significância de correlação canônica | Quadrado canônico |
|---|---|---|---|---|
| 1 | 1,33 | 0,76 | 0,0001 | 0,58 |
| 2 | 1,19 | 0,74 | 0,0001 | 0,55 |

| | Carregamentos canônicos | | Coeficientes canônicas | |
|---|---|---|---|---|
| Conjunto de previsores | Função 1 | Função 2 | Função 1 | Função 2 |
| Preço baixo | −0,1639 | 0,0965 | −0,2954 | 0,0262 |
| Flexibilidade de design | 0,1761 | **−0,4146** | −0,2169 | **−0,7404** |
| Flexibilidade de volume | 0,0608 | **0,4346** | −0,0652 | **0,4377** |
| Adequação | **0,6980** | 0,1343 | **0,6837** | 0,3944 |
| Desempenho | **0,7996** | −0,0631 | **0,7960** | −0,1270 |
| Velocidade | −0,0347 | 0,1095 | −0,1002 | 0,0085 |
| Confiabilidade de entrega | 0,1220 | −0,1312 | −0,1151 | −0,3813 |
| Serviço pós-venda | **0,6529** | −0,0042 | **0,5788** | 0,0554 |
| Publicidade/propaganda | −0,0713 | −0,0104 | −0,2799 | **−0,4903** |
| Distribuição ampla | −0,0665 | **0,6677** | −0,2204 | **1,4484** |
| Linha ampla | −0,0136 | 0,2390 | 0,2836 | **−0,4694** |

Os números em negrito indicam carregamentos (pesos) elevados em funções canônicas ±(0,40)
Fonte: Miller e Roth (1994).

**TABELA 14.4** Número de observações e porcentagem com validação cruzada

| Para/de cluster | 1 | 2 | 3 | Total |
|---|---|---|---|---|
| | Zeladores | Vendedores | Inovadores | |
| 1 | 13 (72%) | 3 (17%) | 2 (11%) | 18 (100%) |
| 2 | 0 (0%) | 80 (99%) | 1 (1%) | 81 (100%) |
| 3 | 0 (0%) | 11 (17%) | 54 (83%) | 65 (100%) |
| Taxas de erro a partir de | | | | |
| Validação cruzada | 0,28 | 0,01 | 0,17 | 0,10 |
| Probabilidades posteriores | 0,34 | 0,05 | 0,28 | 0,18 |

Fonte: Miller e Roth (1994).

riormente. Demonstrou-se que os estimadores de probabilidade posterior de validação cruzada possuem pouco preconceito e pouca variância (Mora and Wilcox 1982). Os resultados da validação cruzada são os seguintes.

A análise de classificação de validação cruzada sugere que o poder de discriminação geral das táxons é muito bom, com 72% do *cluster* 1, 99% do *cluster* 2 e 83% do *cluster* 3 classificados de maneira correta. As táxons são melhores para preverem a inclusão efetiva como membro no *cluster* 2, mas têm uma tendência maior a classificar de maneira errada os membros dos *clusters* 1 e 3.

## Mix industrial

A Tabela 14.5 ilustra os relacionamentos entre a inclusão como membro de um grupo e as categorias amplas de inclusão como membro de um setor, onde se descreve setor em termos de cinco grupos desenvolvidos para o Levantamento Manufacturing Futures baseado na agregação de códigos de três dígitos da Classificação Industrial Padrão (SIC) (Veja Miller and Vollmann 1984 e Roth and Miller 1987). Um teste qui-quadrado indica que a inclusão como membro de um *cluster* está associada com o setor em que a UEM reside ($p < 0,01$). Por exemplo, os setores de eletrônicos (fabricantes de computadores, instrumentos e equipamentos eletrônicos) e de maquinário (ferramentas mecânicas, equipamentos de transporte, grupos de maquinário) têm maior probabilidade de serem povoados por inovadores. Ao contrário, os bens industriais (produtores de peças, componentes e bens intermediários), básicos (firmas químicas, de papel e de metais primários) e bens de consumo embalados (fabricantes de alimentos, cosméticos e produtos farmacêuticos) têm maior probabilidade de serem vendedores. É mais provável encontrar os zeladores nas firmas de bens industriais e de bens de consumo embalados.

Apesar destas amplas associações setoriais com a inclusão estratégica como membro de um grupo de manufatura, um exame mais detalhado mostrou que era comum pelo menos um concorrente num SIC específico com

**TABELA 14.5** Representação setorial por grupos estratégicos (número de entrevistados)

|  | Zeladores | Vendedores | Inovadores | Frequência (%) |
|---|---|---|---|---|
| Consumidores | 6 | 11 | 3 | 20 |
|  |  |  |  | 12% |
| Bens industriais | 7 | 17 | 13 | 37 |
|  |  |  |  | 23% |
| Básico | 3 | 16 | 4 | 23 |
|  |  |  |  | 14% |
| Maquinário | 1 | 20 | 25 | 46 |
|  |  |  |  | 28% |
| Eletrônico | 1 | 17 | 20 | 38 |
|  |  |  |  | 23% |
| Frequência | 18 | 81 | 65 | 164 |
| Percentual | 11% | 49% | 40% | 100% |

$x^2 = 24{,}78$ d.f. $= 8$ $p < 0{,}01$
Fonte: Miller e Roth (1994).

três dígitos concorrer numa base substancialmente diferente dos seus principais concorrentes. Nós conseguimos identificar 17 ocasiões em que dois ou mais dos entrevistados ao levantamento estavam concorrendo no mesmo setor. Em 12 destas ocasiões, pelo menos um concorrente estava em um grupo estratégico de manufatura do(s) outro(s). Por exemplo, no setor de microcomputadores, três dos concorrentes na amostra eram inovadores, mas dois entrevistados eram claramente classificados como sendo vendedores. Em outro setor, havia três concorrentes, cada qual ocupando uma posição estratégica diferente, ou seja, um era zelador, outro era vendedor e o terceiro era inovador. Estes exemplos são consistentes com descobertas de outra pesquisa sobre grupos estratégicos que demonstra que uma variedade de estratégias está disponível a concorrentes dentro de um setor (por exemplo, Porter 1980).

## Contexto

Após desenvolver os *clusters* com os procedimentos descritos anteriormente, os fatores associados com a inclusão como membro no grupo estratégico foram examinados sistematicamente para atender a segunda finalidade do estudo. Utilizando comparações em pares ANOVA e *post hoc* de Scheffe de diferenças de média no grupo, setor, variáveis ambientais e contextuais, assim como escolhas de estratégia de manufatura e medidas de desempenho, foram exploradas para ver se elas apresentavam diferenças significativas entre os *clusters*. Ao fazermos afirmações sobre relacionamentos, nós designamos um nível *a priori* de significância estatística de 0,05 ou menos. A Tabela 14.6 descreve como cada *cluster* de fabricantes é diferente ao longo

**TABELA 14.6** Estratégia e contexto por grupo

| Variável de contexto/ estratégica | Grupo estratégico de manufatura | | | | | | $F$ = Valor ($p$ = probabilidade) |
|---|---|---|---|---|---|---|---|
| | Zeladores ($n$ = 18) Grupo 1 | | Vendedores ($n$ = 81) Grupo 2 | | Inovadores ($n$ = 66) Grupo 3 | | |
| *P&D/vendas%* | | | | | | | |
| Média do cluster* | 2,41 | (3) | 3,88 | | **4,97** | (1) | $F$ = 3,06 |
| Desvio padrão** | 0,86 | | 0,40 | | 0,60 | | $p$ = 0,051 |
| *Vendas para exportação%* | | | | | | | |
| Média do cluster* | 1,91 | (2, 3) | **14,89** | (1) | 14,88 | (1) | $F$ = 4,24 |
| Desvio padrão** | 0,82 | | 2,04 | | 2,52 | | $p$ = 0,017 |
| *Padronização do produto* | | | | | | | |
| Média do cluster*** | **4,44** | (2, 3) | 4,15 | (1) | 3,30 | (1) | $F$ = 5,66 |
| Desvio padrão ** | 0,41 | | 0,19 | | 0,21 | | $p$ < 0,004 |
| *Receitas no estágio de maturidade%* | | | | | | | |
| Média do cluster* | **73,44** | (3) | 57,59 | | 55,15 | (1) | $F$ = 3,91 |
| Desvio padrão ** | 6,18 | | 2,84 | | 3,04 | | $p$ = 0,022 |
| *Influência engenharia/P&D* | | | | | | | |
| Média do cluster*** | 3,83 | (3) | 4,61 | (1) | **5,31** | (1, 2) | $F$ = 10,92 |
| Desvio padrão ** | 0,37 | | 0,15 | | 0,15 | | $p$ < 0,0001 |
| *Aumento participação de mercado* | | | | | | | |
| Média do cluster*** | 5,00 | (3) | 5,58 | | **5,78** | (1) | $F$ = 3,10 |
| Desvio padrão** | 0,32 | | 0,13 | | 0,14 | | $p$ = 0,048 |
| *Novos produtos/ velhos mercados* | | | | | | | |
| Média do cluster*** | 4,72 | (2, 3) | 5,75 | (1) | **5,89** | (1) | $F$ = 7,64 |
| Desvio padrão ** | 0,27 | | 0,11 | | 0,16 | | $p$ = 0,001 |
| *Novos produtos/ novos mercados* | | | | | | | |
| Média do cluster*** | 3,72 | (3) | 4,43 | | **4,95** | (1) | $F$ = 4,06 |
| Desvio padrão ** | 0,44 | | 0,19 | | 0,22 | | $p$ = 0,019 |

\* Representa o valor médio da medida de contexto relatada por cada grupo estratégico
\*\* O desvio padrão da estimativa da média para cada grupo
\*\*\* Representa os valores médios medidos em escalas de ancoragem própria de sete pontos (escala do intervalo 1-7)
Veja Roth and Miller 1987 para uma definição detalhada das variáveis
*Nota:* Os números entre parênteses indicam os números de grupo a partir dos quais este grupo era significativamente diferente no nível 0,05, conforme indicado pelo procedimento de comparação em pares de Scheffe. Os números em **negrito** indicam o maior centróide de grupo para aquela medida. As estatísticas F observadas derivaram de ANOVAs simples e os valores p estão associados com cada uma das estatísticas F observadas.

das variáveis de contexto. Esta tabela é típica de várias que se seguem. Com a exceção dos testes de comparações múltiplas de Scheffe, nenhum ajuste foi feito para o problema de testar múltiplas hipóteses ao mesmo tempo no mesmo conjunto de dados devido à natureza exploratória da nossa investigação. Portanto, o verdadeiro valor p pode efetivamente ser bem maior do que o nível nominal mostrado nas tabelas e precisa haver pesquisa futura para que se possa confirmar as associações descobertas.

Na Tabela 14.6 observamos evidência de que os *clusters* tendem a ser diferentes, tanto em termos do estágio do ciclo de vida do seu produto, quanto pelo grau de padronização do produto. Os zeladores derivam uma quantidade significativamente maior de receitas das vendas no "estágio de maturidade", como porcentagem do total das vendas, do que qualquer uma das suas contrapartidas. Os vendedores estão entre os zeladores e os inovadores em termos de receitas do estágio tanto do crescimento quanto da maturidade. Os inovadores possuem os produtos menos padronizados (mais personalizados) enquanto os produtos dos zeladores são os mais padronizados.

Como se pode esperar, os inovadores investem mais pesadamente em P&D do que suas contrapartidas, especialmente os zeladores. Eles também estavam mais aptos a relatarem uma influência funcional mais forte por parte da Engenharia/P&D para estabelecerem as metas e estratégias de longo prazo da unidade de negócios. Os inovadores dão maior ênfase à participação de mercado cada vez maior ao desenvolverem novos produtos tanto para mercados antigos quanto para mercados novos. Os vendedores poderão desenvolver novos produtos para mercados existentes, mas eles são menos aptos a enfatizarem a entrada em novos mercados com novos produtos.

Um escrutínio mais profundo dos dados mostra alguma evidência de que os *clusters* apresentam as características da matriz "produto-processo" sugerida por Hayes and Wheelwright (1984). Nós pedimos aos executivos para classificarem até que ponto os produtos da unidade de negócios são padronizados, numa escala de "1 = altamente personalizados" a "7 = altamente padronizados". A teoria do produto/processo sugere que quanto menor for a pontuação de padronização, mais provavelmente o processo será caracterizado como sendo uma *job shop*. Quanto maior for a pontuação, será mais provável que o processo seja contínuo. Os zeladores apresentam uma forte tendência a fabricarem produtos mais padronizados, ao contrário dos inovadores e dos vendedores. Tanto os inovadores quanto os vendedores relataram diferenças menores no grau de personalização dos produtos. Os valores médios para estes dois grupos indicam maior personalização para os inovadores e maior padronização para os vendedores.

Nós fizemos uma pergunta sobre o processo de produção dominante da unidade de manufatura, onde uma pontuação de "1" indica um processo de fluxo contínuo e uma pontuação de "5", uma *job shop* sem nenhum fluxo dominante. Apesar de a evidência ser mais fraca (p = 0,08), os dados sugerem o padrão previsto. Os inovadores estão no começo do contínuo da *job shop*, enquanto os zeladores estão no extremo oposto (processos mais contínuos). Os vendedores estão no meio.

## Programas de ação

No levantamento, os entrevistados receberam uma lista de 36 programas de ação para melhorarem a eficácia das suas operações ao longo dos dois anos seguintes. (Veja Miller and Roth 1988 e Roth and Miller 1987 para uma discussão e uma lista completa dos programas de ação no levantamento). Pediram que os executivos de manufatura classificassem de "1 = não importante" a "7 = muito importante" o grau de ênfase que seria dado a cada programa de ação ao longo dos dois anos seguintes. Os programas de ação indicam a ênfase pretendida nas escolhas de manufatura do entrevistado. Roth et al. (1989), Roth and Miller (1990, 1992) e Ward et al. (1988) mostraram que esses planos de ação abordam importantes direções estruturais e infra estruturais inerentes numa estratégia de manufatura. Ao testar o tema comum na estratégia de manufatura de que ações (escolhas) devem ser congruentes com a tarefa de manufatura, descobriu-se que dez variáveis de escolha de estratégia eram significativas no nível 0,05 nos nossos dados.

As escolhas de estratégia de manufatura dos inovadores dão significativamente mais ênfase a programas que prometem diminuir os tempos totais do ciclo de produto. Eles também se concentram em design auxiliado por computador (CAD) e enfatizam o desenvolvimento de novos processos para seus novos produtos. Ainda, os inovadores planejam começar programas de manufatura que reduzam seus tempos de entrega de manufatura. Este padrão de escolhas parece ser congruente com uma tarefa de manufatura que premia a capacidade de mudar designs e de lançar novos produtos.

A Tabela 14.7 sugere que os vendedores planejam fortalecer suas operações de manufatura através de mudanças infraestruturais, especialmente aquelas que cortem custos e melhorem a qualidade. Eles pretendem enfatizar a mudança na cultura da mão de obra e da gestão além de agilizar suas forças de trabalho através de reduções do quadro de funcionários e fechamentos de fábricas. Além de reduzirem o tamanho da força de trabalho e melhorarem a produtividade, os vendedores esperam lidar com problemas de qualidade através de programas de zero defeito e controle de processo estatístico. Estas mudanças de infraestrutura parecem ser congruentes com seus produtos mais padronizados e seus processos contínuos. Elas também são consistentes com a prioridade relativamente

## CAPÍTULO 14 Uma taxonomia das estratégias de manufatura

**TABELA 14.7** Programas de melhoria futuros por grupo

| Programas | Zeladores (n = 18) Grupo 1 | | Vendedores (n = 81) Grupo 2 | | Inovadores (n = 65) Grupo 3 | | F = Valor (p = probabilidade) |
|---|---|---|---|---|---|---|---|
| *Relacionamentos mão de obra/gerência* | | | | | | | |
| Média do cluster* | 4,28 | | **5,10** | (3) | 4,29 | (2) | F = 5,8 |
| Desvio padrão** | 0,37 | | 0,16 | | 0,22 | | p = 0,005 |
| *Zero defeitos* | | | | | | | |
| Média do cluster* | 4,28 | (2, 3) | **5,43** | (1) | 5,35 | (1) | F = 4,35 |
| Desvio padrão** | 0,39 | | 0,17 | | 0,19 | | p = 0,014 |
| *Redução do tempo de entrega MFG* | | | | | | | |
| Média do cluster* | 4,33 | (3) | 5,16 | | **5,56** | (1) | F = 5,85 |
| Desvio padrão** | 0,36 | | 0,16 | | 0,15 | | p = 0,004 |
| *CAD* | | | | | | | |
| Média do cluster* | 3,50 | (2, 3) | 4,99 | (1) | **5,14** | (1) | F = 6,56 |
| Desvio padrão** | 0,38 | | 0,20 | | 0,21 | | p = 0,002 |
| *Novo processo/novo produto* | | | | | | | |
| Média do cluster* | 4,06 | | 5,03 | | **5,05** | | F = 3,16 |
| Desvio padrão** | 0,38 | | 0,18 | | 0,18 | | p = 0,045 |
| *Fechamento de fábricas* | | | | | | | |
| Média do cluster* | 2,00 | | **2,91** | (3) | 2,11 | (2) | F = 3,86 |
| Desvio padrão** | 0,33 | | 0,15 | | 0,20 | | p = 0,023 |
| *SPC (Processo)* | | | | | | | |
| Média do cluster* | 4,61 | (2) | **5,79** | (1, 3) | 5,11 | (2) | F = 6,54 |
| Desvio padrão** | 0,36 | | 0,15 | | 0,20 | | p = 0,002 |
| *SPC (Produto)* | | | | | | | |
| Média do cluster* | 4,39 | (2) | **5,43** | (1) | 4,89 | | F = 4,53 |
| Desvio padrão** | 0,36 | | 0,16 | | 0,20 | | p = 0,012 |
| *Lançamentos de novos produtos* | | | | | | | |
| Média do cluster* | 3,76 | (2, 3) | 5,06 | (1) | **5,42** | (1) | F = 6,56 |
| Desvio padrão" | 0,44 | | 0,20 | | 0,20 | | p = 0,002 |
| *Redução do tamanho da força de trabalho* | | | | | | | |
| Média do cluster* | 3,83 | | **4,83** | (3) | 3,89 | (2) | F = 6,61 |
| Desvio padrão** | 0,47 | | 0,20 | | 0,22 | | p = 0,004 |

\* Representa o grau médio de importância vinculado com cada programa A importância é medida numa escala com ancoragem própria com sete pontos onde 1 = muito sem importância e 7 = muito importante
\*\* O desvio padrão da estimativa da média para cada grupo
Note Os números entre parênteses indicam os números de grupo a partir dos quais este grupo era significativamente diferente no nível 0,05, conforme indicado pelo procedimento de comparação em pares de Scheffe. Os números em **negrito** indicam o maior centroide de grupo para aquela medida. As estatísticas F observadas derivaram de ANOVAs simples e os valores p estão associados com cada uma das estatísticas F observadas.
Fonte: Miller e Roth (1994).

elevada que eles vincularam à capacidade em termos de qualidade, confiabilidade e preço.

Notadamente, os zeladores, que estão concorrendo primeiro em termos de preço, tendem a dar uma ênfase relativamente menor do que suas contrapartidas a cada programa de melhoria medido. Lembre-se que este grupo tinha os produtos mais maduros. Na pior das hipóteses, parece que os zeladores, como um grupo, não possuem nenhuma estratégia de manufatura e não estão renovando sua função de manufatura. Na melhor das hipóteses, sua estratégia de manufatura é passiva. Será que o grupo de zeladores representa o fim do ciclo de vida? Os dados sugerem que isto poderá ocorrer. No entanto, vários membros do grupo de zeladores têm lucros, participações de mercado e retornos econômicos muito elevados. Deve-se trabalhar mais para examinar como uma firma pode utilizar a manufatura para ter sucesso em mercados maduros.

## 14.5 MEDIDAS

Medir o desempenho de manufatura está se tornando uma área de preocupação para fabricantes americanos. Especificamente, há uma necessidade de compreender como medidas de desempenho não financeiras são vistas na unidade de manufatura. Nanni et al. (1988), e McDougall (1988) demandaram medidas de desempenho relacionadas à estratégia de negócios e aos principais programas de melhoria na manufatura. Richardson et al. (1985) sugeriram que medidas devem corresponder especificamente às capacidades estratégicas que definem a tarefa de manufatura. Roth (1989) mostrou que o conteúdo de uma estratégia de manufatura está correlacionado com medidas de desempenho de manufatura que tenham um impacto sobre a unidade de negócios.

De uma lista de 29 indicadores de desempenho de manufatura, pediu-se que os respondedores ao Levantamento Manufacturing Futures de 1987 indicassem numa escala com ancoragem própria, indo de 1 a 7, o grau relativo de importância que a equipe de gestão da manufatura dava a cada medida. (Veja Roth and Miller 1987 para uma lista completa de medidas de desempenho). Oito indicadores de desempenho separaram os grupos de estratégia no nível 0,05 e são mostrados na Tabela 14.8.

Os inovadores diferem das suas contrapartidas ao vincularem maior importância ao desempenho medido pela porcentagem de novos produtos/modelos lançados a tempo. Eles estão menos aptos a se preocuparem com indicadores de problemas com funcionários, como a razão de trabalhadores de colarinho branco para trabalhadores de colarinho azul, número de funcionários, ou a quantidade de reclamações. Medidas de funcionários são mais importantes para os vendedores assim como tempos de

**TABELA 14.8** Medidas de desempenho por grupo

| Medidas de desempenho | Grupo Estratégico de Manufatura | | | | | | F = Valor (p = probabilidade) |
|---|---|---|---|---|---|---|---|
| | Zeladores (n = 18) Grupo 1 | | Vendedores (n = 81) Grupo 2 | | Inovadores (n = 65) Grupo 3 | | |
| *Tempo de entrega da manufatura* | | | | | | | |
| Média do cluster* | 4,88 | (3) | 5,51 | | 5,63 | (1) | F = 3,32 |
| Desvio padrão*' | 0,30 | | 0,12 | | 0,13 | | p = 0,039 |
| *Tempo de mudança de configuração* | | | | | | | |
| Média do cluster* | 4,58 | | 5,35 | | 4,83 | | F = 3,31 |
| Desvio padrão** | 0,35 | | 0,15 | | 0,20 | | p = 0,039 |
| *Número de funcionários* | | | | | | | |
| Média do cluster* | 4,83 | | 5,54 | | 5,21 | | F = 3,39 |
| Desvio padrão** | 0,41 | | 0,12 | | 0,14 | | p = 0,036 |
| *Razão trabalhadores de colarinho branco/ colarinho azul* | | | | | | | |
| Média do cluster* | 4,44 | | 4,94 | (1) | 4,37 | (2) | F = 3,32 |
| Desvio padrão** | 0,30 | | 0,15 | | 0,18 | | p = 0,039 |
| *Qualidade de saída* | | | | | | | |
| Média do cluster* | 5,83 | (2, 3) | 6,63 | (1) | 6,78 | (1) | F = 15,38 |
| Desvio padrão** | 0,29 | | 0,06 | | 0,06 | | p = 0,0001 |
| *Número de reclamações* | | | | | | | |
| Média do cluster* | 3,72 | | 4,42 | (3) | 3,61 | (2) | F = 5,38 |
| Desvio padrão** | 0,29 | | 0,21 | | 0,06 | | p = 0,006 |
| *% Novos produtos no prazo* | | | | | | | |
| Média do cluster* | 4,33 | (2, 3) | 5,24 | (1) | 5,64 | (1) | F = 8,39 |
| Desvio padrão** | 0,23 | | 0,14 | | 0,15 | | p = 0,0003 |

\* Representa o grau médio de importância anexada a cada medida de Importância com sete pontos em uma escala onde 1 = pouco importante e 7 = muito importante.
\*\* O desvio padrão da estimativa da média por grupo
Note Os números entre parênteses indicam os números de grupo a partir dos quais este grupo era significativamente diferente no nível 0,05, conforme indicado pelo procedimento de comparação em pares de Scheffe. Os números em **negrito** indicam o maior centroide de grupo para aquela medida. As estatísticas F observadas derivaram de ANOVAs simples e os valores p estão associados com cada uma das estatísticas F observadas.
Fonte: Miller e Roth (1994).

mudanças e configurações, além de inventários de trabalho em andamento. Os inovadores dão aproximadamente o mesmo grau relativo de importância que os vendedores dão aos tempos de entrega de manufatura e o nível de qualidade de saída. Interessantemente, os zeladores tendem a dar uma classificação geral menor a cada indicador de desempenho de manufatura. Isto é maior evidência de que os zeladores estão esgotando um processo no ciclo de vida do produto.

## 14.6 RESUMO E CONCLUSÕES

Existe um consenso entre os pesquisadores sobre os principais elementos de uma estratégia de manufatura. O tema comum que permeia a literatura crescente é que a tarefa de manufatura, conforme medida pela importância atribuída a capacidades competitivas como qualidade, flexibilidade, entrega e custo deve ser vinculada a escolhas de estratégia de manufatura e que ambas devem ser vinculadas à estratégia de negócios. Esta pesquisa identificou três tipos de estratégias de manufatura e abordou empiricamente como este tema comum é representado nas escolhas e nas estratégias de negócios de cada uma.

### Taxonomia da manufatura

Três tipos distintos de fabricantes podem ser identificados pela importância que eles atribuem a capacidades competitivas: os zeladores, os vendedores e os inovadores. Nossa taxonomia fornece evidência analítica que costuma sustentar a tipologia que Stobaugh and Telesio (1983) adotaram como hipótese, mas ela é diferente de algumas formas significativas e intrigantes. Nossos vendedores e inovadores são semelhantes aos seus grupos voltados para o mercado e para a tecnologia. No entanto, há uma diferença substancial na sua concepção de um grupo "voltado para o custo" e nossos zeladores. Enquanto tantos as firmas voltadas para o custo quanto os zeladores enfatizam a concorrência de preço, pressupõe-se que suas firmas voltadas para o custo tenham adaptado isto como parte de uma estratégia coordenada de mercado, manufatura e negócios. Nossos zeladores são notáveis pelos baixos níveis de importância que eles atribuem a capacidades e escolhas de manufatura e pela sua aparente falta de congruência entre estas capacidades e escolhas. Em segundo lugar, nós mostramos que a estrutura básica da tarefa de manufatura consiste de conceitos multivariados. Combinações de capacidades fornecem uma ideia melhor sobre a tarefa de manufatura do que afirmações sobre capacidades individuais.

Em terceiro lugar, nós também descobrimos que mais de uma dimensão multivariada é necessária para se determinar a tarefa de manufatura. Mostrou-se que as diferenças entre categorias de estratégia se relacionavam a duas características básicas do mercado: seu grau de diferenciação e seu âmbito. Firmas inovadoras podem não ser simplesmente "conduzidas" pela tecnologia em si, conforme sugerido por uma perspectiva univariada. Parece haver uma interação entre o foco em mercados onde a tecnologia oferece uma oportunidade maior de diferenciar e em mercados cuja base de clientes mais estreita e mais especializada cria pressão para mudar produtos frequentemente. No entanto, é necessário mais pesquisa para se determinar se a tecnologia conduz firmas inovadoras para nichos de mercado ou se os requisitos de mercados especializados impulsionam as firmas na direção da tecnologia. Os vendedores poderão ficar motivados a manterem participação de mercado através dos seus amplos sistemas de distribuição e a reagirem a oportunidades de demanda com sua flexibilidade de volume. A falta de diferenciação pode estar por trás do foco principal do zelador, no preço.

Em quarto lugar, nós desenvolvemos evidências de que existe um relacionamento entre tipos de indústrias definidos de maneira ampla e a tarefa de manufatura. No entanto, num nível mais detalhado, vemos que este efeito não impede variações na tarefa de manufatura entre as firmas concorrendo no mesmo setor.

A taxonomia desenvolvida aqui tem muita coisa em comum com outras taxonomias desenvolvidas com táxons totalmente diferentes e por pesquisadores de disciplinas substancialmente diferentes. A semelhança com a taxonomia de Miles and Snow (1978) é aparente, apesar de a nossa produzir menos categorias. Claramente, seus "prospectores", "diferenciadores" e "defensores" são semelhantes aos inovadores, vendedores e zeladores. Seus "focalizadores" e "reatores" provavelmente são variantes das categorias de grande vendedor de massa e de inovador. Até o ponto em que a sua taxonomia identifica as mesmas categorias gerais de comportamento estratégico, esta pesquisa fornece evidência sobre como estratégias de manufatura podem ser vinculadas com a unidade de negócios. De maneira semelhante, nós vemos um reflexo das taxonomias voltadas para a organização industrial de Porter (1980) e Kim and Lim (1988), as teorias de processo de produto de Hayes and Wheelwright (1984a) e as taxonomias voltadas para a teoria da tecnologia de Hambrick (1983) e Horwitch and Thietart (1987), nesta taxonomia de estratégias de manufatura. Estas semelhanças sugerem a força dos fatores competitivos básicos que parecem explicar boa parte do comportamento industrial. Elas também sugerem que o desenvolvimento adicional da pesquisa sobre a estratégia de manufatura será melhorado ao se sintetizar descobertas e abordagens de várias disciplinas.

## Consistência de finalidade

Indo além das perguntas examinadas numa pesquisa anterior, nós utilizamos a taxonomia para explorar o tema central na literatura sobre a estratégia de manufatura, ou seja, como as principais orientações competitivas estão relacionadas com a tarefa de manufatura, conforme revelado através de capacidades e contexto fundamentais, escolhas de estratégia de manufatura e medidas de desempenho de manufatura. Nós mostramos neste artigo que existem diferenças significativas em determinadas capacidades, ações e medidas entre os grupos de estratégia. Além disso, estes relacionamentos costumam ser nas direções que se poderia prever a partir da teoria básica de ciclos de vida, de ciclos de vida de produto/processo e outras teorias existentes sobre produção. No entanto, não podemos concluir que o vínculo entre tarefa de manufatura, medidas de escolha e estratégia de unidade de negócios seja um fenômeno universal.

Nossa pesquisa sustenta a noção de que uma estratégia de manufatura está relacionada com ciclos de vida de produto. Os inovadores, com vidas de produto relativamente curtas, demonstram as características de firmas iniciantes na teoria do ciclo de vida do produto. Por exemplo, a estratégia de manufatura destas firmas é fortemente influenciada pelas funções de engenharia e de pesquisa e desenvolvimento. Estas firmas planejam modificação frequente dos processos de produção da unidade de negócios e capacidades de lançamento de novos produtos com uma ênfase especial na redução do tempo de entrega da manufatura e do desenvolvimento de produto (Utterback and Abernathy 1975).

Os vendedores com produtos e mercados bem-estabelecidos perseguem estratégias de manufatura características de um negócio em fases mais maduras do ciclo de vida. As escolhas de estratégia de manufatura dos vendedores são voltadas para melhorarem a confiabilidade do processo de manufatura. Programas de controle de qualidade eram especialmente prevalecentes, assim como o são as tentativas de reduzir o tamanho da força de trabalho. As principais medidas de desempenho dos vendedores são congruentes com sua estratégia de manufatura, conforme refletida no seu foco em questões de produtividade e qualidade.

Os zeladores, em média, demonstram as características de empresas nas fases de declínio do ciclo de vida. O fato de este grupo não ter nenhum padrão estabelecido de medidas de programas de ação ou desempenho relacionado com a tarefa de manufatura viola o pressuposto do único tema comum na pesquisa sobre a estratégia de manufatura. Existem várias explicações plausíveis. A primeira é que o tamanho da amostra para este grupo (o menor de todos) é simplesmente pequeno demais para produzir um resultado confiável. A segunda é que a preocupação destas firmas com a concorrência em termos de preço em mercados maduros ou em decadência faz com que elas pensem no curto prazo e com que elas simplesmente reajam à situação atual em vez de darem qualquer passo estratégico coerente para a renovação. Mais pesquisa será necessária para se determinar qual das razões acima, se alguma, está mais próxima da verdade e para se compreender como aqueles com melhor desempenho neste grupo alcançam o sucesso. Esta pesquisa exigirá uma amostra maior de firmas zeladoras para produzir resultados significativos.

## Pesquisas futuras

Este estudo tem várias limitações que os futuros pesquisadores sobre a manufatura devem levar em consideração. Em primeiro lugar, conforme observado anteriormente, os casos analisados representam uma amostra tendenciosa da indústria americana. Como resultado disso, a proporção de firmas no grupo de zeladores provavelmente é subestimado, impedindo qualquer tentativa de compreender a distinção entre subgrupos nela. Uma pesquisa futura deverá tentar obter uma representação mais ampla de empresas zeladoras. Outra limitação é o problema do erro correlacionado que deriva da utilização de um único respondedor para todos os dados coletados de cada firma. Futuras linhas de investigação deverão considerar utilizar múltiplas fontes de informações e métodos para reduzir este problema.

O estudo fornece dicas importantes para a melhor compreensão dos relacionamentos entre estratégia de manufatura e desempenho. Entretanto, uma falha crítica é que ele não fornece nenhuma visibilidade sobre os relacionamentos causais entre resultados de estratégia de manufatura e desempenho. Por exemplo, quais fatores caracterizam bons e maus vendedores ou inovadores? Uma pesquisa futura relativa aos vínculos causais entre resultados de tarefa de manufatura, escolhas de manufatura e desempenho será objeto de um estudo longitudinal e não poderá ser afirmada a partir de um estudo de várias seções sem nenhuma teoria significativa anterior como orientação.

Finalmente, uma importante linha de pesquisa futura será testar a estabilidade desta taxonomia globalmente e ao longo do tempo. Todas as "leis" de negócios que parecem definir o posicionamento estratégico e o comportamento competitivo nesta e em outras taxonomias se basearam em observações do ambiente de negócios durante um intervalo curto de 20 anos. Se nós supusermos que concorrentes inteligentes utilizarão seu conhecimento das regras "normais" de batalha para melhor desenvolver novos princípios de guerra competitiva, então podemos prever que novos grupos estratégicos de manufatura serão formados ao longo do tempo e em diferentes partes do mundo.

## 14.7 REFERÊNCIAS

1. Anderson, J. C, G Cleveland and R G Schroeder, "Operations Strategy: A Literature Review," *J Operations Management*, 8 (Abril de 1989), 133–158
2. Ansoff, H 1, *Corporate Strategy: An Analytical Approach to Business Policy for Growth and Expansion*, McGraw-Hill, Nova York, 1965
3. Art, D, R Gnanadesikan and R Kettennng, "Data-based Metrics for *Cluster* Analysis," *Utilitas Mathematica*, 21A (1982), 75-99
4. Buffa, E, *Meeting the Competitive Challenge*, Dow Jones-Irwin, Homewood, IL, 1984
5. Cohen, Morris A. and H L Lee, "Manufacturing Strategy Concepts and Methods," In Paul R Klemdorfer (Ed), *The Management of Productivity and Technology in Manufacturing*, Plenum Press, Nova York, 1985.
6. Cool, K. O and D Schendel, "Strategic Group Formation and Performance. The Case of the U S Pharmaceutical Industry, 1963–1982," *Management Sci.*, 9 (1987), 1102–1124
7. Cramer, E. and W. A. Nicewander, "Some Symmetric Invariant Measures of Multivariate Association," *Psychometrica*, 44, 1 (março de 1979), 43-54
8. DeMeyer, A, J G Miller, J Nakane and K Ferdows, "Flexibility. The Next Competitive Battle," *Strategic Management J*, 10, 2 (1989), 135–144
9. Dess, G G and P S Davis, "Porter's (1980) Generic Strategies as Determinants of Strategic Group Membership and Organizational *Performance*," *Academy of Management J*, 27(1984), 467–488
10. Dillon, W R and M Goldstein, *Multivariate Analysis Methods and Applications*, John Wiley and Sons, Nova York, 1984
11. Duncan, R. B, "Characteristics of Organizational Environments and Perceived Environmental Uncertainty," *Administrative Sci Quarterly*, 17 (1972), 313–327.
12. Fahey, L and H K. Christensen, "Evaluating the Research on Strategy Context," *J Management*, 12, 2 (1986), 167–183
13. Ferdows, K., J. G Miller, J Nakane and T Vollmann, "Evolving Manufacturing Strategies," *International J Operations and Production Management*, (janeiro de 1987).
14. Fine, C. H. and A C Hax, "Manufacturing Strategy. A Methodology and an Illustration," *Interfaces*, 15, 6 (1985), 28–46
15. Fornell, C, "Three Approaches to Canonical Analysis," *J Marketing Research Society*, 20, 3 (1978), 166–181
16. Galbraith, J, *Designing Complex Organizations*, Addison Wesley, Reading, MA, 1973
17. Giffi, C, A V. Roth and G Seal, *Competing in World Class Manufacturing America's 2lst Century Challenge*, Business One Irwin, Homewood, IL, 1990
18. Ginsberg, A and N. Venkatraman, "Contingency Perspectives of Organizational Strategy. A Critical Review of the Empirical Research," *Academy of Management Review*, 10 (1985), 421–434
19. Green, P E, *Analyzing Multivariate Data*, Dryden Press, Hinsdale, IL, 1978
20. Hambrick, D C, "Some Tests of the Effectiveness and Functional Attributes of Miles and Snow's Strategic Types," *Academy of Management J*, 1 (1983a), 5–25
21. —, "An Empirical Typology of Mature Industrial-Product Environment," *Academy of Management J*, 2 (1983b), 213–229
22. — and D Lei, "Toward and Empirical Prioritization of Contingency Variables For Business Strategy," *Academy of Management J*, 28, 4 (1985), 763–788.
23. Hamel, G and C K Prahalad, "Strategic Intent," *Harvard Business Review*, 67. 3 (maio--junho de 1989), 64-68

24. Harrigan, K R, "An Application of *Cluster*ing for Strategic Group Analysis," *Strategic Management J*, 10 (1985), 55–73
25. Hartigan, J A, *Clustering Algorithms*, John Wiley and Sons, Nova York, 1975
26. —, "Statistical Theory in *Cluster*," *J Classification*, 2 (1985), 63–76
27. Hatten, K J, D E Schendel and A C Cooper, "A Strategic Model of the U S Brewing Industry 1952–1972," *Academy of Management J*, 4 (1978), 592–609
28. Hax, A C and N S Majluf, "The Corporate Strategic Planning Process" *Interfaces*, 14 (1984), 47–60
29. — and —, "The Concept of Strategy and Strategy Formation Process," *Interfaces*, 18 (maio-junho de 1988), 99–109
30. Hayes, D R and S C *Wheelwright, Restoring Our Competitive Edge*, John Wiley and Sons, Nova York, 1984
31. Hayes, R H, S C Wheelwright and Kim Clark, *Dynamic Manufacturing*, Free Press, Nova York, 1988
32. Hill, T, *Manufacturing Strategy Text and Cases*, R D Irwin, Homewood, IL, 1989.
33. Hofer, C W, "Towards a Contingency Theory of Strategy," *Academy of Management J*, 18, 4 (1975), 784–810
34. — and D Schendel, *Strategy Formulation Analytical Concepts*, West Publishing, Nova York, 1978
35. Hora, S C and J B Wilcox, "Estimation of Error Rates in Several Population Discriminant Analysis," *J Marketing Research*, XIX (1982), 57–61
36. Horwitch, M and R A Thietart, "The Effect of Business Interdependences on Product R&D-Intensive Business Performance," *Management Sci*, 2 (1987), 178–197
37. Huete, L and A V Roth, "Linking Manufacturing Capabilities with SBU Strategic Directions." *Proceedings of the* 1987 *Decision Sciences institute*, 1987
38. Kendall, M G and A Stuart, *The Advanced Theory of Statistics*, 3, Hafner Publishing, Nova York, 1968
39. Kim, L and Y Lim, "Environment, Generic Strategies, and Performance in a Rapidly Developing Countty A Taxonomic Approach," *Academy of Management J*, 31, 4 (1988), 802–827
40. Lachenbruch, P A and M A Mickey, "Estimation of Error Rates in Discriminant Analysis," *Technometics*, 10 (1968), 1–10
41. Lawrence, P R and J W Lorsch, *Organization and Environment*, Irwin, Homewood, IL, 1969
42. Lehmann, D. R., *Market Research and Analysis*, Irwin, Homewood, IL, 1979
43. McDougall, D, "Learning the Ropes: How to Tell When You've Found an Effective Performance Measurement System for Manufacturing," *Operations Management Review*, 6, 1 (1988), 38–48.
44. McGee, J. and H. Thomas, "Strategic Groups. Theory, Research and Taxonomy," *Strategic Management J.*, 7 (1986), 141–160.
45. Miles, R. E. and C C. Snow, *Organizational Strategy, Structure, and Process*, McGraw-Hill, Nova York, 1978
46. Miller, D and P. H Friesen, "Strategy Making in Context: Ten Empirical Archetypes," *J. Management Studies*, 14 (1977), 253–280
47. — and —, "Porter's (1980) Generic Strategies and Performance: An Empirical Examination with American Data (Part I)," *Organizational Studies*, 7 (1986a), 37–55.
48. — and —, "Porter's (1980) Generic Strategies and Performance: An Empirical Examination with American Data (Part II)," *Organizational Studies*, 7 (1986b), 255–261.

49. Miller, J. G., "Report on the 1982 Manufacturing Futures Survey," Manufacturing Roundtable Research Report Series, Boston University, Boston, MA, 1982
50. —, A. Amano, A. DeMeyer, K. Ferdows, J Nakane and A. Roth, "Closing the Competitive Gaps," In K Ferdows (Ed.), *International Manufacturing*, North Holland, Amsterdam, 1989, 153–168.
51. —, A DeMeyer and J. Nakane, *Benchmarking Global Manufacturing*, Business One-Irwin, Homewood, IL, 1993
52. — and A V Roth, "Manufacturing Strategies," *Operations Management Review*, 6, 1 (1988), 8–20.
53. Miller, J. and T Vollmann, *Manufacturing Futures Survey Report 1984*, Boston University Manufacturing Roundtable Research Report, 1984.
54. Miller, S. and D Rogers, *Manufacturing Policy*, Irwin, Homewood, IL, 1956.
55. Milligan, G W, "An Examination of the Effect of Six Types of Error Perturbation on Fifteen *Cluster*ing Algorithms," *Psychometrika*, 45 (1980), 141–160
56. — and M. C Cooper, "An Examination of Procedures for Determining the Number of *Cluster*s in a Data Set," *Psychometrika*, 2 (1985), 159–179
57. Mintzberg, H, "Patterns in Strategy Formulation," *Management Sci.*, 9 (maio de 1978), 934–948.
58. Nanni, A, J G Miller and T E Vollmann, "What Shall We Account For?" *Management Accounting* (janeiro de 1988), 42–48
59. Nemetz, P., "Bridging the Strategic Outcome Measurement Gap in Manufacturing Organizations," In J Etthe, M C Burstein and A. Fiegenbaum (Eds), *Manufacturing Strategies*, Kluwer Academic Publishers, Boston, MA, 1990, 63–74
60. Pegels, C C and C. Sekar, "Determining Strategic Groups Using Multidimensional Scaling," *Interfaces*, 19, 3 (maio-junho de 1989), 47–57.
61. Phillips, L W., "Assessing Measurement Error in Key Informant Reports. A Methodological Note on Organizational Analysis in Marketing," *J Marketing Research*, 18 (novembro de 1981), 395–415
62. Porter, M., *Competitive Strategy. Techniques for Analyzing Industries and Competitors*, Free Press, Nova York, 1980
63. Rao, C R, *Linear Statistical Inference*, John Wiley and Sons, Nova York, 1973.
64. Richardson, P R, A J Taylor and J R M Gorden, "A Strategic Approach to Evaluating Manufacturing Performance," *Interfaces*, 15 (nov–dez 1985), 15–27
65. Romesburg, H. C, *Cluster Analysis for Researchers*, Lifetime Learning Publications, Belmont, CA, 1984
66. Roth, A V, "Differentiated Manufacturing Strategies for the Competitive Advantage. An Empirical Investigation," Manufacturing Roundtable Research Report Series, Boston University, 1987, presented at the Annual Meeting of the Decision Sciences Institute, Las Vegas, NV, 1987
67. —, "Linking Manufacturing Strategy and Performance: An Empirical Investigation," Manufacturing Roundtable Research Report Series, Boston University, apresentado na Academy of Management Annual Conference, Washington, D C, 1989
68. —, A DeMeyer and A. Amano, "International Manufacturing Strategies. A Comparative Analysis," In K Ferdows (Ed.), *International Manufacturing*, Norte da Holanda, Amsterdã, 1989, 187–211
69. — and J G Miller, 1987 *North American Manufacturing Futures Survey Fact Book*, Manufacturing Roundtable Research Monograph, Boston University, Boston, MA, 1987

70. — and —, "Manufacturing Strategy, Manufacturing Strength, Managerial Success, and Economic Outcomes," In J Etthe, M C Burstein and A Fiegenbaum (Eds), *Manufacturing Strategies*, Kluwer Academic Publishers, Boston, MA, 1990, 97–108
71. — and J G Miller, "Success Factors in Manufacturing," *Business Horizons*, 35, 4 (1992), 73–81
72. *SAS® User's Guide Statistics*, Version 6 Edition, SAS Institute Inc., Cary, NC, 1985.
73. Schendel, D and C W. Hofer (Eds), *Strategic Management A New View of Business Policy and Planning*, Little, Brown & Co, Boston, MA, 1979
74. Schroeder, R. G, J C Anderson and G Cleveland, "The Concept of Manufacturing Strategy An Empirical Study," *J Operations Management* (agosto de 1986), 405–415
75. Skinner, W., "Manufacturing: Missing Link in Corporate Strategy," *Harvard Business Review*, (maio-junho de 1969), 136–145
76. —, *Manufacturing in the Corporate Strategy*, John Wiley and Sons, Nova York, 1978
77. —, *Manufacturing: The Formidable Competitive Weapon*, John Wiley and Sons, Nova York, 1985
78. Stobaugh, R and P Telesio, "Match Manufactunng Policies and Product Strategy," *Harvard Business Review* (março-abril de 1983), 113–120
79. Swamidass, P and W Newell, "Manufacturing Strategy, Environmental Uncertainty, and Performance: A Path Analytic Model," *Management Sci.*, 33 (1987), 509–524.
80. Thietart, R A and R Vivas, "An Empirical Investigation of Success Strategies for Business along the Product Life Cycle," *Management Sci*, 12 (1984), 1405–1423
81. Thompson, J D, *Organizations in Action*, McGravv Hill, Nova York. 1967
82. Utterback, J M and W J Abernathy, "A Dynamic Model of Process and Product Innovation," *Omega*, 3 (1975), 639–656
83. Voss, C A (Ed), *Manufacturing Strategy, Content and Process*, Chatham & Hall, Londres, 1992
84. Ward, P. J Miller and T Vollmann, "Mapping Manufacturers Concerns and Actions Plans," *International J Operations and Production Management* (outono de 1988), 5–18
85. Wheelwright, S. C, "Reflecting Corporate Strategy in Manufacturing Decisions," *Business Horizons* (fevereiro de 1978), 57–66
86. — Strategy, Management and Strategic Planning Approaches, *Interfaces*. 14, 1 (1984), 19–33
87. —, "Manufacturing Strategy Defining the Missing Link," *Strategic Management J.* 5, 1 (1985)
88. — and R H Hayes, "Competing Through Manufacturing," *Harvard Business Review* (janeiro-fevereiro de 1985), 99–109
89. Wood, C, L Ritzman and D Sharma, "Intended and Achieved Competitive Pnorities Measures, Frequencies and Financial Impact," In J Etthe, M C Burstein and A Fiegenbaum (Eds ), *Manufacturing Strategies*, Kluwer Academic Publishers, Boston, MA, 1990, 225–232
90. Woodward, J, *Industrial Organization. Theory and Practice*, Oxford University Press, Londres, 1965

# IV
# Serviços

Os conceitos associados à gestão de operações podem ser úteis para a produção de bens ou serviços. De fato, grande parte desses conceitos, técnicas e ferramentas tem sido transpostos, em maior ou menor grau, para entender e melhorar a produção de serviços. Contudo, há algumas especificidades na área de serviços que necessitam de atenção por parte dos gestores de operações.

No primeiro artigo abordamos aspectos e características diferenciadores dos serviços em relação aos bens. A principal contribuição do artigo é discutir criticamente quatro pilares que sustentam as características dos serviços: i) intangibilidade, ii) heterogeneidade; iii) inseparabilidade; e; iv) perecibilidade. Apesar do conjunto amplo de pesquisas na área de operações de serviços, há pouco consenso sobre as formas de melhor classificar/definir serviços. Os exemplos e os contraexemplos nas distintas classificações tornam praticamente inviável uma convergência ou, ainda, um consenso sobre a melhor forma de classificar os serviços. Esse artigo tem o mérito de discutir criticamente um dos modelos mais adotados e avançar para uma proposição própria. Procuramos, dessa forma, chamar atenção para conscientização dessas distinções necessárias para um melhor gerenciamento das operações que tenham essa natureza.

No segundo artigo, incorporamos a leitura da cadeia de valor em serviços (Service Profit Chain). Em linhas gerais, a cadeia de valor em serviços é uma estrutura para melhor compreender as operações de serviço com os diversos componentes organizacionais que o envolvem. A partir desse modelo é possível realizar uma análise integrativa que auxilie no entendimento das operações de serviço. Além disso, o SPC pode contribuir para melhor avaliar os investimentos operacionais e as ações gerenciais na cadeia de valor que pode ser gerada pelas operações de serviços. Em função do maior ou menor grau de contato dos clientes com o processo de serviços, suas experiências anteriores e outros fatores associados, a lucratividade nesse tipo de operação pode ser afetada. Portanto, o SPC pode contribuir para uma maior agregação e captura de valor nas operações de serviços.

Um componente de centralidade nas operações de serviços são os clientes. Sua participação, em muitos casos, é determinante para a prestação adequada dos serviços. Em outros casos, o resultado da prestação dos serviços se materializa no próprio corpo dos clientes. Há, ainda, situações onde o despreparo do cliente para receber o serviço praticamente inviabiliza sua entrega. Por consequência, é necessário compreender melhor o papel dos clientes e, em alguns casos, gerenciá-los como recursos humanos da organização. Esses aspectos são discutidos no terceiro artigo selecionado. Tal papel do cliente, para o gestor de operações, cobra um alto preço caso seja negligenciado. Há situações também onde os próprios aspectos legais habilitam o cliente a uma participação ativa na prestação dos serviços. Essas condições de contorno necessitam de compreensão e flexibilidade pelos gestores de operações de serviços.

O entendimento de inseperabilidade entre a produção e o consumo do serviço e, por consequência, o papel direto dos clientes no processo tem sido superada pelas tecnologias de informação e comunicação. Se, por um lado, o cliente tem um protagonismo no processo de prestação de serivços ao ponto de ser considerado um recurso da orgnização, por outro lado, as tecnologias da informação e comunicação, cada vez, mais tem aberto um conjunto amplo de opções que fomentem a interação cliente *versus* fornecedor. Nesse sentido, o comércio eletrônico e as formas de prestação de serviços por meios digitais necessitam de atenção. O quarto artigo procura explorar essas relações, principalmente, no que tange ao conceito de eficência do cliente.

O quinto artigo aborda um tema sensível tanto para os prestadores de serviços quanto para os clientes: preço do serviço. A variável preço é determinante para várias decisões nas operações de serviços, em particular, e para a sobrevivência dos negócios, em geral. Um dos problemas, em função da inseparabilidade e perecibilidade, é a gestão da capacidade para a prestação de serviços. Um dos mecanismos que os gestores utilizam para equilibrar a demanda e a ofertadas, em um determinado período de tempo, é o preço. O preço é utilizado como mecanismo de incentivo aos clientes tanto para evitar ociosidade dos recursos das operações de serviços quanto para evitar a formação de filas e, por consequência, a espera e insatisfação dos clientes. Nesse artigo se aborda as percepções dos clientes em Cingapura, Estados Unidos e Suécia relativamente as políticas de formação de preço baseadas na demanda.

Por fim, o último artigo aborda dois pontos também centrais e específicos para as operações de serviços. O primeiro ponto está relacionado com a satisfação do cliente. Em função de suas particularidades, a satisfação dos clientes na prestação de serviços é afetada por múltiplas e concorrentes variáveis. O segundo ponto está associado às possibilidades de falha e os mecanismos de recuperação dos serviços. As falhas em serviços, em função da inseparabilidade, são rapidamente percebidas pelos clientes. Portanto, o esforço para recuperar os serviços é central uma vez que, conjuntamente com a garantia de serviços, pode mitigar os efeitos de um problema na prestação dos serviços.

Por fim, esse capítulo adicional procura chamar atenção para a complexidade que está associada às operações de serviços. Entretanto, essa seção não tem a pretensão de esgotar o assunto. Busca, concretamente, ampliar as fronteiras de atuação dos gestores de operações de maneira que se possa melhorar a satisfação dos clientes desde um correto alinhamento e gerenciamento dos sistemas de produção de bens até a sua entrega e garantia de utilização pela prestação de um serviço de qualidade. Entendemos esses aspectos centrais na competitividade atual onde nenhum aspecto que envolva os clientes pode ser negligenciado sob pena de perda de valor por parte das organizações.

# 15

# Para onde vai o *marketing* de serviços? Em busca de um novo paradigma e de novas perspectivas*

CHRISTOPHER LOVELOCK
YALE UNIVERSITY

EVERT GUMMESSON
STOCKHOLM UNIVERSITY

---

Este artigo analisa o conhecimento de marketing de serviços e contesta a validade e a utilidade continuada do seu principal paradigma, especificamente, a afirmação de que quatro características específicas – a intangibilidade, a heterogeneidade, a inseparabilidade e a perecibilidade – tornam os serviços singularmente diferentes dos bens. Nós propomos um paradigma alternativo, com base na premissa de que trocas de *marketing* que não resultam numa transferência de propriedade do vendedor para o comprador são basicamente diferentes daqueles em que isso acontece. Ele postula que os serviços oferecem benefícios por meio de acesso ou propriedade temporária, com os pagamentos tomando a forma de aluguéis ou taxas de acesso. Esta perspectiva de aluguel/acesso oferece uma lente diferente através da qual se pode ver os serviços. Implicações importantes incluem oportunidades para vender bens no formato de um serviço; a necessidade de mais pesquisa sobre como o tempo é percebido, valorizado e consumido; e a noção de serviços como meio de compartilhar recursos.

---

## 15.1 INTRODUÇÃO

Será que o campo acadêmico do marketing de serviços corre o risco perder sua ampla e, em vários aspectos, coerente perspectiva? Esta pode parecer uma pergunta estranha de se fazer num momento em que os mercados de serviços nunca estiveram tão grandes, que a concorrência nos serviços provavelmente nunca foi tão intensa e que o crescimento líquido do emprego nas economias desenvolvidas deriva quase exclusivamente da prestação de serviços. E, ainda assim, alguns dos principais estudiosos estão preocupados com esse setor. De maneira mais ampla, a lógica do-

---

\* Artigo originalmente publicado sob o título *Whither Services Marketing? In Search of a New Paradigm and Fresh Perspectives*, no Journal of Service Research, v.7, n.1, p.20-41, 2004.

minante do marketing está sendo atacada por um argumento de que sua ênfase no fornecimento de bens como base para o intercâmbio econômico deve ser substituído por uma ênfase no fornecimento do serviço (Vargo and Lusch 2004a).

Uma característica rara da pesquisa sobre serviços é que ela se originou simultaneamente em vários países europeus e nos Estados Unidos. Um diálogo internacional se desenvolveu num dos primeiros estágios, apesar de a literatura em língua inglesa, assim como na maioria das ciências atualmente, permanecer dominada por visões e pesquisas norte-americanas. Conforme Gummeson (2002a) observou, "Acadêmicos europeus lêem periódicos americanos, mas acadêmicos americanos raramente lêem periódicos europeus" (p. 329). Num livro recente, editado por Fisk, Grove e John (2000), oito acadêmicos baseados nos Estados Unidos e dois baseados na Europa (incluindo os autores deste artigo), que já estão associados com este campo desde o seu começo e que continuam a contribuir ativamente, oferecem "histórias" da evolução do marketing de serviços e direções para o seu futuro. Eles fornecem insights através das suas percepções variadas do passado, do presente e do futuro do marketing de serviços. Uma grande lição aqui é que existem várias histórias e vários futuros projetados.

No mesmo espírito, este artigo reconhece que uma das principais obrigações da pesquisa acadêmica é uma reflexão e um diálogo contínuos. Nós reconhecemos com admiração as contribuições vitais feitas por diversos pesquisadores ao longo dos anos. Ainda assim, considerando-se a evolução subsequente de mercados de serviço e de tecnologias, parece adequado fazer a seguinte pergunta: Se hoje os estudiosos estivessem começando a desenvolver o campo do marketing de serviço do zero, será que eles utilizariam os mesmo pressupostos básicos e desenvolveriam modelos conceituais em grande parte semelhantes?

Como primeiro passo, nós analisamos a validade do principal paradigma atual do marketing de serviço, especificamente, a afirmação de que quatro características específicas – a intangibilidade, a heterogeneidade, a inseparabilidade e a perecibilidade – tornam os serviços singularmente diferentes dos bens. Estas características que, por uma questão de simplicidade, são coletivamente chamadas de "IHIP", têm sido a base da pesquisa sobre serviços e do ensino ao longo de mais de duas décadas. Mas nós precisamos perguntar se elas se baseiam em pesquisa empírica ou se são simplesmente ideias teóricas sujeitas à interpretação ambígua.

## Preocupações com o futuro do *marketing* de serviços

Ao avaliar a evolução do marketing de serviços, Schneider (2000) observou que as organizações entram em declínio quando tentam refinar o que as torna bem-sucedidas – uma afirmação baseada nas obras tanto de Miller

(1990) quanto de Kotter e Heskett (1992) e acrescentou de maneira relativamente melancólica:

> O marketing de serviços tem obtido sucesso porque ele se diferenciou no local de trabalho com uma alteração do paradigma conceitual – os serviços são diferentes dos bens. Todas as outras coisa derivaram deste salto conceitual – e com refinamento cada vez maior. Nós tivemos um período feliz de 20 anos... mas poderemos precisar de uma certa energia nova e direções novas.... Eu sinto um certo mal-estar no marketing de serviços. (p. 180)

Berry (2000) demonstrou preocupação de que o predomínio de uma única área de pesquisa – uma para a qual ele próprio contribuiu muito – tenha efetivamente bloqueado o progresso em outras áreas.

> Durante a maior parte da década de 1990, o campo se preocupou demais com mensuração da qualidade do serviço e em debater os prós e os contras de metodologias alternativas.... Tanta energia e espaço nos periódicos foram dedicados a este assunto que o campo pareceu se perder. (p. 10)

Talvez reforçando o ímpeto com que Schneider (2000) e Berry (2000) se referiram, sejao surgimento da Internet, no final da década de 1990, como uma ferramenta de negócios importante e a explosão de interesse no comércio eletrônico que resultou disso. A tecnologia da Internet oferece o potencial para criar novos modelos de negócios, novas abordagens radicais à prestação de serviços baseados em informações e novas formas de relacionamento com os clientes (Peterson, Balasubramanian, and Bronnenberg 1997; Reichheld and Schefter 2000; Rust and Kannan 2002).

> Alguns estudiosos expressaram preocupação de que conceitos existentes sobre serviços não se apliquem imediatamente a serviços da Internet. Brown (2000) argumentou que "a capacidade de obter e consumir serviços sem interagir com um prestador humano desafia boa parte do nosso conhecimento existente" (p. 62). Reforçando este ponto de vista, D. E. Bowen (2000) concluiu, "Agora parece que a maior parte do que sabemos sobre o marketing de serviços e sobre gestão derivou do estudo de encontros de serviços pessoais ou pelo menos pelo telefone" (p. 46).

Numa análise e num comentário subsequentes, Grove, Fisk e John observaram,

> Agora o marketing de serviços está enfrentando um desafio pelo qual passam vários campos de estudo enquanto estão amadurecendo. Especificamente, à medida que o domínio dos serviços expandiu, as fronteiras que o definem tornaram-se mais obscuras. Além disso, as-

sim como tantas outras disciplinas em evolução, não está muito claro para onde o marketing de serviços está indo. Questões relativas ao âmbito e ao futuro dos serviços persistem. Em resumo, à medida que o campo cresceu, ele tornou-se mais difuso. Uma pergunta básica que está agora diante da subdisciplina do marketing de serviços é "para onde vamos agora" (p. 106)?

## A força dos paradigmas

Conforme esclareceu Kuhn (1970), o progresso em qualquer campo científico exige um paradigma, que ele concebe como sendo um conjunto básico de pressupostos compartilhado por membros de uma determinada comunidade científica. Um paradigma molda a formulação de generalizações teóricas, enfoca a coleta de dados e influencia a seleção de procedimentos e projetos de pesquisa.

Apesar de os paradigmas poderem facilitar a pesquisa e gerar axiomas úteis tanto para o ensino quanto para a prática, eles são apenas postulados temporários e a validade dos pressupostos básicos sempre deve estar aberta a contestações. Nós devemos ter em mente o famoso tratado de Schumpeter (1950) sobre o empreendedorismo e sobre os encorajadores do desenvolvimento exigindo "destruição criativa através da inovação". Essa perspectiva também parece ser aplicável ao desenvolvimento de uma teoria. Por esta razão, nós argumentamos que é desejável abrirmos um diálogo sobre questões paradigmáticas.

## O conhecimento proporcionado pelos livros didáticos

Como a disciplina do marketing vê os serviços? Pode-se argumentar que conhecimento proporcionado pelo marketing talvez seja melhor capturada em livros didáticos utilizados para cursos obrigatórios no campo. Como estudiosos, nós devemos nos preocupar com a maneira pela qual textos dessa corrente principal apresentam o nosso campo, porque este conteúdo é o máximo que a maioria das pessoas jamais aprenderão sobre ele. Com poucas exceções, cursos na área de prestação de serviços são lecionados como opcionais tanto no nível da graduação quanto da pós-graduação. No entanto, a maioria das faculdades de administração exige que todos os alunos façam um curso de introdução ao marketing, em que o tratamento do marketing de serviços é necessariamente limitado – se ela chegar a ser coberta de qualquer maneira. Então, nós podemos inferir que apenas uma fração de todos os estudantes efetivamente está exposta a uma cobertura profunda do marketing de serviços.

Apesar de os serviços dominarem as economias desenvolvidas, a "teoria do livro didático" trata o marketing de serviços como sendo uma sub-

-disciplina da gestão do marketing baseada na manufatura. Gummesson (2002a, pp. 325-36) observou que livros didáticos de marketing oferecem uma grande variedade de textos, mas lamenta que essa grande variedade de textos costume oferecer pouco contexto para suas teorias. Novas teorias e conceitos tendem a ser apresentados como um caso especial e como suplemento. O desenvolvimento de uma teoria geral de marketing exige, ou a integração de novas lições num nível conceitual mais elevado do que a teoria já existente ou, de maneira mais radical, uma mudança na sua própria base.

Conforme argumentou Schneider (2000), o paradigma básico no marketing de serviços desde a década de 1980 tem sido que os serviços são diferentes dos bens, um argumento sustentado por uma análise profunda da literatura, feita por Fisk, Brown e Bitner (1993), que concluíram que "[quatro] características – a intangibilidade, a inseparabilidade, a heterogeneidade e a perecibilidade – forneceram a base para o argumento de que o marketing de serviços é um campo distinto da venda de bens" (p. 68).

Ao analisarmos textos introdutórios de gestão de venda publicados recentemente nos Estados Unidos, nós identificamos quatro livros didáticos estabelecidos – definidos como estando nas suas terceiras edições ou posteriores – que continham um capítulo inteiro dedicado aos serviços (Kerin et al. 2003; Kotler 2003; Pride and Ferrell 2003; Solomon and Stuart 2003). Em cada caso, os autores atribuem características específicas aos serviços que os diferenciam implícita ou explicitamente de bens físicos (veja a Tabela 15.1). Apesar de diferenças tanto em termos de sequenciamento quanto de terminologia (notavelmente o esforço de aliteração de Kerin et al. para criarem os Quatro I's dos serviços e a utilização por Kotler e por Solomon e Stuart do termo variabilidade em vez de heterogeneidade), cada texto discute basicamente as quatro características da IHIP. Pride e Ferrell reivindicam mais duas: relacionamentos baseados nos clientes e contato com os clientes

Conforme evidenciado pelo conteúdo destes livros didáticos amplamente utilizados, nós concluímos que o paradigma de que os serviços são diferentes dos bens, refletindo as características "básicas"/ "principais"/ "singulares" da IHIP, constitui o conhecimento atual na comunidade acadêmica mais ampla sobre marketing. No entanto, sem evidência empírica, não podemos concluir que os gerentes praticantes ou aceitam ou atuam de acordo com este paradigma.

É claro que os textos sobre o marketing de serviços são voltados para um mercado muito menor e mais focado do que os textos introdutórios sobre marketing. Apesar de os textos sobre o marketing de serviços concordarem que os serviços são diferentes dos bens, eles demonstram menos unanimidade na sua ilustração de características diferenciadoras específicas. Entre os textos publicados entre 1998 e 2004, cinco deles (Fisk, Grove, and John 2004; Kasper, van Helsdingen, and de Vries 1999; Kurtz and Clow

**TABELA 15.1** Como textos introdutórios de gestão de marketing retratam as características dos serviços

| Autores | Declaração das Características dos serviços (citações diretas) |
|---|---|
| Kerin et al. (2003, p. 323). | Os serviços possuem quatro elementos singulares: intangibilidade, inconsistência, inseparabilidade e inventário |
| Kotler (2003, p. 446). | Os serviços possuem quatro características principais que afetam muito o design de programas de marketing: Intangibilidade, inseparabilidade, variabilidade e perecibilidade. |
| Pride and Ferrell (2003, p. 325) | Os serviços possuem seis características básicas: Intangibilidade, inseparabilidade de produção e consumo, perecibilidade, heterogeneidade, relacionamentos baseados no cliente e contato com o cliente |
| Solomon and Stuart (2003) | Independentemente de se eles afetam nossos corpos ou nossas propriedades, todos os serviços compartilham quatro características: Intangibilidade, perecibilidade, inseparabilidade e variabilidade. |

Fonte: Lovelock e Gummesson (2004).

1998; Hoffman and Bateson 2001; Zeithaml and Bitner 2003) desenvolveram suas discussões de diferenças em torno das características IHIP. No entanto, cinco outros textos (Bateson and Hoffman 1999; Grönroos 2000; Gonçalves 1998; Lovelock and Wirtz 2004; Lovelock and Wright 2002) enumeram listas significativamente maiores de diferenças entre bens e serviços. Os livros neste último grupo nem sempre incluem todas as quatro características IHIP. Esta situação sustenta o argumento de Grove, Fisk and John (2003) de que o campo tornou-se mais difuso.

## 15.2 DESENVOLVIMENTO DO PARADIGMA DE BENS *VERSUS* SERVIÇOS

Durante a década de 1970 e o começo da década de 1980, os pesquisadores da área de serviços (principalmente os da área de marketing, mas também especialistas em operações e em recursos humanos) divulgaram uma mensagem em grande parte semelhante. Eles argumentavam que os serviços faziam surgir desafios distintos de gestão que não estavam sendo abordados pela pesquisa e pelo ensino existentes baseados na produção manufatureira e agrícola, cujo output físico era chamado coletivamente de "bens". Para análises detalhadas da literatura, veja Berry e Parasuraman 1993. Fisk, Brown, e Bitner 1993).

Durante aquela época, a teoria prevalecente do marketing, que reivindicava ser generalizável, baseava-se principalmente numa ilustração empresa-para-consumidor (B2C) de transações de mercado em bens físicos, com o marketing de empresa-para-empresa (B2B) apresentado como sendo um caso especial (Bartels 1976). Os serviços raramente foram discutidos, exceto no que diz respeito ao transporte de bens através de canais físicos, reforma e manutenção de produtos e fornecimento de serviço ao consumidor como parte do produto aumentado (LaLonde and Zinszer 1976; Rakowski 1982).

Acadêmicos que estavam interessados na maneira pela qual os serviços eram criados, planejados, prestados e vendidos descobriram que havia pouca oferta de insights publicados e de exemplos práticos. Nestas circunstâncias, não é surpreendente que vários estudiosos do marketing tenham recorrido às suas próprias experiências como clientes de empresas aéreas, bancos, hotéis, restaurantes e lojas varejistas. Fisk, Brown, e Bitner (1993) observaram que pouca pesquisa empírica sobre serviços foi publicada durante a década de 1970; em vez disso, os esforços acadêmicos se concentraram na conceitualização.

Fora uma discussão precoce de serviços profissionais (Gummesson 1981; Wilson 1972) e poucos casos de empresas conhecidas como a Federal Express, prestou-se relativamente pouca atenção a serviços B2B. Esta abordagem baseada na experiência em relação aos serviços tornou a conceitualização precoce incomumente voltada para o consumo, enfatizando necessidades individuais, satisfação do cliente e envolvimento em encontros de serviços (Czepiel, Solomon, and Surprenant 1985).

O argumento em favor do novo campo não deixou de ser contestado (Enis and Roering 1981; Wyckham, Fitzroy, and Mandrey 1975). No entanto, a maioria dos argumentos contrários tomaram a forma de debates internos com instituições acadêmicas onde os pioneiros dos serviços encontravam resistência de colegas estabelecidos comprometidos com o status quo (Berry and Parasuraman 1993; Fisk, Brown, and Bitner 1993). Entretanto, surgiu um consenso de que os serviços – definidos de maneira ampla como atos, ações, desempenhos ou esforços – tinham características diferentes dos bens – definidos como sendo artigos, dispositivos, materiais, objetos ou coisas (Berry 1980; Rathmell 1966); (b) estas características causavam problemas vexatórios de marketing que os vendedores de bens não enfrentavam; e (c) o desenvolvimento de estratégias de marketing para abordar estes problemas de acordo com o conhecimento acumulado a partir da venda de bens geralmente era insuficiente e até mesmo inadequado (Zeithaml, Parasuraman, and Berry 1985).

## Avaliando as quatro características "singulares" dos serviços

Os acadêmicos conceitualizaram diversas características que se acreditava que distinguissem serviços de bens. Numa análise de 46 publicações escritas por 33 autores durante o período entre 1963 e 1983, Zeithaml, Parasuraman e Berry (1985) determinaram que as características citadas com mais frequência foram a intangibilidade (que todos mencionaram), a inseparabilidade da produção e do consumo ou simultaneidade (que a grande maioria citou), a heterogeneidade ou ausência de padronização (que aproximadamente 70% observaram) e a perecibilidade ou incapacidade de inventariar citada por pouco mais de metade dos autores).

O primeiro autor citado nesta análise foi Regan (1963), que identificou a intangibilidade, a inseparabilidade, a perecibilidade e a ubiquidade mas, de maneira relativamente surpreendente, nem as definiu nem as explicou. No entanto, numa obra ainda anterior, Parker (1960, p. 33) declarou que as duas características mais importante eram a intangibilidade e a perecibilidade. Os primeiros autores a citarem todas as quatro características (e apenas estas quatro) foram Sasser, Olson, e Wyckoff (1978), que as apresentaram num livro didático pioneiro sobre operações de serviço; eles utilizaram o termo simultaneidade em vez de inseparabilidade.

Apesar de muitos autores subsequentes citando IHIP terem citado Zeithaml, Parasuraman, e Berry (1985) como sendo a fonte, é importante enfatizar que este distinto trio de pesquisadores não inventou IHIP, mas simplesmente o ratificou de acordo com uma ampla análise da literatura, realizada como input preliminar para um estudo empírico (que discutiremos depois). Uma análise ainda mais detalhada realizada por Edgett e Parkinson (1993), cobrindo 106 publicações durante o período entre 1963 e 1990, produziu resultados semelhantes. Estas análises efetivamente reverenciaram as "quatro características singulares dos serviços" como sendo aquelas do conhecimento usual na área. No entanto, ao longo do processo, outras características citadas com menos frequência foram em grande parte desdenhadas, mais notavelmente a ausência de propriedade e compras de serviços (Judd 1964; Rathmell 1966, 1974).

O amplo conjunto de publicações citadas nestas análises confirma que componentes individuais do modelo IHIP foram amplamente utilizados pelos acadêmicos como conceitos organizadores para o jovem campo. Duas importantes fontes arraigadas que foram citadas frequentemente na literatura subsequente foram Rathmell (1974) e Shostack (1977). Mas em nenhuma ocasião suas conclusões sobre as características dos serviços parecem se basear em pesquisa empírica ou se desenvolver a partir de fundações passadas na literatura sobre o marketing, apesar de se poder inferir que os dois autores estavam muito expostos à prática comercial. Com efeito, Shostack era uma executiva de banco, não uma acadêmica. Seu artigo muito citado, "Breaking Free From Product Marketing," foi extremamente influente para acelerar o desenvolvimento precoce do marketing de serviços, mas é notável por conter apenas seis referências. Um fenômeno semelhante pode ser observado num artigo influente de Kotler e Levy (1969) que defendia a ampliação do conceito de marketing para incluir as atividades de organizações não comerciais; este artigo continha apenas quatro referências. Os dois artigos desenvolveram sínteses derivadas das interpretações dos autores em relação à teoria recebida e à observação induzida. Por definição, um novo paradigma baseia-se em novos princípios em vez de utilizar uma corrente de teoria e pesquisa existentes como sua principal base.

Ao discutir o método científico, S. D. Hunt (1976, pp. 16-20) distinguiu entre descoberta e justificativa. A descoberta pode se originar através de observação (uma variante da rota indutivista) e especulação (uma rota dedutivista), assim como através de descobertas casuais na forma de sonhos e eventos do tipo Eureka! Em algum ponto, no entanto, as generalizações que surgem precisam ser testadas através de pesquisa empírica no contexto de justificativa. Uma teoria nova também pode se desenvolver a partir de novas interpretações e combinações inovadoras da teoria existente (Gummesson, a publicar). Assim, a descoberta e o teste não precisam ser dois estágios distintos, mas podem ser um processo contínuo e repetitivo de tentativa e erro em que nós continuamos a interpretar e combinar tanto dados antigos quanto novos com a finalidade de melhorarmos a validade de uma teoria. A gestão do conhecimento está centrada no lançamento de conhecimento tácito, compartilhamento do conhecimento e diálogos contínuos (Nonaka e Takeuchi 1995).

No entanto, nós não encontramos nenhuma evidência de que as características IHIP tenham sido validadas pela pesquisa como sendo generalizáveis a mais do que algumas poucas situações limitadas de serviços ou tendo relevância coletiva para compreender como as empresas projetam e colocam em prática suas estratégias de marketing ou como os clientes fazem escolhas.

No estudo observado anteriormente, Zeithaml, Parasuraman, e Berry (1985) identificaram oito problemas específicos de marketing associados com cada uma das características IHIP e então realizaram um levantamento pelo correio com 1.000 gerentes em vários setores de serviços para determinar suas visões sobre estes problemas específicos. Apesar de 47% dos 323 entrevistados terem considerado a flutuação da demanda como sendo um problema (exacerbado pela perecibilidade) a proporção que concordou que cada uma dos sete itens restantes apresentavam dificuldades para as suas firmas variou de um modesto 23% a meros 9%. Buscando explicar estas descobertas, Zeithaml et al. só poderiam tomar como hipótese que as firmas que responderam talvez já tivessem internalizado os problemas declarados e que elas estivessem conseguindo lidar com eles. Talvez a conclusão mais significativa destes autores tenha sido que "existem diferenças importantes entre firmas de serviço, não apenas entre firmas de serviço e firmas de bens" (p. 43). Especificamente, eles observaram uma ampla dispersão entre as firmas que responderam a pesquisa, precisando que os clientes estivessem presentes durante a produção do serviço. Apesar de os autores não terem falado isso especificamente, esta última descoberta contesta implicitamente a noção da inseparabilidade da produção e do consumo.

## 15.3 TRAÇANDO AS CARACTERÍSTICAS IHIP ÀS SUAS RAÍZES CONCEITUAIS

De onde vieram as características IHIP? Nossa análise de diversas publicações escritas por estudiosos de marketing de serviços e de operações durante a década de 1970 e o começo da década de 1980 revela muito poucas citações de referências anteriores à década de 1960. Entretanto, os conceitos de intangibilidade, inseparabilidade, heterogeneidade e perecibilidade efetivamente se originaram nas economias clássica e neoclássica.

### Origens dos conceitos da intangibilidade, da inseparabilidade e da perecibilidade

Nem especialistas em marketing nem especialistas em operações criaram a distinção entre bens tangíveis e serviços intangíveis. Conforme nós demonstraremos, as noções de intangibilidade (ou imaterialidade), inseparabilidade (ou simultaneidade da produção e do consumo) e perecibilidade (com suas implicações de incapacidade de estocar o output dos serviços) derivaram do começo do pensamento econômico. Mais importante do que isso, todas as três estiveram muito interligadas desde o começo. A discussão a seguir baseia-se em grande parte nas análises da literatura feitas por Delaunay e Gadrey (1992), T. P. Hill (1977), e P. Hill (1999).

O debate sobre a distinção entre bens e serviços originou-se com Adam Smith. Os economistas clássicos postularam que os bens (inicialmente chamados de *commodities*) devem ser entidades sobre as quais se poderiam estabelecer direitos de propriedade e sobre as quais poderia haver um intercâmbio. Na sua obra *A Riqueza das Nações*, Smith (1776/1869) distinguiu entre o *output* da mão de obra produtiva, que pode ser armazenado em estoques de bens vendáveis que possam subsequentemente ser trocados por outros itens de valor e a mão de obra "improdutiva" que, apesar de honrável,... útil, ou... necessária... não produz nada pelo qual uma quantidade igual de serviço possa depois ser obtida... [Este tipo de] trabalho... estraga no próprio instante da sua produção".

As primeiras discussões sobre os serviços ocorreram num contexto filosófico que enfatizou a importância do capital (que se transformava em riqueza) e da sua formação. A propriedade de bens representava riqueza. A descrição dos prestadores de serviços como "improdutivos" foi provocadora, mas Smith não estava querendo dizer que o output perecível de funcionários do governo, das forças armadas, do clero, de advogados, de médicos, de "homens das letras", de músicos, de apresentadores, ou de "empregadas domésticas" efetivamente não conseguia criar benefícios valorizados.

Escrevendo em francês, Say (1767/1832) foi o primeiro a utilizar o termo immatériel (imaterial ou intangível) e a lançar o conceito de simultaneidade. Ele utilizou o exemplo de um médico que visita um paciente, receita um remédio e então sai sem depositar nenhum produto: "O conselho do médico foi trocado pelos seus honorários.... O ato de dar foi sua produção, de ouvir [pelo doente] seu consumo e a produção e o consumo foram simultâneos. Isto é o que eu chamo de um produto imaterial" (citado em P. Hill 1999, p. 430).

Peter Hill (1999) caracteriza a escolha que Say fez do termo imaterial como sendo "infeliz" e chama a atenção para uma nota de pé de página em que o economista francês admite que sua primeira intenção tinha sido utilizar o termo produto perecível, mas que ele descartou isto argumentando que determinadas commodities físicas também eram perecíveis. Outro adjetivos que ele considerou e rejeitou foram intransferível, transitório e momentâneo. Nós também podemos argumentar que Say foi infeliz ao restringir sua definição de consumo ao ato de ouvir o conselho do médico e tenha, dessa forma, implicitamente excluído as ações subsequentes do paciente ao seguir esse conselho.

O desafio de selecionar um rótulo adequado para um novo conceito é um que os acadêmicos enfrentam em todas as disciplinas. Infelizmente, uma escolha infeliz ou inadequada de terminologia pode causar problemas para generalizações futuras de pesquisadores quando resultar em interpretações e significados alternativos.

Durante o Século XIX, os termos produtos materiais e produtos imateriais tornaram-se bem-estabelecidos. Marshall (1890/1962) introduziu o termo bens ao uso econômico geral, substituindo o termo mais antigo, commodities. Karl Marx tratou atividades como o transporte de mercadorias e operações de reforma e manutenção não como serviços, mas como parte da produção de mercadorias (Delaunay and Gadrey 1992, pp. 49-51). Com o tempo, outros economistas começaram a representar serviços como o transporte com frete e os ofícios distributivos como sendo extensões ou continuações do processo de produzir bens materiais, porque eles agregavam ao valor de troca do produto final.

Na metade do Século XX, a maioria dos economistas (com a exceção de alguns em países socialistas) tendia a descartar a distinção entre mão de obra produtiva e improdutiva como sendo irrelevante e obsoleta. Especificamente, eles passaram a ver o objetivo final da atividade econômica como sendo o consumo em vez da formação de capital, validando assim a contribuição econômica de serviços que poderiam ser vendidos por um preço por oferecerem aos consumidores valor de uso. Ainda assim, poucos perceberam a distinção entre bens materiais e serviços imateriais como tendo qualquer grande relevância econômica. Peter Hill (1999), ele próprio um economista, adverte que a literatura sobre economia está cheia de afirmações no sentido de que os bens são materiais, ou tangíveis, enquanto os serviços são imateriais, ou intangíveis. Essas afirmações são informais ou convencionais, em vez de científicas, uma vez que não se explica a natureza de um produto imaterial (p. 426).

## Origens da heterogeneidade

Diferentemente das outras três características IHIP, o conceito de heterogeneidade do produto (também chamado de variabilidade, inconsistência, ou ausência de padronização) se originou no Século XX. Ele foi apresentado por Robinson (1933, 1969) na sua discussão da distinção entre concorrência "perfeita" e "imperfeita" e elaborado por Chamberlin (1933/1962) no contexto da diferenciação tanto natural quanto planejada de commodities.

Os primeiros estudiosos dos serviços se concentraram na necessidade de padronização de procedimentos de trabalho, tecnologias de serviço e auto-atendimento para "rotinizar" operações de serviço e tornar o serviço mais rápido, mais barato e mais conveniente (Judd 1968; Rathmell 1966). Em parte da literatura subsequente sobre serviços, também se utilizou o termo heterogeneidade para descrever um fenômeno totalmente separado, a extrema diversidade dos estabelecimentos de serviço e das suas operações (Rathmell 1974, pp. 8-9; Riddle 1986, p. 8; Shelp 1981, pp. 2-3). Em retrospecto, teria sido melhor se os estudiosos dos serviços tivessem concordado com o termo variabilidade, que os especialistas em operações costumam considerar uma diferença fundamental entre operações manufatureiras e de serviço (Morris e Johnson 1987).

## 15.4 SERÁ QUE AS CARACTERÍSTICAS IHIP SÃO REALMENTE GENERALIZÁVEIS?

Apesar de uma tendência de ceticismo sobre os elementos componentes (Grönroos 2000; Lovelock 1983, 2000) e uma postura muito crítica de Gummesson (2002b, pp.288-89), o sistema IHIP continua a ser um tema unificador para o marketing de serviços. Ele continua a ser apresentado como o conhecimento usual em capítulos sobre prestação de serviços em textos introdutórios de marketing (Tabela 15.1) e com graus variáveis de certeza em vários, mas não em todos os textos especializados sobre o marketing de serviços. No entanto, conforme demonstraremos, o sistema tem pontos fracos graves como uma sustentação generalizável para o paradigma de que os serviços são diferentes dos bens. Nós examinaremos uma característica de cada vez.

## Intangibilidade

A intangibilidade é não apenas a diferença citada com mais frequência entre bens e serviços, mas também foi descrita por Bateson (1979) como sendo a distinção fundamental a partir da qual surgem todas as outras diferenças. Bateson estabeleceu uma distinção entre a intangibilidade física, aquela que é impalpável ou que não pode ser tocada, e a intangibilidade mental, aquela que não pode ser compreendida mentalmente e concluiu, "O ponto crucial sobre os serviços é que eles são duplamente intangíveis" (p. 139). Depois, McDougall e Snetsinger (1990) tentaram operacionalizar a intangibilidade mental como sendo "o grau em que um produto pode ser visualizado e pode fornecer uma imagem clara e concreta anterior à compra [itálicos acrescentados]".

Laroche, Bergeron, e Goutaland (2001) argumentaram que a intangibilidade inclui uma terceira dimensão, a generalidade (que abrange as noções de acessibilidade versus inacessibilidade aos sentidos, natureza abstrata versus natureza concreta e generalidade versus especificidade) e desenvolveram uma escala para medirem todas as três dimensões. No entanto, com base em dois estudos empíricos subsequentes, Bielen e Sempels (2003, p.12) confirmaram a conceitualização original de Bateson e concluíram que a intangibilidade é um conceito bidimensional abrangendo (a) uma dimensão física específica ao grau de materialidade do produto ou serviço estudado e (b) uma dimensão mental vinculada ao grau de dificuldade envolvida na definição, formulação ou compreensão de uma forma clara e precisa do produto ou serviço em questão.

Entretanto, o conhecimento usual apresentado atualmente em livros didáticos de introdução ao marketing não consegue fazer uma distinção explícita entre a intangibilidade física e a mental. Pride e Ferrell (2003) afirmaram simplesmente que "intangibilidade" significa que um serviço não é físico e que, portanto, ele não pode ser tocado... Ou fisicamente possuído" (p.324). Os outros três textos apresentam a intangibilidade física como sendo um fenômeno anterior à compra que resulta em incerteza e dificuldade de avaliação. Kotler (2003) afirmou que "diferentemente dos bens físicos, os serviços não podem ser vistos, provados, ouvidos, sentidos ou cheirados antes da compra" e depois vinculou este ponto à necessidade de se reduzir a incerteza anterior à compra (p.446). Kerin et al. (2003) afirmaram que os serviços "não podem ser segurados, tocados ou vistos antes da decisão de compra" e que, portanto, são mais difíceis de avaliar (p. 323). Solomon e Stuart (2003) argumentaram a mesma coisa.

É claro que podemos argumentar que o esse mesmo fenômeno que ocorre anterior à compra seja também verdadeiro em relação a diversos produtos manufaturados, incluindo alimentos, cosméticos, remédios e gravações de áudio ou vídeo, cujos estímulos sensoriais costumam ficar escondidos dentro de uma embalagem protetora, possibilitando que apenas os compradores mais experientes os avaliem plenamente antes do uso efetivo. O crescimento das encomendas pelo telefone, do comércio eletrônico e de produtos montados sob encomenda isolam ainda mais os compradores da mercadoria antes da entrega. Ainda assim, muitos serviços envolvendo a entrega de elementos tangíveis podem ser avaliados antes de serem utilizados. Por exemplo, o principal produto num hotel ou motel é o quarto. Os viajantes podem verificar os quartos do hotel ou motel antes de se registrarem e podem até decidir experimentar outra instalação se eles não gostarem da aparênciadas instalações, da aparência e da atitude dos funcionários, ou até mesmo da sensação da cama.

**Avaliando a intangibilidade física** Para determinar se os serviços são intangíveis ou não, temos que ir além de questões anteriores à compra e considerar processos de entrega, comportamento de consumo e resultados observáveis. Já foi reconhecido há muito tempo que existe uma interdependência importante entre serviços e bens, sendo que a maioria dos serviços exige bens físicos para sustentar e facilitar o sistema de entrega (Greenfield 2002; Rathmell 1974). Shostack (1977) sugeriu que existem muito poucos bens ou serviços puros; em vez disso, ela observa que a maioria das entidades de mercado é composta de "combinações de elementos discretos" que são unidos em elementosparecidos com moléculas. Os elementos podem ser tangíveis ou intangíveis. A entidade pode ter núcleo tangível ou intangível" (p. 75). Ela propõe que produtos possam ser ordenados num espectro de tangibilidade de acordo com a natureza de seus elementos constituintes: se são predominantemente tangíveis ou predominantemente intangíveis. A noção do produto aumentado se aplica tanto a bens quanto a serviços e costuma incluir elementos complementares de serviço que melhorem ou facilitem o elemento principal (Grönroos 2000; Lovelock e Wirtz 2004).

O conhecimento usual endossa a perspectiva de Shostack. Três dos quatro textos sobre gestão de marketing citados anteriormente (Kerin et al. 2003; Pride e Ferrell 2003; Solomon e Stuart 2003) contêm cifras que apresentam derivativos do seu espectro de tangibilidade e sugerem que produtos definidos como sendo bens sejam ordenados na metade predominantemente tangível do espectro e que os produtos definidos como sendo serviços fiquem na metade predominantemente intangível. Apesar de os bens e serviços puros ficarem nas extremidades, a maioria dos outros itens são apresentados como contendo uma mistura de elementos tangíveis e intangíveis.

Sustentação adicional para a natureza tangível de experiências de serviço vem de uma pesquisa realizada por Zeithaml, Parasuraman, e Berry (1990) que identificou os elementos "tangíveis" (a aparência de instalações físicas, equipamentos, funcionários e materiais de comunicação) como sendo uma das cinco principais dimensões da qualidade do serviço. Um conceito importante relacionado à tangibilidade do serviço é o servicescape, que reconhece que experiências de serviço são cercadas e moldadas por um ambiente construído que incorpora ambiente, função e design além de um ambiente social abrangendo prestadores de serviço e outros clientes (Bitner 1992, 2000).

Bitner (1992) enfatizou a importância de se administrar os aspectos físicos do servicescape como (a) um pacote sensorial planejado para extrair respostas emocionais; (b) um facilitador para moldar o comportamento do cliente e permitir um fluxo eficiente de atividades; e (c) um diferenciador para distinguir um prestador de serviço dos seus concorrentes, sinalizar os segmentos de mercado pretendidos para os quais o serviço está voltado e diferenciar ofertas com preços mais altos das menos caras. Os clientes podem ficar especificamente atraídos por um serviço caro pela disponibilidade de elementos tangíveis melhores, como um quarto de hotel mais elegante e mais bem-equipado, uma poltrona maior no avião que reclina virando uma cama, ou uma quiroprática reconhecida pela sua capacidade de alcançar resultados desejáveis para pacientes através da manipulação hábil da coluna espinhal.

Ao contrário, o desenvolvimento da entrega por auto-atendimento baseada na Internet em categorias como bancos, seguro, notícias, pesquisa, previsão do tempo e software fornece todo um conjunto novo de serviços intangíveis limitados a imagens numa tela (e talvez sons). A disponibilidade cada vez maior desses serviços aguça nosso reconhecimento de exatamente quanta tangibilidade física existe na maioria dos outros serviços.

**Avaliando a intangibilidade mental** Zeithaml (1981) argumentou que três características dos serviços – a intangibilidade [física], a inseparabilidade e a ausência de padronização (heterogeneidade) – torna mais difícil para os consumidores avaliarem os serviços do que os bens. Utilizando a classificação de Nelson (1970) e de Darby e Karni (1973) das qualidades dos bens, ela argumentou que muitos bens são elevados em qualidades de busca – atributos que podem ser determinados e avaliados antes da compra. Outros bens e vários serviços são elevados em qualidades de experiência, porque seus atributos não podem ser conhecidos ou avaliados até que eles tenham sido comprados e que eles estejam sendo consumidos. Finalmente, existem produtos – na sua maioria serviços – que são elevados em qualidades de credibilidade que os clientes devem acreditar porque são difíceis de avaliar até mesmo depois do consumo. A hipótese dela foi que os produtos podem ser ordenados num espectro, com a maioria dos bens ficando à esquerda do espectro (mais fácil de avaliar) e a maioria dos serviços à direita (mais difícil de avaliar).

Todos os quatro textos de gestão de marketing citados anteriormente discutem esta classificação e sua aplicação a bens e serviços, defendendo a noção de que bens são mais fáceis de avaliar do que serviços. Mas um aspecto problemático da intangibilidade mental, conforme retratado na literatura de serviços, é que não se faz nenhuma provisão para efeitos de aprendizagem. Nós não encontramos nenhuma evidência empírica de que a dificuldade de se fazer avaliações antes de uma compra persista à medida que a experiência seja construída através do uso frequente. Além disso, até mesmo se aceitarmos que muitos serviços são difíceis para os usuários de primeira viagem avaliarem, a mesma coisa pode ocorrer em relação a vários bens. Em resumo, não parece haver nenhum evidência empírica generalizável de que os bens sejam mais fáceis de avaliar do que os serviços em termos contínuos.

*Insights* da pesquisa empírica    Laroche, Bergeron, e Goutaland (2001) forneceram sustentação empírica para a noção de Shostack de um espectro de tangibilidade-intangibilidade. Eles pediram para que as pessoasclassificassem seis categorias de produtos, compostas de três bens (calça jeans, um computador e um CD) e três serviços (um jantar numa pizzaria, um corte de cabelo e uma conta corrente) num conjunto de escalas de 9 pontos semelhantes às de Likert medindo a intangibilidade física, a intangibilidade mental e um terceiro conceito que eles chamaram de generalidade. As descobertas mostraram um sequenciamento diferente das classificações para os seis produtos em termos de intangibilidade física e mental, indicando claramente que os consumidores não necessariamente consideram todos os bens como sendo mais tangíveis física ou mentalmente do que todos os serviços e vice-versa. Especificamente, os resultados mostraram que apesar de um corte de cabelo ser visto como algo que combina uma mistura praticamente igual de tangibilidade e intangibilidade físicas, ele estava claramente posicionado nas mentes dos consumidores como sendo tangíveis mentalmente.

**Conclusão**    Para um princípio tão central do marketing de serviços, a intangibilidade surge como um conceito ambíguo e surpreendentemente limitado. Isso parece estar associado principalmente com atividades anteriores à compra onde os clientes não tenham nenhuma experiência com o serviço em questão – uma situação que é igualmente válida para alguns bens. Muitos serviços envolvem atividades tangíveis de desempenho que os usuários experimentam durante a entrega através de um ou mais dos seus cinco sentidos. Com efeito, para serviços como cirurgia, cortes de cabelo, health clubs, limpeza, reforma ou paisagismo, as principais metas dos clientes são obter mudanças tangíveis neles mesmos ou nas suas propriedades. Os resultados tangíveis dessas mudanças – uma sensação de bem--estar físico após uma massagem, um escritório limpo, um corte de cabelo novo e esportivo, um gramado cortado recentemente, ou mobilidade restaurada após uma cirurgia de prótese de quadril – variarão de efêmeros a permanentes e irreversíveis.

O grau de intangibilidade mental inerente num serviço não está necessariamente correlacionado com a intangibilidade física. Um alto conteúdo de mão de obra não torna necessariamente um serviço fisicamente intangível. Com efeito, o papel dos funcionários de contato em muitos ambientes de serviço é ajudar a realizar uma mudança física nos próprios clientes ou nas suas propriedades. Apesar de o conceito de intangibilidade poder às vezes permanecer útil – por exemplo, em relação ao número cada vez maior de serviços eletrônicos – nós concluímos que esta não é uma característica que se possa aplicar universalmente a todos os serviços durante todos os estágios, desde a pré-compra até a entrega, o consumo e o resultado. O conceito foi citado pelo seu valor em desenvolver temas de publicidade (George e Berry 1981; Mittal e Baker 2002; Shostack 1977), mas suas implicações para outros aspectos da estratégia de marketing permanecem obscuros. Especificamente, ao considerarem o output de serviço, os estudiosos de marketing devem tomar cuidado para não confundir intangibilidade com perecibilidade.

## Heterogeneidade

O problema da variabilidade atraiu a atenção de pesquisadores de serviço tanto em termos de marketing quanto de operações, principalmente em relação à dificuldade de alcançar um output uniforme, especialmente em serviços intensivos em mão de obra. Sasser, Olsen e Wyckoff (1978) descreveram o desafio de se estabelecer padrões quando o comportamento e o desempenho variam não apenas entre os prestadores de serviço, mas até mesmo entre as interações do mesmo funcionário de um cliente para outro e de um dia para outro. Mas Rathmell (1974) reconheceu explicitamente que a variabilidade do desempenho era muito menos problemática em setores de serviço intensivos em máquinas e que padrões de desempenho se tornariam mais fáceis de serem obtidos à medida que mais serviços fossem convertidos de operações intensivas em humanos para aquelas intensivas em máquinas. Levitt (1972) defendeu a "industrialização" das operações de serviço, destacando a utilização de equipamentos, procedimentos e tecnologia para remover o cuidado humano e eliminar fatores físicos que causavam variações na entrega.

Eiglier e Langeard (1975, 1977) observaram a dificuldade de controlar a qualidade do serviço quando os clientes estão ativamente envolvidos no processo de produção. Morris e Johnston (1987) compararam operações de processamento de materiais (manufatura) com operações de processamento de clientes (serviço), destacando a variabilidade de serviços tanto dos recursos transformadores quanto do input transformado (clientes).

Apesar de a defesa da heterogeneidade nos serviços se basear principalmente em variações no desempenho dos trabalhadores, Zeithaml e Bitner (2003) observaram que nenhum par de clientes é exatamente igual e que, portanto, eles terão demandas singulares ou experimentarão o serviço de uma forma singular. Como fatores adicionais criando variabilidade no desempenho do serviço, Desmet, Van Looy e Van Dierdonck (1998) citaram a presença e o comportamento de outros clientes durante o marketing do serviço e variações em condições externas – clima, multidão e diferenças entre localizações de serviço.

No entanto, temos que distinguir entre variações na consistência do marketing de serviço que resulta de interações do cliente com a operação de serviço (um fenômeno derivado da característica da inseparabilidade) e variações em percepções dos clientes em relação às experiências de serviço. Estas últimas não são exclusivas dos serviços, porque as expectativas dos clientes em relação a bens físicos e suas experiências com eles também podem variar muito. De maneira semelhante, a noção de variabilidade entre clientes não é exclusiva dos serviços e se incorpora ao marketing do relacionamento, à gestão de relacionamento com o cliente (CRM) e ao marketing pessoal (Copulsky e Wolf 1990; Grönroos 2000; Gummesson 2002b; Peppers e Rogers 1999). Essas estratégias de personalização são tão relevantes para produtos manufaturados quanto para serviços, tanto no contexto de B2B quanto de B2C. Da mesma maneira que no marketing de bens de consumo pode haver oportunidades para a diferenciação de produtos através da personalização em massa (Pine 1993), a pesquisa sugere uma tendência à personalização de serviços (Sundbo 2002).

Qual é o conhecimento proporcionado pela ideia da heterogeneidade? Entre os autores de textos sobre a gestão de marketing, apenas Pride e Ferrell (2003) utilizaram o termo heterogeneidade. Kotler (2003) e Solomon e Stuart (2003) utilizaram o termo mais adequado, variabilidade, enquanto Kerin et al. (2003) utilizou inconsistência. Todos os quatro textos vinculam a variabilidade ao envolvimento humano no marketing de serviço e nos problemas de qualidade resultantes. Pride e Ferrell enfatizam que a "heterogeneidade costuma aumentar à medida que o grau de intensividade da mão de obra aumenta... Serviços baseados em equipamentos, ao contrário, sofrem menos com este problema" (p. 326). Mas não pode ser negativo. Solomon e Stuart observam que a padronização não é nem mesmo desejável para vários serviços e que os indivíduos costumam apreciar a personalização para atender suas necessidades específicas.

A literatura sobre serviços utiliza frequentemente a dicotomia entre padronização/ausência de padronização. Ainda assim, isto representa uma ilustração incompleta da questão. Uma conceitualização melhor, derivada da manufatura, é padronização, modularização e personalização. Muitos dos chamados serviços padronizados, dos bancários aos de transporte, efetivamente representam uma estratégia de personalização em massa (Pine 1993), em que os clientes fazem seleções a partir de uma variedade de módulos (eles próprios padronizados) para criarem o pacote de serviços mais adequado à suas necessidades. Por exemplo, o serviço de transporte aéreo agendado é altamente padronizado em termos de design, mas oferece módulos para padronizar elementos específicos, como horários alternativos; serviço para ou de diferentes aeroportos na mesma área metropolitana; classes e preços diferentes; localização dos assentos e uma seleção de bebidas, comida e outras amenidades. É claro que a execução propriamente dita é variável.

**Conclusão** Apesar de parecer haver um consenso de que a variabilidade é uma característica inerente de serviços intensivos em mão de obra, essa reivindicação não se aplica a operações de serviços intensivos em máquinas. Durante as duas últimas décadas, houve uma tendência significativa a substituir a mão de obra pela automação para melhorar a produtividade e alcançar a padronização no marketing de serviço, tornando assim a variabilidade um problema menor do que anteriormente. Em setores manufatureiros, apesar de esforços para melhorar a qualidade física do produto, a variabilidade é evidenciada pelos dados de reclamação dos consumidores, recalls de produtos e avaliações negativas de produtos por organizações de testes como o Sindicato dos Consumidores. A variabilidade também permanece um problema contínuo para alimentos e outros produtos sujeitos a uma rápida deterioração física.

Mesmo que concordemos em substituir o termo infeliz heterogeneidade pelo mais relevante variabilidade, procedimentos melhores de controle de qualidade, padronização de módulos e a tendência à automação significam que vários serviços não são mais muito variáveis em termos de qualidade técnica. Nós concluímos que é inadequado continuar a fazer generalizações sobre a heterogeneidade (ou variabilidade) como sendo uma característica distintiva dos serviços em relação a todos os bens.

# Inseparabilidade

A inseparabilidade de produção e consumo é vinculada aos conceitos de interação e do encontro de serviço (Czepiel, Solomon e Surprenant 1985). Este último conceito foi ilustrado dramaticamente pelos "50 milhões de momentos de verdade por ano" que a Scandinavian Airlines (SAS) enfatizou na sua volta por cima pioneira e com enfoque no serviço no começo da década de 1980 (Carlzon 1987). Um processo simultâneo de produção e consumo envolvendo fatores como a presença do cliente, o papel do cliente como co-produtor, interações do cliente com o funcionário e entre clientes é imediatamente observável em muitos ambientes de serviço e podem formar uma propriedade distintiva fundamental entre bens e vários tipos de serviços.

Apesar de que, conforme reconheceu Prahalad (2004), existam múltiplas abordagens para o envolvimento do cliente, nós utilizamos o termo co-produtor aqui no sentido estreito de uma transferência de trabalho do provedor para o cliente. A literatura sobre co-produção (Benapudi e Leone 2003; Bitner et al. 1997; Edvardsson et al. 2000; Firat, Dholakia eVenkatesh 1995; Namisvayam 2003) destaca os benefícios de produtividade assim como os desafios administrativos que surgem quando os clientes passam a ser "funcionários parciais". Na sua forma mais pura, a co-produção significa que os clientes se envolvem no auto-atendimento, utilizando sistemas, instalações ou equipamentos fornecidos pelo prestador de serviço. Bateson (1985), Lovelock e Young (1979) e Meuter et al. 2000 oferecem uma evidência persuasiva do valor desta abordagem à prestação de serviço, as formas diferenciadas que ela pode adotar e o papel da tecnologia.

**Serviços separáveis** Apesar da reivindicação de inseparabilidade para os serviços, existe um grande grupo de serviços separáveis que não envolve o cliente diretamente, com o resultado de que a produção e o consumo não precisam ser simultâneos. Uma simples observação mostrará que vários serviços comerciais e de consumo amplamente utilizados prestados às propriedades físicas dos clientes – como transportar com frete, lavar roupas e realizar limpeza e manutenção de rotina numa ampla variedade de equipamentos e instalações – são realizados mais comumente na ausência do cliente. A mesma coisa ocorre em relação a vários serviços do governo como defesa e manutenção de infraestrutura.

Os consumidores compram serviços como lavanderia e lavagem à seco, trocas de óleo para os seus carros, cuidado com o gramado e entrega de encomendas exatamente para evitarem terem que se envolver nestas tarefas. Eles estão dispostos a pagarem dinheiro para economizarem tempo e esforço e para permitir que um profissional faça o trabalho – geralmente percebido como sendo desagradável – melhor do que eles próprios conseguiriam fazer. Deixar um item num local de conserto ou dar instruções a um jardineiro não constitui envolvimento na produção efetiva da principal atividade de serviço.

De maneira semelhante, clientes corporativos terceirizam tarefas repetitivas como transporte com frete, administração de folha de pagamentos, paisagismo e limpeza de escritórios exatamente para não realizarem estas atividades. Em alguns casos, as tarefas são desempenhadas num local físico diferente; em outros (como em limpeza de escritórios ou reformas de prédios), eles podem ser deliberadamente agendados à noite ou nos fins de semana quando quase ninguém está presente. Apesar de poder haver alguma colaboração inicial entre o cliente e o prestador de serviço, a partir do momento que a operação terceirizada estiver funcionando de maneira suave, costuma haver pouca razão para o cliente permanecer engajado no processo de produção.

Em vários serviços separáveis, existe uma separação inevitável entre produção e consumo. Considere os serviços de limpeza, reforma e manutenção, serviços onde o consumo dos benefícios só pode ocorrer depois que o cliente pega o item de volta, geralmente algum tempo depois de a produção ter sido concluída. Em alguns poucos casos, o consumo de benefícios é efetivamente anterior à produção, como no sistema bancário quando um cliente paga uma conta com um cheque que não pode ser processado até vários dias depois.

**Conclusão**  A simultaneidade de produção e consumo é uma característica distintiva de serviços inseparáveis, com implicações importantes para a estratégia de marketing e de operações, incluindo o papel desempenhado pelos clientes. Como tal, este é um conceito muito importante. No entanto, nós concluímos que existe uma quantidade grande demais de serviços separáveis para justificar a generalização de que a inseparabilidade é uma característica distintiva de todos os serviços.

## Perecibilidade

Existem múltiplas perspectivas sobre o significado e as implicações de perecibilidade e, consequentemente, a literatura sobre este assunto abrange vários segmentos. Então, qual é o conhecimento usual? Uma afirmação comum é que os serviços não podem ser guardados, armazenados para serem reutilizados posteriormente, revendidos ou devolvidos (Edgett e Parkinson 1993; Zeithaml e Bitner 2003). Kotler (2003, p. 449) afirmou simplesmente que os serviços não podem ser armazenados e Solomon e Stewart (2003) concordaram com isso. Pride e Ferrell (2003) declararam que "a capacidade de serviço inutilizada de um período de tempo não pode ser armazenada para ser utilizada no futuro" (p. 325), e Fitzsimmons e Fitzsimmons (1998) enfatizaram especificamente a dependência de tempo. Se a demanda for baixa, a capacidade inutilizada será desperdiçada. Se a demanda for maior que a capacidade, ela não será preenchida e o negócio poderá ser perdido. Equilibrar a demanda e a oferta exige a gestão tanto da demanda quanto da capacidade disponíveis (Lovelock 1984; Sasser 1976).

Kerin et al. (2003) adotaram uma perspectiva um pouco diferente. Utilizando o título "Inventário" em vez de "Perecibilidade", eles argumentaram que o estoque de serviços é diferente do de bens: "Problemas de estoque existem com bens porque muitos itens são perecíveis e porque existem custos associados com o manejo de estoque. Com os serviços, os custos de manter um estoque estão relacionados com a capacidade de produção ociosa" (p. 325). Num sentido, a perecibilidade e o estoque apresentam uma questão mais desafiadora para fabricantes do que para organizações de serviço. Quando produzem para estoque, firmas manufatureiras incorrem tanto custos de manutenção (como armazenamento, segurança e seguro) quanto custos de estoque financeiro. Com um papel expandido para a função financeira, demandas para um retorno mais breve e maior sobre o capital e a minimização do estoque e dos seus custos associados tornaram-se preocupações predominantes para muitas empresas. Firmas de serviços não possuem custos de estoque desta natureza. Mas o problema de se alcançar a utilização eficiente da capacidade é universal: a perecibilidade da capacidade produtiva é tão relevante para o gerente de uma fábrica que produza camas quanto para um gerente de hotel preocupado com quartos não ocupados.

A perecibilidade da capacidade do ponto de vista do produtor não é a mesma que uma experiência perecível para um cliente, apesar de as duas estarem enraizadas na passagem do tempo. E a capacidade perecível não é a mesma coisa que um output perecível, pois se não há os clientes comprando o serviço num momento específico, para eles próprios ou para suas propriedades, não pode haver nenhum output na maioria das organizações de serviço.

Os consumidores poderão ver o output de maneira diferente dos produtores. A maioria das atuações de serviço é composta de experiências transitórias, mas isto não significa que o output em si também seja perecível, uma vez que alguns serviços criam resultados duráveis, levantando dessa forma a questão sobre a melhor maneira de definir o output. Por exemplo, da perspectiva de um hospital, um procedimento cirúrgico representa output; da perspectiva de paciente, o que é relevante é o resultado dessa cirurgia.

No entanto, existe uma exceção à regra de que, diferentemente dos fabricantes, as firmas de serviço não conseguem produzir para estoque e vender seus produtos depois. Determinados tipos de atuações ao vivo – como educação, entretenimento, música, serviços religiosos e notícias – podem ser gravados para utilização subsequente através da transmissão ou transformados num bem físico reutilizável na forma de DVDs, fitas ou outras mídias de armazenamento.

Nós propomos um conceito expandido de estoque que represente melhor os desafios diante tanto dos fabricantes quanto dos prestadores de serviços. A utilização clássica do termo refere-se a um armazenamento de bens físicos (incluindo alimentos e matérias-primas) após a manufatura e a produção agrícola ou extrativista estarem completos. Mas num contexto de entrega por encomenda e com tempo marcado, onde até mesmo produtos fabricados costumam ser encomendados ou reservados previamente, é relevante e importante analisar a característica de estoque de pré-produção. Atualmente, muitos setores de serviço calculam explicitamente sua capacidade produtiva futura para datas específicas e até mesmo para momentos do dia, relacionando-a com variáveis como horas de serviço e quantidade de funcionários disponíveis. Variações planejadas nesta capacidade poderão ser reduzidas se os clientes estiverem dispostos a ficarem numa fila.

Uma atenção cada vez maior agora está sendo dada à maximização da produção por unidade de capacidade disponível, ao variar preços entre períodos de tempo e cobrar taxas diferentes de tipos diferentes de clientes (Kimes e Chase 1998). Então esta capacidade é definida em termos de unidades específicas de produção de serviço, que podem ser mais classificadas por natureza de output. Então, os hoteis classificam as diárias por tipo de acomodação; as empresas aéreas classificam os assentos por classe de serviço, rota e horários; firmas de consultoria poderão alocar horas faturáveis entre funcionários com níveis e tipos diferentes de habilidades; e serviços de manutenção poderão alocar mão de obra e máquinas entre diferentes aplicações sob condições tanto de rotina quanto de emergência. Esta noção de estoque anterior à produção é central para o desenvolvimento de programas de gestão de receita (produção) (Kimes 2003).

**Conclusão** A generalização de que a perecibilidade inerente torna os serviços distintivamente diferentes dos bens requer uma qualificação significativa, pois trata-se de um conceito multidimensional abrangendo a capacidade produtiva, o output do produtor, o desempenho experimentado por clientes e o output que eles obtêm com o serviço. A capacidade produtiva é perecível tanto em empresas manufatureiras quanto de serviço e nos dois casos ela será desperdiçada se não for utilizada. Os fabricantes poderão conseguir utilizar estoques posteriores à produção como um buffer entre produção e variações na demanda, mas a manutenção destes estoques tem seus custos. Para firmas de serviço, o conceito de capacidade perecível para produtos que não podem ser armazenados será poderoso se o setor for um em que a demanda esteja sujeita a amplas flutuações. Abordar o problema com sucesso tem grandes implicações para a produtividade e a lucratividade. Uma abordagem lógica é enfatizar uma alocação cuidadosa do estoque anterior à produção – a capacidade futura de produzir – entre segmentos diferentes de mercado sob preços e termos diferentes em momentos específicos. Firmas também tentam a demanda suave através de variações de preço e outras estratégias de marketing além de demandar estoque através da formação de filas (Lovelock 1984).

Da perspectiva do cliente, parte do output do serviço é durável e pode até ser irreversível. Uma exceção importante à generalização de que todos os serviços são perecíveis é encontrada entre serviços baseados em informações onde existe a opção de registrar as atuações de serviços baseados em informações em mídias reproduzíveis para posterior revenda e reutilização. Nestes casos, o output do produtor é durável e reproduzível e o cliente pode apreciar a atuação diversas vezes.

## Relacionando IHIP com categorias específicas de serviços

Quando o IHIP se aplica e quando não se aplica? Para concluir nossa análise, nós aplicamos cada característica IHIP a quatro categorias diferentes de serviços que são adaptadas daquelas enumeradas por Lovelock (1983a), baseada em se o ato do serviço tem natureza física ou não física e se as próprias pessoas, os objetosdos clientesj, ou informações representam o elemento central processado para criar o serviço. Estas quatro categorias são (a) ações físicas à pessoa do cliente (processamento de pessoas), (b) ações físicas a um objeto pertencente ao cliente (processamento da propriedade), (c) ações não físicas voltadas para a mente do cliente (processamento de estímulo mental), e (d) ações não físicas voltadas para dados ou ativos intangíveis (processamento de informações). Exemplos representativos de serviços em cada categoria aparecem na Tabela 15.2.

Para argumentar de maneira convincente que a IHIP não é generalizável a todos os serviços, não temos que provar que nenhuma das características IHIP jamais se aplica a qualquer serviço, mas simplesmente que existem exceções suficientes para desacreditar a reivindicação de generalização universal. Uma avaliação das 16 células nesta tabela indica que existem várias exceções à sabedoria recebida de que todos os serviços possuem cada característica IHIP. Ainda mais notável é o fato de que muitos serviços efetivamente possuem uma ou mais das características opostas, especificamente, tangibilidade, homogeneidade, separabilidade e durabilidade.

**Tangibilidade**   Por definição, serviços que envolvam ações físicas para o cliente envolverão processos tangíveis com resultados tangíveis. Os clientes sentem e vêem (e algumas vezes ouvem, cheiram e sentem o gosto) o que acontece com eles como, por exemplo, quando eles voam, fazem cirurgia (especialmente se eles permaneceram acordados), ficam hospedados num hotel, ou recebem um tratamento de beleza. Eles podem observar ou então estar conscientes de um resultado físico que pode ser de duração curta ou longa e pode ser reversível ou não. De maneira semelhante, existem impactos tangíveis para as propriedades dos clientes como resultado de serviços como reforma, manutenção, limpeza e lavanderia.

**Homogeneidade**   Melhorias na qualidade do serviço e na automação tornaram possível alcançar altos graus de confiabilidade e consistência no marketing de serviços de processamento de propriedade como transporte com frete, trocas de óleo para carros, lavagens à seco de roupas e armazenamento de partes padronizadas. Através de atuações pré-gravadas e editadas, a educação e o entretenimento podem ser entregues (e reentregues várias vezes) sem nenhuma variação. Quando uma estação de rádio ou de TV transmite um programa de notícias ou um serviço religioso, a apresentação pode ser potencialmente entregue exatamente da mesma maneira para cada membro da plateia em vários locais diferentes.

**TABELA 15.2** Aplicabilidade de "características singulares dos serviços" a diferentes tipos de serviços

| Característica | Categoria de Serviço Envolvendo | | | |
|---|---|---|---|---|
| | Atos Físicos aos Corpos dos Clientes (por exemplo, transporte de passageiros, cuidados com a saúde, hospedagem, salões de beleza) | Atos Físicos a Objetos dos Clientes (por exemplo, transporte com frete, reforma/manutenção, armazenamento, lavanderia e limpeza) | Atos Não Físicos às Mentes dos Clientes (por exemplo, entretenimento, notícias, educação, consultoria) | Processamento de Informações (por exemplo, serviços bancários pela Internet, seguro, contabilidade, pesquisa) |
| Intangibilidade | Enganosa – o desempenho é efêmero, mas a experiência pode ser muito tangível e até mesmo resultar em mudanças físicas | Enganosa – o desempenho é efêmero, mas pode transformar fisicamente uma posse de maneiras tangíveis | Sim | Sim |
| Heterogeneidade | Sim – geralmente difícil de padronizar por causa da mão de obra direta e do envolvimento do cliente | Várias exceções – frequentemente pode ser padronizado | Várias exceções – frequentemente pode ser padronizado | Várias exceções – frequentemente pode ser padronizado |
| Inseparabilidade de produção e consumo | Sim | Não – o cliente costuma estar ausente durante a produção | Apenas quando o desempenho é realizado "ao vivo" | Muitas exceções – o cliente costuma estar ausente durante a produção |
| Perecibilidade — não pode ser inventariada depois da produção* | Sim | Sim | Várias exceções – o desempenho muitas vezes pode ser armazenado em forma eletrônica ou impressa | Várias exceções – o desempenho muitas vezes pode ser armazenado em forma eletrônica ou impressa |

* Observe, no entanto, que alguns setores de serviço podem ser explicitamente unidades de capacidade definidas pelo estoque para venda antes da produção.
Fonte: Lovelock e Gummesson (2004).

**Separabilidade** Muitos serviços para propriedades/posses dos clientes (como armazenamento, reforma, transporte com frete e lavanderia) ou processamento de informações (como seguro e notícias) não envolvem a participação dos clientes na produção efetiva – em vez de fazer uma encomenda e pagar. Então, o consumo é totalmente separável do processo de produção. Os clientes não precisam estar envolvidos na produção de entretenimento doméstico ou de serviços educacionais de auto-estudo que são pré-gravados para serem utilizados mais tarde num local diferente num momento mais conveniente.

**Durabilidade** Atuações e output de serviços que podem ser capturados através de gravações analógicas ou digitais são altamente duráveis. Esta categoria abrange uma ampla variedade de setores de serviços, incluindo educação, entretenimento, notícias e informações. As atuações inerentes a propriedade intelectual como software, fitas pré-gravadas e CDs podem ser reproduzidas ou retransmitidas várias vezes e podem ser até mesmo copiadas ilegalmente para utilização por outras pessoas.

## Conclusões sobre a capacidade de generalização das quatro características

Será que IHIP se aplica a todos os serviços? Nós argumentamos que a afirmação de que serviços são singularmente diferentes de bens nas quatro características IHIP específicas não é sustentada pela evidência; isso só era verdade para determinados tipos de serviços, como ocorria para alguns bens. A afirmação é ainda menos válida agora do que quando o marketing de serviços estava na sua infância. Nossa análise da literatura não trouxe à tona um único projeto de pesquisa que investigou as características IHIP ao estudar, profundamente, as propriedades complexas e variadas de todos os tipos de serviços – ou pelo menos um corte transversal representativo de serviços – através de pesquisa empírica baseada em diferenças estabelecidas, como sendo distintas de estudos conceituais baseados em critérios preconcebidos.

Grandes mudanças no setor de serviço durante as duas últimas décadas minaram ainda mais a validade do paradigma baseado em IHIP. A substituição de *inputs* humanos por automação e a aplicação rigorosa de procedimentos de melhoria de qualidade reduziu substancialmente a variabilidade (heterogeneidade) do output em diversos setores de serviços. A terceirização por empresas e a delegação por consumidores a um provedor especialista de tarefas que eles costumavam realizar sozinhas expandiram muito a incidência de serviços separáveis. E avanços em tecnologia de informação e telecomunicações, notavelmente o desenvolvimento da Internet e a digitalização de texto, gráficos, vídeo e áudio, tornaram possível separar clientes tanto no tempo quanto no espaço da produção de vários serviços baseados em informações, destruindo assim as limitações gêmeas tanto da inseparabilidade quanto da perecibilidade.

Como paradigma, a noção de que as quatro características IHIP tornam os serviços singularmente diferentes de bens é profundamente equivocada. O conhecimento usual, conforme exemplificado pelos principais textos de gestão de marketing, pode endossar o paradigma, mas não existe nenhum consenso entre eles sobre como definir cada um dos componentes IHIP. A disparidade se amplia entre textos de especialistas em prestação de serviços, onde descobrimos que apenas metade de todos os textos publicados em anos recentes utilizam IHIP como um sistema para analisar diferenças entre bens e serviços. O problema básico está enraizado na diversidade extensiva e ainda crescente de atividades dentro do setor de serviços e complicado pelo fato de que bens e serviços aparecem simultaneamente em quase toda oferta (Rathmell 1966, 1974). Considere os conselhos oferecidos por Grönroos (2000) em propor "de maneira relutante" uma definição de serviços:

> Um serviço é um processo que consiste de uma série de atividades mais ou menos intangíveis que normalmente, mas não necessariamente sempre, ocorre em interações entre o cliente e funcionários de serviço e/ou recursos físicos ou bens e/ou sistemas do prestador de serviço, que são prestados como soluções aos problemas dos clientes. (p. 46)

Para que nosso juízo sobre IHIP tire o leitor da zona de conforto, nós efetivamente queremos reconhecer alguns benefícios importantes resultando da aceitação precoce do paradigma de que os serviços são singularmente diferentes dos bens. Em primeiro lugar, este consenso forneceu o ímpeto e a legitimidade necessários para lançar o novo campo de marketing de serviços, para estimular várias correntes de pesquisa e para gerar insights administrativos valorizados (Fisk, Brown e Bitner 1993). Em segundo lugar, uma compreensão de como a intangibilidade, a heterogeneidade e a inseparabilidade afetaram vários serviços fizeram com que vários pesquisadores de serviço em vários continentes reconhecessem que conhecimento sobre o alcance de qualidade na manufatura foi insuficiente para compreender a qualidade do serviço; como resultado disso, eles iniciaram uma corrente de pesquisa rica e produtiva dedicada à melhoria da qualidade dos serviços (Grönroos 1984; Gummesson 1993; Rust, Moorman e Dickson 2002; Zeithaml, Parasuraman e Berry 1990). Em terceiro lugar, cada uma das quatro características IHIP tomadas separadamente – e às vezes em combinação parcial – continua a ter um potencial contínuo para informar pesquisa e prática que seja relevante para setores, categorias e situações específicos de serviço. No entanto, é necessário mais pesquisas para se determinar até que ponto a compreensão gerencial de elementos IHIP individuais efetivamente tem um impacto sobre a estratégia de marketing.

Refletindo sobre a necessidade da ciência se esforçar continuamente para trazer a teoria e a realidade para um acordo mais próximo, Kuhn (1970) observou sabiamente que "sempre existem dificuldades em algum lugar na adequação entre o paradigma e a natureza.... O cientista que pausa para analisar toda anomalia que ele observa raramente conseguirá fazer seu trabalho" (p. 82). No entanto, num determinado ponto, as discrepâncias observadas tornaram-se tão grandes que um paradigma precisa ser reconsiderado. "A ciência normal", declara Kuhn, "efetivamente se esforça e deve se esforçar continuamente para trazer a teoria e o fato para um acordo mais próximo" (p. 80). Nós concluímos que agora existe uma quantidade grande demais de exceções ao paradigma atual para permanecer um princípio central das prestações de serviço.

## 15.5 PARA ONDE VAI O *MARKETING* DE SERVIÇOS?

Três conclusões alternativas podem ser tiradas da incapacidade do sistema IHIP de sustentar o paradigma de que os serviços são diferentes dos bens: (a) É hora de abandonar o campo do marketing de serviços e integrá-lo com marketing e gestão gerais, ou (b) nós devemos descartar serviços como uma categoria geral e recomendar que os estudiosos se concentrem em categorias específicas de serviço, ou (c) os estudiosos devem procurar uma característica de serviços nova e mais defensável que diferenciará de maneira convincente de outras formas de marketing. Nós consideramos brevemente cada opção.

### Opção 1: Declarar vitória e abandonar a noção de um campo separado

Observando até que ponto as organizações manufatureiras se reorientaram em torno dos serviços, Schneider (2000) observou que "o campo tem obtido tanto sucesso que agora ele é apenas outra faceta do marketing" (p. 180). Então, por que o marketing de serviços é apresentado com mais frequência como um capítulo especial em livros didáticos de gestão de marketing do que integrado na teoria geral do marketing? No espírito de Kuhn, a principal razão é que a literatura sobre o marketing não tem se disposto a abandonar os principais conceitos e categorias de gestão de marketing e reconhecer os serviços como uma parte integral de todos os setores e produtos – uma posição defendida por Grönroos (2000) e por Vargo e Lusch (2004a, 2004b). Um resultado desses seria uma justificação final da afirmação premonitória de Levitt (1972) de que "todo mundo está na área dos serviços". Até mesmo antes, Norris (1941) concluiu que "bens são desejados porque eles são capazes de realizar serviços" (p. 137).

Boa parte da pesquisa voltada para o marketing relatada em alguns dos periódicos de serviço não se aplica especificamente ao serviço. Por exemplo, o estudo da satisfação e da insatisfação dos clientes, um dos principais assuntos no desenvolvimento de medidas relacionadas com satisfação de qualidade de serviços, originado com pesquisa sobre bens (Anderson 1973; Cardozo 1965; H. K.Hunt 1977). O marketing de relacionamento se beneficiou de uma pesquisa específica sobre serviços (Berry 1983; Crosby, Evans e Cowles 1990; Gummesson 1994, 2002b), mas também se aplica a bens de consumo duráveis (especialmente aqueles com alto valor) e bens industriais. O campo emergente de gestão de igualdade dos clientes se origina em várias correntes de pesquisa que se sobrepõem incluindo o marketing direto, a qualidade do serviço, o marketing de relacionamento e o lucro líquido da marca (Hogan, Lemon e Rust 2002). Até o ponto em que esses estudos produzam resultados administrativamente úteis, estes são desenvolvimentos saudáveis.

Talvez agora os prestadores de serviço possam ter motivo para declararem vitória e reivindicarem domínio sobre todo o marketing, com base no fato de que o pensamento sobre o serviço se infiltrou profundamente na maioria dos aspectos do marketing de bens (Rust 1998). Mas esta perspectiva atraente esconde uma armadilha intelectual e gerencial. Lovelock e Wirtz (2004) enfatizaram que existe uma distinção importante "entre marketing de serviços – onde um serviço é o produto principal – e marketing de bens através de um serviço" (p. 23). Neste último caso, uma firma manufatureira ou de recursos naturais baseia sua estratégia de marketing numa filosofia de atender bem os clientes ao acrescentar serviços complementares que melhorem o valor do produto principal. No entanto, esse produto principal ainda permanece um bem físico.

## Opção 2: Enfoque em subcampos específicos de serviços

Uma alternativa é parar de procurar conceitos unificadores ao longo de todos os serviços, mas manter o marketing de serviços como uma associação conveniente e hospitaleira para quem tiver escolhido se concentrar em categorias específicas de serviço que possuam seus próprios temas unificadores. A motivação para reter os serviços como uma área ampla de interesse especial está parcialmente nas economias associadas com a publicação de periódicos de serviço, o ensino de cursos de serviço ou com a organização de conferências de serviço e parcialmente em estimular um diálogo sobre insights de pesquisa que algumas vez podem ser generalizáveis de uma categoria de serviços para várias outras.

Existem várias maneiras em que novos subcampos podem ser definidos além do velho suplente de classificações industriais. Várias propostas foram feitas para classificar serviços, inclusive J.Bowen (1990); Kasper Van Helsdingen e de Vries (1999); Lovelock (1983a); Schmenner (1986); e Silvestro et al. (1992).

Considere as quatro possibilidades a seguir. Uma abordagem promissora está na separação de serviços tradicionais de alto contato da quantidade cada vez maior de serviços de baixo contato (Chase 1978). Dentro da categoria de alto contato, pode-se encontrar um grande grupo de serviços envolvendo a realização de ações tangíveis para o cliente. A categoria de baixo contato inclui dois agrupamentos especialmente distintos de serviços. O grupo conhecido como e-serviços, definido como sendo "o marketing de serviços por redes eletrônicas como a Internet" (Rust e Kannan 2002), nem existia quando o campo do marketing de serviços surgiu pela primeira vez. Boa parte da tarefa de produção para estes serviços fisicamente intangíveis é repassada, geralmente em locais remotos, a consumidores que geralmente fornecem não apenas sua mão de obra, mas também seus próprios equipamentos quando eles acessam sistemas em rede (Boyer, Hallowell e Roth 2002). Uma forma muito diferente de baixo contato é encontrada em serviços separáveis que fornecem atos tangíveis para propriedades físicas sem requerer a participação do cliente.

Uma quarta oportunidade é se concentrar em serviços baseados em informações que possam ser gravados e armazenados em mídias como filmes, fitas ou discos. Peter Hill (1999) declarou que essas entidades são diferentes tanto dos bens quanto dos serviços, descrevendo-as como sendo

> entidades intangíveis produzidas originalmente como *outputs* por pessoas ou empresas, envolvidas em atividades criativas ou inovadoras de natureza literária, científica, de engenharia, artística, ou de entretenimento.... Originais são entidades que existem independentemente dos seus criadores e a mídia em que eles são gravados. Eles também podem ser gravados em mais de um tipo de mídia... Uma vez que um original tenha sido gravado, é possível produzir tantas cópias quanto foram exigidas... Quando o original é copiado para um disco ou fita virgem, nenhum material é transferido no processo... O original não é consumido ou desgastado (p. 439).

Os leitores observarão que todas as quatro categorias de serviços descritas acima não se encaixam confortavelmente sob o guarda-chuva IHIP, sugerindo assim uma quinta categoria residual: todos aqueles serviços que podem ser caracterizados de maneira realista como sendo intangíveis, variáveis, inseparáveis e perecíveis.

Uma abordagem rigorosa à categorização poderá utilizar de maneira útil os procedimentos para a teoria fundamentada (Glaser 2001; Glaser and

Strauss 1967; Gummesson-prelo). Desenvolver uma teoria fundamentada em serviços envolveria a realização de uma grande quantidade de estudos de caso e observações de uma grande variedade de serviços e depois observar de maneira indutiva os resultados sem utilizar as lentes fornecidas por conceitos existentes e crenças atuais.

## Opção 3: Busca por um paradigma de serviço novo e unificador

Existem várias maneiras de começar a busca por um novo paradigma, incluindo estudos conceituais, pesquisa empírica de campo e uma nova análise de conhecimento existente, porém inutilizado. Kuhn (1970) oferece uma perspectiva útil quando ele argumenta que a transição de um paradigma em crise requer "uma reconstrução do campo a partir de novos princípios, uma reconstrução que mude algumas das generalizações teóricas mais básicas do campo assim como vários dos seus métodos e aplicações de paradigma" (pp. 84-85). Agora nós resgatamos uma característica antiga, porém subestimada, a ausência de propriedade, como sendo a base para um novo paradigma.

## 15.6 AUSÊNCIA DE PROPRIEDADE: UMA BASE POTENCIAL PARA UM NOVO PARADIGMA

Os primeiros pesquisadores enfatizaram que não havia transferência de propriedade nos serviços (Judd 1964; Rathmell 1974). Ainda assim, teorias subsequentes ignoraram em grande parte esta característica marcante. Em busca de um paradigma ideal, nós propomos a criação de um novo em torno da noção de que transações de marketing que não envolvem uma transferência de propriedade são distintivamente diferentes daquelas que envolvem. Nós acreditamos que neste estágio na evolução da teoria do marketing de serviços, esta perspectiva ofereça o potencial de descobrir dimensões novas e diferentes da realidade do serviço.

### Explorando a característica da ausência de propriedade

Ao resgatarmos a característica da ausência de propriedade, nós não afirmamos que ela ofereça uma panaceia com propriedades necessariamente gerais. Em vez disso, nós a propomos como uma lente para aspectos atuais que não são visíveis claramente na teoria atual. Se os clientes não receberem a propriedade quando eles comprarem um serviço, então o que eles estarão comprando? Nós argumentamos que os serviços envolvam uma forma de aluguel ou acesso em que os clientes obtenham benefícios ao ganharem o direito de utilizarem um objeto físico, de contratarem a mão de obra e a competência de funcionários, ou obterem acesso a instalações e redes. Apesar de utilizarmos os termos aluguel e acesso, nós permanecemos abertos para utilizarmos outra terminologia e reconhecermos as distinções sutis entre palavras como alugar, contratar e lease.

Várias categorias amplas podem ser identificadas dentro do sistema da ausência de propriedade.

**Serviços de bens alugados (Judd 1964)** Os clientes obtêm o direito temporário de utilizarem de maneira exclusiva um bem físico que eles não querem possuir ou não têm dinheiro para comprarem imediatamente. Exemplos incluem veículos, ferramentas elétricas, móveis, equipamentos de construção e trajes formais.

**Aluguéis de lugar e de espaço** Os clientes obtêm o uso exclusivo de uma porção definida de um espaço maior num prédio, veículo ou outra área. Exemplos incluem um quarto de hotel, uma poltrona num avião, ou um conjunto num prédio de escritórios. Às vezes o espaço é designado por localização, mas em outras ocasiões, como no chamado assento livre, os clientes poderão ter a liberdade de selecionarem um espaço por ingresso.

**Aluguéis de mão de obra e de competência** Os clientes contratam outras pessoas para fazerem um trabalho que ou eles escolhem não fazer sozinhos (por exemplo, limpar uma casa) ou não conseguem fazer porque lhes faltam a força, as ferramentas ou as habilidades necessárias. Em muitas ocasiões, os clientes poderão efetivamente alugar o serviço de toda uma equipe, como no conserto de um carro, numa cirurgia e numa consultoria administrativa.

**Acesso a uma instalação física e seu uso** Os clientes alugam a entrada em uma instalação como um museu, um parque temático, um spa, ou o local de uma conferência e pode usufruir dela durante o período de validade.

**Acesso a uma rede e seu uso** Os clientes alugam o direito de participarem de uma rede especificada como telecomunicações, serviços de utilidade pública, serviços bancários, de seguro, ou de informações especializadas. Termos diferenciados de acesso poderão ser desenvolvidos para atenderem as necessidades variadas dos clientes e sua capacidade para pagar.

Em muitas ocasiões, um serviço poderá combinar elementos de várias das categorias anteriores, além da transferência direta de um ou mais itens físicos. Uma forma de representar esse pacote é através da modelagem molecular de entidades de mercado proposta por Shostack (1977).

## Implicações do paradigma do aluguel/acesso

A divisão das trocas de marketing ou de mercado em duas categorias amplas – aquelas que envolvem uma transferência de propriedade e aquelas que não envolvem – oferece aos estudiosos e praticantes uma nova lente através da qual eles podem observar a atividade no mercado e analisar dados. No processo, poderá haver oportunidades para ver coisas que não tinham sido percebidas anteriormente. Butterfield (1949) descreveu essa reorientação como "pegar a outra ponta do graveto". Vamos considerar quais questões são focalizadas e demandam nossa atenção imediatamente.

**Bens manufaturados podem formar a base para serviços** Tanto clientes domésticos quanto comerciais costumam descobrir que soluções para necessidades temporárias são atendidas melhor ao se alugar um bem durável do que ao possui-lo. Anúncios podem ser encontrados na maioria das Páginas Amarelas para alugueis de uma ampla variedade de produtos, incluindo veículos, equipamentos de construção e escavação, geradores, barracas, artigos para festas, ferramentas elétricas, móveis, trajes formais e produtos esportivos. Os usuários compram a posse temporária do bem de utilidade e devolvem os itens quando eles não forem mais necessários.

O marketing de bens através de alugueis faz surgir desafios distintos. Considere o aluguel de carro, em que os clientes obtêm o direito de utilizar o carro por um período definido nos termos do acordo de aluguel. Apesar de o produto principal continuar a ser um bem físico, as preferências de marca dos clientes mudam das características do veículo para as da firma de aluguel, sendo moldado não apenas pelo preço, mas também pela facilidade de reserva, pela conveniência das localizações dos escritórios de aluguel para retirada e devolução, pela atuação dos agentes de aluguel e pelos benefícios de programas de fidelidade.

**O serviço costuma envolver a venda de fatias de entidades físicas maiores** Na categoria "alugueis de local e de espaço", a entidade física torna-se uma "linguiça" da qual os clientes compram fatias. Os clientes ganham o direito de uso exclusivo, porém temporário de uma porção que eles podem descrever de maneira legítima como "meu assento", "meu quarto", "nossos escritórios". O fato de os itens alugados representarem subdivisões de uma entidade maior permite que os clientes participem nas economias de escala derivada do compartilhamento de um espaço maior com muitos usuários, enquanto apreciam graus variáveis de separação e até mesmo de privacidade. Em algumas ocasiões, a proximidade de outros clientes e a interação entre eles é considerada como sendo uma experiência positiva; em outras, ela pode ser vista como um trade-off contra alternativas mais caras. O objeto costuma ser desejado menos por suas qualidades intrínsecas do que como meios para um fim mais amplo. Uma mesa de restaurante fornece uma superfície para refeições; um assento no teatro oferece um lugar de descanso de onde ver um espetáculo. Nas duas ocasiões, alguns locais podem ser percebidos como mais desejáveis do que outros. Na categoria "acesso a uma instalação física", não se atribui aos clientes uma fatia física específica, mas em vez disso eles têm certa liberdade durante o período de validade para selecionarem e experimentarem elementos diferentes de uma instalação.

## Mão de obra e competência são recursos renováveis em serviços

A observação de Abraham Lincoln de que "o tempo e a competência de um advogado são seu recurso disponível" pode ser aplicada a todos os trabalhos de serviço que exigem habilidade. Algumas vezes a tarefa desejada requer vigor físico, mas cada vez mais o que os clientes buscam são habilidades intelectuais. Pressupondo descanso adequado e boa saúde, a competência do prestador de serviço é um recurso renovável, mas o tempo em si é perecível.

## O tempo desempenha um papel central na maioria dos serviços

O paradigma do aluguel concentra explicitamente nosso interesse no tempo como sendo um conceito fundamental tanto para os fornecedores quanto para os clientes. A propriedade ocorre enquanto o objeto durar ou até o dono escolher abandoná-lo. O aluguel quase sempre se relaciona a um período de tempo especificado.

Vivemos na época de maior consciência de tempo na história humana. McKenna (1997) destaca expectativas que mudam em relação à rapidez da entrega e a evolução das tecnologias e dos procedimentos que torna isto possível. Berry, Seiders, e Grewal (2002) citam a importância para as firmas de compreender as despesas percebidas dos consumidores em relação ao tempo para criarem conveniência de transação. Mas apesar do argumento da Scientific American de que o "tempo tornou-se para o Século XXI o que os combustíveis fósseis e os metais preciosos foram para épocas anteriores" (Stix 2002), o estudo do tempo num contexto de gestão de serviço não recebeu a atenção que merece. Ao contrário do esforço sustentado para estudar esses conceitos como sendo uma qualidade do serviço e satisfação do cliente, apenas uma atenção esporádica foi prestada à melhoria da nossa compreensão de como os percebem, fazem orçamento, consomem e valorizam o tempo (Graham 1981; Cherlow 1981; Le Clerc, Schmitt, and Dubé 1995; Soman 2001). As aplicações mais frequentemente discutidas de filas se relacionam com a gestão de filas de espera (Durrande-Moreau and Usinier 1999; Jones and Peppiatt 1996; Kostecki 1996; Rossiter 2003) e com o ato de moldar as decisões dos clientes sobre quando utilizar um serviço (Lovelock 1984; Kimes and Wirtz 2003).

A análise de serviços a partir de uma perspectiva de aluguel deve estimular um interesse de pesquisa nesta área importante e permitir que nós desenvolvamos prescrições existentes para minimizar o ônus percebido para clientes de tempo de espera (Maister 1985; Jones e Peppiatt 1996; Katz, Larson e Larson 1991).

**Novo pensamento é necessário sobre à formação do preço do serviço** A distinção entre propriedade e aluguel oferece uma perspectiva diferente para a análise e a estratégia da formação de preços, além das óbvias de se relacionar o preço com qualidade e valor. Uma abordagem lógica em situações de aluguel e de acesso é relacionar a formação de preços a unidades de tempo – por quanto tempo os clientes alugam, por quanto eles têm direito de compartilhar um espaço definido ou acessar uma instalação ou rede física e quanto tempo eles recebem de um prestador de serviços. Esta abordagem é direta e pode funcionar bem para fornecedores se eles conseguirem documentar seu tempo e se eles tiverem uma boa compreensão dos custos associados com a prestação de uma unidade específica de serviço. Apesar de a formação de custos baseada em atividade ser amplamente aplicada em firmas manufatureiras (Cooper e Kaplan 1991), pouca coisa foi publicada sobre sua aplicação a tipos diferentes de serviços (Lovelock e Wirtz 2004, pp. 154-56). Circunstâncias podem requerer a modificação da formação de preços baseada no tempo, incluindo a incorporação do custo de bens físicos fornecidos como parte do marketing de serviço (como alimentos, remédios ou peças de reposição).

Estratégias de gestão de receita (também conhecido como gestão de produção) reconhecem que muitos clientes atribuem explicitamente mais valor a alguns períodos de tempo do que a outros e que segmentos diferentes variam amplamente na sua sensibilidade de preço (Kimes e Chase 1998; Kimes e Wirtz 2003; Shugan e Xie 2000). Historicamente, a gestão de receita foi praticada principalmente por empresas aéreas, hoteis e empresas de aluguel de carros, mas pode haver oportunidades para utilizar esta estratégia entre muitos outros fornecedores de serviço limitados pela capacidade que enfrentam oscilações significativas, porém previsíveis em demanda ao longo do tempo, variando desde campos de golfe até restaurantes e firmas profissionais (Kimes 2003). Clientes que são sensíveis ao tempo também poderão estar dispostos a pagar a mais para terem velocidade.

**Serviços oferecem oportunidades para o compartilhamento de recursos** Alugar é uma forma de clientes utilizarem bens físicos e instalações que eles não tenham dinheiro para comprar, não possam justificar a compra, ou prefiram não manter após o uso. Além disso, alugar – na forma de taxas de acesso – oferece um meio para participar de sistemas de rede que os indivíduos e a maioria das organizações não poderiam ter condições de comprar para serem donos ou operarem sozinhos.

Este insight tem duas implicações importantes para o mundo atual. Em primeiro lugar, em economias em desenvolvimento, perspectivas para uma qualidade de vida melhor podem girar em torno de encontrar formas criativas de compartilhar acesso a bens, instalações físicas, sistemas e competência, de maneiras que reduzam o preço até níveis em que se possa comprar. Em segundo lugar, num mundo em que se acredita que vários recursos sejam finitos, substituir propriedade por aluguel pode ser a melhor maneira tanto em economias emergentes quanto nas desenvolvidas de alocar o uso dos produtos que incorporam estes recursos escassos.

Considere os seguintes exemplos. A conveniência do acesso em tempo integral e personalizado às telecomunicações é pressuposta em economias avançadas, onde a infraestrutura já ocorre e onde a maioria das pessoas podem assinar um serviço de linha fixa ou celular. Mas poucas pessoas podem ter acesso a esse luxo em países em desenvolvimento. Por causa do custo de instalação de novas linhas terrestres, muitos países estão investindo numa estrutura sem fio, permitindo que clientes em locais distantes tenham acesso a telefones celulares públicos. Em algumas vilas de Bangladesh que não possuem esses telefones públicos, empresários obtiveram "microempréstimos" para comprarem um telefone celular e depois alugarem o uso deste telefone aos clientes por minuto, marcando o tempo das suas chamadas com um cronômetro e cobrando o dobro da tarifa com desconto paga pelo proprietário que eles próprios estão pagando (Prahalad e Hammond 2002).

Ao contrário, em países ricos onde existe uma ampla propriedade de carros, vários veículos ficam ociosos boa parte do tempo. Mas os habitantes de Boston, Nova York e Washington, D.C. podem aderir ao Zipcar, que oferece aos seus membros a utilização de carros estacionados fora das ruas em toda a cidade (Hart, Roberts e Stevens 2003). Os membros pagam apenas pelo tempo que eles usam o veículo, tornando este serviço uma alternativa barata à propriedade e geralmente muito mais barata do que usar táxis ou carros alugados.

## A área cinzenta entre aluguel, *leasing* e propriedade

Profissionais de marketing inovadores desenvolveram alternativas híbridas à propriedade plena. Um desenvolvimento recente é a propriedade fracionada de aviões executivos, que dá ao cliente o direito a determinado número de horas de voo por ano num jato executivo. Neste caso, um avião diferente poderá ser fornecido em cada ocasião. A propriedade em condomínio com compartilhamento de tempo transmite o direito de ocupação apenas por períodos do ano especificados, geralmente de uma a duas semanas. *Leasings* de longo prazo tornaram-se uma alternativa popular à propriedade para uma quantidade cada vez maior de bens duráveis caros, de carros a equipamentos pesados. Eles oferecem aos clientes um meio de obterem uso estendido e exclusivo de um item sem vincularem capital. Nesse sentido, eles representam uma alternativa a pagamentos de crédito assegurados com uma garantia.

Em geral, no entanto, as estratégias de marketing para alugueis de curto prazo são mais distintamente diferentes de vendas plenas do que para leasings de longo prazo; estes últimos oferecem a utilidade da posse estendida e portanto expressam propriedade de facto, se não de jure. Entre outras coisas, os gerentes que oferecem alugueis de curto prazo precisam projetar canais de distribuição de mão dupla com referência à facilidade de retorno assim como retirada e usar uma formação de preço variável e estratégias promocionais para suavizar a demanda.

Claramente, existem áreas cinzentas na divisão entre aluguel e propriedade. Mas conforme Kuhn (1970) enfatizou, "Sempre existem dificuldades em algum lugar no encaixe entre o paradigma e a natureza; a maioria delas é resolvida mais cedo ou mais tarde, geralmente por processos que não poderiam ter sido previstos" (p. 82). Ao estudarem e tentarem resolver situações ambíguas como as apresentadas anteriormente, os profissionais de marketing num setor poderão desenvolver ideias para estratégias inovadoras em outro setor.

## 15.7 DIREÇÕES FUTURAS

As bases do marketing de serviços foram estabelecidas há mais de 25 anos. A época anterior à década de 1980, que Fisk, Brown, e Bitner (1993) chamaram de fase "Crawling Out" do marketing de serviços foi uma em que os estudiosos estavam debatendo o que tornava os serviços diferentes dos bens enquanto eles tentavam legitimar a necessidade de um novo campo. Naquela época, não havia computadores pessoais, Internet e os consumidores tinham pouca oportunidade de fazerem chamados interurbanas gratuitas para os fornecedores de serviços. O comércio internacional nos serviços era restrito, a maioria das firmas ainda preferia realizar atividades de serviço internamente em vez de terceirizarem e não havia nenhum corpo de conhecimento sobre como melhorar a qualidade do serviço. Apesar do fato de que as máquinas de vendas já tinham uma longa história, aplicações de auto-atendimento baseado em tecnologia estavam apenas despontando –principalmente nos bancos varejistas e na venda de gasolina.

Atualmente, o ambiente de marketing de serviços é radicalmente diferente. O debate "bens versus serviços" da década de 1970 e do começo da década de 1980 foi útil e frutífero para destacar o papel crucial, porém negligenciado, dos serviços na gestão e no marketing, porém a própria natureza daquele debate obscureceu as sinergias necessárias entre empresas manufatureiras e de serviço e ainda falta fazer muito trabalho para se desenvolver uma compreensão da interação mútua e da interdependência entre bens e serviços.

As primeiras teorias criaram um paradigma segundo o qual os serviços possuíam quatro características singulares (IHIP) que os tornavam diferentes dos bens. Este paradigma foi reverenciado em artigos marcantes, em livros didáticos sobre serviços e nas anotações de palestras de vários professores, tornando-se parte finalmente do conhecimento proporcionado pelo marketing através da repetição em edições sucessivas dos principais textos sobre marketing. Apesar de ter sido útil para facilitar a evolução do campo do marketing de serviços, nós argumentamos de acordo com a nossa análise que as premissas básicas deste paradigma não se sustentam mais quando são analisadas. Vargo and Lusch (2004b) chegaram de maneira independente a uma conclusão semelhante, descartando muitos dos argumentos para IHIP como sendo mitos. Na terminologia de Kuhn (1970), o paradigma principal do marketing de serviços está em "crise" há muito tempo". Continuar fingindo que o paradigma baseado em IHIP é uma lente adequada através da qual se pode ver todo o setor de serviço corre o risco de transformar o que antes era um fundamento em bloqueio. Mas Kuhn também nos alerta que "rejeitar um paradigma sem substituir ao mesmo tempo por outro é rejeitar a própria ciência" (p. 79).

Não estamos sozinhos com Schneider (2000) em defendermos explicitamente novas direções. Na sua própria análise do futuro do marketing de serviços, Grove, Fisk eJohn (2003) declararam, "Na nossa economia da era das informações, onde novos modelos empresariais surgem e desaparecem constantemente, a batalha para descobrir novos sistemas bem-sucedidos faz surgirem questões relativas a paradigmas existentes. Paradigmas mais novos devem evoluir" (p. 119).

Mudanças em fatores como atitudes corporativas e dos consumidores, comportamento do mercado e pautas políticas também são moldadas e reforçadas pela mudança tecnológica. O desenvolvimento tecnológico apresenta novas ferramentas e oportunidades aos profissionais de marketing (Rust 2004). Ao mesmo tempo, ele também tem o potencial de minar as bases do pensamento existente sobre o marketing. Deighton (1997) argumentou que com o advento da Internet, "o índice de desvalorização do capital intelectual no marketing hoje em dia é maior que o de qualquer época neste Século [XX]" (p. 347).

Aceitar a necessidade de novas direções no marketing de serviços é potencialmente ameaçador. Conforme o teólogo inglês do Século XVI Richard Hooker observou certa vez, "Uma mudança não é feita sem inconveniência, mesmo que seja de pior para melhor". Shugan (2004) alerta que "a generalidade é um santo graal tradicional da pesquisa acadêmica. Os desenvolvedores e administradores de métodos e teorias tradicionais proclamarão com entusiasmo que novos métodos são desnecessários" (p. 25). Ainda assim, existe forte evidência de que o campo deve adotar novas direções para permanecer relevante.

Anteriormente, nós estabelecemos várias rotas alternativas para o marketing de serviços. Uma opção é argumentar que o marketing de serviços e o marketing de bens deveriam ser reunificados sob um título de serviço. Isto seria consistente com a crença de Vargo e Lusch (2004a, 2004b) de que uma nova lógica dominante está surgindo no marketing em que o fornecimento de um serviço, em vez do de bens, é fundamental para o intercâmbio econômico. Outra opção seria reconhecer que continuam a existir diferenças importantes entre as formas em que os principais produtos de empresas manufatureiras e de serviço são criados, vendidos, distribuídos e consumidos, mas que as diferenças entre serviços são igualmente significativas e devem ser reconhecidas ao desenvolverem paradigmas separados para categorias diferentes de serviços. Por exemplo, nós poderíamos ter um paradigma para serviços tangíveis para o cliente, um para e-serviços, um para serviços separáveis, um para o que Peter Hill (1999) chamou de "bens intangíveis" e finalmente considerarmos manter ou modificar o paradigma baseado em IHIP para serviços que ainda atendam os critérios propostos por essas características.

A terceira opção que sugerimos foi procurar um novo paradigma que atravessaria a dicotomia tradicional entre bens e serviços. Portanto, nós propusemos um conjunto alternativo de pressupostos rotulados com hesitação de paradigma aluguel/acesso. Neste paradigma, com base na premissa de que aqueles intercâmbios de marketing que não resultam numa transferência de propriedade do vendedor para o comprador são fundamentalmente diferentes daqueles em que ocorre essa transferência, os serviços são apresentados como oferecendo benefícios através do acesso ou da posse temporária, em vez da propriedade, com os pagamentos tomando a forma de taxas de aluguel ou de acesso.

Nós não argumentamos que o novo paradigma proposto ofereça uma panaceia com propriedades necessariamente gerais. Em vez disso, nós o apresentamos como sendo uma lente para explorar aspectos do marketing de serviços e do consumo que não sejam claramente visíveis na teoria atual. Ele tem o potencial de estimular novas abordagens tanto para a pesquisa quanto para a prática e fornece uma ponte para a manufatura ao reconhecer explicitamente o papel de alugueis baseados nos serviços como sendo uma alternativa à venda direta de produtos duráveis. Como ele não coloca em risco o campo do marketing de serviços existente, ele é consistente com a crença de Kuhn (1970) de que novos paradigmas "costumam preservar muito das partes mais concretas das realizações passadas e de que, fora isso, eles sempre permitem soluções adicionais para problemas concretos" (p. 169).

Neste ponto, o "paradigma aluguel/acesso" proposto é um conjunto de pressupostos. Ele não pode ser descrito como sendo uma mudança de paradigma no sentido de "Kuhniano" da palavra até que ele seja compartilhado entre outros estudiosos e que ele comece a moldar a formulação de generalizações teóricas, a enfocar a coleta de dados e a influenciar procedimentos e projetos de pesquisa. Especificamente, nós acreditamos que exista uma necessidade de pesquisa de campo sistemática na área de serviços, utilizando tanto métodos qualitativos quanto quantitativos que vão além dos estudos de satisfação do consumidor para incluírem estudos de casos profundos da prática comercial e do comportamento do cliente. O desenvolvimento precoce do campo de serviços foi estimulado por uma combinação de pesquisa indutiva e dedutiva envolvendo tanto acadêmicos quanto praticantes de vários continentes. Avanços futuros na teoria e na prática se beneficiarão de uma colaboração semelhante no mundo todo.

## 15.8 REFERÊNCIAS

Anderson, Ralph E. (1973), "Consumer Dissatisfaction: The Effect of Disconfirmed Expectancy on Perceived Product Performance," Journal of Marketing Research, 10 (fevereiro), 38-44.

Bartels, Robert (1976), The History of Marketing Thought, 2nd ed. Columbus, OH: Grid.

Bateson, John E. G. (1979), "WhyWe Need Service Marketing," in Conceptual and Theoretical Developments in Marketing, O. C. Ferrell, S.W. Brown, and C.W. Lamb Jr., eds. Chicago: American Marketing Association, 131-46.

...(1985), "Self -Service Consumer: An Exploratory Study," Journal of Retailing, 61 (3), 49-76.

...and K. Douglas Hoffman (1999), Managing Services Marketing: Text and Readings. Fort Worth, TX: Dryden.

Benapudi, Neeli and Robert P. Leone (2003), "Psychological Implications of Customer Participation in Co-Production," Journal of Marketing 67 (janeiro), 14-28.

Berry, Leonard L. (1980), "Services Marketing Is Different," Business, 30 maio-junho), 24-29. ... (1983), Relationship Marketing," in Emerging Perspectives on Services Marketing, L. L. Berry, G. L. Shostack, and G. D. Upah, eds. Chicago: American Marketing Association, 25-28.

... (2000), Pt. 1, in Services Marketing Self-Portraits: Introspections, Reflections, and Glimpses from the Experts, R. P. Fisk, S. J. Grove, and J. John, eds. Chicago: American Marketing Association, 1-18.

...and A. Parasuraman (1993), "Building a New Academic Field—The Case of Services Marketing," Journal of Retailing, 69 (primavera), 13-60.

..., Kathleen Seiders, and Dhruv Grewal (2002), "Understanding Service Convenience," Journal of Marketing, 66 (julho), 1-17.

Bielen, Frédéric and Christophe Sempels (2003), "Proposition d'une Nouvelle Échelle de Mesure du Degré d' Intangibilité d'une Offre de Services," Document de Travail no. 2003-08. Lille, France: LABORES-IESEG, Université Catholique de Lille.

Bitner, Mary Jo (1992), "Servicescapes: The Impact of Physical Surroundings on Customers and Employees," Journal of Marketing, 56 (abril), 57-71.

... (2000), "The Servicescape," in Handbook of Services Marketing and Management, T. A. Swartz and D. Iacobucci, eds. Thousand Oaks, CA: Sage, 37-50.

..., William T. Faranda, Amy R. Hubbert, and Valarie A. Zeithaml (1997), "Customer Contributions and Roles in Service Delivery," International Journal of Service Industry Management, 8 (3), 193-205.

Bowen, David E. (2000), Pt. 3, in Services Marketing Self-Portraits: Introspections, Reflections, and Glimpses from the Experts, R. P. Fisk, S. J. Grove, and J. John, eds. Chicago: American Marketing Association, 37-51.

Bowen, John (1990), "Development of a Taxonomy of Services to Gain Strategic Marketing Insights," Journal of the Academy of Marketing Science, 18 (inverno/verão), 43-49.

Boyer, Kenneth K, Roger Hallowell, and Aleda V. Roth (2002), "E-Services: Operating Strategy—A Case Study and a Method for Analyzing Operational Benefits," Journal of Operations Management, 20, 175-88.

Brown, Stephen W. (2000), Pt. 4, in Services Marketing Self-Portraits: Introspections, Reflections, and Glimpses from the Experts, R. P. Fisk, S. J. Grove, and J. John, eds. Chicago: American Marketing Association, 53-69.

Butterfield, Herbert (1949), The Origins of Modern Science, 1300-1800. Londres: G. Bell & Sons.

Cardozo, Richard N. (1965), "An Experimental Study of Customer Effort, Expectation, and Satisfaction," Journal of Marketing Research, 2 (agosto), 244-49.

Carlzon, Jan (1987), Moments of Truth. Cambridge, MA: Ballinger.

Chamberlin, Edward Hastings ([1933] 1962), The Economics of Imperfect Competition, 8a ed. Cambridge, MA:Harvard University Press.

Chase, Richard B. (1978), "Where Does the Customer Fit in a Service Operation?" Harvard Business Review, 56 (novembro), 137-42.

Cherlow, Jay R. (1981), "Measuring the Value of Travel Time Savings," Journal of Consumer Research, 7 (março), 360-71.

Cooper, Robin and Robert S. Kaplan (1991), "Profit Priorities from Activity-Based Costing," Harvard Business Review, 69, (maio-junho), 130-35.

Copulsky, J. R. and M. J. Wolf (1990), "Relationship Marketing: Positioning for the Future," Journal of Business Strategy, 11 (4), 16-20.

Crosby, Lawrence A., Kenneth R. Evans, and Deborah Cowles (1990), "Relationship Quality in Services Selling: An Interpersonal Influence Perspective," Journal of Marketing, 54 (julho), 68-81.

Czepiel, John A., Michael R. Solomon, and Carol F. Surprenant, eds. (1985), The Service Encounter. Lexington, MA: Lexington Books.

Darby, M. E. and E. Karni (1973), "Free Competition and the Optimal Amount of Fraud," Journal of Law and Economics, 16 (abril), 67-86.

Deighton, John (1997), "Commentary on 'Exploring the Implications of the Internet for Consumer Marketing,'" Journal of the Academy of Marketing Science, 25 (outono), 347-51.

Delaunay, Jean-Claude and Jean Gadrey (1992), Services in Economic Thought. Boston: Kluwer.

Desmet, Steven, BartVan Looy, and RolandVan Dierdonck (1998), "The Nature of Services," in Service Management: An Integrated Approach, B.Van Looy, R.Van Dierdonck, and P. Gemmel, eds. Harlow, UK: Financial Times Prentice Hall, 3-23.

Durrande-Moreau, Agnes and Jean-Claude Usinier (1999), "Time Styles and the Waiting Experience," Journal of Service Research, 2 (novembro), 173-86.

Edgett, Scott and Stephen Parkinson (1993), "Marketing for Service Industries—A Review," The Service Industries Journal, 13 (julho), 19-39.

Edvardsson, Bo, Anders Gustafsson, Michael D. Johnson, and Bodil Sanden (2000), New Service Development and Innovation in the New Economy. Lund, Sweden: Student Litteratur.

Eiglier, Pierre and Eric Langeard (1975), "Une Approche Nouvelle pour le Marketing des Services," Revue Française de Gestion, 2 (novembro). [published in English as "A New Approach to Service Marketing"], in Marketing Consumer Services: New Insights, P. Eiglier,

E. Langeard, C. H. Lovelock, J. E. G. Bateson, and R. F. Young, eds. Cambridge, MA: Marketing Science Institute, 1977, 31-58.]

Enis, Ben M. and Kenneth J. Roering (1981), "Services Marketing: Different Products, Similar Strategy," in Marketing of Services, J. H. Donnelly and W. R. George, eds. Chicago: American Marketing Association, 1-4.

Firat, A. Fuat, Nikhiseh Dholakia, and Alladi Venkatesh (1995), "Marketing in a Postmodern World," European Journal of Marketing, 29 (1), 40-56.

Fisk, Raymond P., Stephen W. Brown, and Mary Jo Bitner, (1993), "Tracking the Evolution of the Services Marketing Literature," Journal of Retailing, 69 (primavera), 61-103.

..., Stephen J. Grove, and Joby John, eds. (2000), Services Marketing Self-Portraits: Introspections, Reflections, and Glimpses from the Experts. Chicago: American Marketing Association. ..., ..., and..., eds. (2004), Interactive Services Marketing, 2nd ed. Nova York: Houghton Mifflin.

Fitzsimmons, James A. and Mona J. Fitzsimmons (1998), Service Management: Operations, Strategy, and Information Technology, 2nd ed. Nova York: Irwin/McGraw-Hill.

George, William R. and Leonard L. Berry (1981), "Guidelines for the Advertising of Services," Business Horizons, 24 (julho-agosto), 52-56.

Glaser, Barney G. (2001), The Grounded Theory Perspective: Conceptualization Contrasted with Description. Mill Valley, CA: Sociology Press.

... and Anselm L. Strauss (1967), The Discovery of Grounded Theory. Hawthorne, NY: Aldine.

Gonçalves, Karen P. (1998), Services Marketing: A Strategic Approach, Upper Saddle River, NJ: Prentice Hall.

Graham, Robert J. (1981), "The Role of Perception of Time in Consumer Research," Journal of Consumer Research, 7 (março), 335-42.

Greenfield, Harry I. (2002), "A Note on the Goods/Services Dichotomy," Service Industries Journal, 22 (outubro), 19-21.

Grönroos, Christian (1984), "A Service Quality Model and Its Marketing Implications," European Journal of Marketing, 18 (4), 36-45.

... (2000), Service Management and Marketing: A Customer Relationship Approach, 2nd ed. Chichester, UK: Wiley.

Grove, Stephen J., Raymond P. Fisk, and Joby John (2003), "The Future of Services Marketing: Forecasts from Ten Services Experts," Journal of Services Marketing, 17, 106-19.

Gummesson, Evert (1981), "The Marketing of Professional Services—25 Propositions," in Marketing of Services, J. H. Donnelly and W. R. George, eds. Chicago: American Marketing Association, 108-12.

... (1993), Quality Management in Service Organizations. Nova York: International Service Quality Association.

... (1994), "Service Management: An Evaluation and the Future, "International Journal of Service Industry Management, 5 (1), 77-96.

... (2002a), "Practical Value of Adequate Marketing Management Theory," European Journal of Marketing, 36 (3), 325-49.

... (2002b), Total Relationship Marketing, 2a rev. ed. Oxford, UK: Butterworth-Heinemann.

... (vindouro), "Qualitative Research in Marketing: Roadmap for a Wilderness of Complexity and Unpredictability." European Journal of Marketing.

Hart, Myra, Michael J. Roberts, and Julia D. Stevens (2003), Zipcar: Refining the Business Model, Case No. 9-803-096. Boston: Harvard Business School Press.

Hill, Peter (1999), "Tangibles, Intangibles, and Services: A New Taxonomy for the Classification of Output," Canadian Journal of Economics, 32 (abril): 426-46.

Hill, T. P. (1977), "On Goods and Services," Review of Income and Wealth, 20, 315-18.

Hoffman, K. Douglas, and John E. G. Bateson (2001), Essentials of Services Marketing, 2a ed. Nova York: Dryden.

Hogan, John E., Katherine N. Lemon, and Roland T. Rust (2002), "Customer Equity Management: Charting New Directions for the Future of Marketing," Journal of Service Research, 5 (agosto), 4-12.

Hunt, H. Keith, ed. (1977), "Conceptualization and Measurement of Consumer Satisfaction and Dissatisfaction," National Science Foundation Report NSF/RA 770003, Marketing Science Institute, Cambridge, MA.

Hunt, Shelby D. (1976), Marketing Theory: Conceptual Foundations of Research in Marketing. Columbus, OH: Grid.

Jones, Peter and Emma Peppiatt (1996), "Managing Perceptions of Waiting Times in Service Queues," International Journal of Service Industry Management, 7 (5), 47-61.

Judd, Robert C. (1964), "The Case for Redefining Services," Journal of Marketing, 28 (janeiro), 59.

..., (1968), "Similarities or Differences in Products and Service Retailing," Journal of Retailing, 43 (inverno), 1-9.

Kasper, Hans, Piet van Helsdingen, and Wouter de Vries (1999), Services Marketing Management: An International Perspective. Chichester, UK: Wiley.

Katz, Karen L., Blaire M. Larson, and Richard C. Larson (1991), "Prescription for theWaiting-in-Line Blues: Entertain, Enlighten, and Engage," Sloan Management Review, 31 (inverno): 44-53.

Kerin, Roger A., Eric N. Berkowitz, Steven W. Hartley, and William Rudelius (2003), Marketing, 7a ed. Nova York: McGraw-Hill.

Kimes, Sheryl E. (2003),"Revenue Management: A Retrospective," Cornell Hotel and Restaurant Administration Quarterly, 44 (outubro-dezembro), 131-38.

...and Richard B. Chase (1998), "The Strategic Levers of Yield Management," Journal of Service Research, 1 (novembro), 156-66.

...and Jochen Wirtz (2003), "Has Revenue Management Become Acceptable? Findings from an International Study on the Perceived Fairness of Rate Fences," Journal of Service Research 6 (novembro), 125-35.

Kostecki, Michel (1996), "Waiting Lines as a Marketing Issue," European Management Journal, 14 (3), 295-303.

Kotter, John P. and James L. Heskett (1992), Corporate Culture and Performance. Nova York: Free Press.

Kotler, Philip (2003), Marketing Management, 11a ed. Upper Saddle River, NJ: Prentice Hall.

... and Sidney J. Levy (1969), "Broadening the Concept of Marketing," Journal of Marketing, 33 (janeiro), 10-15.

Kuhn, Thomas S. (1970), The Structure of Scientific Revolutions, 2 a ed. Chicago: University of Chicago Press.

Kurtz, David L. and Kenneth L. Clow (1998), Services Marketing. New York: John Wiley.

LaLonde, Bernard J. and Paul H. Zinszer (1976), Customer Service: Meaning and Measurement. Chicago: National Council of Physical Distribution Management.

Laroche, Michel, Jasmine Bergeron, and Christine Goutaland (2001), "A Three-Dimensional Scale of Intangibility," Journal of Service Research,4 (agosto), 26-38.

Le Clerc, France, Bernd H. Schmitt, and Laurette Dubé (1995),"Waiting Time and Decision Making: Is Time Like Money?" Journal of Consumer Research, 22 (junho), 110-19.

Levitt, Theodore (1972), "Production Line Approach to Service," Harvard Business Review, 50 (setembro-outubro), 41-52.

Lovelock, Christopher H. (1983a), "Classifying Services to Gain Strategic Marketing Insights," Journal of Marketing 47 (verão), 9-20.

... (1983b), "Think Before You Leap in Services Marketing," in Emerging Perspectives in Services Marketing, L. L. Berry, G. L. Shostack, and G. Upah, eds. Chicago: American Marketing Association, 115-19.

... (1984), "Strategies for Managing Demand in Capacity-Constrained Service Organizations," Service Industries Journal, 4 (novembro), 12-30.

... (2000), Pt. 7, in Services Marketing Self-Portraits: Introspections, Reflections, and Glimpses from the Experts, R. P. Fisk, S. J. Grove, and J. John, eds. Chicago: American Marketing Association, 133-52.

...and Jochen Wirtz (2004), Services Marketing: People, Technology, Strategy, 5a ed. Upper Saddle Rover, NJ: Prentice Hall.

...and Lauren Wright (2002), Principles of Service Marketing and Management, 2a ed. Upper Saddle Rover, NJ: Prentice Hall.

...and Robert F. Young (1979), "Look to Consumers to Increase Productivity," Harvard Business Review, 57 (maio-junho), 168-78.

Maister, David H. (1985), "The Psychology of Waiting Lines," in The Service Encounter, J. A. Czepiel, M. R. Solomon, and C. F. Surprenant, eds. Lexington, MA: Lexington Books, 113-26.

Marshall, Alfred ([1890] 1962), Principles of Economics. Londres: Macmillan.

McDougall, Gordon H., and Douglas W. Snetsinger (1990), "The Intangibility of Services: Measurement and Competitive Perspectives," Journal of Services Marketing, 4 (4), 27-40.

McKenna, Regis (1997), Real Time. Boston: Harvard Business School Press.

Meuter, Maktthew L., Amy L. Ostrom, Robert I. Roundtree, and Mary Jo Bitner (2000), "Self-Service Technologies: Understanding Customer Satisfaction with Technology-Based Service Encounters," Journal of Marketing, 64 (julho), 50-64.

Miller, Danny (1990), The Icarus Paradox. Nova York: Harper Business.

Mittal, Banwari and Julie Baker (2002), "Advertising Strategies for Hospitality Services," Cornell Hotel and Restaurant Administration Quarterly, 43 (abril), 51-63.

Morris, Barbara and Robert Johnson (1987), "Dealing with Inherent Variability: The Difference Between Manufacturing and Service?" International Journal of Production Management, 7 (4), 13-22.

Namisvayam, Karthik (2003), "The Consumer as Transient Employee: Consumer Satisfaction through the Lens of Job-Performance Models," International Journal of Service Industry Management, 14 (4), 420-35.

Nelson, Philip (1970), "Advertising as Information," Journal of Political Economy, 82(julho-agosto), 729-54.

Nonaka, Ikujiro and Hirotaka Takeuchi, (1995), The Knowledge-Creating Company. Nova York: Oxford University Press.

Norris, Ruby T. (1941), The Theory of Consumer's Demand. New Haven, CT: Yale University Press.

Parker, Donald D. (1960), The Marketing of Consumer Services. Seattle: Bureau of Business Research, University of Washington.

Peppers, Don and Martha Rogers (1999), The One to One Manager. New York: Doubleday.

Peterson, Robert A., Sridhar Balasubramanian, and Bart J. Bronnenberg (1997), "Exploring the Implications of the Internet for Consumer Marketing," Journal of the Academy of Marketing Science, 25 (outono), 329-46.

Pine, B. Joseph II (1993), Mass Customization: The New Frontier in Business Competition. Boston: Harvard Business School Press.

Prahalad, C. K., and Allen Hammond (2002), "Serving the World's Poor, Profitably." Harvard Business Review, 80 (setembro), 48-57.

... (2004), "The Co-Creation of Value," Journal of Marketing, 69 (janeiro), 23.

Pride, William M. and O. C. Ferrell (2003), Marketing: Concepts and Strategies, 12a ed. Boston: Houghton Mifflin.

Rakowski, James P. (1982), "The Customer Service Concept," Review of Business and Economic Research, 18 (inverno), 55-86.

Rathmell, John M. (1966), "What Is Meant by Services?" Journal of Marketing, 30 (outubro), 32-36.

... (1974), Marketing in the Service Sector. Cambridge, MA: Winthrop.

Reichheld, Frederick F., and Phil Schefter (2000), "E-Loyalty: Your Secret Weapon on the Web," Harvard Business Review, 78 (julho-agosto), 105-112.

Regan, William J., (1963), "The Service Revolution," Journal of Marketing, 47 (julho), 57-62.

Riddle, Dorothy I. (1986), Service-Led Growth. Nova York: Praeger.

Robinson, Joan ([1933] 1969), The Economics of Imperfect Competition, 2a ed. Londres: Macmillan.

Rossiter, Margaret (2003), "State-Based Management: A Process for Reducing Customer Waiting in Over-the-Counter Service Transactions," International Journal of Service Industry Management, 14 (3-4), 458-70.

Rust, Roland T. (1998), "What Is the Domain of Service Research?" Journal of Service Research, 1 (novembro), 107.

... (2004), "If Everything Is Service, Why Is This Happening Now and What Difference Does It Make?" Journal of Marketing, 69 (janeiro), 23-24.

...and P. K. Kannan, eds. (2002), e-Service: New Directions in Theory and Practice. Armonk, NY: M. E. Sharpe.

..., Christine Moorman, and Peter R. Dickson (2002), "Getting Return on Quality: Revenue Expansion, Cost Reduction, or Both?" Journal of Marketing, 66 (outubro), 7-24.

Sasser, W. Earl, Jr. (1976), "Match Supply and Demand in Service Industries," Harvard Business Review, 54 (novembro-dezembro), 133-40.

..., R. Paul Olson, and D. Daryl Wyckoff (1978), Management of Service Operations. Boston: Allyn & Bacon.

Say, Jean-Baptiste ([1803] 1964), A Treatise on Political Economy. Reimpressões dos Clássicos Econômicos. Nova York: Agostous M. Kelly.

Schmenner, Roger W. (1986), "How Can Service Businesses Survive and Prosper?" Sloan Management Review, 27 (primavera), 21-32.

Schneider, Benjamin (2000), Pt. 9, in Services Marketing Self-Portraits: Introspections, Reflections, and Glimpses from the Experts, R. P. Fisk, S. J. Grove, and J. John, eds. Chicago: American Marketing Association, 173-187.

Schumpeter, Joseph A. (1950), Capitalism, Socialism and Democracy, 4a ed. Nova York: Harper & Row.

Shelp, Ronald Kent (1981), Beyond Industrialization: Ascendancy of the Global Service Economy. Nova York: Praeger.

Shostack, G. Lynn (1977), "Breaking Free from Product Marketing," Journal of Marketing, 44 (abril), 73-80.

Shugan, Steven M. (2004), "Finance, Operations and Marketing Conflicts in Service Firms," Journal of Marketing, 68 (janeiro), 24-27.

——— and Jinhong Xie (2000), "Advance Pricing of Services and Other Implications of Separating Purchase and Consumption," Journal of Service Research, 2 (fevereiro), 227-39.

Silvestro, Rhian, Lyn Fitzgerald, Robert Johnston, and Christopher Voss (1992), "Towards a Classification of Service Processes," International Journal of Service Industry Management, 3 (3), 62-75.

Smith, Adam ([1776] 1969), The Wealth of Nations, Books I-III, com uma introdução de A. Skinner. Londres: Penguin Books.

Solomon, Michael R. and Lenora. Stuart (2003), Marketing: Real People, Real Choices. Upper Saddle River, NJ: Prentice Hall.

Soma, Deli (2001), "The Mental Accounting of Sunk Time Costs: Why Time Is Not Like Money," Journal of Behavioral Decision Making, 14, 169-85.

Stix, Gary (2002), "Real Time," Scientific American, (setembro), 36-39.

Sundbo, Jon (2002), "The Service Economy: Standardisation or Customisation?" The Service Industries Journal, 22 (outubro), 93-116.

Vargo, Stephen L. and Robert F. Lusch (2004a), "Evolving to a New Dominant Logic for Marketing," Journal of Marketing, 69 (janeiro), 1-17.

... 2004b), "The Four Service Marketing Myths: Remnants of a Goods-Based, Manufacturing Model," Journal of Service Research, 6 (maio), 324-35.

Wilson, Aubrey (1972), The Marketing of Professional Services. Londres: McGraw-Hill.

Wyckham, R. G., P. T. Fitzroy, and G. D. Mandrey (1975), "Marketing of Services—An Evaluation of the Theory," European Journal of Marketing, 9 (primavera), 59-67.

Zeithaml, Valerie A. (1981), "How Consumer Evaluation Processes Differ Between Goods and Services," in Marketing of Services, J. H. Donnelly and W. R. George, eds. Chicago: American Marketing Association, 186-90.

——— and Mary Jo Bitner (2003), Services Marketing: Integrating Customer Focus across the Firm, 3a ed. Nova York: McGraw-Hill.

———, A. Parasuraman, and Leonard L. Berry (1985), "Problems and Strategies in Services Marketing," Journal of Marketing, 49 (primavera), 33-46.

...,...,...1990), Delivering Service Quality: Balancing Customer Perceptions and Expectations. Nova York: Free Press.

# 16
# Avaliando a cadeia de valor em serviços*

**WAGNER A. KAMAKURA**
DUKE UNIVERSITY,
DURHAM, NORTH
CAROLINA

**VIKAS MITTAL**
KATZ GRADUATE SCHOOL
OF BUSINESS, UNIVERSITY OF
PITTSBURGH, PITTSBURGH,
PENNSYLVANIA

**FERNANDO DE ROSA**
UNIVERSIDADE DE
BRASÍLIA

**JOSÉ AFONSO MAZZON**
FACULDADE DE
ECONOMIA E
ADMINISTRAÇÃO, USP

---

A cadeia de valor em serviços (SPC – Service Profit Chain) é uma estrutura para vincular operações de serviço, avaliações dos funcionários e avaliações dos clientes sobre a lucratividade de uma empresa (Heskett et al. 1994). A SPC fornece uma estrutura integrativa para a compreensão de como os investimentos operacionais de uma empresa em relação a operações de serviços se relacionam com as percepções e os comportamentos de clientes e como eles se traduzem em lucros. Para uma empresa, ela fornece uma orientação muito necessária sobre os complexos inter-relacionamentos entre investimentos operacionais, percepções dos clientes e o resultado líquido.

---

A colocação em prática da SPC é um problema dominante entre a maioria das empresas de serviços e já foram feitas várias tentativas de modelar diversos aspectos da SPC. No entanto, faltam abordagens abrangentes para modelar a SPC, uma vez que a maioria dos estudos se concentrou apenas em seus aspectos discretos. Há uma necessidade de abordagens que combinem dados como medidas de inputs operacionais, percepções e comportamentos do cliente e resultados financeiros a partir de múltiplas fontes, proporcionando à empresa não apenas um diagnóstico e uma avaliação abrangentes, mas também diretrizes para a colocação em prática. De maneira importante, exige-se uma abordagem que seja sensível aos pontos fortes e fracos desses conjuntos de dados e que possa acomodá-los. Nós delineamos e ilustramos essa abordagem neste artigo. Nossa abordagem tem o potencial tanto de identificar quanto de quantificar os benefícios de se colocar em prática uma estratégia de serviços, especialmente para empresas com diversas unidades (por exemplo, bancos com filiais, lojas de varejo e assim por diante).

---

\* Artigo originalmente publicado sob o título *Assessing the Service-Profit Chain*, na Marketing Science, v.21, n.3, p.294-317, 2002.

Nós ilustramos a abordagem da colocação em prática utilizando dados de um banco nacional no Brasil. Nós utilizamos levantamentos de clientes de mais de 500 filiais do banco. Os dados de levantamento de marketing de cada cliente individual foram vinculados a diversas métricas operacionais. Em primeiro lugar, medidas comportamentais de retenção, como a extensão da relação do cliente com o banco, a quantidade de depósitos e a quantidade de transações com o banco, foram obtidas e agrupadas com os dados do levantamento. Em segundo lugar, identificou-se a principal filial que cada cliente utilizava e inputs operacionais (por exemplo, o número de funcionários, o número de caixas eletrônicos (ATMs)) utilizados naquela filial foram obtidos e agrupados com o conjunto de dados, que foi utilizado para modelar a SPC num nível estratégico e operacional.

A análise estratégica consistiu de um modelo de equação estrutural que identificou os relacionamentos conceituais críticos que articulam com parcimônia a SPC para este banco. Por exemplo, dentre uma variedade de percepções no nível do atributo, o banco conseguiu identificar aquelas que eram determinantes críticos de intenções comportamentais. De maneira semelhante, dentre diversas métricas comportamentais disponíveis, o banco conseguiu identificar os comportamentos mais relevantes para a lucratividade. A análise operacional utilizou a Análise Envoltória de Dados (DEA) e fornece feedback personalizado para cada filial com o objetivo de colocar em prática o modelo estratégico. Ela fornece a cada filial uma métrica da sua eficiência relativa para traduzir inputs como funcionários e caixas eletrônicos em resultados estratégicos relevantes como intenções e comportamentos dos clientes. Nossa ilustração mostra como os principais gerentes podem utilizar a análise estratégica e a operacional conjuntamente.

Enquanto o modelo estratégico fornece os principais relacionamentos e métricas necessários para assegurar que todas as subunidades da firme sigam uma estratégia consistente, a análise operacional permite que cada filial adote como referência sua posição singular para que ela possa colocar em prática o modelo estratégico da maneira mais eficiente. Portanto, colocar em prática simultaneamente o modelo estratégico e o operacional permite que a empresa tenha um enfoque centralizado com uma colocação em prática descentralizada. Para este banco, a análise operacional mostra que para uma filial alcançar lucratividade superior, é importante que seu gerente seja não apenas eficiente para alcançar satisfação superior (conforme indicado em intenções comportamentais positivas), mas também que ele seja eficiente para traduzir essas atitudes e intenções em comportamentos relevantes. Em outras palavras, apenas a satisfação superior não é uma garantia incondicional de lucratividade (serviço; lucratividade; cadeia de valor em serviços; retenção; satisfação; serviços bancários; serviços financeiros).

Antes da década de 1990, a maioria das empresas voltava suas operações para a maximização da qualidade do serviço. Atualmente, o foco está na vinculação da qualidade do serviço com resultados comerciais concretos como retenção e lucratividade (veja Rust et al.1995). Basicamente, o enfoque estratégico tem estado na maximização da lucratividade ao otimizar recursos operacionais alocados para esforços de qualidade do serviço.

No entanto, para a maioria das empresas, a vinculação dos recursos operacionais com resultados de marketing não tem sido fácil. Conforme observaram Bolton and Drew (1994, p. 197):

> Há uma necessidade fundamental de modelos abrangentes de avaliações dos clientes, operações de serviços e resultados, ou seja, modelos com equações múltiplas e estruturais que reconheçam relacionamentos potencialmente simultâneos. Necessariamente, estes modelos devem ser operacionalizados com medidas de operações de serviço e resultados vindos de dentro da organização. Infelizmente, muitas organizações não coletam medidas internas relevantes de maneira sistemática. Se elas fizerem isso, poderá ser muito difícil resgatá-las e combiná-las no nível individual.

A SPC é uma estrutura para a vinculação de operações de serviços, avaliações de funcionários e de clientes até o ponto mais importante (Heskett et al. 1994). Conforme detalhado na Figura 16.1, a SPC fornece um modelo integrativo para entender com os investimentos operacionais de uma firma em qualidade do serviço se relacionam com percepções e comportamentos do cliente e como isto se traduz em lucros. Portanto, ela fornece uma orientação muito necessária sobre os complexos interrelacio-

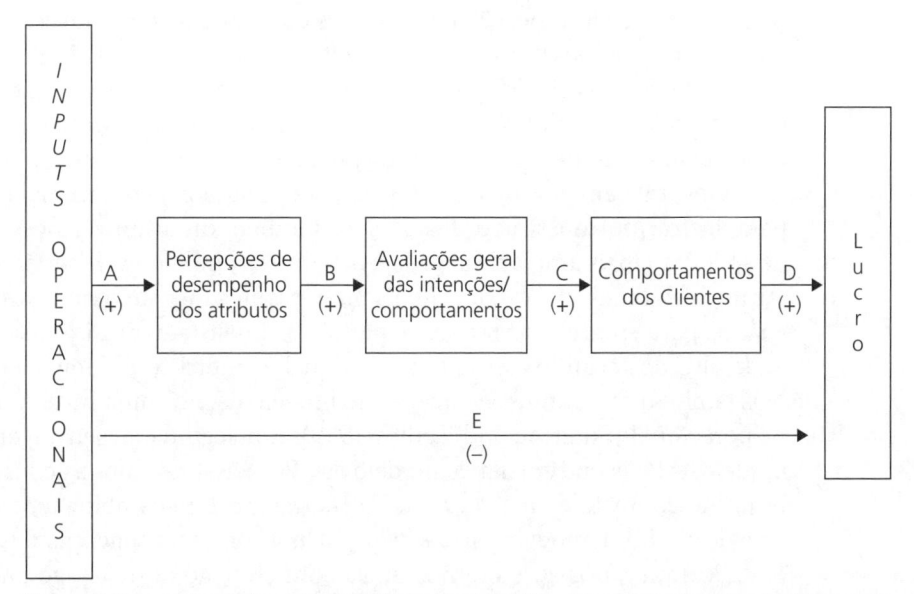

Observação: As percepções, atitudes e satisfação dos funcionários são incluídas como uma forma de *input* operacional porque nós consideramos tanto fatores humanos quanto tecnológicos como sendo inputs operacionais.

**FIGURA 16.1** A cadeia de valor em serviços.
Fonte: Kamakura, Mittal, de Rosa e Mazzon (2002).

namentos entre investimentos operacionais, percepções dos clientes e o resultado líquido.

Colocar a SPC em prática é um problema predominante entre a maioria das empresas de serviços, uma vez que ela fornece uma oportunidade clara para melhoria operacional. Portanto, foram feitas várias tentativas de modelar diversos aspectos da SPC. Conforme será discutido depois, faltam abordagens abrangentes para modelar a SPC, uma vez que a maioria dos estudos só se concentrou em seus aspectos discretos (veja Zeithaml 2000). Como tais, abordagens e estudos que possam proporcionar a uma firma não apenas um diagnóstico e uma avaliação abrangentes, mas também diretrizes para sua colocação em prática são necessários. Para realizar isto, dados de diversas fontes deverão ser combinados, incluindo medidas de inputs operacionais, percepções e comportamentos dos clientes e resultados financeiros. De maneira importante, uma abordagem de análise que seja sensível aos pontos fortes e fracos desses conjuntos de dados é necessária. Nós delineamos e ilustramos uma abordagem desse tipo neste artigo. Conforme mostramos, os resultados têm o potencial tanto de identificar quanto de quantificar os benefícios da colocação em prática de uma estratégia de serviços, especialmente para firmas que tenham várias unidades (por exemplo, bancos com filiais, lojas de varejo e assim por diante). Ao realizarmos esse exercício, surge um panorama mais claro do esboço estratégico e operacional da estratégia de serviços da empresa. Isto pode ser utilizado para se estabelecer prioridades de ação para os principais gerentes assim como para gerentes na linha de frente. Esse esforço tem um enfoque na ilustração e na colocação em prática e contrasta fortemente com estudos voltados para analisarem partes específicas e isoladas da SPC. Enquanto a finalidade destes estudos enfocados é teoricamente analisar a natureza de cada vínculo, a finalidade deste esforço é ilustrar uma abordagem de modelagem abrangente a partir de uma perspectiva de colocação em prática.

Nós utilizamos dados de 5.055 clientes de um banco nacional no Brasil para ilustrarmos nossa abordagem. Nós também discutimos a possibilidade de aplicação mais ampla da abordagem a outros ambientes de serviços e destacamos algumas ideias conceituais interessantes que surgem a partir desta análise. Para empreendermos esta questão, primeiro nós analisamos o modelo da SPC destacando a pesquisa conceitual e empírica relacionada com ele. Nós também discutimos a aplicação do modelo da SPC num nível estratégico e operacional (Soteriou and Zenios 1999). Em seguida, desenvolvemos um modelo testável que emana do modelo da SPC e descrevemos a aplicação empírica no contexto do banco. Ao fazer isso, este artigo combina uma abordagem de medida e modelagem a este problema com uma aplicação ilustrativa.

Portanto, nós acreditamos que a contribuição deste artigo não seja o desenvolvimento de uma nova metodologia ou técnica de modelagem ou a generalidade das descobertas específicas. Em vez disso, a contribuição está em apresentar uma abordagem abrangente que empresas de serviços podem utilizar como esboço para ação. No processo, ganhamos várias ideias qualitativas que esclarecem questões importantes como, por exemplo, por que algumas empresas não são lucrativas apesar da alta qualidade dos serviços e qual é o papel da eficiência da colocação em prática na moderação da lucratividade?

## 16.1 A CADEIA DE VALOR EM SERVIÇOS

O modelo original da SPC foi proposto por Heskett et al. (1994), que postulam que as receitas são acionadas por percepções de qualidade dos serviços, que por sua vez são acionadas por inputs operacionais e por esforços dos funcionários. A popularidade do modelo da SPC fica evidente nos diversos estudos de caso que os profissionais relataram, sendo que o mais notável foi sua aplicação na Sears (Rucci et al. 1998). Outro modelo que Rust et al. (1995) propuseram, conhecido como o de "Retorno de Qualidade", é semelhante, apesar de se diferenciar ao modelar explicitamente o custo e os benefícios de investimentos relacionados com a qualidade. Observe que no modelo da SPC, o custo da qualidade não é considerado explicitamente e o foco está na receita em vez de na lucratividade, que é o foco do modelo do Retorno de Qualidade (ROQ). No entanto, tanto a SPC quanto o ROQ têm muitas coisas em comum, sendo que a mais notável é uma ênfase no impulso das operações da empresa de acordo com análises estatísticas de levantamentos de clientes. Portanto, estas são utilizadas para identificar os principais atributos de serviço que tenham um impacto sobre a qualidade e a retenção gerais, que por sua vez impulsionam resultados financeiros. Neste sentido, elas podem proporcionar uma orientação acionável para a gerência. Estes dois modelos, no entanto, são diferentes do modelo de igualdade dos clientes, surgido recentemente, em que o foco está na identificação de clientes lucrativos. No nível básico, o objetivo de todos estes modelos é vincular a qualidade dos serviços e as atividades de marketing com a métrica financeira. No entanto, o modelo de igualdade dos clientes se concentra mais na identificação dos clientes, enquanto os modelos do ROQ e da SPC se concentram mais na melhoria das operações da empresa. Portanto, enquanto aquele pode ser útil para o gerenciamento da base de clientes de uma empresa, estes dois últimos são mais úteis para o gerenciamento das operações internas da empresa para atender a base de clientes identificada dessa forma.

Seguindo Heskett et al. (1994), as primeiras conceitualizações e os primeiros testes da SPC se concentraram na maximização da retenção e da receita sem nenhuma consideração explícita do custo de esforços de qualidade dos serviços. Portanto, na aplicação da SPC na Sears, o objetivo foi aumentar vendas e receitas sem nenhuma preocupação explícita com a lucratividade (Rucci et al. 1998). No banco PNC, o objetivo da aplicação da SPC era vincular classificações de satisfação com o saldo bancário e não com a lucratividade (veja Carr 1999). De maneira semelhante, no Holiday Inn, a qualidade dos serviços estava explicitamente vinculada com a receita disponível por quarto (Kimes 1999). Semelhantes no espírito foram os estudos acadêmicos que buscavam vincular percepções dos consumidores com resultados comportamentais como a duração da clientela (Bolton 1998) e o comportamento de recompra (Mittal and Kamakura 2001). Até onde sabemos, Loveman (1998) apresenta a aplicação mais abrangente da SPC ao analisar tanto o comportamento dos clientes (duração da estadia, compra cruzada) e implicações de receita (saldo médio) de qualidade dos serviços. No entanto, em todas estas aplicações, a meta implícita foi maximizar a retenção ou as receitas e, dessa forma, o custo de se envolver nesses objetivos estratégicos não é modelado explicitamente.

Deve-se reconhecer que alguns estudos vincularam a satisfação ou a qualidade dos serviços com a lucratividade e não apenas com as receitas. Até mesmo resultados desses estudos não foram conclusivos. Por exemplo, Ittner and Larcker (1998) descobriram que a satisfação está positivamente relacionada com retenção e receitas, mas não com margens. Especificamente, eles descobriram que filiais de bancos classificadas no quartil inferior de satisfação dos clientes não tinham um retorno sobre vendas (margens/vendas), diferente daquelas classificadas no quartil superior. Isto ocorria apesar do fato de as filiais do quartil inferior terem uma receita menor do que as do quartil superior. Apesar de eles não abordarem esta questão, nós acreditamos que isto poderia ter ocorrido porque as filiais com satisfação elevada estavam gastando demais para satisfazerem os clientes e ganharem vendas. Portanto, simplesmente ter lucros ou margens como variável dependente ou função objetiva não é suficiente, a não ser que o impacto ao mesmo tempo positivo e negativo das despesas com a qualidade dos serviços e os investimentos em lucratividade sejam incluídos explicitamente na análise. O modelo do ROQ proposto por Rust et al. (1995) aborda diretamente este ponto importante. Aqui se postula que os recursos operacionais voltados para a melhoria dos serviços tenham um efeito ao mesmo tempo positivo e negativo sobre a lucratividade. O impacto positivo ocorre porque esses investimentos em recursos operacionais (por exemplo, mais caixas num banco) levam a percepções positivas de desempenho sobre atributos correspondentes (por exemplo, percepções de maior desempenho de tempo de espera) que, por sua vez, leva a uma intenção comportamental mais favorável em relação ao prestador de serviços, retenção e receitas. O impacto negativo deve-se diretamente às despesas feitas com inputs operacionais voltados para melhorarem percepções de desempenho de um atributo e, ocasionalmente, qualidade dos serviços e comportamentos correspondentes dos consumidores. É neste sentido que modificamos o modelo da SPC proposto por Heskett et al. (1994). Ao incluir explicitamente seu impacto negativo sobre a lucratividade, a gerência pode tornar seus investimentos na qualidade dos serviços financeiramente responsáveis. Portanto, a abordagem que nós adotamos mistura elementos do modelo do ROQ no modelo da SPC.

Uma distinção adicional da nossa aplicação é seu enfoque ao mesmo tempo estratégico e operacional. Os primeiros a fazerem uma distinção entre o enfoque estratégico e o operacional foram Soteriou e Zenios (1999). O modelo estratégico é mais um modelo conceitual e analítico que identifica os principais vínculos e parâmetros para a gerência. O modelo operacional, por outro lado, tem um enfoque de colocação em prática e sua meta é fornecer referências de eficiência e avaliações para as múltiplas subunidades de uma empresa na capacidade que elas têm de colocar em prática os principais elementos do modelo estratégico. Conforme observam Soteriou e Zenios (1999, p. 1222), "A referência estratégica se concentra nas coisas realmente importantes e as referências de eficiência se concentram em como fazer estas coisas bem". Considere, por exemplo, o vínculo entre inputs operacionais e as percepções da qualidade dos serviços entre os clientes. Para este vínculo, uma tentativa de correlacionar inputs operacionais com percepções dos clientes sobre a qualidade dos serviços seria uma análise no nível estratégico, que permitiria que a gerência identificasse, a partir de diversos inputs, o subconjunto de inputs que cause o maior impacto sobre as percepções de qualidade dos clientes. A análise operacional, por outro lado, compararia o desempenho de diversas subunidades (por exemplo, filiais bancárias) em relação à sua eficiência em traduzir os inputs operacionais em percepções dos consumidores. Portanto, é necessário fazer tanto a análise estratégica quanto a operacional para se executar e colocar em prática a SPC numa firma. Numa aplicação típica, o modelo estratégico pode primeiro ser estimado a partir de dados agregados e depois pode-se realizar uma análise operacional no nível da subunidade para comparar cada subunidade em termos da sua capacidade de executar o modelo estratégico.

Ao se colocar em prática a SPC numa firma, várias escolhas deverão ser feitas, cada uma representando um obstáculo específico à situação singular da empresa. Em primeiro lugar, dependendo da disponibilidade dos dados, pode-se colocar em prática a SPC no nível dos clientes ou da subunidade. Enquanto algumas empresas coletam informações suficientes no nível dos clientes de cada subunidade, outras não fazem isso. Idealmente, a análise no nível dos clientes poderá ser utilizada para se produzir um modelo estratégico que possa ser colocado em prática no nível da subunidade para se produzir um modelo operacional. Uma segunda questão está relacionada com a utilização de dados entre seções ou de séries temporais. Apesar de dados de séries temporais fornecerem uma capacidade superior em termos de análise estatística, combinar dados de satisfação correspondentes para cada cliente individual poderá ser impossível, especialmente em setores com baixos índices de retenção (por exemplo, telecomunicações).

Se dados por períodos suficientemente grandes estiverem disponíveis no nível da subunidade, será possível realizar uma análise causal incorporando a heterogeneidade. No estudo que relatamos, só estavam disponíveis os dados referentes a um único período. Em terceiro lugar, as firmas deverão articular explicitamente o horizonte de tempo para a aplicação e para as conclusões. Tipicamente, as firmas que colocam em prática a SPC pela primeira vez ficarão concentradas no curto prazo, apesar de que, ao longo do tempo, uma análise adicional poderá ser realizada. No entanto, poderá ser útil considerar o valor atual de variáveis financeiras, incluindo a lucratividade dos clientes e os investimentos na qualidade dos serviços. O ponto é que toda aplicação da SPC é singular à situação específica da firma e aos dados disponíveis para modelar a SPC. Escolhas feitas neste sentido costumam representar obstáculos de dados que devem ser delineados logo de cara para que a gerência possa compreender as limitações da análise. Então, a interpretação dos resultados e da colocação em prática da SPC deverá se desenvolver de maneira cautelosa, tendo em mente as limitações dos dados disponíveis.

## 16.2  A SPC: LACUNAS NA LITERATURA EMPÍRICA

Investigações empíricas sistemáticas da SPC surgiram apenas recentemente. À medida que os dados necessários para se testar empiricamente a SPC começaram a ficar disponíveis, surgiu a pesquisa empírica avaliando a SPC. O fato de a maioria dos estudos terem sido feitos apenas nos últimos 2 a 3 anos é digno de nota. Soteriou e Zenios (1999) observam que nenhum estudo modelou a SPC de maneira abrangente e que a maioria dos estudos empíricos estudou vínculos específicos isoladamente. Portanto, existe uma ampla pesquisa vinculando as percepções de desempenho no nível do atributo com a qualidade dos serviços (Parasuraman et al. 1988), as percepções de qualidade dos serviços com os comportamentos dos clientes (Bolton 1998) e os comportamentos dos clientes com as receitas (Carr 1999). No entanto, estes estudos testaram cada vínculo separadamente em vez de como um modelo de equação simultânea, deixando três lacunas críticas na aplicação da SPC numa firma. Em primeiro lugar, estes estudos não conseguiram identificar os mecanismos causais e de mediação que os gerentes precisam compreender para colocarem em prática a SPC. Em segundo lugar, um foco exclusivo em vínculos isolados levou a descobertas misturadas e inconsistentes. Em terceiro lugar, a não ser que todas as peças do quebra-cabeças possam ser montadas no contexto de uma única empresa, é difícil encontrar aceitação para o modelo da SPC, impedindo assim sua aplicação entre firmas. No que diz respeito ao primeiro ponto, considere um estudo feito por Loveman (1998), que buscava analisar cada um dos vínculos da SPC separadamente. Loveman (1998, p. 30) encontrou resultados equivocados e concluiu:

> Esta análise simples não oferece nenhuma maneira de excluir outras interpretações, incluindo o argumento de que a mediação de vínculos tornam os relacionamentos mais distantes inválidos. Uma pesquisa futura utilizará métodos mais sofisticados com múltiplas equações para melhorar os testes do modelo da cadeia serviços-lucro e diferenciar melhor entre explicações concorrentes de resultados equivocados.

Portanto, o esclarecimento dos diversos mecanismos de mediação, apesar de ser complicado devido à utilização de modelos com múltiplas equações, poderá resolver questões sobre mecanismos causais inerentes aos relacionamentos entre conceitos mais distantes na SPC. No que diz respeito ao segundo ponto, uma abordagem abrangente poderá potencialmente resolver descobertas aparentemente inconsistentes, como a que Ittner e Larcker (1998, Estudo 2) fizeram e que foi discutida anteriormente. Finalmente, uma barreira comum para a colocação em prática das descobertas da pesquisa é sua variância contextual. Considere que a literatura descubra um vínculo sólido (tanto teoricamente quanto empiricamente) entre as percepções gerais de satisfação e o comportamento dos clientes (Bolton 1998, Mittal and Kamakura 2001). Ainda assim, a gerência numa empresa específica precisa colocar essa descoberta no seu próprio contexto (ou seja, observá-la com seus próprios dados) e depois vinculá-la estatisticamente a outras partes do modelo da SPC para tomar decisões significativas. Em outras palavras, apesar de um sólido apoio a vínculos isolados, uma abordagem abrangente, de "perspectiva ampla" é necessária no nível da empresa para proporcionar ações prioritárias à gerência.

Estudos empíricos no passado tendiam a ter um enfoque ou estratégico ou operacional, mas nunca os dois. Notavelmente, o enfoque é impulsionado pela disciplina com a qual os autores de um estudo estão afiliados. Enquanto os autores no marketing tendiam a testar a SPC no nível estratégico, autores na gerência de operações adotaram um enfoque operacional. Estudos com um enfoque estratégico identificam vínculos e variáveis fundamentais necessários para modelarem a SPC numa firma, enquanto os estudos com um enfoque operacional buscam identificar as formas mais eficientes em que se possa colocar em prática o vínculo identificado no modelo estratégico. Conforme Soteriou e Zenios (1999) destacaram, a interação entre estes dois níveis de análise não foi formalizada. Ainda assim, para gerentes colocando em prática a SPC, é necessário que haja orientação simultânea nos dois níveis. É preciso dizer aos gerentes não apenas em quais elos da SPC eles devem se concentrar (modelo estratégico), mas eles também precisam ser orientados em termos de se colocar em prática cada elo de maneira eficiente (modelo operacional).

Portanto, a partir de uma perspectiva de pesquisa, falta uma aplicação empírica abrangente que avalie simultaneamente todos os elos da SPC e os analise tanto no nível estratégico quanto no operacional. Essa aplicação empírica pode ilustrar para a maioria das empresas como avaliar simultaneamente todos os elos da SPC tanto no nível estratégico quanto no operacional. De maneira mais importante, esta aplicação se concentra no gerenciamento da lucratividade em vez de apenas na maximização das receitas ou da retenção. Ao fazermos isso, nós ganhamos vários insights qualitativos. No nível estratégico, nós demonstramos que investimentos operacionais projetados para melhorarem as percepções da qualidade dos serviços têm um efeito indireto e positivo sobre a lucratividade, apesar de ele ser neutralizado pelo seu efeito negativo sobre a lucratividade. Em termos operacionais, nossos resultados mostram que uma lucratividade maior acumula nas subunidades da empresa que são não apenas eficientes na geração do nível desejado de serviços, mas também na tradução das percepções dos serviços em retenção de clientes.

Nós estimamos o modelo estratégico utilizando dados de 5055 clientes do banco. Além do tamanho grande da amostra, os dados são singulares em três aspectos. Em primeiro lugar, dados do levantamento dos clientes sobre as percepções da qualidade e das intenções comportamentais em relação ao banco estavam disponíveis. Em segundo lugar, dados comportamentais sobre a retenção de clientes e a lucratividade foram coletados no nível dos clientes e foram agregados com os dados do levantamento. Finalmente, dados sobre inputs operacionais no nível da filial também estavam disponíveis. Nós apresentamos os resultados do estudo alertando o leitor de que os resultados relatados aqui se baseiam em medidas personalizadas disponíveis a partir do banco de dados de uma única empresa. Nós temos plena consciência de que a aplicação do modelo da SPC provavelmente varia de uma empresa para outra, dependendo das medidas específicas e das métricas disponíveis. Nós não afirmamos que a nossa seja a melhor operacionalização, nem que nós fornecemos o teste definitivo da SPC. Em vez disso, nós consideramos que nosso trabalho tenha natureza ilustrativa, uma que demonstre como a SPC pode ser colocada em prática de maneira abrangente numa empresa e, ao longo do processo, também fornecer insights qualitativos que desenvolvam a literatura sobre satisfação. Portanto, o espírito do nosso trabalho é mais próximo ao de Simester et al. (2000), que ilustram uma abordagem de colocação em prática para melhoria entre culturas e da satisfação dos clientes.

## 16.3 A SPC: MODELO ESTRATÉGICO

Nossa conceitualização da SPC é mostrada na Figura 16.1. Apesar de seguirmos modelos propostos anteriormente na literatura (ver Bolton e Drew 1994, Heskett et al. 1994), nós também incorporamos um vínculo negativo direto entre inputs operacionais e lucratividade. Isto está de acordo com Rust et al. (1995), no sentido de se postular que recursos operacionais voltados para a melhoria dos serviços tenham um efeito ao mesmo tempo positivo e negativo sobre a lucratividade. As equações de 1 a 4 postulam uma especificação geral do sistema descrito anteriormente:

Link A   Percepção de desempenho dos atributos
$= f$(investimento de recursos em inputs operacionais), (1)

Link B   Intenções comportamentais
$= f$(Percepção de desempenho dos atributos), (2)

Link C   Retenção de clientes
$= f$(intenções comportamentais; concorrência), (3)

Link D e E   Lucro
$= f$(retenção de clientes); $f$(investimentos em recursos), (4)

Cada equação representa hipóteses testáveis específicas para uma empresa individual. Exceto o Link E (que deve ser negativo), espera-se que todos os relacionamentos sejam positivos. Conforme especificado na Equação (1), o interesse da firma é alocar recursos para operações que afetem explicitamente as percepções dos clientes sobre o desempenho de atributos específicos. Num banco, as percepções de desempenho de um atributo como "tempo de espera na fila" poderão ser afetadas por inputs operacionais como o aumento da quantidade de caixas, a modificação da disposição da recepção ou o aumento da automatização para proporcionar um serviço mais rápido. Também é fundamental para uma empresa alocar recursos para inputs que afetem explicitamente as percepções dos clientes. A não ser que os clientes percebam as consequências dos inputs operacionais, é pouco provável que esses investimentos causem um impacto sobre a satisfação geral.

Apesar de parecer óbvio, vincular empiricamente processos operacionais com percepções de atributos não tem sido fácil. Bolton e Drew (1994, p. 179) observam que "A maioria das empresas (até agora) não consegue vincular atributos de engenharia/operações com percepções de serviço através de modelos estatísticos". Sem um vínculo explícito entre os dois, as firmas não conseguem ter certeza da sua estratégia de alocação de recursos para melhorias da qualidade dos serviços. A meta de um modelo estratégico é identificar estatisticamente, dentre diversos inputs operacionais, aqueles que afetam as principais percepções de atributos.

Conforme especificado na Equação (2), as percepções de desempenho dos atributos afetam avaliações globais dos consumidores. Estas avaliações globais* podem tomar a forma de uma classificação geral da qualidade dos serviços (Bolton and Drew 1994), uma classificação geral de satisfação (Anderson and Mittal 2000), ou uma classificação geral de uma intenção comportamental (Rust et al. 2000). A base teórica para este vínculo está localizada numa conceitualização de múltiplos atributos da satisfação dos clientes e da qualidade dos serviços (Anderson and Mittal 2000, Parasuraman et al. 1988). Nessa conceitualização, a avaliação global dos clientes é uma função de percepções no nível dos atributos e a importância desse atributos é determinada por até que ponto uma mudança em percepções de desempenho dos atributos leva a uma mudança na avaliação global (Anderson and Mittal 2000). A alocação de recursos para diversos atributos baseia-se na sua importância relativa. Portanto, a meta de se estimar este vínculo no modelo estratégico é isolar os atributos de "principal impulso", ou os atributos mais importantes para determinar as avaliações gerais.

Na Equação (3), as avaliações globais dos consumidores prevêem uma variedade de comportamentos de retenção de clientes. A base teórica para este vínculo é a ideia de consistência no comportamento de intenção de atitude (Morwitz and Schmittlein 1992), em que o comportamento do consumidor, em média, segue atitudes e intenções. Empiricamente, demonstrou-se que avaliações globais como satisfação e intenções afetam comportamentos (por exemplo, Bolton 1998, Mittal and Kamakura 2001). Observe que em qualquer aplicação da SPC, a avaliação global utilizada – satisfação, classificação da qualidade dos serviços ou intenção comportamental – pode ser específica para a empresa. De maneira semelhante, espera-se que os resultados comportamentais e suas métricas variem de uma empresa para outra. Por exemplo, um prestador de serviço de telefonia pode estar interessado em medir a duração da permanência de um cliente com ela (Bolton 1998). Para bens duráveis, como carros, a efetiva recompra da mesma marca poderá ser o comportamento de interesse. No entanto, no setor de serviços financeiros onde um único cliente pode ter múltiplas contas com prestadores diferentes, as firmas acham útil monitorar "participação de carteira" e duração do relacionamento do cliente com a firma. O fundamental é assegurar que os comportamentos monitorados estejam relacionados com receitas e/ou com lucratividade. Além disso, fatores como competitividade do setor (Anderson and Mittal 2000) podem

---

* Neste artigo, nós não abordamos o debate sobre qual destes conceitos representa uma avaliação global adequada. Nossa posição é que a escolha e a adequação do conceito depende da situação específica de uma empresa.

moderar até que ponto as avaliações globais de serviço estão relacionadas com comportamentos desejáveis dos clientes. Portanto, em vez de pressupor que avaliações globais maiores se traduzam em comportamentos mais desejáveis, uma firma deverá testar especificamente a existência, a magnitude e a forma funcional do relacionamento básico. Os links D e E na Figura 16.1 são capturados na Equação (4). Assim, os comportamentos de retenção de clientes têm um impacto positivo sobre a lucratividade (Link D) e investimentos feitos em inputs operacionais têm um impacto negativo direto sobre a lucratividade (Link E).

## 16.4 COLOCANDO A SPC EM PRÁTICA: MODELO OPERACIONAL E AVALIAÇÃO

Uma vez que o modelo estratégico tenha sido estimado e avaliado, então uma firma poderá avançar para avaliar a eficiência relativa com a qual cada subunidade está colocando o modelo estratégico em prática. Isto constitui a análise operacional. Para isto, pesquisadores e gerentes decidem em conjunto sobre os principais elos (identificados no modelo estratégico) que deverão ser enfatizados e sobre a base na qual as subunidades deverão ser comparadas. Tipicamente, a comparação da subunidade baseia-se na sua eficiência em transformar inputs em resultados desejados utilizando técnicas como a Análise de Envoltória de Dados (DEA). Esta técnica, que será detalhada mais adiante, mede a eficiência (razão de outputs sobre inputs) de uma filial bancária em relação a uma filial virtual que representa a "melhor prática" ou benchmark na mesma escala de operações. Em outras palavras, em vez de comparar cada filial com a melhor de todas as filiais dentro da empresa, a DEA define uma filial "virtual" como sendo uma combinação convexa de filiais eficientes que funcionam em níveis de escalas semelhantes (em termos de inputs utilizados e outputs produzidos), que seria diretamente comparável com a filial sendo avaliada.

Portanto, esta análise de eficiência não se concentra apenas na maximização do output e é plenamente consistente com as abordagens da SPC e do ROQ, que se concentram na maximização da lucratividade em vez de na qualidade dos serviços. Além disso, esta análise leva em consideração diferenças potenciais em economias de escala ao longo das múltiplas unidades, produzindo mais avaliações imparciais de eficiência.

A pesquisa empírica sobre as avaliações no nível operacional da SPC tem sido escassa, apesar de alguns estudos recentes serem relevantes (ver Kimes 1999, Frei and Harker 1999, Simester et al. 2000). Kimes (1999) utilizou uma abordagem de maximização dos resultados para comparar diversos hotéis na cadeia Holiday Inn em termos do seu desempenho de qualidade e das suas receitas. Frei e Harker (1999) compararam a eficiência do processo de prestação de serviços, mas se concentraram apenas em questões de design dos serviços. Finalmente, Simester et al. (2000) compararam várias unidades de uma empresa internacional utilizando um quase experimento. A avaliação deles se concentrou apenas nos inputs operacionais, percepções de desempenho do atributo e satisfação. Como tal, não foi feita nenhuma avaliação de retenção ou de lucratividade. Nós abordamos todas estas questões ao compararmos diferentes subunidades em termos de (1) alocação de recursos, (2) percepções dos clientes, e (3) retenção dos clientes. Em seguida, nós demonstramos as implicações de lucro dessas comparações.

## 16.5 AVALIAÇÃO ESTRATÉGICA E OPERACIONAL DA SPC

Antes de discutirmos os resultados empíricos, é importante compreendermos como o modelo estratégico e o operacional se encaixam. Estes dois modelos formam um processo com dois estágios e não devem ser tratados como substitutos. O enfoque do modelo estratégico está em extrair, a partir de um grande conjunto de dados e variáveis, relacionamentos conceituais essenciais que possam articular a SPC com parcimônia. Por exemplo, a gerência poderá perguntar: Entre as 15 percepções de desempenho de atributo medidas no nosso levantamento dos clientes, em quais nós devemos nos concentrar? Entre as várias medidas disponíveis de comportamento dos clientes na base de dados de contabilidade, quais nós devemos considerar? Estas perguntas são respondidas no processo de estimativa do modelo estratégico. Na nossa experiência, modelos complexos demais podem bloquear sua colocação em prática.

Apesar de o modelo estratégico fornecer um esboço para os principais gerentes, ele sozinho não é útil para orientar considerações de colocação em prática, especialmente em subunidades individuais. Por exemplo, pense num banco onde a gerência tenha identificado que caixas eletrônicos afetam positivamente as percepções sobre a qualidade dos serviços e a retenção. No entanto, o ponto até o qual uma filial individual pode mudar as percepções sobre a qualidade dos serviços e a retenção em resposta à instalação de caixas eletrônicos adicionais irá variar de uma filial para outra. Uma filial que atenda principalmente estudantes universitários poderá testemunhar um relacionamento mais sólido do que outra que atenda principalmente cidadãos idosos. Portanto, cada filial precisa de orientação para colocar em prática o modelo estratégico de uma forma eficiente. O modelo operacional proporciona essa orientação.

Com efeito, o modelo operacional "personaliza" o modelo estratégico para subunidades específicas ao incorporar a situação singular que a subunidade específica encara. Outra forma de pensar sobre isso é que o modelo estratégico fornece os principais relacionamentos e métricas necessários para garantir que todas as subunidades da empresa sigam uma estratégia consistente. Em conjunto, a análise operacional fornece a cada filial um retrato instantâneo da sua posição singular para ela possa colocar em prática o modelo estratégico da forma mais eficiente. Portanto, colocar em prática ao mesmo tempo o modelo estratégico e o operacional permite que uma firma tenha um enfoque centralizado com colocação em prática descentralizada. Em resumo, o modelo estratégico e o modelo operacional são complementos em vez de substitutos e os dois são necessários para se colocar a SPC em prática com êxito numa empresa de serviços com múltiplas subunidades.

## 16.6 AMBIENTE DE PESQUISA

A pesquisa foi realizada juntamente com um dos principais bancos nacionais do Brasil cuja identidade foi disfarçada por motivos de confidencialidade. Os dados do levantamento foram compilados como parte de uma iniciativa de satisfação dos clientes. Um total de 5.055 clientes de mais de 500 filiais foram entrevistados de acordo com um plano de amostragem proporcional, de tal forma que foram entrevistados mais clientes das maiores filiais. Os dados do levantamento de marketing de cada cliente individual foi vinculado a um número de métricas operacionais. Em primeiro lugar, medidas comportamentais de retenção, como a extensão da relação do cliente com o banco, a quantidade de depósitos e a quantidade de transações foram obtidas e agrupadas com os dados do levantamento. Em segundo lugar, a principal filial utilizada por cada cliente foi identificada e inputs operacionais utilizados nessa filial foram obtidos e agrupados com o conjunto de dados. Por exemplo, variáveis como a quantidade de funcionários e a quantidade de caixas eletrônicos disponíveis na filial foram agrupados com o relato de cada cliente.

Conforme mencionamos anteriormente, nossa análise é até certo ponto singular, uma vez que as variáveis e suas medidas são específicas à organização patrocinadora. No entanto, as medidas utilizadas são aquelas que a gerência deste banco considera as mais passíveis de ação. Por exemplo, as duas dimensões de percepção nas quais os atributos foram medidos nestes dados – equipamentos e funcionários – são singulares a este banco e outros bancos ou organizações podem muito bem se concentrar em outros atributos. De maneira semelhante, apesar de medidas de retenção e de lucro terem sido tomadas num período posterior à realização das medidas de satisfação, nós só tivemos acesso a dados de um único período. Portanto, apesar de termos um intervalo entre as percepções dos clientes e medidas de retenção e lucratividade, questões como persistência e heterogeneidade não observada não podem ser abordadas diretamente.

## 16.7 MODELO ESTRATÉGICO: ANÁLISE NO NIVEL DOS CLIENTES

A análise no nível dos clientes utilizou quatro tipos de medidas: inputs operacionais para percepções no nível do atributo, medidas do levantamento sobre percepções de desempenho do atributo e satisfação geral, medidas comportamentais de retenção e medidas financeiras de lucratividade. As Equações (1)–(4) e a Figura 16.1 forneceram o modelo que orientou o teste empírico.

### Especificação do modelo

A especificação do modelo mostrado na Figura 16.2 pode ser expressa utilizando as seguintes equações estruturais:

$$PERPRC_i = w_{o1} + w_{11}PEREFF_i + \varepsilon_{i1}, \tag{5}$$

$$EQUPRC_i = w_{o2} + w_{12}EQUEFF_i + \varepsilon_{i2}, \tag{6}$$

$$INTENT_i = w_{o3} + w_{13}PERPRC_i + w_{23}EQUEPRC_i + \varepsilon_{i3}, \tag{7}$$

$$CUSTBEH_i = w_{o4} + w_{14}INTENT_i + \varepsilon_{i4}, \tag{8}$$

$$PROFIT_i = w_{o5} + w_{15}PEREFF_i + w_{25}EQUEFF_i + w_{35}RETEN_i + \varepsilon_{i5}. \tag{9}$$

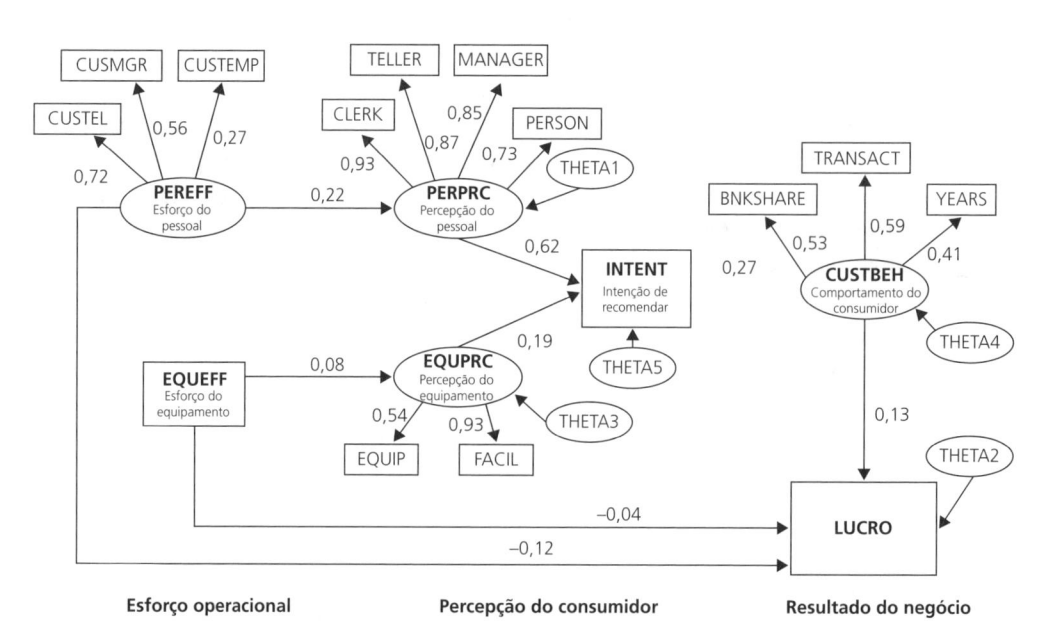

Observações. Todas as estimativas são significativas em p < 0,05. Linhas grossas indicam relacionamentos estruturais.

**FIGURA 16.2** Cadeia serviços – Lucro: modelo estratégico
Fonte: Kamakura, Mittal, de Rosa e Mazzon (2002).

As definições dos conceitos e das variáveis juntamente com as medidas que correspondem a estas equações são mostradas no Apêndice 1. Observe que as definições específicas de variáveis e medidas são singulares a esta aplicação e cada empresa poderá precisar adaptá-las a sua situação específica.

## Plano de análise

O peso esperado para cada caminho estrutural que testa os elos da SPC está resumido a seguir.

O banco investe recursos operacionais em duas áreas principais: equipamentos (EQUEFF) e funcionários (PEREFF). Estes dois conceitos são medidos com base em inputs operacionais. Por exemplo, PEREFF, é medido como sendo um conceito latente composto da quantidade de clientes por gerente, da quantidade de clientes por caixa e da quantidade de clientes por funcionário (com sinais invertidos).

**Relação A**  w11.0; w12.0. Para este banco, as duas principais áreas de avaliações de desempenho medidas no levantamento estão relacionadas como as percepções dos clientes em relação aos funcionários (PERPRC) e aos equipamentos (EQUPRC). Por exemplo, as classificações de desempenho de diversos funcionários da linha de frente (por exemplo, CLERK, TELLER, etc.) constituem a variável latente PERPRC. De maneira semelhante, as avaliações dos consumidores em relação aos equipamentos (EQUIP) e instalações (FACIL) constituem as percepções latentes do conceito de equipamentos (EQUPRC).

**Relação B**  w13.0; w23.0. De acordo com esta relação, percepções de funcionários (PERPRC) e equipamentos (EQUPRC) afetam as intenções comportamentais dos consumidores (INTENT).

**Relação C**  W14.0. De acordo com esta relação, a avaliação geral do cliente afeta a retenção. Para este banco, o comportamento dos clientes é um conceito latente (CUSTBEH) incluindo três resultados, ou seja, uma porcentagem dos seus fundos que um cliente mantém neste banco ou participação de carteira (BNKSHARE), o número de transações por mês (TRANSACT) e a estabilidade do cliente com o banco (YEARS).

**Relação D**  w35.0. Esta hipótese especifica um efeito positivo de retenção sobre a lucratividade. A lucratividade (PROFIT) é medida como a média mensal dos lucros gerados pelos clientes.

**Relação E**  W15,0; W16,0. Finalmente, elabora-se uma hipótese de um impacto negativo direto de investimentos em inputs operacionais sobre a lucratividade. Para este banco, esforços operacionais em funcionários (PEREFF) e equipamentos (EQUEFF) causam um efeito negativo direto sobre a lucratividade.

O plano analítico consistiu de especificar o modelo de equação estrutural e testar o caminho estrutural relativo a cada hipótese.

## Resultados

Devido à falta de dados, uma amostra efetiva de 3489 clientes foi utilizada para computar correlações de ordem de classificação entre as variáveis. Esta redução da amostra ocorreu devido ao procedimento de utilização dos dados (quando faltam dados de uma única variável, inutiliza-se toda a observação). Para assegurar a extensão da tendência na amostra com dados que faltam, nós comparamos a média para cada variável para as 3489 observações com a média da amostra original utilizando um teste t. Para todas as variáveis, as médias são estatisticamente idênticas (todas ps. 0,10). A Tabela 16.1 fornece algumas informações demográficas sobre a amostra que, quando analisada pelos gerentes do banco, foi considerada representativa da sua base de clientes.

As correlações foram utilizadas para estimar o modelo mostrado na Figura 16.2. O modelo é estimado utilizando-se o módulo AMOS no software SPSS e utiliza um procedimento de estimativa da probabilidade máxima. Um benefício fundamental deste software é sua facilidade de uso em ambientes aplicados devido às sua interface gráfica. Todas as estimativas

**TABELA 16.1** Principais características da amostra

| Características da amostra | Porcentagem/média (%/média) |
|---|---|
| Idade | |
|     30 anos ou menos | 14 |
|     31–50 anos | 50 |
|     51–60 anos | 19 |
|     Mais de 60 anos | 17 |
| Educação | |
|     Fundamental ou menos | 13 |
|     Ensino Médio | 32 |
|     Superior ou mais | 55 |
| Gênero | |
|     Feminino | 35 |
|     Masculino | 65 |
| Posse de Telefone | |
|     Sim | 83 |
|     Não | 17 |
| Número médio de anos utilizando este banco | 13,5 anos |
| Porcentagem média de fundos neste banco | 44,4 |
| Número de filiais representadas na amostra | 521 |
| Número médio de respondedores por filial | 9,9 |

Fonte: Kamakura, Mittal, de Rosa e Mazzon (2002).

mostradas na Figura 16.2 são padronizadas e são estatisticamente significativas no nível 0,05. O modelo-v 2(df585) é 4244,28 e é significativo em p, 0,001. No entanto, o qui-quadrado não é uma estatística adequada devido ao tamanho extraordinariamente grande da amostra. O índice de ajuste GFI para o modelo é 0,904 com uma raiz quadrada média residual (RMSR) de 0,14, indicando que o modelo se ajusta bem aos dados. Além disso, o critério AIC para o modelo estimado foi de 4.344,28,em comparação com 12.359,49 para o modelo completo (independente).

Todos as relações no modelo da SPC são sustentados. Sustentando a relação A, investimentos de recursos em termos de funcionários tem um efeito positivo sobre as percepções dos clientes em relação aos funcionários (w11 5 0,22, t 5 9,28, p, 0,01) e investimentos de recursos em termos de equipamentos tem um efeito positivo sobre percepções dos clientes em relação aos equipamentos (w12 5 0,08, t 5 4,89, p, 0,01). Como sustentação à relação B, as percepções dos clientes em relação aos funcionários (w13 5 0,62, t 5 49,01, p, 0,0001) e aos equipamentos (w23 50,19, t 516,19, p, 0,001) tem um impacto positivo sobre as intenções comportamentais gerais dos clientes. Como sustentação à relação C, descobrimos que a intenção dos clientes de recomendarem o banco para outras pessoas tem um impacto positivo sobre os comportamentos dos consumidores (w14 50,27, t 59,33, p, 0,01) e como sustentação à relação D, descobrimos um relacionamento positivo entre a retenção de clientes e a lucratividade (w35 5 0,13, t 5 6,74, p, 0,01). Mais importante de tudo, conforme postulado na relação E, a lucratividade do cliente para a firma é influenciada direta e negativamente pelos investimentos de recursos na área de equipamentos (w25 520,04, t 522,77, p, 0,05) e funcionários (w15 520,12, t 526,11, p, 0,01).

Os resultados deste modelo estratégico mostram aos principais gerentes os vínculos fundamentais nos quais eles devem concentrar seus esforços. No entanto, alguém poderá perguntar: Não seria mais parcimonioso vincular diretamente as percepções de atributos dos clientes com seus comportamentos? Em outras palavras: Será que a inclusão das intenções no modelo agrega algum valor? Teoricamente, pode-se argumentar que é apenas por meio das intenções (ou outras avaliações globais desse tipo) que as percepções de atributos afetam os comportamentos. Estatisticamente, nós testamos um modelo alternativo em que as percepções de desempenho dos atributos (EQUPRC e PERPRC) também teriam um impacto direto sobre o comportamento do cliente (CUSTBEH). Este modelo foi rejeitado em favor do modelo proposto (AIC 55.762,19 comparado com 4.244,28 para o modelo proposto). Portanto, para esta empresa, a inclusão da intenção está justificada. Além disso, a partir de uma perspectiva de rastreamento contínuo, os dados sobre intenção são úteis para a firma.

Este modelo estratégico confirma que, no que diz respeito à lucratividade, os gerentes neste banco devem equilibrar com cuidado o efeito indireto positivo de recursos investidos para melhorarem a qualidade dos serviços e a retenção com seu efeito direto negativo. Os resultados também revelam ideias singulares para o banco que fornece os dados. No nível estratégico, o banco queria decidir a ênfase que ele daria aos fatores tecnológicos em comparação com os humanos. Os resultados sugerem que as percepções relacionadas com funcionários são mais importantes do que as relacionadas com os equipamentos para as intenções comportamentais.

No entanto, os recursos alocados para os funcionários são mais importantes para a lucratividade do que os recursos alocados para os equipamentos. Num nível geral, isto sugere que a gerência deve avaliar com cuidado até que ponto ela enfatiza os fatores humanos em comparação com os tecnológicos na sua estratégia de serviços e lucratividade. Ainda assim, estes resultados são específicos para este banco e dificilmente serão aplicáveis universalmente. Por exemplo, os clientes deste banco brasileiro podem não estar tão voltados para a tecnologia, daí a maior importância dada aos fatores humanos. De maneira mais importante, ao decidirem entre enfatizar os fatores humanos e a tecnologia numa determinada filial, os principais gerentes devem ser sensíveis às condições específicas e às necessidades da filial. Informações relativas a decisões no nível da filial podem ser colhidas a partir da análise operacional descrita a seguir.

## 16.8 MODELO OPERACIONAL (ANÁLISE DE EFICIÊNCIA NO NÍVEL DA FILIAL)

O modelo estratégico formaliza um modelo conceitual para os principais gerentes que pode ser seguido por todo o banco em todas as suas filiais. No entanto, a eficiência relativa com a qual cada filial consegue traduzir os inputs para cada relação no modelo nos seus resultados tende a variar. Portanto, cada gerente de filial precisa compreender até que ponto a filial está indo bem em relação a outras. Esta pergunta é respondida utilizando-se uma Análise Envoltória de Dados (DEA) (Charnes et al. 1994).

A DEA foi aplicada em diversos contextos, como a avaliação de distritos escolares (Grosskopf et al. 1999), departamentos de universidades (Post e Spronk 1999), usinas elétricas (Athanassopoulos et al. 1999) e filiais bancárias (Sherman e Gold 1985, Schaffnit et al. 1997, Soteriou and Stavrinides 1997, Thanassoulis 1999, Zenios et al. 1999). A DEA mede a eficiência relativa de múltiplas unidades de tomada de decisões (DMUs) (filiais bancárias neste caso) produzindo múltiplos outputs a partir de múltiplos inputs. A eficiência de uma DMU é medida ao se comparar os inputs de que ela precisa com os que uma combinação das unidades mais eficientes funcionando com condições semelhantes precisam para produzirem os mesmos níveis de outputs. Em vez de avaliar uma DMU em comparação com todas as outras, a DEA identifica um conjunto de unidades eficientes que funcionam de maneira semelhante à unidade que está sendo analisada.

Estas unidades eficientes (ou filiais) que funcionam com condições semelhantes abrangem uma faceta da fronteira de eficiência de produção. A DEA compara os inputs e os outputs de todas as DMUs, identifica o conjunto mais eficiente de DMUs com o qual uma DMU específica será comparada e cria uma unidade de produção "virtual" como uma combinação convexa das unidades localizadas na fronteira de eficiência. Esta unidade de produção "virtual" serve como referência para se determinar a eficiência relativa de uma unidade. Uma vantagem da DEA é que ela acomoda economias, assim como deseconomias de escala ao comparar apenas unidades que funcionam em níveis semelhantes, identificando uma fronteira de eficiência linear que varia de acordo com a variável independente. Com este tipo de fronteira linear comparando inputs com outputs no nível da filial, o modelo da DEA acomoda as faltas de linearidade nos relacionamentos entre as percepções, intenções e o comportamento efetivo dos serviços (Anderson and Mittal 2000).

Estes conceitos são ilustrados na Figura 16.3, que mostra os inputs utilizados e os outputs produzidos por seis DMUs. Uma simples comparação de razões de outputs para inputs indicaria que B é a única DMU eficiente. Ao contrário, a DEA identifica a fronteira de Pareto englobando todas as unidades e avalia cada unidade em comparação com a faceta relevante da fronteira. A unidade Z nesta ilustração seria considerada ineficiente porque uma combinação convexa das DMUs B e C poderia produzir mais outputs do que Z, utilizando o mesmo nível de inputs ou o mesmo nível de outputs e utilizando menos inputs.

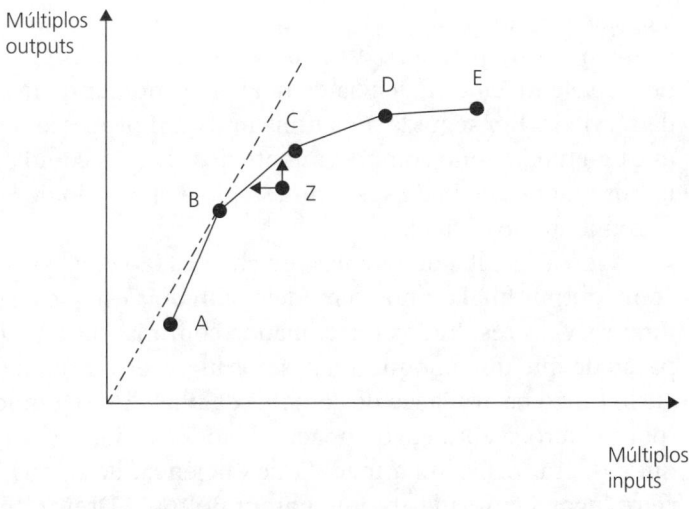

**FIGURA 16.3** Análise de envelopamento de dados.
Fonte: Kamakura, Mittal, de Rosa e Mazzon (2002).

Para este banco nós escolhemos uma abordagem semelhante à DEA de múltiplos estágios proposta por Soteriou e Zenios (1999). Estes autores conceitualizam uma empresa de serviços (por exemplo, um banco) como consistindo de sistemas de operações, qualidade dos serviços e lucros. Eles propõem um modelo com três estágios para avaliarem a eficiência das operações, da qualidade e do lucro de filiais bancárias. Seu modelo de três estágios inclui o seguinte:

- Modelo de DEA de "Eficiência Operacional". Este utiliza os recursos (mão de obra e equipamentos) disponíveis para o gerente da filial, assim como o número de contas atendidas pela filial como inputs do processo de produção e a carga de trabalho (número de horas de transação em diversas contas) como outputs.
- Modelo de DEA de "Qualidade dos Serviços". Este modelo utiliza basicamente os mesmos inputs que o modelo da "Eficiência Operacional" (mão de obra, equipamentos e número de contas atendidas). No entanto, o output consiste de percepções de qualidade dos serviços pelos funcionários (como substitutos para as percepções dos clientes) do banco.
- Modelo de DEA de "Eficiência de Lucratividade". Este estágio do modelo de Soteriou e Zenios (1999) utiliza inputs semelhantes aos dos outros dois modelos, mas lucros como outputs.

Para os nossos propósitos é necessária uma formulação diferente. Em primeiro lugar, nós combinamos os estágios operacional e de qualidade de serviços num único modelo. Nós fazemos isto para considerarmos a qualidade dos serviços (conforme percebida pelos clientes) como um output direto do processo de produção e para utilizarmos o volume de transações e os clientes atendidos como outputs do processo, em vez de inputs. Nós rotulamos este primeiro estágio de "Modelo de Eficiência Operacional", porque ele mede a eficiência da filial em produzir quantidade e qualidade de serviços. Em seguida, nós utilizamos um processo de segundo estágio que tem medidas do comportamento dos clientes como outputs, em vez de lucros. Este modelo de segundo estágio é chamado de "Modelo do Comportamento dos Clientes".

Nossa escolha de retenção de clientes (ao contrário da lucratividade) como output final no nosso modelo com dois estágios é motivada por um interesse em resultados relacionados com marketing e por uma preocupação de que um enfoque apenas nos lucros leve a uma orientação para o curto prazo na avaliação de gerentes da filial. Em segundo lugar, como output, o lucro já abrange o impacto de todos os inputs, na forma de custos, que poderá tornar uma medida de eficiência de lucros inválida. Em terceiro lugar, conforme argumentaram Bolton e Drew (1994, pp. 176–177), a qualidade dos serviços e a retenção são melhores medidas de "output" do que a lucratividade para comparar subunidades, uma vez que é menos provável que elas sejam voláteis.

A lucratividade sozinha pode ser mais sensível a fatores como mudanças de contabilidade e situação competitiva. No entanto, até o ponto em que a lucratividade é a meta final de aumentar a qualidade dos serviços e a retenção, é imperativo validar o modelo ao comparar a classificação da eficiência de diferentes filiais com a lucratividade. Por exemplo, será que as filiais mais eficientes são realmente mais lucrativas? Se esse for o caso, então a direção terá conseguido identificar o modelo estratégico "correto" para orientar os esforços de colocação em prática no nível da filial. Portanto, nós utilizamos os lucros como critério externo para validarmos as avaliações de eficiência obtidas por meio do nosso modelo com dois estágios.

## 16.9 MODELO DE EFICIÊNCIA OPERACIONAL

Neste primeiro estágio, nós consideramos um processo em que o gerente da filial utiliza os recursos da firma para atender clientes, produzindo transações de serviços e avaliações gerais favoráveis dos clientes (intenções comportamentais neste conjunto de dados). Nós queremos avaliar a eficiência do gerente da filial em alocar os recursos da empresa, em comparação com outras filiais dentro do banco funcionando em níveis semelhantes. Este primeiro estágio do nosso modelo é semelhante ao modelo utilizado anteriormente para avaliar a produtividade de filiais bancárias (Sherman and Gold 1985, Berger et al. 1997, Zenios et al. 1999). Um distinção fundamental da nossa formulação, no entanto, é que nós incluímos avaliações gerais como um dos resultados na produção de serviços. Nós consideramos os seguintes fatores de produção neste processo:

*Inputs*

$CAIXAS_n$ = número de caixas equivalentes ao período integral trabalhando na filial n durante o período de planejamento.

$GERENTES_n$ = número de gerentes trabalhando na filial n durante o período de planejamento.

$FUNCIONÁRIOS_n$ = número de funcionários por hora equivalentes ao período integral na filial n.

$CAIXAS\ ELETRÔNICOS_n$ = número de unidades de caixas eletrônicos localizadas dentro da filial n.

A alocação de caixas eletrônicos não está sob controle direto do gerente da filial. Portanto, este fator é considerado como sendo um input alocativo.

*Outputs*

CLIENTEn = número de clientes utilizando a filial n como sua filial principal.

TRANSAÇÕESn = número de transações produzidas pela filial n durante o período de planejamento.

INTENÇÃOn = proporção de respondedores (ao levantamento de satisfação dos clientes) da filial n que "recomendariam fortemente" a filial a amigos. Esta mensuração "no topo" de intenções comportamentais é necessária porque o modelo da DEA exige mensurações baseadas em razão. Mede-se a eficiência operacional resolvendo-se o seguinte problema de programação linear:

$$\min \left\{ \tau_0 + \sum_{i=1,3} \varepsilon \alpha_{io} + \sum_{j=1,3} \varepsilon \beta_{jo} + \sum_{k=1,3} \varepsilon \delta_{ko} \right\}$$

s.t.

**Restrições de input**

$$-TELLERS_o \tau_o + \alpha_{1o} + \sum_n \lambda_n TELLERS_n = 0$$

$$-MANAGERS_o \tau_o + \alpha_{2o} + \sum_n \lambda_n MANAGERS_n = 0,$$

$$-EMPLOYEES_o \tau_o + \alpha_{3o} + \sum_n \lambda_n EMPLOYEES_n = 0.$$

**Restrições de input alocativo**

$$-ATMS_o + \delta_o + \sum_n \lambda_n ATMS_n = 0.$$

**Restrições de output**

$$-CUSTOMERS_o - \beta_{1o} + \sum_n \lambda_n CUSTOMERS_n = 0,$$

$$-TRANSACT_o - \beta_{2o} + \sum_n \lambda_n TRANSACT_n = 0,$$

$$-INTENT_o - \beta_{3o} + \sum_n \lambda_n INTENT_n = 0,$$

$$\sum_n \lambda_n = 1,$$

$$\lambda_n \geq 0, \quad n = 1, 2, \ldots, N,$$

$$\alpha_{io} \geq 0, \quad i = 1, 2, 3,$$

$$\beta_{jo} \geq 0, \quad j = 1, 2, 3,$$

$$\delta_{ko} \geq 0, \quad k = 1, 2, 3,$$

onde:

$\alpha_{io}$ = ausência de input para o fator i, indicando a quantidade de utilização excessiva do input i

$\beta_{jo}$ = ausência de output para o fator j, indicando a baixa produção de output j

$\delta_o$ = ausência de input alocativo, indicando a quantidade de utilização excessiva do input alocativo.

## 16.10 MODELO DE COMPORTAMENTO DOS CLIENTES

Este segundo modelo da DEA avalia a eficiência do gerente da filial em transformar as intenções comportamentais dos clientes em métricas comportamentais voltadas para a retenção para clientes que utilizam o banco como seu principal prestador de serviços financeiros. Os seguintes fatores de produção são considerados neste modelo:

*Inputs*

INTENÇÕESn = proporção de respondedores (ao levantamento de satisfação dos clientes) da filial n que "recomendariam fortemente" a filial a amigos.

*Outputs*

PARTICIPAÇÃOn = participação média de fundos dos respondedores no banco. Esta é a proporção média relatada de fundos mantidos neste banco especificamente entre os respondedores que utilizam a filial n como sua filial principal.

ANOSn = quantidade média de anos entre os respondedores que utilizam a filial n como sua filial principal.

FUNDOSn = volume médio de fundos mantidos no banco entre os respondedores que utilizam a filial n como sua filial principal. Mede-se a eficiência da retenção de clientes resolvendo-se o seguinte problema de programação linear:

$$\min\left\{\tau_o + \varepsilon\alpha + \sum_{k=1,3}\varepsilon\delta_{ko}\right\}$$

s.t.

**Restrições de input**

$$-INTENT_o\tau_o + \alpha_o + \sum_n \lambda_n INTENT_n = 0,$$

**Restrições de output**

$$-SHARE_o - \beta_{1o} + \sum_n \lambda_n SHARE_n = 0,$$

$$-YEARS_o - \beta_{2o} + \sum_n \lambda_n YEARS_n = 0,$$

$$-FUNDS_o - \beta_{3o} + \sum_n \lambda_n FUNDS = 0,$$

$$\sum_n \lambda_n = 1,$$

$$\lambda_n \geq 0 \quad n = 1, 2, \ldots, N,$$

$$\alpha_o \geq 0,$$

$$\delta_{ko} \geq 0, \quad k = 1, 2, 3$$

onde
  $\alpha_o$ = ausência de input indicando a quantidade de utilização excessiva do input.

  $\beta_{jo}$ = ausência de output para o fator j indicando a baixa produção do output j.

## Resultados

Nós aplicamos o modelo da DEA com dois estágios a uma amostra de 162 filiais para as quais tínhamos pelo menos 10 levantamentos completos de satisfação dos clientes. Por razões de confidencialidade, cada variável dos registros bancários internos é alterada por um fator constante. Fora a mensuração de eficiência em cada estágio, o modelo da DEA também fornece um diagnóstico para o gerente da filial, indicando o grau de baixa produção para cada output e de utilização excessiva de cada input. Um plano personalizado de colocação em prática poderá ser concebido para cada filial uma vez que estas métricas de eficiência são produzidas para cada filial. Uma discussão detalhada de resultados para cada filial estaria além do âmbito deste estudo, então nós discutimos detalhadamente os resultados para uma única filial para fins ilustrativos. A Tabela 16.2 mostra os resultados para a filial #154, que é relativamente ineficiente.

## DEA1 para a Filial #154 (Modelo de Eficiência Operacional)

A Filial #154 é ineficiente na sua utilização de mão de obra e de equipamentos na produção de intenções comportamentais e transações de serviço positivas (seu índice de eficiência é 0,495). De acordo com os resultados na Tabela 16.2, uma filial "virtual" formada combinando-se as filiais #564, 56, 331 e 29 com pesos 0,431, 0,013, 0,243 e 0,314, respectivamente, pro-

**TABELA 16.2** Avaliações da DEA da Filial #154

**DEA1: Operações de Serviço (Eficiência = 0,495)**

| DMU | Fronteira | Inputs | | | | Outputs | | |
|---|---|---|---|---|---|---|---|---|
| | | Caixas | Caixas eletrônicos | Gerentes | Funcionários | Transações | Clientes | Intenções |
| 564 | 0,431 | 52,5 | 13,5 | 6,0 | 148,5 | 1.577,3 | 30.238,5 | 13,3 |
| 56 | 0,013 | 42,0 | 9,0 | 9,0 | 24,0 | 458,8 | 15.403,5 | 51,2 |
| 331 | 0,243 | 22,5 | 6,0 | 6,0 | 78,0 | 906,3 | 16.930,5 | 37,0 |
| 29 | 0,314 | 22,5 | 4,5 | 6,0 | 73,5 | 905,9 | 7.365,0 | 90,0 |
| Virtual | | 35,7 | 8,8 | 6,0 | 106,3 | 1.189,3 | 19.639,5 | 43,6 |
| #154 | | 72,0 | 19,5 | 19,5 | 214,5 | 1.189,3 | 19.639,5 | 22,1 |
| Ausências | | 0,0 | 10,7 | 3,6 | 0,0 | 0,0 | 0,0 | 21,5 |

**DEA2: Retenção de clientes (Eficiência = 0,783)**

| DMU | Fronteira | Input (Intenções) | Participação | Outputs | | |
|---|---|---|---|---|---|---|
| | | | | Anos | Fundos | |
| 123 | 0,464 | 8,8 | 51,0 | 22,4 | 4.980,2 | |
| 136 | 0,355 | 21,4 | 72,1 | 28,5 | 5.736,9 | |
| 568 | 0,181 | 30,8 | 51,2 | 29,2 | 43.581,2 | |
| Virtual | | 17,3 | 58,5 | 25,8 | 12.229,6 | |
| #154 | | 22,1 | 49,3 | 25,8 | 12.229,6 | |
| Ausências | | 0,0 | 9,2 | 0,0 | 0,0 | |

Fonte: Kamakura, Mittal, de Rosa e Mazzon (2002).

duziria os mesmos níveis de outputs, utilizando apenas uma fração dos inputs exigidos pela filial #154. Esta filial virtual produziria o mesmo volume de transações, atenderia a mesma quantidade de clientes e produziria 21,5% mais clientes dando a "maior pontuação" na escala de intenção comportamental (43,6% maior pontuação em comparação com os 22,1% observados). Isto seria alcançado com um consumo de apenas 0,495 dos CAIXAS, GERENTES e FUNCIONÁRIOS utilizados pela filial #154. Por exemplo, no que diz respeito aos GERENTES, a filial virtual utilizaria apenas 0,495 dos níveis utilizados pela filial #154 e ainda teria uma "folga".

Mesmo que a "filial virtual" utilizasse apenas 9,6 GERENTES ou 49,5% de 19,5 gerentes que a filial #154 utiliza, ela ainda teria uma folga de 3,6 GERENTES. Portanto, a filial #154 tem espaço para melhoria na utilização de gerentes. Finalmente, no que diz respeito aos FUNCIONÁRIOS, a filial #154 utiliza 214,5 funcionários, enquanto a filial virtual precisaria de 49,5% menos, ou 106,3 funcionários. Finalmente, esta filial virtual também precisaria de 10,7 menos CAIXAS ELETRÔNICOS do que a filial #154. Observe que, como os CAIXAS ELETRÔNICOS são um input alocativo, que não estão sob controle direto do gerente da filial, eles não afetam diretamente o índice de eficiência da filial.

## DEA2 para a Filial #154 (modelo de comportamento dos clientes)

Com um índice de eficiência de 0,783, a filial #154 também é ineficiente no segundo estágio, apesar de num grau menor do que no primeiro estágio. Esta ineficiência é comparada com a filial virtual composta das filiais #123, 136 e 568 com pesos respectivos de 0,464, 0,355 e 0,181. Com apenas 78,3% de maior pontuação (17,3%, em comparação com com 22,1%), a filial "virtual" consegue gerar o mesmo nível de estabilidade dos clientes (ANOS 5 25,8) e níveis de depósito (FUNDOS 5 12. 229,6) que a filial #154. No que diz respeito a participação de carteira, a filial virtual utilizaria apenas 78,3% dos recursos utilizados pela filial #154 e produziria 9,2 unidades a mais de participações de carteira.

## Resultados gerais

Semelhante à filial #154, resultados personalizados são obtidos para cada filial. Estes resultados são combinados com uma avaliação qualitativa da situação singular em que a filial funciona cliente, capacidades e auditoria da concorrência – para identificar razões que possam estar impedindo que a filial alcance um alto nível de eficiência. Portanto, uma abordagem do tipo cálculo de decisão em que os gerentes da filial trabalham em cooperação intensa com os principais gerentes é exigida para assegurar que o modelo estratégico esteja sendo colocado em prática plenamente. Uma vantagem fundamental desta abordagem é que enquanto o modelo estratégico básico é comum a todas as filiais, os gerentes das filiais retêm a flexibilidade de adaptá-las à sua situação singular.

Do ponto de vista dos principais gerentes, também é instrutivo validar implementação operacional. A lógica é a seguinte: Se, com efeito, o modelo operacional conseguir classificar filiais com base na sua eficiência em colocar em prática o modelo estratégico e se a eficiência tiver relação com a lucratividade, então filiais eficientes devem ser mais lucrativas. Para testar esta ideia, as filiais são comparadas com base na sua lucratividade. A Tabela 16.3 resume o modelo com dois estágios em todas as 162 filiais: 35 estavam na fronteira da eficiência para a "eficiência operacional" e 10 estavam na fronteira da eficiência para "comportamento dos clientes". Uma classificação cruzada das filiais mostra que 5 filiais são eficientes nos dois aspectos, enquanto 122 filiais são ineficientes nos dois aspectos. Em seguida, nós comparamos as filiais para testar se, de fato, a eficiência modera o relacionamento entre a implementação prática e a lucratividade. Esta comparação de lucratividade entre filiais eficientes e ineficientes identificada pelo modelo da DEA com dois estágios fornece um teste adicional da validade externa da análise DEA.

Realizou-se uma análise de variância do tipo $2 \times 2$ com a lucratividade como variável dependente e eficiência na DEA1 e DEA2 como variáveis independentes. Os resultados estão resumidos nas Tabelas 16.3 a e b. Nesta análise, a eficiência para a DEA é codificada como sendo um fator com dois níveis. Portanto, a DEA1 é um fator com dois níveis (eficiente, ineficiente), assim como a DEA2 (eficiente, ineficiente). O modelo geral é significativo ($F3,158\ 5\ 17,78$, $p$, $0,0001$, ajustado $R2\ 5\ 24\%$) e há um efeito principal para eficiência na DEA1 ($F1,158\ 5\ 23,70$, $p$, $0,0001$) e DEA2 ($F1,158\ 5\ 26,48$, $p$, $0,0001$). De maneira mais interessante, existe uma interação significativa ($F1,158\ 5\ 22,3$, $p$, $0,0001$) entre a DEA1 e a DEA2 (veja a Figura 16.4). As filiais que são eficientes nos dois estágios produzem lucros médios por cliente mais elevados do que as filiais que sejam eficientes apenas em um estágio. Além disso, as filiais que são ineficientes nos dois estágios não são piores do que as filiais que são eficientes apenas em um estágio. Isto implica que unidades que se concentram apenas na eficiência operacional ou na retenção de clientes são menos eficazes em termos de lucratividade.

Os gerentes de filiais que se concentram apenas na eficiência operacional podem reduzir custos e, portanto, ter maior lucratividade. No entanto, se eles combinarem esses esforços com a gestão de retenção, a lucratividade quase dobra. Para a gerência do banco este é um teste fundamental do sucesso do modelo estratégico e também indica que ganhos adicionais de lucratividade são possíveis por meio de colocação em prática adequada. Isto também indica que os gerentes de filiais têm uma alavancagem substancial para afetarem a lucratividade, apesar de que parte disso

**TABELA 16.3A** Análise de variância para lucratividade no nível da filial

| Modelo | Erro quadrado médio (df) | Estatística F | Valor P |
|---|---|---|---|
| DEA1: (Eficiente *versus* Ineficiente) | 72.833,9 (1) | 23,70 | 0,001 |
| DEA2: (Eficiente *versus* Ineficiente) | 81.368,7 (1) | 26,48 | 0,001 |
| DEA1 × DEA2 | 68.531,9 (1) | 22,30 | 0,001 |
| Erro | 3.072,9 (158) | | |

Observação. O lucro da filial é a média de lucros por cliente, medido em moeda local após uma transformação linear (por questões de sigilo).
Fonte: Kamakura, Mittal, de Rosa e Mazzon (2002).

**TABELA 16.3B** Comparação de lucratividade entre filiais eficientes e ineficientes

| DEA1 Níveis | DEA2: Ineficiente | DEA2: Eficiente | Total |
|---|---|---|---|
| DEA1: Ineficiente | 115,81 (122) | 123,60 (5) | 116,11 (127) |
| DEA1: Eficiente | 118,49 (30) | 300,24 (5) | 144,45 (35) |
| Total | 117,11 (152) | 211,92 (10) | 122,24 (162) |

Observação. Parênteses incluem o número de filiais em cada célula.
Fonte: Kamakura, Mittal, de Rosa e Mazzon (2002).

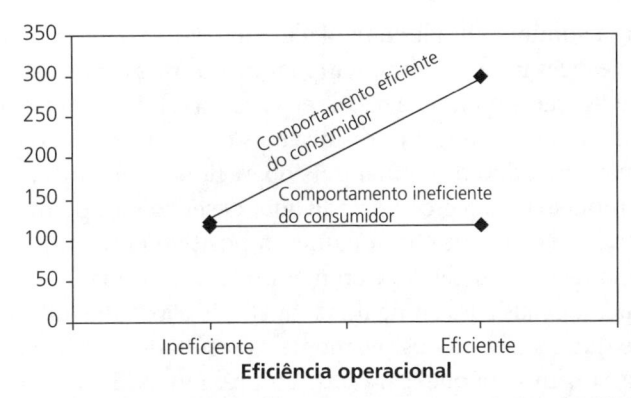

**FIGURA 16.4** Comparação de lucro entre grupos com eficiência diferente.
Fonte: Kamakura, Mittal, de Rosa e Mazzon (2002).

pode estar relacionada com a situação específica com que cada filial opera. Os principais gerentes podem levar isso em consideração e recompensar os gerentes das filiais de acordo (por exemplo, com base na sua eficiência em traduzir determinados inputs em resultados em vez de apenas em pontuações de satisfação bruta).

Observe que esta análise não discerne o motivo pelo qual algumas filiais são mais eficientes do que outras. Para esclarecer essas questões, dados adicionais sobre o contexto (cliente, capacidades, concorrência) poderão ser coletados, o que poderá explicar parte da variabilidade na eficiência relativa das filiais. Por enquanto, apenas avaliações qualitativas podem ser feitas para determinar razões para diferenças relativas de desempenho. Por exemplo, a gerência na filial #154 poderá realizar uma análise da situação e descobrir que o nível mais baixo de retenção como resposta à intenção comportamental é impulsionado pelo fato de que a sua base de clientes consiste de estudantes universitários mais jovens e/ou porque existem muitos outros bancos funcionando naquela área. Com base nessa abordagem do tipo cálculo de decisão (combinando julgamento gerencial e modelagem estatística), decisões melhores poderão ser tomadas. Observe que se este banco tivesse confiado apenas no modelo estratégico, ele simplesmente poderia ter concluído que todas as filiais que tivessem determinado nível de avaliação global deverão ter o nível correspondente de comportamentos dos clientes sem prestarem atenção na capacidade da filial de traduzir intenção em comportamentos correspondentes.

## 16.11 DISCUSSÃO

A análise no nível estratégico relatada aqui desenvolve a literatura cada vez maior de pesquisa empírica investigando a viabilidade do modelo da SPC para administrar a lucratividade. Em primeiro lugar, no nível estratégico, nós investigamos ao mesmo tempo todos os principais vínculos na SPC. Esta investigação simultânea não apenas esclarece a natureza mediada de relacionamentos entre conceitos distais, mas também explica o mecanismo dual pelos quais investimentos em inputs operacionais afetam a lucratividade. Portanto, o modelo estratégico relatado aqui desenvolve a pesquisa passada documentando apenas um relacionamento positivo entre a qualidade da satisfação e resultados financeiros. Gerentes podem continuar tendo gastos com despesas operacionais para aumentar a satisfação e a qualidade dos serviços, acreditando que ela afetará positivamente os resultados financeiros. Nossa formulação da SPC mostra que, para uma empresa individual, uma qualidade maior dos serviços não é uma garantia incondicional de lucratividade e explica o motivo pelo qual algumas empresas permanecem não lucrativas apesar de níveis elevados de qualidade. Conceitualmente, então nossa contribuição está em vincular a SPC com o modelo do ROQ proposto por Rust et al. (1995).

Em segundo lugar, a análise no nível operacional utilizando a DEA fornece uma orientação específica para a colocação em prática de subunidades individuais de uma firma. O enfoque "input-output" da abordagem DEA obriga explicitamente a administração para classificar suas subunidades baseadas na sua eficiência em estágios específicos da SPC. Empresas que se restringem apenas à análise no nível estratégico podem adotar erroneamente uma abordagem de maximização de output ao comparar suas subunidades. Por exemplo, até agora a remuneração de funcionários em várias empresas se baseia apenas na pontuação geral sobre satisfação alcançada (veja Hauser et al. 1994) sem levar em conta o nível de recursos utilizados para alcançar a pontuação. Assim, os funcionários podem se concentrar apenas na maximização da satisfação ou da qualidade dos serviços sem levarem em conta as despesas operacionais feitas para alcançarem a pontuação elevada. Essa abordagem voltada para o output pode ser uma razão adicional pela qual muitas firmas permanecem não lucrativas apesar de pontuações elevadas em termos de satisfação e qualidade percebidas.

Em termos qualitativos, a análise no nível operacional das filiais mostra que a não ser que firmas sejam eficientes nas duas fronteiras – a eficiência operacional e a retenção de clientes – é pouco provável que surjam ganhos maiores em termos de lucratividade. É pouco provável que uma firma que se concentre apenas nos inputs de qualidade dos serviços (por exemplo, como aumentar o desempenho de um atributo) ou nos seus outputs (por exemplo, como aumentar as percepções de qualidade ou a retenção) seja tão lucrativa quanto uma empresa que administre as duas coisas. Isto fica evidente no efeito interativo de eficiência nos dois estágios do modelo da DEA sobre a lucratividade.

Finalmente, esta pesquisa aborda uma preocupação maior com o aumento do papel do marketing numa firma. Nosso estudo aponta para o papel importante e cada vez maior do gerente de marketing no domínio de administração do conhecimento de uma empresa. No entanto, recursos significativos em termos de tecnologia e funcionários devem ser investidos para permitir que o marketing exerça este papel. Até certo ponto, estes investimentos podem conter os componentes de conhecimento e de liderança tecnológica que Roth e Jackson (1995) descobriram que eram previsores significativos de qualidade dos serviços.

## 16.12 QUESTÕES DE PESQUISA E APLICAÇÕES

Os resultados relatados aqui baseiam-se em dados fornecidos por uma única empresa e, portanto, nós não reivindicamos termos fornecido um teste do modelo da SPC aplicável universalmente. Em vez disso, a contribuição reivindicada está em demonstrar uma abordagem abrangente que possa fornecer orientação estratégica aos principais gerentes e orientação operacional específica a cada gerente de filial para colocar em prática a cadeia serviços-lucro. De um ponto de vista empírico, os resultados refletem limitações de dados e escolhas subjetivas feitas pela gerência do banco e pela equipe de pesquisa envolvida. Todas estas são oportunidades para melhorar testes empíricos adicionais do modelo da SPC. Nós discutimos alguns aspectos da avaliação da SPC que exigem maior elaboração em pesquisa empírica.

**Natureza não linear das relações** Muitos autores documentaram a natureza não linear das relações da SPC (Anderson and Mittal 2000, Soteriou and Zenios 1999). No nosso trabalho, nós incorporamos as ausências de linearidade de duas maneiras. Na análise no nível estratégico, nós utilizamos a correlação de ranking para computarmos a matriz de correlação que era input no modelo de equação estrutural. No entanto, para este banco, a inclusão explícita de assimetrias e ausências de linearidade, apesar de estatisticamente viável, não é recomendada para a análise estratégica. A razão é que as ausências de linearidade e as assimetrias tendem a variar de uma filial para outra e qualquer média geral neste sentido poderá ser enganosa. É por esta razão específica que nós não defendemos a utilização do modelo estratégico para realizarmos análises do tipo "e se". Por causa da sua natureza localizada, essas complexidades são mais bem acomodadas e compreendidas no nível da filial no modelo operacional. Na nossa aplicação, nós fazemos isto acomodando retornos variáveis à escala na análise DEA.

Mesmo assim, não linearidades específicas tiveram que ser destacadas para a gerência. Considere, por exemplo, o relacionamento entre intenção comportamental geral e resultados comportamentais entre clientes. Os principais resultados para cada nível de intenção comportamental são mostrados na Figura 16.5. Por exemplo, enquanto o relacionamento entre

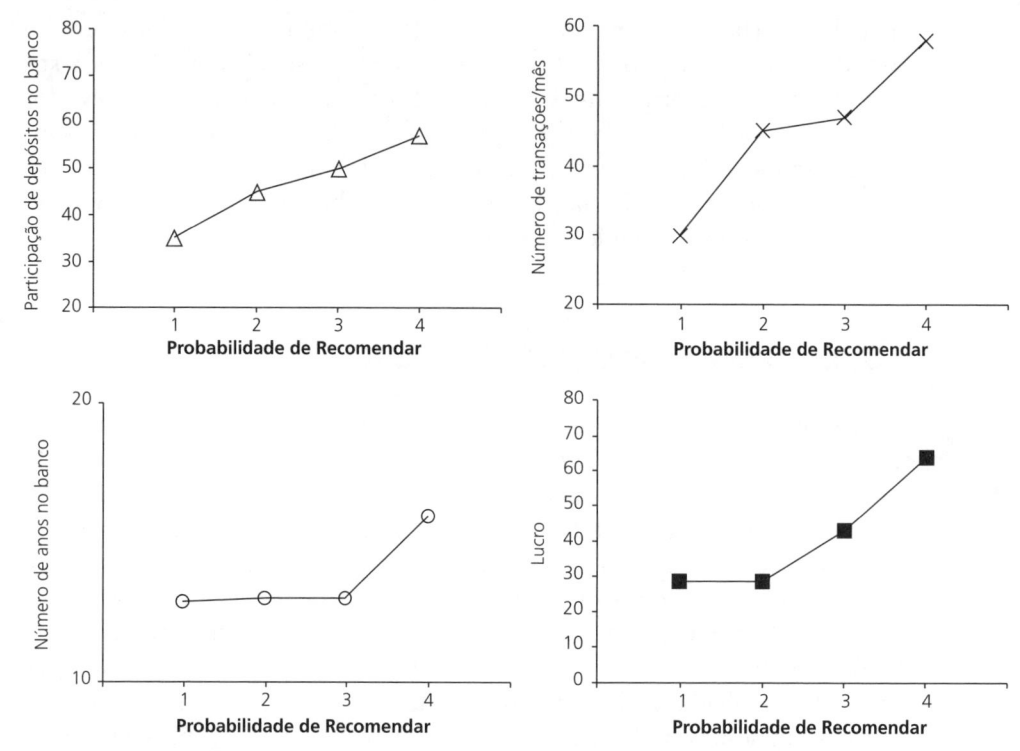

**FIGURA 16.5** Relacionamento não Linear entre intenção comportamental e suas consequências.
Fonte: Kamakura, Mittal, de Rosa e Mazzon (2002).

intenção comportamental geral e a participação de depósitos pelos clientes no banco é linear os outros relacionamentos não são. O número de transações num banco aumenta muito quando um cliente passa de uma classificação de 1 para 2, mas permanece virtualmente sem mudança com um movimento na classificação de 2 para 3. Ele aumenta muito no caso de uma mudança de classificação entre 3 e 4. Portanto, para esta métrica de retenção parece haver uma "zona de indiferença" onde o comportamento dos clientes não muda muito como resposta a uma mudança na avaliação geral. Para que haja estabilidade do cliente com o banco (Painel C) um padrão diferente de ausência de linearidade resulta com esta métrica comportamental apenas em mudança para a mudança de classificação de 3 para 4. Em resumo, questões relacionadas com a incorporação de não linearidades e assimetrias na SPC precisam de pesquisa adicional.

**Questões de mensuração** As medidas utilizadas são específicas ao banco que nos forneceu os dados. Em primeiro lugar, os atributos em que as percepções dos consumidores são medidos (fatores humanos versus tecnológicos) são aqueles que a gerência deste banco decidiu avaliar como parte da sua iniciativa estratégica. Outras firmas poderão escolher atributos diferentes. Em segundo lugar, a medida geral de percepções dos clientes, "a intenção de recomendar", é uma que a gerência deste banco tem utilizado. Outras empresas poderão utilizar medidas diferentes. Em terceiro lugar e de maneira semelhante, as medidas comportamentais de retenção são específicas da firma. Talvez no futuro, quando uma quantidade suficiente de estudos estiver disponível, uma meta-análise possa resolver questões de mensuração e ajudar a descobrir quais medidas fornecem a melhor especificação de conceito para o modelo da SPC. Finalmente, se disponível, seria útil explorar a SPC no contexto de dados sobre a lucratividade tanto no curto prazo quanto no longo prazo.

**Análise de vários períodos**   Reconhecendo que os links da SPC acarretam efeitos de retardamento e persistência, seria desejável testar a SPC utilizando dados de vários períodos no nível da filial. Essa abordagem de modelagem também é necessária para fazer inferências causais mais fortes sobre os elos acarretados na SPC. Abordar estas preocupações metodológicas é uma oportunidade natural e imediata para pesquisa e as empresas devem capturar dados longitudinais para abordar esta preocupação. Além disso, uma análise de vários períodos também pode aliviar preocupações sobre questões de orçamento de capital. Os efeitos de longo prazo de decisões relacionadas à SPC e a mudança nas principais medidas dependentes poderão ser investigados para separar o impacto de "investimentos" recorrentes daqueles apenas de uma vez em qualidade dos serviços. Naturalmente, este tipo de análise depende da capacidade da empresa de capturar e reter dados para construir um painel de dados.

Dependendo do tipo de dados disponível, uma firma pode acrescentar refinamentos ao modelo da SPC. Em primeiro lugar, fatores que moderam sistematicamente as relações na SPC poderiam ser incorporados no modelo estratégico, apesar de apenas aqueles relevantes para a maioria das subunidades serem adequados. Por exemplo, fatores como o nível de concorrência e o tamanho da filial podem moderar até que ponto uma filial pode traduzir investimentos operacionais em percepções da qualidade dos serviços e lucratividade. Em segundo lugar, este banco apenas considerou o custo de investimentos operacionais como afetando a lucratividade da empresa.

Recentemente, as firmas também foram aconselhadas a considerarem os custos da aquisição de clientes como antecedentes à lucratividade (Rust et al. 2000). Se houver uma forma de alocá-los, os testes da SPC devem incorporar os custos de aquisição de clientes como publicidade e promoção no modelo. Relacionado a isto, é necessário pesquisa para desenvolver modelos analíticos para otimizar a aquisição de clientes e os custos operacionais. Por exemplo, em setores onde existe pouca diferenciação entra marcas, os custos de aquisição provavelmente serão elevados. Em setores com um nível elevado de automação, os custos de serviços poderão ser baixos. O modelo analítico do "custo de qualidade" poderia ser utilizado ao contrário para estabelecer a aquisição de clientes e os orçamentos de serviço. Portanto, o desenvolvimento de modelos de recurso alocativo é uma área de pesquisa adicional.

As empresas também deveriam capturar dados detalhados sobre as características das subunidades para executar modelos explanatórios que expliquem sua eficiência relativa para cada estágio da SPC. Por exemplo, para cada filial, o banco poderia ter coletado dados sobre o grau de concorrência enfrentado, as características de clientes que ele atende e assim por diante. Então isto poderia ser utilizado para compreender melhor a pontuação de eficiência que cada filial obteve.

**Vínculos com outros modelos conceituais**  O modelo utilizado nesta aplicação baseou-se nas abordagens da cadeia serviços-lucro e do ROQ. No entanto, vários outros modelos de lucratividade dos clientes, mais notavelmente a abordagem da equidade dos clientes (Blattberg e Deighton 1996), da gestão dos ativos dos clientes (Bolton et al. 2001, Rust et al. 2000) e do valor do tempo de vida dos clientes (Berger e Nasr 1998, Keane e Wang 1995) ganharam popularidade entre acadêmicos e profissionais. É importante compreender que estas abordagens emergentes são complementares em vez de concorrentes para vincular os clientes, a satisfação dos clientes, a qualidade dos serviços e a lucratividade. Uma pesquisa deve preencher as lacunas conceituais nas abordagens baseadas nos clientes (equidade dos clientes, valor do tempo de vida dos clientes e gestão dos ativos dos clientes) e a abordagem da qualidade operacional e daquela baseada na satisfação dos serviços utilizada aqui.

Apesar de o objetivo final ser o mesmo – vincular ações de marketing com a lucratividade – existem diferenças importantes. Em primeiro lugar, as abordagens baseadas nos clientes enfatizam sua identificação, ou seja, a aquisição e retenção dos clientes "certos" para as firmas. Em segundo lugar, a ênfase está na alocação de recursos financeiros entre uma base heterogênea de clientes com a maior quantidade de recursos se dedicando aos clientes mais lucrativos. Em terceiro lugar, dependendo do setor e das características dos clientes, o horizonte de tempo para essas alocações pode ser relativamente comprido. Em resumo, o destaque na nossa abordagem está nas operações da firma e nos fatores que impulsionam a satisfação/ qualidade dos serviços, enquanto o destaque nas abordagens baseadas nos clientes está na identificação dos clientes "certos". Será importante mesclar estes dois enfoques para desenvolvermos modelos abrangentes que permitam não apenas que os gerentes identifiquem os clientes certos, mas também que eles configurem a cadeia serviços-lucro para atendê-los. Portanto, pode-se prever que cadeias serviços-lucro diferentes existam e possam ser otimizadas (a abordagem da SPC) para diferentes grupos de clientes identificados por meio das abordagens da equidade dos clientes e da gestão dos ativos dos clientes. O desafio para os pesquisadores é desenvolver esses modelos e para as empresas é estabelecer as bases – tanto estratégica quanto tática – para colocar em prática esses modelos.

Em resumo, nós destacamos uma abordagem abrangente para a análise da SPC numa firma. Nossa esperança é que esta documentação estimule mais firmas a avaliarem sua SPC de maneira abrangente e a compartilharem os resultados com os outros. Ocasionalmente, esse compartilhamento tende a levar a uma melhoria demonstrável para melhorar ao mesmo tempo a qualidade dos serviços e a lucratividade em firmas.

## 16.13 APÊNDICE I

### Conceitos e medidas

$PERPRC_i$ é uma variável latente que mede a percepção do cliente i sobre os funcionários do banco na sua filial.

*Variáveis Indicadoras*

$MANAGER_i$ = classificações de percepção média dos gerentes feitas pelo cliente i.

$CLERK_i$ = classificações de percepção média dos bancários feitas pelo cliente i.

$TELLER_i$ = classificações de percepção média dos caixas feitas pelo cliente i

$PERSON_i$ = número de problemas (de cinco possibilidades) com funcionários indicado pelo cliente i (com sinal invertido). Pontuações maiores indicam percepções maiores dos clientes.

$EQUPRC_i$ é uma variável latente que mede a percepção do cliente sobre os equipamentos do banco na sua filial.

*Variáveis Indicadoras*

$EQUIP_i$ = número de problemas (de 28) com equipamentos indicado pelo cliente i (com sinal invertido). Pontuações maiores indicam maiores percepções dos clientes.

$FACIL_i$ = número de problemas (de 6) com instalações indicado pelo cliente i (com sinal invertido). Pontuações maiores indicam maiores percepções dos clientes.

$PEREFF_i$ é uma variável latente que mede a alocação de funcionários na filial do cliente i.

## Variáveis Indicadoras

CUSTELi = número de clientes por caixa (com sinal invertido para refletir o esforço) na filial frequentada pelo cliente i. Pontuações maiores indicam mais caixas por cliente.

CUSTMGRi= número de clientes por gerente (com sinal invertido). Pontuações maiores indicam mais gerentes por cliente.

CUSTEMPi= número de clientes por funcionário (com sinal invertido). Pontuações maiores indicam mais funcionários por cliente.

CUSTBEHi é uma variável latente que mede o nível de retenção do cliente i com o banco.

## Variáveis Indicadoras

TRANSACTi= número de transações por mês feitas pelo cliente i no último ano.

BNKSHAREi= porcentagem do total de depósitos que o cliente i tem com este banco. YEARSi= número de anos que o cliente i está com este banco.

PROFITI= medida direta dos lucros médios mensais gerados pelo cliente i durante o último ano. Computada como sendo a contribuição marginal de todas as contas do cliente menos os custos fixos que incorrem na filial principal do cliente, divididos proporcionalmente no nível do cliente baseado no número total de clientes atendidos pela filial.

INTENTi= probabilidade de recomendar (escala com quatro pontos que indica qual seria a probabilidade de o cliente recomendar o banco a um amigo).

EQUEFFI= a alocação de equipamentos para o cliente pelo banco. Medido como sendo o número de clientes por caixa eletrônico interno (com sinal invertido). Pontuações maiores indicam mais inputs operacionais, como um número maior de caixas eletrônicos.

**Observações** No que diz respeito aos conceitos latentes PERPRC, EQUPRC e CUSTBEH, nós realizamos testes de validade discriminante e estabelecemos a unidimensionalidade, utilizando métodos sugeridos por Anderson and Gebring (1988). Numa análise confirmatória de fator, cada indicador carregou de maneira significativa no seu respectivo conceito, mas de maneira não significativa nos outros e o modelo com três fatores se adequou aos dados de maneira significativamente melhor do que o modelo ingênuo com apenas um fator (p, 0,01). Além disso, a correlação entre cada um destes conceitos não foi significativa, estabelecendo uma validade discriminante. Além disso, os alfas de confiabilidade são os seguintes: PERPRC (0,91), EQUPRC (0,67) e CUSTBEH (0,51). A confiabilidade para CUSTBEH (alfa 50,51) seria considerada baixa demais para medidas auto-relatadas (devido a correlações espúrias induzidas por efeitos de halo e tendências ao método comum), mas é razoável considerar que ela se baseia numa combinação de medidas auto-relatadas (BNKSHARE) e objetivas (TRANSACT e YEARS).

## 16.14 APÊNDICE II

### Especificação do modelo estrutural

Os coeficientes de regressão padronizados para cada um dos caminhos são os seguintes:

    CUSTEL 50,72(PEREFF)
    CUSMGR 50,56(PEREFF)
    CUSEMP 50,27(PEREFF)
    CLERK 50,93(PERPRC)
    TELLER 50,87(PERPRC)
    MANAGER 50,85(PERPRC)
    PERSON 50,73(PERPRC)
    EQUIP 50,54(EQUPRC)
    FACIL 50,93(EQUPRC)
    BANKSHR 50,53(CUSTBEH)
    TRANSCT 50,59(CUSTBEH)
    YEARS 50,41(CUSTBEH)
    PROFIT 50,13(CUSTBEH)
    PROFIT 520,12(PEREFF)
    PROFIT 520,04(EQUEFF)
    PERPRC 50,22(PEREFF)
    EQUPRC 50,08(EQUEFF)
    INTENT 50,62(PERPRC)
    INTENT 50,19(EQUPRC)
    CUSTBEH 50,27(INTENT)

A especificação de erro estrutural e as estimativas são as seguintes: a média para cada teta é estabelecida como sendo 0 e o caminho de cada teta até o conceito é estabelecido como sendo 1.

As variâncias para cada teta são as seguintes: Variância Teta 1 50,18 Teta 2 527.430,05 Teta 3 55,73 Teta 4 5479,69 Teta 5 50,62

Cada indicador para o conceito latente tem seu erro associado com média estabelecida como sendo 0 e o caminho para o indicador observado como sendo 1. Estes erros e suas variâncias são os seguintes:

- Variância Alfa1(CUSTEL) 11.166,19 Alfa2(CUSMGR) 0,0003 Alfa3(CUSTEMP) 34.899,18
- Beta1(CLERK) 0,03 Beta 2(TELLER) 0,06 Beta 3(MANAGER) 0,08 Beta 4(PERSON) 0,68
- Sigma1(BANKSHARE) 1.323,16 Sigma 2(TRANSACT) 951,42 Sigma 3(BANKSHARE) 69,34
- Phi 1(FACIL) 0,38 Phi 2 (EQUIP) 14,08

## 16.15 REFERÊNCIAS

Anderson, James, David Gebring. 1988. Structural equation modeling in practice: A review and recommended two step approach. Psych. Bull. 103 (May) 411–423.

Anderson, Eugene W., Vikas Mittal. 2000. Strengthening the satisfaction profit chain. J. Service Res. 3 (2) 107–120.

Athanassopoulos, Andreas D., Nikos Lambroukos, Lawrence Seiford. 1999. Data envelopment scenario analysis for setting targets to electricity generating plants. Eur. J. Oper. Res. 115 (3) 413–428.

Berger, Allen N., John H. Leusner, J. J. Mingo. 1997. The efficiency of bank branches. J. Monetary Econom. 40 (1) 141–162.

Berger, Paul. D., Nada I. Nasr. 1998. Customer lifetime value: Marketing models and applications. J. Interactive Marketing 12 (1) 17–30.

Blattberg, Robert C., John Deighton. 1996. Managing marketing by the customer equity test. Harvard Bus. Rev. 74 (July–Aug) 136–144.

Bolton, Ruth N. 1998. A dynamic model of the duration of the customer's relationship with a continuous service provider: The role of satisfaction. Marketing Sci. 17 (1) 45–65.

——, James H. Drew. 1994. Linking customer satisfaction to service operations and outcomes. Roland T. Rust, Richard L. Oliver eds., Service Quality: New Directions in Theory and Practice. Sage Publications, Thousand Oaks, CA, 173–200.

——, Katherine N. Lemon, Peter Verhoef. 2001. CUSAMS: A decision support model for customer asset management in service industries. Marketing Sci. Inst. Working Paper Ser. Forthcoming.

Carr, Nicholas G. 1999. Marketing: The economics of customer satisfaction. Harvard Bus. Rev. (March–Apr). 15–18.

Charnes, A., W. W. Cooper, A. Y. Lewin, L. M. Seiford. 1994. Data Envelopment Analysis: Theory, Methodology and Applications. Kluwer Academic Publishers, Norwell, MA.

Frei, Frances X., Patrick T. Harker. 1999. Measuring the efficiency of service delivery process: An application to retail banking. J. Service Res. 1 (4) 300–312.

Grosskopf, Shawna, Kathy J. Hayes, Lori L. Taylor, William L. Weber. 1999. Anticipating the consequences of school reform: A new use of DEA. Management Sci. 45 (4) 608–620.

Hauser, John R., Duncan I. Simester, Birger Wernerfelt. 1994. Customer satisfaction incentives. Marketing Sci. 13 (Fall) 327–350.

Heskett, James L., Thomas O. Jones, Gary W. Loveman, W. Earl Sasser, Jr., Leonard Schlesinger. 1994. Putting the service-profit chain to work. Harvard Bus. Rev. 72 (2) 164–174.

Ittner, Christopher, David F. Larcker. 1998. Are nonfinancial measures leading indicators of financial performance? An analysis of customer satisfaction. J. Accounting Res. 36 (Suppl.) 1–35.

Keane, Timothy J., Paul Wang. 1995. Applications for the lifetime value model in modern newspaper publishing. J. Direct Marketing 9 (2) 59–66.

Kimes, Sheryl E. 1999. The relationship between product quality and revenue per available room at Holiday Inn. J. Service Res. 2 (2) 138–144.

Loveman, Gary W. 1998. Employee satisfaction, customer loyalty, and financial performance: An empirical examination of the service profit chain in retail banking. J. Service Res. 1 (1) 18–31.

Mittal, Vikas, Wagner A. Kamakura. 2001. Satisfaction and repurchase behavior: The moderating influence of customer and market characteristics. J. Marketing Res. 38 (1) 131–142.

Morwitz, Vicki G., David Schmittlein. 1992. Using segmentation to improve sales forecasts based on purchase intent: Which "Intenders" actually buy? J. Marketing Res. 9 (Nov) 391–405.

Parasuraman, A., Valarie Zeithaml, Leonard L. Berry. 1988. SERVQUAL: A multiple-item scale for measuring consumer perceptions of service quality. J. Retailing 64 (Spring) 12–40.

Post, Thierry, Jaap Spronk. 1999. Performance benchmarking using interactive data envelopment analysis. Eur. J. Oper. Res. 115 (3) 472–487.

Roth, Aleda V., William E. Jackson III. 1995. Strategic determinants of service quality and performance: Evidence from the banking industry. Management Sci. 41 (11) 1720–1733.

Rucci, Anthony J., Steven P. Kirn, Richard T. Quinn. 1998. The employee-customer-profit chain at Sears. Harvard Bus. Rev. (Jan– Feb) 83–97.

Rust, Roland T., Anthony J. Zahorik, Timothy L. Keiningham. 1995. Return on quality (ROQ): Making service quality financially accountable. J. Marketing 59 (Apr) 58–70.

Rust, Roland T., Valerie Zeithaml, Katherine Lemon. 2000. Driving Customer Equity: How Customer Lifetime Value Is Reshaping Corporate Strategy. Free Press, New York.

Schaffnit, Claire, Dan Rosen, Joseph C. Paradi. 1997. Best practice analysis of bank branches: An application of DEA in a large Canadian bank. Eur. J. Oper. Res. 98 (2) 269–289.

Sherman, H. David, Franklin Gold. 1985. Bank branch operating efficiency. J. Banking Finance 9 (2) 297–315.

Simester, Duncan I., John R. Hauser, Birger Wernerfelt, Roland T. Rust. 2000. Implementing quality improvement programs designed to enhance customer satisfaction: Quasi-experiments in the United States and Spain. J. Marketing Res. 37 (Feb) 102– 112.

Soteriou, Andreas C., Stavros A. Zenios. 1999. Operations, quality, and profitability in the provision of banking services. Management Sci. 45 (9) 1221–1238.

——, Yiannos Stavrinides. 1997. An internal customer service quality data envelopment analysis model for bank branches. Internat. J. Oper. Productions Management 17 (8) 780–789.

Thanassoulis, Emmanuel 1999. Data envelopment analysis and its use in banking. Interfaces 29 (3) 1–13.

Zeithaml, Valarie A. 2000. Service quality, profitability and the economic worth of customers: What we know and what we need to learn. J. Acad. Marketing Sci. 28 (1) 67–85.

Zenios, Christiana V., Stavros A. Zenios, Kostas Agathocleous, Andreas C. Soteriou. 1999. Benchmarks of the efficiency of bank branches. Interfaces 29 (3) 37–51

# 17
# Gerenciando clientes como recursos humanos em organizações de serviço*

DAVID E. BOWEN
GRADUATE SCHOOL OF BUSINESS ADMINISTRATION, UNIVERSITY OF SOUTHERN CALIFORNIA

---

Os encontros de serviço que ocorrem nas empresas nublam a fronteira organizacional entre funcionários e clientes. Descrevem-se os trade-offs estratégicos envolvidos no ato de ter clientes no local e as práticas de recursos humanos que podem influenciar tanto a satisfação quanto o desempenho de clientes dentro da organização. Os pontos centrais incluem as práticas de recursos humanos que promovem um clima para serviço que fornece aos clientes o papel de clareza, capacidade e motivação dos quais eles necessitam para contribuírem tanto para a produção e mesmo para a entrega do serviço.

---

> *"Nenhuma teoria de gestão existente ajuda muito a explicar o papel do cliente na empresa excelente".*
> Peters e Waterman, In Search of Excellence

> *"Utilizar modelos industriais para administrar corporações baseadas em serviços faz tão pouco sentido quanto utilizar modelos de fazenda para administrar fábricas".*
> Stanley Davis, New Management

Dois atores relativamente ignorados no pensamento de gestão são os clientes e as organizações de serviço. Peters e Waterman (1982) indicam corretamente que a teoria da gestão não desenvolveu o papel vital que os clientes desempenham na dinâmica organizacional de empresas. O comentário de Davis (1983) se segue à sua observação de que a maior parte do que se conhece sobre como as empresas funcionam evoluiu a partir do estudo de organizações manufatureiras. Ele acrescenta sua voz a outras, que argumentam que princípios de gestão que derivaram do estudo de organizações manufatureiras não podem fornecer aos gerentes as ferramentas necessárias para serem eficazes em organizações de serviço, consideran-

---

* Artigo originalmente publicado sob o título *Managing Customers as Human Resources in Service Organizations*, na Human Resource Management, v.25, n.3, p.371-383, 1986.

do-se a maneira pela qual os produtos e os serviços diferem (Czepiel et al.,1985). Uma diferença central entre firmas de serviço e manufatureiras é que os clientes costumam estar presentes fisicamente quando o serviço é oferecido, muito diferente de firmas manufatureiras onde os clientes estão presentes apenas raramente durante a produção. Quando isto ocorre, tanto os clientes quanto os funcionários constituem os recursos humanos da organização de serviço. Consequentemente, as organizações de serviço enfrentam o desafio único relativo aos recursos humanos que envolve quais práticas admininstrativas podem deixar os clientes satisfeitos e produtivos durante o tempo que eles ficam dentro da empresa.

Este artigo descreve como os gerentes de serviço podem administrar os clientes de maneira eficaz como recursos humanos dentro das suas organizações. Depois de expandirmos mais sobre a observação de que empresas de clientes e de serviço foram em grande parte desprezadas na literatura sobre a admnistração, nós examinaremos três questões centrais de gestão de recursos humanos em torno do cliente no local de prestação de serviço. A primeira questão refere-se aos *trade-offs* estratégicos envolvidos no ato de ter clientes no local em oposição a tê-los fora do local.

A segunda questão envolve o desenvolvimento de estratégias para assegurar a satisfação dos clientes com o ambiente da organizacionação. Estratégias são oferecidas para se gerenciar o ambiente da empresa para o serviço, ou seja, moldar as dicas no ambiente organizacional que os clientes utilizam para avaliarem a qualidade do serviço. Um enfoque central é quais práticas de recursos humanos do funcionário estão associadas com a satisfação do cliente.

Em terceiro lugar, nós consideramos estratégias para administrar o comportamento de clientes em ajudar na produção do serviço que eles recebem. Por exemplo, como as lanchonetes conseguem fazer com que os clientes limpem suas próprias mesas? Como os bancos varejistas conseguem fazer com que os clientes preencham os comprovantes de depósito antes de se aproximarem do guichê de atendimento ou que eles operem os caixas eletrônicos corretamente? Nós sugerimos que respostas a como administrar o comportamento de clientes no local podem ser encontradas em modelos utilizados para administrar o comportamento de um funcionário. Ou seja, "lições aprendidas" sobre a seleção dos funcionários, motivação e treinamento também podem ser aplicadas à influência do comportamento do cliente.

## 17.1 EMPRESAS DE CLIENTES E DE SERVIÇO: ELOS PERDIDOS NA CADEIA DO PENSAMENTO ADMINISTRATIVO

A teoria da gestão costuma se referir aos clientes como sendo consumidores passivos de bens e serviços, interagindo com a empresa em trocas transitórias e anônimas. Quando o cliente é descrito como sendo mais proativo, isto é feito em termos desfavoráveis. Os clientes já foram retratados como interrompedores de rotinas organizacionais e como não cumpridores de procedimentos; como constrangedores de uma eficiência potencial de funcionamento quando eles se envolvem em operações de serviço e como sendo um grupo de interesse com quem os funcionários se identificam em detrimento das metas da empresa (Aldrich and Herker, 1977; Chase, 1978; Danet, 1981). Consequentemente, a literatura prescreve desenhos organizacionais que isolem as operações da empresa do cliente. J. D. Thompson (1967) sugeriu o agora clássico conceito de proteger a principal tecnologia de uma empresa de distúrbios ambientais, por exemplo, dos clientes. Neste contexto, não é surpreendente que Peters e Waterman não tenham encontrado uma elaboração do papel do cliente no pensamento administrativo ou em livros didáticos.

Empresas de serviços têm sido ignoradas enquanto teóricos e praticantes têm se concentrado em desenvolverem estratégias para administrarem firmas manufatureiras. Além disso, pressupôs-se que os princípios de organização desenvolvidos a partir do estudo de empresas manufatureiras se aplicam a todas as organizações. Este pressuposto pode ser atribuído, em parte, à tendência na gestão comparativa a concentrar em semelhanças de fenômenos organizacionais em vez de em diferenças e a pressupor que as organizações são basicamente "irmãos de pele" (Lammers and Hickson, 1979). No entanto, diferenças de dinâmica organizacional que possam existir entre organizações manufatureiras e de serviço têm recebido uma atenção recente tanto na literatura sobre a gestão quanto sobre o marketing. Na literatura sobre gestão, a ênfase tem estado nas implicações de estruturação de organizações para a prestação do serviço que é diferente do bem por ser menos tangível, necessitando de maior participação dos clientes na produção do que elas recebem e envolvendo menos atraso entre a produção do output e o consumo por um cliente. Na literatura sobre marketing, a preocupação tem sido com a maneira pela qual estas características de serviços poderão exigir estratégias de marketing diferentes daquelas utilizadas com bens.

Na sequência, nós não consideramos as organizações manufatureiras e as de serviço como sendo a mesma coisa – devido, em grande parte a diferenças nos papeis desempenhados pelos clientes em cada um deles. Estas diferenças são organizadamente resumidas por duas metáforas no livro de Daniel Bell (1973), The Coming of Post-Industrial Society. Bell descreveu a natureza do trabalho na sociedade industrial como sendo um "jogo contra a natureza fabricada" em que o homem e a máquina produzem bens. Os clientes costumam ser apenas espectadores distantes neste jogo. Ao contrário, ele rotulou o trabalho num sociedade baseada no serviço como sendo um "jogo entre pessoas" – entre burocrata e cliente, professor e aluno, cabeleireiro e clientes e assim por diante. Consequentemente, empresas de serviço envolvem um potencial para uma interação no local onde o serviço é produzido mais frequente e intensa entre funcionários e clientes do que existe na produção de bens. Enquanto Peters e Waterman encorajam empresas a explorarem maneiras de "se aproximarem do cliente", as firmas de serviço devem encontrar maneiras de efetivamente administrarem a proximidade com o cliente que existe quando estes entram pelas suas portas.

## 17.2 GESTÃO DE RH E CLIENTES EM ORGANIZAÇÕES DE SERVIÇO

Três questões fundamentais relativas à presença dos clientes confrontam os gerentes em firmas de serviço. Em primeiro lugar, há a questão de se é desejável ou não até mesmo ter o cliente presente fisicamente. Relações pessoais entre funcionários de serviço e clientes são típicos de vários serviços, que não possuem intermediários entre a produção e o consumo. Entretanto, os serviços também podem ser produzidos para clientes que não estejam fisicamente no local e entregues para eles. Lojas varejistas que utilizam catálogos de encomendas por correspondência são um exemplo; escolas e universidades que ofereçam títulos por correspondência são outro exemplo. Estes mesmos serviços poderiam ter sido oferecidos a clientes no local, então a questão é a seguinte: Como os gerentes de serviço fazem a escolha estratégica entre serviços a clientes em outro local *versus* clientes no local?

Em segundo lugar, quando os clientes estão presentes, as firmas de serviço deverão administrar todos os atributos do ambiente organizacional porque boa parte do que é visível a funcionários também é visível aos clientes. Os clientes estão lá dentro dos limites físicos da empresa e suas percepções no local influenciarão sua satisfação com o serviço e sua intenção de continuarem a utilizar esse serviço ou buscarem outras alternativas.

Em terceiro lugar, espera-se que clientes de serviço no local façam coisas que ajudem a criar o serviço que eles recebem. Em outras palavras, a compra de vários serviços envolve tanto o consumo quanto a produção pelo cliente. Como exemplos, firmas de consultoria costumam esperar que seus clientes ajudem a planejar e realizar programas de treinamento; supermercados estimulam os clientes a encherem seus próprios carrinhos. Os gerentes de firmas de serviço deverão decidir quais comportamentos eles esperam dos clientes e como fazer com que os clientes realizem esses comportamentos desejados. Nestes casos, os gerentes de empresas de serviço deverão administrar não apenas o comportamento do funcionário, mas também o comportamento do cliente.

## 17.3 O CLIENTE COMO RECURSO HUMANO: ESTABELECENDO A FRONTEIRA ORGANIZACIONAL

Chase et al. (1984) sugeriram critérios a favor da produção no local e de estratégias de entrega. A presença do cliente é desejável quando:

1. A produção e a entrega de um serviço são absolutamente inseparáveis. Este é um imperativo praticamente inescapável para a presença do cliente. Uma barbearia é um exemplo onde é impossível produzir ou entregar o serviço sem a presença do cliente. Além disso, existem serviços em que a presença do cliente poderia ser evitada, mas essa estratégia provavelmente comprometeria a qualidade do serviço. O aconselhamento psicológico, por exemplo, poderia ser realizado por telefone ou carta, mas provavelmente não teria o mesmo sucesso que pessoalmente.

2. Benefícios de marketing são fornecidos por contato no local com o cliente. Aqui o contato com o cliente não é exigido, mas é desejável no sentido de que o contato com o cliente proporcionar à organização de serviço uma oportunidade de vender mais serviços. O varejo de encomenda por correspondência elimina as "vendas adicionais" possíveis quando o cliente vem até a loja.

Considerando-se as vantagens de marketing de ter a presença do cliente, por que ainda assim uma empresa de serviço escolheria manter o cliente em outro local? Há um ato de equilíbrio delicado envolvido aqui, conforme indica Chase, da seguinte maneira: O contato direto com o cliente é correlacionado negativamente com a eficiência da produção e correlacionado positivamente com a eficácia de marketing. A gestão do serviço deverá levar em consideração qual dos dois objetivos ela quer seguir com sua escolha entre estar no local ou não.

Nós acrescentaríamos um terceiro critério a estes dois:

3. É desejável ter clientes presentes fisicamente quando eles puderem complementar ou substituir a mão de obra e as informações fornecidas por funcionários. A estratégia de ter clientes presentes no local, participando da produção e da entrega do serviço, poderá ser um meio para melhorar a produtividade indisponível para a maioria das organizações manufatureiras. Neste espírito, Lovelock e Young (1979) estimulam os gerentes de serviço a "olharem para os clientes para aumentarem a produtividade". Eles sugerem que as empresas costumam ter três meios disponíveis para aumentarem a produtividade: (1) melhorar a qualidade dos funcionários, (2) investir em equipamentos de capital mais eficientes e (3) automatizar tarefas que antes eram realizadas pela mão de obra. Um quarto meio está disponível em organi-

zações de serviço – fazer com que os clientes desempenhem determinadas tarefas de operação de serviços. Gartner e Reissman (1974) chamam esta estratégia de aumentar a "intensividade do cliente" em operações de serviço. Quando isto ocorre, os clientes não diminuem a eficiência do sistema do serviço, mas a melhoram.

## 17.4 SATISFAÇÃO DO CLIENTE: PRÁTICAS DE RH E O CLIMA PARA O SERVIÇO

Uma vez que os clientes chegam nas instalações de um serviço, suas atitudes e comportamentos no local são acrescentados aos dos funcionários como ingredientes que afetam a eficácia organizacional. Para que os clientes experimentem de maneira positiva seu ambiente organizacional, as firmas de serviço precisarão administrar o clima para o serviço.

O clima para o serviço refere-se ao resumo das percepções que os clientes possuem dos atributos e das práticas do negócio relacionados ao serviço. Isto poderá incluir tudo, desde como se comportam os funcionários que entram em contato com os clientes, até a limpeza das instalações e os materiais que os clientes utilizam. Nós podemos sugerir quatro estratégias para criarmos um clima favorável para o serviço:

1. Empresas de serviço deverão tomar cuidado para administrarem toda a "evidência" visível ao cliente. Chega-se à definição do cliente sobre o que é "real" em relação a um serviço por meio de deduções tiradas de dois tipos de evidência de serviço. Em primeiro lugar, existe uma evidência "periférica" que o cliente do serviço pode possuir, como uma passagem aérea. Em segundo lugar, existe uma evidência "essencial" que o cliente não pode possuir (Shostack, 1977). Exemplos incluem a aparência do escritório, o figurino e a maneira de falar dos funcionários. De maneira semelhante, Sasser et al. (1978) diferenciaram as características de um ambiente de serviço para dentro do conceito de serviço (ou seja, o bem que acompanha o serviço) e o sistema de entrega do serviço (ou seja, a imagem das instalações, as atitudes de funcionários e assim por diante). Toda esta evidência precisa ser tão cuidadosamente planejada quanto o serviço em si porque os clientes confiam nesta evidência para obterem dicas que ajudem na formação da sua própria "realidade" mental pessoal do que é o serviço.

A forma pela qual esta evidência molda as percepções dos clientes sobre os serviços foi explorada num estudo de filiais bancárias realizado por Schneider e Bowen (1985). Eles descobriram que a maneira pela qual o serviço era prestado em termos de dimensões de clima incluindo cortesia/competência, "os caixas se preocupam com os clientes como pessoas na minha filial"; equipe adequada, "minha filial parece ter uma quantidade suficiente de funcionários para lidar com seus clientes"; e estado de espírito do funcionário, "os funcionários reclamam da filial", estava fortemente relacionada com as avaliações do cliente em relação ao serviço que eles receberam e com suas intenções de continuarem a utilizar o serviço. Os resultados também revelaram um grau considerável de concordância entre as descrições que o funcionário faz do que acontece na sua filial no que diz respeito ao serviço aos clientes e o que eles falam sobre o serviço que eles recebem. Em primeiro lugar, a correlação entre as visões do funcionário e dos clientes em relação à qualidade do serviço foi substancial ($r = 0,63$, $p < 0,01$). Em segundo lugar, houve vários relacionamentos fortes entre a maneira pela qual os funcionários descreveram o clima para o serviço e tanto a visão dos clientes em relação a diversas dimensões de clima quanto suas visões da qualidade geral do serviço.

A concordância entre as visões do funcionário e do cliente em relação ao serviço indica que encontros de serviço no local aproximam os funcionários dos clientes, tanto física quanto psicologicamente. Os funcionários parecem ouvir os clientes e concordar com eles. Há uma lição importante aqui para gerentes de empresas de serviço: funcionários da linha de frente podem ser fontes valiosas de informações sobre as preferências dos clientes quando decisões estiverem sendo tomadas sobre quais novos serviços deverão ser oferecidos e como prestá-los.

2. Uma segunda estratégia para a gerência seguir na criação de um clima favorável para o serviço é tratar seus funcionários de contato com os clientes não apenas como funcionários, mas como "clientes parciais". Indivíduos que merecem o mesmo tratamento cortês que a gerência quer que os clientes da organização recebam. Isto se traduz no ato da gerência desenvolver e aplicar um conjunto de práticas de gestão de recursos humanos, desde a seleção até a seleção para treinamento para aconselhamento de carreira, que sustentam os prestadores de serviço da linha de frente. No mesmo sentido, Berry (1981), ex-presidente da Associação Americana de Marketing, sugeriu que a gerência de serviço considera seus funcionários da linha de frente como sendo "clientes internos", utilizando estratégias de pesquisa e de segmentação de mercado, internamente, para oferecer trabalhos personalizados, horários de trabalho flexíveis e benefícios de cafeteria que atendam as necessidades de funcionários que, por sua vez, têm a responsabilidade de atenderem as necessidades de clientes externos.

A estratégia de tratar funcionários como clientes parciais é sustentada por uma pesquisa que indica que quando os funcionários de serviço sentem que a gerência está atendendo as suas necessidades, por sua vez eles se sentem livres para se concentrarem em atender as necessidades dos clientes. No estudo realizado por Schneider e Bowen (1985), pediu-se que os funcionários avaliassem as práticas de recursos humanos do banco e que os clientes avaliassem a qualidade do serviço que eles recebem na filial. Quando os funcionários relataram de maneira positiva sobre o quanto eles foram bem-treinados, supervisionados e assim por diante, os clientes também tiveram visões favoráveis da qualidade do serviço que eles recebiam. Em outras palavras, aquilo que os funcionários experimentam nos seus trabalhos como funcionários de serviço da linha de frente parece afetar a qualidade da experiência no local para os clientes. Especificamente, as práticas de recursos humanos da gerência podem influenciar de maneira favorável a experiência no local tanto dos funcionários quanto dos clientes.

3. Para que haja um clima favorável para o serviço, os funcionários de contato com os clientes deverão possuir as habilidades interpessoais necessárias para serem jogadores eficazes no "Jogo Entre Pessoas". Infelizmente, as organizações de serviço costumam preparar os funcionários para jogar apenas um "Jogo Contra a Natureza Fabricada". As empresas de serviço concentram seu treinamento em habilidades técnicas, por exemplo, como operar a caixa registradora, preencher relatórios de hóspedes,etc. e geralmente não treinam os funcionários em técnicas de serviço ao cliente. Infelizmente, a maioria dos testes de seleção válidos lida com atitudes cognitivas e motoras, excluindo relativamente as habilidades interpessoais. Além disso, os programas de treinamento para o desenvolvimento de habilidades interpessoais têm sido usados principalmente com gerentes e não com funcionários de primeira linha. No geral, muitas práticas dos funcionários ainda estão voltadas para as necessidades de firmas manufatureiras, onde é menos importante que os funcionários de primeira linha possuam habilidades interpessoais para desempenharem bem suas tarefas de produção.

4. Finalmente, quanto mais intangível for o serviço prestado, mais atenção os gerentes de serviço precisam prestar às três estratégias anteriores (administrar toda a evidência, tratar os funcionários como clientes parciais e equipar os prestadores de serviço com habilidades interpessoais). Quanto mais intangível for o serviço prestado, mais os clientes contarão com dicas contextuais em torno da prestação do serviço para avaliarem a qualidade do serviço que eles recebem. A intangibilidade aumenta à medida que os serviços tornam-se mais complexos e menos associados com um bem facilitador. Portanto, os serviços bancários e de seguros são mais intangíveis do que serviços de lavanderia e varejo. Quando um produto não estiver presente para influenciar a satisfação do cliente com o serviço, as empresas de serviço deverão

contar cada vez mais com o gerenciamento de tangíveis, como características do ambiente e funcionários de contato para criarem uma imagem positiva da sua oferta intangível.

Uma palavra que resume a administração do clima para o serviço é que as diferentes estratégias reagem à mesma realidade básica da organização de serviço: Em ambientes de serviço onde o cliente está presente, as práticas de gestão de recursos humanos se relacionam tanto com a satisfação do funcionário quanto do cliente mais fortemente do que em ambientes de trabalho onde as duas partes estão separadas como, por exemplo, em fábricas de bens duráveis. Encontros de serviço no local reduzem a fronteira organizacional entre funcionários e clientes. Consequentemente, as percepções e os comportamentos do funcionário e do cliente são moldados pelo mesmo conjunto de práticas organizacionais e eles se tornam fortemente interligados.

## 17.5 DESEMPENHO DO CLIENTE MOLDANDO SEU PAPEL: CLAREZA, CAPACIDADE E MOTIVAÇÃO

Os clientes no local não são apenas espectadores atentos no Jogo Entre Pessoas, mas eles também costumam ser jogadores ativos, fornecendo mão de obra e conhecimento para o processo de criação de serviço.

Isso tinha levado à sugestão de que os clientes fossem considerados como sendo "funcionários parciais" da organização de serviço (Mills, 1983). Os clientes agem como "funcionários parciais" em diversos pontos durante a criação do serviço. Na etapa inicial, os clientes precisam planejar seus encontros com os funcionários de serviço. Os clientes de contadores tributários têm a motivação de trazerem seus registros; espera-se que os clientes do varejo tragam seus recibos com eles quando eles devolvem alguma mercadoria indesejada. Durante o encontro de serviço efetivo, os clientes poderão precisar tomar decisões sobre itens de serviço alternativos. Finalmente, os clientes ainda poderão estar atuando para as organizações até mesmo depois da prestação do serviço. Por exemplo, o paciente do hospital poderá ter que fazer exercícios pós-operatórios.

Os serviços irão variar consideravelmente se os principais atores forem clientes ou funcionários. Em alguns serviços, o cliente como "funcionário parcial" atua apenas como um "coprodutor" com funcionários, tendo responsabilidade, variando desde bancos onde os funcionários fornecem a maior parte da mão de obra para clientes que, essencialmente, só precisam chegar no guichê até supermercados onde os clientes fornecem a maior parte da mão de obra enquanto os funcionários lidam apenas com o registro na saída. Em outros serviços, o cliente como "funcionário parcial" torna-se o único produtor. Exemplos aqui incluem caixas eletrônicos e lavanderias automáticas.

Estes exemplos ilustram que a gestão do serviço pode atribuir, dentro de limites tecnológicos, diversos papeis de "funcionário parcial" aos clientes. Uma questão estratégica importante para os gerentes de serviço é determinar o papel de tamanho ideal para os clientes desempenharem nas suas operações. Isto envolve ponderar os aumentos possíveis de produtividade com um papel cada vez maior do cliente vs. os aumentos possíveis de produtividade com outras alternativas, por exemplo, um aumento da automação. No entanto, os gerentes de serviço poderão relutar em formular uma estratégia de produção de serviço que utilize muito o cliente, considerando-se a incerteza sobre como colocar em prática uma estratégia de utilizar os clientes como funcionários parciais, ou seja, eles não têm certeza como garantir que os clientes desempenharão seus papéis da maneira que a empresa deseja.

Nós sugerimos que estratégias para administrar o comportamento do cliente tanto na produção quanto na prestação de um serviço poderão ser extraídas de modelos do comportamento dos funcionários. Um modelo geral dos determinantes do comportamento dos funcionários atribui seu comportamento a três ingredientes: clareza do papel, capacidade e motivação (por exemplo, Vroom 1964). Em outras palavras, os funcionários se comportam dessa maneira baseados em grande parte em três considerações:

1. Eles compreendem como as pessoas esperam que eles atuem?
2. Eles são capazes de atuar conforme o esperado?
3. Existem recompensas valorizadas para atuação conforme o esperado?

Pode-se considerar o comportamento do cliente como sendo moldado por estes mesmos três ingredientes. Portanto, a chave para se administrar o desempenho do cliente envolve desenvolver práticas de RH que influenciem os clientes a responderem "sim" a estas três perguntas para quaisquer comportamentos de "funcionário parcial" que se espera deles.

**Os clientes compreendem como as pessoas esperam que eles atuem?** Uma expectativa inicial do papel do cliente de serviço no local é "ir ao local certo ou à pessoa certa". Em outras palavras, o cliente deverá ter a "orientação" adequada para o ambiente. Pesquisadores da psicologia ambiental argumentam que a orientação é uma necessidade comportamental persuasiva de indivíduos ao entrarem num ambiente (Wener, 1985). Qualquer cliente que já tenha ficando na fila errada no correio, no Departamento de Veículos, numa loja varejista, etc., pode apreciar como a falta de orientação, juntamente com limitações de tempo, é irritante e estressante. A falta de orientação também poderá fazer com que os funcionários gastem mais tempo respondendo aos clientes perguntas sobre direção do que efetivamente prestando o serviço.

Os clientes no local exigem dois tipos de orientação. A "Orientação de Lugar" responde suas perguntas de "onde estou" ou "como chego daqui até lá" e a "Orientação de Função" lida com a pergunta de "como esta organização funciona". Os clientes se voltam para várias fontes para responderem estar perguntas. Uma fonte está relacionada com as experiências que eles trazem para o ambiente. Clientes repetidos e de serviços comparáveis exigem menos orientação do que aqueles que utilizam um serviço desconhecido pela primeira vez. Outra fonte é a legibilidade inerente do sistema. O design das instalações do serviço, em si, é compreensível ou parece um labirinto? Em terceiro lugar, os clientes buscam "auxílios de orientação" fornecidos pela empresa de serviço. Os aeroportos poderão contratar guias para direcionar os passageiros para os terminais e portões adequados; os bancos poderão utilizar gerentes de andar para direcionarem os clientes para os guichês e aos funcionários adequados. A orientação também poderá tomar a forma de regras que governam o comportamento do cliente: para segurança (empresas aéreas), figurino (restaurantes), níveis de ruído (hoteis).

Portanto, as organizações de serviço enfrentam o desafio de fornecerem orientação não apenas para os seus funcionários, mas também para seus clientes no local. Algumas fazem isso de maneira esplêndida. O McDonalds, com suas várias latas de lixo altamente visíveis e racks para bandeja, garante que os clientes rapidamente "aprendam o básico" sobre limparem suas próprias mesas depois de comerem; vários consultórios dentários mostram videos aos pacientes em potencial descrevendo como é colocar aparelho fixo – fornecendo ao paciente uma "prévia realista do serviço" do seu papel na produção e na prestação do serviço; gerentes de operações de auto-atendimento, por exemplo, em postos de gasolina, aprenderam que instruções mais explícitas sobre o que se espera dos clientes (por exemplo, pagar antes ou não, quais cabos e mostradores fazem a bomba funcionar) fazem com que mais clientes utilizem seu serviço e os utilizem corretamente. Todos estes são exemplos de ajudar os clientes a estarem no lugar certo, na hora certa, fazendo todas as coisas certas.

**Os clientes são capazes de atuar conforme o esperado?** As empresas poderão garantir que os clientes tenham as capacidades necessárias para desempenharem seus papeis utilizando as mesmas abordagens que funcionam com os funcionários. Recrutamento, seleção e treinamento poderão ser utilizados para se adquirir clientes no local que consigam atuar conforme o esperado.

Um estudo sobre alternativas de auto-atendimento demonstra como as organizações de serviço conseguem identificar clientes que estejam dispostos e que sejam capazes de atuar como funcionários parciais (Langeard et al., 1981). No estudo, os clientes preencheram levantamentos que apresentavam "cenários de serviço alternativos" num banco, num posto de gasolina, num hotel, num aeroporto, num restaurante e numa loja de cheques de viagem. Para cada serviço foi apresentada uma escolha aos clientes entre uma alternativa menos participativa (serviço pleno) e mais participativa (auto-atendimento). Por exemplo, o cenário do banco apresentou a seguinte pergunta:

São 10 da manhã e você quer sacar US$50 da sua conta corrente. Você tem um cartão que permitiria que você utilizasse um caixa eletrônico ou que você fosse a um caixa com um funcionário para atende-lo com seu talão de cheques. Então suas escolhas seriam as seguintes:

- Ou utilizar o caixa eletrônico ou utilizar o caixa tradicional com um funcionário.
- Existem filas igualmente curtas para utilizar o caixa eletrônico e para ser atendido no guichê.

Clientes geralmente mais participativos em todos os cenários tendiam a ser mais jovens, do sexo masculino e mais educados; a ser impacientes e a não gostar de esperar na fila e de gostar de jogar com máquinas mais do que aqueles no segmento não participativo. Firmas que estiverem buscando estratégias de produção intensivas na participação do cliente poderão concentrar sua publicidade no recrutamento e na seleção deste segmento de mercado participativo. De maneira semelhante, muitas organizações profissionais de serviço, por exemplo, universidades, apenas selecionam estudantes/clientes que tenham demonstrado sua capacidade de terem um desempenho eficaz por meio de pontuação em testes padronizados e da experiência de trabalho anterior. No entanto, determinadas classes de clientes potenciais, por exemplo, os grupos de pobres e minorias poderão não possuir as capacidades necessárias para desempenharem um papel de produção. Nestes casos, os gerentes de serviço precisarão escolher entre excluir estes clientes, alegando eficiência, ou os incluindo por razões de responsabilidade social e depois lhes fornecendo o treinamento necessário.

Além de tentar selecionar o "tipo certo" de cliente atuante, os clientes poderão ser treinados para atuarem conforme o esperado. Por exemplo, quando alternativas de auto-atendimento forem apresentadas, os funcionários de serviço poderão precisar demonstrar o equipamento e responder perguntas, especialmente quando os clientes resistirem à mudança. A resistência poderá ser proveniente de clientes que aprenderam ao longo dos anos como se comportarem como um consumidor no encontro de serviço, mas não como um produtor. A pesquisa de comportamento do consumidor sobre como os clientes adquirem suas percepções dos seus papéis de consumo e produção poderá beneficiar os gerentes de serviço que estiverem tentando desenvolver funcionários parciais capazes.

**Existem recompensas valorizadas para atuação conforme o esperado?** Modelos de motivação dos funcionários oferecem duas chaves para a maneira pela qual os gerentes conseguem motivar seus funcionários. Uma forma de fazer isso é basear as recompensas no desempenho e tornar a ligação entre eles visível. A segunda forma é oferecer recompensas que os funcionários valorizem.

Os clientes também poderão ser estimulados a atuarem quando lhes forem fornecidas recompensas baseadas no desempenho. Quando os clientes participam na criação de um serviço eles adquirem benefícios como um controle maior sobre os termos da prestação do serviço, economia de tempo e economia monetária. No entanto, os clientes poderão não perceber que estes benefícios sejam possíveis a não ser que a gestão do serviço torne sua existência visível através do marketing. Em outras palavras, os gerentes de serviço precisam esclarecer as recompensas baseadas no desempenho aos seus clientes, da mesma maneira que eles fazem aos seus funcionários.

A decisão sobre quais recompensas os clientes valorizarão deverá levar em consideração que os clientes, assim como os funcionários, atendem diversas necessidades por meio da sua presença organizacional. Os clientes não são movidos exclusivamente por necessidades econômicas; por exemplo, eles podem valorizar a interação com funcionários de serviço ou até o mero prazer da experiência de serviço. Além disso, os gerentes de serviço com muita frequência têm uma visão de teoria X de clientes como sendo sorrateiros, problemáticos e motivados exclusivamente por interesses próprios. Uma visão de clientes mais de teoria Y os consideraria como sendo colaboradores confiáveis no processo de criação de serviço que conseguem moldar de maneira criativa seus próprios papeis de serviço e se motivarem internamente a desempenhá-los bem.

Nós argumentamos que estratégias para administrar o desempenho dos clientes poderá se basear nas mesmas técnicas de gestão que são adequadas para os funcionários. Para concluirmos esta noção, nós recomendamos que os gerentes de serviço realizem avaliações de desempenho de como os clientes estão se saindo como funcionários parciais. Monitorar regularmente se o uso de alternativas de auto-atendimento pelo cliente está aumentando ou diminuindo; se os clientes estão tendo um desempenho eficaz como co-produtores. Por exemplo, será que os clientes do Departamento de Veículos utilizam opções de auto-atendimento para "mudança de endereço"? Será que eles trazem os registros adequados para os funcionários do balcão? Se eles não fizerem isso, poderá lhes faltar clareza de papel, o primeiro ingrediente de desempenho; capacidade, o segundo; ou motivação, o terceiro. Diagnosticar qual ingrediente é responsável pode indicar quais prescrições (melhor orientação, recrutamento, seleção, treinamento ou recompensas) são mais prováveis de remediar um desempenho fraco do cliente.

## 17.6 ORGANIZAÇÕES DE SERVIÇO, CLIENTES E GESTÃO DE RH: ALGUMAS DIREÇÕES FUTURAS

Este artigo lidou com dois atores relativamente desconhecidos na literatura sobre a gestão, ou seja, as organizações de serviço e os clientes e com questões de RH envolvidas na sua interação. Nós analisamos apenas algumas das questões envolvidas na gestão de clientes como recursos humanos. Existe uma necessidade real de continuar a desenvolver modelos e técnicas que os gerentes de serviço possam aplicar às preocupações singulares da RH nesta área, inclusive:

Será que os funcionários e os clientes preferem estratégias pessoais ou com máquinas de produção e prestação do serviço? Ou seja, será que eles preferem um "jogo entre pessoas" ou um "jogo contra a natureza fabricada"? Para os funcionários, as oportunidades de contato com os clientes pode ser uma das principais atrações de um emprego na área de serviços. No entanto, o contato com os clientes também envolve "mão de obra emocional", que é estressante, onde os funcionários devem expressar sentimentos não sinceros de carinho por clientes que os desprezam em vez de lhes mostrar seus verdadeiros sentimentos (Hochschild, 1983). Do ponto de vista do cliente, Naisbitt (1982), em Megatrends, sugeriu que clientes de alta tecnologia também precisam de um toque elevado, ou seja, uma dimensão interpessoal, para se satisfazerem. Como operações de serviço podem ser planejadas para acomodarem estas preferências variadas?

O que as operações de serviço perdem quando envolvem clientes como produtores? Será que clientes muito participativos rejeitam a ideia de fazer o trabalho e também pagar por ele, ou elegem criar o serviço em casa? Será que eles podem contestar a gestão por controle do processo de criação do serviço? Quais outros papéis os clientes podem desempenhar na organização de serviço além dos seus papéis como consumidores e produtores? Uma possibilidade é utilizar feedback de clientes no local para avaliar o desempenho dos funcionários de serviço da linha de frente.

Nós acreditamos que tanto as demandas de consumo quanto as de produção da nossa economia estejam bem-servidas através da compreensão das questões que levantamos. Nós adquirimos consumidores mais satisfeitos à medida que práticas de gestão de RH para gerenciarem o clima para serviço são colocadas em prática de maneira mais eficaz. Nós reagimos à produtividade atrasada do setor de serviço à medida que desenvolvemos práticas de RH para utilizarmos as informações e a mão de obra fornecidas pelos clientes. Estes são alguns dos ganhos possíveis ao se gerenciar clientes como recursos humanos em organizações de serviço.

## 17.7 REFERÊNCIAS

Aldrich, H. A., and Herker, D. Boundary-spanning roles and organization structure. Academy of Management Review, 1977,2,217-230.

Bell, D. The coming of post-industrial society: A venture in social forecasting. New York: Basic Books, 1973

Berry, L. The employee as customer. Journal of Retail Banking, 1981,3

Chase, R. Where does the customer fit in a service organization? Harvard Business Review, Nov./Dez. 1978,137-142.

Chase, R., Northcraft, G., and Wolf, G. Designing high contact service systems: Applications to branches of a savings loan. Decision Sciences, Fall 1984, 542-555.

Czepiel, J. A., Solomon, M. R., and Suprenant, C. F. The service encounter: managing employee/customer interaction in service businesses. Lexington, MA D.C. Heath, 1985.

Danet, B. Client-organization relationships. In P. Nystrom and W. Starbuck (Eds.), Handbook of organizational design. New York: Oxford University Press, 1981.

Davis, S. M. Management models for the future. New Management, Spring 1983, 12-15.

Gartner, A., and Reissman, F. The service society and the consumer vanguard. New York Harper and Row, 1974.

Hochschild, A. The managed heart: Commercialization of human feeling. Berkeley, CA: University of California Press, 1983.

Lammers, C. J., and Hickson, D. J. (Eds.). Organizations alike and unlike: International and inter-institutional studies in the sociology of organizations. Boston: Routledge and Kegan Paul, 1979.

Langeard, E., Bateson, J. E. G., Lovelock, C. H., and Eiglier, P. Services marketing: New insights from consumers and managers. MA Marketing Science Institute, 1981.

Lovelock, C. H., and Young, R. F. Look to consumers to increase productivity. Harvard Business Review, May/June 1979.

Mills, P. K. The socialization of clients as partial employees of service organizations,Working Paper, University of Santa Clara, 1983.

Naisbitt, J. Megatrends: Ten new directions in transforming our lives. New York Warner Books, 1982.

Peters, T. J., and Waterman, R. H. In search of excellence: Lessons from America's best-run companies. New York Warner Books, 1982

Sasser, W. E., Olsen, R. P., and Wyckoff, D. Management of seruice operations. Boston: Allyn and Bacon, 1978.

Schneider, B., and Bowen, D. E. Employee and customer perceptions of service in banks: Replication and extension, Journal of Applied Psychology, 1985, 70, 423-433.

Shostack, G. L. Breaking free from product marketing. Journal of Marketing, April 1977,73-80.

Thompson, J. D. Organizations in action. New York McGraw-Hill, 1967.

Vroom, V. Work and motizmtion. New York: Wiley, 1964.

Wener, R. E. The environmental psychology of service encounters. In J. A. Czepiel, M. R. Solomon, and C. F. Surprenant (Eds.). The Serv i c e encounter: Managing employee/customer interaction in service businesses. Lexington, MA: D.C. Heath and Co., 1985.

# 18

# Eficiência do cliente: conceito e seu impacto sobre a gestão do comércio eletrônico*

MEI XUE E PATRICK T. HARKER
UNIVERSITY OF PENNSYLVANIA

O desenvolvimento contínuo de modelos de comércio eletrônico desencadeou uma transição drástica dos papéis dos clientes em diversos processos de produção e prestação de serviços. Na coprodução de serviço, a escala e o âmbito da participação dos clientes se transformaram e melhoraram de maneira significativa em função de novos modelos e tecnologia de comércio eletrônico. Esta transição exige uma nova compreensão dos papéis dos clientes em sistemas de prestação de serviço. O conceito de eficiência do cliente é crucial para a gestão bem-sucedida de sistemas em que os clientes se envolvem ativamente nos processos de produção e prestação de serviços. Este artigo apresenta o conceito de gestão da eficiência do cliente (CEM), estuda seu relacionamento com outras características fundamentais dos clientes e explora seu impacto potencial sobre a gestão do comércio eletrônico.

## 18.1 INTRODUÇÃO

Uma transição drástica dos papéis dos clientes em muitos setores de serviços (por exemplo, varejo, leilões, serviços bancários e de corretagem online) desencadeada por novos modelos e tecnologias de comércio eletrônico já começou a ser feita. Em vez de serem os recebedores tradicionais do serviço, os clientes desempenham cada vez mais papéis ativos e até principais nos processos de produção e prestação de serviços que a Internet possibilita. A teoria tradicional do consumidor já reconheceu há muito tempo a contribuição de um cliente para o processo de produção e prestação de um serviço em termos de desencadear o serviço, fornecer as informações necessárias e auxiliar para que o serviço seja completado. No entanto, em várias situações de comércio eletrônico, a contribuição de um cliente é bem maior do que o

---

* Artigo originalmente publicado sob o título *Customer Efficiency: Concept and Its impact on E-Business Management*, no Journal of Service Research, v.4, n.4, p.253-267, 2002.

nível de envolvimento mencionado anteriormente. Cada vez mais, os clientes estão agindo como se eles fossem os "funcionários parciais" da firma e, portanto, o processo de produção e prestação do serviço pode ser considerado como sendo um de coprodução entre o cliente e a firma.

Esta transição tem vários impactos potenciais sobre a gestão do comércio eletrônico uma vez que ela trouxe novos insights sobre alguns problemas existentes. Por exemplo, considere os declínios relatados recentemente na qualidade dos serviços como resultado da prática de segmentação dos clientes de acordo com a lucratividade em sistemas de gestão de relacionamento com o cliente (CRM) em diversos setores de serviços. Equipadas com tecnologias avançadas de informações, agora as empresas podem obter e manter registros abrangentes dos seus clientes e utilizar a mineração de dados (data mining) para segmentar os clientes em hierarquias de lucratividade. Ao cortarem mão de obra e outras despesas utilizadas para atenderem clientes médios, muitas empresas conseguem aumentar seus lucros em detrimento da diminuição da qualidade do serviço para alguns dos seus clientes menos valiosos (lucrativos). A imprensa e o público intensificaram sua crítica destas práticas, por exemplo, "O resultado são mais eficiências para as empresas – e mais frustração para seus clientes menos valiosos" (Brady 2000, pp. 118-28). Em resposta a esta crítica, muitas empresas argumentam que alguns clientes são simplesmente caros demais para serem atendidos. Esta questão efetivamente tem sido um assunto contínuo que tem intrigado os pesquisadores tanto na gestão de marketing quanto de operações: Será que pode haver um cenário em que tanto a empresa quanto o cliente ganhem? Será que uma empresa pode cortar custos sem sacrificar a qualidade dos serviços prestados aos seus clientes?

As respostas a estas perguntas poderão ser encontradas na ideia de eficiência do cliente, um conceito que ainda não foi bem-definido nem estudado. O fato de a eficiência do cliente ter sido subestimada tanto pelos acadêmicos quanto pelos profissionais não é surpreendente, porque os modelos tradicionais de produção e prestação de serviços consideram as contribuições dos clientes para um processo de produção e prestação de serviço como sendo sem importância e complementar. No entanto, conforme mencionamos anteriormente, as contribuições dos clientes aumentaram de maneira significativa em função da Internet e de outras tecnologias relacionadas. Eles são verdadeiros coprodutores, não apenas recebedores de serviço. Assim, a qualidade do serviço prestado a um cliente depende não apenas da firma, mas também do cliente. Ou seja, a prestação eficiente de um serviço de alta qualidade requer consistentemente um bom desempenho tanto pelos funcionários quanto pelo cliente que utiliza a infraestrutura da firma para participar da produção e da prestação do serviço. Portanto, a gestão de eficiência do cliente (CEM), que é uma estratégia que se concentra na eficiência do cliente, é fundamental para o sucesso de uma empresa de serviço, tanto no curto quanto no longo prazo.

No curto prazo, uma infraestrutura de prestação de serviço eficiente em termos do cliente é fundamental para atrair e reter clientes. Muitos estudos mostraram que a satisfação do cliente depende em grande parte da prestação eficiente de um serviço. No entanto, em termos de julgar a eficiência da prestação de um serviço, um consumidor costuma fazer este julgamento baseado não apenas em quanto tempo leva para a empresa completar sua porção do processo, mas também até que ponto o consumidor considera eficiente a utilização dos seus recursos, especialmente seu tempo, para completar o processo de serviço. Também já se mostrou que a facilidade de utilização da infraestrutura é um fator decisivo para a satisfação do cliente quando há muito auto-atendimento envolvido no processo.

No longo prazo, uma base de clientes eficiente torna possível para uma firma ao mesmo tempo reduzir seus custos e manter uma alta qualidade do serviço. A capacidade de alavancar a eficiência do cliente ao integrar sem interrupções a tecnologia da informação e o design de processo voltado para a eficiência do cliente, ou fazer com que os clientes atendam eles próprios ou outros clientes de maneira eficiente, mostrou ser a chave para o sucesso de vários novos modelos de negócios de serviços eletrônicos como os serviços bancários, de corretagem e de leilão eletrônicos. Além disso, clientes eficientes podem melhorar seu relacionamento com a firma e com outros clientes e, consequentemente, aumentar sua fidelidade para com a firma. Portanto, considerando-se a influência significativa da eficiência do cliente sobre a lucratividade de uma firma, é necessário reenfatizar o papel implícito do cliente como coprodutor num processo de prestação de serviço.

Este artigo apresenta o conceito de eficiência do cliente e um sistema para a CEM, investiga os fatores potenciais específicos do cliente e específicos dos sites da Internet que sejam relevantes para a eficiência do cliente, explora os relacionamentos entre eficiência do cliente e outras características importantes do cliente (por exemplo, sua fidelidade) e discute os impactos administrativos potenciais da CEM. O artigo se encerra descrevendo um estudo empírico de larga escala sobre a eficiência do cliente utilizando o conjunto de dados de um painel de mais de 20.000 clientes que visitaram os sites de 12 empresas populares na Internet entre outubro de 1999 e março do ano 2000.

O restante do artigo é organizado da seguinte maneira. A segunda seção fornece uma breve análise da literatura relevante sobre o marketing, a gestão de operações de serviço, os sistemas de informação e a análise de produtividade e eficiência. A terceira seção define o conceito de eficiência do cliente, apresenta um sistema para a CEM e discute os relacionamentos deste conceito com a CRM padrão, assim como o conceito desenvolvido recentemente de equidade entre os clientes. A quarta seção apresenta o modelo de Análise Envoltória de Dados (DEA) utilizado para medir a eficiência do cliente neste estudo empírico e os resultados desta investigação. O artigo se encerra com uma discussão das implicações e limitações dos resultados, juntamente com indicações para pesquisas futuras.

## 18.2 ANÁLISE DA LITERATURA

Existem várias correntes de literatura relacionadas com este artigo: coprodução na gestão de operações de serviço, comportamento do consumidor, CRM, teoria da equidade entre os clientes no marketing, teoria da busca em sistemas de informações, teoria da análise de produtividade e eficiência na economia e participação do cidadão na gestão da política pública.

Na literatura sobre a gestão de operações de serviço existem vários artigos clássicos voltados para a estratégia das operações de serviço e poucos artigos recentes sobre o design da cadeia de suprimentos e serviços que consideraram explicitamente o envolvimento dos consumidores. Em Chase (1978), o envolvimento de um cliente e sua influência potencial sobre o processo de prestação de serviço foram discutidos pela primeira vez. Lovelock e Young (1979) indicaram que os clientes eram a fonte potencial para aumentarem a produtividade de uma firma de serviço. Os autores discutiram a importância de levar em consideração as necessidades dos consumidores quando projetam tecnologias de auto-atendimento como caixas eletrônicos (ATMs). Mills e Morris (1986) mencionaram que os clientes costumam desempenhar o papel de funcionários "parciais" da organização de serviço. Bowen (1986) sugeriu a utilização de técnicas de gestão de recursos humanos para administrar clientes no local. Kelley, Donnelly, e Skinner (1990) propuseram a utilização de ferramentas de socialização de uma organização para a administração de clientes como recursos humanos em organizações de serviço. Karmarkar e Pitbladdo (1995) fornecem uma análise abrangente da literatura sobre "mercados de serviço e concorrência" e indicam o valor de se explorar como o envolvimento de um cliente em processos de prestação de serviço influenciará o design do processo, assim como concorrência no mercado. Em Heskett, Sasser, e Schlesinger (1997), os autores perceberam que ao estimular os clientes a compartilharem responsabilidade, as firmas poderiam não apenas reduzir seus custos, mas também melhorar a qualidade do serviço. Ha (1998) apresenta um modelo de fila GI/GI/1 com taxas de serviço escolhidas pelo cliente e custos por atraso lineares para resolverem o problema da formação de preços de uma instalação de serviço em que a instalação e os clientes produzam serviços em conjunto. Cachon e Harker (1999) consideram três configurações de design para a "cadeia de suprimentos e serviços": As firmas prestam o serviço, as firmas terceirizam o serviço a um contratado ou as firmas terceirizam o serviço aos seus clientes (ou seja, os clientes tornam-se co-produtores do serviço).

O estudo da CEM também envolve um exame detalhado do design estratégico de serviços eletrônicos. Xue, Harker, e Heim (2000) propuseram um modelo voltado para o cliente para o design estratégico de serviços eletrônicos. Ao se concentrarem nos clientes, canais interativos de auto-atendimento como a Internet podem funcionar como um meio eficaz de migrar clientes para canais com custos menores e melhorar ao mesmo tempo a eficiência do cliente, a eficiência corporativa e a satisfação do cliente. Além disso, técnicas de gestão de processo (Frei and Harker 1999a, 1999b; Harker and Hunter 1996; Harker and Zenios 2000) também podem ser aplicadas a processos de reengenharia da produção e da prestação do serviço para estimular e facilitar a melhoria da eficiência do cliente.

Na literatura sobre marketing, a teoria clássica de comportamento do consumidor reconheceu há muito tempo as contribuições dos clientes para a produção e a prestação de um serviço em termos de desencadear o processo, fornecendo as informações e o material necessários e auxiliando a completar o processo na maioria dos casos (Lilien, Kotler, and Moorthy 1992). Especificamente, esta obra está proximamente relacionada com a literatura sobre a CRM, inclusive a teoria da equidade entre os clientes. Existem várias obras influentes nesta área e apenas um punhado delas pode ser incluída aqui devido a limitações de espaço. Alguns artigos estudam os relacionamentos entre a qualidade do serviço, a satisfação do cliente e a fidelidade do cliente e a lucratividade. A compreensão destes relacionamentos fornece as bases teóricas e empíricas para a CRM: uma estratégia voltada para o cliente. Em Zeithaml, Parasuraman, e Berry (1990), o modelo SERVQUAL é utilizado para definir a qualidade do serviço como sendo a lacuna entre a percepção de um cliente e a expectativa da qualidade do serviço. No relacionamento entre qualidade do serviço e lucros financeiros, Rust (1995); Rust e Keiningham (1994); e Anderson, Fornell, e Rust (1997) discutiram os trade-offs entre a busca de uma empresa pela qualidade do serviço e os lucros financeiros. Relacionamentos positivos entre satisfação do cliente, fidelidade do cliente e participação de mercado são relatados em Rust e Zahorik (1993) e Anderson, Fornell, e Lehmann (1994). Outros artigos se concentram nas implicações estratégicas da CRM e da estratégia organizacional para desenvolver competência da CRM (Day 1999) e explorar a aplicação de uma nova tecnologia de Internet e técnicas de mineração de dados que permitiram a prevalência da CRM nos últimos vários anos (Greenberg 2001). A teoria da equidade entre os clientes (Rust, Zeithaml, and Lemon 2000) considera a base de clientes como sendo um ativo valioso da firma e define a meta da CRM como sendo "impulsionar a equidade entre os clientes".

O conceito do modelo de coprodução foi utilizado no campo da gestão da política pública (Whitaker 1980), em que se estudou a participação de um cidadão na prestação de um serviço público. Whitaker (1980) indicou que a "coprodução é fundamental em serviços que buscam mudar o cliente" (por exemplo, educação). Depois, em Chappell (1994), o modelo de coprodução foi aplicado à gestão da qualidade na educação pública. Wilson (1994) concluiu que a coprodução de serviços é a principal característica da política governamental para proporcionar cuidados para cidadãos idosos.

A definição e a medida da eficiência do cliente aqui estão relacionadas com a teoria da busca na economia, com a teoria do consumo no marketing e com a análise de produtividade e eficiência na literatura sobre a gestão de operações. A teoria tradicional de busca define o custo de busca de um comprador como sendo "o custo causado pelo comprador para localizar um vendedor adequado e comprar um produto" (Bakos 1997). A análise da produtividade e da eficiência clássicas na economia utiliza a razão de outputs para inputs como medida de produtividade ou eficiência (Charnes et al. 1994). O conceito e a medida da eficiência do cliente apresentados aqui estão relacionados com estes dois sistemas.

## 18.3 EFICIÊNCIA DO CLIENTE E A CEM

### Eficiência do Cliente

A teoria clássica do consumidor pressupõe que os consumidores passam por cinco passos no ciclo de compra: surgimento da necessidade, busca por informações, avaliação, compra e análise pós-compra (Lilien, Kotler, and Moorthy 1992). Utilizando este sistema, considere um exemplo simples da compra de um livro pela Internet para ilustrar como um consumidor coproduz o serviço com um vendedor de livros pela Internet (veja a Figura 18.1). Os clientes participam em quase todos os estágios do processo da produção e da prestação do serviço, exceto as operações de bastidores como o envio e o manejo dos bens. Com efeito, eles desencadeiam o serviço, buscam informações sobre o produto, avaliam os resultados da busca para tomarem uma decisão de compra, fazem o pedido e iniciam o processo de retorno se isto for desejado. Em geral, em outros setores de serviços eletrônicos como serviços bancários, corretagem e leilões eletrônicos, tanto o âmbito quanto a escala dos envolvimentos dos clientes nos processos de prestação de serviço são ainda mais significativos e costumam requerer esforços intelectuais mais sofisticados e, portanto, mais tempo. Além disso, nestes casos, os inputs dos clientes são fundamentais para a prestação eficiente de um serviço de alta qualidade.

## Envolvimento do cliente ao comprar um livro online

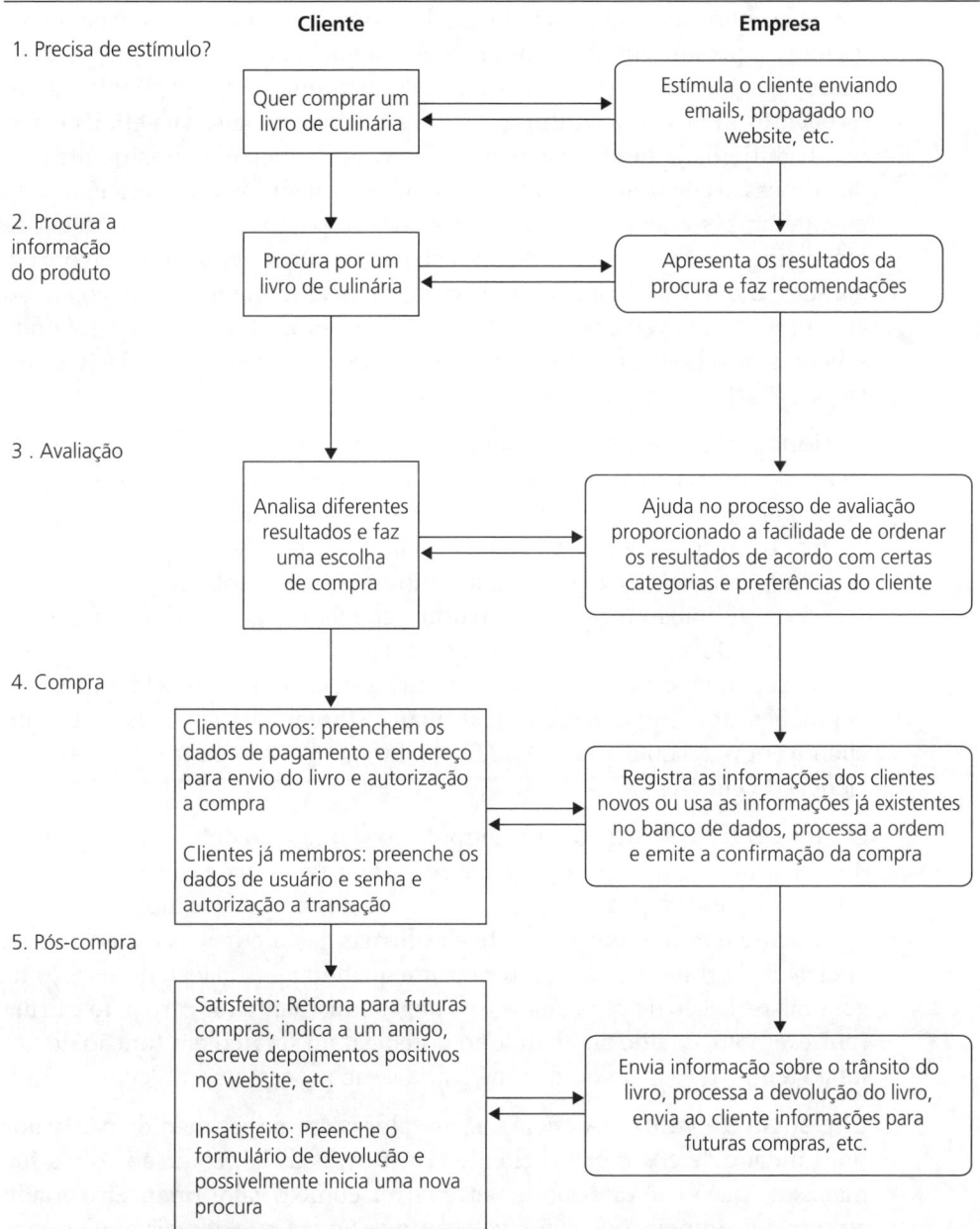

| | Cliente | Empresa |
|---|---|---|
| 1. Precisa de estímulo? | Quer comprar um livro de culinária | Estímula o cliente enviando emails, propagado no website, etc. |
| 2. Procura a informação do produto | Procura por um livro de culinária | Apresenta os resultados da procura e faz recomendações |
| 3. Avaliação | Analisa diferentes resultados e faz uma escolha de compra | Ajuda no processo de avaliação proporcionado a facilidade de ordenar os resultados de acordo com certas categorias e preferências do cliente |
| 4. Compra | Clientes novos: preenchem os dados de pagamento e endereço para envio do livro e autorização a compra<br><br>Clientes já membros: preenche os dados de usuário e senha e autorização a transação | Registra as informações dos clientes novos ou usa as informações já existentes no banco de dados, processa a ordem e emite a confirmação da compra |
| 5. Pós-compra | Satisfeito: Retorna para futuras compras, indica a um amigo, escreve depoimentos positivos no website, etc.<br><br>Insatisfeito: Preenche o formulário de devolução e possivelmente inicia uma nova procura | Envia informação sobre o trânsito do livro, processa a devolução do livro, envia ao cliente informações para futuras compras, etc. |

**FIGURA 18.1** Envolvimento cliente na compra de um livro *on-line*.
Fonte: Xue e Harker (2002).

É amplamente reconhecido que a qualidade do desempenho dos funcionários num sistema de prestação de serviço tem uma influência decisiva sobre a produtividade de uma firma e a qualidade do serviço (Heskett, Sasser e Schlesinger 1997; Zeithaml, Parasuraman e Berry 1990). Como os clientes são os coprodutores e "funcionários parciais," sua eficiência e/ou produtividade também devem influenciar a eficiência e as qualidades dos processos de prestação de serviço. Consequentemente, a eficiência do cliente também deve causar determinados impactos sobre a estratégia de marketing e sobre o design de uma cadeia de suprimentos e serviços. No entanto, o que é a eficiência do cliente? Conceitualmente, a eficiência do cliente já se envolveu em várias discussões anteriores. No entanto, até onde sabemos, não houve nenhuma definição específica dedicada a este conceito. Neste artigo, a seguinte definição será utilizada:

**Eficiência do cliente**  O Cliente A será avaliado como sendo mais eficiente do que o Cliente B se o Cliente A consumir menos inputs para produzir pelo menos a mesma quantidade de determinados outputs que o Cliente B, ou se o Cliente A produzir mais outputs utilizando no máximo a mesma quantidade de determinados inputs que o Cliente B.

Esta definição fornece a estrutura conceitual geral para a eficiência do cliente. Dessa forma, a definição precisa dos inputs e outputs poderá variar dependendo da aplicação específica deste conceito. Além disso, as definições também poderão mudar quando forem vistas da perspectiva do cliente em vez da perspectiva da firma. Em geral, existem três tipos de eficiência do cliente:

**Eficiência de transação**  Os outputs do serviço são definidos como sendo a quantidade de transações realizadas, como transações de informações, transações de serviço ao cliente e transações de compra. Os inputs são principalmente o tempo que o cliente e as firmas gastam nestas transações. A eficiência da transação será interessante quando a instalação de serviço tiver uma restrição de capacidade e o congestionamento for caro para a firma (por exemplo, devido ao abandono potencial do serviço em função de um longo tempo de espera ou de uma lentidão no processamento).

**Eficiência de valor**  A eficiência de valor costuma ser medida pelo valor por unidade de custo que o cliente cria através da coprodução com a firma. Esta criação de valor pode ser tangível, como o valor financeiro criado através de compras, ou intangível, como os ativos intelectuais que os consumidores criam, mas que pertencem à firma. Claramente, um cliente que fizer compras frequentemente poderá ser eficiente em termos de valor ao contribuir diretamente para os lucros da firma.

No entanto, um cliente também poderá ser eficiente em termos de valor ao criar ativos intelectuais valiosos para a firma que, por sua vez, poderá ter um potencial financeiro significativo. Por exemplo, as críticas de produtos escritas pelos clientes da Amazon.com têm um forte apelo para os compradores online e se tornaram uma das vantagens da marca Amazon. Portanto, estes clientes que escrevem diligentemente boas críticas de produtos são eficientes em termos de valor para a Amazon.com.

**Eficiência de qualidade** Quando o principal conteúdo do produto de serviço for fornecido por outros clientes, ou quando o serviço direto mútuo entre os clientes constituir a maior parte do serviço, a qualidade do serviço associada com a marca de uma firma estará efetivamente sob o controle dos seus clientes, em grande parte. Por exemplo, no ebay.com, os clientes atendem uns aos outros diretamente ao publicarem informações sobre produtos, ao fazerem lances, ao entrarem em contato uns com os outros depois do final do leilão, ao embalarem e enviarem a mercadoria, ao preencherem transações de pagamento e ao escreverem críticas uns para os outros como parte da estrutura de supervisão de crédito.

Para o ebay.com, um cliente eficiente em termos de qualidade é um cliente desejável, porque os serviços de alta qualidade que ele fornece a outros clientes é fundamental para seu sucesso. Como formador de mercado, o ebay.com não poderá ser bem-sucedido sem atrair uma quantidade significativa de consumidores para participarem continuamente e ele não poderá atrair consumidores para se juntarem ao mercado sem determinadas garantias de qualidade, que dependem muito da disposição e da capacidade dos clientes de atenderem bem uns aos outros. Nesses casos, a eficiência de qualidade poderá ser medida pela porcentagem de boas críticas de crédito que o cliente tiver recebido de outros clientes ao longo de toda a sua participação no ebay.com.

Uma base de clientes eficiente, independentemente de os clientes serem eficientes em termos de transações, de valor ou de qualidade, é valiosa para a firma por várias razões:

**Economia de custo** Uma base de clientes eficiente em termos de transações permite que uma firma reduza seus custos ao reduzir seu custo operacional através de uma ocupação menor da instalação e do congestionamento reduzido da capacidade, assim como ao consumir menos mão de obra dos funcionários e outros recursos no processo de prestação de serviço.

**Agregação de valor** Uma base de clientes eficiente em termos de valor cria valor financeiro para a firma através tanto do aumento da lucratividade quanto das contribuições intelectuais que melhoram a equidade de marca da firma.

**Controle de qualidade** Uma base de clientes eficiente em termos de qualidade é fundamental quando o serviço entre colegas for uma parte significativa do processo de serviço. Nesses casos, a empresa conta com uma base de clientes eficiente em termos de qualidade para controlar a qualidade do serviço. Além disso, quando o auto-atendimento for uma porção significativa do serviço, é mais provável que um cliente eficiente em termos de qualidade experimente um serviço de alta qualidade do que um cliente ineficiente em termos de qualidade, apesar de os dois poderem culpar a empresa em vez de eles próprios quando houver um problema.

Além dos efeitos benéficos sobre o processo de operações de serviço discutido até aqui, espera-se que a eficiência do cliente tenha um impacto positivo sobre a equidade entre os clientes da empresa, que inclui a equidade de marca, a equidade de valor e a equidade de retenção (Rust, Zeithaml e Lemon 2000). Ou seja, clientes eficientes podem melhorar seu relacionamento com a firma e com outros clientes ao longo do tempo. Existem diversos fatores que levam a esta expectativa. Em primeiro lugar, à medida que os clientes se envolvem de maneira eficiente e eficaz na coprodução, a prestação eficiente de serviços de alta qualidade satisfaz os clientes (equidade de valor), melhora sua impressão favorável sobre a marca (equidade de marca) e os atraem a voltarem para compras repetidas (equidade de retenção).

Em segundo lugar, o envolvimento contínuo de clientes ajuda a desenvolver e melhorar seus relacionamentos tanto com a firma quanto com toda a comunidade de clientes. Como resultado dessa melhora nos relacionamentos de longo prazo, a satisfação e a fidelidade do cliente poderão florescer, o que por sua vez possibilita aumentar o nível de equidade entre os clientes.

## CEM

Uma base de clientes eficiente é desejável para todos os benefícios operacionais e de marketing discutidos anteriormente. A eficiência do cliente não é apenas uma fonte de produtividade e lucratividade, mas também impulsiona a equidade entre os clientes. Como complemento necessário da CRM, que se concentrou principalmente no papel do cliente como um frequentador com recursos econômicos para gastar, este artigo propõe a estrutura da CEM.

**Gestão da eficiência do cliente (CEM)** é uma estratégia de negócios baseada no desenvolvimento de uma base de clientes eficiente para melhorar ao mesmo tempo a produtividade da firma, sua lucratividade e a equidade entre os clientes. Esta meta é alcançada através da integração sem interrupções da gestão da cadeia de suprimentos e serviços, da estratégia de marketing e da tecnologia da informação projetada para envolver os clientes ativamente na coprodução de serviço para estimular ou facilitar a melhoria da eficiência do cliente.

A Figura 18.2 apresenta a estrutura conceitual da CEM e a Figura 18.3 ilustra o ciclo de lucro esperado associado com a CEM.

## CEM, CRM e equidade entre os clientes

Apesar de o surgimento recente da CRM ter recebido muita atenção tanto da literatura sobre negócios quanto da literatura acadêmica, as raízes desta filosofia voltada para o cliente podem ser traçadas para os relacionamentos muito pessoais entre vendedores e clientes que já existem desde que o comércio existe. Existem várias definições e interpretações diferentes da CRM. No entanto, existe uma ampla concordância de que o ponto central da CRM é conseguir desenvolver e melhorar o relacionamento com o cliente para otimizar o valor de longo prazo da firma (Greenberg 2001; Helm 2001). Apesar de sistemas poderosos de bancos de dados e técnicas de mineração de dados serem os principais fatores que tornam a CRM possível, muitos autores enfatizam que a CRM é uma

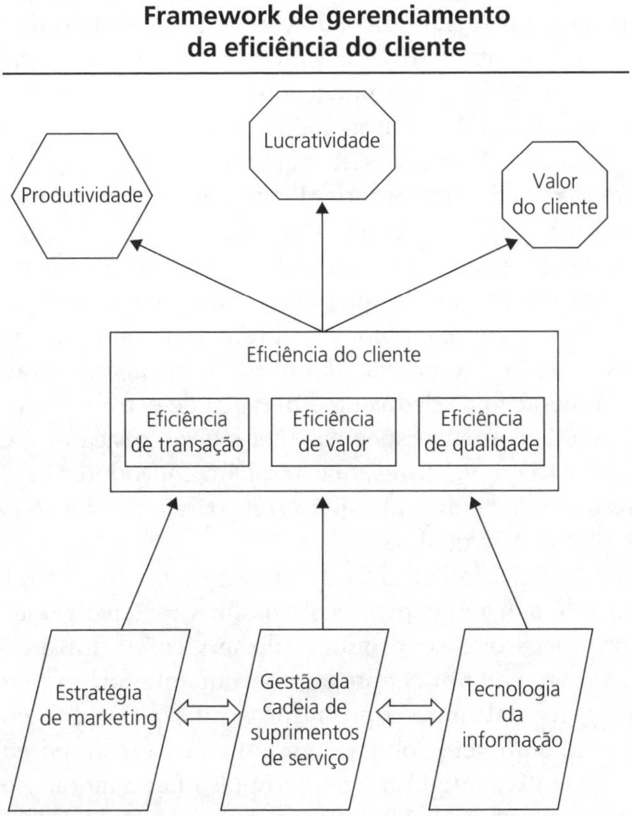

**Framework de gerenciamento da eficiência do cliente**

**FIGURA 18.2** Framework de gestão de eficiência de clientes.
Fonte: Xue e Harker (2002).

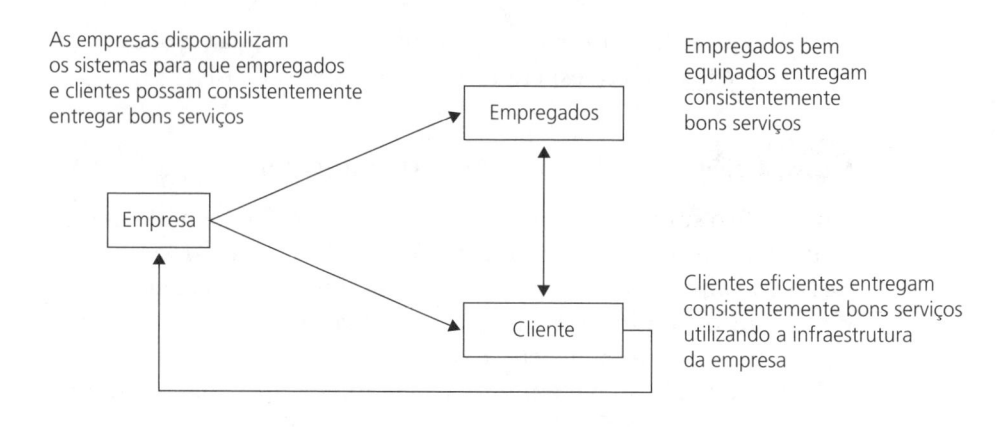

As empresas disponibilizam os sistemas para que empregados e clientes possam consistentemente entregar bons serviços

Empregados bem equipados entregam consistentemente bons serviços

Clientes eficientes entregam consistentemente bons serviços utilizando a infraestrutura da empresa

Clientes satisfeitos melhoram suas relações com a empresa e com outros clientes

**FIGURA 18.3** A eficiência do ciclo lucro gestão de clientes.
Fonte: Xue e Harker (2002).

estratégia de negócios geral, uma cultura empresarial, ou até mesmo uma filosofia em vez de uma solução de tecnologia pura. Um dos resultados desejados com a CRM é a melhora da equidade entre os clientes, que inclui a equidade de valor, a equidade de marca e a equidade de retenção (Rust, Zeithaml e Lemon 2000).

Apesar de tanto a CRM quanto a CEM terem o objetivo de impulsionarem a equidade entre os clientes, as diferenças estão nos seus respectivos focos. A pesquisa e a prática atuais da CRM se concentraram principalmente em apenas um aspecto do papel duplo de um cliente na coprodução de um serviço: um frequentador com potencial de compra que possa ser explorado. Por exemplo, uma prática característica da CRM é fazer vendas cruzadas ou recomendar produtos ao cliente com base nos resultados da mineração de dados na esperança de extrair mais vendas do cliente. A CEM adota uma perspectiva diferente em relação aos clientes: Eles não são apenas frequentadores, mas também coprodutores com talentos e recursos de mão de obra indispensáveis para a prestação bem-sucedida de um serviço de alta qualidade.

A CEM indica outra maneira de nutrir um relacionamento bem-sucedido de longo prazo com os clientes: envolver ativamente os clientes nos processos de coprodução do serviço. Assim, a CRM se concentra na identidade de um cliente como frequentador, enquanto a CEM enfatiza seu potencial como coprodutor. A junção dos dois conceitos fornece um quadro completo sobre quem um cliente realmente é e uma ferramenta abrangente configurada para impulsionar a lucratividade, a produtividade e a equidade entre os clientes, que é o objetivo final tanto da CRM quanto da CEM.

## 18.4 ESTUDO EMPÍRICO

### Dados

Para investigar empiricamente o conceito de eficiência do cliente e seu impacto potencial sobre a gestão do comércio eletrônico, um conjunto de dados foi reunido utilizando dados da Jupiter Media Metrix, uma empresa de marketing pela Internet (www.mediametrix.com). Através de uma aliança de pesquisa, a Wharton Electronic Business Initiative (WeBI) (http://webi.wharton.upenn.edu/) obtém dados da Jupiter Media Metrix mensalmente, que são coletados diretamente dos computadores de aproximadamente 60.000 usuários individuais da Internet. Os dados contêm os arquivos de registro mensais de 60.000 usuários de Internet, cerca de 15 milhões de registros por mês e as informações demográficas desses usuários.

No conjunto de dados reunido, existem mais de 20.000 consumidores que visitaram 12 sites populares na Internet durante o período entre outubro de 1999 e março do ano 2000. Entre eles, 4.836 clientes fizeram pelo menos uma compra em 1 dos 12 *sites*. O conjunto de dados consiste de duas partes. A parte 1 inclui os arquivos de registro de Internet mensais originais para cada consumidor a partir dos quais se calculam os inputs e os outputs de cada consumidor utilizados para medir sua eficiência de transação. A parte 2 inclui os seguintes dados demográficos de cada consumidor: sexo, idade, nível de renda anual, escolaridade, tamanho do domicílio, status familiar, raça e região natal. Veja a Tabela 18.1 para uma descrição destes dados e a Tabela 18.2 para as estatísticas resumidas desta amostra.

Os 12 *sites* envolvidos estão entre os mais populares de comércio eletrônico, que incluem grandes livrarias pela Internet, agentes de viagem e varejistas eletrônicos.

Esta investigação é projetada para responder três questões estratégicas:

1. Quem são os clientes potencialmente eficientes?
2. Como uma firma pode ajudar os clientes a se tornarem eficientes?
3. Será que a eficiência do cliente influenciará a fidelidade do cliente e outras das principais características dos clientes?

Para abordar estas questões, necessita-se de um meio de medir a eficiência do cliente.

### Medindo a eficiência do cliente

Durante as temporadas festivas, os *sites* populares de varejo correm o risco de sofrerem um congestionamento ou, pior ainda, um colapso do *site*, que é muito custoso para os varejistas eletrônicos por causa do potencial de perda de clientes para concorrentes que estão a uma distância de apenas

**TABELA 18.1**  Descrição dos dados demográficos

| Variável | Descrição do código |
|---|---|
| Gênero | 1 = Homens, 2 = Mulheres |
| Idade | 1 = menos que 25 anos, 2 = 25-45 anos, 3 = 45-55 anos, 4 = mais de 55 anos |
| Renda anual | 1 = menos de $35.000, 2 = $35.000-$75.000, 3 = $75.000 - $100.000, 4 = mais de $100.000 |
| Educação | 1 = Segundo grau, 2 = Tecnológo, 3 = Graduação, 4 = Pós-graduação, 5 = outro |
| Tamanho da residência | 1 = 2 ou menos pessoas na casa, 2 = 3 ou 4 pessoas na casa, 3 = 5 ou mais pessoas na casa |
| Status familiar | 1 = Um ou mais filhos morando na casa, 2 = Nenhum filho morando na casa |
| Raça | 1 = majoritária, 2= minoritária |
| Região | 1 = East North Central ou West North Central, 2 = East South Central ou West South Central, 3 = Middle Atlantic e região de New England, 4 = Montanhas, 5 = Pacífico, 6 = South Atlantic |

Fonte: Xue e Harker (2002).

**TABELA 18.2**  Resumo de estatísticas da amostra

| Variável | Distribuição |
|---|---|
| Gênero | Homens = 45%, Mulheres = 55% |
| Idade | Menos que 25 anos = 7,6%, 25-45 anos = 45,3%, 45-55 anos = 24,2%, mais de 55 anos = 22,9% |
| Renda anual | Menos de $35.000 = 25%, $35.000 - $75.000 = 48%, $75.000 - $100.000 = 14%, mais de $100.000 = 13% |
| Educação | Segundo grau = 13%, Tecnológo = 25%, Graduação = 33%, Pós-graduação = 18%, Outro = 10% |
| Tamanho da residência | 2 ou menos pessoas na casa = 54,5%, 3 ou 4 pessoas na casa = 36,6%, 5 ou mais pessoas na casa = 8,9% |
| Status familiar | Um ou mais filhos morando na casa = 67%, Nenhum filho morando na casa = 33% |
| Raça | Majoritária = 86%, Minoritária = 14% |
| Região | East North Central ou West North Central = 23%, East South Central ou West South Central = 13%, Middle Atlantic e região de New England = 21%, Montanhas = 8%, Pacífico = 15%, South Atlantic = 20% |

Fonte: Xue e Harker (2002).

dois cliques ou vários minutos de carro. Apesar de o investimento em tecnologia poder ajudar a controlar esses riscos ao agregar capacidade, também é desejável ter clientes eficientes em termos de transação que ajudem a reduzir o risco de congestionamento e, portanto, reduzir os custos operacionais e a capacidade requeridas de um varejista eletrônico.

A eficiência de transação é importante não apenas por causa de problemas operacionais, mas também pelo seu efeito sobre os relacionamentos entre os clientes. O longo tempo de espera, o processamento lento de transações e conexões interrompidas (ou seja, a temida mensagem "este site não pode ser encontrado" quando você acabou de estar lá) causam um alto nível de ansiedade e podem ser fatais para se estabelecer um relacionamento de confiança. Assim, este estudo empírico se concentrará na eficiência de transação do cliente por causa da sua importância para os varejistas eletrônicos e da disponibilidade de dados. No entanto, os dois outros tipos de eficiência são claramente importantes. Uma pesquisa empírica futura será dedicada a medir e compreender seus papéis na CEM.

Para medir a eficiência de transação de um cliente, primeiro deve-se identificar os inputs e os outputs dos clientes no caso específico do varejo online. A teoria tradicional da busca define o custo de busca de um comprador como sendo "o custo incorrido pelo comprador para localizar um vendedor adequado e comprar um produto" (Bakos 1997). No varejo eletrônico, a profundidade e a amplitude da participação de um cliente no processo de produção e prestação de um serviço é claramente maior do que apenas atividades de busca por informações de um produto. Além disso, os clientes participam através de diversas atividades como interações entre o cliente e o serviço, a realização de um pedido e o preenchimento de informações sobre faturamento e envio.

No entanto, de maneira semelhante à busca por informações de um produto, todas estas atividades são principalmente atividades intelectuais e estão associadas a custos de oportunidade de tempo. Eles são inputs intangíveis e podem ser classificados em dois tipos: o custo financeiro medido pelo tempo gasto na atividade (por exemplo, custo de oportunidade) e o custo psicológico incluindo o cansaço e a irritação incorridos após um longo período de auto-atendimento. Portanto, os principais inputs de um cliente para o processo de produção e prestação de um serviço online podem basicamente ser medidos pelo tempo em que ele contribui para o processo.

Os outputs diretos da atividade de coprodução de um cliente no varejo eletrônico incluem transações de informações, transações de serviço e transações de compra. As transações de informações atendem as necessidades dos clientes pela navegação ou pela busca por informações. As transações de serviço incluem atividades como analisar o histórico de uma conta, alterar os perfis dos clientes e rastrear envios. As transações de compra são aquelas associadas com o ato de completar uma compra online propriamente dito. A definição de transação neste modelo baseia-se na definição de sessão. De acordo com métodos padrão de medir o uso da Internet, uma sessão é definida como um período de 30 minutos entre dois cliques consecutivos de um usuário. Ou seja, quando o intervalo de tempo entre dois cliques por um usuário for maior do que 30 minutos, diz-se que uma nova sessão se iniciou (Cooley, Mobasher, and Srivastava 1999). Uma compra é identificada quando um usuário visita um modo de https seguro e se emite uma página de confirmação de compra. Uma transação de compra é uma sessão com uma compra efetivamente completada pelo usuário.

Transações de serviço envolvem atividades de serviço pelo cliente como verificar o histórico de uma conta, rastrear envios e alterar o perfil de informações de um cliente. Uma sessão é identificada como sendo uma transação de serviço quando um usuário se registra num modo https seguro, mas não é emitida nenhuma página de confirmação de compra. O termo transação de informações refere-se a uma sessão em que o usuário apenas visita o site comum inseguro (http) para navegar buscando informações ou outras finalidades gerais, mas não visita um modo seguro https.

A DEA (Charnes et al. 1994; Xue and Harker 1999a, 1999b), uma ferramenta popular para a análise da produtividade e da eficiência baseada em programação matemática, é utilizada aqui para medir a eficiência do cliente. O valor da pontuação da eficiência da DEA reflete a eficiência relativa de um cliente ao compará-la com a dos seus colegas. Num modelo de DEA voltado para o input, uma pontuação maior da eficiência da DEA indica uma eficiência relativa maior.

Existem dois inputs nestes modelos de DEA: (a) tempo de atividade de compra e (b) tempo de atividade de ausência de compra. O tempo de atividade de compra refere-se ao tempo de atividade online de um cliente diretamente relacionada com o ato de fazer uma compra (passar no caixa), incluindo o tempo utilizado para especificar o produto e sua quantidade, registrar as informações do cliente, fornecer informações sobre pagamento e envio e autorizar as transações. O tempo de atividade de ausência de compra refere-se à atividade online de um cliente que não está diretamente relacionada com uma compra. Ele inclui atividades como a navegação buscando informações e outras atividades do tipo atendimento ao cliente como analisar o histórico de uma conta, alterar o perfil de um cliente e rastrear envios.

Existem três outputs nestes modelos de DEA:

1. Quantidade de transações de informações
2. Quantidade de transações de serviço
3. Quantidade de transações de compra

Do ponto de vista de um cliente, todos os três tipos de transações atendem suas diferentes necessidades e, portanto, são necessários e importantes. No entanto, do ponto de vista de uma empresa, os três tipos diferentes de transações não são igualmente importantes. Na maioria dos casos, quando fatores como margem de lucro e filiação do cliente são levados em consideração, um gerente costuma avaliar transações de compra como sendo mais valiosas do que as transações de serviço e as transações de serviço são consideradas mais valiosas do que as transações de informações. Assim, dois modelos de DEA com retornos constantes de escala (CRS) diferentes são utilizados nesta análise para refletir os diferentes pontos de vista dos clientes e da empresa:

**Modelo 1: Modelo duplo CRS DEA voltado para o input (visão do cliente)**

$$\max \omega_O = \mu^T Y_O \quad (1)$$

sujeito a

$$V^T X_O = 1 \quad (2)$$

$$\mu^T Y - v^T X \leq 0 \quad (3)$$

$$\mu^T \geq \varepsilon \vec{1} \quad (4)$$

$$V^T \geq \varepsilon \vec{1} \quad (5)$$

Programas lineares como o mostrado anteriormente são calculados para cada cliente no conjunto de observação para obter-se suas pontuações de eficiência da DEA (ou seja, este programa linear precisa ser resolvido para obter a pontuação de eficiência para o cliente O). Neste programa linear, XO denota o vetor de input do cliente O, YO denota o vetor de output do cliente O, X denota a matriz de input de todos os clientes, Y denota a matriz de output de todos os clientes, ε é uma constante não arquimediana (infinitesimal), vT é o vetor dos preços-sombra dos dois inputs, eT é o vetor de preços-sombra dos três outputs.

**Modelo 2: Modelo duplo de região de garantia (AR) CRS DEA voltado para o input (visão da empresa)**

$$\max \omega_O = \mu^T Y_O \quad (6)$$

sujeito a

$$V^T X_O = 1 \quad (7)$$

$$\mu^T Y - v^T X \leq 0 \quad (8)$$

$$\mu^T \geq \varepsilon \vec{1} \quad (9)$$

$$v^T \geq \varepsilon \vec{1} \quad (10)$$

$$\mu_1 \leq \mu_2 \leq \mu_3 \quad (11)$$

Aqui 1, 2, e 3 são, respectivamente, os preços-sombra dos três outputs: 1 é o preço-sombra de transações de informações, 2 é o preço-sombra de transações de serviço e 3 é o preço-sombra de transações de compra. Nestes modelo AR DEA, a Restrição (11) captura a importância relativa dos três outputs de acordo com a visão da empresa.

Neste estudo, tanto o modelo DEA quanto o modelo AR DEA são utilizados para verificar como a diferença entre a visão dos clientes e a visão da empresa podem mudar os resultados da análise.

## Fase 1: Quem são os clientes potencialmente eficientes?

Da mesma maneira que os departamentos de recursos humanos das empresas costumam utilizar determinados índices para avaliarem potenciais candidatos a um emprego, é desejável encontrar alguns sinais que possam ser utilizados para encontrar os clientes com o potencial para serem eficientes. Por exemplo, assim como o nível de escolaridade costuma prever o potencial de produtividade de um candidato a um emprego, será que isso também será um fator de previsão para o potencial de eficiência de um consumidor? Além disso, está bem estabelecido na literatura sobre marketing que a demografia do consumidor, como sexo, idade, renda, escolaridade, tamanho do domicílio, status da família, etnia e localizações geográficas costumam influenciar os comportamentos dos consumidores (Solomon 2001). Estudos anteriores revelaram relacionamentos entre a demografia e o comportamento do consumidor. Kraut, Kiesler, et al. (1998); Kraut, Patterson, et al. (1998); Kehoe, Pitkow e Rogers (1998); e Lohse, Bellman e Johnson (2000) descobriram que os dados demográficos eram, antes de tudo, indicadores importantes de quem está na Internet. Lohse, Bellman e Johnson (2000) descobriram que duas grandes categorias de variáveis previam compras e despesas online: falta de tempo e um estilo de vida "conectado". Eles também descobriram que a renda do domicílio explica uma parte significativa da variância em despesas anuais online. Como a eficiência do cliente é uma mensuração e um resultado do comportamento do consumidor, será que a demografia do consumidor poderá prever quem tenderá a ser eficiente?

O foco da fase 1 deste estudo empírico foi procurar possíveis vínculos entre a demografia do cliente e sua eficiência. Uma amostra de 4.836 consumidores que fizeram pelo menos uma compra em 1 dos 12 sites durante o período entre outubro de 1999 e março do ano 2000 é extraída do total de mais de 20.000 consumidores que visitaram os 12 sites durante aquele período. Esta análise inclui dois passos. Em primeiro lugar, o modelo DEA e o modelo AR DEA são aplicados individualmente para calcular as pontuações de eficiência da DEA para os 4.836 clientes. As estatísticas resumidas das pontuações de eficiência da DEA e da AR DEA são mostradas na Tabela 18.3.

Todos os clientes são classificados em cinco grupos de acordo com suas pontuações de eficiência. O Grupo 1 tem uma pontuação de eficiência entre 0 e 0,2, o Grupo 2 entre 0,2 e 0,4, o Grupo 3 entre 0,4 e 0,6, o Grupo 4 entre 0,6 e 0,8 e o Grupo 5 entre 0,8 e 1,0.

No passo 2, realiza-se uma análise de tabela de contingência para testar as seguintes hipóteses (inválidas) relacionando a eficiência com a demografia do cliente:

Hipótese 1: A eficiência do cliente é independente de sexo.

Hipótese 2: A eficiência do cliente é independente de idade.

**TABELA 18.3** Resumos das estatísticas para o cliente DEA e AR pontuações de eficiência da DEA

|  | Valor de DEA | Valor de DEA AR |
|---|---|---|
| Mínimo | 0,0700 | 0,0700 |
| Primeiro quartil | 0,2500 | 0,2500 |
| Média | 0,3542 | 0,3511 |
| Mediana | 0,3300 | 0,3300 |
| Terceiro quartil | 0,4300 | 0,4300 |
| Máximo | 1,0000 | 1,0000 |
| Amostra total | 4,836 | 4,836 |
| Desvio padrão | 0,1515 | 0,1481 |

Nota: DEA = Análise envoltória de dados; AR = Região de segurança
Fonte: Xue e Harker (2002).

Hipótese 3: A eficiência do cliente é independente do nível de renda anual.

Hipótese 4: A eficiência do cliente é independente nível de escolaridade.

Hipótese 5: A eficiência do cliente é independente de tamanho do domicílio.

Hipótese 6: A eficiência do cliente é independente de se a família do cliente tem algum filho ou não.

Hipótese 7: A eficiência do cliente é independente de raça.

Hipótese 8: A eficiência do cliente é independente da região.

Os resultados da análise da tabela de contingência utilizando as pontuações de eficiência tanto do modelo DEA quanto do modelo AR DEA são mostrados na Tabela 18.4.

De acordo com os resultados na Tabela 18.4, as Hipóteses nulas 2, 3, 6 e 7 são rejeitadas num nível de significância de 0,05. Portanto, a eficiência do cliente está correlacionada com fatores demográficos como idade, renda, filhos e raça de acordo com estes dois modelos. Como a geração mais jovem costuma ficar mais exposta à Internet, ela consegue realizar transações de maneira mais eficiente em comparação com gerações mais velhas. Lohse, Bellman e Johnson (2000) descobriram que a renda do domicílio explica uma grande parte da variância das despesas online. Consistente com sua descoberta, os resultados apresentados aqui mostram que a renda do domicílio está associada com as variações na eficiência do cliente. O fato de os domicílios com uma renda mais elevada tenderem a gastar mais online e, portanto, realizar mais transações de compras online, poderá explicar este relacionamento. É interessante que existe uma lacuna de eficiência entre famílias que tenham filhos morando em casa e famílias que não tenham filhos morando em casa. Existem duas razões possíveis para este relacionamento. Em primeiro lugar, casais casados com filhos morando em casa costumam ter "menos tempo", ou seja, costumam estar sob uma pressão maior do tempo e ter menos tempo de lazer. Como resultado disso, eles poderão utilizar canais de compra online mais frequentemente para economizarem tempo e quando eles os utilizam, tentam acabar as transações mais rapidamente pela mesma razão. Em segundo lugar, os filhos adolescentes costumam ser especialistas em Internet. A participação deles nas atividades de compras online da família também pode ajudar a melhorar a eficiência. A raça em si não constitui um fator que cause variações de eficiência. A descoberta de que variações de eficiência não são independentes de raça apenas reflete algumas das lacunas existentes, por exemplo, a renda do domicílio. De acordo com a Tabela 18.4, as hipóteses nulas 1, 4, e 5 são aceitáveis num nível de significância de 0,05, ou seja, a eficiência do cliente é independente de fatores demográficos como sexo, nível de escolaridade e tamanho do domicílio. De acordo com a Tabela 18.4, a hipótese nula 8 é aceitável para o Modelo 1, mas rejeitada para o Modelo 2. Esta mudança resulta de mudanças em pontuações de eficiência para clientes individuais quando restrições anteriores aos preços-sombra dos três outputs são acrescentados no modelo AR DEA. Ela mostra que a efi-

**TABELA 18.4** Resultado dos testes de independência dos fatores demográficos para os modelos 1 e 2

| Fator | $\chi$ | Valor p | Conclusão |
|---|---|---|---|
| Modelo 1 | | | |
| Gênero | 6,5051 | 0,1645 | Independente |
| Idade | 26,5983 | 0,0088 | Associada |
| Renda anual | 21,2359 | 0,0470 | Associada |
| Educação | 20,3435 | 0,2051 | Independente |
| Tamanho da residência | 13,5079 | 0,0955 | Independente |
| Status familiar | 10,3994 | 0,0342 | Associada |
| Raça | 10,3003 | 0,0357 | Associada |
| Região | 29,1706 | 0,0845 | Independente |
| Modelo 2 | | | |
| Gênero | 6,7252 | 0,1511 | Independente |
| Idade | 29,4177 | 0,0034 | Associada |
| Renda anual | 25,8581 | 0,0112 | Associada |
| Educação | 20,6250 | 0,1934 | Independente |
| Tamanho da residência | 13,6533 | 0,0913 | Independente |
| Status familiar | 9,6065 | 0,0476 | Associada |
| Raça | 11,0272 | 0,0263 | Associada |
| Região | 32,3728 | 0,0395 | Associada |

Fonte: Xue e Harker (2002).

ciência do cliente é independente de região quando os julgamentos prévios de uma empresa sobre a importância dos três outputs não são levados em consideração. No entanto, ela se torna associada com a região quando esses julgamentos prévios são levados em consideração. Isto poderá sugerir que existam algumas diferenças significativas na proporção de transações de compra alcançada por consumidores de regiões diferentes.

## Fase 2: Como ajudar os clientes a se tornarem eficientes?

Espera-se que tanto fatores específicos do cliente quanto fatores externos influenciem a eficiência do cliente. Da mesma maneira que fatores específicos do cliente podem estar relacionados com o histórico demográfico de um cliente, os fatores externos podem incluir a funcionalidade da infraestrutura da firma (por exemplo, o design do site da firma) e outros fatores determinados pela estrutura e pela capacidade da cadeia de suprimentos e serviços. Conforme indicado anteriormente, o congestionamento pode tanto causar quanto resultar em baixa eficiência do cliente, o que sugere um relacionamento negativo entre o tráfego de um site e a eficiência do cliente:

> Hipótese 9: Considerando-se determinada capacidade de tráfego de um site, existe um relacionamento negativo entre o tráfego do site e a eficiência do cliente.

Para testar esta hipótese, considere as eficiências dos clientes de duas grandes Livrarias pela Internet A e B. A chamada análise de janela da DEA (Charnes et al. 1994) foi aplicada ao conjunto de dados de 2.514 clientes que fizeram pelo menos uma compra em um dos dois sites durante o período entre outubro de 1999 e março do ano 2000. Na análise de janela, cada cliente em cada mês é considerado como sendo uma unidade diferente de tomada de decisão e sua eficiência é avaliada comparando-a com a de todos os outros clientes durante um período de 6 meses. A eficiência média de clientes por site para cada mês a partir das duas análises utilizando o Modelo 1 são mostradas na Tabela 18.5. As mudanças na eficiência média do cliente nos dois sites ao longo do tempo são mostradas na Figura 18.4 e a distribuição dos clientes eficientes e ineficientes nos dois sites é apresentada na Figura 18.5.

A partir das Figuras 18.4 e 18.5, fica claro que existe um efeito sazonal devido ao Natal. Nos dois sites, a quantidade total de clientes que fizeram compras atingiu os maiores níveis em dezembro de 1999, enquanto a eficiência média do cliente alcançou o nível mais baixo na mesma época. Depois da temporada de pico de dezembro de 1999, à medida que a quantidade de clientes que fizeram compras nos dois sites diminuiu, a eficiência média do cliente nos dois sites começou a aumentar. Este fenômeno sugere uma correlação negativa entre a quantidade de clientes e a eficiência média do cliente no site, conforme se afirma na Hipótese 9.

**TABELA 18.5** Resultados da análise para livrarias online A e B (modelo 1)

| | Out. 1999 | Nov. 1999 | Dez. 1999 | Jan. 2000 | Fev. 2000 | Março 2000 |
|---|---|---|---|---|---|---|
| | | | Livraria online A | | | |
| Número de consumidores eficientes | 6 | 4 | 5 | 2 | 5 | 11 |
| Número de consumidores ineficientes | 246 | 375 | 438 | 241 | 224 | 270 |
| Número total de consumidores | 252 | 379 | 443 | 243 | 229 | 281 |
| Valor médio de eficiência | 0,5300 | 0,5049 | 0,4968 | 0,5167 | 0,5516 | 0,5301 |
| Valor mínimo de eficiência | 0,06 | 0,08 | 0,06 | 0,09 | 0,11 | 0,1 |
| Valor máximo de eficiência | 1,00 | 1,00 | 1,00 | 1,00 | 1,00 | 1,00 |
| | | | Livraria online B | | | |
| Número de consumidores eficientes | 7 | 14 | 13 | 16 | 19 | 11 |
| Número de consumidores ineficientes | 81 | 112 | 171 | 81 | 78 | 84 |
| Número total de consumidores | 88 | 126 | 184 | 97 | 97 | 95 |
| Valor médio de eficiência | 0,5500 | 0,5302 | 0,4801 | 0,5859 | 0,5873 | 0,5243 |
| Valor mínimo de eficiência | 0,09 | 0,09 | 0,04 | 0,18 | 0,09 | 0,11 |
| Valor máximo de eficiência | 1,00 | 1,00 | 1,00 | 1,00 | 1,00 | 1,00 |

Fonte: Xue e Harker (2002).

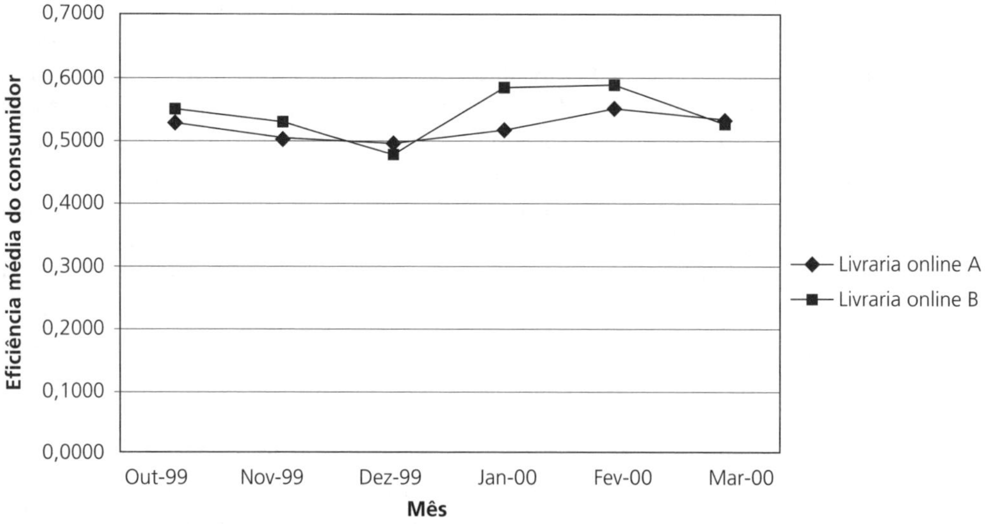

**FIGURA 18.4** Eficiência média de clientes das livrarias online A e B (modelo 1).
Fonte: Xue e Harker (2002).

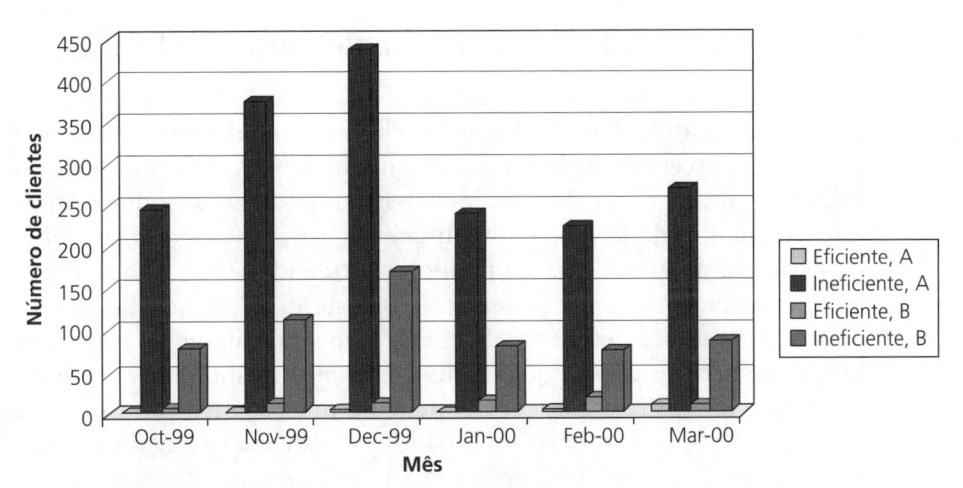

**FIGURA 18.5** Distribuição de clientes das livrarias online A e B (modelo 1).
Fonte: Xue e Harker (2002).

Para testar a Hipótese 9, realizou-se uma análise de correlação de duas variáveis, a quantidade de clientes que fez compras no site durante cada mês a eficiência média do cliente, para cada uma das duas livrarias pela Internet. Os resultados desta análise são mostrados na Tabela 18.6.

Os resultados da análise de correlação sustentam fortemente a Hipótese 9 à medida que eles mostram que existe uma correlação negativa significativa entre a quantidade de clientes, que reflete a quantidade de tráfego do site e a eficiência média do cliente nos dois sites. O modelo AR DEA formulado como Modelo 2 foi aplicado e a análise foi refeita com as pontuações de eficiência do modelo AR DEA. Os resultados não são substancialmente diferentes daqueles do Modelo 1 e, portanto, não estão incluídos aqui.

Portanto, para melhorar a eficiência do cliente, os gerentes podem investir no seu site aumentando sua capacidade. Eles também podem melhorar a infraestrutura do seu site otimizando seu portfólio de atributos (Xue, Harker, and Heim 2000).

**TABELA 18.6** Correlação entre a eficiência e o número de clientes das livrarias online A e B

|  | Número de clientes | Eficiência média dos clientes |
|---|---|---|
| | Livraria online A | |
| Número de clientes | 1 | |
| Eficiência média dos clientes | −0,8494 | 1 |
| | Livraria online B | |
| Número de clientes | 1 | |
| Eficiência média dos clientes | −0,7881 | 1 |

Fonte: Xue e Harker (2002).

## Fase 3: Como a eficiência do cliente afeta sua fidelidade?

Conforme se discutiu anteriormente, a eficiência do cliente causa um impacto sobre a atração e a retenção do cliente. Uma das principais razões para a alta porcentagem de transações incompletas na Internet pode ser a frustração de clientes com sites ineficientes. Além disso, pode-se esperar que a eficiência do cliente tenha uma influência de longo prazo sobre a criatividade de uma firma ao melhorar a fidelidade do cliente. Por um lado, a prestação eficiente de serviços consistentemente de alta qualidade depende da atuação eficiente de clientes no site. Depois de experimentarem um serviço de alta qualidade, os clientes melhorarão seu relacionamento com o site e, possivelmente, com outros clientes. Como resultado disso, os clientes mostram uma fidelidade cada vez maior ao site ao retornarem a ele repetidas vezes. Por outro lado, como um cliente fiel visita o mesmo site repetidas vezes, é possível que sua eficiência melhore como resultado de entrar numa curva de aprendizado clássica. Portanto, espera-se que exista um relacionamento positivo entre a fidelidade e a eficiência do cliente.

Uma medida de fidelidade do cliente num site é o índice de repetição de compra, que é calculado de acordo com a seguinte equação:

$$r_1 = \frac{m_t}{n_t}, \; t = 1, \ldots, 5, \tag{12}$$

onde rt é o índice de repetição de compra para o mês t (de novembro de 1999 a março do ano 2000, enquanto outubro 1999 é o período-base), mt é a quantidade de clientes que retornam durante o mês t, e nt é a quantidade total de clientes no mês t. As estatísticas de clientes que retornam e o índice de repetição de compras do site por mês entre outubro de 1999 e março do ano 2000 nos dois sites são mostrados na Tabela 18.6 e na Figura 18.6.

De acordo com a análise anterior, a seguinte hipótese é de interesse:

Hipótese 10: Existe uma correlação positiva entre a eficiência média do cliente e o índice de repetição de compra do cliente.

Para testar esta hipótese, realiza-se uma análise de correlação por site para testar o relacionamento entre a eficiência média e o índice de repetição de compra. Os resultados desta análise são mostrados na Tabela 18.7.

Esta análise de correlação foi refeita utilizando as pontuações de eficiência dos clientes calculadas a partir do Modelo 2 e novamente os resultados são semelhantes: O coeficiente de correlação para a Livraria pela Internet A é de 0,6595 e o coeficiente de correlação para a Livraria pela Internet B é 0,2020. Portanto, os resultados da análise utilizando o

**CAPÍTULO 18** Eficiência do cliente **399**

**TABELA 18.6** Relação da re-compra das livrarias online A e B

|  | Outubro 1999 | Novembro 1999 | Dezembro 1999 | Janeiro 2000 | Fevereiro 2000 | Março 2000 |
|---|---|---|---|---|---|---|
| | | | Livraria online A | | | |
| Compradores que compraram novamente | NA | 44 | 100 | 88 | 78 | 99 |
| Total de compradores | 252 | 379 | 443 | 243 | 229 | 281 |
| Relação para compras repetidas (%) | NA | 11,6 | 22,6 | 36,2 | 34,1 | 35,2 |
| | | | Livraria online B | | | |
| Compradores que compraram novamente | NA | 12 | 32 | 25 | 25 | 39 |
| Total de compradores | 88 | 126 | 184 | 97 | 97 | 95 |
| Relação para compras repetidas (%) | NA | 9,5 | 17,4 | 25,8 | 25,8 | 41,1 |

Fonte: Xue e Harker (2002).

Modelo 1 e o Modelo 2 sustentam a Hipótese 10, ou seja, existe um relacionamento positivo entre a eficiência do cliente e o índice de repetição de compra. Observe que existem diferenças substanciais com os coeficientes de correlação para as Livrarias A e B. A diferença pode ocorrer em função de outros fatores específicos de uma firma que contribuam para a repetição de compras além da eficiência do cliente.

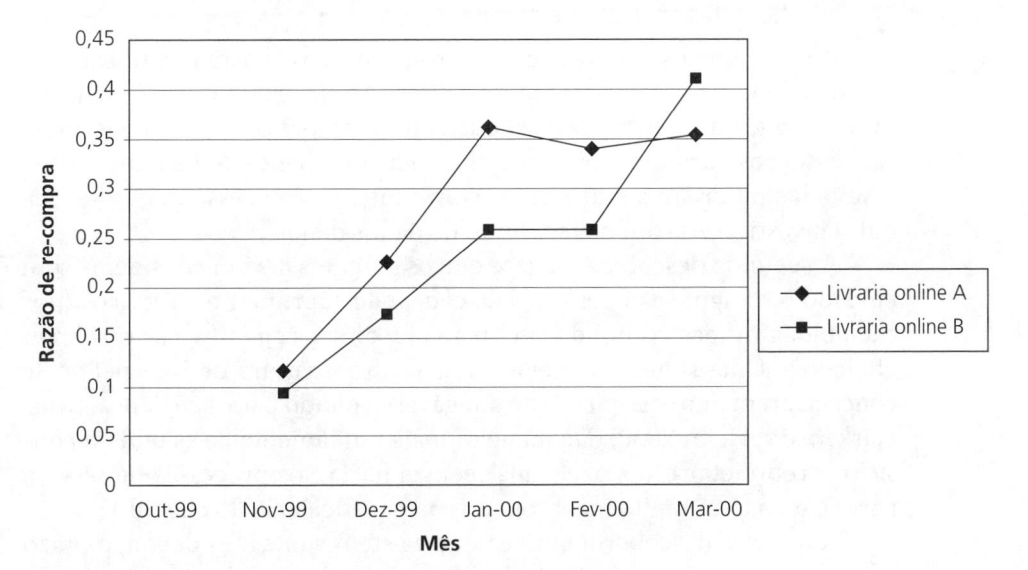

**FIGURA 18.6** Relação de re-compras das livrarias online A e B.
Fonte: Xue e Harker (2002).

**TABELA 18.7** Correlação média da eficiência de cliente versus a repetição de compra nas livrarias online A e B

|  | Relação para compras repetidas (%) | Eficiência média dos clientes |
|---|---|---|
|  | Livraria online A |  |
| Relação para compras repetidas (%) | 1 |  |
| Eficiência média dos clientes | −0,8494 | 1 |
|  | Livraria online B |  |
| Relação para compras repetidas (%) | 1 |  |
| Eficiência média dos clientes | −0,7881 | 1 |

Fonte: Xue e Harker (2002).

## 18.5 RESUMO E DISCUSSÕES

Este estudo de eficiência do cliente no contexto do varejo on-line levou a três conclusões principais:

1. Existe um relacionamento entre a eficiência do cliente e determinadas variáveis demográficas dos clientes como idade, renda, raça, status da família e, possivelmente, região.
2. Existe um relacionamento negativo significativo entre o tráfego de um site e a eficiência do cliente.
3. Existe um relacionamento positivo entre a eficiência média do cliente e índices de repetição de compra.

A primeira descoberta sugere métodos possíveis para identificar grupos de clientes potencialmente eficientes. Ao procurar uma evidência a priori de que um cliente possa ser eficiente, as empresas podem concentrar seus esforços para melhorarem a eficiência do cliente. No entanto, estes resultados precisam ser utilizados com cautela e é necessário que se faça outra investigação com um conjunto de dados maior.

A segunda descoberta sugere que os gerentes devem considerar com cuidado o design e as operações da cadeia de suprimento e serviços (por exemplo, a infraestrutura do site) para ajudar seus clientes a se tornarem eficientes. Uma solução é melhorar sua infraestrutura de Internet ao se concentrarem num design de site amigável e voltado para a eficiência (Xue, Harker, and Heim 2000). De maneira mais fundamental, eles podem considerar reprojetar e/ou fazer uma reengenharia nos processos de serviço para se tornarem muito mais voltados para a eficiência do cliente.

A terceira descoberta implica que existem vantagens de longo prazo para se concentrar na eficiência do cliente criando-se uma base de clientes mais fiel. Ao se criar clientes mais fieis que também estejam dispostos e que sejam capazes de realizar uma parte significativa da mão de obra para atenderem suas necessidades, a lucratividade no longo prazo certamente acompanhará esse padrão.

É claro que todas estas descobertas dependem dos dados utilizados na análise e existem determinadas limitações com esta investigação. Por exemplo, um conjunto de dados ao longo de um período maior e com efeito sazonal controlado é necessário para testes adicionais da Hipótese 9.

A finalidade deste artigo não foi fornecer uma prova definitiva destes relacionamentos. Isto será deixado para um trabalho futuro. O objetivo foi simplesmente (a) ilustrar que o conceito de eficiência do cliente parece ter grande relevância para os gerentes atuais que batalham para tornarem suas operações de comércio eletrônico bem-sucedidas e (b) apresentar a estrutura da CEM como sendo um complemento necessário e importante da CRM que pode impulsionar a equidade entre os clientes para um nível mais elevado. Ao fornecerem uma medida de eficiência do cliente, as firmas podem concentrar suas atenções nas mudanças nos seus processos de prestação de serviço e em infraestrutura que são necessárias para melhorar a eficiência e, finalmente, a fidelidade e a lucratividade. Conforme diz o antigo adágio, se você não puder medi-lo, você não poderá administrá-lo. Este artigo deu o primeiro passo para administrar a eficiência do cliente ao fornecer uma metodologia para sua mensuração juntamente com evidência de que vale a pena medir.

A estrutura da CEM proposta aqui chama a atenção para o importante papel que os consumidores desempenham na coprodução do serviço. Questões relacionadas com a alavancagem da eficiência do cliente e com a incorporação da CEM na estratégia de negócios geral de uma empresa envolvendo a estratégia de marketing, a gestão da cadeia de suprimento e serviços e a gestão de sistemas de informações (especificamente, como combinar a CEM com a CRM para desenvolver um relacionamento de longo prazo com o cliente, impulsionar a equidade entre os clientes e alcançar alta produtividade e lucratividade ao mesmo tempo) são assuntos para futuras pesquisas.

## 18.6 REFERÊNCIAS

Anderson, E. W., C. Fornell, and D. R. Lehmann (1994), "Customer Satisfaction, Market Share, and Profitability," Journal of Marketing, 56 (julho), 53-66.

_____, _____, and R. T. Rust (1997), "Customer Satisfaction, Productivity, and Profitability: Differences between Goods and Services," Marketing Science, 16 (2), 129-45.

Bakos, J. Y. (1997), "Reducing Buyer Search Costs: Implications for Electronic Marketplaces," Management Science, 43 (12), 1676-92.

Bowen, D. E. (1986), "Managing Customers as Human Resources in Service Organizations," Human Resource Management, 25 (3), 371-83.

Brady, D. (2000), "Why Service Stinks?" Business Week, 23 de outubro, 118-28.

Cachon, G. P. and P. T. Harker (1999), "Competition and Outsourcing with Scale Economies," working paper, Wharton Financial Institutions Center, Philadelphia, PA.

Chappell, R. T. (1994), "Can TQM in Public Education Survive without Co-Production?" Quality Progress, 27 (7), 41-44.

Charnes, A., W. W. Cooper, A. Y. Lewin, and L. M. Seiford (1994), Data Envelopment Analysis: Theory, Methodology and Applications. Norwell, MA: Kluwer.

Chase, R. (1978), "Where Does the Customer Fit in a Service Operation?" Harvard Business Review, 56 (6), 138-39.

Cooley, R., B. Mobasher, and J. Srivastava (1999), "Data Preparation for Mining WWW Browsing Patterns," Knowledge and Information System, 1 (1), 5-32.

Day, S. G. (1999), The Market-Driven Organization: Understanding, Attracting, and Keeping Valuable Customers. Nova York: Free Press.

Frei, F. and P. T. Harker (1999a), "Measuring the Efficiency of Service Delivery Processes: An Application to Retail Banking," Journal of Service Research, 1, 300-12.

_____ and_____ (1999b), "Value Creation and Process Management: Evidence from Retail Banking," in Creating Value in Financial Ser-vices: Strategies, Operations, and Technologies, E. L. Melnick, P. R. Nayyar, M. L. Pinedo, and S. Seshadri, eds. Norwell, MA: Kluwer, 447-60.

Greenberg P. (2001), CRM at the Speed of Light: Capturing and Keeping Clientes in Internet Real Time. Nova York: McGraw-Hill.

Ha, A. Y. (1998), "Incentive-Compatible Pricing for a Service Facility with Joint Production and Congestion Externalities," Management Science, 44 (12), 1623-36.

Harker, P. T. and L. W. Hunter (1996), "Engineering Products for Customer Value," in The Quality Yearbook 1996, J. W. Cortuda and J. A. Woods, eds. Nova York: McGraw-Hill, 105-13.

_____ and_____ S. A. Zenios (2000), "What Drives the Performance of Financial Institutions?" in Performance of Financial Institutions, P. T. Harker and S. A. Zenios, eds. Londres: Cambridge University Press, 3-31.

Helm, C. (2001), "CRM Overview," American Marketing Association. Available from www.marketingpower.com.

Heskett, J. L., W. E. Sasser, Jr., and L. A. Schlesinger (1997), The Service Profit Chain: How Leading Companies Link Profit and Growth to Loyalty, Satisfaction, and Value. Nova York: Free Press.

Karmarkar, U. and R. Pitbladdo (1995), "Service Markets and Competition," Journal of Operations Management, 12 (3-4), 397-411.

Kehoe, C., J. Pitkow, and J. Rogers (1998), GVU's Ninth WWW User Survey Report. Atlanta: Office of Technology Licensing, Georgia Tech Research Corporation.

Kelley, S. W., J. H. Donnelly, Jr., and S. K. Skinner (1990), "Cliente Participation in Service Production and Delivery," Journal of Retailing, 66 (3), 315-35.

Kraut, R., S. Kiesler, T. Mukhopadhyay, W. Scherlis, and M. Patterson (1998), "Social Impact of the Internet: What Does It Mean?" Communications of the ACM, 41 (12), 21-22.

_____,_____ M. Patterson, V. Lundmark, S. Kiesler, T. Mukhopadhyay, and W. Scherlis (1998), "Internet Paradox: A Social Technology That Reduces Social Involvment and Psychological Well-Being?" American Psychologist, 53 (9), 1017-31.

Lilien, G. L., P. Kotler, and K. S. Moorthy (1992), Marketing Models. Englewood Cliffs, NJ: Prentice Hall.

Lohse, G. L., S. Bellman, and E. J. Johnson (2000), "Consumer Buying Behaviors on the Internet: Findings from Panel Data," Interactive Marketing, 14 (1), 15-29.

Lovelock, C. H. and R. F. Young (1979), "Look to Consumers to Increase Productivity," Harvard Business Review, 57 (May-Junho), 168-78.

Mills, P. K. and J. H. Morris (1986), "Clients as 'Partial' Employees of Service Organizations: Role Development in Client Participation," Academy of Management Review, 11 (4), 726-35.

Rust, R. T. (1995), "Return on Quality (ROQ): Making Service Quality Financially Accountable," Journal of Marketing, 59 (abril), 58-70.

\_\_\_\_\_ and L. Keiningham (1994), Return on Quality: Measuring the Financial Impact of Your Company's Quest for Quality. Chicago: Probus.

\_\_\_\_\_ and A. Zahorik (1993), "Customer Satisfaction, Customer Retention, and Market Share," Journal of Retailing, 69 (verão), 145-56.

\_\_\_\_\_, V. A. Zeithaml, and K. N. Lemon (2000), Driving Customer Equity: How Customer Lifetime Value Is Reshaping Corporate Strategy. Nova York: Free Press.

Solomon, M. R. (2001), Consumer Behavior: Buying, Having, and Being. Upper Saddle River, NJ: Prentice Hall.

Whitaker, G. (1980), "Co-Production: Citizen Participation in Service Delivery," Public Administration Review, 40 (3), 240-42.

Wilson, G. (1994), "Researching Co-Production in Services for Older People," Management Research News, 17 (7-9), 89-91.

Xue, M. and P. T. Harker (1999a), "Obtaining a Full Ranking of DMUs in Super Efficiency DEA Models with Infeasible Subproblems," working paper, Wharton Financial Institutions Center, Philadelphia, PA.

\_\_\_\_\_ and (1999b), "Overcoming the Inherent Dependency of DEA Efficiency Scores: A Bootstrap Approach," working paper, Wharton Financial Institutions Center, Philadelphia, PA.

\_\_\_\_\_, P. T. Harker, and G. R. Heim (2000), "Website Efficiency, Customer Satisfaction and Customer Loyalty: A Customer Value Driven Perspective," working paper 00-12-03, Operations and Information Management Department, the Wharton School, Philadelphia, PA.

Zeithaml, V. A., A. Parasuraman, and L. Berry (1990), Delivering Quality Service. Nova York: Free Press.

# 19

## Será que a gestão de receitas se tornou aceitável? Descobertas de um estudo internacional sobre a justiça percebida de restrições tarifárias*

SHERYL E. KIMES
CORNELL UNIVERSITY

JOCHEN WIRTZ
NATIONAL UNIVERSITY OF SINGAPORE

A precificação baseada na demanda é subutilizada em vários setores de serviços porque acredita-se que os clientes percebam esse tipo de formação de preço como sendo injusto. A prática de restrição dos preços pode ser altamente eficaz para melhorar a justiça percebida dos preços baseados na demanda. Neste estudo, cinco práticas foram exploradas num contexto de restaurante em três países (Cingapura, Suécia e Estados Unidos). Os preços baseados na demanda na forma de cupons (do tipo "dois pelo preço de um") e preços diferenciados por hora do dia e por almoço/jantar foram percebidos como sendo justos. Os preços para dias úteis /fins de semana foram considerados de neutros a um pouco injustos. Os preços por localização da mesa foram considerados relativamente injustos com reações negativas potenciais dos consumidores a esta prática.

Além disso, a formulação dos preços baseados na prática de descontos melhorou a justiça percebida. As descobertas foram em grande parte consistentes para os três países. Especificamente, o enquadramento dos preços baseados na prática de descontos ou ganhos não mostrou nenhum efeito específico de um país.

## 19.1 INTRODUÇÃO

A gestão de receitas, também conhecida como gestão dos ganhos, tem sido amplamente adotada nos setores aéreo, de hotelaria e de aluguel de automóveis (Carroll e Grimes 1995; Hanks, Noland, e Cross 1992; Smith, Leimkuhler e Darrow 1992), mas apenas recentemente ganhou atenção em

---

\* Artigo originalmente publicado sob o título *Has Revenue Management Become Acceptable? Findings From a International Study on the Perceived Fairness of Rate Fences*, v.6, n.2, p.125-135, 2003.

outros setores (Kimes 2000; Kimes et al. 1998). Empresas que utilizam a gestão de receitas relataram aumentos de receitas da ordem de 2% a 5% (Hanks, Noland e Cross 1992; Smith, Leimkuhler e Darrow 1992).

A gestão de receitas é a aplicação de estratégias de sistemas de informações e de formação de preço para alocar a capacidade certa para o cliente certo pelo preço certo no momento certo. A determinação de "certo" acarreta alcançar tanto a maior contribuição possível para a empresa quanto também entregar o maior valor ou utilidade ao cliente. Na prática, a gestão de receitas tem significado estabelecer preços de acordo com níveis de demanda previstos de tal forma que clientes sensíveis a preços que estejam dispostos a comprar fora da época de pico possam fazer isso a preços favoráveis, enquanto clientes insensíveis ao preço que queiram consumir em épocas de pico poderão fazer isso.

Nós reconhecemos e agradecemos o excelente auxílio de pesquisa proporcionado por Breffni Noone, Carl Oldsberg e Chua Hsiao Wei. Além disso, gostaríamos de agradecer pelo apoio e feedback fornecidos por Jeannette P. T. Ho, diretora corporativa de Gestão de Receitas, Banyan Tree Hotels & Resorts, Cingapura; James Hisle, diretor-gerente do Statler Hotel, Ithaca, NY; e Katalin Paldeak, gerente-geral do Grand Hotel, em Estocolmo, na Suécia.

A aplicação da gestão de receitas tem sido mais eficaz quando aplicada a operações que tenham capacidade relativamente fixa, demanda variável e incerta, estoque perecível, uma estrutura com alto custo fixo e sensibilidade variável do cliente em relação ao preço.

Muitos gerentes tem relutado em adotarem práticas de gestão de receitas por causa da possível insatisfação dos clientes. Eles podem muito bem achar sustentação para seus receios na literatura sobre a justiça, que mostrou que os clientes se recusarão a frequentar empresas percebidas como sendo injustas. Nesta pesquisa, nós estudamos a reação dos clientes a diversas abordagens de formação de preços baseada na demanda em um setor de serviço específico, o setor de restaurante, em três países diferentes. Além disso, exploramos se a formulação destas práticas de gestão de receitas como descontos em vez de cobranças adicionais melhoraria significativamente sua justiça percebida e as tornaria mais aceitáveis para os clientes. A intenção da nossa pesquisa foi compreender melhor como os clientes reagem às estratégias de formação de preços baseada na demanda.

## 19.2 HISTÓRICO DO PROBLEMA

Primeiro discutiremos a gestão de receitas, depois apresentaremos uma visão geral da literatura sobre justiça e discutiremos como a formulação de diferenças de preços pode afetar a reação de um cliente.

## Gestão de receitas

A gestão de receitas consiste em duas ferramentas estratégicas: o controle da duração e os preços baseados na demanda (Kimes e Chase 1998; Kimes et al. 1998). Setores diferentes estão sujeitos a combinações diferentes de controle de duração e a uma formação de preços variável (veja a Figura 19.1; Kimes e Chase 1998). Empresas em setores tradicionalmente associados com a gestão de receitas (hotéis, empresas aéreas, aluguel de carros e empresas de cruzeiros) conseguem aplicar preços variáveis a um serviço que tenha uma duração especificada ou previsível (Quadrante 2). Observe que nem todas as empresas nos setores do Quadrante 2 praticam a gestão de receitas ou a praticam bem; o esquema simplesmente denota que setores neste quadrante seriam mais adequados para práticas de gestão de receitas. Cinemas, centros de artes cênicas e estádios de esportes costumam cobrar um preço fixo por um serviço de duração previsível (Quadrante 1), enquanto restaurantes e campos de golfe costumam cobrar um preço fixo, mas lidam com uma duração relativamente imprevisível de uso pelo cliente (Quadrante 3). Muitos negócios de tratamento de saúde cobram preços variáveis (por exemplo, dependendo do tipo de seguro), mas não sabem a extensão do uso pelo paciente, apesar de algumas poderem tentar controlar essa duração (Quadrante 4).

Aplicações bem-sucedidas da gestão de receitas costumam ser encontradas em setores localizados no Quadrante 2, porque eles podem administrar tanto a capacidade quanto o preço. Para obterem os benefícios associados com a gestão de receitas, setores que não sejam do Quadrante 2 devem tentar se deslocar para o Quadrante 2 ao utilizarem as ferramentas

|  |  | Preço | |
| --- | --- | --- | --- |
|  |  | Fixo | Variável |
| Duração | Previsível | Quadrante 1:<br><br>Cinemas<br>Estádios/arenas<br>Espaço funcional | Quadrante 2:<br><br>Quartos de hotel<br>Poltronas de avião<br>Aluguel de carros<br>Cruzeiros |
|  | Imprevisível | Quadrante 3:<br><br>Restaurantes<br>Campos de golfe | Quadrante 4:<br><br>Tratamento contínuo<br>Hospitais |

**FIGURA 19.1** Posicionamento típico de preço e duração de setores de Serviços selecionados.
Fonte: Adaptado de Kimes e Chase (1998).

estratégicas adequadas. Por exemplo, cinemas (um setor do Quadrante 1) devem se concentrar em desenvolver os preços variáveis, enquanto restaurantes (um setor do Quadrante 3) devem se concentrar tanto em controlar a duração do cliente quanto em desenvolver preços variáveis. Até mesmo empresas que estejam no Quadrante 2 podem melhorar sua gestão de receitas ao aumentarem seu controle de duração e melhorarem seu uso dos preços variáveis.

O controle de duração pode ser alcançado por meios internos (que não envolvam clientes) ou meios externos (que envolvam clientes). Métodos de controle de duração internos incluem a regulação e o redesign do sistema de prestação de serviço (ou seja., um restaurante desenhando seu sistema de prestação de serviço para melhorar a velocidade e rotatividade de clientes, prever a chegada de clientes que chegarão num determinado dia para determinado período de estadia) e colocar em prática controles de estoque (ou seja, controles de período de estadia ou overbooking). Métodos externos incluem taxas de reserva ou garantias (ou seja, reservas de passagens aéreas e de hotel são garantidas para um cartão de crédito), ou restrições ao comportamento de um cliente (ou seja, clientes de empresas aéreas não podem utilizar passagens sequenciais ou uma taxa adicional é cobrada de clientes de hotéis que saem tarde). Não é de se surpreender que a maioria das empresas tenha escolhido administrar a duração internamente para não afetar a satisfação do cliente.

Os preços baseados na demanda mostrou ser uma medida bem-sucedida em diversos setores e se baseia na premissa da discriminação de preços. Os economistas argumentam que segmentos de clientes diferentes tenham necessidades e elasticidades de preço diferentes e que preços e serviços devam ser projetados para atender as suas necessidades. Ao oferecer múltiplos preços basicamente pelo mesmo serviço, as empresas podem aumentar suas receitas ao reduzirem o excedente do consumidor. Apesar de os preços baseados na demanda ser uma medida bem-sucedida, muitas empresas costumam relutar em implementar essas práticas por causa do impacto potencial sobre a satisfação do cliente.

Neste artigo, escolhemos nos concentrar apenas na reação do cliente a políticas de preços baseadas na gestão de receitas em um setor específico, o de restaurantes. Uma pesquisa futura abordará a reação do cliente a controles de duração baseados na gestão de receitas. O setor de restaurantes é um dos maiores do mundo e é responsável por mais de US$4 bilhões em vendas anuais somente nos Estados Unidos. Assim como outros setores no Quadrante 3, o setor de restaurantes dispõe de duas ferramentas estratégicas: o controle de duração e os preços baseados na demanda. Os restaurantes têm estado dispostos a tentar administrar a duração ao mudarem seu processo de prestação de serviço (Kimes, Barrash, and Alexander 1999; Sill 1991; Sill and Decker 1999), mas não têm estado dispostos a aplicar os preços baseados na demanda por causa do temor de uma possível insatisfação dos clientes.

Apesar de os restaurantes efetivamente utilizarem os preços baseados na demanda ao oferecerem promoções como happy hours e especiais para quem chega cedo, eles tem demorado para variar o preço de acordo com a hora do dia, com o dia da semana ou com a localização da mesa. Isto é semelhante a outros setores do Quadrante 3, como campos de golfe e provedores de banda larga para Internet.

## Justiça percebida dos preços baseados na demanda

Muitos empresas de serviço relutam em implementar os preços baseados na demanda por causa do retrocesso potencial de clientes. Se os clientes acreditarem que o aumento dos preços não se baseia em aumentos de custo ou em mudanças nas condições do mercado, eles poderão considerar os preços baseados na demanda como sendo injustos (Kimes e Wirtz 2002a). A justiça percebida já foi estudada em diversos setores (Campbell 1999a, 1999b; Kahneman, Knetch e Thaler 1986; Kaufmann, Ortmeyer e Smith 1991; Kimes 1994; Kimes e Wirtz 2002b; Thaler 1985; Urbany, Madden e Dickson 1989) e descobriu-se que ela é um fator fundamental para manter a satisfação e a fidelidade do cliente, além da lucratividade de longo prazo.

Os consumidores podem considerar os preços baseados na demanda e a discriminação de preços associada com a gestão de receitas como sendo injustos por várias razões. Por exemplo, preços de referência podem afetar a reação do cliente aos preços baseados na demanda. Se os clientes considerarem os preços no pico da demanda maiores do que seu preço de referência, ou se eles considerarem os preços regulares maiores do que seu preço de referência devido a preços frequentes de baixa demanda, então os clientes poderão considerar os preços cobrados injustos. Além disso, se eles acreditarem que as empresas não estão fornecendo mais valor para o preço maior do pico da demanda, suas crenças em relação ao seu direito duplo poderão ser violadas. Em geral, os clientes acreditam que merecem um preço razoável e que as empresas tenham o direito de obterem um lucro razoável. Quando este relacionamento se tornar desequilibrado em favor da empresa, a transação poderá ser considerada injusta.

O princípio do direito duplo (Kahneman, Knetch e Thaler 1986) postula duas hipóteses: os clientes acreditam que (a) se os custos aumentarem, os aumentos de preço serão justos, e (b) se os custos não aumentarem, os aumentos de preço serão considerados injustos. Por exemplo, se os custos dos serviços de utilidade pública para um hotel aumentarem, os clientes considerarão o aumento nas diárias como sendo justos, mas se um hotel aumentar suas diárias sem um aumento correspondente dos custos, os aumentos dos preços serão considerados como sendo injustos. De acordo com a teoria de direito duplo, a maioria das abordagens de discriminação de preço e dos preços baseados na demanda seria considerada como sendo injusta.

## Preços de referência e transações de referência

Apesar de os clientes estarem dispostos a aceitarem preços de equilíbrio para compras de automóveis, casas e obras de arte, eles tendem a considerar os preços de equilíbrio para a compra da maioria dos serviços como sendo injustos. Em transações de serviço, os preços mais altos cobrados durante períodos mais movimentados podem ser considerados como ágio e violam as crenças dos clientes sobre o direito duplo, enquanto os descontos disponíveis durante períodos de baixa demanda podem reduzir o preço de referência do cliente e fazer compras futuras com a tarifa regular ou com ágio parecerem injustas. Isto implica que o ato de cobrar um preço mais alto durante períodos de alta demanda possa ser considerado injusto. Por exemplo, Kahneman, Knetch e Thaler (1986) descobriram que os consumidores consideravam um acréscimo de US$5 para uma reserva para jantar sábado à noite num restaurante como algo injusto. Kahneman, Knetch e Thaler (1986) concluíram que "padrões de justiça da comunidade requerem efetivamente que a firma absorva um custo de oportunidade na presença do excesso de demanda ao cobrar menos do que o preço de equilíbrio" (p. 735).

Os clientes levam em consideração tanto a transação de referência (como eles acham que a transação deve ser conduzida) quanto o preço de referência (quanto eles acham que o serviço deveria custar ao se avaliar a justiça. Tanto as transações quanto os preços de referência baseiam-se nas expectativas dos consumidores e costumam ser utilizados para a avaliação da justiça da transação (Kahneman, Knetch e Thaler 1986).

A questão passa a ser como uma empresa pode aumentar preços ou cobrar preços diferentes sem arriscar percepções de injustiça pelo cliente. Thaler (1985) sugeriu quatro abordagens possíveis: (a) vincular preços mais baixos a restrições, (b) oferecer um valor percebido adicional para preços mais altos, (c) aumentar o preço de referência e (d) obscurecer o preço de referência.

As restrições tarifárias, em que determinadas regras são associadas com preços diferentes, podem ajudar uma empresa a implementar as duas primeiras abordagens, que serão discutidas a seguir. Oferecer um preço "sugerido" e depois ter uma série de preços com desconto podem ajudar a aumentar o preço de referência. Por exemplo, hotéis fazem isso com sua "diária cheia" e empresas aéreas utilizam a "tarifa plena". Se os clientes sentirem que estão recebendo um desconto, eles estarão aptos a considerarem o preço cobrado como sendo mais justo do que na ausência de qualquer desconto aparente. Colocando um serviço com outros produtos ou serviços para que os clientes não saibam o verdadeiro preço de cada componente do pacote pode obscurecer o preço de referência (Ng, Wirtz e Lee 1999).

Os preços de referência e as transações de referência podem mudar ao longo do tempo. Por exemplo, práticas originalmente consideradas como sendo injustas (como hóspedes de hotéis pagarem preços diferentes basicamente pelo mesmo tipo de quarto), pode alcançar o status de uma transação de referência ao longo do tempo.

Estudos psicológicos de adaptação sugerem que qualquer situação estável tende a se tornar aceitável em algum momento, pelo menos no sentido de que alternativas a ela não venham mais à cabeça imediatamente. Com o tempo, termos de troca inicialmente considerados como sendo injustos podem adquirir o status de uma transação de referência (Kahneman, Knetch e Thaler 1986, p. 730-31).

Mudanças na transação de referência podem ser vistas imediatamente na adoção da gestão de receitas por diversos setores. A gestão de receitas já tem sido praticada no setor aéreo há quase 25 anos e no setor hoteleiro há aproximadamente 15 anos. Um estudo sobre a justiça percebida da gestão de receitas nos setores aéreo e hoteleiro descobriu que os consumidores consideravam práticas idênticas de gestão de receitas no setor aéreo substancialmente mais justas do que no contexto de um hotel (Kimes 1994). De maneira interessante, um estudo de acompanhamento realizado oito anos depois descobriu que os clientes achavam a justiça das políticas de preços diferenciais semelhante nos dois setores (Kimes e Noone 2002). Os autores concluíram que a transação de referência para os serviços hoteleiros tinha mudado ao longo do tempo em função do aumento da prevalência de práticas de gestão de receitas neste setor. Esta descoberta é consistente com a conclusão de Kahneman, Knetch e Thaler (1986) de que "uma transação de referência fornece uma base para julgamentos de justiça porque é normal, não porque é justa" (p. 731).

À medida que a gestão de receitas tornou-se mais prevalecente em outros setores, os consumidores têm aceitado melhor as práticas do que quando os hotéis e as empresas aéreas começaram a usá-las na década de 1980. Por exemplo, campos de golfe começaram a utilizar a gestão de receitas e os golfistas americanos consideram a maioria das práticas de gestão de receitas em campos de golfe como sendo relativamente justa (Kimes e Wirtz 2002b). Outro exemplo é o de restaurantes, que começaram a aplicar práticas de gestão de receitas (Kimes et al. 1998), e novamente os consumidores americanos passaram a aceitar cada vez mais as políticas de preços diferenciais (Kimes e Wirtz 2002a).

## Restrições tarifárias

Como várias empresas utilizam preços baseados na gestão de receitas, além de diversas abordagens de promoção de preço como cupons, descontos por quantidade e tarifas para programas de fidelidade do cliente, poderá existir uma grande variedade de preços basicamente pelo mesmo serviço. Quando uma grande variedade de preços for cobrada basicamente pelo mesmo serviço os clientes tenderão a compararem o preço que eles pagaram com os preços que outros clientes pagam (Bolton, Warlop e Alba 2003; Chen, Monroe e Lou 1998; Martins and Monroe 1994). A maioria das pesquisas sobre justiça se concentrou no relacionamento entre compradores e vendedores e não prestou muita atenção ao relacionamento entre clientes (Bolton, Warlop e Alba 2003).

A teoria da equidade já foi sugerida como sendo uma abordagem possível para a mensuração da justiça transacional (Martins e Monroe 1994). Como os clientes compararão seus preços com aqueles pagos por outros clientes e com os preços que eles próprios pagaram antes, é fundamental que todos os clientes compreendam facilmente as razões para a variação dos níveis de preço (Homans 1961; Lynn 1990). Empresas de serviços podem utilizar restrições tarifárias para alcançarem isto.

Restrições tarifárias são regras que uma empresa utiliza para determinar quem fica com qual preço e podem ser utilizadas para ajudar a diferenciar uma transação de outra. Restrições tarifárias projetadas de maneira adequada permitem que os consumidores se autossegmentem de acordo com a disposição para pagar e podem ajudar as empresas a direcionarem preços menores de maneira eficaz a clientes que estejam dispostos a aceitarem determinadas restrições às suas experiências de compra e de consumo. As restrições tarifárias podem ajudar a diferenciar os preços oferecidos a diferentes segmentos de mercado e podem ter natureza física ou não física (Dolan e Simon 1996; Hanks, Noland, e Cross 1992). Exemplos de restrições tarifárias físicas incluem a visão ou localização de assentos num teatro, ou o tamanho e a mobília de um quarto de hotel, enquanto restrições tarifárias não físicas incluem características do comprador (ou seja, descontos para idosos), do consumo (ou seja, quantidade ou frequência de compra) e da transação (ou seja, o momento em que faz a reserva). Para que uma restrição tarifária seja percebida como justa, ela deverá ser clara, lógica e difícil de contornar (Bennett 1984).

Como os consumidores já experimentaram práticas de gestão de receitas em diversos setores (ou seja, empresas aéreas, hotelaria, aluguel de carros), eles tenderão a considerar práticas semelhantes em outros setores relativamente aceitáveis se uma empresa conseguir desenvolver restrições tarifárias que os consumidores considerem claras e compreensíveis.

Percepções de justiça de preço podem ser afetadas não apenas pelo preço pago, mas também pelas regras utilizadas para estabelecer os preços (restrições tarifárias). Um preço justo é um que resulta de uma regra justa de preço (Dickson e Kalapurakal 1994). Os clientes levam em consideração tanto a justiça de procedimento quanto a distributiva (Lind e Tyler 1988; Thibaut 1975) ao avaliarem a justiça de um preço ou de uma transação. Com a justiça de procedimento, os clientes consideram a justiça de diferentes regras de preço, enquanto que com a justiça distributiva, os consumidores avaliam a justiça dos resultados alcançados. Por exemplo, de acordo com a teoria da justiça dos procedimentos, os clientes avaliarão a justiça das restrições tarifárias, então as empresas deverão se esforçar para criarem restrições tarifárias claras, lógicas e compreensíveis. No entanto, com a justiça distributiva, os consumidores avaliarão os preços que diferentes clientes pagam. As empresas deverão garantir que o preço associado com suas diversas restrições tarifárias seja considerado aceitável e consistente com as restrições tarifárias aplicadas.

## Formulação de diferenças de preços

Nós também quisemos avaliar a melhor maneira para apresentarmos as diferenças de preços. Elas podem ser apresentadas como ágio ou como desconto em relação aos preços normais. A Teoria do Prospecto considera as diferenças de preços formuladas como um ganho do consumidor (ou seja, descontos) sendo mais justas do que aquelas formuladas como uma perda para o cliente (ou seja, ágios ou cobranças adicionais), até mesmo se as situações forem economicamente equivalentes (Chen, Monroe e Lou 1998; Kahneman e Tversky 1979; Thaler 1985). Por exemplo, um restaurante poderá decidir cobrar preços mais altos para jantares nos fins de semana. Eles podem ou apresentar o preço mais alto como um ágio em relação aos preços normais do cardápio ou posicionar o preço normal do cardápio como um desconto em relação aos preços mais altos cobrados nos fins de semana.

## Diferenças culturais

Clientes de diferentes culturas e nacionalidades costumam ter expectativas diferentes em relação ao serviço (Donthu e Yoo 1998). Por exemplo, Lee e Ulgado (1997) descobriram que os clientes americanos de lanchonetes consideravam os preços baixos de suma importância ao avaliarem a satisfação, enquanto consumidores coreanos estavam mais preocupados com determinadas dimensões do serviço, como confiabilidade e empatia. Além disso, os asiáticos costumam considerar o ato de comer fora como uma atividade mais social ou familiar do que americanos ou os europeus consideram (Hall 1966).

Além disso, um estudo realizado em Cingapura descobriu diferenças significativas entre clientes chineses, malaios, indianos e caucasianos em termos da frequência de jantar fora, do tipo de lugares para comer e das motivações para jantar fora (Kau, Tan e Wirtz 1998). Compreender as percepções de justiça dos clientes por meio de culturas é importante, à medida que vários setores de serviços tornaram-se internacionais, inclusive partes do setor de restaurantes (Bagozzi et al. 2000; Chaudhry 1995; Lee e Ulgado 1997). Nós realizamos este estudo em três países em três continentes para explorarmos o grau de generalização das nossas descobertas e também para fornecermos uma forma de progresso para um trabalho futuro no exame de diferenças culturais potenciais em percepções de práticas de gestão de receitas.

## 19.3 MÉTODO

Nós decidimos concentrar nosso estudo em um setor específico, o de restaurantes. Pesquisas pessoais de 157 hóspedes de hotéis norte-americanos do Statler Hotel em Ithaca, Nova York, de 100 hóspedes de hotéis asiáticos do Swissotel, The Stamford, em Cingapura e de 77 hóspedes de hotéis europeus do Grand Hotel, em Estocolmo, na Suécia foram realizadas por entrevistadores treinados. Os entrevistados em potencial foram abordados no saguão do hotel e foi pedido que eles participassem desta pesquisa, que durou em média entre 3 e 5 minutos para ser preenchida. Desenvolvemos cenários para cada um dos seguintes mecanismos de preços baseados na demanda: almoço/jantar, dia útil/fim de semana, hora do dia, localização da mesa e o uso de cupons nos preços.

Para cada um dos cenários, os respondentes avaliaram sua justiça percebida em uma escala que ia de 1 (extremamente justo) a 7 (extremamente injusto). Além disso, nós manipulamos a formulação de cada uma das cinco restrições, em que cada uma delas era apresentada ou como desconto ou como cobrança adicional.

Uma mistura de tipos de perguntas foi feita em cada pesquisa. Cada respondente foi exposto apenas a uma formulação para cada segmento de mercado. Finalmente, nós medimos três variáveis demográficas (frequência de jantar fora, idade e sexo).

## 19.4 RESULTADOS

### Teste para a alocação aleatória de sujeitos

Realizou-se um teste qui-quadrado para testar a designação aleatória dos respondentes às condições experimentais. Os resultados do teste qui-

-quadrado para as manipulações das formulações mostraram que todas as variáveis demográficas medidas (idade, frequência de jantares em restaurantes, sexo e país) eram independentes da manipulação da formulação (nenhum dos testes alcançou significância em p < 0,05). Portanto, a alocação de sujeitos para a condição experimental foi efetivamente aleatória.

## Resultados

Uma síntese dos resultados são apresentadas nas Tabelas 19.1 e 19.2 e na Figura 19.2 e maiores detalhes sobre os diversos mecanismos de preços baseados na demanda serão discutidos a seguir. Utilizamos uma análise de variância dupla, uma análise de variância tripla e comparações de pares para analisarmos os dados.

**TABELA 19.1** Valores médios ao longo de condições experimentais e países

| Restrições de preços baseadas na demanda | Estados Unidos | | Suécia | | Cingapura | | Total | |
|---|---|---|---|---|---|---|---|---|
| | Média | Desv. padrão | Média | Desv. padrão | Média | Desv. padrão | Média | Desv. padrão |
| Preço diferencial para almoço/jantar expresso como: | | | | | | | | |
|   Adicional | 3,53 | 1,84 | 2,63 | 1,46 | 4,24 | 1,82 | 3,52 | 1,92 |
|   Desconto | 3,28 | 1,82 | 2,44 | 1,35 | 4,22 | 1,85 | 3,38 | 1,86 |
|   Geral | 3,40 | 1,83 | 2,55 | 1,66 | 4,23 | 1,83 | 3,45 | 1,89 |
| Preço diferencial para dia útil/fim de semana expresso como: | | | | | | | | |
|   Adicional | 4,34 | 1,96 | 3,92 | 2,18 | 4,68 | 1,63 | 4,35 | 1,93 |
|   Desconto | 3,73 | 1,76 | 2,95 | 1,99 | 3,74 | 1,66 | 3,54 | 1,81 |
|   Geral | 4,04 | 1,88 | 3,40 | 2,12 | 4,21 | 1,71 | 3,94 | 1,91 |
| Preço diferencial por hora do dia expresso como: | | | | | | | | |
|   Adicional | 3,11 | 1,74 | 3,47 | 1,98 | 3,90 | 2,93 | 3,43 | 1,97 |
|   Desconto | 2,29 | 1,42 | 1,98 | 1,59 | 3,46 | 1,95 | 2,56 | 1,73 |
|   Geral | 2,71 | 1,63 | 2,68 | 2,00 | 3,68 | 2,04 | 2,99 | 1,90 |
| Preço diferencial por localização da mesa expresso como: | | | | | | | | |
|   Adicional | 5,14 | 1,99 | 5,05 | 2,09 | 5,58 | 1,58 | 5,25 | 1,90 |
|   Desconto | 3,65 | 1,89 | 3,39 | 2,36 | 3,56 | 2,30 | 3,57 | 2,11 |
|   Geral | 4,39 | 2,07 | 4,27 | 2,35 | 4,57 | 2,21 | 4,42 | 2,18 |
| Cupons dois-por-um expressos como: | | | | | | | | |
|   Restrições | 2,30 | 1,64 | 1,90 | 1,46 | 2.52 | 1,49 | 2,27 | 1,56 |
|   Sem restrições | 2,13 | 1,35 | 1,67 | 1,22 | 2,44 | 1,53 | 2,13 | 1,40 |
|   Geral | 2,22 | 1,50 | 1,79 | 1,35 | 2,48 | 1,50 | 2,20 | 1,48 |

OBSERVAÇÃO: 1 = *extremamente justo*, 7 = *extremamente injusto*
Fonte: Kimes e Wirtz (2003).

**TABELA 19.2** Resultados da Anova dupla

| Fonte | gl | Soma de quadrados | Média quadrática | F | Significância |
|---|---|---|---|---|---|
| Preço diferencial almoço/jantar | | | | | |
| País | 2 | 124,8 | 62,4 | 19,3 | < 0,001 |
| Formulação | 1 | 1,8 | 1,8 | 0,5 | ns |
| País × formulação | 2 | 0,8 | 0,4 | 0,1 | ns |
| Erro | 328 | 1.059,4 | 3,2 | | |
| Total | 334 | 5.167,0 | | | |
| Preço diferencial por dia útil/fim de semana | | | | | |
| País | 2 | 28,3 | 14,2 | 4,1 | 0,017 |
| Formulação | 1 | 53,8 | 53,8 | 15,6 | 0,001 |
| País × formulação | 2 | 2,4 | 1,2 | 0,4 | ns |
| Erro | 328 | 1.128,3 | 3,4 | | |
| Total | 334 | 6.407,0 | | | |
| Preço diferencial por hora do dia | | | | | |
| País | 2 | 65,8 | 32,9 | 10,2 | < 0,001 |
| Formulação | 1 | 64,5 | 64,5 | 20,0 | < 0,001 |
| País × formulação | 2 | 12,2 | 6,1 | 1,9 | ns |
| Erro | 328 | 1.059,1 | 3,2 | | |
| Total | 334 | 4.189,0 | | | |
| Preço diferencial por localização da mesa | | | | | |
| País | 2 | 5,4 | 2,7 | 0,7 | ns |
| Formulação | 1 | 226,6 | 226,6 | 55,8 | < 0,001 |
| País × formulação | 2 | 4,4 | 2,2 | 0,5 | ns |
| Erro | 328 | 1.332,2 | 4,1 | | |
| Total | 334 | 8.100,0 | | | |
| Cupons dois-por-um | | | | | |
| País | 2 | 21,1 | 10,6 | 4,9 | 0,008 |
| Formulação | 1 | 1,9 | 1,9 | 0,9 | ns |
| País × formulação | 2 | 0,3 | 0,1 | 0,1 | ns |
| Erro | 327 | 706,0 | 2,2 | | |
| Total | 333 | 2.338,0 | | | |

Fonte: Kimes e Wirtz (2003).

Preço para almoço/jantar. É uma prática comum os restaurantes terem cardápios semelhantes para o almoço e o jantar, mas cobrarem preços menores para o almoço. Os preços menores estão associados às vezes, mas não sempre, com tamanhos de porções menores. Nós queríamos observar como os respondentes avaliariam a justiça de preços diferenciados para almoço e jantar. Pediu-se que metade dos entrevistados avaliasse o cenário do preço com ágio e que a outra metade levasse em consideração o cenário do preço com desconto (este último é apresentado entre parênteses).

**Preço por almoço/jantar**
Cingapura: 4,24 4,22 4,23
Suécia: 2,63 2,44 2,55
EUA: 3,53 3,28 3,40

**Preço por dia útil /fim de semana**
Cingapura: 4,68 3,74 4,21
Suécia: 3,92 2,95 3,40
EUA: 4,34 3,73 4,04

**Preço por hora do dia**
Cingapura: 3,9 3,46 3,68
Suécia: 3,47 1,98 2,68
EUA: 3,11 2,29 2,71

**Preço por localização da mesa**
Cingapura: 5,58 3,58 4,57
Suécia: 5,05 3,39 4,27
EUA: 5,14 3,65 4,39

**Cupons 2 por 1**
Cingapura: 2,52 2,44 2,48
Suécia: 1,90 1,67 1,79
EUA: 2,30 2,13 2,22

Legenda: ☐ Cobrança adicional ☐ Desconto ■ Geral
1= Extremamente justo; 4=Neutro; 7=Extremamente injusto

OBSERVAÇÃO: Não significativo (ns) atp > 0,10.

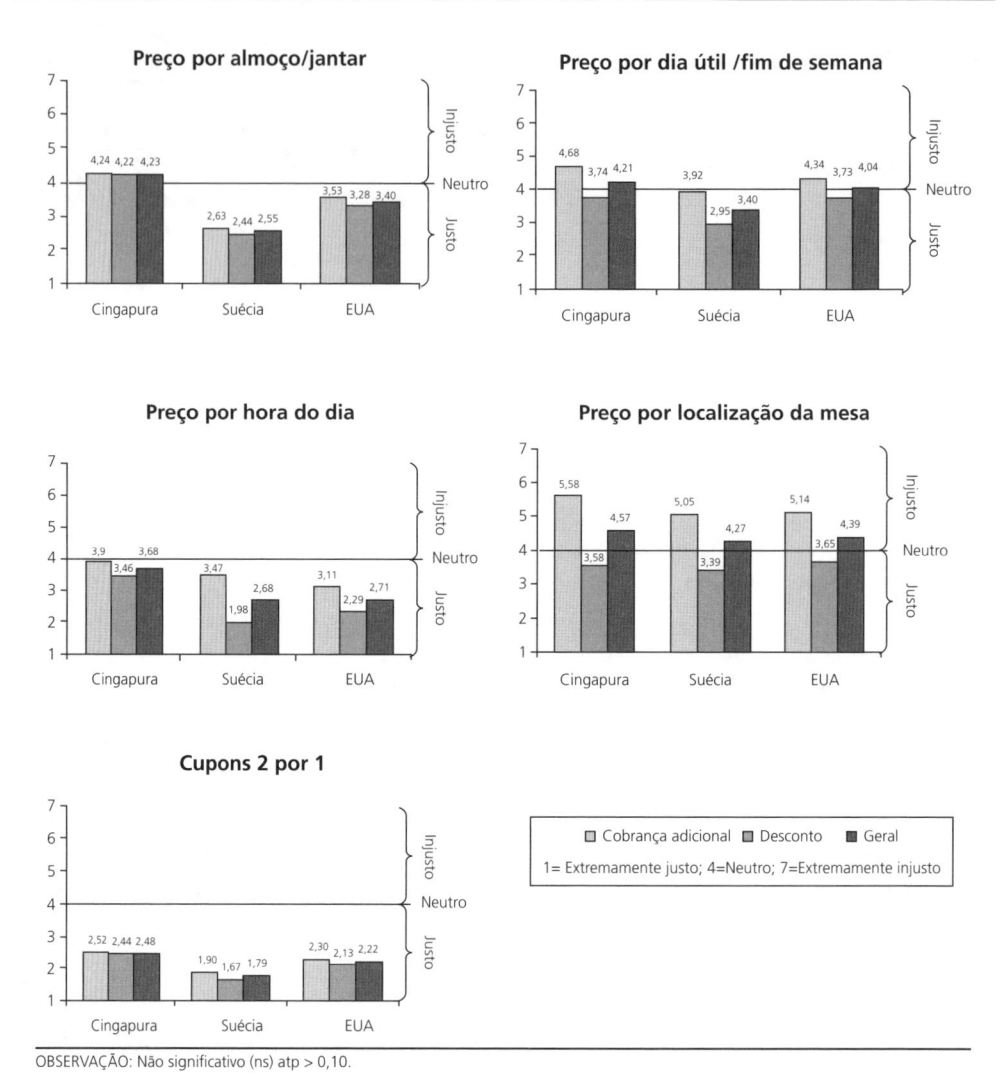

**FIGURA 19.2** Resumo das descobertas.
Fonte: Kimes e Wirtz (2003).

Um restaurante tem dois cardápios: almoço e jantar. O cardápio para o jantar (almoço) tem preços um pouco maiores (menores), apesar de os itens do cardápio serem os mesmos que para o almoço (jantar).

Os entrevistados consideraram que o cardápio diferenciado para almoço e jantar era justo (M = 3,45), mas ocorreu um efeito significativo por país (p < 0,001), com os cingapurianos tendo classificações de aceitação significativamente menores (M = 4,23) do que os entrevistados americanos (M = 3,40) ou suecos (M = 2,55).

A formulação da pergunta não teve nenhum impacto significativo para as respostas. Quando o preço do jantar foi apresentado como uma cobrança adicional, a classificação média foi de 3,52 em comparação com quando o preço para o almoço foi apresentado como sendo um desconto, a classificação média foi de 3,38 (t = 0,67). Os resultados ANOVA não mostraram um efeito de formulação significativo e também contrastes em pares não mostraram significância em nenhum dos três países em p > 0,05.

Os resultados sugerem que os restaurantes podem oferecer preços diferentes para os mesmos itens do cardápio para o almoço e o jantar sem evocarem a percepção de injustiça dos clientes.

**Preços por dias úteis e fins de semana**  A utilização de preços baseados na demanda implica que preços mais altos devem ser cobrados durante períodos com maior demanda. De acordo com este princípio, a maioria dos restaurantes deve cobrar mais por jantares no fim de semana (quando a demanda costuma ser maior) do que para jantares em dias úteis. A maioria dos operadores de restaurantes tem relutado em utilizar explicitamente preços diferenciados por dia útil/fim de semana por causa de uma possível insatisfação do cliente. Apesar deste temor, alguns restaurantes cobram implicitamente preços mais altos no fim de semana ao utilizarem cardápios escritos a giz (onde os preços podem ser mudados facilmente) e "especiais" com preços maiores.

A segunda questão referia-se a preços diferenciados no cardápio para dias úteis e fins de semana. Um restaurante tem cardápios diferenciados para o jantar em dias úteis e em fins de semana. Os cardápios são iguais exceto pelo fato de os preços serem maiores (menores) do que os preços nos dias úteis (fins de semana).

Os diferenciais de preços de cardápios para fins de semana e para dias úteis foram classificados como moderadamente aceitáveis (M = 3,94). Houve um efeito significativo de país (p= 0,017), com os entrevistados suecos demonstrando maior aceitação (M = 3,40) do que os americanos (M = 4,04) ou que os cingapurianos (M = 4,21).

A formulação da pergunta importava para esses respondentes. Quando o cardápio para os dias úteis foi apresentado como tendo preços menores, os respondentes consideraram a prática como sendo mais aceitável (M = 3,54) do que quando o cardápio para os fins de semana foi apresentado como tendo preços maiores (M = 4,35, t = 3,95). Os resultados ANOVA mostraram um efeito significativo da formulação (p < 0,001).

De acordo com nossas descobertas, os clientes consideram o diferencial de preços do cardápio para dias úteis/fins de semana como sendo relativamente aceitável. Se os donos de restaurantes decidirem utilizar preços diferenciados para dias úteis/fins de semana, eles deverão usar cuidadosamente as palavras para explicar e apresentar os cardápios de dias úteis como se estivessem oferecendo um desconto em relação aos cardápios de fins de semana.

**Preço por hora do dia** A demanda de um restaurante varia de acordo com a hora do dia e muitos restaurantes já tentaram reagir a isto aumentando a demanda através de happy hours, especiais para quem chega cedo e outros esquemas de preços baseados em horas do dia. Por exemplo, o Restaurante Kowloon, localizado no Hotel Peninsula, em Hong Kong, varia o preço do seu buffet de acordo com a hora de chegada do cliente, o que obteve grande sucesso. Nossa terceira questão levou em consideração a avaliação que os clientes fizeram dos preços por hora do dia. Pediu-se que os respondentes avaliassem o seguinte cenário:

> Um restaurante tem dois conjuntos de preços. Se você jantar entre 18:00 e 20:00 (antes das 18:00 ou depois das 20:00), você pagará 20% a mais (a menos) do que o preço normal e se você comer antes das 18:00 ou depois das 20:00 (entre 18:00 e 20:00, você pagará o preço normal. O restaurante anuncia esta política e se certifica de que os clientes estejam conscientes dos preços).

O preço por hora do dia foi considerado justo (M = 2,99). Novamente, os resultados ANOVA mostraram que havia um efeito significativo por país (p < 0,001) com os respondentes suecos indicando a maior aceitação (M = 2,68), seguidos pelos americanos (M = 2,71) e pelos cingapurianos (M = 3,68). A redação da pergunta era importante. Quando o cenário foi apresentado como tendo preços 20% menores antes das 18:00 ou depois das 20:00, os respondentes o consideraram significativamente mais justo (M = 2,56) do que quando ele foi apresentado como tendo preços 20% maiores entre 18:00 e 20:00 (M = 3,43, t = 4,29). Os resultados ANOVA indicaram um efeito de estruturação significativo (p < 0,001). Nossas descobertas implicam que o preço por hora do dia é aceitável para clientes e mais ainda quando os preços são apresentados como sendo descontos, em vez de como cobranças adicionais ou ágios.

**Localização da mesa** Alguns restaurantes, notavelmente aqueles com uma vista especial em lugares pitorescos, vistas urbanas ou estádios esportivos, cobram a mais por mesas desejáveis. Por exemplo, o TGIFridays no Bank One Stadium, em Phoenix, cobra um preço maior por mesas com uma boa visão do campo. Em restaurantes que não cobram uma taxa explícita, os clientes podem obter uma mesa desejável dando uma gorjeta ao maître d' (apesar de o dinheiro adicional ir para o maître d' e não para o restaurante). Nós pedimos que os respondentes avaliassem o seguinte cenário:

> Um restaurante tem uma linda vista e a maioria dos clientes quer pegar mesas perto da janela para que eles possam apreciá-la melhor. O restaurante cobra um ágio de US$20 (oferece um desconto de US$20) por mesas próximas à (afastadas da) janela.

Esta prática foi considerada como sendo moderadamente inaceitável (M = 4,42), independentemente da nacionalidade (Cingapura, M = 4,57; Suécia, M = 4,27; Estados Unidos, M = 4,39). A avaliação variou dependendo de como a pergunta foi formulada (p < 0,001). Quando o preço foi apresentado como tendo um ágio de US$20, os respondentes o consideraram como sendo significativamente menos aceitável (M = 5,25) do que quando ele foi apresentado como uma economia de US$20 (M= 3,57,t = 7,63).

Uma cobrança adicional por uma mesa melhor foi considerada como sendo relativamente injusta. Apesar de nós não termos testado esta proposição neste estudo, nós esperaríamos que um argumento sólido em favor de um preço por localização da mesa reduzisse a injustiça percebida em comparação com uma situação em que a vista não seja uma parte central da proposição de valor de um restaurante. Além disso, outras restrições físicas (por exemplo, ter uma seção separada para clientes corporativos por funções, com reservas prévias ou para frequentadores VIP regulares), cobrança adicionais por contas abaixo de um piso por cliente, ou uma cobrança maior por consumação (por exemplo, uma cobrança por consumação de US$20 ou uma cobrança adicional é menos relevante quando se servem vinhos caros) poderiam ser utilizadas.

**Cupons dois-por-um** Conforme mencionado anteriormente, a demanda em restaurantes varia por hora do dia e por dia da semana. Os donos de restaurantes costumam tentar aumentar a demanda durante períodos com baixa demanda utilizando cupons e outras promoções. Os cupons não apenas aumentam a demanda fora do horário de pico, mas também pode estimular os consumidores a comprarem itens adicionais do cardápio. Nós pedimos que os respondentes avaliassem o seguinte cenário:

> Um restaurante participa de um programa de cupons dois-por-um. Os clientes podem usar os cupons para jantares no esquema dois-por-um a qualquer momento, menos sexta-feira ou sábado à noite (a qualquer momento de domingo a quinta-feira).

Os programas de cupons foram considerados como sendo muito justos (M = 2,20). Verificou-se um efeito significativo por país (p < 0,001), com os respondentes suecos indicando a maior aceitação (M = 1,79), seguidos pelos americanos (M = 2,22) e pelos cingapurianos (M = 2,48). Não se verificou nenhum efeito significativo de formulação. Quando os cupons eram oferecidos com restrições explícitas (ou seja, a qualquer momento menos sexta-feira ou sábado à noite), os respondentes classificaram isso como sendo marginalmente menos aceitável (M = 2,27) do que quando eles eram apresentados sem nenhuma restrição explícita (M = 2,13, t = 0,87), mas a diferença não foi significativa. Cupons dois-por-um parecem ser considerados como sendo extremamente justos e os restaurantes devem conseguir utilizar os cupons com sucesso para ajudar a aumentar a demanda em períodos de baixa.

**Efeitos de formulação/interação de país** O efeito de formulação/interação de país não alcançou significância para nenhuma das cinco estratégias de preços baseados na demanda em p> 0,10. Esta descoberta sugere que não existe nenhuma diferença significativa entre os três países na forma pela qual a formulação influencia a justiça percebida. A formulação ou teve um impacto sobre todos os três países (ou seja, para preços por dia útil/fim de semana, hora do dia e localização da mesa) ou não teve nenhum impacto significativo sobre nenhum dos três países (ou seja, preços por almoço/jantar e cupons dois-por-um). Em outras palavras, o efeitos da formulação parece ser independente da cultura.

**Efeitos da formação do respondente**   Nós realizamos ANOVAs individuais de três variáveis onde incluímos além do país e da formulação, mais uma variável sobre a formação do respondente para explorarmos os efeitos principais e de interação potenciais com as nossas variáveis independentes. Especificamente, as variáveis incluídas foram idade, sexo e frequência de jantar fora de casa. Nenhum dos efeitos principais e de interação, inclusive as variáveis de formação do respondente, alcançou significância em $p > 0,10$. Isto sugere que nossas descobertas são razoavelmente robustas e generalizáveis, pelo menos ao longo das categorias de sexo, idade e frequência de jantar fora analisadas neste estudo.

## 19.5   RESUMO E CONCLUSÕES

Nós testamos diversas políticas de preços baseados na demanda e descobrimos que a maioria das abordagens costumava ser considerada justa. Especificamente, descobrimos que o preço baseado na demanda na forma de cupons, hora do dia e almoço/jantar era considerado justo; que o preço por dia útil/fim de semana era percebido como sendo de neutro a levemente injusto e que o preço por localização da mesa era considerado como sendo relativamente injusto com potencial de reações negativas por parte do consumidor em relação a esta prática. Além disso, nós descobrimos que o ato de rotularmos os preços baseados na demanda como descontos em vez de cobranças adicionais fez com que eles parecessem mais justos e que, portanto, seria menos provável que eles resultassem em percepções e reações negativas por parte do consumidor.

Nossas descobertas parecem ser um bom prenúncio de práticas de gestão de receitas em outros setores e restrições tarifárias. Apenas recentemente o setor de restaurante começou a experimentar a gestão de receitas, mas ainda assim, a maioria das restrições exploradas aqui foi considerada aceitável pelos frequentadores de restaurantes. Isto implica que outros setores de serviços podem conseguir implementar práticas semelhantes sem uma reação potencialmente negativa por parte dos clientes.

Os resultados foram em grande parte consistentes para os três países. Especificamente, o ato de rotular as práticas de gestão de receitas como sendo descontos ou ganhos não demonstrou nenhum efeito específico de país, o que sugere que o funcionamento da Teoria do Prospecto é razoavelmente universal no contexto da justiça percebida de práticas de gestão de receita. Especificamente, os consumidores nos três países avaliaram situações economicamente equivalentes como sendo mais justas quando elas foram apresentadas como descontos do que como cobranças adicionais. Além disso, a justiça percebida da maior parte das restrições aos preços baseados na demanda foi em grande parte consistente entre os países, o que indica que a justiça percebida de práticas de gestão de receitas é relativamente semelhante entre os países.

Com exceção dos preços por localização da mesa, que foram considerados como sendo injustos nos três países, os asiáticos consideraram todas as práticas de gestão de receitas como sendo pouco menos justas do que seus colegas americanos e europeus. Talvez os consumidores americanos e os europeus tivessem experiências mais amplas com práticas de gestão de receitas em geral, ou estivessem mais expostos a elas (por exemplo, no setor aéreo e no de hotelaria), e no setor de restaurantes especificamente, do que os consumidores. Este nível menor de experiência ou de exposição pode ter feito com que os asiáticos considerassem estas práticas como sendo menos condizentes com a norma e, portanto, também menos justas.

Além disso, consumidores em diferentes partes do mundo costumam ter expectativas diferentes em relação à qualidade do serviço. As culturas asiáticas e, portanto, seus consumidores, costumam ser consideradas como sendo mais interdependentes do que as culturas ocidentais e tendem a ter uma mentalidade mais coletiva (Markus e Kitayama 1991). Isto pode fazer com que consumidores asiáticos se preocupem mais com justiça para todos os consumidores (ou seja, para as políticas de formação e restrição de preços em geral), enquanto os consumidores ocidentais podem cuidar mais da justiça para o indivíduo (ou seja, o preço que um consumidor pagou numa transação específica).

Finalmente, o aspecto da personalização dos serviços é mais importante para os consumidores asiáticos (Mattila 1999). Talvez como consequência disso, os consumidores em culturas com menos individualismo e/ou mais evasão de incerteza (ou seja, várias culturas asiáticas) tenham uma intenção maior de elogiarem os funcionários da linha de frente quando eles receberem um serviço melhor (Liu, Furrer e Sudharshan 2001). Esta importância da personalização e do toque pessoal pode ser vista em conflito com práticas "padronizadas" de gestão de receitas que costumam minimizar ou até mesmo ignorar o relacionamento pessoal que um cliente tem com a empresa e com seus funcionários. Isto pode resultar num nível relativamente menor de aceitação de práticas de gestão de receitas na Ásia.

Em geral, nossas descobertas proporcionam aos gerentes de serviços níveis amplos de aceitação dos mecanismos de preços baseados na demanda testados. No entanto, isto pode não significar que todos os clientes aceitarão estas práticas de bom grado. Portanto, ao implementarem os preços baseados na demanda, os gerentes devem se assegurar que as restrições tarifárias sejam fáceis de explicar e administrar e que os clientes possam compreender o raciocínio por trás delas. Isto tornará mais fácil para funcionários da linha de frente pacificarem clientes infelizes e recuperarem o serviço se isso for necessário. Além disso, os preços baseados na demanda devem ser posicionados como sendo uma situação em que os dois lados ganham, internamente para os funcionários e externamente para os clientes.

Os preços baseados na demanda permitem que os frequentadores se auto-segmentem e, se as restrições forem bem planejadas, os clientes que valorizarem uma vista especial, a localização da mesa ou jantar durante períodos de pico terão uma probabilidade muito maior de garantirem o serviço que eles desejam (Wirtz et al. 2002). Além disso, outras estratégias como a utilização de incluir diversos serviços conjuntamente para ocultar descontos ou até mesmo a permuta podem ser utilizadas para tornar os preços baseados na demanda mais aceitáveis para o consumidor (Ng, Wirtz e Lee 1999). Desta maneira, os preços baseados na demanda podem aumentar a lucratividade imediata sem implicações prejudiciais sobre a satisfação e a fidelidade do cliente e, portanto, a lucratividade de longo prazo.

## 19.6 LIMITAÇÕES E PESQUISA ADICIONAL

Assim como com qualquer pesquisa, nosso estudo não deixa de ter seus pontos fracos. Amostras de conveniência foram utilizadas nos três países, de tal forma que os respondentes podem não ser verdadeiramente representativos. Além disso, as estruturas nas diferentes restrições poderiam ter sido padronizadas. Por exemplo, no primeiro cenário, foi dito que os preços eram "um pouco maiores/menores"; no segundo, "maiores/menores"; no terceiro, "20% maior/menor do que o normal"; e no quarto, "US$20 de ágio/desconto". Apesar de a redação das perguntas poder ter afetado os resultados observados (Chen, Monroe e Lou 1998), qualquer efeito teria tido impacto apenas sobre a parte de rotulagem deste estudo (ou seja, posicionar as diversas restrições de preços como sendo descontos ou cobranças adicionais). Por exemplo, os cenários de almoço/jantar e de cupons dois-por-um talvez tenham sido aqueles com redação menos sólida e podem ter proporcionado resultados direcionais, porém estatisticamente não significativos. Uma pesquisa futura poderá explorar quais níveis de diferenças de preço/ganho na rotulagem levará a respostas significativas dos consumidores num contexto de restrições.

Uma pesquisa futura deverá abordar a justiça percebida das práticas de formação de preços e de duração da gestão de receitas em outros setores e também deverá investigar como estas práticas de gestão de receitas são percebidas em diferentes países. A mensuração explícita da norma percebida de práticas de gestão de receita em estudos com corte transversal e/ou longitudinais sobre percepções de justiça dessas práticas em diferentes setores e/ou em países seria interessante e poderia ajudar a validar a hipótese de Kahneman, Knetch e Thaler (1986) de que "o que for a norma é considerado justo" no contexto da gestão de receitas. Além disso, uma pesquisa adicional sobre o motivo pelo qual diferentes culturas possuem percepções diferentes de justiça além das diferenças em normas percebidas de práticas de gestão de receitas seria útil e as diversas explicações alternativas potenciais para as diferenças observadas através de países no nosso estudo poderiam ser analisadas.

Por exemplo, a justiça percebida relacionada com transações individuais *versus* políticas de formação de preços e de restrições em geral e a importância da personalização e de relacionamentos pessoais e suas relações com a gestão de receitas, seriam oportunidades para pesquisas futuras. Além disso, consumidores de diferentes países poderão enfatizar de maneira diferente a importância da justiça distributiva e dos procedimentos ao avaliarem uma transação de serviço.

Outras áreas potenciais de estudo incluem uma análise adicional do papel da justiça de procedimentos e da distributiva sobre as percepções de justiça. O fato de preços diferentes estarem associados com restrições tarifárias diferentes no nosso estudo pode ter afetado atitudes dos respondentes. Como os clientes costumam comparar o preço que eles pagam com o preço obtido por outros clientes, uma restrição tarifária claramente definida ajudou a tornar os preços mais aceitáveis ao aumentar o senso de justiça de procedimentos do consumidor. Vários autores aludiram à conexão, mas poucas pesquisas abordaram explicitamente esta questão. Finalmente, a noção de justiça transacional e seu relacionamento com práticas de gestão de receitas deverá ser estudada de maneira mais detalhada. Bolton, Warlop e Alba (2003) aludiram ao papel que a justiça transacional desempenha na avaliação de políticas de preços baseados na demanda, mas nenhuma pesquisa abordou explicitamente esta questão.

Além disso, um estudo longitudinal abordando como a percepção de justiça do cliente em relação a práticas de gestão de receitas em diferentes setores e diferentes países varia também seria valioso.

## 19.7 REFERÊNCIAS

Bagozzi, Richard P., Nancy Wong, Shuzo Abe, and Massimo Bergami (2000), "Cultural and Situational Contingencies and the Theory of Reasoned Action: Application to Fast Food Restaurant Consumption," Journal of Consumer Psychology, 9 (2), 97-106.

Bennett D. J. (1984), "Discount Fare Market Research 1981-83," in 63rd Annual Meeting of the Transportation Research Board, janeiro de 1984, 2.

Bolton, Lisa E., Luk Warlop, and Joseph W. Alba (2003), "Consumer Perceptions of Price (Un)Justice," Journal of Consumer Research, 29 (4), 474-91.

Campbell, Margaret C. (1999a), "'Why Did You Do That?' The Important Role of Inferred Motive in Perceptions of Price Justice," Journal of Product and Brand Management 8 (2), 145-52.

Campbell, Margaret C. (1999b), "Perceptions of Price Injustice: Antecedents and Consequences," Journal of Marketing Research 36 (2), 187-99.

Carroll, William J. and Richard C. Grimes (1995), "Evolutionary Change in Product Management: Experiences in the Car-rental Industry," Interfaces, 25 (5), 84-104.

Chaudhry, R. (1995), "Lessons from Abroad," Restaurants and Institutions, 105 (13), 30.

Chen, Shih-Fen S., Kent B. Monroe, and Yung-Chien Lou (1998), "The Effects of Framing Price Promotion Messages on Consumers' Perceptions and Purchase Intentions," Journal of Retailing 74 (3), 353-72.

Dickson, Peter R. and Rosemary Kalapurakal (1994), "The Use and Perceived Fairness of Price-Setting Rules in the Bulk Electricity Market," Journal of Economic Psychology, 15, 427-48.

Dolan, Robert J. and Hermann Simon (1996), Power Pricing. Nova York: Free Press.

Donthu, N. and B. Yoo (1998), "Cultural Influence on Service Quality Expectations," Journal of Service Research, 1 (2), 178-186.

Hall, Edward T. (1966), The Hidden Dimension. Nova York: Doubleday.

Hanks, Richard B., R. Paul Noland, and Robert G. Cross (1992), "Discounting in the Hotel Industry, a New Approach," Cornell Hotel and Restaurant Administration Quarterly, 33, (3), 40-45.

Homans, George C. (1961), Social Behavior: Its Elementary Forms. NovaYork: Harcourt, Brace and World.

Kahneman, Daniel, Jack L. Knetsch, and Richard H. Thaler (1986), "Fairness as a Constraint on Profit Seeking: Entitlements in the Market," The American Economic Review, 76 (4), 728-41.

Kahneman, Daniel and Amos Tversky (1979), "Prospect Theory: An Analysis of Decision Under Risk," Econometrica, 47 (2), 263-291.

Kau, Ah Keng, Soo Jiuan Tan, and Jochen Wirtz (1998), Seven Faces of Singaporeans — Their Values, Aspirations and Lifestyles. Singapore: Prentice Hall.

Kaufmann, Patrick J., Gwen Ortmeyer, and N. Craig Smith (1991), "Fairness in Consumer Pricing," Journal of Consumer Policy, 14, 117-40.

Kimes, Sheryl E. (1994), "Perceived Fairness of Yield Management," Cornell Hotel and Restaurant Administration Quarterly, 29 (1), 22-29. (2000), "Revenue Management on the Links: Applying Yield Management to the Golf Industry," Cornell Hotel and Restaurant Administration Quarterly, 41 (1), 120-27.

Deborah I. Barrash, and John E. Alexander (1999), "Developing a Restaurant Revenue-Management Strategy," Cornell Hotel and Restaurant Administration Quarterly, 34 (5), 18-30.

_____, Richard B. Chase (1998), "The Strategic Levers of Yield Management," Journal of Service Research, 1 (2), 156-66.

_____, Sunmee Choi, Elizabeth N. Ngonzi, and Philip Y. Lee (1998), "Restaurant Revenue Management," Cornell Hotel and Restaurant Administration Quarterly, 40 (3), 40-45.

_____ and Breffni M. Noone (2002), "Perceived Fairness of Yield Management: An Update," Cornell Hotel and Restaurant Administration Quarterly, 43 (1), 28-29.

_____and Jochen Wirtz (2002a), "Perceived Fairness of Demand-Based Pricing for Restaurants," Cornell Hotel and Restaurant Administration Quarterly, 41 (1), 31-38.

_____and (2002b), "Perceived Fairness of Revenue Management in the U.S. Golf Industry," Journal of Revenue and Pricing Management, 1 (4), 332-344.

Lee, M. and F. Ulgado (1997), "Consumer Evaluations of Fast-food Services: A Cross National Comparison," Journal of Services Marketing 11 (1), 39-52.

Lind, E. Allen and Tom R. Tyler (1988), The Social Psychology of Procedural Justice. Nova York: Plenum.

Liu, Ben S. C., Oliver Furrer, and D. Sudharshan (2001), "The Relationship between Culture and Behavioral Intentions towards Switching," Journal of Service Research, 4 (2), 118-29.

Lynn, Michael (1990), "Choose Your Own Price: An Exploratory Study Requiring an Expanded View of Price's Functions," in Advances in Consumer Research, Vol. 17, M. E. Goldberg, G. Corn, and R. W.

Pollay, eds. Provo, UT: Association for Consumer Research, 710-14.

Markus, H. R. and S. Kitiyama (1991), "Culture and the Self: Implications for Cognition, Emotion and Motivation," Psychological Review, 98, 224-53.

Martins, Marielza and Kent B. Monroe (1994), "Perceived Price Fairness: A New Look at an Old Construct," Advances in Consumer Research, 21, 75-78.

Mattila, Anna S. (1999), "The Role of Culture in the Service Evaluation Process," Journal of Service Research, 1 (3), 250-61.

Ng, Irene C. L., Jochen Wirtz, and Khai Sheang Lee (1999), "The Strategic Role of Unused Capacity," International Journal of Service Industry Management, 10 (2), 211-38.

Sill, Brian (1991), "Capacity Management: Making Your Service Delivery System More Productive," Cornell Hotel and Restaurant Administration Quarterly, 33 (1), 77-87.

_____ and Robert Decker (1999), "Applying Capacity-Management Science: The Case of Browns Restaurants," Cornell Hotel and Restaurant Administration Quarterly, 40 (3), 22-30.

Smith, Barry A., John F. Leimkuhler, and Ross M. Darrow (1992), "Yield Management at American Airlines," Interfaces, 22 (1), 8-31.

Thaler, Richard F. (1985), "Mental Accounting and Consumer Choice," Marketing Science, 4 (3), 199-214.

Thibaut, John W. (1975), Procedural Justice: A Psychological Analysis Hillsdale,NJ: Lawrence Erlbaum.

Urbany, Joel E., Thomas J. Madden, and Peter R. Dickson (1989), "All's Not Fair in Pricing: An Initial Look at the Dual Entitlement Principle," Marketing Letters, 1 (1), 17-25.

# 20
# Um modelo de satisfação dos clientes com encontros de serviço envolvendo falha e recuperação *

AMY K. SMITH
GEORGE WASHINGTON UNIVERSITY

RUTH N. BOLTON
MICHAEL F. PRICE COLLEGE OF BUSINESS, UNIVERSITY OF OKLAHOMA

JANET WAGNER
THE ROBERT H. SMITH SCHOOL OF BUSINESS, UNIVERSITY OF MARYLAND

Os clientes costumam reagir de maneira intensa a falhas de serviço, então é fundamental que os esforços de recuperação de uma organização sejam igualmente fortes e eficazes. Neste artigo, as autoras desenvolvem um modelo de satisfação dos clientes com encontros de falha/recuperação de serviços baseado num sistema de intercâmbio que integra conceitos tanto da satisfação dos consumidores quanto da literatura sobre justiça social, utilizando princípios de intercâmbio de recursos, contabilidade mental e teoria do prospecto. A pesquisa utiliza uma experiência com design misto, realizada utilizando-se um método de levantamento em que os clientes avaliam diversos cenários de falha/recuperação e preenchem um questionário sobre alguma organização que eles tenham frequentado recentemente. Os autores executam a pesquisa no contexto de dois ambientes de serviços diferentes, ou seja, restaurantes e hotéis.

Os resultados mostram que os clientes preferem receber recursos de recuperação que "combinem" o tipo de falha que eles experimentam em "quantidades" que sejam compatíveis com a magnitude da falha que ocorrer. As descobertas contribuem para a compreensão de princípios teóricos que explicam as avaliações dos clientes em relação aos encontros de falha/recuperação dos serviços e fornecem aos gerentes diretrizes úteis para estabelecer o "encaixe" adequado entre a falha de um serviço e o esforço de recuperação.

## 20.1 INTRODUÇÃO

As organizações estão enfrentando pressões mais intensas dos clientes do que jamais ocorreu. Quando ocorre uma falha nos serviços, a resposta da organização tem o potencial ou de restaurar a satisfação dos clientes e reforçar a lealdade ou de exacerbar a situação e empurrar o cliente para uma firma

---

* Artigo originalmente publicado sob o título *A Model of Customer Satisfaction With Service Encounters Involving Failure and Recovery*, no Journal of Marketing Research, v.36, n.3, p. 356-372, 1999.

concorrente. Recuperação do serviço refere-se às ações que uma organização adota como resposta à falha de um serviço (Gronroos 1988). Considera-se que a administração da recuperação cause um impacto significativo sobre as avaliações dos clientes, porque estes costumam estar mais emocionalmente envolvidos num serviço de recuperação e costumam observá-lo mais do que numa rotina ou num serviço prestado pela primeira vez e costumam ficar mais insatisfeitos com a incapacidade de uma organização se recuperar do que com a falha do serviço em si (Berry e Parasuraman 1991; Bitner, Booms, e Tetreault 1990). Keaveney (1995) descobriu que tanto as falhas dos serviços quanto as falhas nas recuperações representam uma das principais causas do comportamento do cliente em trocar de prestador de serviços. Portanto, recuperações de serviços bem-executadas são importantes para a melhoria da satisfação dos clientes, a construção de relacionamentos com os clientes e para impedir o abandono dos clientes (Fornell e Wernerfelt 1987).

Apesar de os pesquisadores e gerentes reconhecerem a recuperação dos serviços como sendo um elemento fundamental da estratégia de serviço dos clientes, existem poucos estudos teóricos ou empíricos de questões da falha dos serviços e da recuperação. O estudo da recuperação dos serviços é desafiador porque a recuperação é desencadeada por uma falha dos serviços, tornando difícil a realização de uma pesquisa empírica sistemática, ou num laboratório ou num ambiente de campo. Uma pesquisa anterior sobre a recuperação dos serviços se concentrou no desenvolvimento de esquemas de classificação (Bitner, Booms, e Tetreault 1990; Hoffman, Kelley, e Rotalsky 1995; Kelley, Hoffman, e Davis 1993) e em fornecer sustentação correlacional ou observação pessoal para o efeito da recuperação dos serviços sobre a satisfação dos clientes (Kelly e Davis 1994; Spreng, Harrell, e Mackoy 1995). Recentemente, Tax, Brown e Chandrashekaran (1998) analisaram a influência das avaliações que os clientes fazem da justiça sobre a satisfação, a confiança e o comprometimento após uma experiência de reclamação de um serviço. No entanto, até hoje, ninguém desenvolveu um modelo teórico de satisfação dos clientes com encontros de falha/recuperação de serviços que leve em consideração situações proativas de recuperação, em que a organização inicia um esforço de recuperação, assim como situações de recuperação reativa, em que a reclamação do cliente dá início ao esforço de recuperação.

Num artigo recente de análise, Rust e Metters (1996) apresentararm modelos interdisciplinares de comportamento dos clientes na venda de serviços. Nós apresentamos um sistema de trocas para explicar as avaliações que os clientes fazem da falha das experiências com serviços/recuperação, recorrendo a princípios comportamentais de intercâmbio de recursos, teoria do prospecto e contabilidade mental. A partir deste sistema, nós derivamos um modelo de satisfação dos clientes com encontros de falha/recuperação dos serviços que inclui três dimensões de justiça percebida (um conceito de troca social), assim como as negações de expectativas (um conceito de satisfação dos clientes). Os objetivos desta pesquisa são (1) desenvolver e testar um modelo de satisfação dos clientes com encontros de falha/recuperação dos serviços, utilizando um sistema de trocas; (2) determinar os efeitos de diversos tipos de esforços de recuperação sobre as avaliações dos clientes em diversos contextos de falha dos serviços; e (3) fornecer diretrizes para que os gerentes estabeleçam o "ajuste" adequado entre uma falha dos serviços e o esforço de recuperação.

Diferentemente de estudos anteriores, nosso modelo integra justiça percebida com desconfirmação da expectativa, investiga aspectos específicos da falha dos serviços e do esforço de recuperação como antecedendo as avaliações dos clientes e inclui esforços de recuperação tanto proativos quanto reativos. Nós tratamos a recuperação dos serviços como sendo um "conjunto de recursos" que uma organização pode empregar em resposta a uma falha. Ao tratarmos a recuperação desta maneira, nós conseguimos analisar os determinantes específicos de uma recuperação eficaz e a importância relativa de atributos de recuperação individual para restaurar a satisfação dos clientes ao longo de diversas condições de falha dos serviços. Nós utilizamos uma experiência com design misto, realizada por meio de levantamento, em que os clientes avaliam diversos cenários de falha/recuperação dos serviços relativos a uma organização que eles tinham frequentado recentemente. Esta pesquisa é realizada no contexto de dois ambientes diferentes de serviços, ou seja, restaurantes e hotéis.

## 20.2 SISTEMA CONCEITUAL E DESENVOLVIMENTO DE MODELO

Nas próximas três seções, nós apresentamos um modelo e um conjunto de hipóteses que descrevem os efeitos dos esforços da recuperação dos serviços em diversos contextos de falha sobre as percepções dos clientes sobre justiça e julgamentos de satisfação. O modelo fornece um sistema para considerar como o contexto de atributos da falha dos serviços (tipo e magnitude) e da sua recuperação (remuneração, velocidade de resposta, pedido de desculpa) influenciam as avaliações dos clientes através da desconfirmação e da justiça percebida, influenciando assim a satisfação com o encontro da falha/recuperação dos serviços. As hipóteses descrevem os efeitos da justiça percebida sobre a satisfação dos clientes, dos atributos de recuperação sobre a justiça percebida e do contexto da falha, dos atributos de recuperação e da sua interação sobre a justiça percebida.

### Efeitos da justiça percebida e da desconfirmação sobre a satisfação dos clientes

Oliver e Swan (1989a,b) foram os primeiros a modelarem a influência conjunta de desconfirmação e de justiça percebida sobre a satisfação dos clientes, mas eles abordam apenas um aspecto de justiça percebida, o distributivo (equidade). Como o papel da desconfirmação é bem conhecido, nós nos concentramos nos efeitos da justiça percebida sobre a satisfação dos clientes com encontros da falha/recuperação dos serviços. Teóricos de troca social identificaram três dimensões de justiça percebida que influenciam a maneira pela qual as pessoas avaliam os intercâmbios: justiça distributiva, que envolve a alocação de recursos e o resultado percebido da troca (Adams 1965; Deutsch 1975); justiça do procedimento, que envolve os meios pelos quais as decisões são tomadas e os conflitos são resolvidos (Leventhal 1980; Lind e Tyler 1988; Thibaut e Walker 1975); e justiça da interação, que envolve a maneira pela qual ocorre a troca das informações e se comunicam os resultados (Bies e Moag 1986: Bies e Shapiro 1987). Com base nos resultados do seu estudo envolvendo as percepções dos clientes sobre justiça ao longo de quatro tipos de empresas de prestação de serviço, Clemmer e Schneider (1996) concluem que os clientes também avaliam os encontros de serviços de acordo com três dimensões: resultado, os benefícios (ou sua falta) que os clientes recebem como resultado do encontro; procedimento, as diretrizes e os métodos da organização que orientam o encontro; e interação, a qualidade do tratamento interpessoal e da comunicação durante o encontro.

Nós vemos um encontro da falha/recuperação dos serviços como sendo uma série de eventos em que uma falha dos serviços desencadeia um procedimento que gera interação econômica e social entre o cliente e a organização, através do qual um resultado é alocado para o cliente.[1] Portanto, nós esperamos que a satisfação dos clientes com os encontros da falha/recuperação dos serviços seja influenciada pelas percepções dos clientes das três dimensões de justiça – distributiva, de procedimento e de interação – depois de controlar para os efeitos de desconfirmação que surgem a partir do encontro do serviço.[2]

> H1: Nos encontros da falha/recuperação dos serviços, a satisfação dos clientes será positivamente relacionada com percepções de (a) justiça distributiva, (b) justiça do procedimento e (c) justiça da interação.[3]

---

[1] Essa conceituação foi adaptada de Bies and Moag (1986) e aplicada em episódios de tratamento de reclamações (Tax 1993; Tax, Brown, and Chandrashekaran 1998). Apesar de as três dimensões serem originalmente apresentadas como uma sequência de eventos, nós não as consideramos desta maneira porque, na prática, muitos das trocas se sobrepõem ou ocorrem simultaneamente.

[2] Vários pesquisadores consideraram a influência de percepções de justiça (equidade) em avaliações dos clientes e intenções de comportamento (por exemplo, Blodgett, Granbois, and Walters 1993; Blodgett, Hill, and Tax 1997; Goodwin and Ross 1992; Tax, Brown, and Chandrashekaran 1998). No entanto, esses estudos não levam em consideração a influência conjunta da justiça percebida da desconfirmação da expectativa.

[3] Todas as hipóteses são declaradas em condições de *ceteris paribus*.

## Efeitos do contexto da falha dos serviços e de atributos de recuperação sobre a justiça percebida

Um encontro da falha/recuperação dos serviços pode ser visto como um intercâmbio em que o cliente experimenta uma perda devido à falha e a organização tenta proporcionar um ganho, na forma de um esforço de recuperação para compensar a perda do cliente. Esta noção é adaptada das teorias de troca social e de equidade (por exemplo, Homans 1961; Walster, Berscheid, e Walster 1973; Walster, Walster, e Berscheid 1978). Encontros de falha/recuperação dos serviços podem ser considerados como sendo intercâmbios mistos tanto com dimensões utilitárias quanto simbólicas.

Um intercâmbio utilitário envolve recursos econômicos, como dinheiro, bens ou tempo, enquanto o intercâmbio simbólico envolve recursos psicológicos ou sociais, como status, estima ou empatia (Bagozzi 1975). A falha dos serviços pode resultar na perda de recursos econômicos (por exemplo, dinheiro, tempo) e/ou sociais (por exemplo, status, estima) para os clientes. As organizações podem tentar recuperar oferecendo aos clientes recursos econômicos na forma de compensação (por exemplo, um desconto) ou recursos sociais (por exemplo, um pedido de desculpa). Portanto, nós acreditamos que as avaliações que os clientes fazem dos encontros de falha/recuperação dos serviços dependem do tipo e da quantidade de recursos perdidos e ganhos durante o intercâmbio. A natureza destes intercâmbios de recursos será determinada pelo tipo e pela magnitude da falha que ocorrer e pelos diversos atributos do esforço de recuperação de uma organização.

**Tipo de falha**  A literatura sobre a prestação de serviços reconhece dois tipos de falhas nos encontros de serviços: resultado e processo (Bitner, Booms, e Tetreault 1990; Hoffman, Kelley, e Rotalsky 1995; Keaveney 1995; Mohr e Bitner 1995). A dimensão de resultado de um encontro de serviço envolve o que os clientes efetivamente recebem pelo serviço, enquanto a dimensão de processo envolve como eles recebem o serviço, ou seja, a maneira pela qual ele é entregue (Gronroos 1988; Parasuraman, Zeithaml, e Berry 1985). Portanto, numa falha de resultado, a organização não atende as necessidades básicas de serviço ou desempenha o serviço mais importante (por exemplo, um quarto reservado de hotel está indisponível por causa de reservas em excesso), enquanto numa falha de processo, a entrega do serviço mais importante fracassa ou é deficiente de alguma forma (por exemplo, um recepcionista de hotel trata o cliente de maneira rude durante o registro).

Em outras palavras, uma falha de resultado costuma envolver um intercâmbio utilitário e uma falha de processo costuma envolver intercâmbios simbólicos. A literatura sobre a prestação de serviços não fornece nenhuma informação sobre qual tipo de falha tem mais influência sobre os julgamentos de satisfação dos clientes. Princípios de intercâmbio de recursos e contabilidade mental sugerem que os clientes podem classificar os diversos tipos de recursos perdidos em função de uma falha dos serviços em categorias ou "contas" diferentes. Nós esperamos que as avaliações dos clientes se diferenciem por tipo de falha porque falhas de resultado e de processo representam categorias diferentes de perda.

**Magnitude de falha** Nós acreditamos que princípios de intercâmbio de recursos também sugiram que os julgamentos de satisfação dos clientes serão diferentes de acordo com a magnitude da falha. Especificamente, à medida que a perda devido a uma falha aumenta, o cliente verá o intercâmbio como sendo mais desigual e ficará insatisfeito. Além disso, uma pesquisa anterior sobre como os clientes reagem aa falha dos serviços (por exemplo, Gilly e Gelb 1982; Hoffman, Kelley, e Rotalsky 1995; Richins 1987) sugere que quanto maior for a magnitude ou a gravidade da falha dos serviços, menor será o nível de satisfação dos clientes.

Nós esperamos que o tipo e a magnitude da falha dos serviços influenciem as avaliações dos clientes em relação a um encontro da falha/recuperação dos serviços porque o contexto da falha serve como ponto de referência a partir do qual os clientes julgam a justiça do encontro. Especificamente, nós acreditamos que o contexto da falha determinará os padrões normativos dos clientes para o desempenho de recuperação e afetará a natureza do relacionamento entre os atributos de recuperação e a justiça percebida. Portanto, o tipo e a magnitude da falha dos serviços influenciarão a maneira pela qual os clientes reagem a atributos de recuperação para formarem percepções de justiça.

**Atributos de recuperação dos serviços** Nós examinamos a influência de quatro atributos de recuperação diferentes sobre as avaliações dos clientes. Compensação, velocidade de resposta e pedidos de desculpa estão incluídos porque são citados com frequência na imprensa comercial (por exemplo, Hart, Heskett, e Sasser 1990). Eles também têm sustentação empírica na literatura acadêmica (conforme será descrito a seguir), são especialmente salientes a clientes, são facilmente colocados em prática pelos gerentes e podem ser manipulados por meio de cenários escritos num contexto experimental. A iniciação da recuperação, o quarto atributo, é incluída porque recebeu muita atenção na imprensa comercial, mas não foi abordada empiricamente. Nós esperamos que estes atributos de recuperação afetem as percepções dos clientes sobre a justiça distributiva, de procedimento e de interação, conforme descreveremos na próxima seção. Nós também esperamos efeitos de interação entre o contexto da falha e os atributos de recuperação, conforme descrevemos a seguir.

## Resumo

O modelo desenvolvido e testado aqui (veja a Figura 20.1) baseia-se num sistema de intercâmbio e mostra como as avaliações dos encontros de fa-

**FIGURA 20.1** Um modelo de satisfação dos clientes com encontros de falha/recuperação dos serviços.
Fonte: Smith, Bolton e Wagner (1999).

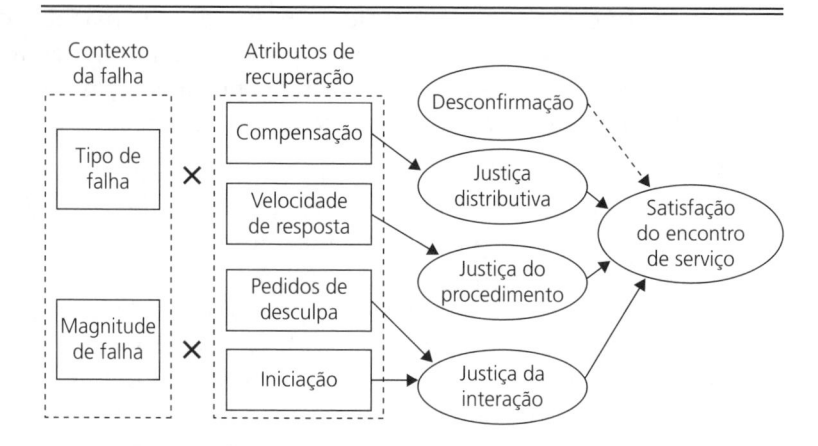

Notas: Os "×"s denotam efeitos de interação do tipo de falha com os atributos de recuperação e da magnitude da falha com os atributos de recuperação. A seta tracejada indica que a desconfirmação está incluída no modelo como variável de previsão.

lha/recuperação de serviços feitas pelos clientes são influenciadas por dois fatores: atributos do contexto da falha dos serviços (tipo e magnitude da falha) e da sua recuperação (compensação, velocidade de reação, pedido de desculpa, iniciação de recuperação). Estes fatores caracterizam o desempenho de uma organização durante um encontro da falha/recuperação dos serviços e operam de maneira indireta por meio da desconfirmação e da justiça percebida (distributiva, de procedimento e de interação) para influenciar a satisfação dos clientes. No modelo, a satisfação com o encontro do serviço é a avaliação específica por transação que o cliente faz de todo o encontro de serviço, incluindo a falha inicial dos serviços e da experiência de recuperação.

## 20.3 RELACIONAMENTOS ENTRE ATRIBUTOS DE RECUPERAÇÃO E DIMENSÕES DE JUSTIÇA

Cada um dos quatro atributos de recuperação dos serviços mostrado na Figura 20.1 influenciará pelo menos um dos três tipos de justiça percebida. Espera-se que os quatro atributos – compensação, velocidade de resposta, pedidos de desculpa e iniciação de recuperação – afetem percepções da justiça distributiva, de procedimento e de interação das seguintes maneiras:

**Compensação** A teoria da troca social destaca o papel da justiça distributiva na medida em que ela está relacionada com a alocação de custos e benefícios para alcançar relacionamentos iguais de troca (Adams 1965; Deutsch 1975, 1985). Em termos de recuperação dos serviços, as percepções de justiça distributiva envolvem a alocação de compensação (na forma de descontos, mercadoria gratuita, reembolsos, cupons e assim por diante) pela organização como reação à desigualdade causada por uma falha dos serviços. Walster, Berscheid e Walster (1973) mostraram que a compensação é uma estratégia para restaurar a equidade a um relacionamento de intercâmbio quando uma das partes tiver sido prejudicada pela outra. Tax, Brown e Chandrashekaran (1998) utilizam a análise de conteúdo de avaliações qualitativas de experiências com reclamações sobre os serviços para mostrarem que a compensação é a dimensão mais importante da recuperação associada com percepções dos clientes sobre a justiça distributiva. Portanto, a pesquisa exploratória sugere que níveis maiores de compensação devam resultar em avaliações superiores da justiça distributiva, de tal forma que:

H2: A compensação terá um efeito positivo sobre as percepções dos clientes em relação à justiça distributiva

H3: Uma recuperação rápida terá um efeito positivo sobre as percepções dos clientes em relação à justiça do procedimento.

**Velocidade de resposta** As questões de momento, reação e espera do cliente foram abordadas na literatura sobre o encontro da reclamação e do serviço (Bitner, Booms, e Tetreault 1990; Clemmer e Schneider 1993, 1996; Kelley, Hoffman, e Davis 1993; Maister 1985; Parasuraman, Zeithaml, e Berry 1985; Taylor 1994). Uma reação rápida de recuperação a uma falha dos serviços melhorará as avaliações dos clientes (Clark, Kaminski, e Rink 1992; Gilly e Gelb 1982; Hart, Heskett, e Sasser 1990; Smart and Martin 1992). Especificamente, a velocidade com a qual se lidam com os problemas e as reclamações foi identificada como sendo uma dimensão importante de justiça do procedimento (Blodgett, Hill, e Tax 1997; Clemmer e Schneider 1996; Tax, Brown, e Chandrashekaran 1998).[4] Portanto, nós prevemos que quanto mais tempo levar para o prestador de serviço realizar uma recuperação, maior será a percepção do cliente de que a justiça do procedimento foi violada. Alternativamente,

**Pedidos de desculpa** Nas teorias de troca social e da equidade, um pedido de desculpa é considerado como sendo uma recompensa valiosa

---

[4] Deve-se observar que a justiça do procedimento também poderá envolver dimensões de controle de decisão, controle de processo e acessibilidade. No entanto, estas dimensões foram efetivamente mantidas constantes neste estudo pelas manipulações experimentais. Portanto, nossas descobertas referem-se principalmente aos aspectos de receptividade e oportunidade do conceito mais amplo de justiça do procedimento.

que redistribui a estima (um recurso social) num relacionamento de trocas (Walster, Berscheid, e Walster 1973). Um pedido de desculpa por parte do prestador de serviços comunica gentileza, cortesia, preocupação, esforço e empatia para com os clientes que experimentaram uma falha dos serviços e melhoram suas avaliações do encontro (Hart, Heskett, e Sasser 1990; Kelley, Hoffman, e Davis 1993). Um pedido de desculpa tem implicações para a qualidade de tratamento interpessoal e comunicação durante recuperação dos serviços e foi associado com percepções dos clientes em relação à justiça da interação (Blodgett, Hill, e Tax 1997; Clemmer and Schneider 1996; Goodwin and Ross 1989, 1992; Greenberg 1990).

H4: Um pedido de desculpas terá um efeito positivo sobre as percepções dos clientes em relação à justiça da interação.

**Iniciação da recuperação** A recuperação dos serviços abrange um conjunto muito mais amplo de atividades do que o manejo de uma reclamação porque inclui situações em que ocorre uma falha dos serviços, mas o cliente não registrou uma reclamação. Uma ausência de reclamações em situações de falha dos serviços ocorre quando clientes não conseguem ou não estão dispostos a registrar uma reclamação ou quando não houver a necessidade de uma reclamação iniciada por um cliente porque funcionários de serviço de vanguarda já reconheceram e/ou admitiram a falha. Estudos mostram que 70% a 95% de clientes insatisfeitos não se preocupam em reclamar (Harari 1992). Além disso, recuperações iniciadas numa organização são possíveis em muitas situações de falha dos serviços (por exemplo, quando um mecânico de automóveis percebe que o carro de um cliente não estará pronto quando tinha sido prometido). Uma pesquisa anterior se concentrou apenas naquelas situações de falha/recuperação em que os clientes registraram uma reclamação formal com a organização (Blodgett, Granbois, e Walters 1993; Blodgett, Hill, e Tax 1997; Clark, Kaminski, e Rink 1992; Tax, Brown, e Chandrashekaran 1998). Ao contrário, nós capturamos pessoas que não reclamaram e consideramos a recuperação proativa (iniciada na organização) dos esforços de serviços em vez de meramente de esforços de manejo de reclamação (iniciada pelo cliente). Vários pesquisadores sugeriram que um esforço proativo de recuperações melhoram avaliações pelos clientes do prestador de serviços (Berry 1995; Johnston 1995; Kelley, Hoffman, e Davis 1993; Schweikhart, Strasser, e Kennedy 1993). Quando a organização inicia uma recuperação, as percepções dos clientes em relação à justiça da interação devem ser melhoradas porque é provável que o cliente considere um esforço proativo como um ato de cortesia, uma demonstração de honestidade e simplicidade e uma mostra de compreensão enfática e respeito.

H5: Uma recuperação iniciada pela organização terá um efeito positivo sobre as percepções dos clientes em relação à justiça da interação.

## 20.4 INTERAÇÕES ENTRE CONTEXTO DA FALHA E ATRIBUTOS DE RECUPERAÇÃO

Conforme descrevemos na seção anterior, nós esperamos que cada aspecto da recuperação geral do esforço dos serviços de uma organização influencie uma dimensão específica das percepções de justiça dos clientes. No entanto, nós também esperamos efeitos de interação sobre as avaliações dos clientes. Nesta seção, nós analisamos como o contexto da falha dos serviços, inclusive tanto o tipo quanto a magnitude da falha, afeta o relacionamento entre os atributos de recuperação dos serviços e a justiça percebida.

### Tipo de falha: atributos de recuperação dos serviços

A teoria do intercâmbio dos recursos, os princípios de contabilidade mental e a teoria do prospecto sugerem que a satisfação dos clientes com os encontros da falha/recuperação dos serviços depende da forma pela qual se avalia e classifica os recursos. De acordo com a teoria do intercâmbio dos recursos, as pessoas preferem intercâmbios de recursos "em espécie". A satisfação é maior quando existe um intercâmbio de recursos da mesma categoria ou de categorias diferentes do que quando existe um intercâmbio de recursos de categorias diferentes (Brinberg e Castell 1982; Brinberg and Wood 1983; Foa e Foa 1976, 1980; Foa e Foa 1974; Foa et al. 1993). De acordo com os princípios da contabilidade mental, as pessoas utilizam diversos métodos implícitos para atribuir recursos para contabilidades mentais diferentes (Benartzi e Thaler 1995; Thaler 1985). Nós acreditamos que as pessoas atribuam recursos econômicos e sociais a diferentes contabilidades mentais. A teoria do prospecto também sugere que, numa tomada de decisões individual, os recursos são pesados de maneira diferenciais de acordo com sua utilidade (Kahneman e Tversky 1979).

Todas estas teorias prevêem que os clientes valorizarão mais intercâmbios envolvendo recursos proximais (semelhantes) em vez daquelas que valorizam recursos distais (desiguais). Portanto, nós esperamos que nos encontros de falha/recuperação de serviços, os clientes preferirão receber, em intercâmbio da perda ocorrida, recursos tão grandes quanto o tipo de perda (falha) que eles experimentaram. Porque, como nós acreditamos, os recursos econômicos e sociais são classificados em contabilidades mentais diferentes, eles devem ser recursos distais (diferentes). Portanto, se uma falha dos serviços levar à perda de um recurso econômico, os clientes preferirão receber um recurso econômico como parte do esforço de recuperação. Se uma falha dos serviços levar à perda de um recurso social, eles preferirão receber um recurso social como parte do esforço de recuperação.

Especificamente, nós esperamos efeitos de interação entre o tipo de falha dos serviços e os atributos de recuperação, porque os clientes avaliam os esforços de recuperação de maneira diferente dependendo de se uma falha ocorreu no resultado do serviço (ou seja, o serviço principal) ou o processo de serviço (ou seja, a entrega do serviço). Quando ocorrem falhas de resultado (por exemplo, um quarto de hotel reservado está indisponível por causa de overbooking), os clientes experimentam uma perda econômica. Portanto, as percepções dos clientes em relação à justiça distributiva serão restauradas por atributos de recuperação que sejam recursos econômicos, como compensação (dinheiro). Nós também esperamos que o impacto de um pedido de desculpas (um recurso social) sobre as percepções dos clientes em relação à justiça distributiva seja menor (ou seja, tenham menos utilidade) para falhas de resultado (uma perda econômica), porque os recursos são armazenados em contas mentais separadas. De maneira semelhante, as percepções dos clientes em relação à justiça do procedimento serão restauradas por atributos de recuperação, como velocidade de resposta (tempo). Quando ocorrem falhas no processo (por exemplo, um funcionário de recepção é rude), os clientes experimentam uma perda social. Portanto, as percepções dos clientes em relação à justiça da interação será melhorada por atributos de recuperação, como um pedido de desculpas ou iniciação de recuperação, que comunicam respeito e empatia (recursos sociais) para com o cliente. Nós também esperamos que o impacto da compensação (um recurso econômico) sobre as percepções dos clientes em relação à justiça da interação será menor para falhas de processo (uma perda social), porque os recursos são armazenados em contas separadas. Por exemplo, quando um garçom trata os clientes de maneira rude, eles atribuirão menos valor a um desconto do que a um pedido de desculpas.

Consistente com os princípios de intercâmbio de recursos, nós esperamos que compensação e tempo (velocidade de resposta) serão mais proximais aos recursos econômicos, enquanto pedidos de desculpas e iniciação serão mais proximais aos recursos sociais. Em termos do modelo de Thaler (1985), proximidade é sinônimo de peso maior; portanto, recursos proximais terão um efeito maior do que os recursos distais sobre a justiça percebida. Portanto, nós acreditamos que a justiça percebida será melhorada quando os atributos de recuperação são iguais ao tipo de falha, de tal forma que

> H6a: A compensação terá um efeito (positivo) maior sobre as percepções dos clientes em relação à justiça distributiva quando ocorre a falha de um resultado do que quando ocorre a falha de um processo.
>
> H6b: Uma recuperação rápida terá um efeito (positivo) maior sobre as percepções dos clientes em relação à justiça do procedimento quando ocorre a falha de um resultado do que quando ocorre a falha de um processo.
>
> H6c: Um pedido de desculpas terá uma efeito (positivo) maior sobre as percepções dos clientes em relação à justiça da interação quando ocorre a falha de um processo do que quando ocorre a falha de um resultado.

H6d: Uma recuperação iniciada numa organização terá um efeito (positivo) maior sobre as percepções dos clientes em relação à justiça da interação quando ocorre a falha de um processo do que quando ocorre a falha de um resultado.

## Magnitude de falha e atributos de recuperação dos serviços

De acordo com as teorias de troca social e da igualdade, os relacionamentos de intercâmbio devem ser equilibrados, ou seja, deve haver um intercâmbio de recursos em quantidades equivalentes (Adams 1965; Deutsch 1975; Walster, Berscheid, e Walster 1973; Walster, Walster, e Berscheid 1978). Quando ocorre a falha dos serviços, o relacionamento de intercâmbio se desequilibra. A quantidade da perda percebida pelo cliente depende da magnitude da falha. Para restaurar o equilíbrio, o prestador de serviços deve oferecer ao cliente um ganho de uma quantidade suficiente para cobrir a perda. A satisfação dos clientes dependerá da magnitude da perda percebida e da quantidade de recursos oferecida no esforço de recuperação. Portanto, nós esperamos que os clientes busquem o equilíbrio e, em encontros de falha/recuperação, preferirão receber, em troca pela perda sofrida, recursos em quantidades proporcionais à magnitude da perda (falha) que eles experimentaram.

A teoria do prospecto oferece um insight adicional sobre como os clientes avaliam perdas e ganhos. Esta teoria afirma que as pessoas estão mais sensíveis a diferenças (em relação a um ponto de referência) do que a quantidades absolutas e que elas são mais sensíveis a perdas do que a ganhos (Kahneman e Tversky 1979; Tversky e Kahneman 1992). Na maioria dos encontros de serviços, os clientes não esperam que haja uma falha dos serviços, então o ponto de referência inicial tende a ser "nenhuma falha". Assim, nós acreditamos que os clientes classificarão a falha dos serviços como sendo perdas e darão um peso grande (desproporcional) as falhas nas suas avaliações de encontros de serviços (Berry e Parasuraman 1991).[5]

Os princípios de contabilidade mental sugerem que a falha dos encontros de serviços/recuperação representam perdas misturadas (uma perda maior com um ganho menor), ou seja, a perda com uma falha provavelmente será percebida como sendo maior do que o ganho com uma recuperação. As perdas misturadas são segregadas pelo fato de as perdas e os ganhos serem avaliados separadamente (Thaler 1985). Os encontros dos falhas/recuperação dos serviços também são segregados naturalmente ao longo do tempo porque falha e recuperação ocorrem um após o outro. Portanto, nós acreditamos que as perdas vindas de uma falha e os ganhos obtidos com uma recuperação sejam avaliados separadamente.

---

[5] A literatura sobre a negatividade (por exemplo, Fiske 1980) fornece mais sustentação para a noção de que os clientes ponderarão informações negativas de maneira desproporcionalmente pesada suas percepções de um encontro de falha/recuperação de um serviço.

Como os clientes avaliam as perdas de maneira desproporcional (ou seja, as perdas são mais ameaçadoras do que os ganhos), a perda geralmente será percebida como sendo maior do que o ganho que a organização oferece. Portanto, de maneira consistente com a teoria do prospecto e com princípios de contabilidade mental, nós esperamos que, em encontros de serviços, os clientes segreguem suas avaliações de falha e recuperação e considerem a perda sofrida como resultado de uma falha como sendo maior do que um ganho equivalente recebido na forma de um esforço de recuperação.

Espera-se que os efeitos de interação entre a magnitude da falha dos serviços e os atributos de recuperação ocorram porque os clientes demandam diferentes níveis de recuperação, dependendo da gravidade da falha. Quando ocorre uma falha dos serviços, sua magnitude determinará o nível de recuperação exigido para a restauração da justiça percebida. Os princípios de contabilidade mental e a teoria do prospecto implicam que a recuperação dos serviços será mais eficaz quando a magnitude da falha for baixa do que quando ela for alta. Quando ocorre uma magnitude elevada de falha, o cliente experimenta uma perda y, à qual se atribui um valor $v(-y)$. Ao tentar recuperar, o prestador de serviços oferece ao cliente um ganho x ao qual o cliente atribui um valor $v(x)$. À medida que a magnitude da falha aumenta, o valor absoluto da discrepância entre a perda percebida $v(-y)$ causada pela falha e o ganho percebido $v(x)$ criado pelo esforço de recuperação também aumenta. No entanto, os clientes utilizam uma função de valor não linear para avaliar os resultados, então a discrepância percebida aumenta a uma taxa cada vez menor. Portanto, à medida que a magnitude da falha y aumenta, o valor agregado do esforço de recuperação x é menor e o efeito sobre percepções de justiça dos clientes é menor. Ao contrário, à medida que a magnitude da falha diminui, o efeito de um esforço de recuperação sobre as avaliações dos clientes é maior.

> H7a: Uma compensação terá um efeito (positivo) maior sobre as percepções dos clientes em relação à justiça distributiva quando a magnitude da falha for baixa do que quando ela for alta.
>
> H7b: Uma recuperação rápida terá um efeito (positivo) maior sobre as percepções dos clientes em relação à justiça do procedimento quando a magnitude da falha for baixa do que quando ela for alta.
>
> H7c: Um pedido de desculpas terá um efeito (positivo) maior sobre as percepções dos clientes em relação à justiça da interação quando a magnitude da falha for baixa do que quando ela for alta.

H7d: Uma recuperação iniciada na organização terá um efeito (positivo) maior sobre as percepções dos clientes em relação à justiça da interação quando a magnitude da falha for baixa do que quando ela for alta.

Descrições das variáveis utilizadas na nossa análise, com os rótulos correspondentes, são apresentadas na Tabela 20.1. O conjunto de equações descrevendo os relacionamentos tomados como hipótese é apresentado na Tabela 20.2. Utilizando nosso modelo teórico como base, pressupomos que todos os efeitos potenciais não contabilizados nestas equações são iguais a zero ou muito pequenos. Esta suposição é testada empiricamente, conforme descrevemos a seguir.

**TABELA 20.1**  Lista de variáveis do modelo

| Descrição | Nome | Rótulo |
|---|---|---|
| *Variáveis do previsor (Manipulações)** | | |
| Tipo de falha (onde 0 = processo e 1 = resultado) | TIPO | $X_1$ |
| Magnitude de falha (onde 0 = baixa e 1 = alta) | MAG | $X_2$ |
| Compensação (baixa/média/alta) | CPM | $X_3$ |
|  | CPH | $X_4$ |
| Velocidade de resposta (onde 0 = atrasada e 1 = imediata) | SPEED | $X_5$ |
| Pedidos de desculpas (onde 0 = não oferecido e 1 = oferecido) | APOL | $X_6$ |
| Iniciação de recuperação (onde 0 = cliente e 1 = organização) | INIT | $X_7$ |
| *Variáveis do previsor (medidas)*** | | |
| Desconfirmação | DISC | $X_8$ |
| *Variáveis dependentes* | | |
| Justiça distributiva | DJUST | $Y_1$ |
| Justiça do procedimento | PJUST | $Y_2$ |
| Justiça da interação | IJUST | $Y_3$ |
| Satisfação do encontro de serviço | SESAT | $Y_4$ |

* Variáveis dicotômicas (TYPE, MAG, SPEED, APOL, INIT) eram *dummy*, de forma que o código do nível 1 representasse um nível "mais alto" (no contexto de falha) ou "melhor" (no caso dos atributos de recuperação). A compensação foi codificada usando médio (CPM) e alto (CPH) e a categoria base era baixa (sem compensação).
** O contexto da falha no serviço e os atributos de recuperação do serviço podem influenciar a desconfirmação e, em última análise, a satisfação do cliente. No entanto, a desconfirmação não era o foco deste estudo e, portanto, foi tratada como variável independente no modelo.
Fonte: Smith, Bolton e Wagner (1999).

**TABELA 20.2** Resumo do modelo de equações

| Justiça distributiva |
|---|
| $DJUST = \gamma_{10} + \gamma_{11}TIPO + \gamma_{12}MAG + \gamma_{1,1\times2}TIPO \times MAG + \gamma_{13}CPM + \gamma_{14}CPH + \gamma_{1,1\times3}TIPO \times CPM + \gamma_{1,1\times4}TIPO \times CPH +\ _{1,2\times3}MAG \times CPM + \gamma_{1,2\times4}MAG \times CPH + \epsilon_1.$ |

| Justiça do procedimento |
|---|
| $PJUST = \gamma_{20} + \gamma_{21}TIPO + \gamma_{22}MAG + \gamma_{2,1\times2}TIPO \times MAG + \gamma_{25}SPEED + \gamma_{2,1\times5}TIPO \times SPEED + \gamma_{2,2\times5}MAG \times SPEED + \epsilon_2.$ |

| Justiça da interação |
|---|
| $IJUST = \gamma_{30} + \gamma_{31}TIPO + \gamma_{32}MAG + \gamma_{3,1\times2}TIPO \times MAG + \gamma_{36}APOL + \gamma_{37}INIT + \gamma_{3,1\times6}TIPO \times APOL + \gamma_{3,2\times6}MAG \times APOL\ \gamma_{3,1\times7}TIPO \times INIT + \gamma_{3,2\times7}MAG \times INIT + \epsilon_3.$ |

| Satisfação do encontro de serviços |
|---|
| $SESAT = \gamma_{40} +\ _{\gamma41}TIPO + \gamma_{42}MAG + \gamma_{4,1\times2}TIPO \times MAG + \gamma_{48}DISC + \beta_{41}DJUST + \beta_{42}PJUST + \beta_{43}IJUST + \epsilon_4.$ |

Notas: Por uma questão de conveniência de notação, os parâmetros nas equações modelo ($\gamma$s, $\beta$s) apresentam subscrito ij para combinar com a variável j (Xs, Ys) na equação i. Portanto, $\gamma_{i,j\times k}$ denota o coeficiente da interação de $X_j$ com $X_k$ na equação i. Alguns outros efeitos principais e de interação (veja as Tabelas 5–8), assim como uma série de covariantes (descrita no Apêndice), foram incluídos em cada equação mas, para fins de exposição, não estão listados explicitamente.
Fonte: Smith, Bolton e Wagner (1999).

## 20.5 *DESIGN* DE PESQUISA

Nossa pesquisa utilizou uma experiência de design misto utilizando um método de levantamento. Esta abordagem tornou possível testar relacionamentos causais e incluir uma amostra mais representativa de falha dos serviços e de reações dos clientes do que é possível utilizando designs baseados em recall, como a técnica do incidente crítico.[6] Os clientes avaliaram cenários escritos de falha/recuperação estabelecidos no contexto de organizações de serviço que eles tinham frequentado recentemente. A principal vantagem de se utilizar cenários é que eles eliminam dificuldades associadas com observação ou representação de incidentes de falha/recuperação dos serviços no campo, como a despesa e o tempo envolvido (devido às baixas taxas de incidência, considerações éticas e a falta de desejo pela gerência de impor intencionalmente a falha dos serviços aos clientes). Além disso, a utilização de cenários reduz tendências devido a lapsos de memória, a tendências à racionalização e a fatores de consistência, que são comuns em resultados baseados em relatórios próprios retrospectivos.

---

[6] Isso ocorre porque os clientes tendem a relatar experiências incomumente importantes para eles de alguma forma (ou seja, aquelas que envolvam uma grande despesa de dinheiro ou insatisfação extrema) e porque aqueles que reclamam tendem a não ser representativos da população consumidora total.

## Método de amostragem de estruturas e de coleção de dados

O Estudo 1 foi realizado no contexto de um restaurante e o Estudo 2 foi realizado no contexto de um hotel. Nos dois estudos, as amostras foram compostas de clientes que tinham frequentado a organização de serviço recentemente. A amostra para o Estudo 1 consistiu de 375 estudantes da graduação em administração. Os dados foram coletados utilizando-se questionários preenchidos individualmente em grupos de 20 a 40 assuntos. A amostra para o Estudo 2 consistiu de 602 clientes de uma linha de hotéis de porte médio pertencentes a uma grande cadeia internacional. Uma amostra de probabilidade de 2220 viajantes a negócios foi selecionada a partir da lista de reservas geral de clientes que tinham ficado em um dos seus locais recentemente. Os dados foram coletados utilizando-se questionários enviados pelo correio. Dos 2220 instrumentos enviados pelo correio, 602 questionários foram devolvidos e 203 não puderam ser entregues, produzindo uma taxa de resposta de 29,85%.[7] Enquanto o Estudo 1 foi realizado em várias organizações (restaurantes), o Estudo 2 foi realizado em vários locais de uma única organização (cadeia de hotéis). Além de a pesquisa ser realizada em dois contextos diferentes, este aspecto do design de pesquisa aumentou a validade externa porque os resultados do Estudo 1 poderiam ser generalizados por organizações no mesmo setor. Ela também ofereceu um alto grau de validade interna, porque no Estudo 2 diferenças externas causadas pela heterogeneidade entre organizações no mesmo setor foram controladas.

## Design experimental

A experiência com design misturado envolveu um design 2 × 2 entre assuntos, em que o tipo (resultado versus processo) e a magnitude da falha (alta versus baixa) foram manipulados. Cada participante foi exposto a um dos quatro cenários de falha. Dentro de cada célula de falha, os quatro atributos de recuperação dos serviços (compensação, velocidade de resposta, pedido de desculpa, iniciação de recuperação) foram manipulados utilizando-se um design entre sujeitos, semelhante a uma tarefa conjunta. A tarefa entre sujeitos baseou-se num design do tipo 3 × 2 × 2 × 2 e resultou em 24 perfis de recuperação. Cada sujeito foi exposto a um subconjunto de 8 perfis, com subconjuntos tomados de maneira completamente aleatória pelos sujeitos.

O formato do questionário utilizado nos dois estudos foi idêntico. Os sujeitos começaram ou nomeando um restaurante (Estudo 1) ou identifi-

---

[7] Para o Estudo 1, 355 de 375 e para o Estudo 2, 549 de 602 levantamentos foram considerados utilizáveis para a análise de dados. Nos dois estudos, uma pequena porcentagem de levantamentos foi inutilizável porque os respondedores não seguiram instruções, níveis inaceitáveis da ausência de resposta de algum item ou falta de confiabilidade evidente entre indivíduos em respostas de escala (ou seja, classificações idênticas em todas as perguntas).

cando a localização de um hotel (Estudo 2) visitados nos três meses anteriores. Em seguida, eles responderam uma série de perguntas abertas sobre sua experiência com a organização (por exemplo, data da última visita, frequência de visitas), seguida de uma pequena bateria de perguntas estruturadas sobre sua fidelidade e sua satisfação com a organização. Em seguida, pediu-se que os sujeitos imaginassem uma visita de retorno ao restaurante ou ao hotel e foram apresentados a um encontro de serviço hipotético em que ocorreu uma falha dos serviços.

Após uma tarefa de protocolo verbal em que eles gravaram seus pensamentos e sentimentos sobre o encontro, os sujeitos responderam uma série de medidas relacionadas às suas avaliações da falha dos serviços (uma verificação de manipulação para magnitude de falha, uma medida de satisfação do encontro de serviço após a falha e medidas de atribuição) e sua propensão a reclamarem e/ou saírem. Então os clientes receberam um conjunto de instruções para avaliarem os perfis de recuperação. Depois de cada perfil, eles responderam a medidas de desconfirmação, justiça percebida, satisfação e intenções comportamentais. Finalmente, eles classificaram a importância dos atributos de recuperação, avaliaram o realismo dos cenários de falha e dos perfis de recuperação e forneceram informações demográficas e de classificação.

## Manipulação de fatores e mensuração de variáveis

De acordo com os resultados de um amplo teste previamente realizado, a indisponibilidade do serviço foi escolhido como sendo uma falha de resultado e a negligência do serviço foi escolhido como sendo uma falha de processo representativo. Estes falhas que ocorrem com frequência são aplicáveis ao longo de uma ampla variedade de ambientes de serviços e são altamente passíveis de ação pelos gerentes. Cada tipo de falha foi manipulado em dois níveis, alto e baixo.[8] Os respondentes foram designados de maneira

---

[8] Tanto para restaurantes quanto para hoteis, fizemos um amplo teste prévio para termos certeza que uma falha de processo de magnitude alta e que uma falha de resultado de magnitude alta eram vistas como tendo o mesmo grau de gravidade e que uma falha de processo de magnitude baixa e uma falha de resultado de magnitude baixa eram vistas como tendo o mesmo grau de gravidade, ao mesmo tempo assegurando que as condições de falha de magnitude baixa tinham classificações de gravidade significativamente menores dos que as condições de magnitude alta. Nós realizamos testes de diferença de meios nas verificações de manipulação para a gravidade da falha, que mostraram que não havia nenhuma diferença significativa na gravidade dentro do tipo de falha tanto para restaurantes quanto para hoteis. Os resultados mostraram que os clientes responderam de maneira diferente a falhas de resultado versus a falhas de processo e, portanto, conseguiram distinguir dimensões de resultado e de processo, apesar de não ser importante que os próprios clientes consigam identificar falhas explicitamente como tais.

aleatória para um dos quatro cenários de falha, que aparecem no Apêndice.[9] Os fatores entre os sujeitos (os quatro atributos de recuperação) foram manipulados num formato semelhante a uma tarefa conjunta. A compensação foi variada em três níveis (alta, média, nenhuma), expresso como descontos percentuais. A velocidade de resposta foi manipulada em dois níveis (imediata ou atrasada), assim como os pedidos de desculpas (presentes ou ausentes) e a iniciação de recuperação (pelo funcionário da organização ou pelo cliente). Os perfis de recuperação são descritos no Apêndice.[10]

O Estudo 1 foi realizado num ambiente de grupo controlado em que os sujeitos responderam a diversos itens para cada medida dependente. O Estudo 2 envolveu um levantamento pelo correio de viajantes a negócios. Nós prevemos que a tarefa de mensuração demandaria muito tempo para estes sujeitos, causando assim um efeito adverso na taxa de resposta. Consequentemente, os resultados do Estudo 1 foram utilizados para identificarem um subconjunto de medidas confiáveis e válidas para o Estudo 2. No Estudo 2, cada sistema dependente foi representado por uma medida de um único item ou por um índice criado a partir de uma quantidade menor de medidas (ou seja, de duas a quatro) do que foi utilizada no Estudo 1. Os itens de escala utilizados no Estudo 2 são apresentados na Tabela 20.3.[11] Escalas de mensuração foram adaptadas a partir de estudos anteriores de encontros de serviços, satisfação dos clientes e justiça percebida. Houve

---

[9] Os Estudos 1 e 2 baseiam-se num design de pesquisa idêntico. No entanto, o instrumento de coleta de dados exigiu pequenas modificações nas palavras por causa dos contextos diferentes. Para fins de ilustração, nós mostramos as palavras utilizadas no Estudo 2 (hotéis). As palavras utilizadas no Estudo 1 (restaurantes) está disponível conforme solicitação.

[10] Existe alguma dúvida sobre a presença de efeitos de demanda, especificamente, se os atributos de recuperação deveriam ter sido operacionalizados como "não pediu de desculpa" e "nenhum certificado" ou simplesmente ter ficado ausentes. Nós testamos a presença de efeitos de demanda da seguinte maneira: Se nós retirarmos a condição de desculpa e reestimarmos as equações, os resultados não mudarão, com as mesmas estimativas e os mesmos níveis de significância para todos os outros efeitos principais e de interação. Se nós retirarmos a célula "nenhum certificado" e testarmos com apenas dois níveis de compensação, os resultados não mudarão, com as mesmas estimativas e os mesmos níveis de significância para os outros efeitos principais e de interação inclusive os efeitos de compensação restantes. Portanto, estas análises adicionais indicam que os efeitos de demanda não explicam nossos resultados.

[11] As medidas mostraram altos níveis de confiabilidade e validade convergente e discriminante de acordo com procedimentos convencionais de avaliação (por exemplo, Anderson and Gerbing 1988; Churchill 1979; Peter 1979, 1981). Por exemplo, os alfas de Cronbach variam de 0,88 a 0,93, itens individuais carregam os fatores adequados para os três conceitos de justiça percebida e correlações entre as variáveis representando conceitos diferentes de justiça são muito menores do que as confiabilidades associadas. Este resultado não é surpreendente porque as escalas se baseiam em pesquisa prévia. Informações adicionais sobre a mensuração estão disponíveis sob solicitação.

**TABELA 20.3** Itens de escala para variáveis (Estudo 2)

### Desconfirmação

Escala com sete pontos, ancorada em pontos médios e finais ("Muito Pior do Que o Esperado"/"Como Esperado"/"Muito Melhor do Que o Esperado"). Adaptado a partir de Oliver e Swan (1989a, b).

1. A resposta geral do hotel ao meu problema foi....

### Justiça distributiva

Escala de sete pontos, ancorada em pontos médios e finais ("Discordo Fortemente"/"Nem Discordo Nem Concordo"/"Concordo Fortemente"). Adaptado a partir de Oliver e Swan (1989a, b) e de Tax (1993).

1. O resultado que eu recebi foi justo.
2. Eu não recebi o que eu merecia. (R)
3. Na solução do problema o hotel me deu o que eu precisava.
4. O resultado que eu recebi não foi certo. (R)

### Justiça do procedimento

Escala com sete pontos, ancorada em pontos médios e finais ("Discordo Fortemente"/"Nem Discordo Nem Concordo"/"Concordo Fortemente"). Adaptado a partir de Tax (1993).

1. O tempo que levou para resolver meu problema foi maior do que o necessário. (R)
2. O hotel mostrou flexibilidade adequada ao lidar com meu problema.

### Justiça da interação

Escala com sete pontos, ancorada em pontos médios e finais ("Discordo Fortemente"/"Nem Discordo Nem Concordo"/"Concordo Fortemente"). Adaptado a partir de Tax (1993).

1. Os funcionários se preocuparam de maneira adequada com o meu problema.
2. Os funcionários não se esforçaram de maneira adequada para resolverem meu problema. (R)
3. As comunicações dos funcionários comigo foram adequadas.
4. Os funcionários não me deram a cortesia que eu merecia. (R)

### Satisfação do encontros de serviços

Escala com sete pontos, ancorada em pontos finais ("Muito Insatisfeito"/"Muito Satisfeito"). Adaptado a partir de Bitner e Hubbert (1994) e Oliver e Swan (1989a, b).

1. Pense tanto no problema pelo qual você passou quanto na maneira como o hotel lidou com ele. Como você se sente em relação à organização nesta ocasião específica?

Notas: (R) = codificado ao contrário.
Fonte: Smith, Bolton e Wagner (1999).

pequenas modificações de palavras entre o Estudo 1 e o Estudo 2 para justificar para diferenças nos contextos dos serviços.

## 20.6 PROCEDIMENTO DO MODELO DE ESTIMATIVA

O design experimental misto tinha três características que precisavam ser justificadas no procedimento da estimativa: efeitos de escala, distúrbios heteroscedásticos e diferenças individuais. Como resultado disso, as equações foram estimadas utilizando-se uma regressão ponderada de mínimos quadrados. Os dados atravessaram seções, com cada cliente avaliando um de quatro cenários de falha e 8 de 24 perfis de recuperação. Para justificar o efeito de diferenças individuais na utilização de uma escala e artefatos de mensuração, a média e o coeficiente de variação das classificações de importância de explicação própria para cada cliente foram calculados e utilizados como covariantes em todas as equações.[12] O teste de Glesjer (1969) foi utilizado para testar a heteroscedasticidade de termos de erro devido ao design misto (Johnston 1972). Este teste revelou heteroscedasticidade derivando tanto de cenários de falha quanto de perfis de recuperação, o que indica que mínimos quadrados ponderados foi a técnica adequada de estimativa. Calculamos um peso separado para cada uma das 96 (4 × 24) combinações de cenários de falha e perfis de recuperação ao (1) se estimar regressões de mínimos quadrados para cada uma das equações, (2) se agrupar os resíduos de cada equação pelas 96 combinações de falha/recuperação e (3) se calcular a variância de população para cada grupo. Estes pesos foram utilizados na estimativa final de mínimos quadrados das equações (Greene 1993).

Muitos pesquisadores já sugeriram que as avaliações dos clientes em relação a encontros de serviços poderão ser influenciadas por experiência anterior com a organização, atribuições, atitude em relação à reclamação e características demográficas (por exemplo, Bitner 1990; Folkes 1984; Folkes, Koletsky, e Graham 1987; Richins 1987; Singh 1988, 1990; Tax, Brown, e Chandrashekaran 1998; Zeithaml, Berry, e Parasuraman 1993). Portanto, para justificar diferenças individuais em experiência anterior, atribuições, propensão a falar, propensão a sair, demografia e tipo de instalação, nós incluímos um conjunto de covariantes nas equações para os dois estudos, conforme descrevemos na Tabela 20.4.

## Testes de pressupostos

Nós formulamos a hipótese de que cada uma das três dimensões da justiça percebida é afetada por determinados atributos de recuperação (H2–H5) e interações de mão dupla entre atributos de recuperação e contexto da falha (H6–H7). Pressupõe-se implicitamente que os efeitos que não estejam incluídos nas equações da justiça percebida sejam iguais a zero ou que eles

---

[12] As classificações incluíram quatro medidas de relato próprio, adotadas após a tarefa conjunta, em que os clientes avaliaram a importância de cada um dos quatro atributos de recuperação considerando a falha que eles experimentaram. As medidas foram criadas a partir destas classificações porque as classificações se basearam na mesma escala que as medidas das variáveis dependentes, mas elas não foram variáveis previsoras em nenhuma das equações do modelo.

**TABELA 20.4** Descrição de covariantes

| Estudo 1 Restaurantes | Estudo 2 Hotéis | Descrições de variáveis |
|---|---|---|
| *Efeitos de escala* | | |
| IMPMEAN | IMPMEAN | Média de classificação de importância com explicação própria |
| IMPCVAR | IMPCVAR | Coeficiente de variação de classificação de importância com explicação própria |
| *Experiências anteriores* | | |
| YEARS | YEARS | Número de anos que o respondedor é cliente da organização |
| LOYAL* | LOYAL | Medida de fidelidade relatada pelo próprio cliente (escala com sete pontos) |
| STABLE | STABLE | Atribuição de estabilidade – probabilidade de uma falha semelhante ocorrer de novo |
| WRKPRIOR | CLUB | Predisposição a responder de maneira diferente |
| | | Estudo 1: já trabalhou num restaurante antes (sim = 1, não = 0) |
| | | Estudo 2: membro do clube de viajantes frequentes do hotel (sim = 1, não = 0) |
| n/a | EXPROB | Experiência anterior – já teve problemas com serviço antes neste hotel |
| *Atribuições de capacidade de controle* | | |
| n/a | ATTRIB | Atribuições de capacidade de controle – índice de duas medidas de atribuição relatadas pelo próprio cliente |
| | | (PREVENT é a probabilidade de o hotel poder ter prevenido o problema e CONTROLE é o grau de controle que o hotel tinha sobre o problema) |
| *Propensão a reclamar/sair* | | |
| PROPCOMP | PROPCOMP | Propensão a reclamar – índice de quatro (Estudo 1) ou cinco (Estudo 2) itens |
| PROPEXIT | PROPEXIT | Propensão a sair – único item (Estudo 1) ou índice de dois itens (Estudo 2) |
| *Tipo de instalação* | | |
| RESTIPO | HOTTIPO | Tipo de instalação: o Estudo 1 utilizou o custo médio por pessoa como substituto para o tipo de restaurante (em termo de despesa); o Estudo 2 utilizou uma constante e três variáveis fictícias (HOTAIR, HOTMET e HOTSUB) para representar quatro tipos de hotéis: aeroporto, metrô, suburbano e outro (centro e via expressa) |
| *Demografia* | | |
| SEXO | SEXO | Masculino/Feminino |
| IDADE | IDADE | Idade em anos |

* Para restaurantes, LOYAL foi modelado como sendo LOYAL1 e LOYAL2, onde LOYAL1 representa as classificações de fidelidade relatadas pelos próprios clientes para o grupo de clientes que já tinham visitado o restaurante mencionado e LOYAL2 é uma variável fictícia criada para capturar a mudança média na LOYAL1 associada com o grupo de respondedores que foram orientados a pularem a pergunta sobre fidelidade porque esta era a primeira visita deles ao restaurante mencionado.

Notas: Correlações entre o conjunto de covariantes foram verificadas para assegurar que o ato de acrescentar covariantes às equações não levaria a problemas de colinearidade no modelo. Depois de controlar para efeitos de escala, o conjunto de covariantes representou menos de 8% da variância explicada em cada uma das equações do modelo tanto para restaurantes quanto para hotéis.

Fonte: Smith, Bolton e Wagner (1999).

sejam muito pequenos. Este pressuposto foi testado utilizando-se uma série de modelos de testes F agrupados, em que modelos plenos e reduzidos foram comparados (Neter e Wasserman 1974, p. 88).

Os resultados indicam que para os dois estudos, dois conjuntos de variáveis adicionais deverão ser incluídos em cada uma das equações de justiça percebida. O primeiro conjunto foi composto dos principais efeitos dos "outros" atributos de recuperação (ou seja, os atributos restantes que não foram incluídos especificamente numa determinada hipótese); o segundo conjunto foi composto de interações de mão dupla do(s) atributo(s) de recuperação tomado(s) como hipótese com os outros atributos de recuperação (restantes). (Veja "Outros Efeitos da Interação" nas Tabelas 20.6-20.8.) Os efeitos de todos os grupos de interações de mão dupla e tripla não foram estatisticamente significativos.[13]

Outro pressuposto do modelo é que o desempenho (em termos dos atributos de recuperação) opera apenas de maneira indireta sobre a satisfação através da desconfirmação e da justiça percebida. Este pressuposto foi testado ao se realizar um teste F conjunto de modelo agrupado na equação de satisfação de encontro de serviço que comparou o modelo pleno (ou seja, o modelo incluindo os dois efeitos de desconfirmação e de justiça percebida e os efeitos dos atributos de recuperação) com o modelo reduzido (ou seja, o modelo incluindo apenas os efeitos de desconfirmação e de justiça percebida).

Tanto para restaurantes quanto para hotéis, os resultados dos testes F conjuntos indicaram que os parâmetros adicionados associados aos atributos de recuperação não contribuíram de maneira significativa para a força explicativa do modelo e, portanto, não devem ser incluídos na equação de satisfação de encontro de serviço. Este resultado sustenta o pressuposto de que os efeitos de desempenho de recuperação não influenciam diretamente a satisfação, mas operam apenas indiretamente através da desconfirmação e da justiça percebida.[14]

---

[13] Nas equações de justiça distributiva, alguns outros termos de interação foram significativos ($p < 0,05$) e foram mantidos nas equações do modelo final. Especificamente, dois termos de interação de mão-dupla adicionais foram incluídos na equação DJUST para o estudo de restaurantes e três termos de interação de mão-dupla adicionais foram incluídos na equação DJUST para o estudo de hoteis (veja a Tabela 6).

[14] Como verificação, testes F invertidos foram realizados ao se comparar o modelo pleno com um modelo reduzido, que incluiu apenas os efeitos dos atributos de recuperação, para confirmar que os efeitos de desconfirmação e de justiça percebida contribuíram de maneira significativa para o poder de explicação do modelo. Tanto para restaurantes quanto para hoteis, os resultados destes testes F conjuntos indicaram que estes efeitos foram necessários na equação de satisfação do encontro.

**TABELA 20.5** Resultados do modelo de equação do encontro de serviços

| Variável | Sinal esperado | Restaurantes (estudo 1) Coeficiente não padronizado | Hotéis (estudo 2) Coeficiente não padronizado |
|---|---|---|---|
| *Efeitos tomados como hipótese* | | | |
| TYPE | ? | −0,055 | −0,126*** |
| MAG | − | −0,144*** | −0,096** |
| TYPE × MAG | ? | −0,053 | −0,168*** |
| DISC | + | 0,334*** | 0,301*** |
| DJUST | + | 0,426*** | 0,432*** |
| PJUST | + | 0,029*** | 0,040*** |
| IJUST | + | 0,211*** | 0,179*** |
| | $R^2$ | 0,76 | 0,78 |
| | $R^2$ ajustado | 0,75 | 0,77 |
| | Estatística-$F_{\text{(graus de liberdade)}}$ | $447,25_{(19,2734)}$ | $613,70_{(22,3916)}$ |
| | Valor $p$ | 0,0001 | 0,0001 |

\* $p < 0,10$
\*\* $p < 0,05$
\*\*\* $p < 0,01$
Notas: Teste bicaudal.
Fonte: Smith, Bolton e Wagner (1999).

## 20.7 RESULTADOS

Os resultados para os Estudos 1 e 2 aparecem nas Tabelas 20.5-20.8. A maioria dos relacionamentos propostos é sustentada tanto no contexto do restaurante quanto no do hotel. A adequação geral do modelo é boa, considerando-se que as equações foram estimadas com dados de vários setores resultantes de uma experiência de design misto e que eles foram coletados, em parte, num ambiente de campo. Os valores R2 para as equações de satisfação de encontro dos serviços (veja a Tabela 20.5) são de 0,76 para restaurantes e de 0,78 para hotéis e os valores de R2 para as equações de justiça percebida (veja as Tabelas 20.6-20.8) variam de 0,39 a 0,44 para restaurantes e de 0,44 a 0,48 para hotéis (p < 0,0001 para todos).

Ao longo dos dois estudos, os padrões dos coeficientes da regressão são consistentes com a especificação do modelo. O modelo indica que o nível de satisfação dos clientes depois de uma falha dos serviços depende tanto do tipo quanto da magnitude da falha que eles experimentam. Nós testamos esta previsão ao compararmos médias de grupo baseadas nos julgamentos de satisfação dos clientes depois da falha dos serviços, mas antes da recuperação. Tanto para restaurantes quanto para hotéis, os clientes que experimentaram falhas de processo ficaram mais insatisfeitos do que aqueles que experimentaram falhas de resultado e os clientes que expe-

**TABELA 20.6** Resultados do modelo de equação da justiça distributiva

| Variável | Sinal esperado | Restaurantes (estudo 1) Coeficiente não padronizado | Hotéis (estudo 2) Coeficiente não padronizado |
|---|---|---|---|
| *Efeitos tomados como hipótese* | | | |
| TYPE | ? | −0,292*** | 0,026 |
| MAG | − | −0,195* | 0,095 |
| TYPE × MAG | ? | −0,013 | −0,586*** |
| CPM | + | 1,220*** | 1,350*** |
| CPH | + | 1,919*** | 2,040*** |
| TYPE × CPM | + | 0,501*** | −0,002 |
| TYPE × CPH | + | 0,385*** | 0,177 |
| MAH × CPM | − | 0,187 | −0,518*** |
| MAG × CPH | − | 0,348*** | −0,096 |
| *Outros efeitos principais* | | | |
| SPEED | + | 0,504*** | 0,433*** |
| APOL | + | 1,520*** | 1,333*** |
| INIT | + | 0,728*** | 0,295*** |
| *Outros efeitos de interação* | | | |
| TYPE × SPEED | ? | n/a | −0,191** |
| TYPE × APOL | ? | n/a | −0,654*** |
| SPEED × CPM | ? | n.s. | 0,186* |
| SPEED × CPH | ? | n.s. | n.s. |
| APOL × CPM | ? | n.s. | 0,324 |
| APOL × CPH | ? | −0,243** | 0,446*** |
| INIT × CPM | ? | n.s. | n.s. |
| INIT × CPH | ? | n.s. | n.s. |
| SPEED × APOL | ? | 0,314*** | 0,426*** |
| INIT × APOL | ? | −0,253*** | n/a |
| | $R^2$ | 0,44 | 0,48 |
| | $R^2$ ajustado | 0,43 | 0,47 |
| | Estatística-$F_{(graus\ de\ liberdade)}$ | 65,69 (32,2721) | 102,80 (36,4088) |
| | Valor $p$ | 0,0001 | 0,0001 |

\* $p < 0,10$
\*\* $p < 0,05$
\*\*\* $p < 0,01$
Notas: Testes bicaudal n/a = não aplicável; n.s. = não significativo.
Fonte: Smith, Bolton e Wagner (1999).

**TABELA 20.7** Resultados do modelo de equação da justiça do procedimento

| Variável | Sinal esperado | Restaurantes (estudo 1) Coeficiente não padronizado | Hotéis (estudo 2) Coeficiente não padronizado |
|---|---|---|---|
| *Efeitos tomados como hipótese* | | | |
| TYPE | ? | 0,065 | 0,018 |
| MAG | – | 0,164 | 0,372*** |
| TYPE × MAG | ? | 0,093 | –0,488*** |
| SPEED | + | 2,253*** | 2,654*** |
| TYPE × SPEED | + | 0,103 | 0,389*** |
| MAG × SPEED | – | –0,208* | –0,504*** |
| *Outros efeitos principais* | | | |
| CPM | + | 0,696*** | n.s. |
| CPH | + | 0,868*** | 0,475*** |
| APOL | + | 0,642*** | 0,189*** |
| INIT | + | 0,532*** | 0,285*** |
| *Outros efeitos de interação* | | | |
| SPEED × CPM | ? | 0,300** | 0,299** |
| SPEED × CPH | ? | 0,482*** | 0,417*** |
| SPEED × APOL | ? | 0,452*** | 0,478*** |
| INIT × SPEED | ? | n.s. | n.s. |
| | $R^2$ | 0,39 | 0,44 |
| | $R^2$ ajustado | 0,38 | 0,43 |
| | Estatística-$F_{\text{(graus de liberdade)}}$ | 66,64 $_{(26.2727)}$ | 110,22 $_{(29.4105)}$ |
| | Valor $p$ | 0,0001 | 0,0001 |

\* $p < 0,10$
\*\* $p < 0,05$
\*\*\* $p < 0,01$
Notas: Testes bicaudal. n.s. = não significativo.
Fonte: Smith, Bolton e Wagner (1999).

**TABELA 20.8** Resultados do modelo de equação da justiça da interação

| Variável | Sinal esperado | Restaurantes (estudo 1) Coeficiente não padronizado | Hotéis (estudo 2) Coeficiente não padronizado |
|---|---|---|---|
| *Efeitos tomados como hipótese* | | | |
| TYPE | ? | 0,345*** | 0,222** |
| MAG | − | −0,001 | 0,002 |
| TYPE × MAG | ? | −0,027 | −0,419*** |
| APOL | + | 1,379*** | 1,360*** |
| INIT | + | 0,765*** | 0,491*** |
| TYPE × APOL | − | −0,127 | −0,421*** |
| TYPE × INIT | − | 0,148 | −1,138 |
| MAG × APOL | − | −0,134 | 0,070 |
| MAG × INIT | − | 0,052 | 0,054 |
| *Outros efeitos principais* | | | |
| CPM | + | 0,941*** | 0,767*** |
| CPH | + | 1,137*** | 1,013*** |
| SPEED | + | 0,641*** | 0,405*** |
| *Outros efeitos de interação* | | | |
| INIT × CPM | ? | n.s. | n.s. |
| INIT × CPH | ? | −0,131*** | n.s. |
| INIT × SPEED | ? | n.s. | n.s. |
| INIT × APOL | ? | n.s. | n.s. |
| APOL × CPM | ? | n.s. | 0,329*** |
| APOL × CPH | ? | 0,287** | 0,646 |
| SPEED × APOL | ? | 0,435*** | 1,035*** |
| | $R^2$ | 0,39 | 0,47 |
| | $R^2$ ajustado | 0,39 | 0,47 |
| | Estatística-$F_{\text{(graus de liberdade)}}$ | 57,26 $_{(31,2722)}$ | 1,07,34 $_{(34,4071)}$ |
| | Valor *p* | 0,0001 | 0,0001 |

\* $p < 0,10$
\*\* $p < 0,05$
\*\*\* $p < 0,01$
Notas: Testes bicaudais n.s. = não significativo.
Fonte: Smith, Bolton e Wagner (1999).

**TABELA 20.9** Resumo dos resultados dos teste de hipóteses

| Teste | | | Restaurantes | Hotéis |
|---|---|---|---|---|
| $H_1$ | A satisfação com o encontro de serviços (SESAT) se relaciona positivamente com percepções de | $\beta_{41} > 0$ | Sustentado | Sustentado |
| | a) justiça distributiva (DJUST). | $\beta_{42} > 0$ | Sustentado | Sustentado |
| | b) justiça do procedimento (PJUST). | $\beta_{43} > 0$ | Sustentado | Sustentado |
| | c) justiça da interação (IJUST). | | | |
| $H_2$ | A compensação (CPM/CPH) terá um efeito positivo sobre percepções de justiça distributiva (DJUST).*,** | | Sustentado | Sustentado |
| | $\gamma_{13} > 0, \gamma_{14} > 0, \gamma_{13} + \gamma_{1,1 \times 3} > 0, \gamma_{14} + \gamma_{1,1 \times 4} > 0,$ $\gamma_{13} + \gamma_{1,2 \times 3} > 0,$ e $\gamma_{14} + \gamma_{1,2 \times 4} > 0$ | | | |
| $H_3$ | Uma recuperação rápida (SPEED) terá um efeito positivo sobre percepções de justiça do procedimento (PJUST).* | | Sustentado | Sustentado |
| | $\gamma_{25} > 0, \gamma_{25} + \gamma_{2,1 \times 5} > 0,$ e $\gamma_{25} + \gamma_{2,2 \times 5} > 0$ | | | |
| $H_4$ | Um pedido de desculpas (APOL) terá um efeito positivo sobre percepções de justiça da interação (IJUST).* | | Sustentado | Sustentado |
| | $\gamma_{36} > 0, \gamma_{36} + \gamma_{3,1 \times 6} > 0,$ e $\gamma_{36} + \gamma_{3,2 \times 6} > 0$ | | | |
| $H_5$ | Uma recuperação iniciada pela organização (INIT) terá um efeito positivo sobre a justiça da interação (IJUST).* | | Sustentado | Sustentado |
| | $\gamma_{37} > 0, \gamma_{37} + \gamma_{3,1 \times 7} > 0,$ e $\gamma_{37} + \gamma_{3,2 \times 7} > 0$ | | | |
| $H_{6a}$ | A compensação terá um efeito maior sobre a justiça distributiva (DJUST) quando ocorrer uma falha de resultado.*,** | | Sustentado | Sustentado |
| | $\gamma_{1,1 \times 3} > 0,$ and $\gamma_{1,1 \times 4} > 0$ | | | |
| $H_{6b}$ | Uma recuperação rápida terá um efeito maior sobre a justiça do procedimento (PJUST) quando ocorrer uma falha de resultado. | | Não sustentado | Sustentado |
| | $\gamma_{2,1 \times 5} > 0$ | | | |
| $H_{6c}$ | Um pedido de desculpas terá um efeito maior sobre a justiça da interação (IJUST) quando ocorrer uma falha de processo. | | Não sustentado | Sustentado |
| | $\gamma_{3,1 \times 6} < 0$ | | | |
| $H_{6d}$ | Uma recuperação iniciada pela organização terá um efeito maior sobre a justiça da interação (IJUST) quando ocorrer uma falha de processo. | | Não sustentado | Sustentado |
| | $\gamma_{3,1 \times 7} < 0$ | | | |
| $H_{7a}$ | A compensação terá um efeito maior sobre a justiça distributiva (DJUST) quando a magnitude da falha for baixa.*,** | | Invertido | Sustentado |
| | $\gamma_{1,2 \times 3} < 0,$ e $\gamma_{1,2 \times 4} < 0$ | | | |
| $H_{7b}$ | Uma recuperação rápida terá um efeito maior sobre a justiça do procedimento (PJUST) quando a magnitude da falha for baixa. | | Sustentado | Sustentado |
| | $\gamma_{2,2 \times 5} < 0$ | | | |

**TABELA 20.9** Resumo dos resultados dos teste de hipóteses (*continuação*)

| Teste | | Restaurantes | Hotéis |
|---|---|---|---|
| $H_{7c}$ | Um pedido de desculpas terá um efeito maior sobre a justiça da interação (IJUST) quando a magnitude da falha for baixa. $\gamma_{3,2 \times 6} < 0$ | Não sustentado | Não sustentado |
| $H_{7d}$ | Uma recuperação iniciada pela organização terá um efeito maior sobre a justiça da interação (IJUST) quando a magnitude da falha for baixa. $\gamma_{3,2 \times 7} < 0$ | Não sustentado | Não sustentado |

\* Os testes destas hipóteses representam testes F conjuntos das condições associadas.
\*\* Os testes destas hipóteses representam o caso mais geral em que os efeitos dos dois níveis de compensação (CPM e CPH) são diferentes de zero. Os efeitos da CPH em comparação com a CPM também foram testados.
Notas: Sustentado: $p < 0,01$ baseado nos resultados no teste F associado para uma cauda para hipóteses conjuntas ou teste T com duas caudas para coeficientes individuais de equação de regressão. Exceções: H7b é sustentado em $p < 0,10$ para restaurantes e H6a e H6d são fracamente sustentados para hotéis em $p= 0,16$ e $p= 0,11$, respectivamente, conforme discutimos na seção "Resultados". Não sustentado: $p > 0,01$ baseado nos resultados do teste F com uma cauda associada para hipóteses conjuntas ou teste T com duas caudas para coeficientes individuais de equação de regressão. Invertido: $p < 0,01$ baseado nos resultados do teste F com uma cauda associada para hipóteses conjuntas ou teste T com duas pontas para coeficientes individuais de equação de regressão; no entanto, o sinal da estatística do teste não estava na direção que tomamos como hipótese.
Fonte: Smith, Bolton e Wagner (1999).

rimentaram falhas com magnitude alta ficaram mais insatisfeitos do que aqueles que experimentaram falhas com magnitude baixa.[15] Finalmente, nós testamos as hipóteses ao avaliarmos a relevância estatística dos coeficientes de regressão parcial nas equações.[16] Na Tabela 20.9, nós mostramos o(s) coeficiente(s) específico(s) envolvido(s) no teste de cada hipótese e apresentamos um resumo dos resultados.

---

[15] Os resultados dos testes de comparação dos meios foram os seguintes: ×XOUT/PRO = 2,87/2,35, F(1.353) = 13,61, $p < 0,001$ e ×XHIGH/LOW = 2,23/2,98, F(1.353) = 29,43, $p < 0,0001$ para restaurantes; × XOUT/PRO = 2,33/2,01, F(1.547) = 7,14, $p < 0,01$ e ×XHIGH/LOW = 1,68/2,69, F(1.547) = 78,78, $p < 0,0001$ para hoteis.

[16] Existe alguma dúvida se os efeitos dos atributos de recuperação se devem à variação entre sujeitos. O estudo utiliza um design misto em que os respondedores vêem apenas uma de quatro condições de falha possíveis e depois 8 (atribuídas aleatoriamente) de 24 combinações de recuperação possíveis. Portanto, a variação entre sujeitos não é predominante e não justifica os nossos resultados. Nós podemos demonstrar esta característica da seguinte maneira: Nós estimamos as mesmas equações utilizando apenas o primeiro perfil (ou seja, combinação de recuperação) de cada respondedor. Os efeitos tomados como hipótese dos atributos de recuperação ainda são estatisticamente significativos em $p < 0,001$, apesar do tamanho bem menor da amostra. Em outras palavras, os efeitos de atributos de recuperação são altamente significativos estatisticamente quando nós estimamos o modelo com dados que variam apenas entre sujeitos. Este resultado é especialmente forte considerando-se que o modelo justifica diferenças individuais com um amplo conjunto de covariantes.

## A influência da justiça percebida sobre a satisfação do encontro do serviço

Os resultados dos testes de H1a–H1c demonstram que tanto para os restaurantes quanto para os hotéis, percepções positivas das justiças distributiva, de procedimentos e de interação melhoram de maneira significativa a satisfação dos clientes. Conforme nós esperamos, a desconfirmação também tem uma influência positiva e complementar sobre a satisfação. Tomadas em conjunto, as três dimensões da justiça percebida são responsáveis por mais de 60% da variância explicada na satisfação do encontro dos serviços tanto para restaurantes quanto para hotéis. Este resultado é consistente com a descoberta de Oliver e Swan (1989a, b) de que a desconfirmação complementa a justiça na previsão de satisfação dos clientes, mas é o menos importante dos dois determinantes. Na nossa pesquisa, a justiça distributiva é responsável por uma porcentagem relativamente grande do efeito geral da justiça percebida sobre a satisfação. Esta descoberta é consistente com uma pesquisa anterior sobre troca social que sugere que a justiça distributiva possa ter uma influência mais forte sobre a satisfação dos clientes porque é mais fácil para os clientes terem acesso a informações sobre resultados do que sobre procedimentos ou interações (Leventhal 1980).[17]

## Os efeitos de atributos de recuperação sobre a justiça percebida

H2–H5 abordam os efeitos dos atributos de recuperação dos serviços em cada uma das três dimensões de justiça percebida.[18] Para testar estas hipóteses, cada equação de justiça percebida foi comparada com um modelo restrito determinado pelo conjunto de condições (veja a Tabela 20.9) necessárias para sustentar a hipótese. Então realizou-se um teste F para avaliar o efeito único do atributo de recuperação associado. Percepções de justiça distributiva são afetadas positivamente (e fortemente) pela compensação, sustentando, assim, H2. De maneira semelhante, percepções de

---

[17] Diferentemente do que ocorreu numa pesquisa anterior, Tax, Brown, and Chandrashekaran (1998) descobriram que o efeito de uma justiça de interação é relativamente maior em magnitude do que o efeito da justiça distributiva ou de procedimento. Eles também descobriram que interações entre os três conceitos de justiça influenciam a satisfação com o manejo de reclamações. Existem duas razões importantes para os seus resultados serem diferentes deste e de outros estudos: (1) Sua variável dependente é definida de maneira estreita como satisfação com o manejo de reclamações e (2) Eles não controlam para desconfirmação e determinadas outras covariantes (por exemplo, atribuições).

[18] Como os atributos de recuperação foram codificados como 0/1, seus tamanhos de efeito relativos são representados pelos coeficientes de regressão não padronizados mostrados nas Tabelas 5–8.

justiça do procedimento são maiores quando a recuperação é rápida (H3) e percepções de justiça da interação são maiores quando a recuperação inclui um pedido de desculpas (H4) e é iniciada pela organização (H5). Estes efeitos ocorrem independentemente do contexto da falha e são sustentados tanto para restaurantes quanto para hotéis.

## Os efeitos moderadores do tipo de falha

H6a–H6d prevê que o tamanho do impacto de cada atributo de recuperação sobre as percepções de justiça dos clientes serão diferentes dependendo do tipo de falha experimentado. Em H6a, nós formulamos a hipótese de que a compensação terá um efeito maior sobre percepções de justiça distributiva quando ocorrer a falha de um resultado do que quando ocorrer a falha de um processo. H6a é sustentado no contexto do restaurante e fracamente sustentada ($p = 0{,}16$) no contexto do hotel. H6b–H6d são sustentados no contexto do hotel, mas não do restaurante. Os resultados mostram que, no contexto do hotel, uma recuperação rápida tem um efeito maior sobre a justiça do procedimento depois da falha de um resultado (H6b), enquanto tanto um pedido de desculpas quanto uma recuperação iniciada pela organização têm um efeito maior sobre a justiça da interação depois da falha de um processo (H6c–H6d). No entanto, o efeito de uma recuperação iniciada pela organização é fracamente sustentada ($p = 0{,}11$).

## Os efeitos moderadores da magnitude da falha

H7a–H7d prevê que o atributo de recuperação terá um efeito maior sobre a justiça percebida quando a magnitude da falha for baixa. No contexto do hotel, tanto H7a (compensação) quanto H7b (velocidade de resposta) são sustentadas. No contexto do restaurante, os efeitos de interação envolvendo compensação e velocidade de resposta também são significativos. No entanto, para a compensação, os sinais dos coeficientes de regressão não estão no sentido esperado (ou seja, a compensação terá um efeito menor sobre percepções de justiça distributiva quando a magnitude da falha for baixa). Testes adicionais foram realizados para comparar os tamanhos dos efeitos de interação com níveis altos *versus* moderados de compensação (veja a Tabela 20.9, nota b). No contexto do hotel, a diferença é significativa. Quando a magnitude da falha for baixa, o efeito relativo de um nível moderado de compensação sobre percepções de justiça distributiva será maior do que o efeito de um nível alto de compensação. No contexto do restaurante, não se observa nenhuma diferença. Nos dois contextos, H7c e H7d não são sustentados, o que sugere que os efeitos de um pedido de desculpa ou uma recuperação iniciada pela organização sobre as percepções de justiça da interação dos clientes poderão não ser diferentes com base na magnitude da falha que ocorrer.

Nós encontramos sustentação para oito dos 16 efeitos de interação tomados como hipótese ao longo dos dois estudos. Além disso, nosso modelo teórico prevê que todos os efeitos de interação que não foram tomados como hipótese entre contexto da falha e atributos de recuperação serão zero ou muito pequenos. Nossos resultados mostram que apenas dois de 32 (menos de 7%) efeitos de interação que não foram tomados como hipótese eram significativos ao longo dos dois estudos. Portanto, os efeitos de interação estavam presentes de maneira preponderante quando nós formulamos a hipótese de que eles seriam encontrados e incrivelmente ausentes quando nosso modelo teórico sugeria que eles não seriam encontrados. Estes resultados proporcionam forte sustentação para o nosso modelo.

## 20.8 DISCUSSÕES E IMPLICAÇÕES

O primeiro objetivo desta pesquisa foi desenvolver um modelo abrangente de satisfação dos clientes com encontros de falha/recuperação de serviços, com base num sistema de intercâmbio. O modelo proposto expande substancialmente nossa compreensão dos princípios teóricos que explicam as respostas dos clientes às experiências de falha/recuperação de serviços e os modelos de relacionamentos são robustos ao longo de dois contextos de serviços. Um segundo objetivo foi determinar os efeitos de antecedentes específicos de falha/recuperação nas avaliações dos clientes. Os resultados dos testes de hipótese fornecem uma forte sustentação para os efeitos de atributos de recuperação dos serviços sobre as percepções dos clientes em relação à justiça e para os efeitos da justiça percebida sobre a satisfação. O terceiro objetivo foi fornecer diretrizes gerenciais para responder aos clientes de maneira eficaz ao se estabelecer o ajuste adequado entre uma falha dos serviços e o esforço de recuperação.

### Satisfação do encontro de serviço e justiça percebida

Os resultados desta pesquisa sugerem que a falha em incluir a influência das justiças distributiva, de procedimento e de interação poderá levar a conclusões inadequadas e limitar o poder de explicação de modelos de satisfação dos clientes com encontros de serviços. Os resultados também implicam que, ao gerenciarem os relacionamentos com os clientes, as organizações devem considerar percepções de justiça, especialmente depois que ocorre a falha dos serviços.

A maioria dos levantamentos setoriais não inclui perguntas sobre equidade ou justiça. Em vez disso, o enfoque permanece na desconfirmação, um conceito que tem praticamente definido a pesquisa sobre a satisfação dos clientes e sobre a qualidade dos serviços em organizações. Nossos resultados sugerem que para compreender melhor a satisfação dos clientes, os gerentes devem fazer um levantamento com os clientes tanto sobre a desconfirmação de expectativas quanto sobre suas percepções de justiça.

## Satisfação com o encontro de serviços e contexto da falha

Ao tentarem se recuperar de uma falha dos serviços, as organizações devem levar em consideração tanto o tipo quanto a magnitude da falha. Nos dois contextos de serviços, os clientes ficaram menos satisfeitos depois de uma falha de processo do que depois de uma falha de resultado. Isto sugere que, em encontros de serviços pessoais, falhas de processo (como negligência durante a prestação do serviço), que são diretamente atribuíveis ao comportamento de funcionários da linha de frente, podem desviar mais da satisfação do que falhas de resultados (como a indisponibilidade do serviço), que resultam de eventos de bastidores.

No entanto, a maioria das organizações rastreia e mede o desempenho do serviço ao cliente de acordo com as dimensões de resultado (Germain e Cooper 1990), apesar de a maioria dos clientes citar dimensões de processo quando perguntados sobre seus critérios para avaliarem encontros de serviços (Bitner, Booms, e Tetreault 1990; Keaveney 1995).

## Justiça percebida e atributos de recuperação dos serviços

Os atributos de recuperação parecem afetar os três tipos de justiça de maneiras diferentes, de tal forma que um atributo de recuperação tenha o maior impacto quando combinar com o tipo de justiça. Apesar de todos os atributos de recuperação terem algum efeito sobre cada tipo de justiça percebida, a porcentagem da variância total explicada pelo atributo de recuperação combinado costuma ser pelo menos o dobro da quantidade explicada por todos os outros atributos juntos. Além disso, apesar da presença de outros efeitos significativos a partir de interações entre atributos de recuperação, assim como efeitos devido a variáveis de diferença individual (representadas pelo conjunto de covariantes), os efeitos dos atributos de recuperação dominam o modelo de equações em termos de poder de explicação.

Por exemplo, a compensação tem o maior efeito sobre as percepções de justiça distributiva, enquanto um pedido de desculpa tem o maior efeito sobre as percepções de justiça da interação. Estes resultados sugerem que os gerentes podem ver a recuperação dos serviços como um conjunto de recursos, em que cada recurso tenha um efeito proporcional diferente sobre as avaliações dos clientes em relação às três dimensões de justiça. Portanto, para melhorar as percepções de equidade, as organizações devem talhar seus esforços de recuperação dos serviços ao se concentrarem naqueles recursos que tenham o maior impacto positivo sobre as respostas dos clientes.

## Justiça percebida e efeitos moderadores do tipo de falha

Os resultados mostram que o efeito de atributos de recuperação dos serviços sobre as percepções dos clientes em relação à justiça é diferente de acordo com o tipo de falha experimentado. Uma vez que os clientes atribuem um valor maior aos esforços de recuperação que abordam especificamente a perda sofrida devido à falha dos serviços, as organizações podem melhorar as avaliações dos clientes quando elas respondem em espécie com recursos que correspondem ao tipo de falha.

Por exemplo, os resultados indicam que os clientes atribuem um valor de equidade maior à compensação e à ação rápida quando eles experimentam falhas de resultado. Em contraste, o retorno marginal sobre um pedido de desculpa ou uma resposta proativa é maior quando eles experimentam falhas de processo. Uma implicação desta descoberta é que, no caso de falhas de processo, determinadas ações sem custos, como iniciar uma recuperação e fornecer um pedido de desculpa imediato, podem servir para restaurar as percepções dos clientes em relação à justiça (e, em último caso, satisfação) até o ponto em que a compensação monetária adicional passe a ser supérflua.

## Justiça percebida e efeitos moderadores de magnitude da falha

No contexto do hotel, os resultados mostram que tanto a compensação quanto uma resposta rápida terão um impacto adicional maior sobre as avaliações dos clientes em relação à justiça quando a falha for menos grave. O valor agregado destes recursos de recuperação é reduzido à medida que a perda dos clientes aumenta (ou seja, a magnitude da falha aumenta). Este resultado fornece *insight* sobre como os clientes valorizam os esforços de recuperação, que podem ajudar as organizações a avaliarem se elas estão compensando excessivamente os clientes de maneira desnecessária. Por exemplo, em condições de baixa magnitude de falha, ocorre uma redução do efeito para a compensação (para níveis moderados versus altos), que sugere que, em determinadas circunstâncias, as organizações possam receber retornos marginais cada vez menores em termos de avaliações cada vez melhores dos clientes.

No contexto do restaurante, a compensação terá um impacto maior sobre as percepções dos clientes em relação à justiça quando a falha for mais grave. Austin e Walster (1974) desenvolveram uma proposição para uma teoria da equidade que sugere que consumidores que forem excessivamente recompensados poderão ficar menos satisfeitos do que aqueles que receberem recompensas justas, porque eles sentirão angústia e culpa sobre a injustiça do intercâmbio. Portanto, é plausível que quando os clientes de um restaurante recebem uma compensação (na forma de um desconto) por uma falha de magnitude baixa, o impacto positivo sobre suas percepções de justiça seja atenuado porque eles ficarão desconfortáveis com a sua recompensa. No entanto, quando a magnitude da falha for alta, eles não acreditarão que o ganho seja injusto e, portanto, a compensação terá um impacto maior sobre suas percepções de justiça.[19] Isto sugere que, em alguns casos, o relacionamento entre as avaliações dos clientes e um atributo de recuperação poderá ser representado por um padrão curvilíneo (U invertido).

Tanto no contexto do restaurante quanto do hotel, nem o efeito de um pedido de desculpa nem o de uma iniciação de recuperação foi diferente em função da magnitude da falha. Uma explicação possível para isso é que a função de valor de um cliente para recursos sociais (por exemplo, status, estima) pode ser diferente daquela para recursos econômicos (por exemplo, dinheiro, tempo). Outra explicação pode ser que, ao se manipular apenas dois níveis de magnitude da falha (alta e baixa), não se capturou a parte da função de valor de um cliente em que se poderia detectar um efeito moderador da magnitude da falha.

## 20.9 CONCLUSÃO

Melhorias ao modelo abrangente poderiam incluir ampliar o âmbito do contexto da falha dos serviços para incluir mais tipos e níveis de gravidade.

---

[19] Este padrão de efeitos pode ter sido melhorado porque quase a metade dos sujeitos no Estudo 1 tinham experiência trabalhando em restaurantes. Portanto, eles poderão ter tido mais empatia nas suas avaliações do que pessoas em viagens de negócios no contexto de um hotel. Além disso, as respostas dos estudantes à compensação monetária pode ser mais elástica do que as respostas de pessoas em viagens de negócios por causa de diferenças nas suas posições financeiras.

Classificar falhas de acordo com a maneira pela qual elas se relacionam com resultados, procedimentos ou interações pode ser especialmente útil. Outra possibilidade pode ser manipular a falha dos serviços de acordo com atribuições, especialmente *locus* (se a falha ocorrer por culpa da organização ou do cliente) e capacidade de controle (se a organização poderia ter evitado a falha ou se ela estava além do seu controle). Outros atributos de recuperação dos serviços, como a explicação e diferentes formas de compensação (por exemplo, vinculada com retorno de frequência), também podem ser adicionados ao modelo.

Existem várias oportunidades para mais pesquisas. Seria interessante testar o papel das dimensões da justiça nas avaliações que os clientes fazem de encontros de serviços que não envolvam falha ou recuperação. Os relacionamentos no modelo também podem ser comparados ao longo de diversos grupos de clientes e outros ambientes setoriais. Os clientes podem não ser homogêneos nas suas tendências de respostas no que diz respeito aos encontros de falhas/recuperação dos serviços e a importância relativa das justiças distributiva, de procedimento e de interação poderá depender da natureza do serviço e do relacionamento do cliente com a organização. Uma abordagem conjunta como a que foi utilizada nesta pesquisa permite que os gerentes estudem as respostas dos clientes a esforços específicos de recuperação. Esta abordagem permite que as organizações planejem recuperações de serviço de uma forma tradicionalmente reservada para o design de produtos, ou seja, agrupando atributos e explorando diversas combinações para encontrar as "melhores" soluções (ou seja, as mais gratificantes) para os clientes.

Em resumo, os resultados desta pesquisa fornecem às organizações diretrizes para desenvolverem procedimentos de recuperação dos serviços que melhorem o serviço ao cliente e os relacionamentos com o cliente. Estas diretrizes podem ser utilizadas para colocar em prática sistemas de entrega que incluam provisões para esforços adequados de recuperação, alocar recursos de recuperação para maximizar os retornos em termos de satisfação e treinar os funcionários para que eles reconheçam falhas e reduzam seus efeitos sobre os clientes.

## 20.10 APÊNDICE

### Cenários de falha dos serviços para o Estudo 1 (Restaurantes)

**Falha de resultado/magnitude baixa** Serviço Indisponível. Você e outra pessoa vão ao restaurante jantar para comemorar uma ocasião especial. Você está sentado na sua mesa. O garçom vem anotar o seu pedido. Você faz o pedido. O garçom lhe informa que o restaurante está sem a entrada que você selecionou.

**Falha de resultado/magnitude alta**  Serviço Indisponível. Você e outra pessoa vão ao restaurante jantar para comemorar uma ocasião especial. Você está sentado na sua mesa. O garçom vem anotar o seu pedido. Você faz o pedido. O garçom lhe informa que o restaurante está sem a entrada que você selecionou. Você seleciona outra coisa. O garçom informa que o restaurante também está sem sua segunda escolha de entrada.

**Falha de processo/magnitude baixa**  Negligência na prestação do Serviço. Você e outra pessoa vão ao restaurante jantar para comemorar uma ocasião especial. Você está sentado na sua mesa. O garçom vem anotar o seu pedido. Você faz o pedido. O garçom traz suas bebidas e entradas e sai sem perguntar se você precisa de mais alguma coisa. Ele não completa suas bebidas enquanto você está comendo.

**Falha de processo/magnitude alta**  Negligência na prestação do Serviço. Você e outra pessoa vão ao restaurante jantar para comemorar uma ocasião especial. Você está sentado na sua mesa. O garçom vem anotar o seu pedido. Você faz o pedido. O garçom traz suas entradas e sai sem perguntar se você precisa de mais alguma coisa. Ele não chega a trazer as suas bebidas e não volta a verificar se você precisa de alguma coisa enquanto você está comendo. Ele entrega a conta sem perguntar se você quer mais alguma coisa.

## Cenários de falha dos serviços para o Estudo 2 (Hotéis)

**Falha de resultado/magnitude baixa**  Serviço Indisponível. Você está numa importante viagem de negócios. Você chega no hotel aproximadamente às 19:00 e vai à recepção para se registrar. O representante na recepção procura sua reserva paga antecipadamente e informa que seu quarto está pronto. No entanto, não é o tipo de quarto (em termos de quantidade e tamanho das camas e fumante ou não fumante) que você tinha preferido e reservado.

**Falha de resultado/magnitude alta**  Serviço Indisponível. Você está numa importante viagem de negócios. Você chega no hotel aproximadamente às 22:00 e vai à recepção para se registrar. O representante na recepção procura sua reserva paga antecipadamente e informa que o hotel está além da capacidade e que você terá que passar a noite em outro hotel (a vários quilômetros de distância).

**Falha de processo/magnitude baixa**  Negligência na prestação do Serviço. Você está numa importante viagem de negócios. Você chega no hotel e vai à recepção para se registrar. Você espera na fila por cinco minutos. Quando você chega ao balcão, o representante atende um telefonema enquanto você está tentando se registrar. Quando você chega ao seu quarto, você descobre que ele não foi limpo. Você liga para a recepção e pede para trocar por um quarto limpo. O representante o encaminha para outro quarto.

**Falha de processo/magnitude alta**   Negligência na prestação do Serviço. Você está numa importante viagem de negócios. Você chega no hotel e vai à recepção para se registrar. Você espera na fila por dez minutos. Quando você chega ao balcão, o representante atende vários telefonemas enquanto você está tentando se registrar. Quando você chega no seu quarto você descobre que ele já está ocupado por outro hóspede. Você precisa voltar à recepção para ser encaminhado para outro quarto porque só tem um funcionário de plantão. Quando você finalmente chega ao seu novo quarto, você liga para a recepção para pedir indicações para um jantar de negócios. O representante o deixa esperando na linha e nunca retorna.

## Manipulações de perfil de recuperação dos serviços (restaurantes e hotéis)

Os perfis de recuperação dos serviços foram virtualmente idênticos para os clientes tanto dos hotéis quanto dos restaurantes. Nós mostramos as declarações de atributo de recuperação para os clientes dos restaurantes, com as palavras ou frases para os clientes dos hotéis entre parênteses. Por exemplo, os clientes dos restaurantes lêem "Você recebe 50% de desconto no total da sua conta", enquanto os clientes de hotéis leem "Você recebe um certificado para 100% de desconto na sua conta de um quarto para uma noite". Itálicos são usados aqui para enfatizar a diferença entre as duas declarações, mas os respondedores não os viram.

**Iniciada pela Organização/Iniciada pelo Cliente**   O garçom (funcionário do hotel) reconhece o problema sem que você precise reclamar *versus* você reclama do problema.

**Resposta Rápida/Atrasada**   Você recebe imediatamente a seguinte resposta *versus* depois de 15 (20) minutos, você recebe a seguinte resposta.

**Pedido de desculpa/sem pedido de desculpa**   Você recebe um pedido de desculpa *versus* você não recebe um pedido de desculpa.

**Compensação alta/média/baixa**   Você recebe um (certificado para) 50 (100)% de desconto na sua conta total (diária) *versus* você recebe um (certificado para) 20 (50)% de desconto na sua conta total (diária) *versus* você não recebe nenhum cupom para desconto na sua conta total (diária).

## 20.11 REFERÊNCIAS

Adams, J. Stacy (1965), "Inequity in Social Exchange," in Advances in Experimental Social Psychology, Vol. 2, Leonard Berkowitz, ed. Nova York: Academic Press, 267–99.

Anderson, James C. and David W. Gerbing (1988), "Structural Equation Modeling in Practice: A Review and Recommended Two-Step Approach," Psychological Bulletin, 103 (3), 411–23.

Austin, William and Elaine Walster (1974), "Reactions to Confirmations and Disconfirmations of Expectancies of Equity and Inequity," Journal of Personality and Social Psychology, 30 (2), 208–16.

Bagozzi, Richard P. (1975), "Marketing as Exchange," Journal of Marketing, 39 (outubro), 32–39.

Benartzi, Shlomo and Richard H. Thaler (1995), "Myopic Loss Aversion and the Equity Premium Puzzle," Quarterly Journal of Economics, 110 (1), 73–92.

Berry, Leonard L. (1995), On Great Service: A Framework for Action. Nova York: The Free Press. ——— and A. Parasuraman (1991), Marketing Services: Competing Through Quality. Nova York: The Free Press.

Bies, Robert J. and Joseph S. Moag (1986), "Interactional Justice: Communication Criteria of Fairness," in Research on Negotiation in Organizations, Vol. 1, Roy J. Lewicki, Blair H. Sheppard, and Max H. Bazerman, eds. Greenwich, CT: JAI Press, 43–55.

——— and Debra L. Shapiro (1987), "Interactional Fairness Judgments: The Influence of Causal Accounts," Social Justice Research, 1 (2), 199–218.

Bitner, Mary Jo (1990), "Evaluating Service Encounters: The Effects of Physical Surroundings and Employee Responses," Journal of Marketing, 54 (April), 69–82.

———, Bernard H. Booms, and Mary Stanfield Tetreault (1990), "The Service Encounter: Diagnosing Favorable and Unfavorable Incidents," Journal of Marketing, 54 (January), 71–84.

——— and Amy R. Hubbert (1994), "Encounter Satisfaction Versus Overall Satisfaction Versus Quality," in Service Quality: New Directions in Theory and Practice, Roland T. Rust and Richard L. Oliver, eds. Thousand Oaks, CA: Sage Publications, 72–94.

Blodgett, Jeffrey G., Donald H. Granbois, and Rockney G. Walters (1993), "The Effects of Perceived Justice on Complainants' Negative Word-of-Mouth Behavior and Repatronage Intentions," Journal of Retailing, 69 (4), 399–428.

———, Donna J. Hill, and Stephen S. Tax (1997), "The Effects of Distributive, Procedural, and Interactional Justice on Postcomplaint Behavior," Journal of Retailing, 73 (2), 185–210.

Brinberg, David and Pat Castell (1982), "New Directions in Equity Research," Journal of Personality and Social Psychology, 43 (2), 260–69.

——— and Ronald Wood (1983), "A Resource Exchange Theory Analysis of Consumer Behavior," Journal of Consumer Research, 10 (December), 330–38.

Churchill, Gilbert A. (1979), "A Paradigm for Developing Better Measures of Marketing Constructs," Journal of Marketing Research, 16 (February), 64–73.

Clark, Gary L., Peter F. Kaminski, and David R. Rink (1992), "Consumer Complaints: Advice on How Companies Should Respond Based on an Empirical Study," Journal of Services Marketing, 6 (1), 41–50.

Clemmer, Elizabeth C. and Benjamin Schneider (1993), "Managing Customer Dissatisfaction with Waiting: Applying Social-Psychological Theory in a Service Setting," in Advances in Services Marketing and Management, Vol. 2, Teresa A. Swartz, David E. Bowen, and Stephen W. Brown, eds. Greenwich, CT: JAI Press, 213–29.

——— and ——— (1996), "Fair Service," in Advances in Services Marketing and Management, Vol. 5, Teresa A. Swartz, David E. Bowen, and Stephen W. Brown, eds. Greenwich, CT: JAI Press, 109–26.

Deutsch, Morton (1975), "Equity, Equality, and Need: What Determines Which Value Will Be Used as the Basis of Distributive Justice?" Journal of Social Issues, 31 (3), 137–49.

——— (1985), Distributive Justice: A Social-Psychological Perspective. New Haven, CT: Yale University Press.

Fiske, Susan T. (1980), "Attention and Weight in Person Perception: The Impact of Negative and Extreme Behavior," Journal of Personality and Social Psychology, 38 (6), 889–906.

Foa, Edna B. and Uriel G. Foa (1976), "Resource Theory of Social Exchange," in Contemporary Topics in Social Psychology, John W. Thibaut, Janet T. Spence, and Robert C. Carson, eds. Morris-town, NJ: General Learning Press, 99–131.

——— and ——— (1980), "Resource Theory: Interpersonal Behavior as Exchange," in Social Exchange: Advances in Theory and Research, Kenneth J. Gergen, Martin S. Greenberg, and Richard H. Willis, eds. Nova York: Plenum Press, 77–94.

Foa, Uriel G. and Edna B. Foa (1974), Societal Structures of the Mind. Springfield, IL: Charles C Thomas.

———, Kjell Y. Tornblom, Edna B. Foa, and John Converse Jr. (1993), "Introduction: Resource Theory in Social Psychology," in Resource Theory: Explorations and Applications, Uriel G. Foa, John Converse Jr., Kjell Y. Tornblom, and Edna B. Foa, eds. San Diego, CA: Academic Press, 1–10.

Folkes, Valerie S. (1984), "Consumer Reactions to Product Failure: An Attributional Approach," Journal of Consumer Research, 10 (março), 398–409.

———, Susan Koletsky, and John L. Graham (1987), "A Field Study of Causal Inferences and Consumer Reaction: The View from the Airport," Journal of Consumer Research, 13 (março, 534–39.

Fornell, Claes and Birger Wernerfelt (1987), "Defensive Marketing Strategy by Customer Complaint Management: A Theoretical Analysis," Journal of Marketing Research, 24 (novembro), 337–46.

Germain, Richard and M. Bixby Cooper (1990), "How a Customer Mission Statement Affects Company Performance," Industrial Marketing Management, 19 (fevereiro), 47–54.

Gilly, Mary C. and Betsy D. Gelb (1982), "Post-Purchase Consumer Processes and the Complaining Consumer," Journal of Consumer Research, 9 (dezembro), 323–28.

Glesjer, H. (1969), "A New Test for Heteroscedasticity," Journal of the American Statistical Association, 64, 316–23.

Goodwin, Cathy and Ivan Ross (1989), "Salient Dimensions of Perceived Fairness in Resolution of Service Complaints," Journal of Consumer Satisfaction, Dissatisfaction and Complaining Behavior, 2, 87–92.

——— and ——— (1992), "Consumer Responses to Service Failures: Influences of Procedural and Interactional Fairness Perceptions," Journal of Business Research, 25 (2), 149–63.

Greenberg, Jerald (1990), "Looking Fair Versus Being Fair: Managing Impressions of Organizational Justice," in Research in Organizational Behavior, Vol. 12, B.M. Staw and L.L. Cummings, eds. Greenwich, CT: JAI Press, 111–57.

Greene, William H. (1993), Econometric Analysis. Nova York: Macmillan Publishing Company.

Gronroos, Christian (1988), "Service Quality: The Six Criteria of Good Perceived Service Quality," Review of Business, 9 (inverno), 10–13.

Harari, Oren (1992), "Thank Heaven for Complainers," Management Review, 81 (janeiro), 59–60.

Hart, Christopher W., James L. Heskett, and W. Earl Sasser Jr. (1990), "The Profitable Art of Service Recovery," Harvard Business Review, 68 (July/August), 148–56.

Hoffman, K. Douglas, Scott W. Kelley, and Holly M. Rotalsky (1995), "Tracking Service Failures and Employee Recovery Efforts," Journal of Services Marketing, 9 (2), 49–61.

Homans, George Caspar (1961), Social Behavior: Its Elementary Forms. Nova York: Harcourt, Brace & World.

Johnston, J. (1972), Econometric Methods. Nova York: McGraw-Hill.

Johnston, Robert (1995), "Service Failure and Recovery: Impact, Attributes and Process," in Advances in Services Marketing and Management, Vol. 4, Teresa A. Swartz, David E. Bowen, and Stephen W. Brown, eds. Greenwich, CT: JAI Press, 211–28.

Kahneman, Daniel and Amos Tversky (1979), "Prospect Theory: An Analysis of Decision Under Risk," Econometrica, 47 (março), 263–91.

Keaveney, Susan M. (1995), "Customer Switching Behavior in Service Industries: An Exploratory Study," Journal of Marketing, 59 (Abril), 71–82.

Kelley, Scott W. and Mark A. Davis (1994), "Antecedents to Customer Expectations for Service Recovery," Journal of the Academy of Marketing Science, 22 (1), 52–61

———, K. Douglas Hoffman, and Mark A. Davis (1993), "A Typology of Retail Failures and Recoveries," Journal of Retailing, 69 (4), 429–52.

Leventhal, Gerald S. (1980), "What Should Be Done with Equity Theory? New Approaches to the Study of Fairness in Social Relationships," in Social Exchange: Advances in Theory and Research, Kenneth J. Gergen, Martin S. Greenberg, and Richard H. Willis, eds. Nova York: Plenum Press, 27–55.

Lind, E. Allen and Tom R. Tyler (1988), The Social Psychology of Procedural Justice. Nova York: Plenum Press.

Maister, David H. (1985), "The Psychology of Waiting Lines," in The Service Encounter, John D. Czepiel, Michael R. Solomon, and Carol F. Surprenant, eds. Lexington, MA: Lexington Books, 113–24.

Mohr, Lois A. and Mary Jo Bitner (1995), "The Role of Employee Effort in Satisfaction with Service Transactions," Journal of Business Research, 32 (3), 239–52.

Neter, John and William Wasserman (1974), Applied Linear Statistical Models: Regression, Analysis of Variance, and Experimental Designs. Homewood, IL: Richard D. Irwin.

Oliver, Richard L. and John E. Swan (1989a), "Consumer Perceptions of Interpersonal Equity and Satisfaction in Transactions: A Field Survey Approach," Journal of Marketing, 53 (abril), 21–35.

——— and ——— (1989b), "Equity and Disconfirmation Perceptions as Influences on Merchant and Product Satisfaction," Journal of Consumer Research, 16 (dezembro), 372–83.

Parasuraman, A., Valarie A. Zeithaml, and Leonard L. Berry (1985), "A Conceptual Model of Service Quality and Its Implications for Future Research," Journal of Marketing, 49 (outono), 41–50.

Peter, J. Paul (1979), "Reliability: A Review of Psychometric Basics and Recent Marketing Practices," Journal of Marketing Research, 16 (fevereiro), 6–17.

——— (1981), "Construct Validity: A Review of Basic Issues and Marketing Practices," Journal of Marketing Research, 18 (maio), 133–45.

Richins, Marsha L. (1987), "A Multivariate Analysis of Responses to Dissatisfaction," Journal of the Academy of Marketing Science, 15 (3), 24–31.

Rust, Roland T. and Richard Metters (1996), "Mathematical Models of Service," European Journal of Operational Research, 91 (June), 427–39.

Schweikhart, Sharon B., Stephen Strasser, and Melissa R. Kennedy (1993), "Service Recovery in Health Services Organizations," Hospital & Health Services Administration, 38 (primavera) 3–21.

Singh, Jagdip (1988), "Consumer Complaint Intentions and Behavior: Definitional and Taxonomical Issues," Journal of Marketing, 52 (janeiro), 93–107.

——— (1990), "A Typology of Consumer Dissatisfaction Response Styles," Journal of Retailing, 66 (1), 57–99.

Smart, Denise T. and Charles L. Martin (1992), "Manufacturer Responsiveness to Consumer Correspondence: An Empirical Investigation of Consumer Perceptions," Journal of Consumer Affairs, 26 (1), 104–28.

Spreng, Richard A., Gilbert D. Harrell, and Robert D. Mackoy (1995), "Service Recovery: Impact on Satisfaction and Intentions," Journal of Services Marketing, 9 (1), 15–23.

Tax, Stephen Saul (1993), "The Role of Perceived Justice in Complaint Resolutions: Implications for Services and Relationship Marketing," doctoral dissertation, Arizona State University.

———, Stephen W. Brown, and Murali Chandrashekaran (1998), "Customer Evaluations of Service Complaint Experiences: Implications for Relationship Marketing," Journal of Marketing, 62 (abril), 60–77.

Taylor, Shirley (1994), "Waiting for Service: The Relationship Between Delays and Evaluations of Service," Journal of Marketing, 58 (abril), 56–69.

Thaler, Richard (1985), "Mental Accounting and Consumer Choice," Marketing Science, 4 (3), 199–214.

Thibaut, John and Laurens Walker (1975), Procedural Justice: A Psychological Analysis. Hillsdale, NJ: Lawrence Erlbaum Associates.

Tversky, Amos and Daniel Kahneman (1992), "Advances in Prospect Theory: Cumulative Representation of Uncertainty," Journal of Risk and Uncertainty, 5 (4), 297–323.

Walster, Elaine, Ellen Berscheid, and G. William Walster (1973), "New Directions in Equity Research," Journal of Personality and Social Psychology, 25 (2), 151–76.

———, G. William Walster, and Ellen Berscheid (1978), Equity: Theory and Research. Boston, MA: Allyn and Bacon.

Zeithaml, Valarie A., Leonard L. Berry, and A. Parasuraman (1993), "The Nature and Determinants of Customer Expectations of Service," Journal of the Academy of Marketing Science, 21 (1), 1–12.

# Índice onomástico

## A
Amano, Akio, 113-126
Anderson, John C., 129-149

## B
Bolton, Ruth N., 426-463
Bowen, David E., 360-374

## C
Chase, Richard B., 150-161
Clark, Kim B., 99-112
Cleveland, Gary, 129-149
Corbett, Charles, 181-199

## D
Droge, Cornelia, 211-237
Drucker, Peter F., 162-175

## F
Ferdows, Kasra, 113-126
Fine, Charles H., 71-94

## G
Garvin, David A., 150-161
Gummesson, Evert, 273-318

## H
Harker, Patrick T., 375-403
Hax, Arnoldo C., 71-94
Hayes, Robert H., 37-49, 99-112

## K
Kamakura, Wagner A., 319-359
Kimes, Sheryl E., 404-425

## L
Lovelock, Christopher, 273-318

## M
Markland, Robert E., 211-237
Mazzon, José Afonso, 319-359
Meyer, Arnoud De, 113-126
Miller, Jeffrey G., 113-126, 238-269
Mittal, Vikas, 319-359

## N
Nakane, Jinichiro, 113-126

## R
Rosa, Fernando de, 319-359
Roth, Aleda V., 113-126, 238-269

## S
Schroeder, Roger G., 129-149
Skinner, Wickham, 3-19, 20-36
Smith, Amy K., 426-463

## V
Vickery, Shawnee K., 200-210, 211-237

## W
Wagner, Janet, 426-463
Wassenhove, Luk Van, 181-199
Wheelwright, Steven C., 37-49, 50-70
Wirtz, Jochen, 404-425

## X
Xue, Mei, 375-403

# Índice

## A

Área de produção *ver* Manufatura

## C

Cadeia de valor em serviços, 319-359, 323
   ambiente de pesquisa, 333
   conceitos e medidas, 355
   discussão, 349
   modelo de comportamento dos clientes, 343
   modelo de eficiência operacional, 341
   modelo estratégico (nível dos clientes), 334
      especificação do modelo, 334
      plano de análise, 335
      resultados, 336
   modelo estrutural, especificação do, 357
   modelo operacional, 338
   pesquisa e aplicação, 351
      análise de vários períodos, 353
      natureza não linear das relações, 351
      questões de mensuração, 352
      vínculos com outros modelos conceituais, 354
   SPC, 326
      avaliação estratégica e operacional, 332
      literatura empírica, 326
      modelo estratégico, 329
      modelo operacional e avaliação, 331
CEM, 384
   CRM e equidade entre os clientes, 385
   gestão da eficiência do cliente (CEM), 384
Competência da produção, 129-149, 211-237
   desempenho empresarial, determinantes de, 217
      discussão dos resultados, 227
         análise de interação
         interação como variáveis independentes, 229
      estudos empíricos, 217, 219
      método, 221, 223
         amostragem, 221
         definição da amostra, 222
         medida da competência de produção, 223
         medida da estratégia de negócio, 224
         mensuração do desempenho empresarial, 226
         questões de mensuração, 223
         validação do questionário, 223
      sugestões, 233
   índices de desempenho e competência, 144
   introdução, 129, 211
   metodologia, 135
      procedimento de diagnóstico, 136
   modelo conceitual alternativo, 208
   observações, 146
   relação entre desempenho e competência, 145
   significado, 213
      conceito de competência de produção, 213
      conceito de estratégia de negócio, 216
   sistema referencial, 130
      competência de produção, 132
      desempenho comercial, 134
      estratégia comercial, 131
      processo de produção, 131
   teoria revisitada, 200-210
Competência e competitividade na estratégia de manufatura, 181-199
   dimensões de, 181
      competência, 182
      competitividade, 183
      foco, 184
      os dois lado da moeda, 184
   observações recentes, 186
      competitividade é relativa, 188
      construção cumulativa de competência, 186
      critérios ganhadores de pedidos, 188
      critérios qualificadores, 188
      dinâmica, 189
   olhando na bola de cristal, 191
      ciclo de vida das dimensões competitivas, 195
      correndo na pista rápida, 193
      trabalhadores do conhecimento, 191

## D

Desempenho empresarial, modelo conceitual alternativo, 208

## E

Eficiência do cliente, 375-403
  análise da literatura, 378
  comércio eletrônico, 375-403
  conceito, 375-403
  e a CEM, 380, 384
    agregação de valor, 383
    controle de qualidade, 383
    CRM e equidade entre os clientes, 385
    economia de custo, 383
    eficiência de qualidade, 383
    eficiência de transação, 382
    eficiência de valor, 382
    eficiência do cliente, 380, 382
    gestão da eficiência do cliente, 384
  estudo empírico, 387
    dados, 387
    medindo a eficiência do cliente, 387
  introdução, 375
  resumo e discussões, 400
Estratégia de manufatura, 71-94
  agrupamento de produtos, 86
  auditoria estratégica, 84
  categorias de decisão, 75
    capacidade, 77
    instalações, 76
    integração vertical, 77
  competência e competitividade na, 181-199
  estratégia comercial e, 83
  estruturação de uma, 82
  formação da, 92
  formação de uma, 77
    escopo da produção, 78
    escopo dos novos produtos, 78
    fornecedores externos, 81
    gestão da qualidade, 79
    infraestrutura de manufatura, 80
    processos e tecnologias, 78
    recursos humanos, 79
  grau de focalização, 91
  introdução, 71
  pequenas empresas, 88
  planejamento estratégica administrativo, 72
  tomada de decisão, 83
Estratégia de negócio, 211-237 *ver também*
  Competência da produção

Estratégia de operações
  como arma competitiva, 95-97
  novo paradigma, 177-179
  origem, 1-2
  história, 1-2
Estratégia empresarial, modelo conceitual alternativo, 208
Estratégia produtiva, 50-70
  conceito, 57
  estratégia corporativa de produção, 63
  estratégia funcional de produção, 59
  forças motrizes, 51
  gestão, filosofia de, 51
  orientação dominante, 53
  padrões de diversificação, 53
  perspectiva sobre o crescimento, 54
  prioridades competitivas, 55
  vantagem competitiva, 51
  vantagem competitiva, 65
  visão geral, 50

## F

Fábrica, 20-36
  conceitos básicos, 23
  de serviços, 150-161
  diferenciais de produtividade, 99-112
  inconsistência, razão para, 28
    proliferação do produto, 29
  introdução, 20
  manufatura, enfoque para, 30
  políticas consistentes, falta de, 27
  principais características, 25
  produtividade, 26
  unidade fabril focada, 31
Fábrica de serviços, 150-161
  o consultor, 155
  o despachante, 158
  o laboratório, 153
  o showroom, 156

## G

Gerenciando clientes, 360-374 *ver também*
  Recursos humanos em organizações de serviços
Gestão de receitas, 404-425
  histórico do problema, 405
    diferenças culturais, 412
    diferenças de preço, 412
    gestão de receitas, 406
    preços baseados na demanda, 408
    preços de referência, 409

restrições tarifárias, 411
transações de referência, 409
introdução, 404
justiça percebida de restrições tarifárias, 404-425
limitações e pesquisa adicional, 422
método, 413
resultados, 413
  alocação aleatória de sujeitos, 413
  cupons dois-por-um, 419
  efeitos da formação do respondente, 420
  efeitos de formulação/interação de país, 419
  localização da mesa, 418
  preço por hora do dia, 418
  resultados, 414
resumo, 420

## J

Justiça percebida de restrições tarifárias, 404-425 *ver também* Gestão de receitas

## L

Lacunas competitivas (manufatura), 113-126
  capacitações e, 114
  desafio, enfrentando o, 122
  direcionadores de mudança, 116
  fechando as, 120

## M

Manufatura, 3-19
  domínio técnico, 14
    especialista em computação, 15
  enfoque para, 30
  estratégia de, 71-94
  implicações estratégicas, 7
    demandas concorrentes, 8
    escolhas importantes, 9
  lacunas competitivas, 113-126
  miopia estratégica em relação à área de produção, 3
    visão de alcance limitado, 5
  padrão de falhaa, 6
  taxonomia das estratégias de, 238-269, 262
  tomada de decisão, 16
    determinação política, 16
  *trade-offs* no projeto, 10
    reconhecimento das alternativas, 12
  *ver também* Competência e competitividade na estratégia de manufatura

Marketing de serviços, 273-318
  características IHIP, 282
    origens da heterogeneidade, 284
    origens do conceito da inseparabilidade, 282
    origens do conceito da intangibilidade, 282
    origens do conceito da perecibilidade, 282
  características IHIP generalizáveis, 284
    e categorias específicas de serviços, 296
      durabilidade, 298
      homogeneidade, 296
      separabilidade, 298
      tangibilidade, 296
    heterogeneidade, 289
    inseparabilidade, 291
      serviços separáveis, 292
    intangibilidade, 285
      *insights* da pesquisa empírica, 288
      intangibilidade física, 286
      intangibilidade mental, 287
    perecibilidade, 293
  características singulares, 279
  conhecimento pelos livros didáticos, 276
  futuro do, 274, 300, 309
    abandonar a visão de campo separado, 300
    busca de um novo paradigma, 303
    enfoque em subcampos específicos de serviços, 301
  introdução, 273
  novo paradigma, 303
    aluguel, leasing e propriedade, 308
    característica de ausência de propriedade, 303
      alugueis de lugar e espaço, 304
      alugueis de mão de obra e competência, 304
      instalação física e seu uso, 304
      rede e seu uso, 304
      serviços de bens alugados, 304
    paradigma aluguel/acesso, 305
      bens manufaturados, 305
      mão de obra e competência, 306
      oportunidade para o compartilhamento de recursos, 307
      preço do serviço, 307
      tempo, 306
      venda de fatias de entidades físicas maiores, 305
  paradigmas, 276
  paradigma de bens *versus* serviços, 278

## P

Produção, processo de, 37-49
  ciclo de vida dos produtos, 37-49
  conceito, 42
    competência distintiva, 42
    efeitos da posição, 43
    organizando operações, 45
  estratégia, implicações da, 48
  produto x processo, 38
    fora da diagonal, 40
    posição diagonal, 38
Produção, teoria emergente de, 162-175
Produtividade em fábricas, diferenciais de, 99-112
  coleta de dados, 100
    ajustes para efeito de tempo, 101
    medida de produtividade, 102
    utilização da capacidade, 101
    variáveis administrativas, 103
      diretrizes da mão de obra, 104
      diretrizes de desperdício e de estoque em processo, 104
      diretrizes de equipamentos, 103
      diretrizes que geram confusão na fábrica, 104
  introdução, 99
  metodologia estatística, 104
    complexidade e confusão, 107
    estoque em processamento, 107
    resultados e suas implicações, 105
  pesquisa operacional, implicações para, 109
Produto, ciclo de vida do, 37- 49
  conceito, 42
    competência distintiva, 42
    efeitos da posição, 43
    organizando operações, 45
  estratégia, implicações da, 48
  matriz produto x processo, 38
    fora da diagonal, 40
    posição diagonal, 38

## R

Recursos humanos em organizações de serviços, 360-374
  cliente como recurso humano, 364
  desempenho do cliente, 368
    atuação conforme esperado, 370
    compreensão da atuação, 369
    recompensa valorizadas para atuação, 372
  direções futuras, 373
  empresas de clientes e de serviço, 361
  gerenciando clientes, 360-374
  gestão de RH e clientes, 363
  satisfação do cliente, 365

## S

Satisfação dos clientes, modelo de, 426-463
  atributos de recuperação e dimensões de justiça, 432
    compensação, 432
    iniciação da recuperação, 434
    pedidos de desculpa, 433
    velocidade de resposta, 433
  cenários de falha dos serviços
    estudo 1, 457
    estudo 2, 458
  contexto da falha e atributos de recuperação, 434
    magnitude de falha, 437
    tipo de falha, 435
  design de pesquisa, 440
    design experimental, 441
    manipulação de fatores e mensuração de variáveis, 441
    método de amostragem de estruturas, 440
    método de coleção de dados, 440
  discussões e implicações, 453
    justiça percebida e atributos de recuperação dos serviços, 454
    justiça percebida e efeitos moderadores de magnitude da falha, 455
    justiça percebida e efeitos moderadores do tipo de falha, 455
    satisfação com o encontro de serviços e contexto de falha, 454
    satisfação do encontro de serviço e justiça percebida, 453
  introdução, 426
  modelo de estimativa, procedimento do, 442
    testes de pressupostos, 444
  resultados, 446
    atributos de recuperação sobre a justiça percebida, 451
    influência da justiça percebida, 449
    magnitude da falha, efeitos moderadores da, 452
    tipo de falha, efeitos moderadores do, 452
  serviço envolvendo falha e recuperação, 426-463

sistema conceitual e desenvolvimento de
  modelo, 428
    atributos de recuperação dos serviços, 431
    atributos de recuperação sobre a justiça
      percebida, 429
    desconfirmação sobre a satisfação do
      cliente, 428
    falha dos serviços, 429
    justiça percebida, 428
    magnitude de falha, 430
    resumo, 431
    tipo de falha, 430
Serviço envolvendo falha e recuperação, 426-463
  *ver também* Satisfação dos clientes, modelo de
Serviços, 271-272
  *ver* Cadeia de valor em serviços

# T

Taxonomia das estratégias de manufatura, 238-269, 262
  análise e discussão, 250
    contexto, 255
    dimensões inerentes, 250
    mix industrial, 254
    programas de ação, 258
    validação estatística cruzada, 253
  consistência de finalidade, 264
  introdução, 238
  medidas, 260
  métodos, 242
    amostra, 242
    entrevistados, 244
    instrumento, 245
    tipos de estratégia, 246
  perspectiva histórica, 241
  pesquisas futuras, 265
Teoria revisitada da competência da produção, 200-210, 205
  análise dos resultados, 204
  competência da produção, medindo a, 201
  competência de produção, 208
  desempenho empresarial, 208
  desempenho empresarial, medindo o, 203
  estratégia empresarial, 208
  introdução, 200
  processo da estratégia de manufatura, 206